全 世 界 无 产 者 ， 联 合 起 来 ！

马克思恩格斯选集

第 二 卷

中共中央 马克思　恩格斯　著作编译局编译
列　宁　斯大林

人民出版社

编　辑　说　明

一、《马克思恩格斯选集》是在马克思主义中国化、时代化、大众化事业不断推进的形势下，为适应广大读者学习和研究马克思主义理论的需要而编辑的马克思恩格斯著作精选本。1972年，四卷本《马克思恩格斯选集》第一版问世，译文选自《马克思恩格斯全集》第一版。1995年，我们对第一版篇目作了调整，对译文进行了校订，出版了四卷本《马克思恩格斯选集》第二版。2009年，十卷本《马克思恩格斯文集》正式出版，这是马克思主义理论研究和建设工程的重点项目和标志性成果，为深入学习和研究马克思主义理论提供了译文更准确、选编更精当、资料更翔实的基础文本。我们充分利用文集的编译和研究成果，编辑出版《马克思恩格斯选集》第三版。

二、《马克思恩格斯选集》第三版力求在有限的篇幅内完整准确地反映马克思和恩格斯创立的科学理论体系，集中涵盖马克思主义哲学、政治经济学和科学社会主义，以及马克思和恩格斯在政治、法学、史学、教育、科学技术、文学艺术、军事、民族、宗教等方面的重要论述，并体现马克思主义理论体系形成和发展的历史进程。《马克思恩格斯选集》第三版仍编为四卷，所收的著作按编年与专题相结合的方式编排：第一卷选辑马克思和恩格斯1843—1859年的著作，其中论述中国问题的十篇文章和论述印度问题的两篇文章分别集中编排;第二卷为马克思主义政治经济学专卷,内容包括马克思《资本论》节选和经济学手稿摘选,同时收录了马克思和恩格斯的四篇经济学论文;第三卷选辑马克思和恩格斯1864—1883年的著作;第四卷选辑恩格斯1884—1895年的著作,以及马克思和恩格斯1842—1895年写的102封书信。在选集中,马克思和恩格斯在不同时期为某一著作写的序言、导言一般同原著作编在一起,以方便读者阅读和研究;如果原著作没有收入选集,或者序言、导言本身已成为独立的论文,则按照写作和发表的时间顺序编排。

三、《马克思恩格斯选集》第三版吸收了第二版的编辑成果,同时在认真研究的基础上,对整体结构作了必要的调整,对各卷篇目作了适当的增删。第一卷增加了恩格斯的《国民经济学批判大纲》和《英国工人阶级状况》(节选),删去了恩格斯的《英国状况。十八世纪》。第二卷充实了《资本论》节选的内容,增加了马克思经济学手稿摘选,并将经济学著作以外的其他文献调整到第三卷。第三卷增加了马克思的《法国工人党纲领导言(草案)》以及《给维·伊·查苏利奇的复信》第三稿。第四卷增加了恩格斯的《纪念巴黎公社十五周年》以及他为《〈人民国家报〉国际问题论文集(1871—1875)》撰写的序言;在这一卷的书信部分,增收了马克思和恩格斯的四封书信,即恩格斯1847年11月23—24日致马克思的信、马克思1858年2月22日致斐迪南·拉萨尔的信、马克思1864年11月4日致恩格斯的信、恩格斯1895年3月8日致理查·费舍的信。恩格斯的《自然辩证法》(节选)原收入第四卷,现按写作年代编入第三卷,并增补了一些内容。在编辑过程中,我们对所有文献的写作和发表时间进行了核查和考订,以保证编排顺序和相关说明的科学性。

四、《马克思恩格斯选集》第三版所收的全部著作均采用《马克思恩格斯文集》的译文,以保证经典著作译文的统一性和准确性。

五、《马克思恩格斯选集》第三版所附的各种资料都经过全面审核和修订,努力做到严谨翔实,便于读者查考和检索。各卷正文之前刊有该卷说明,对本卷著作的时代背景和主要观点进行简要的综述。各卷卷末均附有著作题注、资料性注释和人名索引。第四卷所收的书信内容丰富,涉及面很广,我们除了在该卷说明中进行综合介绍,还专门编写了马克思恩格斯书信分类索引,附在该卷卷末。此外,第四卷还附有涵盖整部选集内容的名目索引,以及马克思恩格斯生平大事年表。这些资料旨在帮助读者更好地理解和把握经典著作的内涵。

六、《马克思恩格斯选集》第三版的目录和正文中,凡标有星花＊的标题都是编者加的;引文中尖括号〈 〉内的文字和标点符号是马克思、恩格斯加的,引文中加圈点处是马克思、恩格斯加着重号的地方;目录和正文中方括号[ ]内的文字是编者加的;未注明"编者注"的脚注是马克思、恩格斯的原注。

中共中央马克思　恩格斯
　　　　列　宁　斯大林著作编译局

2012 年 8 月

目　录

1

马克思《资本论》节选

第二卷说明

《马克思恩格斯选集》第二卷是马克思主义政治经济学专卷，内容包括马克思《资本论》节选和经济学手稿摘选，以及马克思和恩格斯的四篇经济学论著。

马克思毕生从事政治经济学研究。早在19世纪40年代初担任《莱茵报》编辑的时候，他就开始关注经济问题。40年代中期在巴黎和布鲁塞尔期间，他系统地研读经济学著作，并作了大量笔记。他的研究成果体现在《1844年经济学哲学手稿》、《哲学的贫困》、《雇佣劳动与资本》等著作中。欧洲1848年革命爆发后，他因回国参加革命而中断了经济学研究。从50年代初起，马克思重新钻研经济学，他不仅阅读了当时所有重要的经济学文献，以及哲学、政治、法律、历史等著作，而且查阅了大量的官方文件、法律条文、调查报告和统计资料，钻研了一系列自然科学和技术书籍。1857年7月—1858年6月，他撰写了50印张手稿，这是《资本论》的最初稿本，标题为《政治经济学批判》。从1858年下半年开始，他在1857—1858年手稿的基础上开始写作《政治经济学批判》一书，打算分册出版，但只在1859年出版了《政治经济学批判。第一分册》。1861年8月—1863年7月，他又写了23个笔记本的手稿，这是《资本论》的第二个稿本。1862年马克思决定以《资本论》为标题，以《政治经济学批判》为副标题发表自己的著作。他计划把《资本论》写成四册:第一册是资本的生产过程;第二册是资本的流通过程;第三册是资本主义生产总过程的各种形态;第四册是理论史。1863—1865 年他撰写了第一、二、三册的手稿。1867 年 9 月,《资本论》第一卷由汉堡迈斯纳出版社出版。《资本论》第二、三卷在马克思逝世后由恩格斯整理出版。马克思的经济学研究在政治经济学领域实现了一场彻底的革命,创立了马克思主义经济学。

本卷首篇著作是马克思的《〈政治经济学批判〉序言》。在这篇序言中,马克思叙述了自己研究政治经济学和发现唯物史观的过程,对唯物史观作了经典表述,阐明了生产力决定生产关系、经济基础决定上层建筑、人们的社会存在决定人们的社会意识等历史唯物主义基本原理,揭示了人类社会发展的一般规律,论证了旧的社会形态为新的更高的社会形态所取代的历史必然性和必要条件。恩格斯的书评《卡尔·马克思〈政治经济学批判。第一分册〉》批判了资产阶级政治经济学的局限性,阐述了马克思创立的唯物史观和唯物辩证法的伟大意义,指出唯物史观不仅对经济学,而且对一切历史科学都是具有革命意义的发现;阐明了马克思政治经济学研究中逻辑方法和历史方法的辩证统一;概要介绍了马克思的商品、价值和货币学说;强调经济学研究的不是物,而是人和人之间的关系,归根到底是阶级和阶级之间的关系。马克思的《工资、价格和利润》阐述了《资本论》中的一些重要原理,说明了剩余价值的形成过程和工资的实质,指出了工人阶级开展经济斗争的必要性,同时强调要把经济斗争和政治斗争结合起来,最终消灭雇佣劳动制度。在《卡·马克思〈资本论〉第一卷书评——为〈民主周报〉作》中,恩格斯阐述了马克思经济学说的基本原理,特别是剩余价值理论,并对《资本论》第一卷的理论成就和崭新的研究方法给予了高度评价。

《资本论》第一、二、三卷节选是本卷的主要内容。《资本论》是一部具有划时代意义的巨著。马克思在这部著作中运用辩证唯物主义和历史唯物主义的世界观和方法论揭示了资本主义社会的经济运动规律和资本主义产生、发展和灭亡的历史规律；根据对资本主义基本矛盾的分析，论证了资本主义被共产主义取代的历史必然性，为科学社会主义奠定了理论基础。《资本论》内容极其丰富，除经济学内容外，还包含马克思主义哲学和科学社会主义的内容，以及有关政治、法律、历史、教育、道德、宗教、科学技术、文学艺术的精辟论述，是马克思主义的理论宝库。

《资本论》第一卷主要研究资本的生产过程和剩余价值的生产。

在《第一版序言》和《第二版跋》中，马克思论述了《资本论》的研究对象和方法，指出：本书研究的是资本主义生产方式以及和它相适应的生产关系和交换关系，最终目的是揭示现代社会的经济运动规律，贯穿全书的方法是唯物辩证法。

在第一篇中，马克思研究了商品和货币。他从分析商品开始，阐明商品作为资本主义的经济细胞，包含着资本主义生产关系各种矛盾的萌芽，指出：商品包含使用价值和价值两个因素，商品的二因素根源于生产商品的劳动的二重性——具体劳动和抽象劳动；具体劳动生产使用价值，抽象劳动生产价值，价值的实体就是人类抽象劳动的凝结。马克思通过对价值形式的分析，揭示了货币的起源和本质，指出：货币是商品生产和交换发展的必然产物，货币的产生和使用使商品的使用价值和价值之间、具体劳动和抽象劳动之间、私人劳动和社会劳动之间的内在矛盾，转化为商品和货币这一外在矛盾；货币是商品交换的最后产物，又是资本发展的最初表现形式。马克思还详细论述了货币的各种职能,批判了商品拜物教。

在第二篇至第六篇中,马克思着重论述了关于货币转化为资本、绝对剩余价值的生产和相对剩余价值的生产以及工资的理论,系统地阐明了剩余价值的直接生产过程。马克思在劳动二重性的基础上,分析了资本主义生产过程的二重性,指出:资本主义生产一方面是生产使用价值的劳动过程,另一方面是生产剩余价值的价值形成和价值增殖过程;雇佣工人在必要劳动时间内生产出自己劳动力的等价,在剩余劳动时间内无偿地为资本家生产出剩余价值。马克思首次区分了购买生产资料的不变资本和购买劳动力的可变资本,指出它们在价值形成和价值增殖过程中起着完全不同的作用:不变资本只把价值转移到产品上,只有可变资本才不仅生产出劳动力价值的等价,而且生产出剩余价值。这样,马克思就进一步揭示了剩余价值的真正来源。马克思还分析了生产剩余价值的两种基本方式:绝对剩余价值的生产和相对剩余价值的生产。在分析相对剩余价值的生产时,马克思考察了资本主义提高社会劳动生产力的三种基本历史形式——简单协作、工场手工业、机器大工业,指出机器大工业是资本主义生产方式最合适的技术基础。

在第七篇中,马克思论述了资本的积累过程,阐明了资本是怎样从剩余价值中产生的,揭示了资本积累的本质、一般规律和历史趋势。马克思指出:资本主义再生产的特点是扩大再生产,在这一过程中,资本积累得越多,生产越扩大,就越能更多地积累,这样,商品生产的所有权规律就转变为资本主义占有规律;在简单商品生产条件下,生产者对自己的劳动产品拥有所有权,而在资本主义生产条件下,所有权对资本家来说表现为占有他人无酬劳动的权力。本篇最后考察了资本的原始积累。马克思用铁的事实证明,历史上劳动者被剥夺生产资料的过程决不是田园诗般的过程,而是用血与火的文字载入史册的过程。马克思指出,资本主义必将经历一种否定的否定过程:资本主义生产方式的确立,是对个人的、以自己劳动为基础的私有制的第一个否定;但资本主义生产由于自然过程的必然性,造成了对自身的否定,这是否定的否定。马克思强调这种否定不是重新建立私有制,而是在协作和对土地及靠劳动本身生产的生产资料的共同占有的基础上,重新建立个人所有制。马克思根据对资本主义的基本矛盾即社会化生产与资本主义私人占有之间的矛盾的分析,揭示了资本主义必然灭亡的历史趋势:资本主义私有制的丧钟就要响了,剥夺者就要被剥夺了。

《资本论》第二卷主要研究资本的流通过程和剩余价值的实现。

在第一篇中,马克思研究了资本的形态变化及其循环。他阐述了产业资本循环的三个阶段:(1)拥有货币的资本家作为买者在市场上购买生产资料和劳动力;(2)资本家用购买的商品从事生产消费;(3)资本家作为卖者重新回到市场上出售已生产出来的商品。马克思分别分析了资本的三种循环,即货币资本的循环、生产资本的循环和商品资本的循环。他指出,产业资本正常运行的条件是所有这三种循环保持统一,并且每一种形式都能顺畅地完成自己的循环。他从分析资本循环中得出重要的结论:第一,一切循环的共同点是价值增殖,这是资本主义生产的根本目的和动机;第二,只有在三个循环的统一中,才能实现总过程的连续性。但是,由于资本主义生产的对抗性质和无政府状态,这种连续性不断遭到破坏。

在第二篇中,马克思研究了资本周转,即单个资本的周而复始、不断往复的循环过程。他指出:资本主义生产的目的是榨取剩余价值,也就是使预付资本得到增殖,因此,要分析资本周转就必须分析预付资本的周转,即研究单个资本家总预付资本量的运动;资本周转的中心问题是周转速度,资本周转速度的快慢,对剩余价值的生产和实现有很大关系,在付出同样多的预付资本的情况下,资本周转速度越快,带来的剩余价值也就越多;资本周转时间包括生产时间和流通时间;按预付资本价值转移的不同方式,生产资本分为固定资本和流动资本两种形式,固定资本和流动资本的构成是影响资本周转速度的重要因素。马克思还指出:固定资本的寿命、固定资本的周期更新构成危机周期性的物质基础。

在第三篇中,马克思研究了社会总资本的再生产和流通,阐明社会再生产是以什么形式和在哪些条件下不断反复进行的。马克思把社会总生产分为两大部类,第一部类为生产资料的生产,第二部类为消费资料的生产。他考察了两大部类的关系,指出:社会生产两大部类中每一部类的年总产品的价值由消耗的不变资本、可变资本和生产出来的剩余价值组成;第一部类供给第二部类以生产资料并满足自己对生产资料的需要,第二部类供给第一部类以生活资料并满足自己对生活资料的需要。马克思分析了社会总产品全部得到实现的可能性和条件,指出简单再生产的条件是:第一部类的可变资本价值与剩余价值之和等于第二部类的不变资本价值;扩大再生产的条件是:第一部类的可变资本价值与剩余价值之和大于第二部类的不变资本价值。因此,马克思认为,从简单再生产过渡到扩大再生产,要求第一部类的生产即生产资料的生产优先增长。马克思对社会总资本再生产的分析表明,社会总产品是否能顺利实现,归根到底取决于各生产部门是否按客观的比例进行生产和交换。在资本主义条件下,由于私有制和生产的无政府状态,社会总资本的再生产是在资本主义周期性经济危机中实现的。

《资本论》第三卷主要揭示和阐明资本主义生产总过程和剩余价值的分配。

在第一篇中,马克思主要分析了剩余价值到利润、剩余价值率到利润率的转化。他指出,资本主义生产方式生产的商品价值在社会表面上表现为成本价格与利润之和;在成本价格中不变资本与可变资本的区别消失了,这就造成一种假象,似乎生产中发生的价值变化不是来自可变资本,而是来自预付的全部资本,这样,剩余价值率就转化为利润率,剩余价值就转化为利润,这就掩盖了剩余价值的起源和存在的秘密。

在第二篇中,马克思主要考察了利润转化为平均利润、价值转化为生产价格。他指出,通过竞争,资本在不同部门间发生转移,由此个别利润率转化为平均利润率,个别利润转化为平均利润,等量资本获得等量利润。在平均利润率的前提下,商品价值转化为生产价格,后者等于成本价格加上平均利润。生产价格形成后,商品的市场价格不再以价值为中心而是以生产价格为中心上下波动,从而使价值规律的作用在形式上发生变化。

在第三篇中,马克思主要阐明了利润率趋向下降的规律及其内在矛盾。他指出,随着社会生产力的发展,社会总资本的有机构成不断提高,一般利润率逐渐下降;与此同时,由于资本对工人剥削程度的加强以及提高剩余价值率的一系列其他因素的存在,利润率下降又受到相反作用的阻碍,并作为复杂的一般趋势表现出来。利润率趋向下降规律的内在矛盾的展开表明,资本主义生产方式不是绝对的、永恒的,而只是同物质生产条件的一定发展时期相适应的、历史的、暂时的生产方式。

在第四篇中,马克思主要探讨了商品资本和货币资本向商品经营资本和货币经营资本的转化,阐明了商业资本的由来及其特征。马克思指出,商业资本是产业资本的买卖职能独立化的结果,商业资本有助于产业资本缩短流通时间、扩大市场、降低全社会流通费用,从而间接增大产业资本生产的剩余价值;商业资本不创造价值,但参与利润的平均化;商业利润是对产业利润的扣除。马克思还阐述了货币经营资本的形成和职能。

在第五篇中,马克思主要研究了货币资本到生息资本的转化以及相关问题。他指出,作为生息资本的资本主义形式的借贷资本把资本作为商品投入流通,其特殊使用价值是能够带来利润。职能资本家借入资本取得这种使用价值后从事经营,经过一定期限向贷出者还本付息。由此,资本的所有权和使用权相分离,职能资本家取得的利润分为利息和企业主收入,分属于借贷资本家和职能资本家。生息资本的发展导致银行和信用体系这些具体形式的产生。信用体系又进一步导致股份资本的形成以及股票等有价证券的流通,除现实资本的运动外,又出现虚拟资本的运动。由于股份资本和股份公司的出现,资本取得了联合起来的社会资本的形式,资本的职能和资本的所有权分离开来,这是资本主义生产方式在自身范围内的扬弃,是向更高生产方式的过渡点。不过,这一切还是局限在资本主义生产关系的范围内。恩格斯在编辑本卷时所写的补充指出:卡特尔等垄断组织的出现,为将来由整个社会共同占有生产资料做好了准备。

在第六篇中,马克思主要论述了资本主义条件下的地租。他指出:地租是土地所有者凭借土地所有权而索取的收入,是土地所有权在经济上的实现形式;资本主义地租是租佃资本家使用土地所有者的土地而交纳的、由雇佣工人创造的、超过平均利润以上的那部分剩余价值,体现着土地所有者和租佃资本家分割剩余价值、共同剥削雇佣工人的关系。

在第七篇中，马克思主要阐明了资本主义制度下各种收入及其来源。这一篇是《资本论》三卷的总结，是对资本主义生产关系的总揭露。资产阶级政治经济学把资本主义条件下的各种收入归结为三位一体的公式：资本—利润，土地—地租，劳动—工资。马克思揭开了这一公式所掩盖的秘密，指出上述各种收入原本都来源于劳动创造的价值和剩余价值，强调资本主义分配关系的性质是由资本主义生产关系及所有制关系的性质决定的。与上述三种收入形式相对应，存在着三个社会阶级即无产阶级、资产阶级和土地所有者阶级，无产阶级同资产阶级和土地所有者阶级之间的对立和斗争，将促使资本主义生产方式最终瓦解。

本卷收录了恩格斯为《资本论》第三卷写的两篇"增补"：《价值规律和利润率》和《交易所》。在《价值规律和利润率》中，恩格斯对资产阶级经济学家提出的《资本论》第一卷中的劳动价值论与第三卷中的生产价格理论"相互矛盾"的观点进行了分析和批驳，并根据经济史，详细地说明了价值是如何随着商品经济和资本主义的发展转化为生产价格的。在《交易所》中，恩格斯考察了19世纪60年代中期至90年代初期资本主义经济发生的重大变化，分析了交易所作用扩大的原因。

本卷还全文收录了附于1857—1858年手稿中的《导言》，并从1857—1858年手稿和1861—1863年手稿中各摘选了三个片断。

《导言》是马克思为计划撰写的经济学巨著《政治经济学批判》写的总的导言。马克思在《导言》中详细地论述了他所从事的政治经济学研究的对象和方法。马克思指出，生产、分配、交换和消费是一个总体的各个环节，生产是出发点和决定因素，因此，政治经济学应当主要研究一定生产关系下的生产。马克思把现代资本主义生产作为主要研究对象。马克思批判地分析和借鉴经济学史上有关建立经济学体系的方法,创立了自己构建经济学体系的逻辑方法——从抽象上升到具体。这种方法以现实为依据,从简单的抽象规定开始,逐步上升到越来越具体的规定,从而在理论上使客观事物的内部联系和发展过程得到科学的说明和再现。马克思还阐发了关于意识形态上层建筑和经济基础之间、文学艺术和物质生产之间的关系的一系列重要思想。

在 1857—1858 年手稿的三个片断中,马克思论述了资本主义生产的作用及其界限。他指出,只有资本才创造出资产阶级社会,并创造出社会成员对自然界和社会联系的普遍占有,从而体现资本的伟大文明作用,但是资本的生产是在矛盾中运动的,这些矛盾不断被克服,但又不断产生出来。资本不可遏止地追求的普遍性,在资本的性质上遇到限制,这些限制在资本发展到一定阶段时,会使资本本身成为这种趋势的最大限制,从而促使人们利用资本来消灭资本。马克思考察了资本主义以前的各种所有制形式,如亚细亚的所有制形式、古代的所有制形式、日耳曼的所有制形式等等,评述了机器体系的发展及其应用的重大意义,阐明了科学技术是极其重要的生产力。

在 1861—1863 年手稿的三个片断中,马克思研究了资本主义社会中的生产劳动和非生产劳动问题,指出在资本主义制度下,生产劳动是指和资本相交换并为资本带来剩余价值的劳动,在资本主义灭亡后,当工人创造的价值超过自己消费的价值而有余额时,这种劳动就是真正的生产劳动。马克思对经济危机作了系统的阐述,揭示了简单商品生产条件下存在的危机可能性怎样随着资本主义的发展而成为现实的过程。马克思具体论述了未来社会中重新建立个人所有制的问题,指出在未来社会中重新建立的个人所有制是"联合起来的、社会的个人的所有制"。

本卷经济学手稿摘选引文出处中的［B.］、［L.］、［Zh.］,分别指马克思的《布鲁塞尔笔记》、《伦敦笔记》、《引文笔记》。

卡·马克思

《政治经济学批判》序言[1]

我考察资产阶级经济制度是按照以下的顺序：**资本、土地所有制、雇佣劳动；国家、对外贸易、世界市场**。在前三项下，我研究现代资产阶级社会分成的三大阶级的经济生活条件；其他三项的相互联系是一目了然的。第一册论述资本，其第一篇由下列各章组成：(1)商品；(2)货币或简单流通；(3)资本一般。前两章构成本分册的内容。我面前的全部材料[2]形式上都是专题论文，它们是在相隔很久的几个时期内写成的，目的不是为了付印，而是为了自己弄清问题，至于能否按照上述计划对它们进行系统整理，就要看环境如何了。

我把已经起草的一篇总的导言[3]压下了，因为仔细想来，我觉得预先说出正要证明的结论总是有妨害的，读者如果真想跟着我走，就要下定决心，从个别上升到一般。不过在这里倒不妨谈一下我自己研究政治经济学的经过。

我学的专业本来是法律，但我只是把它排在哲学和历史之次当做辅助学科来研究。1842—1843 年间，我作为《莱茵报》[4]的编辑，第一次遇到要对所谓物质利益发表意见的难事。莱茵省议会关于林木盗窃和地产析分的讨论，当时的莱茵省总督冯·沙培尔先生就摩泽尔农民状况同《莱茵报》展开的官方论战，最后，关于自由贸易和保护关税的辩论，是促使我去研究经济问题的最初动因。[5]另一方面，在善良的"前进"愿望大大超过实际知识的当时，在《莱茵报》上可以听到法国社会主义和共产主义的带着微弱哲学色彩的回声。我曾表示反对这种肤浅言论，但是同时在和奥格斯堡《总汇报》[6]的一次争论中坦率承认，我以往的研究还不容许我对法兰西思潮的内容本身妄加评判。我倒非常乐意利用《莱茵报》发行人以为把报纸的态度放温和些就可以使那已经落在该报头上的死刑判决撤销的幻想，以便从社会舞台退回书房。

为了解决使我苦恼的疑问，我写的第一部著作是对黑格尔法哲学的批判性的分析，这部著作的导言曾发表在1844年巴黎出版的《德法年鉴》[7]上。我的研究得出这样一个结果：法的关系正像国家的形式一样，既不能从它们本身来理解，也不能从所谓人类精神的一般发展来理解，相反，它们根源于物质的生活关系，这种物质的生活关系的总和，黑格尔按照18世纪的英国人和法国人的先例，概括为"市民社会"[8]，而对市民社会的解剖应该到政治经济学中去寻求。我在巴黎开始研究政治经济学，后来因基佐先生下令驱逐而移居布鲁塞尔[9]，在那里继续进行研究。我所得到的，并且一经得到就用于指导我的研究工作的总的结果，可以简要地表述如下：人们在自己生活的社会生产中发生一定的、必然的、不以他们的意志为转移的关系，即同他们的物质生产力的一定发展阶段相适合的生产关系。这些生产关系的总和构成社会的经济结构，即有法律的和政治的上层建筑竖立其上并有一定的社会意识形式与之相适应的现实基础。物质生活的生产方式制约着整个社会生活、政治生活和精神生活的过程。不是人们的意识决定人们的存在，相反，是人们的社会存在决定人们的意识。社会的物质生产力发展到一定阶段，便同它们一直在其中运动的现存生产关系或财产关系（这只是生产关系的法律用语）发生矛盾。于是这些关系便由生产力的发展形式变成生产力的桎梏。那时社会革命的时代就到来了。随着经济基础的变更，全部庞大的上层建筑也或慢或快地发生变革。在考察这些变革时，必须时刻把下面两者区别开来：一种是生产的经济条件方面所发生的物质的、可以用自然科学的精确性指明的变革，一种是人们借以意识到这个冲突并力求把它克服的那些法律的、政治的、宗教的、艺术的或哲学的，简言之，意识形态的形式。我们判断一个人不能以他对自己的看法为根据，同样，我们判断这样一个变革时代也不能以它的意识为根据；相反，这个意识必须从物质生活的矛盾中，从社会生产力和生产关系之间的现存冲突中去解释。无论哪一个社会形态，在它所能容纳的全部生产力发挥出来以前，是决不会灭亡的；而新的更高的生产关系，在它的物质存在条件在旧社会的胎胞里成熟以前，是决不会出现的。所以人类始终只提出自己能够解决的任务，因为只要仔细考察就可以发现，任务本身，只有在解决它的物质条件已经存在或者至少是在生成过程中的时候，才会产生。大体说来，亚细亚的、古希腊罗马的、封建的和现代资产阶级的生产方式可以看做是经济的社会形态演进的几个时代。资产阶级的生产关系是社会生产过程的最后一个对抗形式，这里所说的对抗，不是指个人的对抗，而是指从个人的社会生活条件中生长出来的对抗；但是，在资产阶级社会的胎胞里发展的生产力，同时又创造着解决这种对抗的物质条件。因此，人类社会的史前时期就以这种社会形态而告终。

自从弗里德里希·恩格斯批判经济学范畴的天才大纲①（在《德法年鉴》上）发表以后，我同他不断通信交换意见，他从另一条

---

① 指恩格斯的《国民经济学批判大纲》，见本选集第 1 卷。——编者注

道路(参看他的《英国工人阶级状况》①)得出同我一样的结果。当1845年春他也住在布鲁塞尔时,我们决定共同阐明我们的见解与德国哲学的意识形态的见解的对立,实际上是把我们从前的哲学信仰清算一下。这个心愿是以批判黑格尔以后的哲学的形式来实现的。两厚册八开本的原稿②早已送到威斯特伐利亚的出版所,后来我们才接到通知说,由于情况改变,不能付印。既然我们已经达到了我们的主要目的——自己弄清问题,我们就情愿让原稿留给老鼠的牙齿去批判了。在我们当时从这方面或那方面向公众表达我们见解的各种著作中,我只提出恩格斯与我合著的《共产党宣言》和我自己发表的《关于自由贸易的演说》③。我们见解中有决定意义的论点,在我的1847年出版的为反对蒲鲁东而写的著作《哲学的贫困》①中第一次作了科学的、虽然只是论战性的概述。我用德文写的关于《雇佣劳动》④一书,汇集了我在布鲁塞尔德意志工人协会¹⁰上对于这个问题的讲演,这本书的印刷由于二月革命¹¹和我因此被迫离开比利时而中断。

1848年和1849年《新莱茵报》¹²的出版以及随后发生的一些事变,打断了我的经济研究工作,到1850年我才能在伦敦重新进行这一工作。英国博物馆中堆积着政治经济学史的大量资料,伦敦对于考察资产阶级社会是一个方便的地点,最后,随着加利福尼亚和澳大利亚金矿的发现,资产阶级社会看来进入了新的发展阶段,这一切决定我再从头开始,批判地仔细钻研新的材料。这些研

---

① 见本选集第1卷。——编者注
② 指马克思和恩格斯的《德意志意识形态》手稿。——编者注
③ 即马克思《关于自由贸易问题的演说》,见本选集第1卷。——编者注
④ 即马克思《雇佣劳动与资本》,见本选集第1卷。——编者注

究一部分自然要涉及似乎完全属于本题之外的学科,在这方面不得不多少费些时间。但是使我所能够支配的时间特别受到限制的,是谋生的迫切需要。八年来,我一直为第一流的美国英文报纸《纽约每日论坛报》[13]撰稿(写作真正的报纸通讯在我只是例外),这使我的研究工作必然时时间断。然而,由于评论英国和大陆突出经济事件的论文在我的投稿中占很大部分,我不得不去熟悉政治经济学这门科学本身范围以外的实际的细节。

我以上简短地叙述了自己在政治经济学领域进行研究的经过,这只是要证明,我的见解,不管人们对它怎样评论,不管它多么不合乎统治阶级的自私的偏见,却是多年诚实研究的结果。但是在科学的入口处,正像在地狱的入口处一样,必须提出这样的要求:

"这里必须根绝一切犹豫;

这里任何怯懦都无济于事。"①

卡尔·马克思

1859 年 1 月于伦敦

卡·马克思写于 1859 年 1 月

原文是德文

载于 1859 年 6 月在柏林出版的
《政治经济学批判。第一分册》
一书

选自《马克思恩格斯文集》
第 2 卷第 588—594 页

---

① 但丁《神曲·地狱篇》第 3 部第 14—15 行。——编者注

弗·恩格斯

卡尔·马克思《政治经济学批判。第一分册》[14]

1859年柏林弗兰茨·敦克尔出版社版

一

德国人早已证明,在一切科学领域内,他们与其余的文明民族不相上下,在大部分领域内甚至胜过它们。只有一门科学,在它的大师们当中,没有一个德国人的名字,这就是政治经济学。原因很清楚。政治经济学是现代资产阶级社会的理论分析,因此它以发达的资产阶级关系为前提,而在德国,这种关系在自从宗教改革战争和农民战争[15],特别是自从三十年战争[16]以来的几百年间,都没有可能产生。荷兰同帝国的脱离,把德国从世界贸易中排挤出来,使它的工业发展一开始就限于极小的规模;[17]当德国人如此艰辛如此缓慢地从内战的破坏中恢复过来的时候,当他们把从来就不很大的全部市民精力耗费于毫无结果的斗争,以反对每个小邦主和帝国小贵族强加在其臣民的产业上的关税壁垒和专横的贸易条例的时候,当帝国直辖市在行会习气和贵族骄横中衰落下去的时候,荷兰、英国和法国在世界贸易中取得了首要地位,开拓了一个又一个殖民地,使工场手工业的发展达到最高度的繁荣,直到最后,英国由于蒸汽使它的煤铁矿有了价值,站到现代资产阶级发展的最前列。但是,陈腐可笑的中世纪残余直到1830年还束缚着德国资产阶级的物质发展,当还需要同这种残余进行斗争的时候,就不可能有德国的政治经济学。只是随着关税同盟[18]的建立,德国人才能够**理解**政治经济学。从这时起,英国和法国的经济学才实际上开始输入,以适应德国资产阶级的需要。不久,学者和官僚就抓住了输入的材料,用一种并不替"德意志精神"特别增光的方式对它进行加工改造。于是,从那些耍笔杆的投机家、商人、学究和官僚等各色人物中,产生了德国的经济学著作,这种著作就其乏味、肤浅、空洞、冗长和抄袭情况来说,只有德国的长篇小说才能与之相比。在那些讲求实际的人们当中,最先形成了工业家的保护关税派。他们的权威是李斯特,虽然他的全部洋洋大作是从大陆体系[19]的理论创立者法国人费里埃那里抄来的,但是总不失为德国资产阶级经济学著作中最优秀的作品。[20]同这一派相对立,在40年代产生了波罗的海沿岸各省份商人的自由贸易派,他们怀着幼稚的然而自私的信仰,重复英国自由贸易派[21]的论据。最后,在从理论方面研究这门学科的学究和官僚中,有像劳先生那样干瘪而无批判能力的采集家;有像施泰因先生那样把外国的原理译成没有弄懂的黑格尔语言的自作聪明的思辨哲学家;还有像黎尔先生那样在"文化史"方面舞文弄墨拾人唾余的人。从这一切最终得出的是官房学[22],这是一种浇上了一些折中主义经济学调味汁的无所不包的大杂烩,对于准备应考官职的人倒是有用的。

当德国的资产阶级、学究和官僚把英法经济学的初步原理当做不可侵犯的教条死记硬背,力求多少有些了解的时候,德国无产阶级的政党出现了。它的全部理论来自对政治经济学的研究,它一出现,科学的、独立的、**德国的经济学**也就产生了。这种德国的经济学本质上是建立在**唯物主义历史观**的基础上的,后者的要点,在本书的序言中已经作了扼要的阐述。①这篇序言的主要部分已经在《人民报》**23**上刊载过,因此我们请读者去参看一下。下面这个原理,不仅对于经济学,而且对于一切历史科学(凡不是自然科学的科学都是历史科学)都是一个具有革命意义的发现:"物质生活的生产方式制约着整个社会生活、政治生活和精神生活的过程。"在历史上出现的一切社会关系和国家关系,一切宗教制度和法律制度,一切理论观点,只有理解了每一个与之相应的时代的物质生活条件,并且从这些物质条件中被引申出来的时候,才能理解。"不是人们的意识决定人们的存在,相反,是人们的社会存在决定人们的意识。"这个原理非常简单,它对于没有被唯心主义的欺骗束缚住的人来说是不言自明的。但是,这个事实不仅对于理论,而且对于实践都是最革命的结论。"社会的物质生产力发展到一定阶段,便同它们一直在其中运动的现存生产关系或财产关系(这只是生产关系的法律用语)发生矛盾。于是这些关系便由生产力的发展形式变成生产力的桎梏。那时**社会革命**的时代就到来了。随着经济基础的变更,全部庞大的上层建筑也或慢或快地发生变革……　资产阶级的生产关系是社会生产过程的最后一个对抗形式,这里所说的对抗,不是指个人的对抗,而是指从个人的社会生活条件中生长出来的对抗;但是,在资产阶级社会的胎胞里发展的生产力,同时又创造着解决这种对抗的物质条件。"②由此

---

① 见本卷第1—5页。——编者注
② 见本卷第2—3页。——编者注

可见,只要进一步发挥我们的唯物主义论点,并且把它应用于现时代,一个强大的、一切时代中最强大的革命远景就会立即展现在我们面前。

人们的意识取决于人们的存在而不是相反,这个原理看来很简单,但是仔细考察一下也会立即发现,这个原理的最初结论就给一切唯心主义,甚至给最隐蔽的唯心主义当头一棒。关于一切历史的东西的全部传统的和习惯的观点都被这个原理否定了。政治论证的全部传统方式崩溃了;爱国的义勇精神愤慨地起来反对这种无礼的观点。因此,新的世界观不仅必然遭到资产阶级代表人物的反对,而且也必然遭到一群想靠**自由**、**平等**、**博爱**的符咒来翻转世界的法国社会主义者的反对。这种世界观激起了德国庸俗的民主主义空喊家极大的愤怒。尽管如此,他们还是力图剽窃新的思想,然而对这些思想又极端无知。

即使只是在一个单独的历史事例上发展唯物主义的观点,也是一项要求多年冷静钻研的科学工作,因为很明显,在这里只说空话是无济于事的,只有靠大量的、批判地审查过的、充分地掌握了的历史资料,才能解决这样的任务。二月革命[11]把我们党推上了政治舞台,因此使它不可能进行纯科学的探讨。虽然如此,这个基本观点却像一根红线贯穿着党的一切文献。在所有这些文献中,每个场合都证明,每次行动怎样从直接的物质动因产生,而不是从伴随着物质动因的词句产生,相反地,政治词句和法律词句正像政治行动及其结果一样,倒是从物质动因产生的。

1848—1849年革命失败之后,这样一个时期到来了,在这个时期,从国外来影响德国越来越不可能了,我们党把流亡者之间争吵——因为这成了唯一可能的行动——的场所让给了庸俗民主派。他们心满意足地热衷于争吵,今天大吵大闹,明天握手言欢,后天又公开自己的丑事,他们在美洲到处行乞,接着立刻在瓜分几文讨来的银钱上重新出丑。在这个时候,我们党却因为重新得到了几分宁静从事研究工作而高兴。我们党有个很大的优点,就是有一个新的科学的世界观作为理论的基础,制定这个世界观就已经够忙了;单是这一点,我们党就决不可能堕落到像流亡中的"大人物"①那样深的程度。

这些研究的最初成果就是我们面前的这本书。

二

我们面前的这部著作,决不是对经济学的个别章节作零碎的批判,决不是对经济学的某些争论问题作孤立的研究。相反,它一开始就以系统地概括经济科学的全部复杂内容,并且在联系中阐述资产阶级生产和资产阶级交换的规律为目的。既然经济学家无非是这些规律的代言人和辩护人,那么,这种阐述同时也就是对全部经济学文献的批判。

自从黑格尔逝世之后,把一门科学在其固有的内部联系中来阐述的尝试,几乎未曾有过。官方的黑格尔学派从老师的辩证法中只学会搬弄最简单的技巧,拿来到处应用,而且常常笨拙得可笑。对他们来说,黑格尔的全部遗产不过是可以用来套在任何论题上的刻板公式,不过是可以用来在缺乏思想和实证知识的时候及时搪塞一下的词汇语录。结果,正如一位波恩的教授所说,这些

①　参看马克思和恩格斯《流亡中的大人物》,《马克思恩格斯全集》中文第2版第11卷。——编者注

黑格尔主义者懂一点"无",却能写"一切"。情况的确如此,这些先生们虽然自命不凡,却深感自己的虚弱,因此尽可能回避一切重大的问题;陈腐的旧科学由于具有实证知识方面的优势而保持着它的地盘;只是在费尔巴哈宣布废弃思辨概念以后,黑格尔学派才逐渐销声匿迹,于是,旧的形而上学及其固定不变的范畴似乎在科学中又重新开始了它的统治。

这个现象是有它的自然原因的。黑格尔学派的狄亚多希[24]的统治在空谈中结束之后,自然就出现了一个科学的实证内容重新胜过其形式方面的时代。同时,德国以异乎寻常的精力致力于自然科学,这是与1848年以来资产阶级的强大发展相适应的;在这种科学中思辨倾向从来没有多大地位,随着这种科学的时兴,旧的形而上学思维方式,包括沃尔弗式的极端浅薄的陈词滥调,也就重新流行起来。黑格尔被遗忘了,新的自然科学唯物主义发展了,这种唯物主义在理论上同18世纪的唯物主义几乎完全没有差别,它胜于后者的地方主要只是拥有较丰富的自然科学的材料,特别是化学和生理学的材料。我们从毕希纳和福格特身上看到这种康德以前的狭隘庸俗思维方式的极为浅薄的翻版,甚至信奉费尔巴哈的摩莱肖特也极其可笑地每时每刻都在最简单的范畴上纠缠不清。平庸的资产阶级理智这匹驾车的笨马,在划分本质和现象、原因和结果的鸿沟面前当然就一筹莫展了;可是,在抽象思维这个十分崎岖险阻的地域行猎的时候,恰好是不能骑驾车的马的。

由此可见,在这里必须解决与政治经济学本身无关的另外一个问题。应该用什么方法对待科学?一方面是黑格尔的辩证法,它具有完全抽象的"思辨的"形式,黑格尔就是以这种形式把它留下来的;另一方面是平庸的、现在重新时兴的、实质上是沃尔弗式的形而上学的方法,这也是资产阶级经济学家写他们那些缺乏内在联系的大部头著作时采用的方法。后一种方法,曾被康德特别是黑格尔在理论上摧毁,只是由于惰性和缺乏一种别的**简单**方法,才使它能够在实际上继续存在。另一方面,黑格尔的方法以其**现有的**形式是完全不能用的。它实质上是唯心的,而这里要求发展一种比从前所有世界观都更加唯物的世界观。它是从纯粹思维出发的,而这里必须从最过硬的事实出发。一种自己承认是"从无通过无到无"①的方法,以这种形式在这里是根本不适用的。虽然如此,它却是一切现有逻辑材料中至少可以加以利用的唯一材料。它没有受到过批判,没有被驳倒过;任何反对这位伟大的辩证论者的人都没有能够在这个方法的巍然大厦上打开缺口;它被遗忘,是因为黑格尔学派不知道可以用它干些什么。因此,首先应当对黑格尔的方法作一番透彻的批判。

黑格尔的思维方式不同于所有其他哲学家的地方,就是他的思维方式有巨大的历史感做基础。形式尽管是那么抽象和唯心,他的思想发展却总是与世界历史的发展平行着,而后者按他的本意只是前者的验证。真正的关系因此颠倒了,头脚倒置了,可是实在的内容却到处渗透到哲学中;何况黑格尔不同于他的门徒,他不像他们那样以无知自豪,而是所有时代中最有学问的人物之一。他是第一个想证明历史中有一种发展、有一种内在联系的人,尽管他的历史哲学中的许多东西现在在我们看来十分古怪,如果把他的前辈,甚至把那些在他以后敢于对历史做总的思考的人同他相比,他的基本观点的宏伟,就是在今天也还值得钦佩。在《现象学》、《美学》、《哲学史》[25]中,到处贯穿着这种宏伟的历史观,到处

---

① 见黑格尔《逻辑学》第 1 部第 2 编,《黑格尔全集》第 4 卷 1834 年柏林版第 15、75、145 页。——编者注

是历史地、在同历史的一定的（虽然是抽象地歪曲了的）联系中来处理材料的。

这个划时代的历史观是新的唯物主义世界观的直接的理论前提，单单由于这种历史观，也就为逻辑方法提供了一个出发点。如果这个被遗忘了的辩证法从"纯粹思维"的观点出发就已经得出这样的结果，而且，如果它轻而易举地就结束了过去的全部逻辑学和形而上学，那么，在它里面除了诡辩和烦琐言辞之外一定还有别的东西。但是，对这个方法的批判不是一件小事，全部官方哲学过去害怕而且现在还害怕干这件事。

马克思过去和现在都是唯一能够担当起这样一件工作的人，这就是从黑格尔逻辑学中把包含着黑格尔在这方面的真正发现的内核剥出来，使辩证方法摆脱它的唯心主义的外壳并把辩证方法在使它成为唯一正确的思想发展形式的简单形态上建立起来。马克思对于政治经济学的批判就是以这个方法做基础的，这个方法的制定，在我们看来是一个其意义不亚于唯物主义基本观点的成果。

对经济学的批判，即使按照已经得到的方法，也可以采用两种方式：按照历史或者按照逻辑。既然在历史上也像在它的文献的反映上一样，大体说来，发展也是从最简单的关系进到比较复杂的关系，那么，政治经济学文献的历史发展就提供了批判所能遵循的自然线索，而且，大体说来，经济范畴出现的顺序同它们在逻辑发展中的顺序也是一样的。这种形式表面上看来有好处，就是比较明确，因为这正是跟随着**现实的**发展，但是实际上这种形式至多只是比较通俗而已。历史常常是跳跃式地和曲折地前进的，如果必须处处跟随着它，那就势必不仅会注意许多无关紧要的材料，而且也会常常打断思想进程；并且，写经济学史又不能撇开资产阶级社会的历史,这就会使工作漫无止境,因为一切准备工作都还没有做。因此,逻辑的方式是唯一适用的方式。但是,实际上这种方式无非是历史的方式,不过摆脱了历史的形式以及起扰乱作用的偶然性而已。历史从哪里开始,思想进程也应当从哪里开始,而思想进程的进一步发展不过是历史过程在抽象的、理论上前后一贯的形式上的反映;这种反映是经过修正的,然而是按照现实的历史过程本身的规律修正的,这时,每一个要素可以在它完全成熟而具有典型性的发展点上加以考察。

我们采用这种方法,是从历史上和实际上摆在我们面前的、最初的和最简单的关系出发,因而在这里是从我们所遇到的最初的经济关系出发。我们来分析这种关系。既然这是一种**关系**,这就表示其中包含着两个**相互关联的**方面。我们分别考察每一个方面;由此得出它们相互关联的性质,它们的相互作用。于是出现了需要解决的矛盾。但是,因为我们这里考察的不是只在我们头脑中发生的抽象的思想过程,而是在某个时候确实发生过或者还在发生的现实过程,因此这些矛盾也是在实践中发展着的,并且可能已经得到了解决。我们考察这种解决的方式,发现这是由建立新关系来解决的,而这个新关系的两个对立面我们现在又需要展开说明,等等。

政治经济学从**商品**开始,即从产品由个别人或原始公社相互交换的时刻开始。进入交换的产品是商品。但是它成为商品,只是因为在这个**物**中、在这个产品中结合着两个人或两个公社之间的**关系**,即生产者和消费者之间的关系,在这里,两者已经不再结合在同一个人身上了。在这里我们立即得到一个贯穿着整个经济学并在资产阶级经济学家头脑中引起过可怕混乱的特殊事实的例子,这个事实就是:经济学研究的不是物,而是人和人之间的关系,归根到底是阶级和阶级之间的关系；可是这些关系总是**同物结合着**，并且**作为物出现**。诚然，这个或那个经济学家在个别场合也曾觉察到这种联系，而马克思第一次揭示出这种联系对于整个经济学的意义，从而使最难的问题变得如此简单明了，甚至资产阶级经济学家现在也能理解了。

如果我们从不同的方面来考察商品，并且所考察的是充分发达了的商品，而不是在两个原始公社之间自然形成的物物交换中刚在艰难地发展着的商品，那么，它在我们面前就表现出使用价值和交换价值两个方面，这里，我们立即进入了经济学的争论范围。谁想要找一个鲜明的例子，来证明现今发展阶段上的德国的辩证方法比旧时庸俗唠叨的形而上学方法优越，至少像铁路比中世纪的交通工具优越一样，那就请他读一读亚当·斯密或其他某位著名的官方经济学家的著作，看看交换价值和使用价值使这些先生受了多大折磨，看看把两者分清并理解它们每个特有的规定性对这些人来说是多么困难，然后再把马克思的简单明了的说明与之对比一下。

在说明了使用价值和交换价值之后，商品就被按照它进入**交换过程**时那样作为使用价值和交换价值的直接统一来叙述。这里产生了怎样的矛盾，读者可以在第20—21页①上看到。我们仅仅指出，这些矛盾不只有理论的、抽象的意义，而且同时反映出从直接的交换关系，即简单的物物交换的本性中产生出来的困难，反映出这种最初的粗陋的交换形式所必然遇到的不可能性。解决这种不可能性的办法，就是把代表一切其他商品的交换价值的特性转

---

① 见《马克思恩格斯全集》中文第2版第31卷第435—437页。——编者注

给一种特殊的商品——**货币**。然后,在第二章中阐述货币或简单流通,即(1)作为**价值尺度**的货币,并且在这里,用货币计量的价值即**价格**得到了更切近的规定;(2)作为**流通手段**的货币;(3)作为两个规定的统一体,作为**实在的货币**,作为资产阶级一切物质财富的代表。第一分册的叙述到此为止,从货币到资本的转化留待第二分册叙述。

我们看到,采用这个方法时,逻辑的发展完全不必限于纯抽象的领域。相反,逻辑的发展需要历史的例证,需要不断接触现实。因此这里插入了各种各样的例证,有的指出各个社会发展阶段上的现实历史进程,有的指出经济文献,以便从头追溯明确作出经济关系的各种规定的过程。对于个别的、多少是片面的或混乱的见解的批判,实质上在逻辑发展本身中已经作出了,因此可以叙述得很简略。

在第三篇论文中,我们将说明本书的经济学内容。

弗·恩格斯写于 1859 年 8 月
3—15 日

载于 1859 年 8 月 6、20 日
《人民报》第 14、16 期

原文是德文

选自《马克思恩格斯文集》
第 2 卷第 595—606 页

卡·马克思

*工资、价格和利润²⁶

［引　言］

公民们！

在讨论这个问题以前，允许我先说几句开场白。

目前大陆上有一种真正的罢工流行病，闹着要求增加工资。这个问题将在我们的大会上讨论。²⁷你们是国际协会的领导，对这个极重要的问题应当有确定的见解。因此，我认为有责任把这个问题彻底分析一下，即使你们不耐烦我也不在乎。

我要预先说明的另一点，是关于公民韦斯顿。他不仅向你们提出一些他明知不受工人阶级欢迎的观点，而且公开为之辩护，还自以为是在维护工人阶级的利益。这种在道义上表现出来的勇气，我们每个人都应该深表尊敬。尽管我这篇报告措辞直率，我希望，在报告结束后，公民韦斯顿将会发现，我同意的是在我看来正是构成他的论点基础的那种思想，不过我不得不认为，这些论点就其现有的形式来讲，在理论上是错误的，在实践中是危险的。

我现在就来谈正题。

1. ［生产和工资］

公民韦斯顿的论证,实际上是根据两个前提:

首先,**国民产品量**是**固定不变的**,或者像数学家所说的,是一个**常量**或**常数**;

其次,**实际工资总额**,也就是说,按照能够用以购买的商品的数量来测定的工资总额,是一个**不变额**,一个**常数**。

他的前一个论断显然是错误的。你们可以看到,产品的价值和数量在逐年增加,国民劳动的生产力在逐年扩大,而这种日益增加的产品的流通所必需的货币数量也在不断变化。一年告终时是如此,就可相互比较的各个不同年度来说是如此,就一年中每个平均日来说也是如此。国民产品的数或量总是在不断变化。它不是一个**常数**,而是一个**变数**,撇开人口的变化不谈,它也必然如此,因为**资本积累**和**劳动生产力**总是在不断地变化。的确,假如**工资水平普遍提高了**,这种提高**本身**,无论其后果如何,决不会**立即**改变产品量。这种提高最初可能是由当时的实际情况造成的。但是,如果**在工资提高之前**,国民产品是一个**变数**而不是一个**常数**,那么,**在工资提高之后**,它仍然是一个**变数**而不是一个**常数**。

但是,假定说,国民产品量不是**变数**,而是**常数**。即使如此,我们的朋友韦斯顿当做逻辑结论的东西,也只是一种武断。如果我们有一个已知数,比如说是8,那么这个数的**绝对**界限并不妨碍它的各部分改变其**相对**界限。如果利润为6,工资为2,那么工资可能增加至6,利润减少至2,而总数仍然是8。因此,产品量的固定不变,无论如何也不能证明工资总额也是固定不变的。那么,我们的朋友韦斯顿究竟怎样证明工资总额是固定不变的呢？不过是武断而已。

但是，即使同意他的论断，那么它也应当在两方面都说得通，然而公民韦斯顿却使它只能说明一个方面。如果工资总额是一个常数，它就既不能增加，也不能减少。因此，如果说工人争取暂时增加工资很愚蠢，那么资本家争取暂时降低工资也很愚蠢。我们的朋友韦斯顿并不否认，在一定的情况下，工人**能够**迫使资本家增加工资，但是，他觉得工资总额是天然固定不变的，工资增加后必然会有一个反作用。另一方面，他也知道资本家**能够**压低工资，而且确实经常想压低它。依照工资不变的原则，在这种场合，也应当像在前一种场合一样，随后有一个反作用。所以，工人对降低工资的企图或对工资已经降低的现象进行反抗是正确的。所以，他们**力求增加工资**也是正确的，因为任何一种反抗降低工资的**行动**都是一种争取增加工资的**行动**。依照公民韦斯顿的**工资不变**原则，工人也应当在一定情况下联合起来，为增加工资而斗争。

如果他否认这个结论，他就必须放弃那个所以得出这个结论的前提。他就不该说工资总额是一个**常数**，而应该说工资总额尽管不能而且不该**提高**，但是它随时可能而且应该**降低**，只要是资本家想把它降低。如果资本家想给你们吃的是马铃薯而不是肉，是燕麦而不是小麦，你们也必须把他的愿望当做政治经济学的一条规律而唯命是从。如果一个国家的工资水平比另一个国家的高，例如美国的比英国的高，你们就应当以美国资本家的愿望和英国资本家的愿望的不同来解释这种工资水平的不同，毫无疑问，这种方法不仅会使经济现象的研究工作，而且也会使其他一切现象的研究工作十分简单化。

不过，即使如此，我们也可以问：**为什么美国资本家的愿望不**

同于英国资本家的愿望？为了回答这个问题，就得超出**愿望**的范围。一个牧师会说：上帝愿意法国是一个样，愿意英国是另一个样。如果我要求他解释这种愿望的两重性，他会厚起脸皮回答，上帝愿意在法国抱一种愿望，在英国抱另一种愿望。但是，我们的朋友韦斯顿当然决不会去作这种完全否定一切推理的论证。

诚然，资本家的**愿望**是获取尽量多的东西。但是，我们的任务不是要谈论他的**愿望**，而是要研究他的**力量**。研究那股**力量的界限**以及**那些界限的性质**。

2. ［生产、工资、利润］

公民韦斯顿向我们作的演说，三言两语就可以说清楚了。

他的全部推论归结如下：如果工人阶级强迫资本家阶级以货币工资形式付5先令，而不是4先令，那么，资本家以商品形式归还的，将会是值4先令的东西，而不是值5先令的东西。工人阶级就不得不用5先令去买在工资增加之前用4先令就能买到的东西。为什么会这样呢？为什么资本家把只值4先令的东西要卖5先令呢？因为工资额是固定不变的。但是为什么工资额被固定在值4先令的商品上？为什么不是值3或2先令，或其他数目的商品上呢？如果工资额的界限是由一条既不依资本家的愿望又不依工人的愿望为转移的经济规律决定的，公民韦斯顿就应当首先阐述这条规律，并加以证明。其次，他还应当证明，在每一个特定的时期内，实际上所支付的工资额，总是完全符合必要的工资额而决不能偏离它。另一方面，如果工资额的一定界限**只**是取决于资本家的**愿望**或取决于他的贪欲的界限，这种界限就是随意的，没有什么必然性,可以**依照**资本家的愿望而改变,因此也可以**违反**他的愿望而改变。

公民韦斯顿对他的理论是这样解释的:有一个盆盛着一定量的汤,供一定数量的人分食,这一定量的汤决不会因为汤匙子的增大而增多。真让人觉得这个例子未免有点笨拙①。这使我想起梅涅尼·阿格利巴用过的一个比喻。当罗马平民反抗罗马贵族时,贵族阿格利巴对他们说,作为胃的贵族养活着国家躯体上作为肢体的平民。**28**阿格利巴却没能证明,填满一个人的胃怎么就可以养活另一个人的肢体。公民韦斯顿想必忘记了,在工人们喝汤的那个汤盆里盛着国民劳动的全部产品,他们不能舀出更多的汤,既不是因为汤盆的容量小,也不是因为汤盆里盛的东西少,只是因为他们的汤匙太小了。

资本家用什么诡计能把只值 4 先令的东西卖 5 先令呢? 就是靠抬高他出卖的商品的价格。那么,商品价格的提高,或者,更广泛些说,商品价格的变动,以及商品价格本身,是否仅仅取决于资本家的愿望呢? 或者相反,是否需要一定的条件才能实现这个愿望呢? 如果不需要,那么市场价格的涨落及其不断的变动,就成为一个不可解答的谜了。

既然我们假定,无论劳动生产力,还是资本和所使用的劳动的数量以及估量产品价值的货币价值都没有变化,而**变化的只是工资水平**,那么这种**工资的提高**怎么能够影响**商品的价格**呢? 只有影响这些商品的实际供求关系,才能影响商品的价格。

的确,整个来说,工人阶级总是把自己的收入花费在并且不得

---

① 前一句中"匙子"的原文是"spoon",也有"笨汉"的意思;此处"笨拙"的原文是"spoony",是"spoon"的形容词。——编者注

不花费在**生活必需品**上。所以工资水平的普遍提高总要引起对**生活必需品**的需求的提高,从而引起生活必需品**市场价格**的提高。生产这些必需品的资本家支付的工资提高了,就靠提高他们的商品的市场价格来求得补偿。但是那些**不生产生活必需品的资本家**又怎样呢?决不要以为他们人数很少。你们仔细想一下,国民产品的三分之二被五分之一的人口消费掉了——最近一位下院议员说只被七分之一的人口消费掉了——,那你们就会知道,该有多么大的一批国民产品要作为奢侈品来生产或用来**交换**奢侈品,该有多么大量的生活必需品要浪费在豢养仆役、马匹、猫等等上面;我们凭经验知道,这种浪费,随着生活必需品价格的提高,总是要大受限制的。

那么,那些**不生产生活必需品的资本家**的处境究竟会怎样呢?工资的普遍提高必然引起**利润率的下降**,他们不可能靠**提高自己商品的价格**来求得补偿,因为对这些商品的需求是不会增加的。他们的收入会减少,从这种已经减少的收入中,他们不得不支付更多的钱才能买到同样数量的价格已经提高的生活必需品。不仅如此。他们的收入减少了,就不得不缩减用于奢侈品的支出,因此他们彼此对于各自商品的需求也要缩减。需求额缩减了,他们的商品的价格就会降低。所以在这些工业部门中,**利润率就会下降**,这种下降不仅与工资水平的普遍提高成比例,而且与工资的普遍提高、生活必需品价格的上升和奢侈品价格的下降都成复比例。

对于投在各个不同工业部门中的那些资本来说,这种**利润率的差别**会有什么样的后果呢?当然,其后果也同各个生产部门中的**平均利润率**因某种原因而产生差别时一样。资本和劳动就会从获利较少的部门转移到获利较多的部门,这种转移过程一直要延续下去,直到一些工业部门的供给量上升到符合于增长了的需求量,而其他工业部门的供给量下降到符合于缩减了的需求量时才会停止。**经过这种变化,一般利润率才会在各个工业部门中重新平均化**。整个这种转变,最初只是起因于各种商品供求关系的变动,这个原因一旦消失,它的作用就会停止,**价格就会回到原来的水平和平衡状态**。因工资提高而引起的**利润率的下降**,不会局限于某些工业部门,一定会成为**普遍的现象**。按照我们的假定,劳动生产力没有变化,产品总量也没有变化,**只是这一定量的产品会改变自己的形式**。大部分产品将以生活必需品的形式存在,小部分产品将以奢侈品的形式存在,或者,结果一样,小部分产品将用来交换外国奢侈品并以其原来的形式消费掉;或者,结果也一样,大部分本国产品将用来交换外国的生活必需品,而不是奢侈品。因此工资水平的普遍提高,在市场价格暂时混乱之后,只会引起利润率的普遍下降,不会引起商品价格任何长期的变动。

如果有人说,在上述论证中,我假定全部工资增加数都花费在生活必需品上,我就回答,我作的这个假定是最有利于公民韦斯顿的观点的。如果工资增加数花费在从前不是工人们消费的物品上,那么,他们的购买力的实际提高就无须证明了。可是,他们购买力的提高只是由于工资的增加,那么这种提高就应该恰巧相当于资本家购买力的降低。因此,对商品的**总需求量**不会**增加**,但是这种需求的各个构成部分可能会**改变**。一方增加的需求会被另一方减少的需求抵消。总的需求量因此仍旧不变,商品的市场价格无论如何也不会变动。

因此必须二者择一:或者是工资增加数均等地花费在一切消费品上,于是工人阶级方面的需求的扩大就该由资本家阶级方面的需求的缩减来抵偿;或者是工资增加数只花费在某几种市场价格将暂时上涨的物品上。这样，一些工业部门的利润率的必然上升，以及另一些工业部门的利润率的必然下降，就会引起资本和劳动分配上的变化，这种变化必将继续下去，直到供给量在一些工业部门中增加到符合于增长了的需求量，在另一些工业部门中降低到符合于减少了的需求量时为止。在前一种假定下，商品的价格不会发生变动。在后一种假定下，商品的交换价值经过市场价格的某些波动之后，又会降到原先的水平。在这两种假定下，工资水平的普遍提高，终究不会引起任何别的后果，只会引起利润率的普遍下降。

为了唤起你们的想象力，公民韦斯顿要求你们想一想，英国农业工人的工资普遍从 9 先令增加到 18 先令，会引起哪些困难。他大声疾呼，请想一想生活必需品需求的大量增加和接踵而来的价格的惊人上涨吧。当然你们都知道，美国农业工人的平均工资比英国农业工人的平均工资多一倍以上，虽然美国农产品的价格比英国低，虽然美国的资本与劳动的整个关系同英国一样，虽然美国产品的年产量比英国少得多。我们的朋友为什么要敲警钟呢？只不过是为了回避我们面临的实际问题罢了。工资忽然从 9 先令增加到 18 先令，就是说工资忽然增加了 100%。不过，我们现在决不是要讨论英国普遍的工资水平能不能突然提高 100% 的问题。我们完全不必讨论提高的**数量**，它在每一个具体场合下，都应该取决于并适应于一定的情况。我们只想弄清楚，工资水平的普遍提高，即使不超过 1%，将会产生什么样的后果。

姑且不谈我们的朋友韦斯顿关于工资提高 100% 的幻想，我想请你们注意英国在 1849 年至 1859 年这一时期确实提高过工资。

你们都知道自 1848 年起实行的十小时工作日法案[29]，更确切地说,十小时半工作日法案。这是我们亲眼见过的重大的经济改革之一。这是一次突然和强制性的提高工资,并不是发生在某些地方行业中,而是发生在英国赖以统治世界市场的那些主要工业部门中。这是在特别不利情况下的提高工资。尤尔博士、西尼耳教授以及资产阶级经济学的其他所有的官方代言人都曾**证明**——我应该指出,他们的论据比我们的朋友韦斯顿的更有力——这是为英国工业敲丧钟。他们证明说,问题不在于简单的工资增加,而在于这种工资的增加起因于并基于所使用的劳动量的减少。他们断言,人们想从资本家手里夺去的第十二小时,正好是资本家赖以获得利润的唯一的一个小时。他们危言耸听,说这会使积累减少,价格提高,市场丧失,生产缩小,从而引起工资降低,弄得彻底破产。他们甚至声称,马克西米利安·罗伯斯比尔的最大限度法令[30]与这个法案相比就微不足道;在某种意义上他们说得有理。但是,结果怎样呢? 结果是:尽管工作日缩短,工厂工人的货币工资却提高了;工厂的在业工人数目大大增加了;工厂产品的价格不断降低了;工厂工人的劳动生产力惊人地发展了;工厂产品的销售市场空前地扩大了。1861 年在曼彻斯特科学促进协会的会议上,我亲自听到**纽曼**先生承认,他本人、尤尔博士、西尼耳以及经济科学的其他所有的官方代言人都错了,而人民的直觉是正确的。我说的不是弗兰西斯·纽曼教授,而是威廉·纽曼先生[31],因为他在经济科学中占有重要的地位,是**托马斯·图克**先生的《价格史》一书的合著者和出版者,《价格史》是一部追溯了 1793 年至 1856 年的价格史的佳作[32]。如果我们的朋友韦斯顿的固定不变的观念,即关于不变的工资总额,不变的产品量,不变的劳动生产力水平,不变的资本家的愿望,以及他的其他各种固定不变论和最终完成论都是正确的,那么西尼耳教授的悲观的预言也应该是正确的,而早在 1816 年就宣布普遍限制工作日是解放工人阶级的第一个准备步骤①、不顾一般人的成见独自在新拉纳克自己的棉织工厂里真正实行这一步骤的罗伯特·欧文却是错了。

在十小时工作日法案颁布实行并从而引起工资提高的时候，在大不列颠，由于某些不必在此列举的原因，曾有过**一次农业工人工资的普遍提高**。

虽然有些话我可以暂时不说，但为了不使你们误会，我还是要在这里预先说明几句。

如果一个人每星期的工资是 2 先令，后来他的工资提高到 4 先令，那么**工资水平**就提高了 100%。若从**工资水平**的提高来看，这可以说是很了不起的，尽管**实际的工资数额**，每星期 4 先令，仍然少得可怜，难以温饱。所以不应当陶醉于动听的工资**水平**提高的百分比。必须经常问：**原来的工资数是多少?**

其次，不难理解，如果 10 个人每星期各得 2 先令，5 个人每星期各得 5 先令，还有 5 个人每星期各得 11 先令，这 20 个人每星期总共收入 100 先令或 5 英镑。如果后来他们每星期的工资**总数**有了增加，假定为 20%，那就是从 5 英镑增加到了 6 英镑。就平均数来看，可以说**工资的总的水平**增加了 20%，尽管实际上其中 10 个人的工资并没有变，5 个人的工资每人从 5 先令增加到 6 先令，另外 5 个人的工资总额则从 55 先令增加到 70 先令。其中半数人的状况丝毫没有改善，$\frac{1}{4}$ 的人稍有改善，只有剩下的 $\frac{1}{4}$ 的人，才真正有所改善。然而，再以**平均数**来计算，这 20 个人的工资总数是增加了 20%，就雇用他们的全部资本而论，就他们所生产的商品的价格而论，就仍然好像他们真的均等地分享了工资的平均增长

---

① 见罗·欧文《评工业体系的影响》1817 年伦敦版第 76 页。——编者注

额。在关于那些农业工人的例子中,英格兰和苏格兰各个郡的工资水平极不相同,所以工资的提高对他们的影响也很不平衡。

最后,在这次工资提高的时期,有些事起了抵消作用,例如对俄战争³³引起的新的税赋,农业工人住宅的大批毁坏³⁴,等等。

我就先说这么多,现在就来谈大不列颠农业工人工资的平均水平在 1849 年至 1859 年这一时期**大约提高了 40%**这件事。我可以举出大量的详细材料来证明我的论述,但是,就当前来说,我认为只要请你们去看一看已故的**约翰·查·摩尔顿**先生 1859 年在伦敦技艺协会³⁵宣读的《论农业中使用的动力》那篇诚实的批判性的报告,也就够了。摩尔顿先生引用的材料,是从苏格兰 12 个郡和英格兰 35 个郡内大约 100 个农场主的账簿和其他真实文据中搜集的。

按照我们的朋友韦斯顿的意见,再考虑到工厂工人工资的同时提高,农产品的价格在 1849—1859 年间应该有惊人的上涨。但实际情况怎样呢?虽然发生了对俄战争,1854—1856 年又连续歉收,英国主要农产品小麦的平均价却从 1838—1848 年的每一夸特约 3 英镑,降到 1849—1859 年的每一夸特约 2 英镑 10 先令。这就是说,在农业工人的平均工资提高 40% 的同时,小麦的价格降低了 16% 以上。在同一时期,如果把末期同初期,即 1859 年同 1849 年比较一下,正式登记的贫民已从 934 419 人减到 860 470 人,即减少了 73 949 人。我承认,减少的数目确实很小,而在以后几年又未见减少,但毕竟是减少了。

有人会说,由于废除了谷物法³⁶,1849—1859 年外国谷物的进口比 1838—1848 年增加一倍以上。结果怎样呢?根据公民韦斯顿的观点,国外市场上发生这样突然的、巨大的和不断增长的需求,一定会使农产品的价格猛涨,这种增长的需求无论是发生在国外或者是国内,影响都是相同的。实际情形又是怎样呢?除了几个歉收的年份,法国在这段时期,粮价惨跌已成为人们的经常话题,美国人不得不屡次焚毁他们多余的产品,如果我们相信乌尔卡尔特先生的话,我们就会认为俄国怂恿了美国的内战[37],因为美国佬在欧洲市场上的竞争破坏了俄国农产品的输出。

如果把公民韦斯顿的论证化为抽象的形式,就是:

需求的任何提高,总是在一定的产品量的基础上发生的。因此,需求的提高**决不能增加所需的各种商品的供给,只能抬高这些商品的货币价格**。可是,通过最普通的观察也可以看到,需求的提高有时会使商品的市场价格完全不变,有时也会引起市场价格的暂时提高,接着就是供给的增加,接着就是价格再降**到**原先的水平,多半**低**于原先的水平。至于需求的提高是由于工资的增加还是由于其他什么原因,这丝毫不能改变这个问题的条件。从公民韦斯顿的观点来看,解释一般的现象,和解释在工资提高这个特别情况下所发生的现象,同样是困难的。所以,他的论证对于我们所讨论的问题是毫无特殊意义的,只不过表明他不知道怎样解释这个规律:需求的提高引起供给的增加,而最终不会引起市场价格的上涨。

3. [工资和通货]

在讨论的第二天①,我们的朋友韦斯顿把他的旧主张披上了新形式。他说:由于货币工资的普遍提高,将需要更多的通货来支

---

① 指 1865 年 5 月 23 日国际工人协会中央委员会的会议。——编者注

付这些工资。通货的数量既然**固定不变**,那又怎么能用这种固定不变的通货来支付增加了的货币工资呢? 以前的难题是:工人的货币工资尽管增加而工人所得到的商品数量仍然固定不变;现在的难题是:商品的数量尽管固定不变而货币工资却增加了。当然,如果你们不承认他的原先的教条,他那相应产生的难题也就消灭了。

可是我要说明,这个通货问题和我们面临的问题毫无关系。

在你们的国家,支付机制比在欧洲任何国家完善得多。由于有了广泛的、集中的银行系统,只需要少量的通货,就能周转同等数目的价值,就能办理同等的或数量更大的交易。例如,在工资方面,英国工厂工人每星期把自己的工资付给商店老板,商店老板每星期把这些钱送交银行家,银行家每星期把这些钱交还工厂主,工厂主再把这些钱付给自己的工人,如此循环不已。由于有这套机制,一个工人的年工资假定为 52 英镑,只要用一个索维林①,就这样每星期周转一次,便可支付了。但是,这种机制即使在英格兰,也不如在苏格兰那样完善;并且并不是到处都一样完善,所以我们看到,例如有些农业区域,与纯工业区域相比,却需要更多的通货才能周转少得多的价值额。

你们如果渡过拉芒什海峡,就可以看到,那里的**货币工资**比英国的低得多,然而在德国、意大利、瑞士和法国,这些工资是用**多得多的通货额**来周转的。每一个索维林不能那样快地被银行家取得,或者回到工业资本家的手中,所以,在英国,一个索维林就能周转一年的 52 英镑,在大陆上,你也许需要 3 个索维林才能周转 25 英镑的年工资。因此,把大陆各国和英国相比较,可以立刻看出,

---

① 索维林(sovereign)是英国的一种金币,同英镑价值相等。——编者注

低额的货币工资可能比高额的货币工资需要多得多的通货额来周转,这实际上纯粹是一个技术问题,与我们的问题毫不相干。

据我知道的最确切的计算,英国工人阶级的年收入估计为25 000万英镑。这个庞大的数目大约是用300万英镑来周转的。假定工资增加50%,需要的通货就不是300万英镑,而是450万英镑了。工人的每日开支,有很大一部分用的是银币和铜币,即普通的铸币,这些铸币对于金子的相对价值,和不能兑换的纸币一样,是由法律任意规定的;那么,货币工资提高50%,比方说至多只需要补充100万索维林进入流通。以金银条块或铸币形式躺在英格兰银行或私人银行家金库里的100万英镑就会进入流通。然而,这100万补充通货的铸造或磨损所造成的少量费用甚至可以节省下来,并且当追加通货的需要引起某种摩擦的时候也确实会节省下来。你们都知道,英国的通货分为两大类:一类是各种银行券,用于商人之间的交易和消费者与商人之间的大宗支付。另一类是金属铸币,在零售贸易中流通。这两种通货,虽然种类不同,却是交错使用的。例如,甚至在大宗支付中,5英镑以下的零数大半是用金币流通的。如果明天发行4英镑、3英镑或2英镑的银行券,这些流通渠道中的金币就会立刻被挤出,流到那些因货币工资增加而需要它们的地方。这样一来,因货币工资增加50%所需要补充的100万,不增加一个索维林也可以填补了。增加票据流通而不另发银行券也可以产生同样的效果,例如在兰开夏郡,这个方法就实行了很久。

如果工资水平普遍提高例如100%,像公民韦斯顿就农业工人工资所假设的那样,从而引起生活必需品价格的大幅度上涨,并且,依照他的见解,这需要补充一批通货,却又难以筹措,那么,**工资的普遍下降**,就会在同样的程度上,不过是在相反的方向,引起同样的后果。好啦！你们都知道,1858—1860年是棉纺织工业最繁荣的时期,特别是1860年在这方面是商业史上空前未有的一年,其他一切工业部门这时也很兴旺。1860年,棉纺工人以及与他们这一行业有关的其他工人的工资,比过去任何时候都高。美国危机[37]发生后,那些工人的总工资忽然降到大约相当于过去数目的 $\frac{1}{4}$ 。反过来,那就是增加了300%。如果工资从5提高到20,我们便说工资增加了300%;如果工资从20降到5,我们便说工资减少了75%。但是在一方面增加的数目和在另一方面减少的数目是相同的,即15先令。所以,这是工资水平的一种突然的、从未有过的变动,如果我们不仅计算那些直接在棉纺织工业中做工的工人,而且还计算那些间接依靠棉纺织工业的工人,那么这种变动所涉及的工人数目,就要比农业工人的数目多 $\frac{1}{2}$ 。小麦的价格降低了吗？没有,它已由1858—1860年这三年中每一夸特年平均价格47先令8便士**提高**到1861—1863年这三年中每一夸特年平均价格55先令10便士。至于通货,1861年造币厂铸造了8 673 232英镑,而1860年只有3 378 102英镑。换句话说,1861年比1860年多铸造了5 295 130英镑。当然,1861年流通的银行券比1860年少了1 319 000英镑。现在减去这个数目,1861年的通货与1860年这个繁荣年度相比,仍然多出3 976 130英镑,大约多了400万英镑;但是英格兰银行的黄金储备已经减少了,虽然不是以完全相同的比例却是以近似的比例减少了。

现在把1862年和1842年比较一下。1862年,流通中的商品的价值和数量有极大的增加,除此以外,单是对英格兰和威尔士的铁路定期支付的股票、债券等等的资本就达32 000万英镑,这个数目如在1842年当然会令人难以置信。然而,1862年和1842年的通货的总额仍然是几乎相等的,你们还可以看出,不仅商品的价值,而且一般货币交易的价值在大量增加时,通货反而趋于递减。从我们的朋友韦斯顿的观点看来,这就是一个不可解答的谜了。

他要是对这个问题比较深入地考察一下,就会发现:姑且不谈工资并假定它固定不变,流通中的商品的价值和数量以及通常要结算的货币交易的数额是每天变化的;银行券的发行量是每天变化的;不以货币为中介而借助汇票、支票、账面信用和票据交换所而实现的支付数额是每天变化的;由于需要实在的金属通货,市面上流通的铸币与储存或躺在银行金库中的铸币和金银条块的比例是每天变化的;国内流通所吸收的金银条块数量和送出国外供国际流通的金银条块数量是每天变化的;那他就会知道:他的通货总额固定不变的教条,是一个与日常生活相矛盾的极大的错误。他就会去研究使货币流通能适应不断变化的条件的那些规律,而不致把他对货币流通规律的无知变成反对提高工资的论据了。

4.［供给和需求］

我们的朋友韦斯顿确信一句拉丁谚语:"repetitio est mater studiorum",即复习是学业之母,所以他再次用新的方式来重述他原来的教条:因工资提高而引起的通货紧缩一定会使资本减少,等等。我已经讲过他的关于通货的奇谈怪论,我认为,完全不必再来讨论他的那些根据他想象的通货灾难所幻想出来的想象的后果了。我现在就把他用多种不同形式反复陈述的**同一个教条**,归结**为它的最简单的理论形式**。

他论述他的命题的方法是非批判的,只要指出一点就可以看得很清楚。他反对提高工资,或者,反对因工资的提高而产生的高工资。现在我要问他：究竟什么是高工资，什么是低工资？例如，为什么每星期 5 先令就是低工资，每星期 20 先令就是高工资？如果说 5 与 20 相比算是低工资，那么 20 与 200 相比就更低了。如果某人作关于寒暑表的讲演，一开始就谈高温度和低温度，那决不能给人传授任何知识。他首先应该谈冰点和沸点是怎样确定的，应该谈这两个标准点是由自然规律决定的，并不是由出售或制造寒暑表的人随便规定的。然而公民韦斯顿在谈到工资和利润的时候，不仅没有从经济规律中推演出这样的标准点，甚至不觉得有注意它们的必要。显然，工资只有和一种测量其数量的标准相比较才能够谈高低，但他却满足于承认高低这种流行的庸词俗语，以为这是有一定意义的。

他不能向我说明，为什么对一定量的劳动要付以一定量的货币。如果他回答说，这是由供求规律决定的，我首先就要问他，供给和需求本身又是由什么规律调节的呢？于是，他那样回答就会立刻使人不屑一顾。劳动的供求关系总是在不断变化，随着这种变化，劳动的市场价格也在不断变化。需求超过供给，工资就上涨；供给超过需求，工资就下降，尽管在这种情形下，可能仍有必要采用例如罢工或别的方法来**探测**需求和供给的实际情况。但是，如果你们承认供给和需求是调节工资的规律，那么毅然反对提高工资，就未免幼稚无益了，因为按照你们所凭借的至高无上的规律，工资的周期性的上涨，也和工资的周期性的下降一样，是必然的和正常的。你们要是**不**承认供给和需求是调节工资的规律，我就再提出这个问题：为什么对一定量的劳动要付以一定量的货币呢？

还是把这个问题考虑得更广一些：你们如果以为劳动和任何一种商品的价值归根到底是由供给和需求决定的，那就完全错了。供给和需求只调节市场价格一时的**变动**。供给和需求可以说明为什么一种商品的市场价格会涨到它的**价值**以上或降到它的**价值**以下，但决不能说明这个**价值**本身。假定说，供给和需求是相互平衡的，或如经济学家所说，是相互一致的。当这两个相反的力量相等时，它们就相互牵制，彼此都不向对方发生作用。当供给和需求相互平衡因而停止发生作用时，商品的**市场价格**就符合它的**实际价值**，就符合市场价格随之变动的那个标准价格。所以在研究这个**价值**的本质时，我们完全不必讨论供给和需求对市场价格的一时的影响。这对于工资或其他一切商品的价格来说，都是一样的。

［5. 工资和价格］

我们的朋友的一切论据，如果化为最简单的理论形式，就是这样一个教条：“**商品的价格是由工资决定或调节的。**”

我可以用实际的经验来驳斥这种已被驳倒的陈腐谬论。我可以告诉你们，英国工厂工人、矿工、造船工人等等的劳动的价格比较高，但他们的产品比其他国家的同类产品卖得便宜；可是，英国农业工人的劳动价格就比较低，但他们的产品几乎比其他任何一个国家的同类产品都卖得贵。比较一下同一个国家的不同产品或不同国家的各种商品，我可以指出，除了一些与其说是本质上的不如说是表面上的例外，平均说来，高价的劳动生产低价的商品，而低价的劳动生产高价的商品。当然，这种现象不能证明一种场合下的高价劳动和另一种场合下的低价劳动各自都是造成那些正好相反的结果的原因，但总能证明商品的价格不是由劳动的价格决定的。不过我们完全不必采用这种经验主义的方法。

也许有人会否认公民韦斯顿曾提出过“**商品的价格是由工资**

决定或调节的"这个教条。的确,他从来没有使它公式化。相反,他曾说,利润和地租也是商品价格的构成部分,因为不仅工人的工资,而且资本家的利润和土地所有者的地租,也非从商品的价格中支付不可。但是,照他的意见,价格是怎样构成的呢?首先是由工资构成的。然后再为资本家加上百分之几,为土地所有者加上百分之几。现在假定,生产一种商品时所费的劳动的工资为 10;如果利润率与支出的工资相比是 100%,资本家就要加上 10;如果地租率与工资相比也是 100%,就要再加上 10;于是商品的全部价格就是 30。但是,这样决定价格不过意味着价格是由工资决定罢了。如果在上述场合,工资涨到 20,那么商品的价格就要涨到 60,以此类推。因此,提出价格由工资来调节这一教条的所有老朽的政治经济学著作家们,都是说利润和地租**不过是加在工资上的百分之几**,借以证明这个教条是正确的。当然,他们中间没有一个人能把这些百分之几的限度归结为一种经济规律。相反,他们似乎以为利润是由传统、习惯和资本家的愿望决定的,或者是由别种同样武断的和莫名其妙的方式决定的。如果他们说利润决定于资本家之间的竞争,这等于什么也没有说。这种竞争的确会拉平不同行业的不同利润率,把这些利润率引到一个平均的水平,但决不能决定这个水平本身或一般利润率。

我们说商品的价格是由工资决定的,这是什么意思呢?既然工资是劳动价格的一种称呼,就是说,商品的价格是由劳动的价格来调节的。既然**"价格"**是交换价值——我说的价值都是指交换价值——即用货币来表现的**交换价值**,于是这一原理就归结为**"商品的价值是由劳动的价值决定的"**,或**"劳动的价值是价值的一般尺度"**。

但是,**"劳动的价值"**本身又是怎样决定的呢?这就使我们为难了,当然要为难,只要我们想依照逻辑来推论。可是,这个教条的维护者是很少从逻辑上考虑的。就以我们的朋友韦斯顿来说吧。起初他告诉我们,工资规定商品的价格,所以,工资增加了,价格也要提高。随后他又反过来向我们证明,增加工资没有什么好处,因为商品的价格也要随之提高,因为工资实际上是由工资所能买来的那些商品的价格来测量的。总之,我们在开始时说商品的价值由劳动的价值来决定,在结尾时却又说劳动的价值由商品的价值来决定了。我们真是在瞎兜圈子,始终得不出结论。

总之,我们把一种商品的价值,例如劳动、谷物或其他商品的价值作为价值的一般尺度和调节器,显然,我们只是躲避了困难,因为我们决定一种价值,用的是其本身又需要被决定的另一种价值。

"工资决定商品的价格"这一教条,用它的最抽象的说法来表示,就是"价值是由价值决定的",这种同义反复只表明我们实际上对价值一窍不通。要是接受这个前提,有关政治经济学一般规律的全部推论就都变成空洞的呓语了。所以,李嘉图的伟大功绩就在于他在 1817 年出版的《政治经济学原理》①中,彻底粉碎了"工资决定价格"这个流行已久的陈腐不堪的谬论,这个谬论已被亚当·斯密和他的法国前辈们在自己著作的真正科学的部分中驳斥了,但是又被他们在其著作的比较肤浅和庸俗的章节里再现出来。

6. [价值和劳动]

公民们,讲到这里,现在我必须进一步实际地阐明这个问题

---

① 大·李嘉图《政治经济学和赋税原理》1817 年伦敦版。——编者注

了。我不能保证一定能令人很满意,因为这样做,我就不能不涉及政治经济学的全部领域。我只能像法国人所说的"effleurer la question",即只涉及一些基本问题。

我们要提的第一个问题是:什么是商品的**价值**? 它是怎样决定的?

乍一看,似乎商品的价值是一种完全**相对的**东西,如果不研究某一个商品和其他一切商品的关系,就不能确定它的价值。其实,讲到价值,讲到某一个商品的交换价值,我们指的是这一个商品与其他一切商品交换时的比例量。但是这时又发生一个问题:商品相互交换的比例是怎样决定的呢?

我们根据经验知道,这些比例有无限的差别。就以一种商品例如小麦来说,我们将会发现,一夸特小麦同其他各种商品交换,几乎有无数不同的比例。但是,**小麦的价值**无论是用丝绸、黄金还是用其他某种商品表现出来,**都依然是一样的**,它必定是一种与其交换各种商品的**各种交换率**显然不同而且毫不相干的东西。一定能用一种极不同的形式来表现不同商品间的这些不同的等式。

假如我说一夸特小麦按一定的比例与铁交换,或者说一夸特小麦的价值表现为一定数量的铁,那就是说,小麦的价值和它那个表现为铁的等价物等于**某个第三种东西**,既不是小麦又不是铁,因为我假定小麦和铁是以两种不同的形态来表现这同一数量的。所以,这两种商品中的每一种,不论是小麦或铁,都一定能不依赖于另一种而化成这个第三种东西,即化成作为它们的共同尺度的东西。

为了说明这一点,我举一个十分简单的几何学的例子。在比较形状不同和大小不同的三角形面积,或者比较三角形与矩形或其他某种直线形时,我们将怎样着手呢? 我们把任何一个三角形的面积还原为一种与它的外形完全不同的形式。既然根据三角形的特性知道它的面积等于它的底边和高相乘的一半,我们就能比较各种三角形的大小以及一切直线形的大小,因为每一种直线形都可以分解为一定数量的三角形。

计算商品价值,也应当用这种方法。我们一定能把一切商品化为一种它们所共有的表现形式,只按照它们所含有的同一尺度的比例去区别它们。

既然商品的**交换价值**不过是这些东西的**社会职能**,与它们的**自然属性**毫不相关,那么我们首先要问,所有商品共同的**社会实体**是什么呢?这就是**劳动**。要生产一个商品,必须在这个商品上投入或耗费一定量的劳动。我说的不仅是**劳动**,而且是**社会劳动**。一个人生产一个物品要是为自己直接使用,供自己消费,他创造的就是**产品**而不是**商品**。作为一个自给自足的生产者,他与社会没有关系。但是,一个人要生产一个**商品**,就不仅要生产能满足某种**社会需要**的物品,而且他的劳动本身也应该是社会所耗费的劳动总额的一部分。他的劳动应该从属于**社会内部的分工**。没有别的分工,这种劳动就算不了什么,它所以必需,是为了**补充别**的分工。

我们如果把**商品看做是价值**,我们是只把它们看做体现了的、凝固了的或所谓**结晶了的社会劳动**。从这个观点来看,它们所以能够互相**区别**,只是由于它们代表着较多或较少的劳动量,例如,生产一条丝手巾也许比生产一块砖要耗费更多的劳动量。但是怎样测量**劳动量**呢?用**劳动所经历的时间**,也就是说,用小时、日等等来测量。当然,采用这种测量法,就必须把各种劳动化为平均劳动或简单劳动,作为它们的单位。

所以我们便得出结论:商品具有价值,因为它是**社会劳动的结晶**。商品的价值的**大小**或它的**相对**价值,取决于它所含的社会实体量的大小,也就是说,取决于生产它所必需的相对劳动量。所以**各个商品的相对价值**,是由**耗费于、体现于、凝固于该商品中的相应的劳动数量或劳动量**决定的。在**同样劳动时间**内生产出来的各种商品的各相对应的数量,是相等的。或者说:一个商品的价值对另一个商品的价值的关系,相当于一个商品中凝固的劳动量对另一个商品中凝固的劳动量的关系。

我想,你们有许多人一定要问:商品价值由**工资**来决定与商品价值由生产该商品所必需的**相对劳动量**来决定,其间果真有什么区别或多大的差异吗? 你们应当知道,劳动**报酬**和劳动**数量**是完全不相同的东西。例如,假定说一夸特小麦和一盎司金子中凝固了**同等数量的劳动**。我举这个例子,是因为**本杰明·富兰克林**在他 1731 年发表的第一篇题为《试论纸币的性质和必要性》的论文里曾经用过,他也是最先发现价值的真正实质的人之一。是的,我们已假定,一夸特小麦和一盎司金子是**等价的**或**等价物**,因为它们都是凝结于它们本身的若干天或若干周的**同等数量的平均劳动的结晶**。我们这样决定金子和谷物的相对价值,是否多少要参考一下农业工人和矿工的**工资**呢? 一点也不。他们每天或每周的劳动究竟**怎样**支付,甚至是否采用了雇佣劳动,我们都不管,让它作为完全**没有确定**的问题。要是采用了雇佣劳动,这两个工人的工资就很可能极不相等。一个把劳动体现在一夸特小麦上的工人可能只获得两蒲式耳小麦的工资,而那个开矿的工人却可能获得半盎司金子的报酬。或者,假定他们的工资是相等的,这种工资也可能在极不相同的比例上脱离他们所生产的商品的价值。这种工资可能等于一夸特谷物或一盎司金子的 $\frac{1}{2}$、$\frac{1}{3}$、$\frac{1}{4}$、$\frac{1}{5}$ 或其他某种分量。他们的**工资**当然不能**超过**或**多于**他们所生产的商品的价值,但是可能在极不相同的程度上**少于**这个价值。他们的**工资**要受产品的

价值的限制,但是**他们的产品的价值**却不受工资的限制。最主要的是,例如谷物和金子的价值、相对价值,完全不依所用劳动的价值来规定,即不依**工资**来规定。因此,按**商品中凝固的相对劳动量**决定商品价值,与按劳动的价值或**工资**决定商品价值这种同义反复的方法全然不同。不过,这一点我们在以后的探讨过程中还要进一步阐明。

在计算一个商品的交换价值时,必须把**以前**用于这个商品原料的劳动量以及消耗在协助这种劳动的那些装备、工具、机器和房屋上的劳动,加到**最后**所费的劳动量上。例如,一定量棉纱的价值,是若干劳动量的结晶,即纺织过程中附加于棉花的劳动量,以前体现于棉花本身的劳动量,体现于煤炭、油料和其他各种生产辅助材料的劳动量以及凝固在蒸汽机、纱锭、厂房等等中的劳动量的结晶。本来意义上的生产工具,如工具、机器和厂房,在反复的生产过程中可以再三使用一个或长或短的时期。如果它们像原料那样一下子就消耗完了,它们的全部价值也就会一下子转移到它们协助生产的那些商品上。但是,例如纱锭只是逐渐消耗的,所以就要根据它的平均寿命和它在一定时间内,例如在一天内的平均消耗程度来平均地计算。这样,我们就计算出纱锭价值中有多少转移到每天纺出的棉纱上,因而也就计算出,例如一磅棉纱所体现的全部劳动量中,有多少是以前体现于纱锭的劳动。就我们现在的目的而论,对这个问题实在没有详述的必要了。

也许会有人认为,既然商品的价值是**由生产它所耗费的劳动量**决定的,那么一个人越懒或越笨,他生产的商品就越有价值,因为完成这个商品所需要的劳动时间越多。然而,这样推论将是一个可悲的错误。你们记得我曾经用过"**社会劳动**"这个用语,"**社会**"这个词有许多含意。我们说,一个商品的价值是由耗费于或结晶于这个商品中的**劳动量**决定的,就是指,在一定的社会状态中,在一定的社会平均生产条件下,在所用劳动的一定的社会平均强度和平均熟练程度下,生产这个商品**所必需的劳动量**。在英国,当动力织机和手工织机开始竞争时,只需要从前的一半劳动时间就能把一定量的纱转化为一码布或呢子,可怜的手工织工,从前每天劳动 9 小时或 10 小时,这时每天要劳动 17—18 个小时了。但是,他 20 个小时的劳动产品这时只代表 10 个小时的社会劳动,或代表 10 个小时内把一定量的纱转化成布时的社会必要劳动。因此,他用 20 个小时生产的产品,并不比他从前用 10 个小时生产的产品有更多的价值。

如果说,体现在商品中的社会必要劳动量决定商品的交换价值,那么,生产一个商品所需要的劳动量增加了,这个商品的价值就必定增加,同样,生产它所需要的劳动量减少了,它的价值就必定减少。

如果生产各种商品所必需的各种劳动量是固定不变的,这些商品的相对价值也会是固定不变的。但是,其实不然。生产一个商品所必需的劳动量,是随着所用劳动的生产力的变化而不断变化的。劳动的生产力越高,在一定的劳动时间内所完成的产品也越多;劳动的生产力越低,在同一时间内所完成的产品也越少。举例说,如因人口增加而必须耕种不太肥沃的土地,要获得同样多的产品,就必须耗费更大的劳动量,农产品的价值也就会因而提高。另一方面,如果一个纺纱工人用现代生产资料,在一个工作日内比他从前用手纺车在同一时间内能把多几千倍的棉花纺成纱,那么,每一磅棉花所吸收的纺纱工人的劳动,就显然只有以前的几千分之一,因而在纺纱过程中加在每一磅棉花上的价值也显然只有从前的几千分之一。于是棉纱的价值也要相应地减少。

除了各个人的先天的能力和后天获得的生产技能的区别,劳动生产力主要应当取决于:

首先,劳动的**自然**条件,如土地的肥沃程度、矿山的丰富程度等等;

其次,**劳动的社会力**的日益改进,引起这种改进的是:大规模的生产,资本的积聚,劳动的结合,分工,机器,改良的方法,化学力和其他自然力的应用,利用交通和运输工具而达到时间和空间的缩短,以及其他各种发明,科学就是靠这些发明来驱使自然力为劳动服务,劳动的社会性质或协作性质也由于这些发明而得以发展。劳动生产力越高,消耗在一定量产品上的劳动就越少,因而产品的价值也越小。劳动生产力越低,消耗在同量产品上的劳动就越多,因而产品的价值也越高。因此,作为一般的规律,我们可以这样说:

商品的价值与生产这些商品所耗费的劳动时间成正比,而与所耗费的劳动的生产力成反比。

以上只说了**价值**,现在我再就**价格**这个价值所表现的特殊形式讲几句。

价格本身不过是**价值的货币表现**。例如,在英国,一切商品的价值是用金的价格表现的,而在欧洲大陆,主要是用银的价格表现的。金或银的价值,和其他一切商品的价值一样,都是由开采它们所必需的劳动量决定的。你们用本国的若干产品,即凝结了你们国内若干劳动量的产品,去交换那些出产金银的国家的产品,即凝结了**它们**的若干劳动量的产品。人们就是用这种方法,实际上是用物物交换的方法才学会用金银来表现一切商品的价值,即为它们所消耗的各个劳动量。只要仔细看看**价值的货币表现**,换句话说,仔细看看**价值向价格的转化**,你们就会发现,这是一个过程,一个使一切商品的**价值**能具有一种既**独立**又**同质的**形式,或者,一个使一切商品的价值能表现为**等同的**社会劳动量的过程。只要价格是价值的货币表现，亚当·斯密就称之为**自然价格**，法国的重农学派[38]则称之为"**必要价格**"。

那么，**价值**和**市场价格**的关系或**自然价格**和**市场价格**的关系是怎样的呢？

你们都知道，一切同类商品的**市场价格**总是**一样的**，尽管生产条件因各个生产者而会有所不同。市场价格只表现在平均的生产条件下供给市场以某种数量的某种物品所必需的**平均社会劳动量**。市场价格是依据某种商品的总额计算的。

在这个范围内，商品的**市场价格**与它的**价值**是相符的。另一方面，市场价格有时高于价值或自然价格，有时低于价值或自然价格，这种波动取决于供给和需求的变动。市场价格背离价值的情形是常见的，但是正如**亚当·斯密**所说：

"自然价格……是中心价格，一切商品的价格都不断地趋向于这一中心价格。各种偶然情况可能有时使商品的价格大大高于自然价格，有时又使商品的价格略低于它。但是不管什么样的障碍阻止价格停留在这个稳定而恒久的中心，商品的价格总是经常趋向于这个中心。"[①]

我现在不能细谈这个问题。只需要指出：**如果供给和需求互相平衡，则商品的市场价格相当于它们的自然价格，也就是说，相当于它们的价值**，这个价值是由生产它们所必需的劳动量决定的。但是供给和需求**必定**经常趋向于相互平衡，虽然它们实现这种平衡只是靠一个变动补偿另一个变动，靠下落补偿上涨，或者相反。如果你们不只是观察每天的波动，而是分析较长一段时期的市场

---

① 亚·斯密《国民财富的性质和原因的研究》1835年伦敦版第1卷第147页。——编者注

价格的运动,例如像图克先生在他的《价格史》**32** 中所做的那样,你们就会发现,市场价格的波动,它们的背离价值,它们的上涨和下落,都是互相抵消和互相补偿的;所以,除了垄断组织的影响和其他某些限制(这些我暂且不谈),一切种类的商品,平均说来总是按它们各自的**价值**或自然价格出售的。市场价格波动互相补偿所要经历的平均时期,因商品的种类不同而各不相同,因为某些商品比另一些商品更容易使供给适合于需求。

如果从总体上说,并且考虑到一个较长的时期,那么一切种类的商品都是按各自的价值出售的,因此如果假定利润——不是指个别场合的,而是指各个行业经常的和普通的利润——来源于商品价格的**额外提高**,或者来源于商品按超过其**价值**的价格出卖,那岂不荒唐。要是把这个观点加以概括,它的荒谬就显然可见了。一个人作为卖者经常赢得的东西,总不免要作为买者经常丧失掉。如果说有些人是买者未必又是卖者,是消费者未必又是生产者,这也没用。这些人付给生产者的东西,首先应该是他们从生产者那里无偿得到的。如果一个人先拿了你的钱,然后用你的钱购买你的商品,即使你按高价把你的商品卖给这个人,你也决不会发财。这种交易可能减少亏损,但是决不能赚到利润。

所以,要想说明**利润的一般本质**,就应该根据这样一个原理:平均说来,商品是**按自己的实际价值出卖的**,利润是按商品的价值,也就是说,按商品所体现的劳动量的比例**出卖商品得来的**。如果你们不能根据这种假定来解释利润,你们就根本不能解释它。这好像是奇谈怪论,有悖于日常经验。但是,地球围绕太阳运行以及水由两种易燃气体所构成,也是奇谈怪论了。日常经验只能抓住事物诱人的外观,如果根据这种经验来判断,科学的真理就总会是奇谈怪论了。

7. 劳动力

我们尽量简略地分析了**价值**的本质,分析了**一切商品的价值**的本质,现在就应当集中注意力来研究特殊的**劳动价值**。这里我又要用一种好像是奇谈怪论的话来使你们大吃一惊了。你们都确实以为你们每天所出卖的是自己的劳动,所以劳动是有价格的,既然商品的价格只是它的价值的货币表现,那就一定有**劳动的价值**这种东西。但是,**劳动的价值**这种东西,就这个词的通常意义来说,实际上是不存在的。我们已经知道,凝结在商品里的必要劳动量构成商品的价值。现在我们用这个价值概念,怎能确定比如说十小时工作日的价值呢? 在这个工作日里包含有多少劳动呢? 10小时劳动。如果说十小时工作日的价值就等于 10 小时的劳动,或者,就等于这个工作日所包含的劳动量,那无非是同义反复,甚至是毫无意义了。显然,我们一旦发现"**劳动的价值**"这个词的真实而隐藏的意义,就能说明对于价值的这种不合理的、似乎不可能的应用了,好像我们一旦认识了天体的实际运动,就能解释它们表面上奇异的运动一样。

工人出卖的并不直接是他的**劳动**,而是他的暂时让资本家支配的**劳动力**。的确,我不知道英国的法律究竟怎样,但我确实知道一些大陆国家的法律都规定一个人能出卖自己劳动力的**最长时间**。如果允许无限期地出卖劳动力,奴隶制就会立刻恢复原状。如果这种出卖包括一个人的一生,那就会立刻把他变成他的雇主的终身奴隶了。

英国的一位最早的经济学家和最有创见的哲学家**托马斯·霍**

布斯已经在他的著作《利维坦》中本能地发觉了这一点，而他的继承者全都忽略了。他说：

"**人的价值**，和其他一切物的价值一样，等于他的**价格**，就是说，等于**对他的能力的使用**所付的报酬。"①

从这一原理出发，那我们就能确定**劳动的价值**，就像确定其他一切商品的价值那样。

但是在这以前，我们应当问，怎么会有这样一种奇怪的现象：我们发现市场上有一批人是买者，他们占有土地、机器、原料和生活资料，这些东西，除了原始状态的土地以外，都是**劳动的产品**，另一方面，有一批人是卖者，他们除了自己的劳动力，除了劳动的双手和头脑，没有别的东西可卖；前一批人经常买进是为了赚取利润和发财，后一批人经常卖出则是为了谋生。研究这个问题，就是研究经济学家所谓的**预先积累**或**原始积累**，实际上应该称做**原始剥夺**。我们一定会发现，这种所谓的**原始积累**不过是一连串使劳动者与其劳动资料之间的**原始统一被破坏**的历史过程。可是，这样的研究，就超出了目前这个题目的范围。劳动的人**脱离**劳动工具的现象一旦成为事实，就会继续保持下去，还会以不断扩大的规模再生产出来，直到生产方式方面的一种新的、根本的革命把它消灭，并以新的历史形式再恢复这种原始的统一为止。

那么，**劳动力的价值**是什么呢？

劳动力的价值，也像其他一切商品的价值一样，是由生产它所必需的劳动量决定的。一个人的劳动力只有在他本人活着的时候

---

① 托·霍布斯《利维坦：或教会国家和市民国家的实质、形式和权力》，载于《霍布斯英文著作集》1839 年伦敦版第 3 卷第 76 页。——编者注

才存在。一个人要成长并维持生活,就必须消费一定量的生活必需品。但是,人和机器一样,也是要损坏的,所以必须有另一个人来代替他。他除了维持**他自己**生活所必需的若干生活必需品以外,还需要有一定数量的生活必需品来养育儿女,因为他们将在劳动市场上代替他,并且延续劳动者的种族。此外,为了发展他的劳动力,使他获得一种技能,还需要另外花费一定数量的价值。就我们的目的而论,只要考察一下**平均水平的**劳动就够了,这种劳动的教育费和训练费是微不足道的。但是,我要趁此机会指出,各种不同质量的劳动力的生产费用既然各不相同,所以不同行业所用的劳动力的价值也就一定各不相同。因此,要求**工资平等**是根本错误的,这是一种决不能实现的妄想。这种要求是一种虚妄和肤浅的激进主义的产物,只承认前提而企图避开结论。在雇佣劳动制度的基础上,确定劳动力的价值,也像确定其他一切商品的价值那样;不同种类的劳动力有不同的价值,要生产它们,需要有不同的劳动量,所以它们在劳动市场上就**应当**卖得不同的价格。在雇佣劳动制度的基础上要求**平等的或甚至是公平的报酬**,就犹如在奴隶制的基础上要求**自由**一样。你们认为公道和公平的东西,与问题毫无关系。问题就在于:在一定的生产制度下所必需的和不可避免的东西是什么?

根据以上所说的,就可以看出,**劳动力的价值**,是由生产、发展、维持和延续劳动力所必需的**生活必需品的价值**决定的。

8. 剩余价值的生产

现在假定,一个工人每天的生活必需品的平均量需要**6 小时**

的**平均劳动**才能生产出来。又假定,这 6 小时的平均劳动也用金的数量表现出来,等于 3 先令。于是 3 先令就是这个人的**劳动力的价格**或他的劳动力的**每天价值**的货币表现。如果他每天工作 6 小时,那他每天所生产的价值就足以购买他每天平均必需的生活必需品,足以维持他这个工人的生存。

但是,这个人是一个雇佣工人。因此,他必须把他的劳动力卖给资本家。如果他把他的劳动力每天卖 3 先令或每周卖 18 先令,他就是按劳动力的价值出卖的。假定他是一个纺纱工人。如果他每天工作 6 小时,他每天就使棉花增加了 3 先令的价值。他每天所加的这个价值,与他每天所得的工资或他的劳动力的价格,是完全等价的。可是,这样一来,资本家就得不到**任何的剩余价值**或剩余产品。于是我们在这里就遇到难题了。

资本家购买工人的劳动力,支付了它的价值以后,像所有其他买主一样,就有权消费或使用他所买的商品。强迫一个人去工作以消费或使用他的劳动力,就像开动一架机器去消费或使用它一样。资本家支付了工人劳动力的一天或一周的价值,就有权**整天或整周地**使用这个劳动力或迫使它去工作。工作日或工作周当然有一定的限度,可是这一点我们留待以后再详细谈。现在我希望你们注意一个关键问题。

劳动力的**价值**是由维持或再生产这个劳动力所必需的劳动量决定的,对这种劳动力的**使用**却只受劳动者的工作能力和体力的限制。劳动力每天或每周的**价值**同劳动力每天或每周的**消耗**全然不同,就像一匹马所需要的饲料和它能供人乘骑的时间全然不同一样。限制工人劳动力**价值**的劳动量,决不能限制他的劳动力所能完成的劳动量。以我们的纺纱工人为例。我们已经知道,他为了每天再生产他的劳动力,必须每天再生产 3 先令的价值,这是他每天工作6小时就可以做到的。但是这并不妨碍他能每天工作10小时,12小时或更多的小时。然而资本家支付了这个纺纱工人劳动力的一天或一周的**价值**,就有权**整天或整周地**使用这个劳动力。这样,资本家就迫使他每天工作例如12小时。纺纱工人**除了**必须工作6小时以补偿他的工资或他的劳动力价值**以外,还必须额外工作6小时**,这6小时我称之为**剩余劳动**时间,这个剩余劳动将体现在**剩余价值和剩余产品**上面。假如我们这个纺纱工人,例如,每天工作6小时使棉花增加3先令的价值,这个价值与他的工资完全等价,那么,他在12小时内就要使棉花增加6先令的价值,并生产出**相应的剩余棉纱**。既然他已经把他的劳动力卖给资本家,他所创造的全部价值或产品,便都属于资本家,即他的劳动力的暂时所有者。资本家预付3先令,结果却实得6先令的价值,因为,他预付的价值是6小时劳动的结晶,而他收回的价值却是12小时劳动的结晶。资本家每天重复这一过程,他每天预付3先令,每天收入6先令,这6先令中有一半将再付工资,另一半则构成**剩余价值**,资本家对此并不付出任何等价物。资本主义的生产或雇佣劳动制度,正是在**资本和劳动之间的这种交换**的基础上建立的,这种交换必然不断地造成这样的结果:工人作为工人再生产出来,资本家作为资本家再生产出来。

　　如果其他一切条件都相同,**剩余价值率**取决于再生产劳动力价值所必需的那部分工作日和为资本家效力的**剩余时间**或**剩余劳动**之间的比。所以,剩余价值率取决于**工作日的延长在多大程度上超过**工人只再生产他的劳动力价值或只抵偿他的工资所花费的劳动时间。

9. 劳动的价值

现在我们应当回过来谈谈"**劳动的价值或价格**"这个用语。

我们已经知道,实际上,劳动的价值无非是劳动力的价值,是由维持劳动力所必需的那些商品的价值来测量的。但是,因为工人是**在他劳动完毕以后**领取工资的,并且知道他实际上给予资本家的正是他的劳动,所以他以为他的劳动力的价值或价格必然就是**他的劳动本身的价格**或价值。假定他的劳动力的价格是 3 先令,这是工作 6 小时所得的,如果他工作 12 小时,他必然以为这 3 先令就是 12 小时劳动的价值或价格,虽然这 12 小时的劳动体现了 6 先令的价值。由此就得出两个结论:

第一,严格说来,劳动的价值或价格是无意义的名词,但是**劳动力的价值或价格**表面上却很像**劳动本身的价格或价值**。

第二,虽然工人每天的劳动只有一部分是**有偿的**,另一部分是**无偿的**,这无偿的或剩余的劳动正是产生**剩余价值或利润**的基础,但是看起来就好像全部劳动都是有偿的劳动。

这种假象,就是**雇佣劳动**和**历史上**其他形式的劳动的不同之处。在雇佣劳动制度的基础上,甚至**无偿的**劳动也好像是**有偿的**劳动;反之,**奴隶**的那部分有偿的劳动,却好像是无偿的劳动。奴隶因为要工作,自然必须生活,他的工作日的一部分就用于抵偿他自己维持生活的价值。但是,由于他和他的主人没有订立合同,双方又没有什么买卖行为,所以他的全部劳动似乎都是白干的。

另一方面,再以农奴为例。可以说,农奴在整个东欧直到最近还存在着。农奴在自己的或分给他的田地上为自己劳动 3 天,其余 3 天就要在主人的领地上从事强迫的、无偿的劳动。所以,这里劳动中的有偿部分和无偿部分显然分开了,在时间上和空间上都分开了,于是我们的自由主义者就义愤填膺,认为强迫人白干活这种想法非常荒谬。

其实,一个人无论是一周中在自己的田地上为自己劳动 3 天,再在主人的领地上无报酬地劳动 3 天,或者是每天在工厂或作坊中为自己劳动 6 小时,再为他的雇主劳动 6 小时,结果都一样,不过在后一例中,劳动的有偿部分和无偿部分是不可分割地混在一起的,整个交易的实质完全被**合同的存在**和周末**付酬**所掩饰了。这种无偿的劳动,在后一例中似乎是自愿的,在前一例中似乎是强迫的。全部区别就在于此。

以下使用的"**劳动的价值**"这一用语,我不过是把它当做"**劳动力价值**"的通常流行的名词罢了。

10. 利润是按照商品的价值 出卖商品获得的

假定 1 小时的平均劳动所体现的价值等于 6 便士,或 12 小时的平均劳动体现为 6 先令。又假定劳动的价值等于 3 先令或 6 小时劳动的产品。如果生产一种商品所耗费的原料、机器等等体现了 24 小时的平均劳动,这些东西的价值就会等于 12 先令。此外,如果资本家所雇的工人再把自己 12 小时的劳动加到这些生产资料上,这 12 小时就会体现为 6 先令的追加价值。所以这种**产品的全部价值**共为 36 小时的已体现的劳动,即等于 18 先令。但是,劳动的价值或付给工人的工资只有 3 先令,那么,资本家对于工人所耗费并体现在商品价值里的 6 小时剩余劳动,就没有支付任何等价物。所以,资本家把这个商品按其价值卖了 18 先令,他就实现了 3 先令的价值,他对此并未付出任何等价物。这 3 先令就是他装进自己口袋里的剩余价值或利润。可见,资本家实现这 3 先令的利润,并不是因为他按照**超过**商品价值的价格出卖商品,而是因为他**按照商品的实际价值**出卖这个商品。

商品的价值是由该商品所包含的**全部劳动量**决定的。但是,这劳动量有一部分体现为用工资形式付过等价的价值,另一部分则体现为**没有**付过**任何**等价的价值。商品中所含的劳动,一部分是**有偿**劳动,另一部分是**无偿**劳动。所以,资本家按照**商品的价值**出卖商品,即出卖耗费于该商品的**全部劳动量**的结晶,是必定获得利润的。资本家出卖的不仅有他支付过等价的东西,而且还有他分文未付的东西,虽然这东西曾费去了他的工人的劳动。资本家花在商品上的费用,和商品的实在费用,是不同的两码事。所以,我再说一遍,正常的、平均的利润,不是由于**超过**而是由于**按照商品的实际价值**出卖商品获得的。

11. 剩余价值分解成的各个部分

剩余价值,或商品全部价值中体现工人的**剩余劳动**或**无偿劳动**的那一部分,我称之为**利润**。这种利润并不是全都落入经营资本家的腰包。垄断土地,使土地所有者能以**地租**名义——不管这土地是用于农业、建筑、铁路还是用于其他生产目的——取得这**剩余价值**的一部分。另一方面,拥有**劳动资料**,使经营资本家能生产**剩余价值**,即**窃取一定量的无偿劳动**,这就使拥有劳动资料并把它们全部或部分地贷给经营资本家的人,简言之,即**放债的资本家**,能以**利息**的名义要求取得这剩余价值的另一部分,所以,留归经营资本家**本身**的,就只是所谓**产业利润**或**商业利润**的那一部分了。

至于上述三种人这样瓜分全部剩余价值究竟由什么规律来调节的问题,与本题毫无关系。但是根据以上所述,可以得出这样的结论:

地租、利息和产业利润不过是商品的剩余价值或商品中所包含的无偿劳动各个部分的不同名称,它们都是同样从这个泉源并且只是从这个泉源产生的。它们不是从**土地**本身也不是从**资本**本身产生的,但是土地和资本使拥有土地和资本的人能从经营资本家压榨工人所得来的剩余价值中各分得一份。对于工人来说,究竟经营资本家是把这剩余价值——工人剩余劳动或无偿劳动的产物——全部占为己有,或是不得不将其中某些部分以地租和利息的名义分给第三者,这是一个次要的问题。假定经营资本家只使用自己的资本,而且本人又是他使用的那块土地的所有者,那么,剩余价值就会全部落入他的腰包了。

直接向工人榨取这剩余价值的正是经营资本家,不论他最终能把这剩余价值中的哪一部分留归自己。所以,整个雇佣劳动制度,整个现代生产制度,正是建立在经营资本家和雇佣工人的这种关系上的。因此,有几位参加我们这次讨论的公民要模糊事情的真相,把经营资本家和工人的这种根本关系看做一个次要的问题,那就错了,虽然他们断定,在一定情况下,价格的上涨对经营资本家、土地所有者、货币资本家以至征税者影响的程度极不相同,这是正确的。

根据以上所述,还可以得出另一个结论。

商品价值中只代表原料和机器的价值的那一部分,即只代表消耗了的生产资料的价值的那一部分,决**不会**构成**收入**,只是补偿**资本**而已。但是,除此以外,如果说商品价值中的另一部分,即**构成收入**或可能以工资、利润、地租、利息的形式花费掉的那一部分,是由工资的价值、地租的价值和利润的价值等等**构成**的,那就错了。我们先不谈工资,只来研究产业利润、利息和地租。我们刚才说过,商品中所包含的**剩余价值**或商品价值中体现**无偿劳动**的这一部分价值,其本身**分解**成不同的部分,有三个不同的名称。可是,如果说商品中的这一部分价值是由**这三个组成部分的独立价值之和而构成或形成**的,那就完全违反真理了。

如果 1 小时的劳动体现为 6 便士的价值,如果工人的工作日为 12 小时,如果这段时间有一半是无偿劳动,那么这种剩余劳动就在商品上增加 3 先令的**剩余价值**,即没有付过等价的价值。这 3 先令的剩余价值,就是经营资本家可以按随便什么比例去同土地所有者及放债人瓜分的**全部基金**。这 3 先令的价值,构成他们彼此瓜分的那个价值的限度。并不是经营资本家在商品的价值上任意加上一份价值作为自己的利润,再加上另一份价值给土地所有者等等,然后,这些任意规定的价值之和就构成了全部价值。所以,你们知道,流行的观点分不清**一定量的价值分解**为三个部分,和三种**独立价值**相加而**形成**这个价值这二者的不同,于是就把地租、利润和利息所由产生的总和价值变成一种随意规定的数量,这种观点该是如何荒谬。

假定一个资本家所实现的全部利润等于 100 英镑,我们把这个数量看做一个**绝对量**而称之为**利润量**。如果我们计算这 100 英镑对于预付资本的比,我们就把这个**相对量**称为**利润率**。这个利润率显然可以用两种方式来表示。

假定**预付在工资上**的资本为 100 英镑。如果所创造的剩余价值也是 100 英镑,那就表明这工人的工作日一半是**无偿**劳动;如果我们用预付在工资上的资本价值去测量这个利润,我们就可以说,**利润率**等于 100%,因为预付的价值为 100,而实得的价值则为 200。

另一方面,如果我们不是只看到**预付在工资上的**资本,而是看到预付的**全部资本**,例如 500 英镑,其中,400 英镑代表原料、机器等等的价值,我们就应该说,**利润率**只等于 20%,因为这 100 英镑的利润只是预付的**全部**资本的 $\frac{1}{5}$。

前一种表示利润率的方式,是表明有偿劳动和无偿劳动的真正比率,即对劳动进行 exploitation ①(请允许我用这个法文词)的真实程度的唯一方式;后一种表示方式是通常所用的,并且也确实适用于某些目的,至少是非常便于掩饰资本家榨取工人无偿劳动的程度。

在我以后的说明中,我将使用**利润**一词来标明资本家所榨取的剩余价值总量,不管这剩余价值究竟如何分配给不同的人群;我在使用**利润率**一词时,则总是用预付在工资上的资本价值来测量利润。

12. 利润、工资和价格的一般关系

从商品的价值中除去补偿包含在商品中的原料和其他生产资料的价值的价值,即除去商品中包含的**过去**劳动的价值,商品价值的余留部分就是**最后**雇用的工人所加的劳动量。如果这个工人每

---

① 剥削。——编者注

天工作 12 小时,如果 12 小时的平均劳动结晶为 6 先令的金量,那么这 6 先令的追加价值就是他的劳动所创造的**唯一**价值。这种由他的劳动时间所决定的一定的价值,就是他和资本家双方都从中各自分得一份的唯一基金,即分为工资和利润的唯一价值。显然,双方可以按各种不同比例来分配这一价值,但是这一价值本身是不会变化的。假如不是以一个工人而是以全体工人人数计算,或者不是以一个工作日而是例如以 1 200 万个工作日计算,也同样不会有什么变化。

资本家和工人所能分配的仅仅是这个有限的价值,即按工人的全部劳动来测量的价值,所以一方分得的越多,他方分得的就越少,反之亦然。一个一定的数,其中一部分在增加时,另一部分相反地总要减少。工资有了变动,利润就要朝相反的方向变动。工资下降了,利润就要上涨;工资上涨了,利润就要下降。按照前面的假设,如果工人得 3 先令,即等于他所创造的价值的一半,换句话说,如果他的整个工作日一半是有偿劳动,一半是无偿劳动,**利润率**就是 100%,因为资本家所得的也是 3 先令。假如工人只得到 2 先令,或者,在一整天中只有 $\frac{1}{3}$ 的时间为自己工作,资本家得到的就是 4 先令,利润率就是 200%。如果工人得到 4 先令,资本家只得到 2 先令,利润率就降至 50%。但是,这一切变动都不会影响商品的价值。所以,工资的普遍提高只会引起一般利润率的降低,而不会影响商品的价值。

但是,商品的价值——这种价值最终一定要调节商品的市场价格——虽然完全由商品中所凝结的劳动总量来决定,并不取决于这种劳动量分为有偿劳动和无偿劳动,但是决不能说,例如在 12 小时内所生产的个别商品或成批商品的价值会永远不变。在一定的劳动时间内或由一定的劳动量所生产的商品的**数**或量,取决于所用的劳动的**生产力**,而不取决于劳动的**延伸**或长度。例如,在一个 12 小时的工作日内,纺纱劳动在一定的生产力水平下能生产 12 磅棉纱,在较低的生产力水平下只能生产 2 磅棉纱。如果在前一场合,12 小时的平均劳动体现为 6 先令的价值,12 磅棉纱就要值 6 先令,而在后一场合,2 磅棉纱也要值 6 先令。所以,在前一场合,1 磅棉纱只值 6 便士,在后一场合,1 磅棉纱竟要值 3 先令。这种价格上的差异,就是所用劳动的生产力有差异的结果。生产力较高时,1 小时劳动体现为 1 磅棉纱;生产力较低时,6 小时劳动才能体现为 1 磅棉纱。在前一场合,1 磅棉纱的价格只等于 6 便士,尽管工资较高而利润率较低,在后一场合,它的价格却等于 3 先令,尽管工资较低而利润率较高。这是必然的,因为 1 磅棉纱的价格是由**耗费**于这磅棉纱的**全部劳动量**决定的,而不是由**这个劳动量分为有偿劳动和无偿劳动的比例**决定的。所以,我前面所说的高价劳动可能生产低廉的商品,而低价劳动可能生产昂贵的商品这一事实,也就不再像是什么奇谈怪论了。这只是说明了一般的规律,即商品的价值是由消耗于商品的劳动量决定的,所消耗的劳动量完全取决于所用劳动的生产力,因而也随劳动生产率的每一变化而变化。

13. 争取提高工资或反对降低工资的几个主要场合

(1)现在让我们认真研究一下争取提高工资或反对降低工资的几个主要场合。

我们已经知道,**劳动力的价值**,或用流行的说法,即**劳动的价**

值,是由生活必需品的价值或生产这些生活必需品所需要的劳动量决定的。例如,在某一国,工人每天平均的生活必需品的价值为 6 小时的劳动,表现为 3 先令,这个工人为了生产维持他一天生活费用的等价物,就必须每天工作 6 小时。如果整个工作日为 12 小时,资本家付给他 3 先令,便偿付了他的劳动的价值。工作日的一半就会是无偿劳动,利润率就等于 100%。但是现在假定,例如,因生产率的降低,要用更多的劳动来生产同量的农产品,于是,每天平均的生活必需品的价格就从 3 先令涨到 4 先令。在这种场合,劳动的**价值**就增加 $\frac{1}{3}$,或增加 $33\frac{1}{3}\%$。工人要依照他原来的生活水平生产维持他一天生活费用的等价物,便须在一个工作日中劳动 8 小时;所以,剩余劳动就要由 6 小时减到 4 小时,利润率就要由 100% 降到 50%。但是,工人要求提高工资,不过是要求获得**他的劳动所增加的价值**,就好像其他所有出卖商品的人在商品成本增加时,力求使其商品所增加的价值获得报酬一样。如果工资没有提高或提高得不够补偿生活必需品所增加的价值,劳动的**价格**也就会降到**劳动的价值**以下,工人的生活水平就会下降。

但是,变化也可能朝相反的方向发生。由于劳动生产率的提高,同等数量的每天平均的生活必需品,可能从 3 先令减到 2 先令,换句话说,在一个工作日中不必劳动 6 小时,只要劳动 4 小时,就能再生产与每天生活必需品等价的价值。这时工人用 2 先令就可以买到从前用 3 先令买到的生活必需品了。**劳动的价值**确实会降低,但是,这样减少的价值,仍能获得和从前一样多的商品。于是,利润就会从 3 先令提高到 4 先令,利润率也会从 100% 提高到200%。虽然工人生活的绝对水平依然照旧,但他的**相对**工资以及他的**相对社会地位**,也就是与资本家相比较的地位,却会下降。工人反对这种相对工资的降低,不过是想要在他的提高了的劳动生产力所生产的总额中获得应有的一份,不过是想要维持他以前在社会阶梯上的相对地位。例如,英国的一些工厂主在谷物法废除[36]后,就卑鄙地背弃他们在鼓动反对谷物法时所作的庄严诺言,把工资普遍降低了 10%。工人的反抗,起初没有奏效,但是,由于我现在不能详谈的某些情况,后来又恢复所失去的 10% 了。

(2)生活必需品的**价值**,从而**劳动的价值**,可能保持原状,但是**货币的价值**已经**发生变化**,所以生活必需品的**货币价格**也可能发生变化。

由于更丰富的矿山的发现,等等,生产例如 2 盎司金,可能并不比从前生产 1 盎司金所费的劳动多。于是,金的**价值**就会降低一半或 50%。**劳动的价值**,也像其他一切商品的**价值**一样,就要表现在比以前大一倍的**货币价格**上。从前表现为 6 先令的 12 小时劳动,这时就会表现为 12 先令了。如果工人的工资仍是 3 先令而没有提高到 6 先令,**他的劳动的货币价格**这时就只等于他的**劳动的价值的一半**,他的生活水平也就要大大降低。如果他的工资提高了,但与金的价值的下降不成比例,这种情况也会在或大或小的程度上发生。在这个实例中,无论是劳动生产力,供给和需求,还是价值,都没有丝毫变化。除了这些价值的货币**名称**,什么也没有变。如果说,在这样的场合工人不应该争取工资的相应提高,那就等于说,他必须满足于名称的报酬,而不是实物的报酬。过去的整个历史证明,在发生这样的货币贬值时,资本家总是急忙趁此良机来欺骗工人。但是,许多派别的政治经济学家断定,由于新发现一些产金地、改进银矿开采和水银供给较廉,贵金属的价值又降低了。这也许可以说明为什么大陆上普遍地同时产生了提高工资的要求。

(3)我们以前都假定**工作日**有一定的界限。但是工作日本身并没有固定界限。资本的经常趋势就是把工作日延长到体力可能达到的极限,因为随着工作日长度的增加,剩余劳动,从而这劳动所创造的利润也将同样增长。资本把工作日越延长,它占有他人的劳动量也越多。在 17 世纪,甚至在 18 世纪的前三分之二这段时间,10 小时的工作日是全英国的正常工作日。在反雅各宾战争**39**,其实是不列颠贵族反对不列颠劳动群众的战争时期,资本庆祝自己的胜利,把工作日从 10 小时延长到 12 小时,14 小时,18 小时。**马尔萨斯**这位决非多愁善感的人,在 1815 年前后出版的一本小册子①中宣称,这种情形如果再继续下去,必将摧毁民族的生命之本。在普遍应用新发明的机器的前几年即 1765 年前后,英国出现了一本小册子,书名为《论手工业》②。匿名的作者是工人阶级的死敌,他竭力主张必须扩大工作日的界限。为了达到这一目的,他提议,除了采取其他手段,还要建立**习艺所40**,用他的话来说,应该是"**恐怖所**"。他给这种"**恐怖所**"规定的工作日是多长呢?**12 小时**——这恰好是资本家、政治经济学家和内阁大臣们在 1832 年针对 12 岁以下儿童宣布的不仅当时已实行,而且已成为必要的工作时间。**41**

工人出卖他的劳动力——在现代制度下他不得不这样做——就是把这个力让给资本家来消费,不过是在一定的合理的界限内消费。他出卖他的劳动力,是为了保持它——且不谈它的自然损耗——而不是为了毁灭它。工人按照劳动力每天或每周的价值出卖他的劳动力,不用说,决不会允许这个劳动力在一天或一周内受到两天或两周的损耗或损失。现在举一架价值 1 000 英镑

---

① 即托·罗·马尔萨斯《关于地租的本质和增长及其调整原则的研究》1815 年伦敦版。——编者注

② 指约·肯宁安《论手工业和商业。兼评赋税》1770 年伦敦版。——编者注

的机器为例。如果这架机器能用 10 年,它在它所参与生产的商品的价值上每年就要增添 100 英镑。如果它能用 5 年,它每年在这些商品的价值上就要增添 200 英镑。换句话说,它每年损耗的价值和它的使用年限成反比。但这正是工人和机器的不同之处。机器的磨损程度和它的使用时间并不完全一致。相反,人的衰退程度,和他工作时数的简单相加所表现出来的衰退程度相比,要大得多。

当工人们争取工作日减到原先的合理范围时,或者,当他们不能强迫法律规定正常的工作日,而用提高工资的办法,使工资提高得不仅和被勒索的剩余时间成比例而且还要超过这一比例,来防止过度劳动时,他们只是在对他们自己和他们的种族履行义务。他们不过是对资本的横暴掠夺设置一些限制而已。时间是人类发展的空间。一个人如果没有自己处置的自由时间,一生中除睡眠饮食等纯生理上必需的间断以外,都是替资本家服务,那么,他就还不如一头役畜。他不过是一架为别人生产财富的机器,身体垮了,心智也变得如野兽一般。现代工业的全部历史还表明,如果不对资本加以限制,它就会不顾一切和毫不留情地把整个工人阶级投入这种极端退化的境地。

资本家延长工作日,可能付出**较高的工资**,其实仍低于**劳动的价值**。如果工资的提高同被榨取的更大的劳动量不相称,同劳动力的更快的衰竭不相称,这种情形就会发生。这用别的方法也可以做到。你们的资产阶级统计学家们会告诉你们,例如,兰开夏郡的工人家庭的平均工资增加了。他们却忘记补充说,除了家长那个成年男子的劳动,还有他的妻子,也许还有三四个小孩,现在都被投在资本的札格纳特车轮[42]下了,而工资总额的增加同从这个家庭榨取的全部剩余劳动不相称。

即使对工作日有一定的限制,例如,现在一切服从工厂法的工业部门中都有这种限制,在这种情况下,只是为了保持**劳动价值的**原有水平,提高工资可以说也是必要的。劳动**强度**的提高,可能使一个人在一小时内耗费他从前在两小时内耗费的生命力。在一些服从工厂法的行业中,由于机器运转速度的加快和一个人要看管的工作机的加多,这种情形已经在某种程度上出现了。如果劳动强度的提高或一小时内所费劳动量的增大与工作日的缩短保持应有的比例,劳动者还算是赢家。如果超出这个限度,他在一种形式下所得到的就会在另一种形式下丧失掉,于是 10 小时劳动就可能与以前 12 小时劳动同样有害。工人争取提高工资以使之同劳动强度的提高相适应,从而制止资本的这种倾向,这不过是抑制他的劳动的跌价,防止他的种族的退化罢了。

(4)你们都知道,由于我现在没有必要说明的某些原因,资本主义的生产总是要经过一定的周期性循环。它要经过消沉、逐渐活跃、繁荣、生产过剩、危机和停滞等阶段。商品的市场价格和市场利润率,都随着这些阶段而变化,有时低于自己的平均水平,有时高于自己的平均水平。你们考察一下这整个周期,就会发现,市场价格的一个偏离是由另一个偏离来抵消的,在整个周期内,平均说来,商品的市场价格是由商品的价值调节的。再说,在市场价格下跌的阶段,以及在危机和停滞的阶段,工人即使不致完全失业,他的工资也一定会降低。为了不受骗,他甚至在市场价格这样下降时,也应当同资本家争论工资究竟该降到什么程度。在产生额外利润的繁荣阶段,他如果不争取提高工资,按整个工业周期平均计算,他就会甚至得不到他的**平均工资**或他的劳动的**价值**。他的工资,在这个周期的不顺利阶段,必然要受影响,如果在这个周期的繁荣阶段,还要求他不去争取补偿,那就太愚蠢了。一般说来,一切商品的**价值**,只是由不断波动的市场价格的相互抵消才能实现,而这种相互抵消又是供给和需求不断变动的结果。在现代制度的基础上,劳动不过是一种商品,和其他商品一样。所以,劳动也必须经历同样的变动,才能够获得与它的价值相符的平均价格。如果一方面把劳动看做一种商品,另一方面又让它免受调节商品价格的那些规律的约束,那就很荒谬了。奴隶能得到经常的和定量的生活资料,雇佣工人却不能。雇佣工人要想补偿一个时期的工资的降低,必须在另一个时期努力争取工资的提高,如果他甘心接受资本家的愿望,接受资本家的命令,把它当做永久的经济规律,他就一定要受到奴隶所受的一切苦痛,而得不到奴隶所享有的生存保障。

(5)从我以上讨论的各场合——它们几乎是百分之九十九——你们已经看见,提高工资的斗争只不过是在**先前的**各种变化之后发生的,是生产的规模、劳动的生产力、劳动的价值、货币的价值、被榨取的劳动长度或强度、市场价格的波动——它的波动取决于供给和需求的变动,与工业周期的各个阶段相适应——这些先前的变化的必然结果,总而言之,是劳动对资本的先前行动的反行动。你们讨论争取提高工资的斗争,如果不顾这些情况,如果只看到工资的变动而忽视引起这些变动的其他一切变动,你们就是从错误的前提出发,只会得出错误的结论了。

14. 资本和劳动的斗争及其结果

(1)我已经指出,工人周期性地反抗降低工资,周期性地力图提高工资,这是同雇佣劳动制度密不可分的,而且还受下述事实的制约:劳动既然等同于商品,就要服从那些调节一般价格变动的规律;我还指出,工资的普遍提高会引起一般利润率的降低,但不会影响商品的平均价格或商品的价值。现在就有一个问题:在资本和劳动的这场不断的斗争中,后者能取得多大的成功?

我可以概括地回答,劳动和其他一切商品一样,它的**市场价格**在长时期内会与它的**价值**相适应;因此,不论怎样涨跌,也不论工人如何行动,他所得到的,平均计算起来,只是他的劳动的价值,他的劳动的价值无非是他的劳动力的价值,后者是由维持和再生产劳动力所需要的生活必需品的价值决定的,而这些生活必需品的价值最后又是由生产它们所需要的劳动量决定的。

但是,**劳动力的价值**或**劳动的价值**由于有某些特点而不同于其他一切商品的价值。劳动力的价值由两种要素构成:一种是纯生理的要素,另一种是历史的或社会的要素。劳动力价值的**最低界限**是由**生理的**要素决定的。这就是说,工人阶级为了维持和再生产自己,为了延续自己肉体的生存,就必须获得生存和繁殖所绝对需要的生活必需品。所以这些绝对需要的生活必需品的**价值**,就构成**劳动的价值**的最低界限。另一方面,工作日的长度也有极限,虽然是很有伸缩性的极限。它的最高界限决定于工人的体力。如果他的生命力每天的消耗超过一定限度,就不能日复一日地重复使用了。可是,我已经说过,这种限度有很大的伸缩性。孱弱和短命的后代如果繁殖很快,也可以与健壮和长命的后代一样,使劳动市场维持下去。

除了这种纯粹生理的要素,劳动的价值还取决于每个国家的**传统生活水平**。这种生活水平不仅要满足生理上的需要,而且要满足人们赖以生息教养的那些社会条件所产生的某些需要。英国人的生活水平可能降到爱尔兰人的生活水平;德国农民的生活水平可能降到利夫兰农民的生活水平。关于历史传统和社会风俗在这方面起的巨大作用,你们可以看一看桑顿先生的《人口过剩论》①,他在书中指出,英国各农业区的平均工资,至今还由于这些区域在脱离农奴状态时所处条件的好坏程度不同而有高低之分。

包含于劳动价值中的这一历史的或社会的要素可能扩大,也可能缩小,甚至可能完全消失,只剩下**生理上的界限**。在**反雅各宾战争**[39]时期——正如那位不可救药的吞食赋税、尸位素餐的老乔治·罗斯经常说的那样,发动这场战争是为了挽救我们神圣宗教的福利免遭渎神的法国人的侵犯——,我们在前次会议上曾谨慎地谈到的那些仁慈的英国农场主,竟把农业工人的工资降到这种**纯粹生理上的最低界限**以下,而维持生命和延续种族所需要的不足之数却由**济贫法**[43]来填补。这是把雇佣工人变成奴隶,把莎士比亚笔下的骄傲的自耕农[44]变成贫民的一种高明手法。

如果你们把各个不同国家中或同一国家各个不同历史时代的工资水平或劳动的价值水平比较一下,你们就会发现,**劳动的价值**本身不是一个固定的量,而是一个变化的量,即使假定其他一切商品的价值不变,它也是变化的。

这种比较也可以证明:不仅**市场利润率**是变动的,而且**平均利润率**也是变动的。

然而对于**利润**来说,并没有一条规律能决定其**最低限度**。我们不能说,利润降低的极限是怎样的。为什么我们不能够确定这个限度呢?因为我们虽能确定工资的**最低限度**,却不能确定工资的**最高限度**。我们只能说,工作日既然有界限,**利润的最高限度**就与**生理上所容许的工资的最低限度**相适应;工资既然是一定的,利

---

① 即威·托·桑顿《人口过剩及其补救办法》1846年伦敦版。——编者注

润的最高限度就与工人体力所容许的工作日延长程度相适应。所以利润的最高限度以生理上所容许的工资的最低限度和生理上所容许的工作日的最高限度为界限。显然,在最高利润率的这两个界限之间可能有许多变化。利润率的实际水平只是由资本与劳动的不断斗争确定的,资本家总想把工资降低到生理上所容许的最低限度,把工作日延长到生理上所容许的最高限度,而工人则在相反的方面不断地对抗。

归根到底,这是斗争双方力量对比的问题。

(2)至于谈到**限制工作日**,在英国像在其他各国一样,向来只**靠立法的干涉**。如果没有工人从外部经常施加压力,这种干涉永远也不会实现。无论如何,这种结果决不是工人和资本家的私人协商所能获得的。这种采取**普遍政治行动**的必要性本身就证明,资本在其纯粹经济的行动上是比较强有力的一方。

至于谈到**劳动价值的界限**,它的确定实际上总是取决于供给和需求。我指的是资本方面对劳动的需求和工人方面对劳动的供给。在一些殖民地国家,供求规律有利于工人。所以,美国的工资水平比较高。资本在这里可以施展全力,却不能制止因雇佣工人经常转化为独立的自给自足的农民而造成的劳动市场的经常空虚。对于大部分美国人民说来,雇佣工人的地位不过是一种学徒见习的状态,他们迟早总会脱离这种状态。为了纠正殖民地的这种情况,作为母邦的不列颠政府曾一度采纳所谓现代殖民学说,其内容是将殖民地的土地人为地规定一种高价,以阻止雇佣工人过分迅速地转化为独立农民。

现在我们来谈谈资本支配全部生产过程的那些老的文明国家。例如,以英国农业工人的工资在1849年至1859年这一时期的提高为例。其结果如何呢?农场主们没能——我们的朋友韦斯顿想必劝告过他们——提高小麦的价值,甚至没能提高小麦的市场价格,反而不得不听任其市场价格的下降。但是在这 11 年中,他们采用各种机器,应用更科学的方法,把一部分耕地变成牧场,增大农场的面积,同时也扩大了生产的规模,由于采取了这些方法和其他各种提高劳动生产力的措施而减少对劳动的需求,使农业人口又相对过剩了。这就是资本在各个早已住满居民的国家迟早要采取的对付增加工资的一般方法。李嘉图正确地说过,机器是经常和劳动竞争的,并且往往是在劳动价格已达到某种高度时才可能被采用①;然而采用机器不过是提高劳动生产力的许多方法之一。正是这个发展过程使简单劳动相对过剩,另一方面使熟练劳动简单化,于是也就使它贬值了。

这同一规律还有另一种形式。随着劳动生产力的发展,即使工资的水平相当高,资本的积累也会越来越快。因此,可以推论,**像亚·斯密**——在他的那个时代,近代工业还很幼稚——那样推论,资本的这种加速积累,能保证对劳动需求的增长,所以必然会对工人有利。现代许多著作家同意这种观点,他们很诧异,为什么最近 20 年英国资本的增加比人口的增加更迅速,而工资却没有很大的提高。但是随着积累的进展,**资本的构成**也发生**递增的变化**。总资本中包含固定资本即机器、原料和各种生产资料的这一部分,比用于支付工资或购买劳动的那一部分,总是逐渐递增的。这一规律已经由巴顿、李嘉图、西斯蒙第、理查·琼斯教授、拉姆赛教授、舍尔比利埃等人多少确切地阐明了。

如果资本中这两个部分的比例原来是一比一,这个比例就会

---

① 大·李嘉图《政治经济学和赋税原理》1821 年伦敦版第 479 页。——编者注

因工业的发展而变成五比一,等等。如果总资本为600,其中300用于工具和原料等,其余300用于支付工资,那么总资本只增加一倍,就能造成对600工人而不是对300工人的需求。但是,如果总资本600中,500用于机器和原料等,只有100用于支付工资,为了造成对600工人而不是对300工人的需求,这同一资本就要从600增至3 600。因此,在工业发展的进程中,对劳动的需求总是赶不上资本的积累。这一需求是在增加,但是与资本的增加相比,不过是在递减的比例上增加的。

以上所说的这几点足以表明,现代工业的发展本身一定会越来越有利于资本家而有害于工人,所以资本主义生产的总趋势不是提高而是降低工资的平均水平,在或大或小的程度上使**劳动的价值**降到它的**最低限度**。这种制度下的**实际情况**的趋势既然如此,那么,这是不是说,工人阶级应当放弃对资本的掠夺行为的反抗,停止利用偶然的时机使生活暂时改善的尝试呢?如果他们这样做,他们就会沦为一群听天由命的、不可挽救的可怜虫。我想我已经说过:他们为工资水平而进行的斗争,同整个雇佣劳动制度有密切的联系;他们为提高工资所做的努力,在一百回中有九十九回都只是为了维持现有的劳动价值;他们必须就劳动价格与资本家讨价还价,因为他们已经把自己当做商品出卖了。他们在和资本的日常冲突中如果畏缩让步,他们就没有资格发动更大的运动。

同时,即使不谈雇佣劳动制度中所包含的一般奴隶状态,工人阶级也不应夸大这一日常斗争的最终效果。他们不应当忘记:在日常斗争中他们反对的只是结果,而不是产生这种结果的原因;他们延缓下降的趋势,而不改变它的方向;他们服用止痛剂,而不祛除病根。所以他们不应当只局限于这些不可避免的、因资本永不停止的进攻或市场的各种变动而不断引起的游击式的搏斗。他们应当懂得:现代制度给他们带来一切贫困,同时又造成对社会进行经济改造所必需的种种**物质条件**和**社会形式**。他们应当摒弃"**做一天公平的工作,得一天公平的工资!**"这种保守的格言,要在自己的旗帜上写上**革命**的口号:"**消灭雇佣劳动制度!**"

为了阐明基本问题,我不得不作这样一个冗长的,恐怕是令人厌倦的说明,现在我提出下面的决议案来结束我的报告:

第一,工资水平的普遍提高,会引起一般利润率的降低。但整个说来并不影响商品的价格。

第二,资本主义生产的总趋势不是提高工资的平均水平,而是降低这个水平。

第三,工联作为抵制资本进攻的中心,工作颇有成效。它们遭到失败,部分是由于不正确地使用自己的力量。总的说来,它们遭到失败是因为它们只限于进行游击式的斗争以反对现存制度所产生的结果,而不同时努力改变这个制度,不运用自己有组织的力量作为杠杆来最终解放工人阶级,也就是最终消灭雇佣劳动制度。

卡·马克思写于 1865 年 5 月 20 日—6 月 24 日之间

1898 年以小册子形式在伦敦出版

原文是英文

选自《马克思恩格斯文集》第 3 卷第 25—78 页

弗·恩格斯

*卡·马克思《资本论》第一卷书评
——为《民主周报》作⁴⁵

马克思《资本论》^①

一

自从世界上有资本家和工人以来,没有一本书像我们面前这本书那样,对于工人具有如此重要的意义。资本和劳动的关系,是我们全部现代社会体系所围绕旋转的轴心,这种关系在这里第一次得到了科学的说明,而这种说明之透彻和精辟,只有一个德国人才能做得到。欧文、圣西门、傅立叶的著作现在和将来都是有价值的,可是只有一个德国人才能攀登最高点,把现代社会关系的全部领域看得明白而清楚,就像一个观察者站在高山之巅俯视下面的山景一样。

以往的政治经济学告诉我们,劳动是一切财富的泉源,是一切

---

① 恩格斯在这里加了一个注:"卡尔·马克思《资本论。政治经济学批判》第一卷《资本的生产过程》1867年汉堡迈斯纳出版社出版。"——编者注

价值的尺度，所以两件物品在生产上花费了同样的劳动时间，就具有同样的价值，而且，因为一般说来，只有相等的价值才能互相交换，所以这两件物品就应当能够互相交换。但在同时，它又告诉我们，存在着一种积蓄的劳动，它把这种劳动叫做资本；它认为，资本这种东西，由于里面包含有辅助的资源，可以使活劳动的生产率增加几百倍、几千倍，因此要求一定的报偿，这种报偿叫做利润。我们大家知道，事实上情况是这样：积蓄的死劳动的利润，变得越来越大，资本家的资本也变得越来越大，而活劳动的工资，却变得越来越少，只靠工资为生的工人大众越来越多，越来越穷。这个矛盾怎样解决呢？如果工人加在他的产品上的劳动的全部价值都得到补偿，那么，资本家能从哪里去得到利润呢？并且，既然只有相等的价值可以互相交换，在这个场合情形也应当是这样。从另一方面来说，既然如许多经济学家所承认的，产品是在工人与资本家之间分配的，相等的价值的交换怎么可能呢？工人又怎能得到他的产品的全部价值呢？在这个矛盾面前，以往的经济学束手无策，只是写一些或说一些毫无意义的空话。甚至以往从社会主义立场来批评经济学的人，也只能指出这一矛盾而已；在马克思以前，谁也没有解决这个矛盾，只有马克思才探寻了这种利润的产生过程，一直追溯到它的根源，把一切都弄明白了。

在阐述资本时，马克思从简单的众所周知的事实出发，这就是资本家通过交换而增殖了他的资本的价值：他用他的货币去购买商品，后来又把商品卖出去，使其所得的货币，多于开始时所投入的。例如，某个资本家以1 000塔勒购买棉花，后来以1 100塔勒卖出，这样一来，他就"赚了"100塔勒。这个超过原有资本的100塔勒的余额，马克思称为**剩余价值**。这种剩余价值是从哪里产生的呢？依照经济学家的假设，只有相等的价值才能互相交换，从抽象的理论的观点来看,这一假设也是正确的。因此,买进棉花,再把它卖出去,是和一个银塔勒兑换成 30 个银格罗申和这些辅币再兑换成一个银塔勒一样,不能产生任何剩余价值。这种兑换既不能使人变富,也不能使人变穷。同样,剩余价值是不能由卖者在商品价值以上卖出商品或买者在商品价值以下买进商品产生出来的,因为他们每一个人,依次作为买者和卖者,这样也就相互抵消了。剩余价值也不能由买者和卖者互相欺诈而产生,因为互相欺诈不会创造任何新价值或剩余价值,只不过使已经存在的资本在资本家之间的分配有所不同而已。尽管资本家依照价值购买商品,并且依照价值卖出商品,但他获得的价值仍然比他投入的多。这是怎么回事呢?

在现代社会关系中,资本家在商品市场上找到了一种**商品**,这种商品具有特别的性质,这就是,它的**使用是新价值的泉源,是新价值的创造**。这个商品,就是**劳动力**。

劳动力的价值是什么呢? 每一个商品的价值,都是由生产该商品所必需的劳动来计量的。劳动力以活的工人的形式存在着。工人为维持他自己的生存并维持他的家庭——这保证在他死后劳动力继续存在——,需要一定量的生活资料。因此,生产这些生活资料所必需的劳动时间就代表了劳动力的价值。资本家按周支付劳动力的价值,并由此购买到工人一周劳动的使用权。关于劳动力价值的问题,就以上各点来说,经济学家先生们的意见和我们的意见大体上是一致的。

现在,资本家就使他的工人去工作了。经过一定的时间后,工人支出的一定的劳动量会与他一周工资所代表的劳动相等。假设一个工人一周的工资代表三个工作日,那么,这个工人从星期一开始工作,到星期三晚上,就把资本家**所付的工资的全部价值偿还**

了。他就在这个时候停止他的工作吗？不，决不是的。资本家已经购买了工人**一周**的劳动，所以工人在剩下的三天中也必须继续工作。工人这种超过补偿工资所必要的时间以外的**剩余劳动**，便是**剩余价值**的、利润的**泉源**，是资本继续不断增大的泉源。

我们不能说这是一种随意的假定：工人在三天之内再生产他所得到的工资，其余三天为资本家工作。他是恰好用三天时间，还是用两天或者四天时间来补偿工资，在这里当然是无关紧要的，那是随情况而变化的。但主要的是，资本家在他支付报酬的劳动以外，还榨取了他**不支付报酬**的劳动。这决不是一个随意的假定，因为如果有一天资本家从工人那里取得的劳动总是与他所支付的工资相等，那时，他就会关闭自己的工厂。因为那时他的全部利润便落空了。

在这里，我们就解决了上述一切矛盾。现在，剩余价值（资本家的利润是它的一个重要部分）的起源，是十分明白而自然的了。劳动力的价值是被支付了的，但是这个价值比资本家从劳动力榨取出来的少得多。正是这二者之间的差额，即**无酬劳动**，构成资本家所得的部分，或者更准确地说，构成资本家阶级所得的部分。因为，拿我们前面的例子来说，棉花商人由棉花所赚得的利润，在棉花价格不提高的情况下，仍应由无酬劳动构成。商人要把棉花卖给一个棉纺织厂主，这个厂主从自己的产品中除上述 100 塔勒之外，还会为自己赚取利润，因此，他是把他所攫取的无酬劳动拿来和商人共分。一切不劳动的社会成员，都是依靠这种无酬劳动维持生活的。资本家阶级负担的国家的和地方的各种税收，土地所有者的地租等等，都是由无酬劳动支付的。全部现存的社会制度都是建立在这种无酬劳动之上的。

另一方面，如果认为无酬劳动只有在现在这种关系下，即在生产一方面由资本家,另一方面由雇佣工人进行的情形下,才能产生出来,那是荒谬的。正相反,在一切时代,被压迫阶级都必须提供无酬劳动。有一个很长的时期,奴隶制度是劳动组织的占支配地位的形式,奴隶必须做的劳动,比以生活资料的形式所还给他们的劳动,要多得多。在农奴制度下,直到农民徭役劳动废除为止,情形也是这样。不过,在这里,农民为维持自身生活而工作的时间和为地主工作的剩余劳动之间的区别是极清楚的,因为后者和前者是分开的。现在,形式已经变化了,不过本质依然是一样的。凡是"社会上一部分人享有生产资料垄断权的地方,劳动者,无论是自由的或不自由的,都必须在维持自身生活所必需的劳动时间以外,追加超额的劳动时间来为生产资料的所有者生产生活资料"(马克思,第 202 页①)。

二

我们在前一篇文章里已经知道,每一个被资本家雇用的工人都在做双重劳动。他的工作时间的一部分用来偿还资本家所预付给他的工资,这一部分劳动,马克思称为**必要劳动**。但在此之后,他必须继续劳动,在这段时间内,他为资本家生产**剩余价值**。利润便是它的一个重要部分。这一部分劳动,叫做剩余劳动。

我们假定每星期中,工人要劳动 3 天来偿还他的工资,再劳动 3 天,为资本家生产剩余价值。换句话说,这便是在每天 12 小时的劳动中,他要劳动 6 小时,生产他的工资,再劳动 6 小时,生产剩

---

① 见本卷第 191 页。——编者注

余价值。在一星期中,人们只能劳动 6 天,就是把星期日算入,至多也只能劳动 7 天。可是在每一天中,可以劳动 6 小时,8 小时,10 小时,12 小时,15 小时,甚至更多的时间。为了一天的工资,工人已经把这一个工作日卖给资本家了。然而,**什么是一个工作日呢?**是 8 小时呢? 还是 18 小时呢?

资本家想尽量延长工作日。工作日越长,生产的剩余价值也就越多。而工人则正确地感觉到,超过偿还工资的每一小时劳动,都是不合理地从他身上榨取的;他亲身体验到工作时间过长意味着什么。资本家为自己的利润而斗争,工人为自己的健康,为每天几小时的休息而斗争,以便在工作、睡眠和饮食之外,还能作为人从事其他活动。我们顺便指出,个别资本家是否愿意加入这一斗争,并不取决于他们的善良愿望,因为竞争会迫使其中**最慈善的人**和他的同行合作,而把工作时间拉得同他们一样长。

为规定工作日而进行的斗争,从自由工人在历史上最初出现的时候起,一直延续到现在。在各种不同的行业中,流行着各种不同的传统的工作日;可是实际上这样的工作日很少得到遵守。只有在那些由法律规定工作日,并且其遵守受到监督的地方,才能够说,在那儿,存在着正常的工作日。但是直到现在,几乎只有在英国的工厂区才是这种情况。在这里为一切妇女和 13 岁至 18 岁的男孩规定了 10 小时工作日(每星期前五天每天做工 10 小时半,星期六做工 7 小时半)。同时,因为男工没有女工童工就不能劳动,所以,他们的工作时间每天也就变为 10 小时了。英国的工厂工人获得这一法律,是由于多年的坚持,是由于与工厂主作过最激烈最坚决的斗争,是由于新闻出版自由、集会结社的权利,并且是由于巧妙地利用统治阶级内部的分裂。这个法律成了英国工人的保护者。它逐渐推广到一切大工业部门,去年,差不多推广**到所有行**

业,至少推广到了一切雇用妇女和儿童的部门。关于英国由法律规定工作日的历史,本书包含着极其详尽的材料。下一届"北德意志联邦⁴⁶国会"也将讨论工商业管理条例的问题,因而也将讨论到工厂劳动管理的问题。我们希望德国工人所选举出来的议员,在讨论这种法规之前,没有一个不熟悉**马克思**的著作。**在那里将获得很多东西**。对于工人说来,德国统治阶级内部的分裂比从前英国发生同样情况时更为有利,因为**普选权会迫使统治阶级对工人表示好意**。在这种情形下,无产阶级的四五个代表便是**一种力量**,如果他们知道利用他们的地位,如果他们首先能够知道资产者所不知道的问题所在的话。而在这方面,马克思这本书把预备好了的一切材料提供给他们。

我们绕过一系列更具有理论意义的非常精彩的研究,只来谈一谈讨论资本积累的最后一章。在这里,首先说明了资本主义的生产方式,即资本家为一方,雇佣工人为另一方而存在的生产方式,不但继续不断地重新生产出资本家的资本,而且同时还继续不断地再生产出工人的穷困。因此,出现了这样一种情况:一方面不断重新存在着资本家,他们是一切生活资料、一切原产品和一切劳动工具的所有者;另一方面不断重新存在着广大的工人群众,他们被迫把他们的劳动力出卖给资本家,以换得一定量的生活资料,这些生活资料,最多只能维持工人的劳动能力,并养育出新的一代有劳动能力的无产者。但是资本不仅再生产它本身;它会不断地增加和增大,因此,它对于无产的工人阶级的权力,也跟着增大起来。而且,像它会以不断扩大的规模再生产出它自身一样,现代资本主义生产方式,也以不断增加的规模,以不断增加的人数再生产出无产的工人阶级。资本的积累"再生产出规模扩大的资本关系:一极是更多的或更大的资本家,另一极是更多的雇佣工人……**因此,**

资本的积累就是无产阶级的增加"（第 600 页①）。可是，由于机器生产的发展、农业的改良等等，生产同样数量产品所必需的工人越加减少了，这种完善，也就是这种使工人过剩的现象，甚至比资本的增加更要快得多。这种不断地增加的工人人数将招致什么结果呢？他们形成产业后备军，这种产业后备军，在营业状况不佳或平常的时候，是在他们劳动的价值**以下**被付予报酬的，而且就业不稳定，或者要靠公共慈善机关的救济为生。但在营业特别活跃的时期，它对于资本家阶级是必不可少的，这一点从英国的例子看得很清楚。可是，**在所有的情况下**，这种产业后备军却会破坏经常在业的工人的抵抗力量，使他们的工资保持在低下的水平上。"社会的财富越大……相对过剩人口（多余人口）或产业后备军也就越大。但是同现役（经常在业的）劳动军相比，这种后备军越大，常备的（经常的）过剩人口，或者说，其贫困与其所受的劳动折磨成反比的工人阶层也就越大。最后，工人阶级中贫苦阶层和产业后备军越大，官方认为需要救济的贫民也就越多。**这就是资本主义积累的绝对的、一般的规律。**"（第 631 页②）

这就是在科学上严格地证明了的现代资本主义社会制度的一些主要规律，而官方的经济学家甚至不敢去试图驳倒它们。但是，难道到此一切事情就讲完了吗？决不是的。正像马克思尖锐地着重指出资本主义生产的各个坏的方面一样，同时他也明白地证明这一社会形式是使社会生产力发展到很高水平所必需的：在这个水平上，社会**全体**成员的平等的、合乎人的尊严的发展，才有可能。要达到这一点，以前的一切社会形式都太薄弱了。资本主义的生

---

① 见本卷第 275 页。——编者注
② 参看本卷第 288—289 页。——编者注

产才第一次创造出为达到这一点所必需的财富和生产力,但是它同时又创造出一个社会阶级,那就是被压迫的工人大众。他们越来越被迫起来要求利用这种财富和生产力来为全社会服务,以代替现在为一个垄断者阶级服务的状况。

弗·恩格斯写于 1868 年 3 月
1—13 日之间

载于 1868 年 3 月 21、28 日《民
主周报》第 12、13 期

原文是德文

选自《马克思恩格斯文集》
第 3 卷第 79—87 页

马克思《资本论》节选

卡·马克思

《资本论》第一卷[47]

（节　选）

1867 年第一版序言

我把这部著作的第一卷交给读者。这部著作是我 1859 年发表的《政治经济学批判》的续篇。初篇和续篇相隔很久，是由于多年的疾病一再中断了我的工作。

前书的内容已经在本卷第一章作了概述。[48]这样做不仅是为了联贯和完整，叙述方式也改进了。在情况许可的范围内，前书只是略略提到的许多论点，这里都作了进一步的阐述；相反地，前书已经详细阐述的论点，这里只略略提到。关于价值理论和货币理论的历史的部分，现在自然完全删去了。[49]但是前书的读者可以在本书第一章的注释中，找到有关这两种理论的历史的新资料。

万事开头难，每门科学都是如此。所以本书第一章，特别是分析商品的部分，是最难理解的。其中对价值实体和价值量的分析，我已经尽可能地做到通俗易懂。以货币形式为完成形态的价值形式，是极无内容和极其简单的。然而，两千多年来人类智慧对这种形式进行探讨的努力，并未得到什么结果[50]，而对更有内容和更复杂的形式的分析，却至少已接近于成功。为什么会这样呢？因为已经发育的身体比身体的细胞容易研究些。并且，分析经济形式，既不能用显微镜，也不能用化学试剂。二者都必须用抽象力来代替。而对资产阶级社会说来，劳动产品的商品形式，或者商品的价值形式，就是经济的细胞形式。在浅薄的人看来，分析这种形式好像是斤斤于一些琐事。这的确是琐事，但这是显微解剖学所要做的那种琐事。

因此，除了价值形式那一部分外，不能说这本书难懂。当然，我指的是那些想学到一些新东西、因而愿意自己思考的读者。

物理学家是在自然过程表现得最确实、最少受干扰的地方观察自然过程的，或者，如有可能，是在保证过程以其纯粹形态进行的条件下从事实验的。我要在本书研究的，是资本主义生产方式以及和它相适应的生产关系和交换关系。到现在为止，这种生产方式的典型地点是英国。因此，我在理论阐述上主要用英国作为例证。但是，如果德国读者看到英国工农业工人所处的境况而伪善地耸耸肩膀，或者以德国的情况远不是那样坏而乐观地自我安慰，那我就要大声地对他说：这正是说的阁下的事情[51]！

问题本身并不在于资本主义生产的自然规律所引起的社会对抗的发展程度的高低。问题在于这些规律本身，在于这些以铁的必然性发生作用并且正在实现的趋势。工业较发达的国家向工业较不发达的国家所显示的，只是后者未来的景象。

撇开这点不说。在资本主义生产已经在我们那里完全确立的地方，例如在真正的工厂里，由于没有起抗衡作用的工厂法，情况比英国要坏得多。在其他一切方面，我们也同西欧大陆所有其他国家一样，不仅苦于资本主义生产的发展，而且苦于资本主义生产的不发展。除了现代的灾难而外,压迫着我们的还有许多遗留下来的灾难,这些灾难的产生,是由于古老的、陈旧的生产方式以及伴随着它们的过时的社会关系和政治关系还在苟延残喘。不仅活人使我们受苦,而且死人也使我们受苦。死人抓住活人!

德国和西欧大陆其他国家的社会统计,与英国相比是很贫乏的。[52]然而它还是把帷幕稍稍揭开,使我们刚刚能够窥见幕内美杜莎的头。如果我国各邦政府和议会像英国那样,定期指派委员会去调查经济状况,如果这些委员会像英国那样,有全权去揭发真相,如果为此能够找到像英国工厂视察员、编写《公共卫生》报告的英国医生、调查女工童工受剥削的情况以及居住和营养条件等等的英国调查委员那样内行、公正、坚决的人们,那么,我国的情况就会使我们大吃一惊。柏修斯需要一顶隐身帽来追捕妖怪。我们却用隐身帽紧紧遮住眼睛和耳朵,以便有可能否认妖怪的存在。

决不要在这上面欺骗自己。正像 18 世纪美国独立战争[53]给欧洲中等阶级敲起了警钟一样,19 世纪美国南北战争[37]又给欧洲工人阶级敲起了警钟。在英国,变革过程已经十分明显。它达到一定程度后,一定会波及大陆。在那里,它将采取较残酷的还是较人道的形式,那要看工人阶级自身的发展程度而定。所以,现在的统治阶级,撇开其较高尚的动机不说,他们的切身利益也迫使他们除掉一切可以由法律控制的、妨害工人阶级发展的障碍。因此,我在本卷中还用了很大的篇幅来叙述英国工厂立法的历史、内容和结果。一个国家应该而且可以向其他国家学习。一个社会即使探索到了本身运动的自然规律——本书的最终目的就是揭示现代社会的经济运动规律——,它还是既不能跳过也不能用法令取消自然的发展阶段。但是它能缩短和减轻分娩的痛苦。

为了避免可能产生的误解,要说明一下。我决不用玫瑰色描绘资本家和地主的面貌。不过这里涉及的人,只是经济范畴的人格化,是一定的阶级关系和利益的承担者。我的观点是把经济的社会形态的发展理解为一种自然史的过程。不管个人在主观上怎样超脱各种关系,他在社会意义上总是这些关系的产物。同其他任何观点比起来,我的观点是更不能要个人对这些关系负责的。

在政治经济学领域内,自由的科学研究遇到的敌人,不只是它在一切其他领域内遇到的敌人。政治经济学所研究的材料的特殊性质,把人们心中最激烈、最卑鄙、最恶劣的感情,把代表私人利益的复仇女神召唤到战场上来反对自由的科学研究。例如,英国高教会派[54]宁愿饶恕对它的三十九条信纲[55]中的三十八条信纲进行的攻击,而不饶恕对它的现金收入的三十九分之一进行的攻击。在今天,同批评传统的财产关系相比,无神论本身是一种很小的过失。但在这方面,进步仍然是无可怀疑的。以最近几星期内发表的蓝皮书[56]《就工业和工联问题同女王陛下驻外使团的信函往来》为例。英国女王驻外使节在那里坦率地说,在德国,在法国,一句话,在欧洲大陆的一切文明国家,现有的劳资关系的变化同英国一样明显,一样不可避免。同时,大西洋彼岸的北美合众国副总统威德先生也在公众集会上说:在奴隶制废除后,资本关系和土地所有权关系的变化会提到日程上来! 这是时代的标志,不是用紫衣黑袍遮掩得了的。这并不是说明天就会出现奇迹。但这表明,甚至在统治阶级中间也已经透露出一种模糊的感觉:现在的社会不是坚实的结晶体,而是一个能够变化并且经常处于变化过程中的有机体。

这部著作的第二卷将探讨资本的流通过程(第二册)和总过程的各种形式(第三册),第三卷即最后一卷(第四册)将探讨理论史。[57]

任何的科学批评的意见我都是欢迎的。而对于我从来就不让步的所谓舆论的偏见,我仍然遵守伟大的佛罗伦萨人的格言:

走你的路,让人们去说罢![58]

卡尔·马克思

1867 年 7 月 25 日于伦敦

1872 年第二版跋

我首先应当向第一版的读者指出第二版中所作的修改。很明显的是,篇目更加分明了。各处新加的注,都标明是第二版注。就正文本身说,最重要的有下列各点:

第一章第一节更加科学而严密地从表现每个交换价值的等式的分析中引出了价值,而且明确地突出了在第一版中只是略略提到的价值实体和由社会必要劳动时间决定的价值量之间的联系。第一章第三节(价值形式)全部改写了,第一版的双重叙述就要求这样做。——顺便指出,这种双重叙述是我的朋友,汉诺威的路·库格曼医生建议的。1867 年春,初校样由汉堡寄来时,我正好访问他。他使我相信,大多数读者需要有一个关于价值形式的更带讲义性的补充说明。——第一章最后一节《商品的拜物教性质及其秘密》大部分修改了。第三章第一节(价值尺度)作了仔细的修改,因为在第一版中,考虑到《政治经济学批判》(1859 年柏林版)已有的说明,这一节是写得不够细致的。第七章,特别是这一章的第二节,作了很大的修改。

原文中局部的、往往只是修辞上的修改,用不着一一列举出来。这些修改全书各处都有。但是,现在我校阅正在巴黎出版的法译本[59]时,发现德文原本的某些部分有的地方需要更彻底地修改,有的地方需要更好地修辞或更仔细地消除一些偶然的疏忽。可是我没有时间这样做,因为只是在 1871 年秋,正当我忙于其他迫切的工作的时候,我才接到通知说,书已经卖完了,而第二版在

1872 年 1 月就要付印。

《资本论》在德国工人阶级广大范围内迅速得到理解,是对我的劳动的最好的报酬。一个在经济方面站在资产阶级立场上的人,维也纳的工厂主迈尔先生,在普法战争[60]期间发行的一本小册子[61]中说得很对:被认为是德国世袭财产的卓越的理论思维能力,已在德国的所谓有教养的阶级中完全消失了,但在德国工人阶级中复活了。[62]

在德国,直到现在,政治经济学一直是外来的科学。古斯塔夫·冯·居利希在他的《商业、工业和农业的历史叙述》中,特别是在 1830 年出版的该书的前两卷中,已经大体上谈到了在我们这里妨碍资本主义生产方式发展、因而也妨碍现代资产阶级社会建立的历史条件。可见,政治经济学在我国缺乏生长的土壤。它作为成品从英国和法国输入;德国的政治经济学教授一直是学生。别国的现实在理论上的表现,在他们手中变成了教条集成,被他们用包围着他们的小资产阶级世界的精神去解释,就是说,被曲解了。他们不能把在科学上无能为力的感觉完全压制下去,他们不安地意识到,他们必须在一个实际上不熟悉的领域内充当先生,于是就企图用博通文史的美装,或用无关材料的混合物来加以掩饰。这种材料是从所谓官房学[22]——各种知识的杂拌,满怀希望的①德国官僚候补者必须通过的炼狱之火——抄袭来的。

从 1848 年起,资本主义生产在德国迅速地发展起来,现在正是它的欺诈盛行的时期。但是我们的专家还是命运不好。当他们能够不偏不倚地研究政治经济学时,在德国的现实中没有现代的经济关系。而当这些关系出现时,他们所处的境况已经不再容许他们在资产阶级的视野之内进行不偏不倚的研究了。只要政治经

---

① 在第三、四版中是"毫无希望的"。——编者注

济学是资产阶级的政治经济学，就是说，只要它把资本主义制度不是看做历史上过渡的发展阶段，而是看做社会生产的绝对的最后的形式，那就只有在阶级斗争处于潜伏状态或只是在个别的现象上表现出来的时候，它还能够是科学。

　　拿英国来说。英国古典政治经济学是属于阶级斗争不发展的时期的。它的最后的伟大的代表李嘉图，终于有意识地把阶级利益的对立、工资和利润的对立、利润和地租的对立当做他的研究的出发点，因为他天真地把这种对立看做社会的自然规律。这样，资产阶级的经济科学也就达到了它的不可逾越的界限。还在李嘉图活着的时候，就有一个和他对立的人西斯蒙第批判资产阶级的经济科学了。[(1)]

　　随后一个时期，从 1820 年到 1830 年，在英国，政治经济学方面的科学活动极为活跃。这是李嘉图的理论庸俗化和传播的时期，同时也是他的理论同旧的学派进行斗争的时期。[64]这是一场出色的比赛。当时的情况，欧洲大陆知道得很少，因为论战大部分是分散在杂志论文、关于时事问题的著作和抨击性小册子上。这一论战的不偏不倚的性质——虽然李嘉图的理论也例外地被用做攻击资产阶级经济的武器[65]——可由当时的情况来说明。一方面，大工业本身刚刚脱离幼年时期；大工业只是从 1825 年的危机才开始它的现代生活的周期循环，就证明了这一点。另一方面，资本和劳动之间的阶级斗争被推到后面：在政治方面是由于纠合在神圣同盟[66]周围的政府和封建主同资产阶级所领导的人民大众之间发生了纠纷；在经济方面是由于工业资本和贵族土地所有权之间发生了纷争。这种纷争在法国是隐藏在小块土地所有制和大土地所

――――――――――

　　(1)　见我的《政治经济学批判》第 39 页。[63]

有制的对立后面,在英国则在谷物法[36]颁布后公开爆发出来。这个时期英国的政治经济学文献,使人想起魁奈医生逝世后法国经济学的狂飙时期,但这只是像晚秋晴日使人想起春天一样。1830年,最终决定一切的危机发生了。

资产阶级在法国和英国夺得了政权。从那时起,阶级斗争在实践方面和理论方面采取了日益鲜明的和带有威胁性的形式。它敲响了科学的资产阶级经济学的丧钟。现在问题不再是这个或那个原理是否正确,而是它对资本有利还是有害,方便还是不方便,违反警方规定还是不违反警方规定。无私的研究让位于豢养的文丐的争斗,不偏不倚的科学探讨让位于辩护士的坏心恶意。甚至以工厂主科布顿和布莱特为首的反谷物法同盟[67]抛出的强迫人接受的小册子,由于对地主贵族展开了论战,即使没有科学的意义,毕竟也有历史的意义。但是罗伯特·皮尔爵士执政以来的自由贸易的立法,也把庸俗经济学的最后这根刺拔掉了。[68]

1848 年大陆的革命也在英国产生了反应。那些还要求有科学地位、不愿单纯充当统治阶级的诡辩家和献媚者的人,力图使资本的政治经济学同这时已不容忽视的无产阶级的要求调和起来。于是,以约翰·斯图亚特·穆勒为最著名代表的平淡无味的混合主义产生了。[69]这宣告了"资产阶级"经济学的破产,关于这一点,俄国的伟大学者和批评家尼·车尔尼雪夫斯基在他的《穆勒政治经济学概述》中已作了出色的说明。

可见,在资本主义生产方式的对抗性质在法国和英国通过历史斗争而明显地暴露出来以后,资本主义生产方式才在德国成熟起来,同时,德国无产阶级比德国资产阶级在理论上已经有了更明确的阶级意识。因此,当资产阶级政治经济学作为一门科学看来在德国有可能产生的时候,它又成为不可能了。

在这种情况下,资产阶级政治经济学的代表人物分成了两派。一派是精明的、贪利的实践家,他们聚集在庸俗经济学辩护论的最浅薄的因而也是最成功的代表巴师夏的旗帜下;另一派是以经济学教授资望自负的人,他们追随约·斯·穆勒,企图调和不能调和的东西**70**。德国人在资产阶级经济学衰落时期,也同在它的古典时期一样,始终只是学生、盲从者和模仿者,是外国大商行的小贩。

所以,德国社会特殊的历史发展,排除了"资产阶级"经济学在德国取得任何独创的成就的可能性,但是没有排除对它进行批判的可能性。就这种批判代表一个阶级而论,它能代表的只是这样一个阶级,这个阶级的历史使命是推翻资本主义生产方式和最后消灭阶级。这个阶级就是无产阶级。

德国资产阶级的博学的和不学无术的代言人,最初企图像他们在对付我以前的著作时曾经得逞那样,用沉默置《资本论》于死地。**71**当这种策略已经不再适合当时形势的时候,他们就借口批评我的书,开了一些药方来"镇静资产阶级的意识",但是他们在工人报刊上(例如约瑟夫·狄慈根在《人民国家报》**72**上发表的文章**73**)遇到了强有力的对手,至今还没有对这些对手作出答复。(1)

───────

(1) 德国庸俗经济学的油嘴滑舌的空谈家,指责我的著作的文体和叙述方法。对于《资本论》文字上的缺点,我本人的评判比任何人都更为严厉。然而,为了使这些先生及其读者受益和愉快,我要在这里援引一篇英国的和一篇俄国的评论。同我的观点完全敌对的《星期六评论》**74**在其关于德文第一版的短评中说道:叙述方法"使最枯燥无味的经济问题具有一种独特的魅力"。1872 年 4 月 20 日的《圣彼得堡消息报》**75**也说:"除了少数太专门的部分以外,叙述的特点是通俗易懂,明确,尽管研究对象的科学水平很高却非常生动。在这方面,作者……和大多数德国学者大不相同,这些学者……用含糊不清、枯燥无味的语言写书,以致普通人看了脑袋都要裂开。"但是,对现代德国民族自由党教授的著作的读者说来,要裂开的是和脑袋完全不同的东西。

1872 年春,彼得堡出版了《资本论》的优秀的俄译本。初版 3 000 册现在几乎已售卖一空。1871 年,基辅大学政治经济学教授尼·季别尔先生在他的《李嘉图的价值和资本理论》一书中就已经证明,我的价值、货币和资本的理论就其要点来说是斯密—李嘉图学说的必然的发展。使西欧读者在阅读他的这本出色的著作时感到惊异的,是纯理论观点的始终一贯。

人们对《资本论》中应用的方法理解得很差,这已经由对这一方法的各种互相矛盾的评论所证明。

例如,巴黎的《实证论者评论》[76]一方面责备我形而上学地研究经济学,另一方面责备我——你们猜猜看! ——只限于批判地分析既成的事实,而没有为未来的食堂开出调味单(孔德主义的吗?)。关于形而上学的责备,季别尔教授指出:

"就理论本身来说,马克思的方法是整个英国学派的演绎法,其优点和缺点是一切最优秀的理论经济学家所共有的。"[77]

莫·布洛克先生在《德国的社会主义理论家》(摘自 1872 年 7 月和 8 月《经济学家杂志》[78])一文中,发现我的方法是分析的方法,他说:

"马克思先生通过这部著作而成为一个最出色的具有分析能力的思想家。"

德国的评论家当然大叫什么黑格尔的诡辩。[79]彼得堡的《欧洲通报》在一篇专谈《资本论》的方法的文章(1872 年 5 月号第 427—436 页)[80]中,认为我的研究方法是严格的实在论的,而叙述方法不幸是德国辩证法的。作者写道:

"如果从外表的叙述形式来判断,那么最初看来,马克思是最大的唯心主义哲学家,而且是德国的极坏的唯心主义哲学家。而实际上,在经济学的批判方面,他是他的所有前辈都无法比拟的实在论者……　决不能把他称为唯心主义者。"

我回答这位作者先生的最好的办法,是从他自己的批评中摘出几段话来,这几段话也会使某些不懂俄文原文的读者感到兴趣。

这位作者先生从我的《政治经济学批判》序言(1859年柏林版第4—7页①,在那里我说明了我的方法的唯物主义基础)中摘引一段话后说:

"在马克思看来,只有一件事情是重要的,那就是发现他所研究的那些现象的规律。而且他认为重要的,不仅是在这些现象具有完成形式和处于一定时期内可见到的联系中的时候支配着它们的那个规律。在他看来,除此而外,最重要的是这些现象变化的规律,这些现象发展的规律,即它们由一种形式过渡到另一种形式,由一种联系秩序过渡到另一种联系秩序的规律。他一发现了这个规律,就详细地来考察这个规律在社会生活中表现出来的各种后果……　所以马克思竭力去做的只是一件事:通过准确的科学研究来证明社会关系的一定秩序的必然性,同时尽可能完善地指出那些作为他的出发点和根据的事实。为了这个目的,只要证明现有秩序的必然性,同时证明这种秩序不可避免地要过渡到另一种秩序的必然性就完全够了,而不管人们相信或不相信,意识到或没有意识到这种过渡。马克思把社会运动看做受一定规律支配的自然史过程,这些规律不仅不以人的意志、意识和意图为转移,反而决定人的意志、意识和意图……　既然意识要素在文化史上只起着这种从属作用,那么不言而喻,以文化本身为对象的批判,比任何事情更不能以意识的某种形式或某种结果为依据。这就是说,作为这种批判的出发点的不能是观念,而只能是外部的现象。批判将不是把事实和观念比较对照,而是把一种事实同另一种事实比较对照。对这种批判唯一重要的是,对两种事实进行尽量准确的研究,使之真正形成相互不同的发展阶段,但尤其重要的是,对各种秩序的序列、对这些发展阶段所表现出来的顺序和联系进行同样准确的研究……　但是有人会说,经济生活的一般规律,不管是应用于现在或过去,都是一样的。马克思否认的正是这一点。在他看来,这样的抽象规律是不存在

---

① 见本卷第2—4页。——编者注

的…… 根据他的意见,恰恰相反,每个历史时期都有它自己的规律……一旦生活经过了一定的发展时期,由一定阶段进入另一阶段时,它就开始受另外的规律支配。总之,经济生活呈现出的现象和生物学的其他领域的发展史颇相类似…… 旧经济学家不懂得经济规律的性质,他们把经济规律同物理学定律和化学定律相比拟…… 对现象所作的更深刻的分析证明,各种社会有机体像动植物有机体一样,彼此根本不同…… 由于这些有机体的整个结构不同,它们的各个器官有差别,以及器官借以发生作用的条件不一样等等,同一个现象就受完全不同的规律支配。例如,马克思否认人口规律在任何时候在任何地方都是一样的。相反地,他断言每个发展阶段有它自己的人口规律…… 生产力的发展水平不同,生产关系和支配生产关系的规律也就不同。马克思给自己提出的目的是,从这个观点出发来研究和说明资本主义经济制度,这样,他只不过是极其科学地表述了任何对经济生活进行准确的研究必须具有的目的…… 这种研究的科学价值在于阐明支配着一定社会有机体的产生、生存、发展和死亡以及为另一更高的有机体所代替的特殊规律。马克思的这本书确实具有这种价值。”

这位作者先生把他称为我的实际方法的东西描述得这样恰当,并且在谈到我个人对这种方法的运用时又抱着这样的好感,那他所描述的不正是辩证方法吗?

当然,在形式上,叙述方法必须与研究方法不同。研究必须充分地占有材料,分析它的各种发展形式,探寻这些形式的内在联系。只有这项工作完成以后,现实的运动才能适当地叙述出来。这点一旦做到,材料的生命一旦在观念上反映出来,呈现在我们面前的就好像是一个先验的结构了。

我的辩证方法,从根本上来说,不仅和黑格尔的辩证方法不同,而且和它截然相反。[81]在黑格尔看来,思维过程,即甚至被他在观念这一名称下转化为独立主体的思维过程,是现实事物的创造主,而现实事物只是思维过程的外部表现。我的看法则相反,观念的东西不外是移入人的头脑并在人的头脑中改造过的物质的东西而已。

将近 30 年以前,当黑格尔辩证法还很流行的时候,我就批判过黑格尔辩证法的神秘方面。但是,正当我写《资本论》第一卷时,今天在德国知识界发号施令的、愤懑的、自负的、平庸的模仿者们[82],却已高兴地像莱辛时代大胆的莫泽斯·门德尔松对待斯宾诺莎那样对待黑格尔,即把他当做一条"死狗"[83]了。因此,我公开承认我是这位大思想家的学生,并且在关于价值理论的一章中,有些地方我甚至卖弄起黑格尔特有的表达方式。辩证法在黑格尔手中神秘化了,但这决没有妨碍他第一个全面地有意识地叙述了辩证法的一般运动形式。在他那里,辩证法是倒立着的。必须把它倒过来,以便发现神秘外壳中的合理内核。

辩证法,在其神秘形式上,成了德国的时髦东西,因为它似乎使现存事物显得光彩。辩证法,在其合理形态上,引起资产阶级及其空论主义的代言人的恼怒和恐怖,因为辩证法在对现存事物的肯定的理解中同时包含对现存事物的否定的理解,即对现存事物的必然灭亡的理解;辩证法对每一种既成的形式都是从不断的运动中,因而也是从它的暂时性方面去理解;辩证法不崇拜任何东西,按其本质来说,它是批判的和革命的。

使实际的资产者最深切地感到资本主义社会充满矛盾的运动的,是现代工业所经历的周期循环的各个变动,而这种变动的顶点就是普遍危机。这个危机又要临头了,虽然它还处于预备阶段;由于它的舞台的广阔和它的作用的强烈,它甚至会把辩证法灌进新的神圣普鲁士德意志帝国的暴发户们的头脑里去。

卡尔·马克思

1873 年 1 月 24 日于伦敦

资本的生产过程

第 一 篇

商品和货币

第 一 章

商 品

1. 商品的两个因素:使用价值和
价值(价值实体,价值量)

资本主义生产方式占统治地位的社会的财富,表现为"庞大的商品堆积"[1],单个的商品表现为这种财富的元素形式。因此,我们的研究就从分析商品开始。

商品首先是一个外界的对象,一个靠自己的属性来满足人的某种需要的物。这种需要的性质如何,例如是由胃产生还是由幻

---

(1) 卡尔·马克思《政治经济学批判》1859 年柏林版第 3 页[84]。

想产生,是与问题无关的。[2] 这里的问题也不在于物怎样来满足人的需要,是作为生活资料即消费品来直接满足,还是作为生产资料来间接满足。

每一种有用物,如铁、纸等等,都可以从质和量两个角度来考察。每一种这样的物都是许多属性的总和,因此可以在不同的方面有用。发现这些不同的方面,从而发现物的多种使用方式,是历史的事情。[3] 为有用物的量找到社会尺度,也是这样。商品尺度之所以不同,部分是由于被计量的物的性质不同,部分是由于约定俗成。

物的有用性使物成为使用价值。[4] 但这种有用性不是悬在空中的。它决定于商品体的属性,离开了商品体就不存在。因此,商品体本身,例如铁、小麦、金刚石等等,就是使用价值,或财物。商品体的这种性质,同人取得它的使用属性所耗费的劳动的多少没

---

[2] "欲望包含着需要;这是精神的食欲,就像肉体的饥饿那样自然……大部分〈物〉具有价值,是因为它们满足精神的需要。"(尼古拉斯·巴尔本《新币轻铸论。答洛克先生关于提高货币价值的意见》1696年伦敦版第2、3页)

[3] "物都有内在的长处〈这是巴尔本用来表示使用价值的专门用语〉,这种长处在任何地方都是一样的,如磁石吸铁的长处就是如此。"(尼古拉斯·巴尔本《新币轻铸论。答洛克先生关于提高货币价值的意见》1696年伦敦版第6页)磁石吸铁的属性只是在通过它发现了磁极性以后才成为有用的。

[4] "任何物的自然worth[价值]都在于它能满足必要的需要,或者给人类生活带来方便。"(约翰·洛克《略论降低利息的后果。1691年》,载于《约翰·洛克著作集》1777年伦敦版第2卷第28页)在17世纪,我们还常常看到英国著作用"worth"表示使用价值,用"value"表示交换价值;这完全符合英语的精神,英语喜欢用日耳曼语源的词表示直接的东西,用罗曼语源的词表示被反映的东西。

有关系。在考察使用价值时,总是以它们的量的规定性为前提,如一打表,一码布,一吨铁等等。商品的使用价值为商品学这门学科提供材料。(5)使用价值只是在使用或消费中得到实现。不论财富的社会的形式如何,使用价值总是构成财富的物质的内容。在我们所要考察的社会形式中,使用价值同时又是交换价值的物质承担者。

交换价值首先表现为一种使用价值同另一种使用价值相交换的量的关系或比例,这个比例随着时间和地点的不同而不断改变。因此,交换价值好像是一种偶然的、纯粹相对的东西,也就是说,商品固有的、内在的交换价值(valeur intrinsèque)似乎是一个形容语的矛盾①。现在我们进一步考察这个问题。

某种一定量的商品,例如一夸特小麦,同 x 量鞋油或 y 量绸缎或 z 量金等等交换,总之,按各种极不相同的比例同别的商品交换。因此,小麦有许多种交换价值,而不是只有一种。既然 x 量鞋油、y 量绸缎、z 量金等等都是一夸特小麦的交换价值,那么,x 量鞋油、y 量绸缎、z 量金等等就必定是能够互相代替的或同样大的交换价值。由此可见,第一,同一种商品的各种有效的交换价值表示一个等同的东西。第二,交换价值只能是可以与它相区别的某种内容的表现方式,"表现形式"。

我们再拿两种商品例如小麦和铁来说。不管二者的交换比例怎样,总是可以用一个等式来表示:一定量的小麦等于若干量的

（5）　在资产阶级社会中,流行着一种法律拟制**85**,认为每个人作为商品的买者都具有百科全书般的商品知识。

① 　"形容语的矛盾"的原文是"contradictio in adjecto",指"圆形的方","木制的铁"一类的矛盾。——编者注

铁,如 1 夸特小麦＝a 英担铁。这个等式说明什么呢？它说明在两种不同的物里面,即在 1 夸特小麦和 a 英担铁里面,有一种等量的共同的东西。[47—50]①

这种共同东西不可能是商品的几何的、物理的、化学的或其他的天然属性。商品的物体属性只是就它们使商品有用,从而使商品成为使用价值来说,才加以考虑。另一方面,商品交换关系的明显特点,正在于抽去商品的使用价值。在商品交换关系中,只要比例适当,一种使用价值就和其他任何一种使用价值完全相等。[50]

作为使用价值,商品首先有质的差别;作为交换价值,商品只能有量的差别,因而不包含任何一个使用价值的原子。

如果把商品体的使用价值撇开,商品体就只剩下一个属性,即劳动产品这个属性。可是劳动产品在我们手里也已经起了变化。如果我们把劳动产品的使用价值抽去,那么也就是把那些使劳动产品成为使用价值的物体的组成部分和形式抽去。它们不再是桌子、房屋、纱或别的什么有用物。它们的一切可以感觉到的属性都消失了。它们也不再是木匠劳动、瓦匠劳动、纺纱劳动或其他某种一定的生产劳动的产品了。随着劳动产品的有用性质的消失,体现在劳动产品中的各种劳动的有用性质也消失了,因而这些劳动的各种具体形式也消失了。各种劳动不再有什么差别,全都化为相同的人类劳动,抽象人类劳动。

现在我们来考察劳动产品剩下来的东西。它们剩下的只是同一的幽灵般的对象性,只是无差别的人类劳动的单纯凝结,即不管

---

① 方括号中的数字表示《资本论》第 1 卷即《马克思恩格斯文集》第 5 卷的页码。——编者注

以哪种形式进行的人类劳动力耗费的单纯凝结。这些物现在只是表示,在它们的生产上耗费了人类劳动力,积累了人类劳动。这些物,作为它们共有的这个社会实体的结晶,就是价值——商品价值。[50—51]

可见,使用价值或财物具有价值,只是因为有抽象人类劳动对象化或物化在里面。那么,它的价值量是怎样计量的呢?是用它所包含的"形成价值的实体"即劳动的量来计量。劳动本身的量是用劳动的持续时间来计量,而劳动时间又是用一定的时间单位如小时、日等做尺度。

可能会有人这样认为,既然商品的价值由生产商品所耗费的劳动量来决定,那么一个人越懒,越不熟练,他的商品就越有价值,因为他制造商品需要花费的时间越多。但是,形成价值实体的劳动是相同的人类劳动,是同一的人类劳动力的耗费。体现在商品世界全部价值中的社会的全部劳动力,在这里是当做一个同一的人类劳动力,虽然它是由无数单个劳动力构成的。每一个这种单个劳动力,同别一个劳动力一样,都是同一的人类劳动力,只要它具有社会平均劳动力的性质,起着这种社会平均劳动力的作用,从而在商品的生产上只使用平均必要劳动时间或社会必要劳动时间。社会必要劳动时间是在现有的社会正常的生产条件下,在社会平均的劳动熟练程度和劳动强度下制造某种使用价值所需要的劳动时间。例如,在英国使用蒸汽织布机[86]以后,把一定量的纱织成布所需要的劳动可能比过去少一半。实际上,英国的手工织布工人把纱织成布仍旧要用以前那样多的劳动时间,但这时他一小时的个人劳动的产品只代表半小时的社会劳动,因此价值也降到了它以前的一半。

可见,只是社会必要劳动量,或生产使用价值的社会必要劳动时间,决定该使用价值的价值量。在这里,单个商品是当做该种商品的平均样品。因此,含有等量劳动或能在同样劳动时间内生产出来的商品,具有同样的价值量。一种商品的价值同其他任何一种商品的价值的比例,就是生产前者的必要劳动时间同生产后者的必要劳动时间的比例。"作为价值,一切商品都只是一定量的凝固的劳动时间。"[11]

因此,如果生产商品所需要的劳动时间不变,商品的价值量也就不变。但是,生产商品所需要的劳动时间随着劳动生产力的每一变动而变动。劳动生产力是由多种情况决定的,其中包括:工人的平均熟练程度,科学的发展水平和它在工艺上应用的程度,生产过程的社会结合,生产资料的规模和效能,以及自然条件。例如,同一劳动量在丰收年表现为八蒲式耳小麦,在歉收年只表现为四蒲式耳。同一劳动量用在富矿比用在贫矿能提供更多的金属等等。金刚石在地壳中是很稀少的,因而发现金刚石平均要花很多劳动时间。因此,很小一块金刚石就代表很多劳动。[……]总之,劳动生产力越高,生产一种物品所需要的劳动时间就越少,凝结在该物品中的劳动量就越小,该物品的价值就越小。相反地,劳动生产力越低,生产一种物品的必要劳动时间就越多,该物品的价值就越大。可见,商品的价值量与实现在商品中的劳动的量成正比地变动,与这一劳动的生产力成反比地变动。

一个物可以是使用价值而不是价值。在这个物不是以劳动为中介而对人有用的情况下就是这样。例如,空气、处女地、天然草地、野生林等等。一个物可以有用,而且是人类劳动产品,但不是商品。谁用自己的产品来满足自己的需要,他生产的虽然是使用

---

(11)　卡尔·马克思《政治经济学批判》1859年柏林版第6页。[87]

价值,但不是商品。要生产商品,他不仅要生产使用价值,而且要为别人生产使用价值,即生产社会的使用价值。〔而且不只是简单地为别人。中世纪农民为封建主生产作为代役租的粮食,为神父生产作为什一税的粮食。但不管是作为代役租的粮食,还是作为什一税的粮食,都并不因为是为别人生产的,就成为商品。要成为商品,产品必须通过交换,转到把它当做使用价值使用的人的手里。〕^(11a)最后,没有一个物可以是价值而不是使用物品。如果物没有用,那么其中包含的劳动也就没有用,不能算做劳动,因此不形成价值。〔51—54〕

2. 体现在商品中的劳动的二重性

起初我们看到,商品是一种二重的东西,即使用价值和交换价值。后来表明,劳动就它表现为价值而论,也不再具有它作为使用价值的创造者所具有的那些特征。商品中包含的劳动的这种二重性,是首先由我批判地证明的。⁽¹²⁾这一点是理解政治经济学的枢纽,因此,在这里要较详细地加以说明。

我们就拿两种商品如 1 件上衣和 10 码麻布来说。假定前者的价值比后者的价值大一倍。所以,如果 10 码麻布 = W,那么 1 件上衣 = 2W。

上衣是满足一种特殊需要的使用价值。要生产上衣,就需要

(11a)　第四版注:我插进了括号里的这段话,因为省去这段话常常会引起误解,好像不是由生产者本人消费的产品,马克思都认为是商品。——弗·恩·

(12)　卡尔·马克思《政治经济学批判》1859 年柏林版第 12、13 等页。**88**

进行特定种类的生产活动。这种生产活动是由它的目的、操作方式、对象、手段和结果决定的。由自己产品的使用价值或者由自己产品是使用价值来表示自己的有用性的劳动,我们简称为有用劳动。从这个观点来看,劳动总是联系到它的有用效果来考察的。

上衣和麻布是不同质的使用价值,同样,决定它们存在的劳动即缝和织,也是不同质的。如果这些物不是不同质的使用价值,从而不是不同质的有用劳动的产品,它们就根本不能作为商品来互相对立。上衣不会与上衣交换,一种使用价值不会与同种的使用价值交换。

各种使用价值或商品体的总和,表现了同样多种的、按照属、种、科、亚种、变种分类的有用劳动的总和,即表现了社会分工。这种分工是商品生产存在的条件,虽然不能反过来说商品生产是社会分工存在的条件。在古代印度公社[89]中就有社会分工,但产品并不成为商品。或者拿一个较近的例子来说,每个工厂内都有系统的分工,但是这种分工不是由工人交换他们个人的产品引起的。只有独立的互不依赖的私人劳动的产品,才作为商品互相对立。

可见,每个商品的使用价值都包含着一定的有目的的生产活动,或有用劳动。各种使用价值如果不包含不同质的有用劳动,就不能作为商品互相对立。在产品普遍采取商品形式的社会里,也就是在商品生产者的社会里,作为独立生产者的私事而各自独立进行的各种有用劳动的这种质的区别,发展成一个多支的体系,发展成社会分工。[54—56]

上衣、麻布等等使用价值,简言之,种种商品体,是自然物质和劳动这两种要素的结合。如果把上衣、麻布等等包含的各种不同的有用劳动的总和除外,总还剩有一种不借人力而天然存在的物质基质。人在生产中只能像自然本身那样发挥作用,就是说,只能改变物质的形式。(13)不仅如此,他在这种改变形态的劳动本身中还要经常依靠自然力的帮助。因此,劳动并不是它所生产的使用价值即物质财富的唯一源泉。正像威廉·配第所说,劳动是财富之父,土地是财富之母。**90**

现在,我们放下作为使用物品的商品,来考察商品价值。

我们曾假定,上衣的价值比麻布大一倍。但这只是量的差别,我们先不去管它。我们要记住的是,假如1件上衣的价值比10码麻布的价值大一倍,那么,20码麻布就与1件上衣具有同样的价值量。作为价值,上衣和麻布是有相同实体的物,是同种劳动的客观表现。[……]如果把生产活动的特定性质撇开,从而把劳动的有用性质撇开,劳动就只剩下一点:它是人类劳动力的耗费。尽管缝和织是不同质的生产活动,但二者都是人的脑、肌肉、神经、手等等的生产耗费,从这个意义上说,二者都是人类劳动。这只是耗费人类劳动力的两种不同的形式。当然,人类劳动力本身必须已有或多或少的发展,才能以这种或那种形式耗费。但是,商品价值体现的是人类劳动本身,是一般人类劳动的耗费。正如在资产阶级社会里,将军或银行家扮演着重要的角色,而人本身则扮演极卑微

---

(13) "宇宙的一切现象,不论是由人手创造的,还是由自然的一般规律引起的,都不是真正的新创造,而只是物质的形态变化。结合和分离是人的智慧在分析再生产的观念时一再发现的唯一要素;价值〈指使用价值,尽管韦里在这里同重农学派**38**论战时自己也不清楚说的是哪一种价值〉和财富的再生产,如土地、空气和水在田地上变成小麦,或者昆虫的分泌物经过人的手变成丝绸,或者一些金属片被装配成钟表,也是这样。"(彼得罗·韦里《政治经济学研究》1771年初版,载于库斯托第编《意大利政治经济学名家文集·现代部分》第15卷第21、22页)

的角色一样[14]，人类劳动在这里也是这样。它是每个没有任何专长的普通人的有机体平均具有的简单劳动力的耗费。**简单平均劳动**本身虽然在不同的国家和不同的文化时代具有不同的性质，但在一定的社会里是一定的。比较复杂的劳动只是**自乘的**或不如说**多倍的**简单劳动，因此，少量的复杂劳动等于多量的简单劳动。经验证明，这种简化是经常进行的。一个商品可能是最复杂的劳动的产品，但是它的**价值**使它与简单劳动的产品相等，因而本身只表示一定量的简单劳动。[15]各种劳动化为当做它们的计量单位的简单劳动的不同比例，是在生产者背后由社会过程决定的，因而在他们看来，似乎是由习惯确定的。为了简便起见，我们以后把各种劳动力直接当做简单劳动力，这样就省去了简化的麻烦。

因此，正如在作为价值的上衣和麻布中，它们的使用价值的差别被抽去一样，在表现为这些价值的劳动中，劳动的有用形式即缝和织的区别也被抽去了。作为使用价值的上衣和麻布是有一定目的的生产活动同布和纱的结合，而作为价值的上衣和麻布不过是同种劳动的凝结，同样，这些价值所包含的劳动之所以算做劳动，并不是因为它们同布和纱发生了生产上的关系，而只是因为它们是人类劳动力的耗费。正是由于缝和织具有不同的质，它们才是形成作为使用价值的上衣和麻布的要素；而只是由于它们的特殊的质被抽去，由于它们具有相同的质，即人类劳动的质，它们才是上衣价值和麻布价值的实体。

---

(14)　参看黑格尔《法哲学》1840年柏林版第250页第190节。

(15)　读者应当注意，这里指的不是工人得到的一个工作日的工资或价值，而是指工人的一个工作日对象化的商品价值。在我们叙述的这个阶段，工资这个范畴根本还不存在。**91**

可是,上衣和麻布不仅是价值一般,而且是一定量的价值。我们曾假定,1件上衣的价值比10码麻布的价值大一倍。它们价值量的这种差别是从哪里来的呢? 这是由于麻布包含的劳动只有上衣的一半,因而生产后者所要耗费劳动力的时间必须比生产前者多一倍。

因此,就使用价值说,有意义的只是商品中包含的劳动的质,就价值量说,有意义的只是商品中包含的劳动的量,不过这种劳动已经化为没有进一步的质的人类劳动。在前一种情况下,是怎样劳动,什么劳动的问题;在后一种情况下,是劳动多少,劳动时间多长的问题。既然商品的价值量只是表示商品中包含的劳动量,那么,在一定的比例上,各种商品应该总是等量的价值。[56—59]

更多的使用价值本身就是更多的物质财富,两件上衣比一件上衣多。两件上衣可以两个人穿,一件上衣只能一个人穿,依此类推。然而随着物质财富的量的增长,它的价值量可能同时下降。这种对立的运动来源于劳动的二重性。生产力当然始终是有用的、具体的劳动的生产力,它事实上只决定有目的的生产活动在一定时间内的效率。因此,有用劳动成为较富或较贫的产品源泉与有用劳动的生产力的提高或降低成正比。相反地,生产力的变化本身丝毫也不会影响表现为价值的劳动。既然生产力属于劳动的具体有用形式,它自然不再能同抽去了具体有用形式的劳动有关。因此,不管生产力发生了什么变化,同一劳动在同样的时间内提供的价值量总是相同的。但它在同样的时间内提供的使用价值量是不同的:生产力提高时就多些,生产力降低时就少些。因此,那种能提高劳动成效从而增加劳动所提供的使用价值量的生产力变化,如果会缩减生产这个使用价值量所必需的劳动时间的总和,就会减少这个增大了的总量的价值量。反之亦然。

一切劳动,一方面是人类劳动力在生理学意义上的耗费;就相同的或抽象的人类劳动这个属性来说,它形成商品价值。一切劳动,另一方面是人类劳动力在特殊的有一定目的的形式上的耗费;就具体的有用的劳动这个属性来说,它生产使用价值。[16] [59—60]

3. 价值形式或交换价值

商品是以铁、麻布、小麦等等使用价值或商品体的形式出现的。这是它们的日常的自然形式。但它们所以是商品,只因为它们是二重物,既是使用物品又是价值承担者。因此,它们表现为商

---

(16) 第二版注:为了证明"只有劳动才是我们在任何时候都能够用来估计和比较各种商品价值的最后的和现实的唯一尺度",亚·斯密写道:"等量的劳动在任何时候和任何地方对工人本身都必定具有同样的价值。在工人的健康、精力和活动正常的情况下,在他所能具有的平均熟练程度的情况下,他总是要牺牲同样多的安宁、自由和幸福"(《国富论》第1卷第5章)。一方面,亚·斯密在这里(不是在每一处)把价值决定于生产商品所耗费的劳动量,同商品价值决定于劳动的价值混为一谈,因而他力图证明,等量的劳动总是具有同样的价值。另一方面,他感觉到,劳动就它表现为商品的价值而论,只是劳动力的耗费,但他把这种耗费又仅仅理解为牺牲安宁、自由和幸福,而不是把它也看做正常的生命活动。诚然,他看到的是现代雇佣工人。——注(9)提到的亚·斯密的那位匿名的前辈的说法要恰当得多。他说:"某人制造这种必需品用了一个星期……而拿另一种物与他进行交换的人要确切地估计出什么是真正的等值物,最好计算出什么东西会花费自己同样多的labour[劳动]和时间。这实际上就是说:一个人在一定时间内在一物上用去的劳动,同另一个人在同样的时间内在另一物上用去的劳动相交换。"(《对货币利息,特别是公债利息的一些看法》第39页)——〔第四版注:英语有一个优点,它有两个不同的词来表达劳动的这两个不同的方面。创造使用价值的并且在质上得到规定的劳动叫做work,以与labour相对;创造价值的并且只在量上被计算的劳动叫做labour,以与work相对。见英译本第14页脚注。——弗·恩·〕

品或具有商品的形式,只是由于它们具有二重的形式,即自然形式和价值形式。[61]

谁都知道——即使他别的什么都不知道,——商品具有同它们使用价值的五光十色的自然形式成鲜明对照的、共同的价值形式,即货币形式。但是在这里,我们要做资产阶级经济学从来没有打算做的事情:指明这种货币形式的起源,就是说,探讨商品价值关系中包含的价值表现,怎样从最简单的最不显眼的样子一直发展到炫目的货币形式。这样,货币的谜就会随着消失。

显然,最简单的价值关系就是一个商品同另一个不同种的商品(不管是哪一种商品都一样)的价值关系。因此,两个商品的价值关系为一个商品提供了最简单的价值表现。[62]

A. 简单的、个别的或偶然的价值形式

x 量商品 A = y 量商品 B,或 x 量商品 A 值 y 量商品 B。

(20 码麻布 = 1 件上衣,或 20 码麻布值 1 件上衣。)

(1)价值表现的两极:相对价值形式和等价形式

一切价值形式的秘密都隐藏在这个简单的价值形式中。因此,分析这个形式确实困难。

两个不同种的商品 A 和 B,如我们例子中的麻布和上衣,在这里显然起着两种不同的作用。麻布通过上衣表现自己的价值,上衣则成为这种价值表现的材料。前一个商品起主动作用,后一个商品起被动作用。前一个商品的价值表现为相对价值,或者说,处于相对价值形式。后一个商品起等价物的作用,或者说,处于等价形式。

相对价值形式和等价形式是同一价值表现的互相依赖、互为

条件、不可分离的两个要素,同时又是同一价值表现的互相排斥、互相对立的两端即两极;这两种形式总是分配在通过价值表现互相发生关系的不同的商品上。例如我不能用麻布来表现麻布的价值。20 码麻布＝20 码麻布,这不是价值表现。相反,这个等式只是说,20 码麻布无非是 20 码麻布,是一定量的使用物品麻布。因此,麻布的价值只能相对地表现出来,即通过另一个商品表现出来。因此,麻布的相对价值形式要求有另一个与麻布相对立的商品处于等价形式。另一方面,这另一个充当等价物的商品不能同时处于相对价值形式。它不表现自己的价值。它只是为另一个商品的价值表现提供材料。[62—63]

一个商品究竟是处于相对价值形式,还是处于与之对立的等价形式,完全取决于它当时在价值表现中所处的地位,就是说,取决于它是价值被表现的商品,还是表现价值的商品。[63]

(2)相对价值形式

(a)相对价值形式的内容

要发现一个商品的简单价值表现怎样隐藏在两个商品的价值关系中,首先必须完全撇开这个价值关系的量的方面来考察这个关系。[63]

不论 20 码麻布＝1 件上衣,或＝20 件上衣,或＝x 件上衣,也就是说,不论一定量的麻布值多少件上衣,每一个这样的比例总是包含这样的意思:麻布和上衣作为价值量是同一单位的表现,是同一性质的物。麻布＝上衣是这一等式的基础。

但是,这两个被看做质上等同的商品所起的作用是不同的。只有麻布的价值得到表现。是怎样表现的呢?是通过同上衣的关系,把上衣当做它的"等价物",或与它"能交换的东西"。在这个关系中,上衣是价值的存在形式,是价值物,因为只有作为价值物,它才是与麻布相同的。另一方面,麻布自身的价值存在显示出来了,或得到了独立的表现,因为只有作为价值,麻布才能把上衣当做等值的东西,或与它能交换的东西。[64]

在这里,一个商品的价值性质通过该商品与另一个商品的关系而显露出来。[65]

在上衣成为麻布的等价物的价值关系中,上衣形式起着价值形式的作用。因此,商品麻布的价值是表现在商品上衣的物体上,一个商品的价值表现在另一个商品的使用价值上。[66]

可见,通过价值关系,商品 B 的自然形式成了商品 A 的价值形式,或者说,商品 B 的物体成了反映商品 A 的价值的镜子。[(18)]商品 A 同作为价值体,作为人类劳动的化身的商品 B 发生关系,就使 B 的使用价值成为表现 A 自己的价值的材料。在商品 B 的使用价值上这样表现出来的商品 A 的价值,具有相对价值形式。[67]

(b)相对价值形式的量的规定性

凡是价值要被表现的商品,都是一定量的使用物品,如 15 舍费耳小麦、100 磅咖啡等等。这一定量的商品包含着一定量的人类劳动。因而,价值形式不只是要表现价值一般,而且要表现一定量的价值,即价值量。[67—68]

"20 码麻布=1 件上衣,或 20 码麻布值 1 件上衣"这一等式的

---

(18) 在某种意义上,人很像商品。因为人来到世间,既没有带着镜子,也不像费希特派的哲学家那样,说什么我就是我,所以人起初是以别人来反映自己的。名叫彼得的人把自己当做人,只是由于他把名叫保罗的人看做是和自己相同的。因此,对彼得说来,这整个保罗就以他保罗的肉体成为人这个物种的表现形式。

前提是:1件上衣和20码麻布正好包含同样多的价值实体。就是说,这两个商品量耗费了同样多的劳动或等量的劳动时间。但是生产20码麻布或1件上衣的必要劳动时间,是随着织或缝的生产力的每一次变化而变化的。现在我们要较详细地研究一下这种变化对价值量的相对表现的影响。

I. 麻布的价值起了变化[19],上衣的价值不变。如果生产麻布的必要劳动时间例如由于种植亚麻的土地肥力下降而增加一倍,那么麻布的价值也就增大一倍。这时不是20码麻布=1件上衣,而是20码麻布=2件上衣,因为现在1件上衣包含的劳动时间只有20码麻布的一半。相反地,如果生产麻布的必要劳动时间例如由于织机改良而减少一半,那么,麻布的价值也就减低一半。这样,现在是20码麻布=$\frac{1}{2}$件上衣。可见,在商品B的价值不变时,商品A的相对价值即它表现在商品B上的价值的增减,与商品A的价值成正比。

II. 麻布的价值不变,上衣的价值起了变化。在这种情况下,如果生产上衣的必要劳动时间例如由于羊毛歉收而增加一倍,现在不是20码麻布=1件上衣,而是20码麻布=$\frac{1}{2}$件上衣。相反地,如果上衣的价值减少一半,那么,20码麻布=2件上衣。因此,在商品A的价值不变时,它的相对的、表现在商品B上的价值的增减,与商品B的价值变化成反比。

我们把I、II类的各种情形对照一下就会发现,相对价值的同样的量的变化可以由完全相反的原因造成。所以,20码麻布=1件上衣变为:1. 20码麻布=2件上衣,或者是由于麻布的价值增加一倍,

---

(19) "价值"一词在这里是用来指一定量的价值即价值量,前面有的地方已经这样用过。

或者是由于上衣的价值减低一半;2. 20 码麻布 = $\frac{1}{2}$ 件上衣,或者是由于麻布的价值减低一半,或者是由于上衣的价值增加一倍。

III. 生产麻布和上衣的必要劳动量可以按照同一方向和同一比例同时发生变化。在这种情况下,不管这两种商品的价值发生什么变动,依旧是 20 码麻布 = 1 件上衣。只有把它们同价值不变的第三种商品比较,才会发现它们的价值的变化。如果所有商品的价值都按同一比例同时增减,它们的相对价值就保持不变。它们的实际的价值变化可以由以下这个事实看出:在同样的劳动时间内,现在提供的商品量都比过去多些或少些。

IV. 生产麻布和上衣的各自的必要劳动时间,从而它们的价值,可以按照同一方向但以不同的程度同时发生变化,或者按照相反的方向发生变化,等等。这种种可能的组合对一种商品的相对价值的影响,根据 I、II、III 类的情况就可以推知。

可见,价值量的实际变化不能明确地,也不能完全地反映在价值量的相对表现即相对价值量上。即使商品的价值不变,它的相对价值也可能发生变化。即使商品的价值发生变化,它的相对价值也可能不变,最后,商品的价值量和这个价值量的相对表现同时发生的变化,完全不需要一致。[20] [68—70]

---

(20) 第二版注:庸俗经济学以惯有的机警利用了价值量和它的相对表现之间的这种不一致现象。例如:"只要承认,A 由于同它相交换的 B 提高而降低,虽然这时在 A 上所耗费的劳动并不比以前少,这样,你们的一般价值原理就破产了…… 如果承认,因为与 B 相对而言,A 的价值提高,所以与 A 相对而言,B 的价值就降低,那么,李嘉图提出的关于商品的价值总是取决于商品所体现的劳动量这个大原理就站不住脚了;因为既然 A 的费用的变化不仅改变了它本身的价值(与同它相交换的 B 相对而言),而且也改变了 B 的价值(与 A 的价值相对而言),虽然生产B所需要的劳动量并未发生任何

（3）等价形式

我们说过,当商品 A(麻布)通过不同种商品 B(上衣)的使用价值表现自己的价值时,它就使商品 B 取得一种独特的价值形式,即等价形式①。商品麻布显示出它自身的价值存在,是通过上衣没有取得与自己的物体形式不同的价值形式而与它相等。这样,麻布表现出它自身的价值存在,实际上是通过上衣能与它直接交换。因此,一个商品的等价形式就是它能与另一个商品直接交换的形式。[70]

在考察等价形式时看见的第一个特点,就是使用价值成为它的对立面即价值的表现形式。[71]

一种商品例如麻布的相对价值形式,把自己的价值存在表现为一种与自己的物体和物体属性完全不同的东西,例如表现为与上衣相同的东西,因此,这个表现本身就说明其中隐藏着一种社会关系。等价形式却相反。等价形式恰恰在于:商品体例如上衣这个物本身就表现价值,因而天然就具有价值形式。当然,只是在商品麻布把商品上衣当做等价物的价值关系中,才是这样。(21)[72]

变化,那么,不仅确认生产商品所耗费的劳动量调节商品价值的学说要破产,而且断言商品的生产费用调节商品价值的学说也要破产。"(约·布罗德赫斯特《政治经济学》1842 年伦敦版第 11、14 页)

布罗德赫斯特先生也可以说:看看 $\frac{10}{20}$、$\frac{10}{50}$、$\frac{10}{100}$ 等等分数罢。即使 10 这个数字不变,但它的相对量,它与分母 20、50、100 相对而言的量却不断下降。可见,整数(例如 10)的大小由它包含的单位数来"调节"这个大原理破产了。

(21)　这种反思规定**92**是十分奇特的。例如,这个人所以是国王,只因为其他人作为臣民同他发生关系。反过来,他们所以认为自己是臣民,是因为他是国王。

---

①　见本卷第 107—108 页。——编者注

　　充当等价物的商品的物体总是当做抽象人类劳动的化身，同时又总是某种有用的、具体的劳动的产品。因此，这种具体劳动就成为抽象人类劳动的表现。例如，如果上衣只当做抽象人类劳动的实现，那么，在上衣内实际地实现的缝劳动就只当做抽象人类劳动的实现形式。在麻布的价值表现中，缝劳动的有用性不在于造了衣服，从而造了人①，而在于造了一种物体，使人们能看出它是价值，因而是与对象化在麻布价值内的劳动毫无区别的那种劳动的凝结。要造这样一面反映价值的镜子，缝劳动本身就必须只是反映它作为人类劳动的这种抽象属性。

　　缝的形式同织的形式一样，都是人类劳动力的耗费。因此，二者都具有人类劳动的一般属性，因而在一定的情况下，比如在价值的生产上，就可以只从这个角度来考察。这并不神秘。但是在商品的价值表现上事情却变了样。例如，为了表明织不是在它作为织这个具体形式上，而是在它作为人类劳动这个一般属性上形成麻布的价值，我们就要把缝这种制造麻布的等价物的具体劳动，作为抽象人类劳动的可以捉摸的实现形式与织相对立。

　　可见，等价形式的第二个特点，就是具体劳动成为它的对立面即抽象人类劳动的表现形式。

　　既然这种具体劳动，即缝，只是当做无差别的人类劳动的表现，它就具有与别种劳动即麻布中包含的劳动等同的形式，因而，尽管它同其他一切生产商品的劳动一样是私人劳动，但终究是直接社会形式上的劳动。正因为这样，它才表现在一种能与别种商品直接交换的产品上。可见，等价形式的第三个特点，就是私人劳

---

① 原文套用了德国谚语"Kleider machen Leute"，直译是"衣服造人"，转义是"人靠衣装"。——编者注

动成为它的对立面的形式,成为直接社会形式的劳动。[73—74]

（4）简单价值形式的总体

一个商品的简单价值形式包含在它与一个不同种商品的价值关系或交换关系中。商品 A 的价值,通过商品 B 能与商品 A 直接交换而在质上得到表现,通过一定量的商品 B 能与既定量的商品 A 交换而在量上得到表现。换句话说,一个商品的价值是通过它表现为"交换价值"而得到独立的表现的。在本章的开头,我们曾经依照通常的说法,说商品是使用价值和交换价值,严格说来,这是不对的。商品是使用价值或使用物品和"价值"。一个商品,只要它的价值取得一个特别的、不同于它的自然形式的表现形式,即交换价值形式,它就表现为这样的二重物。孤立地考察,它决没有这种形式,而只有同第二个不同种的商品发生价值关系或交换关系时,它才具有这种形式。只要我们知道了这一点,上述说法就没有害处,而只有简便的好处。

我们的分析表明,商品的价值形式或价值表现由商品价值的本性产生,而不是相反,价值和价值量由它们的作为交换价值的表现方式产生。[75—76]

更仔细地考察一下商品 A 同商品 B 的价值关系中所包含的商品 A 的价值表现,就会知道,在这一关系中商品 A 的自然形式只是充当使用价值的形态,而商品 B 的自然形式只是充当价值形式或价值形态。这样,潜藏在商品中的使用价值和价值的内部对立,就通过外部对立,即通过两个商品的关系表现出来了,在这个关系中,价值要被表现的商品只是直接当做使用价值,而另一个表现价值的商品只是直接当做交换价值。所以,一个商品的简单的价值形式,就是该商品中所包含的使用价值和价值的对立的简单

表现形式。[76—77]

一看就知道,简单价值形式是不充分的,是一种胚胎形式,它只有通过一系列的形态变化,才成熟为价格形式。[77]

然而个别的价值形式会自行过渡到更完全的形式。通过个别的价值形式,商品 A 的价值固然只是表现在一个别种商品上,但是这后一个商品不论是哪一种,是上衣、铁或小麦等等,都完全一样。随着同一商品和这种或那种不同的商品发生价值关系,也就产生它的种种不同的简单价值表现。(22a) 它可能有的价值表现的数目,只受与它不同的商品种类的数目的限制。这样,商品的个别的价值表现就转化为一个可以不断延长的、不同的简单价值表现的系列。[77—78]

B. 总和的或扩大的价值形式

z 量商品 A＝u 量商品 B,或＝v 量商品 C,或＝w 量商品 D,
或＝x 量商品 E,或＝其他

(20 码麻布＝1 件上衣,或＝10 磅茶叶,或＝40 磅咖啡,或＝1 夸特小麦,或＝2 盎司金,或＝$\frac{1}{2}$ 吨铁,或＝其他)[78]

(1)扩大的相对价值形式

现在,一个商品例如麻布的价值表现在商品世界的其他无数的元素上。每一个其他的商品体都成为反映麻布价值的镜

(22a)　第二版注:例如在荷马的著作中,一物的价值是通过一系列各种不同的物来表现的[93]。

子。[23] 这样,这个价值本身才真正表现为无差别的人类劳动的凝结。因为形成这个价值的劳动现在十分清楚地表现为这样一种劳动,其他任何一种人类劳动都与之等同,而不管其他任何一种劳动具有什么样的自然形式,即不管它是对象化在上衣、小麦、铁或金等等之中。因此,现在麻布通过自己的价值形式,不再是只同另一种个别商品发生社会关系,而是同整个商品世界发生社会关系。作为商品,它是这个世界的一个公民。同时,商品价值表现的无限的系列表明,商品价值是同它借以表现的使用价值的特殊形式没有关系的。

在第一种形式即 20 码麻布 = 1 件上衣中,这两个商品能以一定的量的比例相交换,可能是偶然的事情。相反地,在第二种形式中,一个根本不同于偶然现象并且决定着这种偶然现象的背景马上就显露出来了。麻布的价值无论是表现在上衣、咖啡或铁等等无数千差万别的、属于各个不同占有者的商品上,总是一样大的。两个单个商品占有者之间的偶然关系消失了。显然,不是交换调节商品的价

---

(23) 因此,如果麻布的价值用上衣来表现,我们就说麻布的上衣价值,如果麻布的价值用谷物来表现,我们就说麻布的谷物价值,依此类推。每一个这种表现都意味着,在上衣、谷物等等的使用价值上表现出来的是麻布的价值。"因为每种商品的价值都表示该商品在交换中的关系,所以根据它用来比较的商品,我们可以称它的价值为……谷物价值、呢绒价值;因此,有千万种价值,有多少种商品,就有多少种价值,它们都同样是现实的,又都同样是名义的。"(《对价值的本质、尺度和原因的批判研究,主要是论李嘉图先生及其信徒的著作》,《略论意见的形成和发表》一书的作者著,1825 年伦敦版第 39 页)这部在英国曾经轰动一时的匿名著作的作者赛·贝利以为,只要这样指出同一商品价值具有种种不同的相对表现,就消除了规定价值概念的任何可能。虽然他眼光短浅,但触及了李嘉图学说的弱点,李嘉图学派[94]例如在《威斯敏斯特评论》[95]上攻击贝利时流露的愤激情绪,就证明了这一点。

值量,恰好相反,是商品的价值量调节商品的交换比例。[78—79]

(2)特殊等价形式

每一种商品,上衣、茶叶、小麦、铁等等,都在麻布的价值表现中充当等价物,因而充当价值体。每一种这样的商品的一定的自然形式,现在都成为一个特殊等价形式,与其他许多特殊等价形式并列。同样,种种不同的商品体中所包含的多种多样的一定的、具体的、有用的劳动,现在只是一般人类劳动的同样多种的特殊的实现形式或表现形式。[79—80]

(3)总和的或扩大的价值形式的缺点

第一,商品的相对价值表现是未完成的,因为它的表现系列永无止境。每当新出现一种商品,从而提供一种新的价值表现的材料时,由一个个的价值等式联结成的锁链就会延长。第二,这条锁链形成一幅由互不关联的而且种类不同的价值表现拼成的五光十色的镶嵌画。最后,像必然会发生的情形一样,如果每一个商品的相对价值都表现在这个扩大的形式中,那么,每一个商品的相对价值形式都是一个不同于任何别的商品的相对价值形式的无穷无尽的价值表现系列。扩大的相对价值形式的缺点反映在与它相适应的等价形式中。因为每一种商品的自然形式在这里都是一个特殊等价形式,与无数别的特殊等价形式并列,所以只存在着有局限性的等价形式,其中每一个都排斥另一个。同样,每个特殊的商品等价物中包含的一定的、具体的、有用的劳动,都只是人类劳动的特殊的因而是不充分的表现形式。诚然,人类劳动在这些特殊表现形式的总和中,获得自己的完全的或者总和的表现形式。但是它还没有获得统一的表现形式。

扩大的相对价值形式只是由简单的相对价值表现的总和,或第一种形式的等式的总和构成,例如:

20 码麻布 = 1 件上衣,

20 码麻布 = 10 磅茶叶,等等。

但是每一个这样的等式倒转过来也包含着一个同一的等式:

1 件上衣 = 20 码麻布,

10 磅茶叶 = 20 码麻布,等等。

事实上,如果一个人用他的麻布同其他许多商品交换,从而把麻布的价值表现在一系列其他的商品上,那么,其他许多商品占有者也就必然要用他们的商品同麻布交换,从而把他们的各种不同的商品的价值表现在同一个第三种商品麻布上。因此,把 20 码麻布 = 1 件上衣,或 = 10 磅茶叶,或 = 其他等等这个系列倒转过来,也就是说,把事实上已经包含在这个系列中的相反关系表示出来,我们就得到:

C. 一般价值形式

1 件 上 衣 =
10 磅 茶 叶 =
40 磅 咖 啡 =
1 夸 特 小 麦 =   20 码 麻 布
2 盎 司 金 =
$\frac{1}{2}$ 吨   铁 =
x 量 商 品 A =
等等

[80—81]

118

（1）价值形式的变化了的性质

现在,商品价值的表现:1.是简单的,因为都是表现在唯一的商品上;2.是统一的,因为都是表现在同一的商品上。它们的价值形式是简单的和共同的,因而是一般的。

第一种形式和第二种形式二者都只是使一种商品的价值表现为一种与它自身的使用价值或商品体不同的东西。[81]

新获得的形式使商品世界的价值表现在从商品世界中分离出来的同一种商品上,例如表现在麻布上,因而使一切商品的价值都通过它们与麻布等同而表现出来。每个商品的价值作为与麻布等同的东西,现在不仅与它自身的使用价值相区别,而且与一切使用价值相区别,正因为这样才表现为它和一切商品共有的东西。因此,只有这种形式才真正使商品作为价值互相发生关系,或者使它们互相表现为交换价值。[82]

现在,一切商品,在与麻布等同的形式上,不仅表现为在质上等同,表现为价值一般,而且同时也表现为在量上可以比较的价值量。由于它们都通过同一个材料,通过麻布来反映自己的价值量,这些价值量也就互相反映。[83]

商品世界的一般的相对价值形式,使被排挤出商品世界的等价物商品即麻布,获得了一般等价物的性质。麻布自身的自然形式是这个世界的共同的价值形态,因此,麻布能够与其他一切商品直接交换。它的物体形式是当做一切人类劳动的可以看得见的化身,一般的社会的蛹化。[83]

（2）相对价值形式和等价形式的发展关系

等价形式的发展程度是同相对价值形式的发展程度相适应

的。但是必须指出,等价形式的发展只是相对价值形式发展的表现和结果。

一个商品的简单的或个别的相对价值形式使另一个商品成为个别的等价物。扩大的相对价值形式,即一个商品的价值在其他一切商品上的表现,赋予其他一切商品以种种不同的特殊等价物的形式。最后,一种特殊的商品获得一般等价形式,因为其他一切商品使它成为它们统一的、一般的价值形式的材料。

价值形式本身发展到什么程度,它的两极即相对价值形式和等价形式之间的对立,也就发展到什么程度。[84]

(3)从一般价值形式到货币形式的过渡

一般等价形式是价值本身的一种形式。因此,它可以属于任何一种商品。另一方面,一个商品处于一般等价形式(第三种形式),是因为而且只是因为它被其他一切商品当做等价物排挤出来。这种排挤的结果最终只剩下一种独特的商品,从这个时候起,商品世界的统一的相对价值形式才获得客观的固定性和一般的社会效力。

等价形式同这种独特商品的自然形式社会地结合在一起,这种独特商品成了货币商品,或者执行货币的职能。在商品世界起一般等价物的作用就成了它特有的社会职能,从而成了它的社会独占权。在第二种形式中充当麻布的各种特殊等价物,而在第三种形式中把自己的相对价值共同用麻布来表现的各个商品中间,有一个特定的商品在历史过程中夺得了这个特权地位,这就是金。因此,我们在第三种形式中用商品金代替商品麻布,就得到:

D. 货币形式

$$20\text{ 码麻布 }=$$
$$1\text{ 件上衣 }=$$
$$10\text{ 磅茶叶 }=$$
$$40\text{ 磅咖啡 }= \left.\vphantom{\begin{array}{c}a\\a\\a\\a\\a\\a\\a\end{array}}\right\} 2\text{ 盎司金}$$
$$1\text{ 夸特小麦 }=$$
$$\frac{1}{2}\text{ 吨　铁 }=$$
$$x\text{ 量商品 A }=$$

［86］

金能够作为货币与其他商品相对立,只是因为它早就作为商品与它们相对立。与其他一切商品一样,它过去就起等价物的作用:或者是在个别的交换行为中起个别等价物的作用,或者是与其他商品等价物并列起特殊等价物的作用。渐渐地,它就在或大或小的范围内起一般等价物的作用。一旦它在商品世界的价值表现中独占了这个地位,它就成为货币商品。只是从它已经成为货币商品的时候起,第四种形式才同第三种形式区别开来,或者说,一般价值形式才转化为货币形式。

一个商品(如麻布)在已经执行货币商品职能的商品(如金)上的简单的相对的价值表现,就是价格形式。因此,麻布的"价格形式"是:

$$20\text{ 码麻布}=2\text{ 盎司金},$$

如果2盎司金的铸币名称是2镑,那就是:

$$20\text{ 码麻布}=2\text{ 镑}。$$

理解货币形式的困难,无非是理解一般等价形式,从而理解一般价值形式即第三种形式的困难。第三种形式倒转过来,就化为第二种形式,即扩大的价值形式,而第二种形式的构成要素是第一种形式:20 码麻布＝1 件上衣,或者 x 量商品 A＝y 量商品 B。因此,简单的商品形式是货币形式的胚胎。[87]

4. 商品的拜物教性质及其秘密

最初一看,商品好像是一种简单而平凡的东西。对商品的分析表明,它却是一种很古怪的东西,充满形而上学的微妙和神学的怪诞。就商品是使用价值来说,不论从它靠自己的属性来满足人的需要这个角度来考察,或者从它作为人类劳动的产品才具有这些属性这个角度来考察,它都没有什么神秘的地方。很明显,人通过自己的活动按照对自己有用的方式来改变自然物质的形态。[88]

可见,商品的神秘性质不是来源于商品的使用价值。这种神秘性质也不是来源于价值规定的内容。因为,第一,不管有用劳动或生产活动怎样不同,它们都是人体的机能,而每一种这样的机能不管内容和形式如何,实质上都是人的脑、神经、肌肉、感官等等的耗费。这是一个生理学上的真理。第二,说到作为决定价值量的基础的东西,即这种耗费的持续时间或劳动量,那么,劳动的量可以十分明显地同劳动的质区别开来。在一切社会状态下,人们对生产生活资料所耗费的劳动时间必然是关心的,虽然在不同的发展阶段上关心的程度不同。(26)最后,一旦人们以某种方式彼此为

---

(26)　第二版注:在古日耳曼人中,一摩尔根土地的面积是按一天的劳动来计算的。因此,摩尔根又叫做 Tagwerk[一日的工作](或 Tagwanne)(jurnale 或 jurnalis,terra jurnalis,jornalis 或 diurnalis),Mannwerk[一人的工

对方劳动,他们的劳动也就取得社会的形式。

可是,劳动产品一旦采取商品形式就具有的谜一般的性质究竟是从哪里来的呢? 显然是从这种形式本身来的。人类劳动的等同性,取得了劳动产品的等同的价值对象性这种物的形式;用劳动的持续时间来计量的人类劳动力的耗费,取得了劳动产品的价值量的形式;最后,生产者的劳动的那些社会规定借以实现的生产者关系,取得了劳动产品的社会关系的形式。

可见,商品形式的奥秘不过在于:商品形式在人们面前把人们本身劳动的社会性质反映成劳动产品本身的物的性质,反映成这些物的天然的社会属性,从而把生产者同总劳动的社会关系反映成存在于生产者之外的物与物之间的社会关系。由于这种转换,劳动产品成了商品,成了可感觉而又超感觉的物或社会的物。正如一物在视神经中留下的光的印象,不是表现为视神经本身的主观兴奋,而是表现为眼睛外面的物的客观形式。但是在视觉活动中,光确实从一物射到另一物,即从外界对象射入眼睛。这是物理的物之间的一种物理关系。相反,商品形式和它借以得到表现的劳动产品的价值关系,是同劳动产品的物理性质以及由此产生的物的关系完全无关的。这只是人们自己的一定的社会关系,但它在人们面前采取了物与物的关系的虚幻形式。因此,要找一个比喻,我们就得逃到宗教世界的幻境中去。在那里,人脑的产物表现为赋有生命的、彼此发生关系并同人发生关系的独立存在的东西。在商品世界里,人手的产物也是这样。我把这叫做拜物教。劳动

作], Mannskraft[一人的力量], Mannsmaad, Mannshauet[一人的收割量]等等。见格奥尔格·路德维希·冯·毛勒《马尔克制度、农户制度、乡村制度、城市制度和公共政权的历史概论》1854 年慕尼黑版第 129 页及以下几页。

产品一旦作为商品来生产，就带上拜物教性质，因此拜物教是同商品生产分不开的。

商品世界的这种拜物教性质，像以上分析已经表明的，是来源于生产商品的劳动所特有的社会性质。

使用物品成为商品，只是因为它们是彼此独立进行的私人劳动的产品。这种私人劳动的总和形成社会总劳动。因为生产者只有通过交换他们的劳动产品才发生社会接触，所以，他们的私人劳动的独特的社会性质也只有在这种交换中才表现出来。换句话说，私人劳动在事实上证实为社会总劳动的一部分，只是由于交换使劳动产品之间、从而使生产者之间发生了关系。因此，在生产者面前，他们的私人劳动的社会关系就表现为现在这个样子，就是说，不是表现为人们在自己劳动中的直接的社会关系，而是表现为人们之间的物的关系和物之间的社会关系。

劳动产品只是在它们的交换中，才取得一种社会等同的价值对象性，这种对象性是与它们的感觉上各不相同的使用对象性相分离的。劳动产品分裂为有用物和价值物，实际上只是发生在交换已经十分广泛和十分重要的时候，那时有用物是为了交换而生产的，因而物的价值性质还在物本身的生产中就被注意到了。从那时起，生产者的私人劳动真正取得了二重的社会性质。一方面，生产者的私人劳动必须作为一定的有用劳动来满足一定的社会需要，从而证明它们是总劳动的一部分，是自然形成的社会分工体系的一部分。另一方面，只有在每一种特殊的有用的私人劳动可以同任何另一种有用的私人劳动相交换从而相等时，生产者的私人劳动才能满足生产者本人的多种需要。完全不同的劳动所以能够相等，只是因为它们的实际差别已被抽去，它们已被化成它们作为人类劳动力的耗费、作为抽象的人类劳动所具有的共同性质。私人生产者的头脑把他们的私人劳动的这种二重的社会性质,只是反映在从实际交易,产品交换中表现出来的那些形式中,也就是把他们的私人劳动的社会有用性,反映在劳动产品必须有用,而且是对别人有用的形式中;把不同种劳动的相等这种社会性质,反映在这些在物质上不同的物即劳动产品具有共同的价值性质的形式中。

可见,人们使他们的劳动产品彼此当做价值发生关系,不是因为在他们看来这些物只是同种的人类劳动的物质外壳。恰恰相反,他们在交换中使他们的各种产品作为价值彼此相等,也就使他们的各种劳动作为人类劳动而彼此相等。他们没有意识到这一点,但是他们这样做了。[27][88—91]

产品交换者实际关心的问题,首先是他用自己的产品能换取多少别人的产品,就是说,产品按什么样的比例交换。当这些比例由于习惯而逐渐达到一定的稳固性时,它们就好像是由劳动产品的本性产生的。例如,一吨铁和两盎司金的价值相等,就像一磅金和一磅铁虽然有不同的物理属性和化学属性,但是重量相等一样。实际上,劳动产品的价值性质,只是通过劳动产品表现为价值量才确定下来。价值量不以交换者的意志、设想和活动为转移而不断地变动着。在交换者看来,他们本身的社会运动具有物的运动形式。不是他们控制这一运动,而是他们受这一运动控制。要有充分发达的商品生产,才能从经验本身得

---

(27) 第二版注:因此,当加利阿尼说价值是人和人之间的一种关系("La Riechezza è una ragione tra due persone")时,他还应当补充一句:这是被物的外壳掩盖着的关系。(加利阿尼《货币论》,载于库斯托第编《意大利政治经济学名家文集·现代部分》1803年米兰版第3卷第221页)

出科学的认识,理解到彼此独立进行的,但作为自然形成的社会分工部分而互相全面依赖的私人劳动,不断地被化为它们的社会的比例尺度,这是因为在私人劳动产品的偶然的不断变动的交换比例中,生产这些产品的社会必要劳动时间作为起调节作用的自然规律强制地为自己开辟道路,就像房屋倒在人的头上时重力定律强制地为自己开辟道路一样。(28)因此,价值量由劳动时间决定是一个隐藏在商品相对价值的表面运动后面的秘密。这个秘密的发现,消除了劳动产品的价值量纯粹是偶然决定的这种假象,但是决没有消除价值量的决定所采取的物的形式。[92—93]

一旦我们逃到其他的生产形式中去,商品世界的全部神秘性,在商品生产的基础上笼罩着劳动产品的一切魔法妖术,就立刻消失了。[93]

让我们换一个方面,设想有一个自由人联合体,他们用公共的生产资料进行劳动,并且自觉地把他们许多个人劳动力当做一个社会劳动力来使用。[……]这个联合体的总产品是一个社会产品。这个产品的一部分重新用做生产资料。这一部分依旧是社会的。而另一部分则作为生活资料由联合体成员消费。因此,这一部分要在他们之间进行分配。这种分配的方式会随着社会生产有机体本身的特殊方式和随着生产者的相应的历史发展程度而改变。仅仅为了同商品生产进行对比,我们假定,每个生产者在生活

---

(28) "我们应该怎样理解这个只有通过周期性的革命才能为自己开辟道路的规律呢?这是一个以当事人的无意识活动为基础的自然规律。"(弗里德里希·恩格斯《国民经济学批判大纲》,载于阿尔诺德·卢格和卡尔·马克思编的《德法年鉴》71844年巴黎版)

资料中得到的份额是由他的劳动时间决定的。这样,劳动时间就会起双重作用。劳动时间的社会的有计划的分配,调节着各种劳动职能同各种需要的适当的比例。另一方面,劳动时间又是计量生产者在共同劳动中个人所占份额的尺度,因而也是计量生产者在共同产品的个人可消费部分中所占份额的尺度。在那里,人们同他们的劳动和劳动产品的社会关系,无论在生产上还是在分配上,都是简单明了的。

在商品生产者的社会里,一般的社会生产关系是这样的:生产者把他们的产品当做商品,从而当做价值来对待,而且通过这种物的形式,把他们的私人劳动当做等同的人类劳动来互相发生关系。对于这种社会来说,崇拜抽象人的基督教,特别是资产阶级发展阶段的基督教,如新教、自然神教等等,是最适当的宗教形式。[……]只有当实际日常生活的关系,在人们面前表现为人与人之间和人与自然之间极明白而合理的关系的时候,现实世界的宗教反映才会消失[96]。只有当社会生活过程即物质生产过程的形态,作为自由联合的人的产物,处于人的有意识有计划的控制之下的时候,它才会把自己的神秘的纱幕揭掉。但是,这需要有一定的社会物质基础或一系列物质生存条件,而这些条件本身又是长期的、痛苦的发展史的自然产物。[96—97]

第 二 章
交 换 过 程

商品不能自己到市场去,不能自己去交换。因此,我们必须找寻它的监护人,商品占有者。商品是物,所以不能反抗人。如果它不乐意,人可以使用强力,换句话说,把它拿走。[37]为了使这些物作为商品彼此发生关系,商品监护人必须作为有自己的意志体现在这些物中的人彼此发生关系,因此,一方只有符合另一方的意志,就是说每一方只有通过双方共同一致的意志行为,才能让渡自己的商品,占有别人的商品。可见,他们必须彼此承认对方是私有者。这种具有契约形式的(不管这种契约是不是用法律固定下来的)法的关系,是一种反映着经济关系的意志关系。这种法的关系或意志关系的内容是由这种经济关系本身决定的。[38]在这里,人们彼此只是作为商品的代表即商品占有者而存在。在研究进程中我们会看到,人们扮演的经济角色不过是经济关系的人格化,人们是作为这种关系的承担者而彼此对立着的。[103—104]

商品占有者的商品对他没有直接的使用价值。否则,他就不会把它拿到市场上去。他的商品对别人有使用价值。对他来说,

---

[37] 在以虔诚著称的 12 世纪,商品行列里常常出现一些极妙之物。当时一位法国诗人所列举的朗迪市场[97]上的商品中,除衣料、鞋子、皮革、农具、毛皮等物以外,还有"淫荡的女人"。

[38] 蒲鲁东先从与商品生产相适应的法的关系中提取他的公平的理想,永恒公平的理想。顺便说一下,这就给一切庸人提供了一个使他们感到宽慰的论据,即商品生产形式像公平一样也是永恒的。然后,他反过来又想按照这种理想来改造现实的商品生产和与之相适应的现实的法。如果一个化学家不去研究物质变换的现实规律,并根据这些规律解决一定的问题,却要按照"自然性"和"亲和性"这些"永恒观念"来改造物质变换,那么对于这样的化学家人们该怎样想呢?如果有人说,"高利贷"违背"永恒公平"、"永恒公道"、"永恒互助"以及其他种种"永恒真理",那么这个人对高利贷的了解比那些说高利贷违背"永恒恩典"、"永恒信仰"和"永恒神意"的教父[98]的了解又高明多少呢?

他的商品直接有的只是这样的使用价值:它是交换价值的承担者,从而是交换手段。[(39)] 所以,他愿意让渡他的商品来换取其使用价值为他所需要的商品。一切商品对它们的占有者是非使用价值,对它们的非占有者是使用价值。因此,商品必须全面转手。这种转手就形成商品交换,而商品交换使商品彼此作为价值发生关系并作为价值来实现。可见,商品在能够作为使用价值实现以前,必须先作为价值来实现。

另一方面,商品在能够作为价值实现以前,必须证明自己是使用价值,因为耗费在商品上的人类劳动,只有耗费在对别人有用的形式上,才能算数。但是,这种劳动对别人是否有用,它的产品是否能够满足别人的需要,只有在商品交换中才能得到证明。[104—105]

我们仔细看一下就会发现,对每一个商品占有者来说,每个别的商品都是他的商品的特殊等价物,因而他的商品是其他一切商品的一般等价物。但因为一切商品占有者都这样做,所以没有一个商品是一般等价物,因而商品也就不具有使它们作为价值彼此等同、作为价值量互相比较的一般的相对价值形式。因此,它们并不是作为商品,而只是作为产品或使用价值彼此对立着。

我们的商品占有者在他们的困难处境中是像浮士德那样想的:起初是行动[99]。因此他们还没有想就已经做起来了。商品本性的规律通过商品占有者的天然本能表现出来。他们只有使他们

---

　　(39)　"因为每种货物都有两种用途。——一种是物本身所固有的,另一种则不然,例如鞋,既用来穿,又可以用来交换。二者都是鞋的使用价值,因为谁用鞋来交换他所需要的东西,例如食物,谁就利用了鞋。但不是利用鞋的自然用途,因为它不是为交换而存在的。"(亚里士多德《政治学》第1册第9章)

的商品同任何另一个作为一般等价物的商品相对立，才能使他们的商品作为价值，从而作为商品彼此发生关系。商品分析已经表明了这一点。但是，只有社会的行动才能使一个特定的商品成为一般等价物。因此，其他一切商品的社会的行动使一个特定的商品分离出来，通过这个商品来全面表现它们的价值。于是这个商品的自然形式就成为社会公认的等价形式。由于这种社会过程，充当一般等价物就成为被分离出来的商品的独特的社会职能。这个商品就成为货币。[105—106]

货币结晶是交换过程的必然产物，在交换过程中，各种不同的劳动产品事实上彼此等同，从而事实上转化为商品。交换的扩大和加深的历史过程，使商品本性中潜伏着的使用价值和价值的对立发展起来。为了交易，需要这一对立在外部表现出来，这就要求商品价值有一个独立的形式，这个需要一直存在，直到由于商品分为商品和货币这种二重化而最终取得这个形式为止。可见，随着劳动产品转化为商品，商品就在同一程度上转化为货币。[40]

直接的产品交换一方面具有简单价值表现形式，另一方面还不具有这种形式。这种形式就是 x 量商品 A＝y 量商品 B。直接的产品交换形式是 x 量使用物品 A＝y 量使用物品 B。[41] 在这里，

---

(40)　依此我们可以判断小资产阶级社会主义的滑头了。小资产阶级社会主义既想使商品生产永恒化，又想废除"货币和商品的对立"，就是说废除货币本身，因为货币只是存在于这种对立中。这么说，我们同样也可以废除教皇而保存天主教了。关于这个问题详见我的《政治经济学批判》第 61 页及以下几页。**100**

(41)　只要不是两种不同的使用物品相交换，而是像在野蛮人中间常见的那样，把一堆混杂的东西当做第三种东西的等价物，那么，连直接的产品交换也还处于它的初期阶段。

A 物和 B 物在交换之前不是商品,它们通过交换才成为商品。使用物品可能成为交换价值的第一步,就是它作为非使用价值而存在,作为超过它的占有者的直接需要的使用价值量而存在。物本身存在于人之外,因而是可以让渡的。为使这种让渡成为相互的让渡,人们只须默默地彼此当做那些可以让渡的物的私有者,从而彼此当做独立的人相对立就行了。然而这种彼此当做外人看待的关系在原始共同体的成员之间并不存在,不管这种共同体的形式是家长制家庭,古代印度公社[89],还是印加国[101],等等。商品交换是在共同体的尽头,在它们与别的共同体或其成员接触的地方开始的。但是物一旦对外成为商品,由于反作用,它们在共同体内部生活中也成为商品。它们交换的量的比例起初完全是偶然的。它们能够交换,是由于它们的占有者彼此愿意把它们让渡出去的意志行为。同时,对别人的使用物品的需要渐渐固定下来。交换的不断重复使交换成为有规则的社会过程。因此,随着时间的推移,至少有一部分劳动产品必定是有意为了交换而生产的。从那时起,一方面,物满足直接需要的效用和物用于交换的效用的分离固定下来了。它们的使用价值同它们的交换价值分离开来。另一方面,它们互相交换的量的比例是由它们的生产本身决定的。习惯把它们作为价值量固定下来。

在直接的产品交换中,每个商品对于它的占有者直接就是交换手段,对于它的非占有者直接就是等价物,不过它要对于后者是使用价值。因此,交换物还没有取得同它本身的使用价值或交换者的个人需要相独立的价值形式。随着进入交换过程的商品数量和种类的增多,这种形式就越来越成为必要的了。问题和解决问题的手段同时产生。[106—107]

随着商品交换日益突破地方的限制,从而商品价值日益发展成为一般人类劳动的化身,货币形式也就日益转到那些天然适于执行一般等价物这种社会职能的商品身上,即转到贵金属身上。

"金银天然不是货币,但货币天然是金银"[42],这句话已为金银的自然属性适于担任货币的职能而得到证明。[43] 但至此我们只知道货币的一种职能:它是商品价值的表现形式,或者是商品价值量借以取得社会表现的材料。一种物质只有分成的每一份都是均质的,才能成为价值的适当的表现形式,或抽象的因而等同的人类劳动的化身。另一方面,因为价值量的差别纯粹是量的差别,所以货币商品必须只能有纯粹量的差别,就是说,必须能够随意分割,又能够随意把它的各部分合并起来。金和银就天然具有这种属性。

货币商品的使用价值二重化了。它作为商品具有特殊的使用价值,如金可以镶牙,可以用做奢侈品的原料等等,此外,它又取得一种由它的独特的社会职能产生的形式上的使用价值。

因为其他一切商品只是货币的特殊等价物,而货币是它们的一般等价物,所以它们是作为特殊商品来同作为一般商品的货币[44]发生关系。[108—109]

---

(42) 卡尔·马克思《政治经济学批判》第 135 页。**102** "贵金属……天然是货币。"(加利阿尼《货币论》,载于库斯托第编《意大利政治经济学名家文集·现代部分》第 3 卷第 137 页)

(43) 详见我的上述著作中《贵金属》一节。**103**

(44) "货币是一般商品。"(韦里《政治经济学研究》第 16 页)

第 三 章

货币或商品流通

1. 价值尺度

为了简单起见,我在本书各处都假定金是货币商品。

金的第一个职能是为商品世界提供表现价值的材料,或者说,是把商品价值表现为同名的量,使它们在质的方面相同,在量的方面可以比较。这样,金执行一般的价值尺度的职能,并且首先只是由于这个职能,金这个独特的等价商品才成为货币。[114]

货币作为价值尺度,是商品内在的价值尺度即劳动时间的必然表现形式。(50)

商品在金上的价值表现——x 量商品 A = y 量货币商品——是商品的货币形式或它的价格。[114—115]

---

(50) 为什么货币不直接代表劳动时间本身,例如,以一张纸币代表 x 个劳动小时,这个问题可简单归结为:在商品生产的基础上为什么劳动产品必须表现为商品,因为商品的表现包含着商品分为商品和货币商品这种二重化。或者说,为什么私人劳动不能看成是直接的社会劳动,不能看成是它自身的对立面。我在别处曾详细地谈到在商品生产的基础上实行"劳动货币"这种平庸的空想。(《政治经济学批判》第 61 页及以下几页**104**)在这里我还想指出一点,例如欧文的"劳动货币"**105**,同戏票一样,不是"货币"。欧文以直接社会化劳动为前提,就是说,以一种与商品生产截然相反的生产形式为前提。劳动券只是证明生产者个人参与共同劳动的份额,以及他个人在供消费的那部分共同产品中应得的份额。不过欧文没有想到以商品生产为前提,也没有想到要用货币把戏来回避商品生产的必要条件。

商品的价格或货币形式,同商品的价值形式本身一样,是一种与商品的可以捉摸的实在的物体形式不同的,因而只是观念的或想象的形式。[……]因为商品在金上的价值表现是观念的,所以要表现商品的价值,也可以仅仅用想象的或观念的金。每一个商品监护人都知道:当他给予商品价值以价格形式或想象的金的形式时,他远没有把自己的商品转化为金,而为了用金估量数百万的商品价值,他不需要丝毫实在的金。因此,货币在执行价值尺度的职能时,只是想象的或观念的货币。[115—116]

凡是价格已经确定的商品都表现为这样的形式:a 量商品 A =x 量金;b 量商品 B = z 量金;c 量商品 C = y 量金,等等,在这里,a,b,c 代表商品 A,B,C 的一定量,x,z,y 代表金的一定量。这样,商品价值就转化为大小不同的想象的金量,就是说,尽管商品五花八门,商品价值都转化为同名的量,即金量。这些价值作为这样的不同的金量互相比较,互相计量,这样在技术上就有必要把某一固定的金量作为商品价值的计量单位。这个计量单位本身通过进一步分成等分而发展成为标准。金、银、铜在变成货币以前,在它们的金属重量中就有这种标准,例如,以磅为计量单位,磅一方面分成盎司等等,另一方面又合成英担等等。[54]因此,在一切金属的流通中,原有的重量标准的名称,也是最初的货币标准或价格标准的名称。

作为价值尺度和作为价格标准,货币执行着两种完全不同的职能。作为人类劳动的社会化身,它是价值尺度;作为规定的金属

---

(54) 第二版注:在英国,一盎司金是货币标准的单位,但它不能分成等分。造成这种奇怪现象的原因是:"我国的铸币制度本来只适用银,因此一盎司银分成的铸币总是一个整数;但是,后来在只适用银的铸币制度中采用了金,因此,一盎司金铸成的金币就不能是一个整数了。"(麦克拉伦《通货简史》1858 年伦敦版第 16 页)

重量,它是价格标准。作为价值尺度,它用来使形形色色的商品的价值转化为价格,转化为想象的金量;作为价格标准,它计量这些金量。[117—118]

同某一商品的价值用任何另一个商品的使用价值来表现一样,商品用金来估价也只是以下面一点为前提:在一定时间内生产一定量的金要耗费一定量的劳动。[119]

商品价格只有在货币价值不变、商品价值提高时,或在商品价值不变、货币价值降低时,才会普遍提高。反之,商品价格只有在货币价值不变、商品价值降低时,或在商品价值不变、货币价值提高时,才会普遍降低。由此决不能得出结论说,货币价值提高,商品价格必定相应降低,货币价值降低,商品价格必定相应提高。这只适用于价值不变的商品。例如,某些商品的价值和货币的价值同时按同一比例提高,这些商品的价格就不会改变。如果这些商品的价值比货币价值增加得慢些或者增加得快些,那么,这些商品的价格的降低或提高,就由这些商品的价值变动和货币的价值变动之间的差额来决定。余此类推。[119]

商品的价值量表现出一种必然的、商品形成过程内在的同社会劳动时间的关系。随着价值量转化为价格,这种必然的关系就表现为商品同在它之外存在的货币商品的交换比例。这种交换比例既可以表现商品的价值量,也可以表现比它大或小的量,在一定条件下,商品就是按这种较大或较小的量来让渡的。可见,价格和价值量之间的量的不一致的可能性,或者价格偏离价值量的可能性,已经包含在价格形式本身中。但这并不是这种形式的缺点,相反地,却使这种形式成为这样一种生产方式的适当形式,在这种生产方式下,规则只能作为没有规则性的盲目起作用的平均数规律来为自己开辟道路。

价格形式不仅可能引起价值量和价格之间即价值量和它自身的货币表现之间的量的不一致，而且能够包藏一个质的矛盾，以致货币虽然只是商品的价值形式，但价格可以完全不是价值的表现。有些东西本身并不是商品，例如良心、名誉等等，但是也可以被它们的占有者出卖以换取金钱，并通过它们的价格，取得商品形式。因此，没有价值的东西在形式上可以具有价格。在这里，价格表现是虚幻的，就像数学中的某些数量一样。[122—123]

价格形式包含着商品为取得货币而让渡的可能性和这种让渡的必要性。另一方面，金所以充当观念的价值尺度，只是因为它在交换过程中已作为货币商品流通。因此，在观念的价值尺度中隐藏着坚硬的货币。[124]

2. 流通手段

（a）商品的形态变化

商品交换过程是在两个互相对立、互为补充的形态变化中完成的：从商品转化为货币，又从货币转化为商品。[65] 商品形态变化的两个因素同时就是商品占有者的两种行为，一种是卖，把商品换成货币，一种是买，把货币换成商品，这两种行为的统一就是：为买而卖。[126]

---

(65) "赫拉克利特说：……火变成万物，万物又变成火，就像金变成货物，货物变成金一样。"（斐·拉萨尔《爱非斯的晦涩哲人赫拉克利特的哲学》1858 年柏林版第 1 卷第 222 页）拉萨尔在对这句话的注解中（第 224 页注 3），错误地把货币说成只是价值符号。[106]

因此,商品的交换过程是在下列的形式变换中完成的:

商品—货币—商品

W—G—W

从物质内容来说,这个运动是 W—W,是商品换商品,是社会劳动的物质变换,这种物质变换的结果一经达到,过程本身也就结束。

W—G。商品的第一形态变化或卖。商品价值从商品体跳到金体上,像我在别处说过的[107],是商品的惊险的跳跃。这个跳跃如果不成功,摔坏的不是商品,但一定是商品占有者。社会分工使商品占有者的劳动成为单方面的,又使他的需要成为多方面的。正因为这样,他的产品对他来说仅仅是交换价值。这个产品只有在货币上,才取得一般的社会公认的等价形式,而货币又在别人的口袋里。为了把货币吸引出来,商品首先应当对于货币占有者是使用价值,就是说,用在商品上的劳动应当是以社会有用的形式耗费的,或者说,应当证明自己是社会分工的一部分。但分工是自然形成的生产有机体,它的纤维在商品生产者的背后交织在一起,而且继续交织下去。商品可能是一种新的劳动方式的产品,它声称要去满足一种新产生的需要,或者想靠它自己去唤起一种需要。一种特殊的劳动操作,昨天还是同一个商品生产者许多职能中的一种职能,今天就可能脱离这种联系,独立起来,从而把它的局部产品当做独立商品送到市场上去。这个分离过程的条件可能已经成熟,或者可能尚未成熟。某种产品今天满足一种社会需要,明天就可能全部地或部分地被一种类似的产品排挤掉。即使某种劳动,例如我们这位织麻布者的劳动,是社会分工的特许的一部分,这也决不能恰好使他的 20 码麻布的使用价值得到了保证。社会对麻布的需要,像对其他各种东西的需要一样,是有限度的,如果他的竞争者已经满足了这种需要,我们这位朋友的产品就成为多余的、过剩的，因而是无用的了。接受赠马，不看岁口，[108]但是我们这位织麻布者决不是到市场去送礼的。我们就假定他的产品的使用价值得到了证明，因而商品会把货币吸引出来。但现在要问：它能吸引多少货币呢？当然，答案已经由商品的价格即商品价值量的指数预示了。我们把商品占有者可能发生的纯粹主观的计算错误撇开，因为这种错误在市场上马上可以得到客观的纠正。假定他耗费在他的产品上的只是平均社会必要劳动时间。因此，商品的价格只是对象化在商品中的社会劳动量的货币名称。但是，织麻布业的以往可靠的生产条件，没有经过我们这位织麻布者的许可而在他的背后发生了变化。同样多的劳动时间，昨天还确实是生产一码麻布的社会必要劳动时间，今天就不是了。货币占有者会非常热心地用我们这位朋友的各个竞争者定出的价格来说明这一点。我们这位朋友真是不幸，世上竟有很多织麻布者。最后，假定市场上的每一块麻布都只包含社会必要劳动时间。即使这样，这些麻布的总数所包含的已耗费的劳动时间仍然可能过多。如果市场的胃口不能以每码两先令的正常价格吞下麻布的总量，这就证明，在全部社会劳动时间中，以织麻布的形式耗费的时间太多了。其结果就像每一个织布者花在他个人的产品上的时间都超过了社会必要劳动时间一样。这正像俗话所说："一起捉住，一起绞死。"①在市场上，全部麻布只是当做一个商品，每一块麻布只是当做这个商品的相应部分。事实上，每一码的价值也只是同种人类劳动的同一的社会规定的量的化身。[109]

我们看到，商品爱货币，但是"真爱情的道路决不是平坦的"[110]。把自己的"分散的肢体"[111]表现为分工体系的社会生产

---

① 德国谚语，意思是有祸同当。——编者注

有机体,它的量的构成,也像它的质的构成一样,是自发地偶然地形成的。所以我们的商品占有者发现:分工使他们成为独立的私人生产者,同时又使社会生产过程以及他们在这个过程中的关系不受他们自己支配;人与人的互相独立为物与物的全面依赖的体系所补充。

分工使劳动产品转化为商品,因而使它转化为货币成为必然的事情。同时,分工使这种转化能否成功成为偶然的事情。但是在这里应当纯粹地考察现象,因此假定这种现象是正常进行的。其实,只要这种现象发生,就是说,只要商品不是卖不出去,就总会发生商品的形式变换,尽管在这种形式变换中,实体——价值量——可能在不正常的场合亏损或增加。[127—129]

G—W。商品的第二形态变化,或最终的形态变化:买。因为货币是其他一切商品的转换形态,或者说,是它们普遍让渡的产物,所以它是绝对可以让渡的商品。[131]

G—W,即买,同时就是卖,即 W—G;因此,一个商品的后一形态变化,同时就是另一商品的前一形态变化。[132]

如果我们来考察一个商品例如麻布的总形态变化,那么我们首先就会看到,这个形态变化由两个互相对立、互为补充的运动W—G 和 G—W 组成。[132]

商品形态变化的两个相反的运动阶段组成一个循环:商品形式,商品形式的抛弃,商品形式的复归。当然,在这里,商品本身具有对立的规定。对它的占有者来说,它在起点是非使用价值,在终点是使用价值。同样,货币先表现为商品转化成的固定的价值结晶,然后又作为商品的单纯等价形式而消失。

组成一个商品的循环的两个形态变化,同时是其他两个商品的相反的局部形态变化。同一个商品(麻布)开始它自己的形态变化的系列，又结束另一个商品(小麦)的总形态变化。商品在它的第一个转化中，即在出卖时，一身扮演这两种角色。而当它作为金蛹结束自己的生涯的时候，它同时又结束第三个商品的第一形态变化。可见，每个商品的形态变化系列所形成的循环，同其他商品的循环不可分割地交错在一起。这全部过程就表现为商品流通。

商品流通不仅在形式上，而且在实质上不同于直接的产品交换。[133—134]

与直接的产品交换不同，流通过程在使用价值换位和转手之后并没有结束。货币并不因为它最终从一个商品的形态变化系列中退出来而消失。它不断地沉淀在商品空出来的流通位置上。[134]

既然商品的第一形态变化是卖又是买，这个局部过程同时就是一个独立的过程。买者有商品，卖者有货币，也就是有一种不管早一些或晚一些再进入市场都保持着能够流通的形式的商品。没有人买，也就没有人能卖。但谁也不会因为自己已经卖，就得马上买。流通所以能够打破产品交换的时间、空间和个人的限制，正是因为它把这里存在的换出自己的劳动产品和换进别人的劳动产品这二者之间的直接的同一性，分裂成卖和买这二者之间的对立。说互相对立的独立过程形成内部的统一，那也就是说，它们的内部统一是运动于外部的对立中。当内部不独立(因为互相补充)的过程的外部独立化达到一定程度时，统一就要强制地通过危机显示出来。商品内在的使用价值和价值的对立，私人劳动同时必须表现为直接社会劳动的对立，特殊的具体的劳动同时只是当做抽象的一般的劳动的对立，物的人格化和人格的物化的对立，——这种内在的矛盾在商品形态变化的对立中取得发展了的运动形式。因此，这些形式包含着危机的可能性，但仅仅是可能性。这种可能

性要发展为现实,必须有整整一系列的关系,从简单商品流通的观点来看,这些关系还根本不存在。(73)

作为商品流通的中介,货币取得了流通手段的职能。[135—136]

(b)货币的流通

商品流通直接赋予货币的运动形式,就是货币不断地离开起点,就是货币从一个商品占有者手里转到另一个商品占有者手里,或者说,就是货币流通(currency,cours de la monnaie)。

货币流通表示同一个过程的不断的、单调的重复。商品总是在卖者方面,货币总是作为购买手段在买者方面。货币作为购买手段执行职能,是在它实现商品的价格的时候。而货币在实现商品的价格的时候,把商品从卖者手里转到买者手里,同时自己也从买者手里离开,到了卖者手里,以便再去同另一个商品重复同样的过程。[137]

每一个商品在流通中走第一步,即进行第一次形式变换,就退出流通,而总有新的商品进入流通。相反,货币作为流通手段却不

---

(73)　参看我在《政治经济学批判》第74—76页[112]对詹姆斯·穆勒的评论。在这里,经济学辩护论者的方法有两个特征。第一,简单地抽去商品流通和直接的产品交换之间的区别,把二者等同起来。第二,企图把资本主义生产当事人之间的关系,归结为商品流通所产生的简单关系,从而否认资本主义生产过程的矛盾。但商品生产和商品流通是极不相同的生产方式都具有的现象,尽管它们在范围和作用方面各不相同。因此,只知道这些生产方式所共有的、抽象的商品流通的范畴,还是根本不能了解这些生产方式的本质区别,也不能对这些生产方式作出判断。任何一门科学都不像政治经济学那样,流行着拿浅显的普通道理来大肆吹嘘的风气。例如,让·巴·萨伊由于知道商品是产品,就断然否定危机。[113]

断地留在流通领域,不断地在那里流动。于是产生了一个问题,究竟有多少货币不断地被流通领域吸收。

在一个国家里,每天都发生大量的、同时发生的、因而在空间上并行的单方面的商品形态变化,换句话说,一方面单是卖,另一方面单是买。商品在自己的价格上已经等于一定的想象的货币量。因为这里所考察的直接的流通形式总是使商品和货币作为物体彼此对立着,商品在卖的一极,货币在买的一极,所以,商品世界的流通过程所需要的流通手段量,已经由商品的价格总额决定了。事实上,货币不过是把已经在商品价格总额中观念地表现出来的金额实在地表现出来。因此,这两个数额相等是不言而喻的。[139]

下面假设金的价值是既定的,实际上在估量价格的一瞬间,金的价值确实也是既定的。

所以,在这种前提下,流通手段量决定于待实现的商品价格总额。如果我们再假设每一种商品的价格都是既定的,显然,商品价格总额就决定于流通中的商品量。只要稍微动一下脑筋就可以知道,1 夸特小麦要是值 2 镑,100 夸特就值 200 镑,200 夸特就值 400 镑,等等,因此,在小麦出售时与小麦换位的货币量必须同小麦量一起增加。

假设商品量已定,流通货币量就随着商品价格的波动而增减。流通货币量之所以增减,是因为商品的价格总额随着商品价格的变动而增减。为此,完全不需要所有商品的价格同时上涨或跌落。只要若干主要商品的价格在一种情况下上涨,或在另一种情况下跌落,就足以提高或降低全部流通商品的待实现的价格总额,从而使进入流通的货币增加或减少。[140—141]

假定有若干互不相干的、同时发生的、因而在空间上并行的卖,或者说局部形态变化,例如有 1 夸特小麦、20 码麻布、1 本圣经、4 加仑烧酒同时出售。如果每种商品的价格都是 2 镑,待实现的价格总额就是 8 镑,那么进入流通的货币量必须是 8 镑。相反,如果这 4 种商品是我们上面所说过的形态变化系列的各个环节,即 1 夸特小麦—2 镑—20 码麻布—2 镑—1 本圣经—2 镑—4 加仑烧酒—2 镑,那么,有 2 镑就可以使所有这些商品依次流通,因为它依次实现它们的价格,从而实现 8 镑的价格总额,最后停留在酿酒者手中。这 2 镑完成了 4 次流通。同一些货币的这种反复的位置变换既表示商品发生双重的形式变换,表示商品通过两个对立的流通阶段的运动,也表示各种商品的形态变化交错在一起。[(76)]这个过程经过的各个互相对立、互为补充的阶段,不可能在空间上并行,只能在时间上相继发生。因此,时间就成为计量这个过程久暂的尺度,或者说,同一些货币在一定时间内的流通次数可以用来计量货币流通的速度。例如,假定上述四种商品的流通过程持续一天。这样,待实现的价格总额为八镑,同一些货币一天的流通次数是四次,流通的货币量是两镑,或者就一定时间的流通过程来说是:$\dfrac{\text{商品价格总额}}{\text{同名货币的流通次数}}=$执行流通手段职能的货币量。这个规律是普遍适用的。[141—142]

可见,在每一段时期内执行流通手段职能的货币的总量,一方面取决于流通的商品世界的价格总额,另一方面取决于这个商品世界的互相对立的流通过程流动的快慢,这种流动决定着同一些货币能够实现价格总额的多大部分。但是,商品的价格总额又决

---

(76) "正是产品使它〈货币〉运动,使它流通…… 它〈即货币〉运动的速度可以补充它的数量。必要时,它会一刻不停地从一个人的手中转到另一个人的手中。"(勒特罗纳《就价值、流通、工业、国内外贸易论社会利益》第 915、916 页)

定于每种商品的数量和价格。这三个因素,即价格的变动、流通的商品量、货币的流通速度,可能按不同的方向和不同的比例变动,因此,待实现的价格总额以及受价格总额制约的流通手段量,也可能有多种多样的组合。[144]

（c）铸币。价值符号

从货币作为流通手段的职能中产生出货币的铸币形式。在商品的价格或货币名称中想象地表现出来的金重量,必须在流通中作为同名的金块或铸币同商品相对立。正像确立价格标准一样,铸造硬币也是国家的事。[147]

金币在流通中受到磨损,有的磨损得多,有的磨损得少。金的名称和金的实体,名义含量和实际含量,开始了它们的分离过程。同名的金币具有了不同的价值,因为重量不同了。作为流通手段的金同作为价格标准的金偏离了,因此,金在实现商品的价格时不再是该商品的真正等价物。[148]

既然货币流通本身使铸币的实际含量同名义含量分离,使铸币的金属存在同它的职能存在分离,那么在货币流通中就隐藏着一种可能性:可以用其他材料做的记号或用象征来代替金属货币执行铸币的职能。铸造重量极小的金币或银币在技术上有困难,而且起初是较贱的金属而不是较贵的金属(是银不是金,是铜不是银)充当价值尺度,因而在它们被较贵的金属赶下宝座之前曾一直作为货币流通,这些事实历史地说明了银记号和铜记号可以扮演金币替身的角色。这些记号在铸币流通最快因而磨损最快的商品流通领域中,即在极小额的买卖不断重复进行的领域中代替了金。[148]

银记号或铜记号的金属含量是由法律任意规定的。它们在流通中比金币磨损得还要快。因此,它们的铸币职能实际上与它们的重量完全无关,就是说,与价值完全无关。金的铸币存在同它的价值实体完全分离了。因此,相对地说没有价值的东西,例如纸票,就能代替金来执行铸币的职能。[149]

国家把印有一镑、五镑等等货币名称的纸票从外部投入流通过程。只要这些纸票确实是代替同名的金额来流通,它们的运动就只反映货币流通本身的规律。纸币流通的特殊规律只能从纸币是金的代表这种关系中产生。这一规律简单说来就是:纸币的发行限于它象征地代表的金(或银)的实际流通的数量。[……]如果今天一切流通渠道中的纸币已达到这些渠道所能吸收货币的饱和程度,那么明天这些渠道就会因商品流通的波动而发生泛滥。一切限度都消失了。**114** 不过,如果纸币超过了自己的限度,即超过了能够流通的同名的金币量,那么,撇开有信用扫地的危险不说,它在商品世界仍然只是代表由商品世界的内在规律所决定的那个金量,即它所能代表的那个金量。[150]

纸币是金的符号或货币符号。纸币同商品价值的关系只不过是:商品价值观念地表现在一个金量上,这个金量则由纸象征地可感觉地体现出来。纸币只有代表金量(金量同其他一切商品量一样,也是价值量),才是价值符号。(84)

---

(84)　第二版注:甚至最优秀的货币问题著作家,对货币的各种职能的理解也是很模糊的,例如,富拉顿下面的一段话就是证明:"就我们的国内交换来说,通常由金币和银币执行的各种货币职能,同样可以有效地由不能兑现的纸币的流通来执行,而这种纸币除依法获得的人为的约定的价值外,没有任何别的价值。我想,这个事实是任何人都不能否认的。只要纸币发行量保持在应有的限度内,这种价值就能适合内在价值的一切目的,甚至使价值标

最后要问,为什么金可以用它本身的没有任何价值的符号来代替呢? 而我们已经知道,只有当金执行铸币或流通手段的职能而被孤立起来或独立出来时,金才可以被代替。[115][……]在这里,商品的交换价值的独立表现只是转瞬即逝的要素。它马上又会被别的商品代替。因此,在货币不断转手的过程中,单有货币的象征存在就够了。[151—152]

3. 货　币

作为价值尺度并因而以自身或通过代表作为流通手段来执行职能的商品,是货币。因此,金(或银)是货币。金作为货币执行职能,一方面是在这样的场合:它必须以其金体(或银体)出现,因而作为货币商品出现,就是说,它不像在充当价值尺度时那样纯粹是观念的,也不像在充当流通手段时那样可以用别的东西来代表;另一方面是在这样的场合:它的职能——不论由它亲自执行,还是由它的代表执行——使它固定成为唯一的价值形态,成为交换价值的唯一适当的存在,而与其他一切仅仅作为使用价值的商品相对立。[152—153]

(a)货币贮藏

两种对立的商品形态变化的不断循环,或卖与买的不息转换,

准成为多余。"(富拉顿《论通货的调整》1845 年伦敦第 2 版第 21 页)这就是说,由于货币商品在流通中可以被单纯的价值符号代替,作为价值尺度和价格标准的货币商品就成为多余的了!

表现在不停的货币流通上，或表现在货币作为流通的永动机的职能上。只要商品的形态变化系列一中断，卖之后没有继之以买，货币就会停止流动，或者如布阿吉尔贝尔所说，由动的东西转化为不动的东西[116]，由铸币转化为货币。

随着商品流通本身的最初发展，把第一形态变化的产物，商品的转化形态或它的金蛹保留在自己手中的必要性和欲望也发展起来了。[(86)] 出售商品不是为了购买商品，而是为了用货币形式来代替商品形式。这一形式变换从物质变换的单纯中介变成了目的本身。商品的转换形态受到阻碍，不能再作为商品的绝对可以让渡的形态或作为只是转瞬即逝的货币形式而起作用。于是货币硬化为贮藏货币，商品出售者成为货币贮藏者。

在商品流通的初期，只是使用价值的多余部分转化为货币。这样，金和银自然就成为这种多余部分或财富的社会表现。在有些民族中，与传统的自给自足的生产方式相适应，需要范围是固定封闭的，在这些民族中，这种素朴的货币贮藏形式就永恒化了。［153—154］

随着商品生产的进一步发展，每一个商品生产者都必须握有这个物的神经[117]，这个"社会的抵押品"[(88)][118]。他的需要不断更新，并促使他不断购买别人的商品，而他生产和出售自己的商品是要费时间的，并且带有偶然性。他要买而不卖，就必须在以前曾经卖而不买。这种做法要普遍实行，似乎是自相矛盾的。但是，贵金

---

(86)　"货币财富无非是……已经转化为货币的产品财富。"（梅尔西埃·德拉里维耶尔《政治社会天然固有的秩序》第 573 页）"产品形式上的价值只是改变形式而已。"（同上，第 486 页）

(88)　"货币是一种抵押品。"（约翰·贝勒斯《论贫民、工业、贸易、殖民地和道德堕落》1699 年伦敦版第 13 页）

属在它的产地直接同其他商品交换。在那里就是卖(商品占有者方面)而不买(金银占有者方面)。[89] 而以后的没有继之以买的卖,不过是贵金属在一切商品占有者中间进一步分配的中介。因此,在交易的各个点上,有不同数量的金银贮藏。自从有可能把商品当做交换价值来保持,或把交换价值当做商品来保持以来,求金欲就产生了。随着商品流通的扩展,货币——财富的随时可用的绝对社会形式——的权力增大了。[154]

贮藏货币的欲望按其本性是没有止境的。货币在质的方面,或按其形式来说,是无限的,也就是说,是物质财富的一般代表,因为它能直接转化成任何商品。但是在量的方面,每一个现实的货币额又是有限的,因而只是作用有限的购买手段。货币的这种量的有限性和质的无限性之间的矛盾,迫使货币贮藏者不断地从事息息法斯式的积累劳动。[156]

除直接的贮藏形式以外,还有一种美的贮藏形式,即占有金银制的商品。它是与资产阶级社会的财富一同增长的。"让我们成为富人或外表像富人吧。"(狄德罗)[119] 这样,一方面,形成了一个日益扩大的金银市场,这个市场不以金银的货币职能为转移,另一方面,也形成了一个潜在的货币供应源泉,这个源泉特别在社会大风暴时期涌现出来。

货币贮藏在金属流通的经济中执行着种种不同的职能。它的第一个职能是从金银铸币的流通条件中产生的。我们已经知道,随着商品流通在范围、价格和速度方面的经常变动,流通的货币量也不断增减。[120] 因此,这个量必须能伸缩。有时货币必须当做铸

---

(89) 严格地说,买要以下面一点为前提:金或银已经是商品的转化形态,或者说,是卖的产物。

币被吸收,有时铸币必须当做货币被排斥。为了使实际流通的货币量总是同流通领域的饱和程度相适应,一个国家的现有的金银量必须大于执行铸币职能的金银量。这个条件是靠货币的贮藏形式来实现的。货币贮藏的蓄水池,对于流通中的货币来说,既是排水渠,又是引水渠,因此,流通中的货币永远不会溢出它的流通的渠道。(95)[157—158]

(b)支付手段

随着商品流通的发展,使商品的让渡同商品价格的实现在时间上分离开来的关系也发展起来。这里我们只举出其中一些最简单的关系也就够了。一种商品需要的生产时间较长,另一种商品需要的生产时间较短。不同的商品的生产与不同的季节有关。一个商品的产地就是它的市场所在地,另一个商品要旅行到远方的市场去。因此,一个商品占有者可以在另一个商品占有者作为买者出现之前,作为卖者出现。当同样一些交易总是在同一些人中间反复进行时,商品的出售条件就按照商品的生产条件来调节。

---

(95)　"一个国家要进行贸易,必须有一定数量的金属货币,这个数量按照情况的需要而变化,时而增多,时而减少…… 货币的这种涨落,无需政治家的任何协助,能够自行调节…… 两只吊桶交替工作:货币不足时,用金属块来铸造;金属块不足时,把货币熔化掉。"(达·诺思爵士《贸易论》[附言]第 3 页)长期在东印度公司**121**任职的约翰·斯图亚特·穆勒证实,在印度银饰品仍然直接执行贮藏货币的职能。"利率高时,银饰品送往造币厂,利率低时,它又恢复原状。"(约·斯·穆勒的证词,1857 年《银行法报告》第 2084、2101 号)根据 1864 年关于印度金银输入和输出的议会文件**122**,1863 年金银入超 19 367 764 镑。在 1864 年以前的八年间,贵金属入超 109 652 917 镑。在本世纪中,印度铸造的货币远远超过 2 亿镑。

另一方面,某些种类的商品例如房屋的使用权是出卖一定期限的。买者只是在期满时才真正取得了商品的使用价值。因而他先购买商品,后对商品支付。一个商品占有者出售他现有的商品,而另一个商品占有者却只是作为货币的代表或作为未来货币的代表来购买这种商品。卖者成为债权人,买者成为债务人。由于商品的形态变化或商品的价值形式的发展在这里起了变化,货币也就取得了另一种职能。货币成了支付手段。(96)

债权人或债务人的角色在这里是从简单商品流通中产生的。简单商品流通形式的改变,在卖者和买者身上打上了这两个新烙印。最初,同卖者和买者的角色一样,这也是暂时的和由同一些流通当事人交替扮演的角色。但是,现在这种对立一开始就不是那样愉快,并且能够更牢固地结晶起来。而这两种角色还可以不依赖商品流通而出现。例如,古代世界的阶级斗争主要是以债权人和债务人之间的斗争的形式进行的;在罗马,这种斗争以负债平民的破产,沦为奴隶而告终。在中世纪,这种斗争以负债封建主的破产,他们的政治权力随着它的经济基础一起丧失而告终。但是在这里,货币形式——债权人和债务人的关系具有货币关系的形式——所反映的不过是更深刻的经济生活条件的对抗。[158—159]

在流通过程的每一个一定的时期内,到期的债务代表着产生这些债务的已售商品的价格总额。实现这一价格总额所必需的货币量,首先取决于支付手段的流通速度。它决定于两种情况:一是债权人和债务人的关系的锁链,即 A 从他的债务人 B 那里得到的

---

(96) 路德把作为购买手段的货币和作为支付手段的货币区别开来。"由于高利贷你使我两头受损失:这里我不能支付,那里我不能购买。"(马丁·路德《给牧师们的谕示:讲道时要反对高利贷》1540 年维滕贝格版)

货币,付给他的债权人C等等;一是各种不同的支付期限的间隔。〔161〕

货币作为支付手段的职能包含着一个直接的矛盾。在各种支付互相抵消时,货币就只是在观念上执行计算货币或价值尺度的职能。而在必须进行实际支付时,货币又不是充当流通手段,不是充当物质变换的仅仅转瞬即逝的中介形式,而是充当社会劳动的单个化身,充当交换价值的独立存在,充当绝对商品。这种矛盾在生产危机和商业危机中称为货币危机⁽⁹⁹⁾的那一时刻暴露得特别明显。这种货币危机只有在一个接一个的支付的锁链和抵消支付的人为制度获得充分发展的地方,才会发生。当这一机制整个被打乱的时候,不问其原因如何,货币就会突然直接地从计算货币的纯粹观念形态转变成坚硬的货币。这时,它是不能由平凡的商品来代替的。商品的使用价值变得毫无价值,而商品的价值在它自己的价值形式面前消失了。昨天,资产者还被繁荣所陶醉,怀着启蒙的骄傲,宣称货币是空虚的幻想。只有商品才是货币。今天,他们在世界市场上到处叫嚷:只有货币才是商品!他们的灵魂渴求货币这唯一的财富,就像鹿渴求清水一样。⁽¹⁰⁰⁾在危

（99）　本文所谈的货币危机是任何普遍的生产危机和商业危机的一个特殊阶段,应同那种也称为货币危机的特种危机区分开来。后一种货币危机可以单独产生,只是对工业和商业发生反作用。这种危机的运动中心是货币资本,因此它的直接范围是银行、交易所和金融。（马克思在第三版上加的注）

（100）　"由信用主义这样突然转变到货币主义¹²³,就使得实际恐慌又加上了理论恐惧,而流通的当事人在他们自己的关系的深不可测的秘密面前瑟瑟发抖了。"（马克思《政治经济学批判》1859年柏林版第126页¹²⁴）"穷人没有工作,因为富人没有钱雇用他们,虽然他们和过去一样,拥有同样的土地和劳动力,可以用来生产食物和衣服;正是这些,而不是货币,构成一个国家的真正财富。"（约翰·贝勒斯《关于创办一所劳动学院的建议》1696年伦敦版第3—4页）

机时期,商品和它的价值形态(货币)之间的对立发展成绝对矛盾。因此,货币的表现形式在这里也是无关紧要的。不管是用金支付,还是用银行券这样的信用货币支付,货币荒都是一样的。[101]

现在我们来考察一定时期内的流通货币的总额。假定流通手段和支付手段的流通速度是已知的,这个总额就等于待实现的商品价格总额加上到期的支付总额,减去彼此抵消的支付,最后减去同一货币交替地时而作为流通手段、时而作为支付手段执行职能的流通次数。[161—163]

信用货币是直接从货币作为支付手段的职能中产生的。由出售商品得到的债券本身又因债权的转移而流通。另一方面,随着信用事业的扩大,货币作为支付手段的职能也在扩大。作为支付手段的货币取得了它特有的各种存在形式,并以这些形式占据了大规模交易的领域,而金银铸币则主要被挤到小额贸易的领域中去。[103]

在商品生产达到一定水平和规模时,货币作为支付手段的职

---

(101) 下面这段话可以说明"商业之友"是如何利用这种时机的:"一次〈1839年〉,一位贪婪的老银行家〈西蒂区的〉在他的私人房间里,坐在写字桌前,揭开桌盖,取出成捆的钞票给他的一位朋友看,并扬扬得意地说,这是60万镑,收回这些钞票,是为了使银根吃紧,在当天3点钟以后,再把它们全部投放出去。"([亨·罗伊]《兑换理论。1844年银行法》1864年伦敦版第81页)1864年4月24日,半官方报纸《观察家报》[125]报道:"现在流传着一种很奇怪的谣言,说已经有一种使银根吃紧的手段…… 不论采用这类诡计看来是多么值得怀疑,但是这种谣言广为流传,确实值得一提。"

(103) 为了举例说明在真正的商业活动中所用的现实的货币是多么少,我们在这里列出伦敦最大的贸易公司之一(莫里逊—狄龙公司)的全年的货币收支表。1856年该公司的交易额达好几百万镑,现在折合成100万镑计算。

能就越出商品流通领域。货币变成契约上的一般商品。[(104)]地租、赋税等等由实物交纳转化为货币支付。[163—164]

　　由于充当支付手段的货币的发展,就必须积累货币,以便到期偿还债务。随着资产阶级社会的发展,作为独立的致富形式的货币贮藏消失了,而作为支付手段准备金的形式的货币贮藏却增长了。[166]

（c）世界货币

　　货币一越出国内流通领域,便失去了在这一领域内获得的价格标准、铸币、辅币和价值符号等地方形式,又恢复原来的贵金属块的形式。在世界贸易中,商品普遍地展开自己的价值。因此,在这里,商品独立的价值形态,也作为世界货币与商品相对立。只有在世界市场上,货币才充分地作为这样一种商品执行职能,这种商

收　入	（单位:镑）	支　出	（单位:镑）
定期支付的银行家和商人的票据	533 596	定期支付的票据	302 674
见票即付的银行支票等	357 715	伦敦各银行支票	663 672
地方银行券	9 627	英格兰银行券	22 743
英格兰银行券	68 554	金	9 427
金	28 089	银和铜	1 484
银和铜	1 486		
邮汇	933		
总计:	1 000 000	总计:	1 000 000

（《银行法特别委员会的报告》1858 年 7 月第 71 页）

　　（104）　"交易的性质在这里改变了,现在不是以货换货,不是供货和进货,而是出售和支付,一切交易……都建立在货币价格的基础上。"（[丹·笛福]《论公共信贷》1710 年伦敦第 3 版第 8 页）

品的自然形式同时就是抽象人类劳动的直接的社会实现形式。货币的存在方式与货币的概念相适合了。[166]

世界货币作为一般支付手段、一般购买手段和一般财富的绝对社会化身执行职能。它的最主要的职能，是作为支付手段平衡国际贸易差额。由此产生重商主义体系的口号——贸易差额！[(109)]金银充当国际购买手段，主要是在各国间通常的物质变换的平衡突然遭到破坏的时候。最后，它们充当财富的绝对社会化身是在这样的场合：不是要买或是要支付，而是要把财富从一个国家转移到另一个国家，同时，商品市场的行情或者要达到的目的本身，不容许这种转移以商品形式实现。[(110)]

每个国家，为了国内流通，需要有准备金，为了世界市场的流

（109）　重商主义[126]体系把通过金银来结算贸易顺差当做世界贸易的目的，而重商主义体系的反对者又完全误解了世界货币的职能。我在评论李嘉图时曾详细说明，对贵金属的国际运动的错误理解，不过是反映了对调节流通手段量的规律的错误理解。(《政治经济学批判》1859 年柏林版第 150 页及以下几页[127]）他的错误教条是："除了由于流通手段过剩以外，决不会有贸易逆差……　铸币的输出是由它的价值低引起的，这不是贸易逆差的结果，而是它的原因。"[128] 这个教条我们在巴尔本那里已经见过："贸易差额，如果它存在的话，不是货币从一国输出的原因。相反地，货币输出是由各国的贵金属价值之间的差别引起的。"（尼·巴尔本《新币轻铸论。答洛克先生关于提高货币价值的意见》第 59 页）麦克库洛赫在《政治经济学文献。这门科学的分类书目》(1845 年伦敦版）中，称赞巴尔本的这种先见之明，但十分机智地避而不谈"通货原理"[129] 的荒谬前提在巴尔本那里所表现的素朴形式。这篇书目没有批判性，甚至是不正直的，这种情况在他叙述货币理论史的几章中达到了顶点，因为在这里，麦克库洛赫向奥弗斯顿勋爵（前银行家劳埃德）大献殷勤，把他捧为"银行界公认的领袖"。[130]

（110）　例如，在提供外援，为进行战争或为恢复银行现金支付而举债等情况下，价值正是需要货币形式。

通,也需要有准备金。因此,货币贮藏的职能,一部分来源于货币作为国内流通手段和国内支付手段的职能,一部分来源于货币作为世界货币的职能。[110a]在后一种职能上,始终需要实在的货币商品,真实的金和银。[167—169]

资产阶级生产发达的国家把大量集中在银行准备库内的贮藏货币,限制在它执行各种特殊职能所必需的最低限度以内。[113]除了某些例外,如果准备库内的货币贮藏大大超过平均水平,那就表明商品流通停滞了,或者商品形态变化的流动中断了。[114][170]

[110a]　第二版注:"在实行金属本位的国家,有了货币贮藏的机构,无须普遍流通的明显支持,也能够执行清偿国际债务的每种必要的职能,事实上,要证明这点,我想再也没有比下面这个例子更有说服力了:法国在遭到外国侵略的毁灭性破坏后刚刚开始恢复,就能够轻易地在 27 个月内偿付了同盟国加在它身上的近 2 000 万的战争赔款,而且其中很大一部分是用金属货币偿付的,但是却没有引起国内货币流通的显著缩减或混乱,也没有引起汇率的任何急剧的波动。"(富拉顿《论通货的调整》第 141 页)〔第四版注:我们还可以举一个更明显的例子。同一个法国在 1871—1873 年中的 30 个月内,轻易地偿付了相当于上述数目 10 倍多的巨额战争赔款,而且相当大一部分也是用金属货币偿付的。——弗·恩·〕

[113]　一旦加上兑换银行券的基金的职能,这些不同的职能彼此就会发生危险的冲突。

[114]　"超过国内贸易绝对需要的货币是死资本,不会给拥有这些货币的国家带来任何利润,除非在对外贸易中把它们输出和输入。"(约翰·贝勒斯《论贫民》第 13 页)"如果我们铸币过多,那么怎么办呢? 我们可以把最重的铸币熔化,加工成华丽光彩的餐具,金银器皿;或者把它们作为商品输往需要或想要它们的地方;或者可以把它们拿到利率高的地方去生息。"(威廉·配第《货币略论》第 39 页)"货币不过是国家躯体的脂肪,过多会妨碍这一躯体的灵活性,太少会使它生病……脂肪使肌肉的动作滑润,在缺乏食物时供给营养,使肌肤丰满,身体美化,同样,货币使国家的活动敏捷,在国内歉收时用来从国外进口食物,清偿债务……使一切美化;当然〈作者最后讽刺说〉,特别是使那班富有货币的人美化。"(威廉·配第《爱尔兰的政治解剖》第 14、15 页[131])

第 二 篇

货币转化为资本

第 四 章

货币转化为资本

1. 资本的总公式

商品流通是资本的起点。商品生产和发达的商品流通,即贸易,是资本产生的历史前提。世界贸易和世界市场在 16 世纪揭开了资本的现代生活史。

如果撇开商品流通的物质内容,撇开各种使用价值的交换,只考察这一过程所造成的经济形式,我们就会发现,货币是这一过程的最后产物。商品流通的这个最后产物是资本的最初的表现形式。[171]

作为货币的货币和作为资本的货币的区别,首先只是在于它们具有不同的流通形式。

商品流通的直接形式是 W—G—W,商品转化为货币,货币再转化为商品,为买而卖。但除这一形式外,我们还看到具有不同特点的另一形式 G—W—G,货币转化为商品,商品再转化为货币,为卖而买。在运动中通过这后一种流通的货币转化为资本,成为资本,而且按它的使命来说,已经是资本。[172]

首先我们应该说明 G—W—G 和 W—G—W 这两种循环的形式上的区别。这样,隐藏在这种形式上的区别后面的内容上的区别同时也就暴露出来。[173]

在 W—G—W 循环中,始极是一种商品,终极是另一种商品,后者退出流通,转入消费。因此,这一循环的最终目的是消费,是满足需要,总之,是使用价值。相反,G—W—G 循环是从货币一极出发,最后又返回同一极。因此,这一循环的动机和决定目的是交换价值本身。

在简单商品流通中,两极具有同样的经济形式。二者都是商品,而且是价值量相等的商品。但它们是不同质的使用价值,如谷物和衣服。在这里,产品交换,表现社会劳动的不同物质的变换,是运动的内容。G—W—G 这个流通则不同。[……]一个货币额和另一个货币额只能有量的区别。因此,G—W—G 过程所以有内容,不是因为两极有质的区别(二者都是货币),而只是因为它们有量的不同。最后从流通中取出的货币,多于起初投入的货币。例如,用 100 镑买的棉花卖 100 镑+10 镑,即 110 镑。因此,这个过程的完整形式是 $G—W—G'$。其中的 $G' = G + \Delta G$,即等于原预付货币额加上一个增殖额。我把这个增殖额或超过原价值的余额叫做剩余价值(surplus value)。可见,原预付价值不仅在流通中保存下来,而且在流通中改变了自己的价值量,加上了一个剩余价值,或者说增殖了。正是这种运动使价值转化为资本。[175—176]

简单商品流通——为买而卖——是达到流通以外的最终目的,占有使用价值,满足需要的手段。相反,作为资本的货币的流通本身就是目的,因为只是在这个不断更新的运动中才有价值的增殖。因此,资本的运动是没有限度的。[6]

作为这一运动的有意识的承担者,货币占有者变成了资本家。他这个人,或不如说他的钱袋,是货币的出发点和复归点。这种流通的客观内容——价值增殖——是他的主观目的;只有在越来越多地占有抽象财富成为他的活动的唯一动机时,他才作为资本家或作为人格化的、有意志和意识的资本执行职能。因此,决不能把使用价值看做资本家的直接目的。[7]他的目的也不是取得一次利

---

[6] 亚里士多德拿经济同货殖作对比。他从经济出发。经济作为一种谋生术,只限于取得生活所必要的并且对家庭或国家有用的物品。"真正的财富就是由这样的使用价值构成的;因为满足优裕生活所必需的这类财产的量不是无限的。但是还有另一种谋生术,把它叫做货殖是很适当、很贴切的。由于货殖,财富和财产的界限看来就不存在了。商品交易〈"ἡ χαπηλιχή",按字面意义是零售贸易,亚里士多德采用这个形式,是因为在这个形式中占支配地位的是使用价值〉按其性质来说不属于货殖范围,因为在这里,交换只限于他们自己〈买者和卖者〉需要的物品。"他又说,因此,商品交易的最初形式也是物物交换,但是随着它的扩大,必然产生货币。随着货币的发明,物物交换必然发展成为商品交易,而后者一反它的最初的宗旨,成了货殖,成了赚钱术。货殖与经济的区别是:"对货殖来说,流通是财富的源泉。货殖似乎是围绕着货币转,因为货币是这种交换的起点和终点。因此,货殖所追求的财富也是无限的。一种技术,只要它的目的不是充当手段,而是充当最终目的,它的要求就是无限的,因为它总想更加接近这个目的;而那种只是追求达到目的的手段的技术,就不是无限的,因为目的本身已给这种技术规定了界限。货殖则和前一种技术一样,它的目的也是没有止境的,它的目的就是绝对的富有。有界限的是经济而不是货殖……前者的目的是与货币本身不同的东西,后者的目的是增加货币……由于把这两种难以分清的形式混为一谈,有人就以为,无限地保存和增加货币是经济的最终目的。"(散见亚里士多德《政治学》,贝克尔编,第 1 册第 8、9 章)

[7] "商品〈这里是指使用价值〉不是产业资本家的最终目的……货币是他的最终目的。"(托·查默斯《论政治经济学同社会的道德状况和道德远景的关系》1832 年格拉斯哥第 2 版第 165、166 页)

润,而只是谋取利润的无休止的运动。(8)[178—179]

价值在这里已经成为一个过程的主体,在这个过程中,它不断地变换货币形式和商品形式,改变着自己的量,作为剩余价值同作为原价值的自身分出来,自行增殖着。既然它生出剩余价值的运动是它自身的运动,它的增殖也就是自行增殖。它所以获得创造价值的奇能,是因为它是价值。它会产仔,或者说,它至少会生金蛋。[180]

因此,价值成了处于过程中的价值,成了处于过程中的货币,从而也就成了资本。它离开流通,又进入流通,在流通中保存自己,扩大自己,扩大以后又从流通中返回来,并且不断重新开始同样的循环。(13)[181]

为卖而买,或者说得完整些,为了贵卖而买,即 G—W—G′,似乎只是一种资本即商人资本所特有的形式。但产业资本也是这样一种货币,它转化为商品,然后通过商品的出售再转化为更多的货币。在买和卖的间歇,即在流通领域以外发生的行为,丝毫不会改变这种运动形式。最后,在生息资本的场合,G—W—G′的流通简化地表现为没有中介的结果,表现为一种简练的形式,G—G′,表现为等于更多货币的货币,比本身价值更大的价值。

因此,G—W—G′事实上是直接在流通领域内表现出来的资本的总公式。[181]

---

(8)　"虽然商人并不轻视已经获得的利润,但他的目光却总是盯着未来的利润。"(安·詹诺韦西《市民经济学讲义》(1765 年版),载于库斯托第编《意大利政治经济学名家文集·现代部分》第 8 卷第 139 页)

(13)　"资本……是不断增大的价值。"(西斯蒙第《政治经济学新原理》第 1 卷第 88、89 页)

2. 总公式的矛盾

货币羽化为资本的流通形式，是和前面阐明的所有关于商品、价值、货币和流通本身的性质的规律相矛盾的。它和简单商品流通相区别的地方，在于同样两个对立过程（卖和买）的次序相反。但这种纯粹形式上的区别，是用什么魔法使这一过程的性质改变的呢？［182］

假如互相交换的是交换价值相等的商品，或交换价值相等的商品和货币，就是说，是等价物，那么很明显，任何人从流通中取出的价值，都不会大于他投入流通的价值。在这种情形下，就不会有剩余价值形成。商品的流通过程就其纯粹的形式来说，要求等价物的交换。但是在实际上，事情并不是纯粹地进行的。因此，我们假定是非等价物的交换。［186—187］

假定卖者享有某种无法说明的特权，可以高于商品价值出卖商品，把价值100的商品卖110，即在名义上加价10%。这样，卖者就得到剩余价值10。但是，他当了卖者以后，又成为买者。现在第三个商品占有者作为卖者和他相遇，并且也享有把商品贵卖10%的特权。我们那位商品占有者作为卖者赚得了10，但是作为买者要失去10。(24)实际上，整个事情的结果是，全体商品占有者都高于商品价值10%互相出卖商品，这与他们把商品按其价值出售完全一样。商品的这种名义上的普遍加价，其结果就像例如用

（24）"靠提高产品的名义价值……卖者不会致富……因为他们作为卖者所得的利益，在他们作为买者时又如数付出。"（［约·格雷］《国民财富基本原理的说明》1797年伦敦版第66页）

银代替金来计量商品价值一样。商品的货币名称即价格上涨了，但商品间的价值比例仍然不变。

我们再反过来，假定买者享有某种特权，可以低于商品价值购买商品。在这里，不用说，买者还要成为卖者。他在成为买者以前，就曾经是卖者。他在作为买者赚得 10% 以前，就已经作为卖者失去了 10%。[25]结果一切照旧。

因此，剩余价值的形成，从而货币的转化为资本，既不能用卖者高于商品价值出卖商品来说明，也不能用买者低于商品价值购买商品来说明。[26][187—188]

可见，无论怎样颠来倒去，结果都是一样。如果是等价物交换，不产生剩余价值；如果是非等价物交换，也不产生剩余价值。[31]流

---

[25] "假如有人不得不把价格 24 利弗尔的产品卖 18 利弗尔，那么，当他用这笔货币额再去购买时，这 18 利弗尔同样能买到 24 利弗尔的东西。"（勒特罗纳《论社会利益》第 897 页）

[26] "因此，任何一个卖者通常不能提高自己商品的价格，否则他购买其他卖者的商品时也必须付出高价。根据同样的理由，任何一个消费者通常不能以低价购买商品，否则他也必须降低他出售的商品的价格。"（梅尔西埃·德拉里维耶尔《政治社会天然固有的秩序》第 555 页）

[31] "两个相等的价值相交换，既不增大也不减少社会上现有价值的量。两个不相等的价值相交换……同样也改变不了社会价值的总额，因为它给这一个人增添的财富，是它从另一个人手中取走的财富。"（让·巴·萨伊《论政治经济学》1817 年巴黎第 3 版第 2 卷第 443、444 页）这个论点是萨伊几乎逐字逐句地从重农学派[38]那里抄袭来的，当然他并不关心从这个论点会得出什么结论。下面的例子可以说明，他是怎样利用当时已被人遗忘的重农学派的著作，来增加自己的"价值"的。萨伊先生"最著名的"论点："产品只能用产品来购买"（同上，第 1 卷第 438 页），用重农学派的原话来说就是："产品只有用产品来支付"（勒特罗纳《论社会利益》第 899 页）。

通或商品交换不创造价值。(32)[190]

剩余价值不能从流通中产生;因此,在剩余价值的形成上,必然有某种在流通中看不到的情况发生在流通的背后。(36)但是,剩余价值能不能从流通以外的什么地方产生呢? 流通是商品占有者的全部商品关系①的总和。在流通以外,商品占有者只同他自己的商品发生关系。就商品的价值来说,这种关系只是:他的商品包含着他自己的、按一定社会规律计量的劳动量。[……]商品生产者在流通领域以外,也就是不同其他商品占有者接触,就不能使价值增殖,从而使货币或商品转化为资本。

因此,资本不能从流通中产生,又不能不从流通中产生。它必须既在流通中又不在流通中产生。

这样,就得到一个双重的结果。

货币转化为资本,必须根据商品交换的内在规律来加以说明,因此等价物的交换应该是起点。(37)我们那位还只是资本家幼虫

---

(32) "交换不会给产品以任何价值。"(弗·威兰德《政治经济学原理》1843年波士顿版第169页)

(36) "在通常的市场条件下,利润不是由交换产生的。如果利润不是先前就已存在,那么,在这种交易以后也不会有。"(拉姆赛《论财富的分配》第184页)

(37) 根据以上说明,读者可以知道,这里的意思不过是:即使商品价格与商品价值相等,资本也一定可以形成。资本的形成不能用商品价格与商品价值的偏离来说明。假如价格确实与价值相偏离,那就必须首先把前者还原为后者,就是说,把这种情况当做偶然情况撇开,这样才能得到以商品交换为基础的资本形成的纯粹现象,才能在考察这个现象时,不致被那些起干扰作用的、与真正的过程不相干的从属情况所迷惑。而且我们知道,这种还原决不

---

① 在第一、二版中是"相互关系";在第三、四版中是"商品关系"。——编者注

的货币占有者,必须按商品的价值购买商品,按商品的价值出卖商品,但他在过程终了时取出的价值必须大于他投入的价值。他变为蝴蝶,必须在流通领域中,又必须不在流通领域中。这就是问题的条件。这里是罗陀斯,就在这里跳跃吧![133][192—194]

3. 劳动力的买和卖

要转化为资本的货币的价值变化,不可能发生在这个货币本身上,因为货币作为购买手段和支付手段,只是实现它所购买或所支付的商品的价格,而它如果停滞在自己原来的形式上,它就凝固为价值量不变的化石了。[(38)]同样,在流通的第二个行为即商品的再度出卖上,也不可能发生这种变化,因为这一行为只是使商品从自然形式再转化为货币形式。因此,这种变化必定发生在第一个行为 G—W 中所购买的商品上,但不是发生在这种商品的价值上,因为互相交换的是等价物,商品是按它的价值支付的。因此,这种变化只能从这种商品的使用价值本身,即从这种商品的消费

单纯是一种科学的手续。市场价格的不断波动,即它的涨落,会互相补偿,彼此抵消,并且还原为平均价格,而平均价格是市场价格的内在基准。这个基准是例如从事一切需要较长时间经营的企业的商人或工业家的指南。所以他们知道,就整个一段较长的时期来看,商品实际上既不是低于也不是高于平均价格,而是按照平均价格出售的。因此,如果撇开利害得失来考虑问题是符合他们的利益的话,他们就应该这样提出资本形成的问题:既然价格是由平均价格即归根到底是由商品的价值来调节的,那么资本怎么会产生呢?我说"归根到底",是因为平均价格并不像亚·斯密、李嘉图等人所认为的那样,直接与商品的价值量相一致。**132**

(38)　"在货币形式上……资本是不产生利润的。"(李嘉图《政治经济学原理》第 267 页)

中产生。要从商品的消费中取得价值,我们的货币占有者就必须幸运地在流通领域内即在市场上发现这样一种商品,它的使用价值本身具有成为价值源泉的独特属性,因此,它的实际消费本身就是劳动的对象化,从而是价值的创造。货币占有者在市场上找到了这样一种独特的商品,这就是劳动能力或劳动力。

我们把劳动力或劳动能力,理解为一个人的身体即活的人体中存在的、每当他生产某种使用价值时就运用的体力和智力的总和。[194—195]

货币占有者要把货币转化为资本,就必须在商品市场上找到自由的工人。这里所说的自由,具有双重意义:一方面,工人是自由人,能够把自己的劳动力当做自己的商品来支配,另一方面,他没有别的商品可以出卖,自由得一无所有,没有任何实现自己的劳动力所必需的东西。[197]

有了商品流通和货币流通,决不是就具备了资本存在的历史条件。只有当生产资料和生活资料的占有者在市场上找到出卖自己劳动力的自由工人的时候,资本才产生;而单是这一历史条件就包含着一部世界史。因此,资本一出现,就标志着社会生产过程的一个新时代。(41)

现在应该进一步考察这个独特商品——劳动力。同一切其他商品一样,劳动力也具有价值。(42)这个价值是怎样决定的呢?

---

(41) 因此,资本主义时代的特点是,对工人本身来说,劳动力是归他所有的一种商品的形式,因而他的劳动具有雇佣劳动的形式。另一方面,正是从这时起,劳动产品的商品形式才普遍化。

(42) "人的价值,和其他一切物的价值一样,等于他的价格,就是说,等于对他的能力的使用所付的报酬。"(托·霍布斯《利维坦》,载于莫尔斯沃思编《托马斯·霍布斯英文著作集》1839—1844 年伦敦版第 3 卷第 76 页)

同任何其他商品的价值一样,劳动力的价值也是由生产从而再生产这种独特物品所必要的劳动时间决定的。就劳动力代表价值来说,它本身只代表在它身上对象化的一定量的社会平均劳动。劳动力只是作为活的个人的能力而存在。因此,劳动力的生产要以活的个人的存在为前提。假设个人已经存在,劳动力的生产就是这个个人本身的再生产或维持。活的个人要维持自己,需要有一定量的生活资料。因此,生产劳动力所必要的劳动时间,可以归结为生产这些生活资料所必要的劳动时间,或者说,劳动力的价值,就是维持劳动力占有者所必要的生活资料的价值。但是,劳动力只有表现出来才能实现,只有在劳动中才能发挥出来。而劳动力的发挥即劳动,耗费人的一定量的肌肉、神经、脑等等,这些消耗必须重新得到补偿。支出增多,收入也得增多。[43] 劳动力所有者今天进行了劳动,他必须明天也能够在同样的精力和健康条件下重复同样的过程。因此,生活资料的总和应当足以使劳动者个人能够在正常生活状况下维持自己。由于一个国家的气候和其他自然特点不同,食物、衣服、取暖、居住等等自然需要本身也就不同。另一方面,所谓必不可少的需要的范围,和满足这些需要的方式一样,本身是历史的产物,因此多半取决于一个国家的文化水平,其中主要取决于自由工人阶级是在什么条件下形成的,从而它有哪些习惯和生活要求。[44] 因此,和其他商品不同,劳动力的价值规定包含着一个历史的和道德的要素。但是,在一定的国家,在一定

(43)　古罗马的斐力卡斯,作为管理人居于农业奴隶之首,但"由于劳动比奴隶轻,得到的报酬也比奴隶更微薄"(泰·蒙森《罗马史》1856 年版第810 页)。

(44)　参看威·托·桑顿《人口过剩及其补救办法》1846 年伦敦版。

的时期,必要生活资料的平均范围是一定的。

劳动力所有者是会死的。因此,要使他不断出现在市场上(这是货币不断转化为资本的前提),劳动力的卖者就必须"像任何活的个体一样,依靠繁殖使自己永远延续下去"(45)。因损耗和死亡而退出市场的劳动力,至少要不断由同样数目的新劳动力来补充。因此,生产劳动力所必要的生活资料的总和,包括工人的补充者即工人子女的生活资料,只有这样,这种独特的商品占有者的种族才能在商品市场上永远延续下去。(46)

为改变一般人的本性,使它获得一定劳动部门的技能和技巧,成为发达的和专门的劳动力,就要有一定的教育或训练,而这又得花费或多或少的商品等价物。劳动力的教育费用随着劳动力性质的复杂程度而不同。因此,这种教育费用——对于普通劳动力来说是微乎其微的——包括在生产劳动力所耗费的价值总和中。

劳动力的价值可以归结为一定量生活资料的价值。因此,它也随着这些生活资料的价值即生产这些生活资料所需要的劳动时间量的改变而改变。

一部分生活资料,如食品、燃料等等,每天都有新的消耗,因而每天都必须有新的补充。另一些生活资料,如衣服、家具等等,可以使用较长的时期,因而只是经过较长的时期才需要补充。有些商品要每天购买或支付,有些商品要每星期购买或支付,还有些商品要每季度购买或支付,如此等等。但不管这些支出的总和在例

---

(45) 配第。**134**

(46) "它的〈劳动的〉自然价格……由一定量的生存资料和舒适品构成。这个量是根据一个国家的气候和习惯,为维持工人并使他有可能抚养家庭,以保证市场上劳动供应不致减少所必需的。"(罗·托伦斯《论谷物外销》1815年伦敦版第62页)劳动一词在这里错误地当做劳动力一词来使用。

如一年当中怎样分配,都必须由每天的平均收入来补偿。假如生产劳动力每天所需要的商品量=A,每星期所需要的商品量=B,每季度所需要的商品量=C,其他等等,那么这些商品每天的平均需要量=$\dfrac{365A+52B+4C+其他等等}{365}$。假定平均每天所需要的这个商品量包含六小时社会劳动,那么每天对象化在劳动力中的就是半天的社会平均劳动,或者说,每天生产劳动力所需要的是半个工作日。每天生产劳动力所需要的这个劳动量,构成劳动力的日价值,或每天再生产出的劳动力的价值。假定半天的社会平均劳动又表现为三先令或一塔勒的金量,那么一塔勒就是相当于劳动力日价值的价格。如果劳动力占有者按每天一塔勒出卖劳动力,劳动力的出售价格就等于劳动力的价值,而且根据我们的假定,一心要把自己的塔勒转化为资本的货币占有者是支付这个价值的。

劳动力价值的最低限度或最小限度,是劳动力的承担者即人每天得不到就不能更新他的生命过程的那个商品量的价值,也就是维持身体所必不可少的生活资料的价值。假如劳动力的价格降到这个最低限度,那就降到劳动力的价值以下,因为这样一来,劳动力就只能在萎缩的状态下维持和发挥。但是,每种商品的价值都是由提供标准质量的该种商品所需要的劳动时间决定的。[198—201]

现在我们知道了,货币占有者付给劳动力这种独特商品的占有者的价值是怎样决定的。货币占有者在交换中得到的使用价值,在劳动力的实际使用即消费过程中才表现出来。这个过程所必需的一切物品,如原料等等,是由货币占有者在商品市场上买来并且按十足的价格支付的。劳动力的消费过程,同时就是商品和剩余价值的生产过程。劳动力的消费,像任何其他商品的消费一样,是在市场以外,或者说在流通领域以外进行的。因此,让我们同货币占有者和劳动力占有者一道,离开这个嘈杂的、表面的、有目共睹的领域,跟随他们两人进入门上挂着"非公莫入"牌子的隐蔽的生产场所吧! 在那里,不仅可以看到资本是怎样进行生产的,而且还可以看到资本本身是怎样被生产出来的。赚钱的秘密最后一定会暴露出来。

劳动力的买和卖是在流通领域或商品交换领域的界限以内进行的,这个领域确实是天赋人权的真正伊甸园[135]。那里占统治地位的只是自由、平等、所有权和边沁[136]。自由! 因为商品例如劳动力的买者和卖者,只取决于自己的自由意志。他们是作为自由的、在法律上平等的人缔结契约的。契约是他们的意志借以得到共同的法律表现的最后结果。平等! 因为他们彼此只是作为商品占有者发生关系,用等价物交换等价物。所有权! 因为每一个人都只支配自己的东西。边沁! 因为双方都只顾自己。使他们连在一起并发生关系的唯一力量,是他们的利己心,是他们的特殊利益,是他们的私人利益。正因为人人只顾自己,谁也不管别人,所以大家都是在事物的前定和谐[137]下,或者说,在全能的神的保佑下,完成着互惠互利、共同有益、全体有利的事业。

一离开这个简单流通领域或商品交换领域,——庸俗的自由贸易论者用来判断资本和雇佣劳动的社会的那些观点、概念和标准就是从这个领域得出的,——就会看到,我们的剧中人的面貌已经起了某些变化。原来的货币占有者作为资本家,昂首前行;劳动力占有者作为他的工人,尾随于后。一个笑容满面,雄心勃勃;一个战战兢兢,畏缩不前,像在市场上出卖了自己的皮一样,只有一个前途——让人家来鞣。[204—205]

第 三 篇
绝对剩余价值的生产

第 五 章
劳动过程和价值增殖过程

1. 劳动过程

劳动过程首先要撇开每一种特定的社会的形式来加以考察。

劳动首先是人和自然之间的过程，是人以自身的活动来中介、调整和控制人和自然之间的物质变换的过程。人自身作为一种自然力与自然物质相对立。为了在对自身生活有用的形式上占有自然物质，人就使他身上的自然力——臂和腿、头和手运动起来。当他通过这种运动作用于他身外的自然并改变自然时，也就同时改变他自身的自然。他使自身的自然中蕴藏着的潜力发挥出来，并且使这种力的活动受他自己控制。在这里，我们不谈最初的动物式的本能的劳动形式。现在，工人是作为他自己的劳动力的卖者出现在商品市场上。对于这种状态来说，人类劳动尚未摆脱最初的本能形式的状态已经是太古时代的事了。我们要考察的是专属于人的那种形式的劳动。蜘蛛的活动与织工的活动相似，蜜蜂建筑蜂房的本领使人间的许多建筑师感到惭愧。但是，最蹩脚的建筑师从一开始就比最灵巧的蜜蜂高明的地方，是他在用蜂蜡建筑蜂房以前，已经在自己的头脑中把它建成了。劳动过程结束时得到的结果，在这个过程开始时就已经在劳动者的表象中存在着，即已经观念地存在着。他不仅使自然物发生形式变化，同时他还在自然物中实现自己的目的，这个目的是他所知道的，是作为规律决定着他的活动的方式和方法的，他必须使他的意志服从这个目的。但是这种服从不是孤立的行为。除了从事劳动的那些器官紧张之外，在整个劳动时间内还需要有作为注意力表现出来的有目的的意志，而且，劳动的内容及其方式和方法越是不能吸引劳动者，劳动者越是不能把劳动当做他自己体力和智力的活动来享受，就越需要这种意志。

劳动过程的简单要素是：有目的的活动或劳动本身，劳动对象和劳动资料。

土地（在经济学上也包括水）最初以食物，现成的生活资料供给人类[1]，它未经人的协助，就作为人类劳动的一般对象而存在。所有那些通过劳动只是同土地脱离直接联系的东西，都是天然存在的劳动对象。例如从鱼的生活要素即水中分离出来的即捕获的鱼，在原始森林中砍伐的树木，从地下矿藏中开采的矿石。相反，已经被以前的劳动可以说滤过的劳动对象，我们称为原料。例如，已经开采出来正在洗的矿石。一切原料都是劳动对象，但并非任何劳动对象都是原料。劳动对象只有在它已经通过劳动而发生变

（1）　"土地的自然产品，数量很小，并且完全不取决于人，自然提供这点产品，正像给一个青年一点钱，使他走上勤劳致富的道路一样。"（詹姆斯·斯图亚特《政治经济学原理》1770 年都柏林版第 1 卷第 116 页）

化的情况下,才是原料。

劳动资料是劳动者置于自己和劳动对象之间、用来把自己的活动传导到劳动对象上去的物或物的综合体。劳动者利用物的机械的、物理的和化学的属性,以便把这些物当做发挥力量的手段,依照自己的目的作用于其他的物。[2]劳动者直接掌握的东西,不是劳动对象,而是劳动资料(这里不谈采集果实之类的现成的生活资料,在这种场合,劳动者身体的器官是唯一的劳动资料)。这样,自然物本身就成为他的活动的器官,他把这种器官加到他身体的器官上,不顾圣经的训诫,延长了他的自然的肢体。[138]土地是他的原始的食物仓,也是他的原始的劳动资料库。例如,他用来投、磨、压、切等等的石块就是土地供给的。土地本身是劳动资料,但是它在农业上要起劳动资料的作用,还要以一系列其他的劳动资料和劳动力的较高的发展为前提。[3]一般说来,劳动过程只要稍有一点发展,就已经需要经过加工的劳动资料。在太古人的洞穴中,我们发现了石制工具和石制武器。在人类历史的初期,除了经过加工的石块、木头、骨头和贝壳外,被驯服的,也就是被劳动改变的、被饲养的动物,也曾作为劳动资料起着主要的作用。[4]劳动

---

(2)　"理性何等强大,就何等狡猾。理性的狡猾总是在于它的起中介作用的活动,这种活动让对象按照它们本身的性质互相影响,互相作用,它自己并不直接参与这个过程,而只是实现自己的目的。"(黑格尔《哲学全书》第1部《逻辑学》1840年柏林版第382页)

(3)　加尼耳的著作《政治经济学理论》(1815年巴黎版)一般说来是贫乏的,但针对重农学派[38],却恰当地列举了一系列构成真正的农业的前提的劳动过程。

(4)　杜尔哥在《关于财富的形成和分配的考察》(1766年[139])一书中,很好地说明了被饲养的动物对于文化初期的重要性。

资料的使用和创造,虽然就其萌芽状态来说已为某几种动物所固有,但是这毕竟是人类劳动过程独有的特征,所以富兰克林给人下的定义是"a toolmaking animal"**140**,制造工具的动物。动物遗骸的结构对于认识已经绝种的动物的机体有重要的意义,劳动资料的遗骸对于判断已经消亡的经济的社会形态也有同样重要的意义。各种经济时代的区别,不在于生产什么,而在于怎样生产,用什么劳动资料生产。⁽⁵⁾劳动资料不仅是人类劳动力发展的测量器,而且是劳动借以进行的社会关系的指示器。在劳动资料本身中,机械性的劳动资料(其总和可称为生产的骨骼系统和肌肉系统)远比只是充当劳动对象的容器的劳动资料(如管、桶、篮、罐等,其总和一般可称为生产的脉管系统)更能显示一个社会生产时代的具有决定意义的特征。后者只是在化学工业中才起着重要的作用。^(5a)

广义地说,除了那些把劳动的作用传达到劳动对象,因而以这种或那种方式充当活动的传导体的物以外,劳动过程的进行所需要的一切物质条件也都算做劳动过程的资料。它们不直接加入劳动过程,但是没有它们,劳动过程就不能进行,或者只能不完全地进行。土地本身又是这类一般的劳动资料,因为它给劳动者提供立足之地,给他的劳动过程提供活动场所。这类劳动资料中有的已经经过劳动的改造,例如厂房、运河、道路等等。

可见,在劳动过程中,人的活动借助劳动资料使劳动对象发生

---

(5) 在从工艺上比较各个不同的生产时代时,真正的奢侈品在一切商品中意义最小。

(5a) 第二版注:尽管直到现在,历史学对物质生产的发展,即对整个社会生活从而整个现实历史的基础,了解得很少,但是,人们至少在自然科学研究的基础上,而不是在所谓历史研究的基础上,按照制造工具和武器的材料,把史前时期划分为石器时代、青铜器时代和铁器时代。

预定的变化。过程消失在产品中。它的产品是使用价值,是经过形式变化而适合人的需要的自然物质。劳动与劳动对象结合在一起。劳动对象化了,而对象被加工了。在劳动者方面曾以动的形式表现出来的东西,现在在产品方面作为静的属性,以存在的形式表现出来。劳动者纺纱,产品就是纺成品。

如果整个过程从其结果的角度,从产品的角度加以考察,那么劳动资料和劳动对象二者表现为生产资料[6],劳动本身则表现为生产劳动。[7]

当一个使用价值作为产品退出劳动过程的时候,另一些使用价值,以前的劳动过程的产品,则作为生产资料进入劳动过程。同一个使用价值,既是这种劳动的产品,又是那种劳动的生产资料。所以,产品不仅是劳动过程的结果,同时还是劳动过程的条件。[207—212]

一个使用价值究竟表现为原料、劳动资料还是产品,完全取决于它在劳动过程中所起的特定的作用,取决于它在劳动过程中所处的地位,随着地位的改变,它的规定也就改变。[213]

劳动消费它自己的物质要素,即劳动对象和劳动资料,把它们吞食掉,因而是消费过程。这种生产消费与个人消费的区别在于:后者把产品当做活的个人的生活资料来消费,而前者把产品当做劳动即活的个人发挥作用的劳动力的生活资料来消费。因此,个人消费的产物是消费者本身,生产消费的结果是与消费者不同的

---

(6)　例如,把尚未捕获的鱼叫做渔业的生产资料,好像是奇谈怪论。但是至今还没有发明一种技术,能在没有鱼的水中捕鱼。

(7)　这个从简单劳动过程的观点得出的生产劳动的定义,对于资本主义生产过程是绝对不够的。

产品。[214]

劳动过程，就我们在上面①把它描述为它的简单的、抽象的要素来说，是制造使用价值的有目的的活动，是为了人类的需要而对自然物的占有，是人和自然之间的物质变换的一般条件，是人类生活的永恒的自然条件，因此，它不以人类生活的任何形式为转移，倒不如说，它为人类生活的一切社会形式所共有。[215]

劳动过程，就它是资本家消费劳动力的过程来说，显示出两个特殊现象。

工人在资本家的监督下劳动，他的劳动属于资本家。[216]

其次，产品是资本家的所有物，而不是直接生产者工人的所有物。[216]

2. 价值增殖过程

正如商品本身是使用价值和价值的统一一样，商品生产过程必定是劳动过程和价值形成过程的统一。

现在我们就把生产过程作为价值形成过程来考察。

我们知道，每个商品的价值都是由物化在该商品的使用价值中的劳动的量决定的，是由生产该商品的社会必要劳动时间决定的。② 这一点也适用于作为劳动过程的结果而归我们的资本家所有的产品。因此，首先必须计算对象化在这个产品中的劳动。

假定这个产品是棉纱。

生产棉纱，首先要有原料，例如 10 磅棉花。而棉花的价值是多

---

① 见本卷第 169—173 页。——编者注
② 见本卷第 99 页。——编者注

少,在这里先用不着探究,因为资本家已经在市场上按照棉花的价值例如10先令把它购买了。在棉花的价格中,生产棉花所需要的劳动已经表现为一般社会劳动。我们再假定,棉花加工时消耗的纱锭量代表纺纱用掉的一切其他劳动资料,价值为2先令。如果12先令的金额是24个劳动小时或2个工作日的产物,那么首先可以得出,2个工作日对象化在棉纱中。

棉花改变了它的形状,被消耗的纱锭量完全消失了,但我们不应该受这种情况的迷惑。如果40磅棉纱的价值=40磅棉花的价值+1个纱锭的价值,也就是说,如果生产这个等式两边的产品需要同样的劳动时间,那么按照一般的价值规律,10磅棉纱就是10磅棉花和$\frac{1}{4}$个纱锭的等价物。在这种情况下,同一劳动时间一次体现在使用价值棉纱中,另一次体现在使用价值棉花和纱锭中。因此,价值无论表现在棉纱、纱锭或者棉花中,都是一样的。纱锭和棉花不再相安无事地并存着,而是在纺纱过程中结合在一起,这种结合改变了它们的使用形式,使它们转化为棉纱。但这种情况不会影响到它们的价值,就像它们通过简单的交换而换成等价物棉纱一样。

生产棉花所需要的劳动时间,是生产以棉花为原料的棉纱所需要的劳动时间的一部分,因而包含在棉纱中。生产纱锭所需要的劳动时间也是如此,因为没有纱锭的磨损或消费,棉花就不能纺成纱。[(11)][218—219]

因此,生产资料即棉花和纱锭的表现为12先令价格的价值,是棉纱价值或产品价值的组成部分。[220]

---

(11) "影响商品价值的,不仅是直接花费在商品上的劳动,而且还有花费在协助这种劳动的器具、工具和建筑物上的劳动。"(李嘉图《政治经济学原理》1821年伦敦第3版第1章第16页)

在劳动过程中,劳动不断由动的形式转为存在形式,由运动形式转为对象性形式。一小时终了时,纺纱运动就表现为一定量的棉纱,于是一定量的劳动,即一个劳动小时,对象化在棉花中。我们说劳动小时,也就是纺纱工人的生命力在一小时内的耗费,因为在这里,纺纱劳动只有作为劳动力的耗费,而不是作为纺纱这种特殊劳动才具有意义。

在这里具有决定意义的是,在过程的进行中,即在棉花转化为棉纱时,消耗的只是社会必要劳动时间。如果在正常的即平均的社会的生产条件下,一个劳动小时内 a 磅棉花应该转化为 b 磅棉纱,那么,只有把 12×a 磅棉花转化为 12×b 磅棉纱的工作日,才当做 12 小时工作日。因为只有社会必要劳动时间才算是形成价值的劳动时间。

同劳动本身一样,在这里,原料和产品也都与我们从本来意义的劳动过程的角度考察时完全不同了。原料在这里只是当做一定量劳动的吸收器。通过这种吸收,原料确实转化为棉纱,因为劳动力以纺纱形式耗费并加在原料中了。而产品棉纱现在只是棉花所吸收的劳动的测量器。如果一小时内有 $1\frac{2}{3}$ 磅棉花被纺掉,或者说,转化为 $1\frac{2}{3}$ 磅棉纱,那么 10 磅棉纱就表示 6 个被吸收的劳动小时。[221]

在劳动力出卖时,曾假定它的日价值=3 先令,在 3 先令中体现了 6 个劳动小时,而这也就是生产出工人每天平均的生活资料量所需要的劳动量。①现在,如果我们的纺纱工人在 1 个劳动小时内把 $1\frac{2}{3}$ 磅棉花转化为 $1\frac{2}{3}$ 磅棉纱(12),他在 6 小时内就会把 10 磅

(12) 这里的数字完全是随意假设的。

① 见本卷第 166—167 页。——编者注

棉花转化为 10 磅棉纱。因此,在纺纱过程中,棉花吸收了 6 个劳动小时。这个劳动时间表现为 3 先令金额。这样,由于纺纱本身,棉花就被加上了 3 先令的价值。

现在我们来看看产品即 10 磅棉纱的总价值。在这 10 磅棉纱中对象化了 $2\frac{1}{2}$ 个工作日:2 日包含在棉花和纱锭量中,$\frac{1}{2}$ 日是在纺纱过程中被吸收的。这个劳动时间表现为 15 先令金额。因此,同 10 磅棉纱的价值相一致的价格是 15 先令,1 磅棉纱的价格是 1 先令 6 便士。

我们的资本家愣住了。产品的价值等于预付资本的价值。预付的价值没有增殖,没有产生剩余价值,因此,货币没有转化为资本。[222]

让我们更仔细地来看一看。劳动力的日价值是 3 先令,因为在劳动力本身中对象化了半个工作日,就是说,因为每天生产劳动力所必要的生活资料要费半个工作日。但是,包含在劳动力中的过去劳动和劳动力所能提供的活劳动,劳动力一天的维持费和劳动力一天的耗费,是两个完全不同的量。前者决定它的交换价值,后者构成它的使用价值。维持一个工人 24 小时的生活只需要半个工作日,这种情况并不妨碍工人劳动一整天。因此,劳动力的价值和劳动力在劳动过程中的价值增殖,是两个不同的量。资本家购买劳动力时,正是看中了这个价值差额。劳动力能制造棉纱或皮靴的有用属性,只是一个必要条件,因为劳动必须以有用的形式耗费,才能形成价值。但是,具有决定意义的,是这个商品独特的使用价值,即它是价值的源泉,并且是大于它自身的价值的源泉。这就是资本家希望劳动力提供的独特的服务。在这里,他是按照商品交换的各个永恒规律行事的。事实上,劳动力的卖者,和任何别的商品的卖者一样,实现劳动力的交换价值而让渡劳动力的使用价值。他不交出后者，就不能取得前者。劳动力的使用价值即劳动本身不归它的卖者所有，正如已经卖出的油的使用价值不归油商所有一样。货币占有者支付了劳动力的日价值，因此，劳动力一天的使用即一天的劳动就归他所有。劳动力维持一天只费半个工作日，而劳动力却能发挥作用或劳动一整天，因此，劳动力使用一天所创造的价值比劳动力自身一天的价值大一倍。这种情况对买者是一种特别的幸运，对卖者也决不是不公平。

我们的资本家早就预见到了这种情况，这正是他发笑的原因[141]。因此，工人在工场中遇到的，不仅是 6 小时而且是 12 小时劳动过程所必需的生产资料。如果 10 磅棉花吸收 6 个劳动小时，转化为 10 磅棉纱，那么 20 磅棉花就会吸收 12 个劳动小时，转化为 20 磅棉纱。我们来考察一下这个延长了的劳动过程的产品。现在，在这 20 磅棉纱中对象化了 5 个工作日，其中 4 个工作日对象化在已消耗的棉花和纱锭量中，1 个工作日是在纺纱过程中被棉花吸收的。5 个工作日用金来表现是 30 先令，或 1 镑 10 先令。因此这就是 20 磅棉纱的价格。1 磅棉纱仍然和以前一样值 1 先令 6 便士。但是，投入劳动过程的商品的价值总和是 27 先令。棉纱的价值是 30 先令。产品的价值比为了生产产品而预付的价值增长了 $\frac{1}{9}$。27 先令转化为 30 先令，带来了 3 先令的剩余价值。戏法终于变成了。货币转化为资本了。

问题的一切条件都履行了，商品交换的各个规律也丝毫没有违反。等价物换等价物。作为买者，资本家对每一种商品——棉花、纱锭和劳动力——都按其价值支付。然后他做了任何别的商品购买者所做的事情。他消费它们的使用价值。劳动力的消费过程（同时是商品的生产过程）提供的产品是 20 磅棉纱，价值 30 先令。资本家在购买商品以后，现在又回到市场上来出售商品。他卖棉纱

是 1 先令 6 便士一磅,既不比它的价值贵,也不比它的价值贱。然
而他从流通中取得的货币比原先投入流通的货币多 3 先令。他的
货币转化为资本的这整个过程,既在流通领域中进行,又不在流通
领域中进行。它是以流通为中介,因为它以在商品市场上购买劳动
力为条件。它不在流通中进行,因为流通只是为价值增殖过程做准
备,而这个过程是在生产领域中进行的。[225—227]

如果我们现在把价值形成过程和价值增殖过程比较一下,就
会知道,价值增殖过程不外是超过一定点而延长了的价值形成过
程。如果价值形成过程只持续到这样一点,即资本所支付的劳动
力价值恰好为新的等价物所补偿,那就是单纯的价值形成过程。
如果价值形成过程超过这一点而持续下去,那就成为价值增殖
过程。

其次,如果我们把价值形成过程和劳动过程比较一下,就会知
道,劳动过程的实质在于生产使用价值的有用劳动。在这里,运动
只是从质的方面来考察,从它的特殊的方式和方法,从目的和内容
方面来考察。在价值形成过程中,同一劳动过程只是表现出它的
量的方面。所涉及的只是劳动操作所需要的时间,或者说,只是劳
动力被有用地消耗的时间长度。在这里,进入劳动过程的商品,已
经不再作为在劳动力有目的地发挥作用时执行一定职能的物质因
素了。它们只是作为一定量的对象化劳动来计算。无论是包含在
生产资料中的劳动,或者是由劳动力加进去的劳动,都只按时间尺
度计算。它等于若干小时、若干日等等。

但是,劳动只是在生产使用价值所耗费的时间是社会必要时
间的限度内才被计算。[227—228]

我们看到,以前我们分析商品时所得出的创造使用价值的劳
动和创造价值的同一个劳动之间的区别[142],现在表现为生产过程

的不同方面的区别了。

作为劳动过程和价值形成过程的统一,生产过程是商品生产过程;作为劳动过程和价值增殖过程的统一,生产过程是资本主义生产过程,是商品生产的资本主义形式。[229—230]

第 六 章
不变资本和可变资本

劳动过程的不同因素在产品价值的形成上起着不同的作用。

工人把一定量的劳动——撇开他的劳动所具有的特定的内容、目的和技术性质不说——加到劳动对象上,也就把新价值加到劳动对象上。另一方面我们发现,被消耗的生产资料的价值又成了产品价值的组成部分,例如,棉花和纱锭的价值包含在棉纱的价值中。可见,生产资料的价值由于转移到产品上而被保存下来。这种转移是在生产资料转化为产品时发生的,是在劳动过程中发生的。它是以劳动为中介的。然而它是怎样进行的呢?[232]

把新价值加到劳动对象上和把旧价值保存在产品中,是工人在同一时间内达到的两种完全不同的结果(虽然工人在同一时间内只劳动一次),因此很明显,这种结果的二重性只能用他的劳动本身的二重性来解释。在同一时间内,劳动就一种属性来说必然创造价值,就另一种属性来说必然保存或转移价值。

每个工人怎样加进劳动时间,从而加进价值呢?始终只能通过他特有的生产劳动方式。纺纱工人只有通过纺纱,织布工人只有通过织布,铁匠只有通过打铁,才能加进劳动时间。而通过他们借以加进一般劳动,从而加进新价值的有目的的形式,通过纺纱、织布、打铁,生产资料棉花和纱锭,棉纱和织机,铁和铁砧也就成了一种产品,一种新的使用价值的形成要素。[20]生产资料的使用价值的旧形式消失了,但只是为了以新的使用价值形式出现。我们在考察价值形成过程时已经看到,只要使用价值是有目的地用来生产新的使用价值,制造被用掉的使用价值所必要的劳动时间,就成为制造新的使用价值所必要的劳动时间的一部分,也就是说,这部分劳动时间从被用掉的生产资料转移到新产品上去。可见,工人保存被用掉的生产资料的价值,或者说,把它们作为价值组成部分转移到产品上去,并不是由于他们加进一般劳动,而是由于这种追加劳动的特殊的有用性质,由于它的特殊的生产形式。劳动作为这种有目的的生产活动,纺纱、织布、打铁,只要同生产资料接触,就使它们复活,赋予它们活力,使它们成为劳动过程的因素,并且同它们结合为产品。

如果工人的特殊的生产劳动不是纺纱,他就不能使棉花转化为棉纱,因而也就不能把棉花和纱锭的价值转移到棉纱上。不过,如果这个工人改行当木匠,他仍然会用一个工作日把价值加到他的材料上。可见,他通过自己的劳动加进价值,并不是由于他的劳动是纺纱劳动或木匠劳动,而是由于他的劳动是一般的抽象的社会劳动;他加进一定的价值量,并不是因为他的劳动具有特殊的有用的内容,而是因为他的劳动持续了一定的时间。因此,纺纱工人的劳动,就它的抽象的一般的属性来说,作为人类劳动力的耗费,把新价值加到棉花和纱锭的价值上;而就它的具体的特殊的有用的属性来说,作为纺纱的过程,把这些生产资料的价值转移到产品上,从而把这些价值保存在产品中。由此就产生了劳动在同一时

---

(20) "劳动创造一种新物来代替被消灭的物。"(《论国民政治经济学》1821 年伦敦版第 13 页)

间内所得出的结果的二重性。

新价值的加进,是由于劳动的单纯的量的追加;生产资料的旧价值在产品中的保存,是由于所追加的劳动的质。同一劳动由于它的二重性造成的这种二重作用,清楚地表现在不同的现象上。[232—234]

生产资料转给产品的价值决不会大于它在劳动过程中因本身的使用价值的消灭而丧失的价值。如果生产资料没有价值可以丧失,就是说,如果它本身不是人类劳动的产品,那么,它就不会把任何价值转给产品。它只是充当使用价值的形成要素,而不是充当交换价值的形成要素。一切未经人的协助就天然存在的生产资料,如土地、风、水、矿脉中的铁、原始森林中的树木等等,都是这样。[237]

就生产资料来说,被消耗的是它们的使用价值,由于这种使用价值的消费,劳动制成产品。生产资料的价值实际上没有被消费[24],因而也不可能再生产出来。这个价值被保存下来,但不是因为在劳动过程中对这个价值本身进行了操作,而是因为这个价值原先借以存在的那种使用价值虽然消失,但只是消失在另一种使用价值之中。因此,生产资料的价值是再现在产品的价值中,确切地说,不是再生产出来。所生产出来的是旧交换价值借以再现的新使用价值。[25]

---

[24] "生产消费:在生产消费中,商品的消费是生产过程的一部分……在这种场合,价值没有被消费掉。"(赛·菲·纽曼《政治经济学原理》1835年安多弗—纽约版第296页)

[25] 在一本也许已经出到20版的美国教本中,有这样的话:"资本以什么形式再现是无关紧要的。"该书在罗列了一切可能在产品中再现自己价值的生产成分之后,得出结论说:"人们生存和安乐所必需的各种食物、衣服

　　劳动过程的主观因素,即发挥作用的劳动力,却不是这样。当劳动通过它的有目的的形式把生产资料的价值转移到产品上并保存下来的时候,它的运动的每时每刻都形成追加的价值,形成新价值。假设生产过程在工人生产出他自己的劳动力价值的等价物以后就停下来,例如,他劳动6小时加进3先令价值。这个价值是产品价值超过其中由生产资料价值构成的部分而形成的余额。它是在这个过程中产生的唯一的新价值,是产品中由这个过程本身生产的唯一的价值部分。当然,它只是补偿资本家在购买劳动力时预付的,工人自身在生活资料上花费的货币。就已花费的3先令来说,这3先令的新价值只是表现为再生产。但它是真正再生产出来的,不像生产资料的价值只是表面上再生产出来的。在这里,一个价值用另一个价值来补偿是通过创造新价值来实现的。

　　然而我们已经知道,劳动过程在只是再生产出劳动力价值的等价物并把它加到劳动对象上以后,还越过这一点继续下去[143]。为再生产出这一等价物,6小时就够了,但是劳动过程不是持续6小时,而是比如说持续12小时。这样,劳动力发挥作用的结果,不

和住房同样会发生变化。它们时时被消费掉,而它们的价值则作为它们给予人的肉体和精神的新力量再现出来,从而形成新的资本,再用于生产过程。"(弗·威兰德《政治经济学原理》1843年波士顿版第32页)我们撇开所有其他的奇怪说法不谈,只须指出,例如在新力量中再现的,并不是面包的价格,而是面包的形成血液的实体。相反,作为这个力量的价值再现的,也并不是生活资料,而是生活资料的价值。同样一些生活资料,如果它的费用减少一半,仍然产生同样多的肌肉、骨骼等等,总之,仍然产生同等的力量,但不是同等价值的力量。这种把"价值"换成"力量",以及全部伪善的含糊其辞,掩盖着这样一种显然徒劳的企图:想从预付价值的单纯再现中得出剩余价值。

仅再生产出劳动力自身的价值，而且生产出一个超额价值。这个剩余价值就是产品价值超过消耗掉的产品形成要素即生产资料和劳动力的价值而形成的余额。

我们叙述了劳动过程的不同因素在产品价值的形成中所起的不同作用，事实上也就说明了资本的不同组成部分在资本本身的价值增殖过程中所执行的不同职能。[241—242]

转变为生产资料即原料、辅助材料、劳动资料的那部分资本，在生产过程中并不改变自己的价值量。因此，我把它称为不变资本部分，或简称为不变资本。

相反，转变为劳动力的那部分资本，在生产过程中改变自己的价值。它再生产自身的等价物和一个超过这个等价物而形成的余额，剩余价值。这个剩余价值本身是可以变化的，是可大可小的。这部分资本从不变量不断转化为可变量。因此，我把它称为可变资本部分，或简称为可变资本。资本的这两个组成部分，从劳动过程的角度看，是作为客观因素和主观因素，作为生产资料和劳动力相区别的；从价值增殖过程的角度看，则是作为不变资本和可变资本相区别的。[243]

同原料的价值一样，已经用在生产过程中的劳动资料即机器等等的价值，也可以发生变动，因此它们转给产品的那部分价值也会发生变动。例如，由于一种新发明，同种机器可由较少的劳动耗费再生产出来，那么旧机器就要或多或少地贬值，因而转移到产品上去的价值也要相应地减少。但就是在这种情况下，价值变动也是在机器作为生产资料执行职能的生产过程以外发生的。机器在这个过程中转移的价值决不会大于它同与这个过程无关而具有的价值。

生产资料价值的变动，虽然也会对已经进入生产过程的生产资料产生影响,但不会改变生产资料作为不变资本的性质。同样,不变资本和可变资本之间的比例的变动也不会影响它们在职能上的区别。例如,劳动过程的技术条件可以大大革新,以致过去 10 个工人用 10 件价值很小的工具只能加工比较少量的原料,现在一个工人用一台昂贵的机器就能加工 100 倍的原料。在这种情况下,不变资本即被使用的生产资料的价值量大大增加了,而资本的可变部分即预付劳动力的部分则大大减少了。但是,这种变动只改变不变资本和可变资本之间量的关系,或者说,只改变总资本分为不变组成部分和可变组成部分的比例,而不影响不变资本和可变资本的区别。[244]

第 七 章
剩余价值率

1. 劳动力的剥削程度

预付资本 C 在生产过程中生出的剩余价值,或预付资本价值 C 的增殖额,首先表现为产品价值超过产品的各种生产要素的价值总和而形成的余额。

资本 C 分为两部分,一部分是为购买生产资料而支出的货币额 c,另一部分是为购买劳动力而支出的货币额 v;c 代表转化为不变资本的价值部分,v 代表转化为可变资本的价值部分。因此,最初是 C=c+v,例如,预付资本 500 镑 $=\overset{c}{410镑}+\overset{v}{90镑}$。在生产过程结束时得到商品,它的价值 $=\overset{\frown}{c+v+m}$(m 是剩余价值),例如,

$\overbrace{410镑}^{c}+\overbrace{90镑}^{v}+\overbrace{90镑}^{m}$。原来的资本 C 变为 C′,由 500 镑变为 590 镑。二者的差额=m,即 90 镑剩余价值。因为各种生产要素的价值等于预付资本的价值,所以,说产品价值超过产品的各种生产要素的价值而形成的余额,等于预付资本的价值增殖额,或等于生产出来的剩余价值,实际上是同义反复。[245]

实际上我们已经知道,剩余价值只是 v 这个转变为劳动力的资本部分发生价值变化的结果,因此,v+m=v+Δv(v 加 v 的增长额)^{144}。但是现实的价值变化和价值变化的比率却是被这样的事实掩盖了:由于资本可变组成部分的增加,全部预付资本也增加了。全部预付资本以前是500,现在变成了590。可见,要对这个过程进行纯粹的分析,必须把产品价值中只是再现不变资本价值的那一部分完全抽去,就是说,必须使不变资本 c=0。[247]

于是,预付资本就从 c+v 简化为 v,产品价值$\overbrace{c+v+m}$就简化为价值产品$\overbrace{v+m}$。假定价值产品=180 镑,代表整个生产过程期间流动的劳动,我们从中扣除 90 镑可变资本的价值,就可得到 90 镑剩余价值。90 镑(m)这个数字在这里表示所生产的剩余价值的绝对量。剩余价值的相对量,即可变资本价值增殖的比率,显然由剩余价值同可变资本的比率来决定,或者用$\frac{m}{v}$来表示。在上述例子中,它是$\frac{90}{90}$=100% 。我把可变资本的这种相对的价值增殖或剩余价值的相对量,称为剩余价值率。$^{(28)}$

我们已经知道,工人在劳动过程的一段时间内,只是生产自

---

(28) 这是仿照英国人的"利润率"、"利息率"等等说法。读者在第三册中会看到,只要知道了剩余价值的各个规律,利润率是容易理解的。如果走相反的道路,则既不能了解前者,也不能了解后者。

己劳动力的价值,就是说,只是生产他的必要生活资料的价值。①［……］因为工人在生产劳动力日价值(如 3 先令)的工作日部分内,只是生产资本家已经支付(28a)的劳动力价值的等价物,就是说,只是用新创造的价值来补偿预付的可变资本的价值,所以,这种价值的生产只是表现为再生产。因此,我把进行这种再生产的工作日部分称为必要劳动时间,把在这部分时间内耗费的劳动称为必要劳动。(29)这种劳动对工人来说所以必要,是因为它不以他的劳动的社会的形式为转移。这种劳动对资本和资本世界来说所以必要,是因为工人的经常存在是它们的基础。

　　劳动过程的第二段时间,工人超出必要劳动的界限做工的时间,虽然耗费工人的劳动,耗费劳动力,但并不为工人形成任何价值。这段时间形成剩余价值,剩余价值以从无生有的全部魅力引诱着资本家。我把工作日的这部分称为剩余劳动时间,把这段时间内耗费的劳动称为剩余劳动(surplus labour)。把价值看做只是劳动时间的凝结,只是对象化的劳动,这对于认识价值本身具有决定性的意义,同样,把剩余价值看做只是剩余劳动时间的凝结,只

(28a)　〔第三版注:在这里,作者沿用了流行的经济学用语。我们记得,在第137页**145**已经说明,实际上不是资本家"预付"给工人,而是工人"预付"给资本家。——弗·恩.〕

(29)　我们在本书的前面一直是用"必要劳动时间"这个词泛指生产一般商品的社会必要劳动时间。从现在起,我们也用这个词指生产独特的商品即劳动力的必要劳动时间。用同一术语表示不同的意思是容易发生误会的,但这种现象在任何科学中都不能完全避免。例如,我们可以用高等数学和初等数学作一比较。

----

①　见本卷第 177 页。——编者注

是对象化的剩余劳动,这对于认识剩余价值也具有决定性的意义。使各种经济的社会形态例如奴隶社会和雇佣劳动的社会区别开来的,只是从直接生产者身上,劳动者身上,榨取这种剩余劳动的形式。[(30)]

因为可变资本的价值等于它所购买的劳动力的价值,因为这个劳动力的价值决定工作日的必要部分,而剩余价值又由工作日的剩余部分决定,所以从这里可以得出结论:剩余价值和可变资本之比等于剩余劳动和必要劳动之比,或者说,剩余价值率$\frac{m}{v}=$ $\frac{剩余劳动}{必要劳动}$。这两个比率把同一种关系表现在不同的形式上:一种是对象化劳动的形式,另一种是流动劳动的形式。

因此,剩余价值率是劳动力受资本剥削的程度或工人受资本家剥削的程度的准确表现。[(30a)][249—252]

---

(30) 威廉·修昔的底斯·罗雪尔先生[146]以真正哥特舍德[147]的天才发现,在今天,剩余价值或剩余产品的形成,以及与此相联的积累,是由于资本家的"节俭",为此,资本家"比如说,要求得到利息",相反,"在极低的文化阶段……是强者迫使弱者节俭。"(《国民经济学原理》1858 年第 3 版第 82、78 页)是节约劳动呢?还是节约尚不存在的剩余产品呢?罗雪尔之流除了确实无知之外,又怀有辩护士的胆怯心情,不敢对价值和剩余价值作出诚实的分析,不敢得出可能是危险的违反警方规定的结论,正是这一点,迫使罗雪尔之流把资本家用来辩护自己占有已存在的剩余价值时表面上多少能说得过去的理由,歪曲成剩余价值产生的原因。

(30a) 第二版注:剩余价值率虽然是劳动力剥削程度的准确表现,但并不是剥削的绝对量的表现。例如,如果必要劳动=5 小时,剩余劳动=5 小时,那么剥削程度=100%。这里剥削量是 5 小时。但是如果必要劳动=6 小时,剩余劳动=6 小时,剥削程度仍然是 100%,剥削量却增加了 20%,由 5 小时增加到 6 小时。

第 八 章

工 作 日

1. 工作日的界限

我们用 a————b 线表示必要劳动时间的持续或长度,假定是六小时。再假定劳动分别超过 ab 线一小时、三小时、六小时不等,我们就得到三条不同的线:

工作日 I　　　　　工作日 II

a————b—c　　a————b——c

工作日 III

a————b————c

这三条线表示三种不同的工作日:七小时工作日、九小时工作日和十二小时工作日。延长线 bc·表示剩余劳动的长度。因为工作日等于 ab+bc,即 ac,所以它随着可变量 bc 一同变化。因为 ab 是已定的,所以 bc 与 ab 之比总是可以计算出来的。它在工作日 I 中是 $\frac{1}{6}$,在工作日 II 中是 $\frac{3}{6}$,在工作日 III 中是 $\frac{6}{6}$。又因为 $\frac{剩余劳动时间}{必要劳动时间}$ 这个比率决定剩余价值率,所以已知这两段线之比,就可以知道剩余价值率。[267—268]

所以,工作日不是一个不变量,而是一个可变量。它的一部分固然是由不断再生产工人本身所必需的劳动时间决定的,但是它的总长度随着剩余劳动的长度或持续时间而变化。因此,工作日是可以确定的,但是它本身是不定的[35]。

————

(35)　"工作日是个不定量,可长可短。"([约翰·肯宁安]《论手工业和商业。兼评赋税》1770 年伦敦版第 73 页)

　　另一方面,工作日虽然不是固定的量,而是流动的量,但是它只能在一定的界限内变动。不过它的最低界限是无法确定的。当然,假定延长线 bc 或剩余劳动=0,我们就得出一个最低界限,即工人为维持自身而在一天当中必须从事必要劳动的那部分时间。但是在资本主义生产方式的基础上,必要劳动始终只能是工人的工作日的一部分,因此,工作日决不会缩短到这个最低限度。可是工作日有一个最高界限。它不能延长到超出某个一定的界限。这个最高界限取决于两点。第一是劳动力的身体界限。一个人在24 小时的自然日内只能支出一定量的生命力。正像一匹马天天干活,每天也只能干 8 小时。这种力每天必须有一部分时间休息、睡觉,人还必须有一部分时间满足身体的其他需要,如吃饭、盥洗、穿衣等等。除了这种纯粹身体的界限之外,工作日的延长还碰到道德界限。工人必须有时间满足精神需要和社会需要,这些需要的范围和数量由一般的文化状况决定。因此,工作日是在身体界限和社会界限之内变动的。但是这两个界限都有极大的弹性,有极大的变动余地。[268—269]

　　我们看到,撇开弹性很大的界限不说,商品交换的性质本身没有给工作日规定任何界限,因而没有给剩余劳动规定任何界限。资本家要坚持他作为买者的权利,他尽量延长工作日,如果可能,就把一个工作日变成两个工作日。另一方面,这个已经卖出的商品的独特性质给它的买者规定了一个消费的界限,并且工人也要坚持他作为卖者的权利,他要求把工作日限制在一定的正常量内。于是这里出现了二律背反,权利同权利相对抗,而这两种权利都同样是商品交换规律所承认的。在平等的权利之间,力量就起决定作用。所以,在资本主义生产的历史上,工作日的正常化过程表现为规定工作日界限的斗争,这是全体资本家即资本家阶级和全体

工人即工人阶级之间的斗争。[271—272]

2. 对剩余劳动的贪欲。工厂主和领主

资本并没有发明剩余劳动。凡是社会上一部分人享有生产资料垄断权的地方,劳动者,无论是自由的或不自由的,都必须在维持自身生活所必需的劳动时间以外,追加超额的劳动时间来为生产资料的所有者生产生活资料,不论这些所有者是雅典的贵族,伊特鲁里亚的神权政治首领,罗马的市民,诺曼的男爵,美国的奴隶主,瓦拉几亚的领主,现代的地主,还是资本家。但是很明显,如果在一个经济的社会形态中占优势的不是产品的交换价值,而是产品的使用价值,剩余劳动就受到或大或小的需求范围的限制,而生产本身的性质就不会造成对剩余劳动的无限制的需求。[272]

5. 争取正常工作日的斗争。14世纪 中叶至 17 世纪末叶关于延长工作 日的强制性法律

资本由于无限度地盲目追逐剩余劳动,像狼一般地贪求剩余劳动,不仅突破了工作日的道德极限,而且突破了工作日的纯粹身体的极限。它侵占人体的成长、发育和维持健康所需要的时间。它掠夺工人呼吸新鲜空气和接触阳光所需要的时间。它克扣吃饭时间,尽量把吃饭时间并入生产过程本身,因此对待工人就像对待单纯的生产资料那样,给他饭吃,就如同给锅炉加煤、给机器上油一样。资本把积蓄、更新和恢复生命力所需要的正常睡眠,变成了恢复精疲力竭的有机体所必不可少的几小时麻木状态。在这里,

不是劳动力维持正常状态决定工作日的界限,相反地,是劳动力每天尽可能达到最大量的耗费(不论这是多么强制和多么痛苦)决定工人休息时间的界限。资本是不管劳动力的寿命长短的。它唯一关心的是在一个工作日内最大限度地使用劳动力。它靠缩短劳动力的寿命来达到这一目的,正像贪得无厌的农场主靠掠夺土地肥力来提高收获量一样。

可见,资本主义生产——实质上就是剩余价值的生产,就是剩余劳动的吮吸——通过延长工作日,不仅使人的劳动力由于被夺去了道德上和身体上正常的发展和活动的条件而处于萎缩状态,而且使劳动力本身未老先衰和过早死亡。[105] 它靠缩短工人的寿命,在一定期限内延长工人的生产时间。

但是,劳动力的价值包含再生产工人或延续工人阶级所必需的商品的价值。既然资本无限度地追逐自行增殖,必然使工作日延长到违反自然的程度,从而缩短工人的寿命,缩短他们的劳动力发挥作用的时间,那么,已经消费掉的劳动力就必须更加迅速地得到补偿,这样,在劳动力的再生产上就要花更多的费用,正像一台机器磨损得越快,每天要再生产的那一部分机器价值也就越大。因此,资本为了自身的利益,看来也需要规定一种正常工作日。[306—307]

正常工作日的规定,是几个世纪以来资本家和工人之间斗争的结果。[312]

---

(105) "我们在以前的报告中曾提到,许多有经验的工厂主确认,过度的劳动……无疑会过早地耗尽人的劳动力。"(《童工调查委员会。第4号报告》1862年第64号第XIII页)

6. 争取正常工作日的斗争。对劳动时间的强制的法律限制。1833—1864 年英国的工厂立法

资本经历了几个世纪,才使工作日延长到正常的最大极限,然后越过这个极限,延长到十二小时自然日的界限。[(131)]此后,自 18 世纪最后三十多年大工业出现以来,就开始了一个像雪崩一样猛烈的、突破一切界限的冲击。习俗和自然、年龄和性别、昼和夜的界限,统统被摧毁了。[320]

被生产的轰隆声震晕了的工人阶级一旦稍稍清醒过来,就开始进行反抗,首先是在大工业的诞生地英国。[321]

7. 争取正常工作日的斗争。英国工厂立法对其他国家的影响

正常工作日的确立是资本家阶级和工人阶级之间长期的多少隐蔽的内战的产物。斗争是在现代工业范围内开始的,所以它最

---

(131) "无论哪一阶级的人,如果每天必须劳作 12 小时,那确实是十分令人遗憾的事情。如果把吃饭和往返工厂的时间都计算在内,实际上这就在一天 24 小时中占去 14 小时…… 我想,即使不谈健康问题,单从道德观点来看,谁也不会否认,从 13 岁这么小的年龄开始(而在"自由的"工业部门甚至是从更小的年龄开始),就不断地把劳动阶级的时间全部侵吞,这是非常有害的,是一种可怕的弊端…… 为了公共道德,为了培育出健壮的居民,为了使广大人民能有合理的生活享受,应当坚决要求在一切营业部门中把每个工作日的一部分留出来作为休息和余暇时间。"(伦纳德·霍纳《工厂视察员报告。1841 年 12 月 31 日》)

先发生在现代工业的发源地英国。⁽¹⁹⁰⁾[346]

法国在英国后面慢慢地跟了上来。在那里,十二小时工作日法律⁽¹⁹³⁾曾需要二月革命¹¹来催生,但是它比自己的英国原版更不完备得多。[347]

在北美合众国,只要奴隶制使共和国的一部分还是畸形的,任何独立的工人运动就仍然处于瘫痪状态。在黑人的劳动打上屈辱烙印的地方,白人的劳动也不能得到解放。但是,从奴隶制的死亡中,立刻萌发出一个重新变得年轻的生命。南北战争³⁷的第一个果实,就是争取八小时工作日运动,这个运动以特别快车的速度,从大西洋跨到太平洋,从新英格兰跨到加利福尼亚。[348]

必须承认,我们的工人在走出生产过程时同他进入生产过程

----

(190) 在比利时这个大陆自由主义的乐园,连这种运动的影子都没有。甚至那里的煤矿和金属矿山,各种年龄的男女工人都被完全"自由地"消费着,而不论消费时间多长以及什么时候被消费。那里所雇用的每1 000人中,有733个男人,83个妇女,135个16岁以下的男孩,49个16岁以下的女孩。在炼铁厂等处,每1 000人中,有668个男人,149个妇女,98个16岁以下的男孩,85个16岁以下的女孩。此外,对成熟的或未成熟的劳动力虽然都剥削得很厉害,但工资很低,每日平均的工资,男人为2先令8便士,妇女为1先令8便士,少年为1先令2$\frac{1}{2}$便士。不过,与1850年相比,1863年比利时输出的煤、铁等等的数量和价值几乎增加了一倍。

(193) "1855年巴黎国际统计会议"的报告说:"法国的法律把工厂和作坊每天的劳动时间限制为12小时。但它不是把这一劳动限制在固定的钟点内〈即一段时间内〉,而只是规定儿童在早晨5点至晚上9点这段时间内做工。因此一部分工厂主就利用这一不幸的沉默给予他们的权利,让工人每天(也许除开星期日)不停地劳动。他们为此使用两班工人,每班在作坊内的劳动时间都不超过12小时,但企业的生产却昼夜不停。法律得到了遵守,但这合乎人道吗?"除了"做夜工对人的机体有破坏性的影响"外,报告还着重指出,"夜晚男女工人挤在同一个灯光暗淡的车间内会产生严重的后果"。

时是不一样的。在市场上,他作为"劳动力"这种商品的占有者与其他商品的占有者相对立,即作为商品占有者与商品占有者相对立。他把自己的劳动力卖给资本家时所缔结的契约,可以说像白纸黑字一样表明了他可以自由支配自己。在成交以后却发现:他不是"自由的当事人",他自由出卖自己劳动力的时间,是他被迫出卖劳动力的时间(198);实际上,他"只要还有一块肉、一根筋、一滴血可供榨取"(199),吸血鬼就决不罢休。为了"抵御"折磨他们的毒蛇**149**,工人必须把他们的头聚在一起,作为一个阶级来强行争得一项国家法律,一个强有力的社会屏障,使自己不致再通过自愿与资本缔结的契约而把自己和后代卖出去送死和受奴役。(200)
[349]

---

(198)　"此外,这种诡计〈例如资本在 1848—1850 年采取的手法〉提供了一个无可辩驳的证据,证明一种经常有人提出的看法是多么错误,这种看法是:工人不需要任何保护,而应被看做是他们的唯一财产即他们双手的劳动和额头上的汗水的自由支配者。"(《工厂视察员报告。1850 年 4 月 30 日》第 45 页)"自由劳动(如果还可以这样称呼的话),即使在自由的国家也需要法律的强有力的臂膀来保护。"(《工厂视察员报告。1864 年 10 月 31 日》第 34 页)"允许每天劳动 14 小时,包括或不包括吃饭时间……就等于强迫这样做。"(《工厂视察员报告。1863 年 4 月 30 日》第 40 页)

(199)　弗里德里希·恩格斯《英国的十小时工作日法》,载于我主编的《新莱茵报。政治经济评论》1850 年 4 月号第 5 页**148**。

(200)　在受十小时工作日法令**29**约束的工业部门,该法令"使工人免于完全退化,并使他们的健康状况有了保障"。(《工厂视察员报告。1859 年 10 月 31 日》第 47 页)"资本〈在工厂中〉超过限定时间仍使机器转动,就必定损害它所雇用的工人的健康和道德;而工人是不能自己保护自己的。"(同上,第 8 页)

第 九 章

剩余价值率和剩余价值量

在这一章里,也同前面一样,假定劳动力的价值,从而再生产或维持劳动力所必要的工作日部分,是一个已知的不变的量。

在这个前提下,知道剩余价值率,同时也就知道一个工人在一定的时间内为资本家提供的剩余价值量。[351]

但是,可变资本是资本家同时使用的全部劳动力的总价值的货币表现。因此,可变资本的价值,等于一个劳动力的平均价值乘以所使用的劳动力的数目。因此,在已知劳动力价值的情况下,可变资本的量与同时雇用的工人人数成正比。[351]

又因为在劳动力价值已定的情况下,一个工人所生产的剩余价值量是由剩余价值率决定的,由此就得出如下第一个规律:所生产的剩余价值量,等于预付的可变资本量乘以剩余价值率,或者说,是由同一个资本家同时剥削的劳动力的数目与单个劳动力受剥削的程度之间的复比决定的。①[352]

平均工作日(它天然总是小于 24 小时)的绝对界限,就是可变资本的减少可以由剩余价值率的提高来补偿的绝对界限,或者说,就是受剥削的工人人数的减少可以由劳动力受剥削的程度的提高来补偿的绝对界限。这个非常明白的第二个规律,对于解释资本要尽量减少自己所雇用的工人人数即减少转化为劳动力的可

---

① 在经马克思审定的法文版中,这个规律的后一部分表述如下:"或者说,等于一个劳动力的价值乘以该劳动力受剥削的程度,再乘以同时使用的劳动力的总数。"——编者注

变资本部分的趋势(以后将谈到这种趋势)所产生的许多现象,是十分重要的,而这种趋势是同资本要生产尽可能多的剩余价值量的另一种趋势相矛盾的。反过来说,如果所使用的劳动力数量增加了,或可变资本量增加了,但是它的增加和剩余价值率的降低不成比例,那么所生产的剩余价值量就会减少。[354]

从以上对剩余价值生产的考察中可以看出,不是任何一个货币额或价值额都可以转化为资本。相反地,这种转化的前提是单个货币占有者或商品占有者手中有一定的最低限额的货币或交换价值。可变资本的最低限额,就是为取得剩余价值全年逐日使用的一个劳动力的成本价格。[……]货币或商品的占有者,只有当他在生产上预付的最低限额大大超过了中世纪的最高限额时,才真正变为资本家。在这里,也像在自然科学上一样,证明了黑格尔在他的《逻辑学》中所发现的下列规律的正确性,即单纯的量的变化到一定点时就转变为质的区别。(205a) **150**

单个的货币占有者或商品占有者要蛹化为资本家而必须握有的最低限度价值额,在资本主义生产的不同发展阶段上是不同的,而在一定的发展阶段上,在不同的生产部门内,也由于它们的特殊

(205a) 现代化学上应用的、最早由洛朗和热拉尔科学地阐明的分子说,正是以这个规律作基础的。〔第三版补注:这个注解对于不大懂化学的人来说是不十分明了的。所以我们对它作如下的解释:作者在这里所指的是最初由沙·热拉尔在 1843 年命名的碳氢化合物的"同系列",其中每一个系列都有自己的代数组成式。例如:烷烃系列是 $C_n H_{2n+2}$;正醇系列是 $C_n H_{2n+2} O$;正脂肪酸系列是 $C_n H_{2n} O_2$ 以及其他等等。在上面的例子中,CH_2 在分子式中单纯的量的增加,每次都形成一个不同质的物体。关于洛朗和热拉尔在确定这个重要事实上的贡献(马克思对他们的贡献估计过高),可参看柯普《化学的发展》1873 年慕尼黑版第 709、716 页和肖莱马《有机化学的产生及其发展》1879 年伦敦版第 54 页。——弗·恩·〕

的技术条件而各不相同。还在资本主义生产初期，某些生产部门所需要的最低限额的资本就不是在单个人手中所能找到的。这种情况一方面引起国家对私人的补助，如柯尔培尔时代的法国和直到目前的德意志若干邦就是这样。另一方面，促使对某些工商业部门的经营享有合法垄断权的公司(206)的形成，这种公司就是现代股份公司的前驱。[356—358]

在生产过程中，资本发展成为对劳动，即对发挥作用的劳动力或工人本身的指挥权¹⁵²。人格化的资本即资本家，监督工人有规则地并以应有的强度工作。

其次，资本发展成为一种强制关系，迫使工人阶级超出自身生活需要的狭隘范围而从事更多的劳动。作为他人辛勤劳动的制造者，作为剩余劳动的榨取者和劳动力的剥削者，资本在精力、贪婪和效率方面，远远超过了以往一切以直接强制劳动为基础的生产制度。

资本起初是在历史上既有的技术条件下使劳动服从自己的。因此，它并没有直接改变生产方式。所以我们上面所考察的、单靠延长工作日这种形式的剩余价值的生产，看来是与生产方式本身的任何变化无关的。它在旧式面包业中和在现代棉纺业中同样有效。[359]

---

(206)　马丁·路德把这种机构称为"垄断公司"¹⁵¹。

第 四 篇
相对剩余价值的生产

第 十 章
相对剩余价值的概念

工作日的一部分只是生产出资本所支付的劳动力价值的等价物。到现在为止，工作日的这一部分被看做不变量，而在一定的生产条件下，在社会现有的经济发展阶段上，它实际上也是这样的。在这个必要劳动时间之外，工人还能劳动 2 小时、3 小时、4 小时、6 小时等。剩余价值率和工作日的长度就取决于这个延长的量。如果必要劳动时间是不变的，那么相反，整个工作日是可变的。现在假定有一个工作日，它的长度以及它的必要劳动和剩余劳动的划分是已定的。例如 ac 线 a————————b—c 代表一个十二小时工作日，ab 段代表 10 小时必要劳动，bc 段代表 2 小时剩余劳动。现在，如果没有 ac 的进一步延长，或者说不依靠 ac 的进一步延长，怎样才能增加剩余价值的生产呢？也就是说，怎样才能延长剩余劳动呢？

尽管工作日的界限 ac 已定，看来 bc 仍然可以延长，不过不是越过它的终点 c（同时也是工作日 ac 的终点）延长，而是由它的起点 b

以相反的方向向 a 端推移而延长。假定在 a——————b′—b—c 中,b′—b 等于 bc 的一半,或一个劳动小时。如果在一个十二小时工作日 ac 中,b 移到 b′,bc 就延长到 b′c,剩余劳动就增加了一半,从 2 小时增加到 3 小时,虽然工作日仍旧是 12 小时。但是很明显,如果必要劳动不同时从 ab 缩短到 ab′,从 10 小时缩短到 9 小时,要使剩余劳动这样从 bc 延长到 b′c,从 2 小时延长到 3 小时是不可能的。必要劳动的缩短要与剩余劳动的延长相适应,或者说,工人实际上一直为自己耗费的劳动时间的一部分,要转化为资本家耗费的劳动时间。这里,改变的不是工作日的长度,而是工作日中必要劳动和剩余劳动的划分。[363—364]

在工作日长度已定的情况下,剩余劳动的延长必然是由于必要劳动时间的缩短,而不是相反,必要劳动时间的缩短是由于剩余劳动的延长。就我们的例子来说,劳动力的价值必须在实际上降低$\frac{1}{10}$,必要劳动时间才能减少$\frac{1}{10}$,从 10 小时减到 9 小时,从而剩余劳动从 2 小时延长到 3 小时。

但是,劳动力的价值要这样降低$\frac{1}{10}$,同量的生活资料,从前用 10 小时生产出来,现在要求用九小时生产出来。不过,要做到这一点,不提高劳动生产力是不可能的。例如,一个鞋匠使用一定的劳动资料,在一个十二小时工作日内可以做一双皮靴。如果他要在同样的时间内做两双皮靴,他的劳动生产力就必须提高一倍。不改变他的劳动资料或他的劳动方法,或不同时改变这二者,就不能把劳动生产力提高一倍。因此,他的劳动生产条件,也就是他的生产方式,从而劳动过程本身,必须发生革命。劳动生产力的提高,我们在这里一般是指劳动过程中的这样一种变化,这种变化能缩短生产某种商品的社会必需的劳动时间,从而使较小量的劳动获得生产较大量使用价值的能力。[2]在研究我们上面考察的那种形式的剩余价值的生产时,我们曾假定生产方式是既定的。而现在,对于由必要劳动转化为剩余劳动而生产剩余价值来说,资本占有历史上遗留下来的或者说现存形态的劳动过程,并且只延长它的持续时间,就绝对不够了。它必须变革劳动过程的技术条件和社会条件,从而变革生产方式本身,以提高劳动生产力,通过提高劳动生产力来降低劳动力的价值,从而缩短再生产劳动力价值所必要的工作日部分。

我把通过延长工作日而生产的剩余价值,叫做绝对剩余价值;相反,我把通过缩短必要劳动时间、相应地改变工作日的两个组成部分的量的比例而生产的剩余价值,叫做相对剩余价值。

要使劳动力的价值降低,生产力的提高必须扩展到这样一些产业部门,这些部门的产品决定劳动力的价值,就是说,它们或者属于日常生活资料的范围,或者能够代替这些生活资料。但是,商品的价值不仅取决于使商品取得最终形式的那种劳动的量,而且还取决于该商品的生产资料所包含的劳动量。例如,皮靴的价值不仅取决于鞋匠的劳动,而且还取决于皮革、蜡、线等等的价值。因此,那些为生产必要生活资料提供不变资本物质要素(劳动资料和劳动材料)的产业部门中生产力的提高,以及它们的商品相应的便宜,也会降低劳动力的价值。[365—367]

变得便宜的商品当然只是相应地,即只是按照该商品在劳动

---

　　[2]　"改进手艺,不外是发现一种新方法,可以比以前用更少的人或者(也就是)用更短的时间制成产品。"(加利阿尼《货币论》,载于《意大利政治经济学名家文集·现代部分》1803年米兰版第158、159页)"生产费用的节约,不外是用于生产的劳动量的节约。"(西斯蒙第《政治经济学概论》第1卷第22页)

力的再生产中所占的比例,降低劳动力的价值。例如,衬衫是一种必要生活资料,但只是许多种必要生活资料中的一种。这种商品变得便宜只会减少工人购买衬衫的支出。但是必要生活资料的总和是由各种商品、各个特殊产业部门的产品构成的,每一种这样的商品的价值总是劳动力价值的一个相应部分。劳动力价值随着它的再生产所必要的劳动时间的缩短而降低,这种必要劳动时间的全部缩短等于所有这些特殊生产部门中这种劳动时间缩短的总和。在这里我们把这个总结果看成好像是每个个别场合的直接结果和直接目的。当一个资本家提高劳动生产力来使例如衬衫便宜的时候,他决不是必然抱有相应地降低劳动力的价值,从而减少必要劳动时间的目的;但是,只要他最终促成这个结果,他也就促成一般剩余价值率的提高。(3) 必须把资本的一般的、必然的趋势同这种趋势的表现形式区别开来。[367—368]

为了理解相对剩余价值的生产,只根据已经得出的结果,要作如下的说明。

如果一个劳动小时用金量来表示是 6 便士或 $\frac{1}{2}$ 先令,一个十二小时工作日就会生产出 6 先令的价值。假定在一定的劳动生产力的条件下,在这 12 个劳动小时内制造 12 件商品;每件商品用掉的生产资料、原料等的价值是 6 便士。在这种情况下,每件商品花费 1 先令,即 6 便士是生产资料的价值,6 便士是加工时新加进的价值。现在假定有一个资本家使劳动生产力提高一倍,在一个十二小时工作日中不是生产 12 件这种商品,而是生产 24 件。在

---

(3) "如果工厂主通过机器的改良使他的产品增加一倍……他(最终)会获利,不过是由于他可以使工人的衣着更便宜……从而使工人在总收益中所得的份额更小。"(拉姆赛《论财富的分配》第 168[、169]页)

生产资料的价值不变的情况下,每件商品的价值就会降低到9便士,即6便士是生产资料的价值,3便士是最后的劳动新加进的价值。生产力虽然提高一倍,一个工作日仍然同从前一样只创造6先令新价值,不过这6先令新价值现在分散在增加了一倍的产品上。因此分摊在每件产品上的不是这个总价值的$\frac{1}{12}$,而只是$\frac{1}{24}$,不是6便士,而是3便士,也就是说,在生产资料转化为产品时,就每件产品来说,现在加到生产资料上的,不像从前那样是整整一个劳动小时,而是半个劳动小时。现在,这个商品的个别价值低于它的社会价值,就是说,这个商品所花费的劳动时间,少于在社会平均条件下生产的大宗同类商品所花费的劳动时间。每件商品平均花费1先令,或者说,代表2小时社会劳动;在生产方式发生变化以后,它只花费9便士,或者说,只包含$1\frac{1}{2}$个劳动小时。但是商品的现实价值不是它的个别价值,而是它的社会价值,就是说,它的现实价值不是用生产者在个别场合生产它所实际花费的劳动时间来计量,而是用生产它所必需的社会劳动时间来计量。因此,如果采用新方法的资本家按1先令这个社会价值出售自己的商品,那么他的商品就是超出它的个别价值3便士出售,这样,他就实现了3便士的超额剩余价值。[……]每个资本家都抱有提高劳动生产力来使商品便宜的动机。

然而,甚至在这种场合,剩余价值生产的增加也是靠必要劳动时间的缩短和剩余劳动的相应延长。[3a][……]一个十二小时工

(3a) "一个人的利润,不是取决于他对别人的劳动产品的支配,而是取决于他对这种劳动本身的支配。在他的工人的工资不变的情况下,如果他能以较高的价格出售他的商品,显然,他就会从中获得利益…… 他只要用他的产品的较小部分,就足以推动这种劳动,因而更大部分的产品就留给他自己了。"([约·卡泽诺夫]《政治经济学大纲》1832年伦敦版第49、50页)

作日的产品价值是 20 先令。其中 12 先令属于只是再现的生产资料的价值。因此，剩下的 8 先令是体现一个工作日的价值的货币表现。这个货币表现比同类社会平均劳动的货币表现要多，因为 12 小时的同类社会平均劳动只表现为 6 先令。生产力特别高的劳动起了自乘的劳动的作用，或者说，在同样的时间内，它所创造的价值比同种社会平均劳动要多。但是我们的资本家仍然和从前一样，只用 5 先令支付劳动力的日价值。因此工人现在要再生产这个价值，用不着像过去那样需要 10 小时，而只需要 $7\frac{1}{2}$ 小时。这样，他的剩余劳动就增加了 $2\frac{1}{2}$ 小时，他生产的剩余价值就从 1 先令增加到 3 先令。可见，采用改良的生产方式的资本家，比同行业的其余资本家在一个工作日中占有更大的部分作为剩余劳动。他个别地所做的，就是资本全体在生产相对剩余价值的场合所做的。但是另一方面，当新的生产方式被普遍采用，因而比较便宜地生产出来的商品的个别价值和它的社会价值之间的差额消失的时候，这个超额剩余价值也就消失。价值由劳动时间决定这同一规律，既会使采用新方法的资本家感觉到，他必须低于商品的社会价值来出售自己的商品，又会作为竞争的强制规律，迫使他的竞争者也采用新的生产方式。[(4)] 因此，只有当劳动生产力的提高扩展到同生产必要生活资料有关的生产部门，以致使属于必要生活资料范围，从而构成

（4）"如果我的邻人以少量的劳动生产出许多的东西，从而能卖得便宜，那我也就必须设法和他卖得一样便宜。所以每一种能用较少人手的劳动，从而用较低的费用来生产的技艺、方法或机器，都会在别人身上引起一种强制和竞争，使他们或者也采用同样的技艺、方法或机器，或者去发明类似的东西，这样，大家都会处于同等的地位，谁也不能比邻人卖得便宜。"（[亨·马丁]《东印度贸易对英国的利益》1720 年伦敦版第 67 页）

劳动力价值要素的商品变得便宜时,一般剩余价值率才会最终受到这一整个过程的影响。

商品的价值与劳动生产力成反比。劳动力的价值也是这样,因为它是由商品价值决定的。相反,相对剩余价值与劳动生产力成正比。它随着生产力提高而提高,随着生产力降低而降低。在货币价值不变的情况下,一个十二小时社会平均工作日总是生产6 先令的价值产品,而不管这个价值额以怎样的比例分割为劳动力价值的等价物和剩余价值。但是,如果由于生产力的提高,每天的生活资料的价值,从而劳动力的日价值,从 5 先令下降到 3 先令,那么剩余价值就从 1 先令增加到 3 先令。为了再生产劳动力的价值,从前需要 10 个劳动小时,现在只需要 6 个劳动小时。有4 个劳动小时空了出来,可以并入剩余劳动的范围。因此,提高劳动生产力来使商品便宜,并通过商品便宜来使工人本身便宜,是资本的内在的冲动和经常的趋势。[5]

商品的绝对价值本身,是生产商品的资本家所不关心的。他关心的只是商品所包含的、在出售时实现的剩余价值。剩余价值的实现自然就包含着预付价值的补偿。因为相对剩余价值的增加和劳动生产力的发展成正比,而商品价值的降低和劳动生产力的

---

(5)　"如果同时取消对工业的限制,工人的开支按怎样的比例减少,他的工资就会按怎样的比例减少。"(《论取消谷物出口奖励金》1753 年伦敦版第 7 页)"工业的利益要求谷物和一切食品尽可能便宜;凡是会使谷物和食品昂贵的事,必然也会使劳动昂贵……凡工业不受限制的国家,食品的价格必然影响劳动的价格。如果生活必需品便宜了,劳动的价格必定下降。"(同上,第 3 页)"随着生产力的提高,工资按同一比例下降。虽然机器使生活必需品便宜了,但是也使工人便宜了。"(《一篇比较竞争和合作的利弊的得奖论文》1834 年伦敦版第 27 页)

发展成反比，也就是说，因为同一过程使商品便宜，并使商品中包含的剩余价值提高，所以这就解开了一个谜：为什么只是关心生产交换价值的资本家，总是力求降低商品的交换价值；这也就是政治经济学奠基人之一魁奈用来为难他的论敌、而后者至今还没有回答的那个矛盾。[368—372]

在资本主义生产中，发展劳动生产力的目的，是为了缩短工人必须为自己劳动的工作日部分，以此来延长工人能够无偿地为资本家劳动的工作日的另一部分。[373]

第十一章

协　作

我们已经看到，资本主义生产实际上是在同一个资本同时雇用人数较多的工人，因而劳动过程扩大了自己的规模并提供了较大量的产品的时候才开始的[153]。人数较多的工人在同一时间、同一空间（或者说同一劳动场所），为了生产同种商品，在同一资本家的指挥下工作，这在历史上和概念上都是资本主义生产的起点。就生产方式本身来说，例如，初期的工场手工业，除了同一资本同时雇用的工人人数较多而外，和行会手工业几乎没有什么区别。行会师傅的作坊只是扩大了而已。[374]

不过，在一定限度内还是会发生变化。对象化为价值的劳动，是社会平均性质的劳动，也就是平均劳动力的表现。但是平均量始终只是作为同种的许多不同的个别量的平均数而存在的。[……]无论如何，明显的是，同时雇用的人数较多的工人的总工作日除以工人人数，本身就是一天的社会平均劳动。[……]因此对单个生产者来说，只有当他作为资本家进行生产，同时使用许多

工人,从而一开始就推动社会平均劳动的时候,价值增殖规律才会完全实现。[(9)]

即使劳动方式不变,同时使用人数较多的工人,也会在劳动过程的物质条件上引起革命。[375—377]

因为在资本主义生产中,劳动条件作为某种独立的东西而与工人相对立,所以劳动条件的节约也表现为一种与工人无关、因而与提高工人的个人生产率的方法相脱离的特殊操作。

许多人在同一生产过程中,或在不同的但互相联系的生产过程中,有计划地一起协同劳动,这种劳动形式叫做协作。[(10)][378]

在这里,结合劳动的效果要么是单个人劳动根本不可能达到的,要么只能在长得多的时间内,或者只能在很小的规模上达到。这里的问题不仅是通过协作提高了个人生产力,而且是创造了一种生产力,这种生产力本身必然是集体力。[(11a)][378]

这是因为人即使不像亚里士多德所说的那样,天生是政治动物[(13)],无论如何也天生是社会动物。[379]

和同样数量的单干的个人工作日的总和比较起来,结合工作

---

(9) 罗雪尔教授先生声称他发现,教授夫人雇用的一个女裁缝两天内提供的劳动,比她雇用的两个女裁缝一天内提供的劳动要多。[154]这位教授先生不应该在婴儿室和在没有主要人物——资本家的情况下观察资本主义的生产过程。

(10) "Concours de forces"["协力"]。(德斯杜特·德·特拉西《论意志及其作用》第 80 页)

(11a) "一吨重的东西,一个人举不起来,10 个人必须竭尽全力才能举起来,而 100 个人只要每个人用一个指头的力量就能举起来。"(约翰·贝勒斯《关于创办一所劳动学院的建议》1696 年伦敦版第 21 页)

(13) 确切地说,亚里士多德所下的定义是:人天生是城市的市民[155]。这个定义标志着古典古代的特征,正如富兰克林所说的人天生是制造工具的动物[140]这一定义标志着美国社会的特征一样。

日可以生产更多的使用价值,因而可以减少生产一定效用所必要的劳动时间。[……]结合工作日的特殊生产力都是社会的劳动生产力或社会劳动的生产力。这种生产力是由协作本身产生的。劳动者在有计划地同别人共同工作中,摆脱了他的个人局限,并发挥出他的种属能力。[19][382]

在劳动力本身集合在生产过程中以前,这些劳动力的总价值或工人一天、一周等等的工资总额,必须已经集合在资本家的口袋里。[383]

较大量的生产资料积聚在单个资本家手中,是雇佣工人进行协作的物质条件,而且协作的范围或生产的规模取决于这种积聚的程度。[383]

一切规模较大的直接社会劳动或共同劳动,都或多或少地需要指挥,以协调个人的活动,并执行生产总体的运动——不同于这一总体的独立器官的运动——所产生的各种一般职能。一个单独的提琴手是自己指挥自己,一个乐队就需要一个乐队指挥。一旦从属于资本的劳动成为协作劳动,这种管理、监督和调节的职能就成为资本的职能。这种管理的职能作为资本的特殊职能取得了特殊的性质。[384]

因此,如果说资本主义的管理就其内容来说是二重的,——因为它所管理的生产过程本身具有二重性:一方面是制造产品的社会劳动过程,另一方面是资本的价值增殖过程,——那么,资本主

---

(19) "单个人的力量是很小的,但是这些很小的力量结合起来所产生的总力量,比这些部分力量的总和要大,因此单是力量的结合就能减少时间和扩大这些力量发生作用的空间。"(乔·里·卡尔利为彼·韦里《政治经济学研究》所加的注释,载于《意大利政治经济学名家文集·现代部分》第15卷第196页)

义的管理就其形式来说是专制的。随着大规模协作的发展，这种专制也发展了自己特有的形式。正如起初当资本家的资本一达到开始真正的资本主义生产所需要的最低限额时，他便摆脱体力劳动一样，现在他把直接和经常监督单个工人和工人小组的职能交给了特种的雇佣工人。正如军队需要军官和军士一样，在同一资本指挥下共同工作的大量工人也需要工业上的军官（经理）和军士（监工），在劳动过程中以资本的名义进行指挥。监督工作固定为他们的专职。政治经济学家在拿独立的农民或独立的手工业者的生产方式同以奴隶制为基础的种植园经济作比较时，把这种监督工作算做非生产费用。[21a] 相反地，他在考察资本主义生产方式时，却把从共同的劳动过程的性质产生的管理职能，同从这一过程的资本主义的、从而对抗的性质产生的管理职能混为一谈。资本家所以是资本家，并不是因为他是工业的管理者，相反，他所以成为工业的司令官，因为他是资本家。工业上的最高权力成了资本的属性，正像在封建时代，战争中和法庭裁判中的最高权力是地产的属性一样。[385—386]

　　工人作为独立的人是单个的人，他们和同一资本发生关系，但是彼此不发生关系。他们的协作是在劳动过程中才开始的，但是在劳动过程中他们已经不再属于自己了。他们一进入劳动过程，便并入资本。作为协作的人，作为一个工作有机体的肢体，他们本身只不过是资本的一种特殊存在方式。因此，工人作为社会工人

　　(21a)　凯尔恩斯教授在指出"对劳动的监督"是北美南方各州奴隶制生产的主要特点以后，继续说道："因为农民所有者〈北方的〉得到他的土地的全部产品，所以用不着其他的劳动刺激。在这里完全不需要监督"（凯尔恩斯《奴隶劳力》第48、49页）。

所发挥的生产力,是资本的生产力。只要把工人置于一定的条件下,劳动的社会生产力就无须支付报酬而发挥出来,而资本正是把工人置于这样的条件之下的。因为劳动的社会生产力不费资本分文,另一方面,又因为工人在他的劳动本身属于资本以前不能发挥这种生产力,所以劳动的社会生产力好像是资本天然具有的生产力,是资本内在的生产力。[386—387]

正如协作发挥的劳动的社会生产力表现为资本的生产力一样,协作本身表现为同单个的独立劳动者或小业主的生产过程相对立的资本主义生产过程的特有形式。这是实际的劳动过程由于隶属于资本而经受的第一个变化。这种变化是自然发生的。这一变化的前提,即在同一个劳动过程中同时雇用人数较多的雇佣工人,构成资本主义生产的起点。这个起点是和资本本身的存在结合在一起的。因此,一方面,资本主义生产方式表现为劳动过程转化为社会过程的历史必然性,另一方面,劳动过程的这种社会形式表现为资本通过提高劳动过程的生产力来更有利地剥削劳动过程的一种方法。[388—389]

虽然协作的简单形态本身表现为同它的更发展的形式并存的特殊形式,协作仍然是资本主义生产方式的基本形式。[389]

第十二章
分工和工场手工业

1. 工场手工业的二重起源

以分工为基础的协作,在工场手工业上取得了自己的典型形态。这种协作,作为资本主义生产过程的具有特征的形式,在真正的工场手工业时期占统治地位。这个时期大约从 16 世纪中叶到 18 世纪最后三十多年。

工场手工业是以两种方式产生的。

一种方式是:不同种的独立手工业的工人在同一个资本家的指挥下联合在一个工场里,产品必须经过这些工人之手才能最后制成。例如,马车过去是很多独立手工业者,如马车匠、马具匠、裁缝、钳工、铜匠、旋工、饰绦匠、玻璃匠、彩画匠、油漆匠、描金匠等劳动的总产品。马车工场手工业把所有这些不同的手工业者联合在一个工场内,他们在那里同时协力地进行劳动。[390]

工场手工业也以相反的方式产生。许多从事同一个或同一类工作(例如造纸、铸字或制针)的手工业者,同时在同一个工场里为同一个资本所雇用。这是最简单形式的协作。[……]他仍然按照原有的手工业方式进行劳动。但是外部情况很快促使人们按照另一种方式来利用集中在同一个场所的工人和他们同时进行的劳动。例如,必须在一定期限内提供大量完成的商品这种情况,就是如此。于是劳动有了分工。各种操作不再由同一个手工业者按照时间的先后顺序完成,而是分离开来,孤立起来,在空间上并列在一起,每一种操作分配给一个手工业者,全部操作由协作者同时进行。这种偶然的分工一再重复,显示出它特有的优越性,并渐渐地固定为系统的分工。商品从一个要完成许多种操作的独立手工业者的个人产品,转化为不断地只完成同一种局部操作的各个手工业者的联合体的社会产品。[391—392]

可见,工场手工业的产生方式,它由手工业形成的方式,是二重的。[……]一方面工场手工业在生产过程中引进了分工,或者进一步发展了分工，另一方面它又把过去分开的手工业结合在一起。但是不管它的特殊的出发点如何，它的最终形态总是一样的：一个以人为器官的生产机构。[392]

2. 局部工人及其工具

如果我们进行更仔细的考察，那么首先就可以清楚地看到，终生从事同一种简单操作的工人，把自己的整个身体转化为这种操作的自动的片面的器官，因而他花费在这一操作上的时间，比顺序地进行整个系列的操作的手工业者要少。但是，构成工场手工业活机构的结合总体工人，完全是由这些片面的局部工人组成的。因此，与独立的手工业比较，在较短时间内能生产出较多的东西，或者说，劳动生产力提高了。(27)[393]

劳动生产率不仅取决于劳动者的技艺，而且也取决于他的工具的完善程度。[……]工场手工业时期通过劳动工具适合于局部工人的专门的特殊职能，使劳动工具简化、改进和多样化。这样，工场手工业时期也就同时创造了机器的物质条件之一，因为机器就是由许多简单工具结合而成的。

局部工人及其工具构成工场手工业的简单要素。现在我们来考察工场手工业的全貌。[395—396]

----

(27) "在一种工种繁多的工场手工业中，劳动越是分得细，越是分给不同的局部工人去完成，就必然进行得越快、越好，时间和劳动的损失就越少。"（[亨·马丁]《东印度贸易的利益》1720 年伦敦版第 71 页）

3. 工场手工业的两种基本形式——混成的工场手工业和有机的工场手工业

工场手工业的组织有两种基本形式。这两种形式虽然有时交错在一起,但仍然是两个本质上不同的类别,而且特别在工场手工业后来转化为使用机器的大工业时,起着完全不同的作用。这种二重性起源于制品本身的性质。制品或者是由各个独立的局部产品纯粹机械地装配而成,或者是依次经过一系列互相关联的过程和操作而取得完成的形态。[396—397]

工场手工业时期所特有的机器始终是由许多局部工人结合成的总体工人本身。[……]现在总体工人具备了技艺程度相同的一切生产素质,同时能最经济地使用它们,因为他使自己的所有器官个体化而成为特殊的工人或工人小组,各自担任一种专门的职能。局部工人作为总体工人的一个肢体,他的片面性甚至缺陷就成了他的优点。从事片面职能的习惯,使他转化为本能地准确地起作用的器官,而总机构的联系迫使他以机器部件的规则性发生作用。

因为总体工人的各种职能有的比较简单,有的比较复杂,有的比较低级,有的比较高级,所以他的器官,即各个劳动力,需要极不相同的教育程度,从而具有极不相同的价值。因此,工场手工业发展了一种劳动力的等级制度,与此相适应的是一种工资的等级制度。[404—405]

与等级制度的阶梯相并列,工人简单地分为熟练工人和非熟练工人。[……]凡是缩短劳动力再生产所必要的时间的事情,都会扩大剩余劳动的领域。[406]

4. 工场手工业内部的分工和
社会内部的分工

　　单就劳动本身来说，可以把社会生产分为农业、工业等大类，叫做一般的分工；把这些生产大类分为种和亚种，叫做特殊的分工；把工场内部的分工，叫做个别的分工。[50]

　　社会内部的分工以及个人被相应地限制在特殊职业范围内的现象，同工场手工业内部的分工一样，是从相反的两个起点发展起来的。在家庭内部[50a]，随后在氏族内部，由于性别和年龄的差别，也就是在纯生理的基础上产生了一种自然的分工。［……］在文化的初期，以独立资格互相接触的不是个人，而是家庭、氏族等等。不同的共同体在各自的自然环境中，找到不同的生产资料和不同的生活资料。因此，它们的生产方式、生活方式和产品，也就各不相同。这种自然的差别，在共同体互相接触时引起了产品的

---

　　(50)　"分工开始于各种极其不同的职业的分离，一直发展到有许多工人来制造同一件产品，如在手工工场里那样。"（施托尔希《政治经济学教程》巴黎版第 1 卷第 173 页）"在有一定文明程度的国家中，我们看到三种分工：第一种我们称之为一般的分工，它使生产者分为农民、制造业者和商人，这是与国民劳动的三个主要部门相适应的；第二种可以叫做特殊的分工，是每个劳动部门分为许多种……　最后，第三种分工可以叫做分职或真正的分工，它发生在单个手工业或职业内部……　在大多数手工工场和作坊都有这种分工。"（斯卡尔培克《社会财富的理论》1839 年巴黎第 2 版第 1 卷第 84、85 页）

　　(50a)　〔第三版注：后来对人类原始状况的透彻的研究，使作者得出结论：最初不是家庭发展为氏族，相反地，氏族是以血缘为基础的人类社会的自然形成的原始形式。由于氏族纽带的开始解体，各种各样家庭形式后来才发展起来。[156]——弗·恩·〕

互相交换,从而使这些产品逐渐转化为商品。交换没有造成生产领域之间的差别,而是使不同的生产领域发生关系,从而使它们转化为社会总生产的多少互相依赖的部门。在这里,社会分工是由原来不同而又互不依赖的生产领域之间的交换产生的。而在那里,在以生理分工为起点的地方,直接互相联系的整体的各个特殊器官互相分开和分离,——这个分离过程的主要推动力是同其他共同体交换商品,——并且独立起来,以致不同的劳动的联系是以产品作为商品的交换为中介的。在一种场合,原来独立的东西丧失了独立,在另一种场合,原来非独立的东西获得了独立。

一切发达的、以商品交换为中介的分工的基础,都是城乡的分离。可以说,社会的全部经济史,都概括为这种对立的运动。[406—408]

因为商品生产和商品流通是资本主义生产方式的一般前提,所以工场手工业的分工要求社会内部的分工已经达到一定的发展程度。相反地,工场手工业分工又会发生反作用,发展并增加社会分工。随着劳动工具的分化,生产这些工具的行业也日益分化。[54]一旦工场手工业的生产扩展到这样一种行业,即到目前为止作为主要行业或辅助行业和其他行业联系在一起、并由同一生产者经营的行业,分离和互相独立的现象就会立即发生。一旦工场手工业的生产扩展到某种商品的一个特殊的生产阶段,该商品的各个生产阶段就转化为各种独立的行业。[409]

社会内部的分工和工场内部的分工,尽管有许多相似点和联系,但二者不仅有程度上的差别,而且有本质的区别。[410]

---

(54)　例如,早在 17 世纪,织机梭的制造在荷兰就形成了一个特殊的工业部门。

整个社会内的分工,不论是否以商品交换为中介,是各种经济的社会形态所共有的,而工场手工业分工却完全是资本主义生产方式的独特创造。[415—416]

5. 工场手工业的资本主义性质

以分工为基础的协作或工场手工业,最初是自发地形成的。一旦它得到一定的巩固和扩展,它就成为资本主义生产方式的有意识的、有计划的和系统的形式。[421]

工场手工业分工不仅只是为资本家而不是为工人发展社会的劳动生产力,而且靠使各个工人畸形化来发展社会的劳动生产力。它生产了资本统治劳动的新条件。因此,一方面,它表现为社会的经济形成过程中的历史进步和必要的发展因素,另一方面,它表现为文明的和精巧的剥削手段。[422]

第十三章

机器和大工业

1. 机器的发展

像其他一切发展劳动生产力的方法一样,机器是要使商品便宜,是要缩短工人为自己花费的工作日部分,以便延长他无偿地给予资本家的工作日部分。机器是生产剩余价值的手段。

生产方式的变革,在工场手工业中以劳动力为起点,在大工业中以劳动资料为起点。[427]

所有发达的机器都由三个本质上不同的部分组成:发动机,传动机构,工具机或工作机。[……]机器的这一部分——工具机,是18世纪工业革命的起点。在今天,每当手工业或工场手工业生产过渡到机器生产时,工具机也还是起点。[429]

17世纪末工场手工业时期发明的、一直存在到18世纪80年代初的那种蒸汽机本身(94),并没有引起工业革命。相反地,正是工具机的创造才使蒸汽机的革命成为必要。一旦人不再用工具作用于劳动对象,而只是作为动力作用于工具机,人的肌肉充当动力的现象就成为偶然的了,人就可以被风、水、蒸汽等等代替了。[431—432]

一个工业部门生产方式的变革,会引起其他部门生产方式的变革。[440]

因此,大工业必须掌握它特有的生产资料,即机器本身,必须用机器来生产机器。这样,大工业才建立起与自己相适应的技术基础,才得以自立。[441]

劳动资料取得机器这种物质存在方式,要求以自然力来代替人力,以自觉应用自然科学来代替从经验中得出的成规。在工场手工业中,社会劳动过程的组织纯粹是主观的,是局部工人的结合;在机器体系中,大工业具有完全客观的生产有机体,这个有机体作为现成的物质生产条件出现在工人面前。[……]因此,劳动过程的协作性质,现在成了由劳动资料本身的性质所决定的技术上的必要了。[443]

---

(94)　虽然这种蒸汽机由于瓦特发明第一种蒸汽机,即所谓单向蒸汽机,而大大地改进了,但这种形式的蒸汽机仍然只是抽水和提盐水的机器。**157**

2. 机器的价值向产品的转移

大工业把巨大的自然力和自然科学并入生产过程，必然大大提高劳动生产率，这一点是一目了然的，那么生产力的这种提高并不是靠增加另一方面的劳动消耗换来的，这一点却决不是同样一目了然的。像不变资本的任何其他组成部分一样，机器不创造价值，但它把自身的价值转移到由它的服务所生产的产品上。[444]

首先应当指出，机器总是全部地进入劳动过程，始终只是部分地进入价值增殖过程。它加进的价值，决不会大于它由于磨损而平均丧失的价值。因此，机器的价值和机器定期转给产品的价值部分，有很大的差别。作为价值形成要素的机器和作为产品形成要素的机器，有很大的差别。同一机器在同一劳动过程中反复使用的时期越长，这种差别就越大。[……]只是在大工业中，人才学会让自己过去的、已经对象化的劳动的产品大规模地、像自然力那样无偿地发生作用。[109][444—445]

如果只把机器看做使产品便宜的手段，那么使用机器的界限

（109）　李嘉图有时很重视机器的这种作用（但他没有说明这种作用，像他没有说明劳动过程和价值增殖过程的一般区别一样），以致有时忘掉了机器转移到产品上的价值组成部分，而把机器和自然力完全混为一谈。例如他说："亚当·斯密从来没有低估自然力和机器为我们提供的服务，而是十分恰当地把它们加到商品上的价值的性质区别开来……由于它们做工不需要费用，它们为我们提供的帮助就不会使交换价值有丝毫增加。"（李嘉图《政治经济学和赋税原理》第336、337页）当然，李嘉图这个见解反驳让·巴·萨伊是正确的，因为让·巴·萨伊胡说，机器提供的"服务"创造那个构成"利润"部分的价值。**158**

就在于:生产机器所费的劳动要少于使用机器所代替的劳动。可是对资本说来,这个界限表现得更为狭窄。因为资本支付的不是所使用的劳动,而是所使用的劳动力的价值,所以,对资本说来,只有在机器的价值和它所代替的劳动力的价值之间存在差额的情况下,机器才会被使用。[451]

3. 机器生产对工人的直接影响

(a)资本对补充劳动力的占有。妇女劳动和儿童劳动

资本主义使用机器的第一个口号是妇女劳动和儿童劳动!这样一来,这种代替劳动和工人的有力手段,就立即转化为这样一种手段,它使工人家庭全体成员不分男女老少都受资本的直接统治,从而使雇佣工人人数增加。为资本家进行的强制劳动,不仅夺去了儿童游戏的时间,而且夺去了家庭本身惯常需要的、在家庭范围内从事的自由劳动的时间。(120)[453—454]

---

(120)　在美国南北战争[37]引起的棉业危机期间,英国政府把爱德华·斯密斯医生派往兰开夏郡和柴郡等地,调查棉纺织业工人的健康状况。他报告说:撇开工人被赶出工厂环境不说,从卫生方面来看,危机还有其他许多益处。现在,工人的妻子有必要的空闲时间来给自己的孩子喂奶,而不必用戈弗雷强心剂[159](一种鸦片剂)去毒害他们了。她们有时间学习烹调了。不幸的是,她们是在没有什么东西可吃的时候,学到这种烹调术的。但是,从这里可以看到,资本为了自行增殖,是如何掠夺那种为消费所必需的家务劳动的。这一危机还被用来在专门学校里教工人的女儿学缝纫。为了使那些为全世界纺纱的工人女儿学缝纫,竟需要有一次美国革命和一次世界危机!

机器从一开始,在增加人身剥削材料,即扩大资本固有的剥削领域[121]的同时,也提高了剥削程度。[454—455]

(b)工作日的延长

如果说机器是提高劳动生产率,即缩短生产商品的必要劳动时间的最有力的手段,那么,它作为资本的承担者,首先在它直接占领的工业中,成了把工作日延长到超过一切自然界限的最有力的手段。一方面,它创造了新条件,使资本能够任意发展自己这种一贯的倾向,另一方面,它创造了新动机,使资本增强了对他人劳动的贪欲。[463]

机器的有形损耗有两种。一种是由于使用,就像铸币由于流通而磨损一样。另一种是由于不使用,就像剑入鞘不用而生锈一样。在后一种情况下,机器的损耗是由于自然力的作用。前一种损耗或多或少地同机器的使用成正比,后一种损耗在一定程度上同机器的使用成反比。

---

(121) "由于男子劳动日益为妇女劳动代替,特别是成年人劳动日益为儿童劳动代替,工人人数大大增加了。三个每周工资为6—8先令的13岁的女孩,排挤了一个每周工资为18—45先令的成年男子。"(托·德·昆西《政治经济学逻辑》1844年伦敦版第147页注)因为某些家务事,如照料婴儿和喂奶等,不能完全不管,所以,被资本没收的母亲,必须多多少少雇用代替者。家庭消费所必需的劳动,如缝缝补补等,必须由购买现成商品来代替。因此,家务劳动消耗的减少,相应地就增加了货币的支出。因而,工人家庭的生产费用增加了,并且抵消了收入的增加。此外,节省地合理地利用和配制生活资料也不可能了。关于被官方政治经济学所隐瞒的这些事实,可以在工厂视察员和童工调查委员会的《报告》中,特别是在《公共卫生报告》中,找到丰富的材料。

但是,机器除了有形损耗以外,还有所谓无形损耗。只要同样结构的机器能够更便宜地再生产出来,或者出现更好的机器同原有的机器相竞争,原有机器的交换价值就会受到损失。在这两种情况下,即使原有的机器还十分年轻和富有生命力,它的价值也不再由实际对象化在其中的劳动时间来决定,而由它本身的再生产或更好的机器的再生产的必要劳动时间来决定了。因此,它或多或少地贬值了。机器总价值的再生产时期越短,无形损耗的危险就越小,而工作日越长,这个再生产时期就越短。在某个生产部门最初采用机器时,那些使机器更便宜地再生产出来的新方法(147),那些不仅涉及机器的个别部分或装置,而且涉及机器的整个构造的改良,会接连不断地出现。因此,在机器的最初的生活期,这种延长工作日的特别动机也最强烈。(148)

在其他条件不变和工作日已定的情况下,要剥削双倍的工人,就必须把投在机器和厂房上的不变资本部分和投在原料、辅助材料等等上的不变资本部分增加一倍。随着工作日的延长,生产的规模会扩大,而投在机器和厂房上的资本部分却保持不变。(149)

---

(147)　"根据一般的估算,制造第一台新型机器的费用,是制造第二台的五倍。"(拜比吉《论机器和工厂的节约》第211、212页)

(148)　"几年来,网布的生产进行了许多重大的改良,以致一台保养得很好的原来价值1 200镑的机器,几年后就只能卖60镑了……　改良迅速地接连出现,以致机器在其制造者手中半途而废,因为成功的发明已使它们过时。"因此,在这个狂飙时期,网布厂主很快就使用两班工人,把劳动时间从原来的8小时延长到24小时。(同上,第233页)

(149)　"不言而喻,在行情涨落不定,需求时高时低的情况下,经常会出现这样的时机:工厂主不增加固定资本,也能使用更多的流动资本……不增加建筑物和机器的开支,也能加工更多的原材料。"(罗·托伦斯《论工资和联合》1834年伦敦版第64页)

因此,不仅剩余价值增加了,而且榨取剩余价值所必需的开支减少了。[465—466]

机器生产相对剩余价值,不仅由于它直接地使劳动力贬值,使劳动力再生产所必需的商品便宜,从而间接地使劳动力便宜,而且还由于它在最初偶尔被采用时,会把机器占有者使用的劳动转化为高效率的劳动,把机器产品的社会价值提高到它的个别价值以上,从而使资本家能够用日产品中较小的价值部分来补偿劳动力的日价值。因此,在机器生产还处于垄断状况的这个过渡时期,利润特别高,而资本家也就企图尽量延长工作日来彻底利用这个"初恋时期"**160**。高额的利润激起对更多利润的贪欲。[467—468]

利用机器生产剩余价值包含着一个内在的矛盾:在一定量资本所提供的剩余价值的两个因素中,机器要提高一个因素,要提高剩余价值率,就只有减少另一个因素,减少工人人数。一旦机器生产的商品的价值随着机器在一个工业部门普遍应用而成为所有同类商品的起调节作用的社会价值,这个内在的矛盾就会表现出来;但正是这个资本没有意识到的矛盾(153)又重新推动资本拼命延长工作日,以便不仅增加相对剩余劳动,而且增加绝对剩余劳动,来弥补被剥削的工人人数的相对减少。

因此,机器的资本主义应用,一方面创造了无限度地延长工作日的新的强大动机,并且使劳动方式本身和社会劳动体的性质发生这样的变革,以致打破对这种趋势的抵抗,另一方面,部分地由于使资本过去无法染指的那些工人阶层受资本的支配,部分地由

---

(153) 为什么资本家个人以及受资本家见解束缚的政治经济学意识不到这个内在的矛盾,我们将在第三册头几篇中看到。

于使那些被机器排挤的工人游离出来,制造了过剩的劳动人口[154],这些人不得不听命于资本强加给他们的规律。由此产生了现代工业史上一种值得注意的现象,即机器消灭了工作日的一切道德界限和自然界限。由此产生了经济学上的悖论,即缩短劳动时间的最有力的手段,竟变为把工人及其家属的全部生活时间转化为受资本支配的增殖资本价值的劳动时间的最可靠的手段。[468—469]

(c)劳动的强化

自从工人阶级逐渐增长的反抗迫使国家强制缩短劳动时间,并且首先为真正的工厂强行规定正常工作日以来,也就是说,自从剩余价值的生产永远不能通过延长工作日来增加以来,资本就竭尽全力一心一意加快发展机器体系来生产相对剩余价值。同时,相对剩余价值的性质也发生了变化。一般地说,生产相对剩余价值的方法是:提高劳动生产力,使工人能够在同样的时间内以同样的劳动消耗生产出更多的东西。同样的劳动时间加在总产品上的价值,仍然和以前同样多,虽然这个不变的交换价值现在表现为较多的使用价值,从而使单个商品的价值下降。但是,一旦强制缩短工作日,情况就不同了。强制缩短工作日,大大地推动了生产力的发展和生产条件的节约,同时迫使工人在同样的时间内增加劳动消耗,提高劳动力的紧张程度,更紧密地填满劳动时间的空隙,也就是说,使劳动凝缩到只有在缩短了的工作日中才能达到的程度。

---

(154)　李嘉图的伟大功绩之一,是把机器不仅看做生产商品的手段,而且看做生产"过剩人口"的手段。

这种压缩在一定时间内的较大量的劳动,现在是算做较大的劳动量,而实际上也是如此。[471—472]

缩短工作日,这种起初创造了使劳动凝缩的主观条件,也就是使工人有可能在一定时间内付出更多力量的办法,一旦由法律强制实行,资本手中的机器就成为一种客观的和系统地利用的手段,用来在同一时间内榨取更多的劳动。这是通过两种方法达到的:一种是提高机器的速度,另一种是扩大同一个工人看管的机器数量,即扩大他的劳动范围。[474]

4. 工　厂

我们在本章的开头考察了工厂的躯体,即机器体系的构成[161]。后来我们看到,机器怎样通过占有妇女劳动和儿童劳动增加资本剥削的人身材料[162],机器怎样通过无限度地延长工作日侵吞工人的全部生活时间,最后,机器的发展虽然使人们能在越来越短的时间内提供惊人地增长的产品,但又怎样作为系统的手段,用来在每一时刻内榨取更多的劳动或不断地加强对劳动力的剥削。现在我们转过来考察工厂的整体,而且考察的是它的最发达的形态。[481—482]

就分工在自动工厂里重新出现而言,这种分工首先是把工人分配到各种专门化机器上去,以及把大群并不形成有组织的小组的工人分配到工厂的各个部门,在那里,他们在并列着的同种工作机上劳动,因此,在他们之间只有简单的协作。工场手工业的有组织的小组被一个主要工人同少数助手的联系代替了。重大的差别是实际操作工作机的工人(包括某些看管发动机或给发动机添料的工人)和这些机器工人的单纯下手(几乎完全是儿童)之间的差别。所有"feeders"（单纯给机器添劳动材料的人）或多或少地都算在这种下手之内。除了这两类主要工人外,还有为数不多的负责检查和经常修理全部机器的人员,如工程师、机械师、细木工等等。这一类是高级的工人,其中一部分人有科学知识,一部分人有手艺,他们不属于工厂工人的范围,而只是同工厂工人聚集在一起。(181)这种分工是纯技术性的。

一切在机器上从事的劳动,都要求训练工人从小就学会使自己的动作适应自动机的划一的连续的运动。只要总机器本身是一个由各种各样的、同时动作并结合在一起的机器构成的体系,以它为基础的协作也就要求把各种不同的工人小组分配到各种不同的机器上去。但是,机器生产不需要像工场手工业那样,使同一些工人始终从事同一种职能,从而把这种分工固定下来。(182)因为工厂的全部运动不是从工人出发,而是从机器出发,所以不断更换人员也不会使劳动过程中断。1848—1850 年英国工厂主叛乱期间所实行的换班制度164,提供了最有力的证明。最后,年轻人很快就可以学会使用机器,因此也就没有必要专门培养一种特殊的工

---

(181)　英国的工厂立法把正文中提到的后一类工人明确地算做非工厂工人,排斥在工厂立法的作用范围以外;而议会发表的《报告》却也同样明确地不但把工程师、机械师等,而且把工厂管理人员、营业员、外勤人员、仓库管理员、包装工等,总而言之,把工厂主以外的一切人都列入工厂工人的范畴,这表明在统计上有意制造骗局,这一点在别的方面也可以得到详细的证明。

(182)　尤尔也承认这一点。他说:"在必要的时候,工厂管理人员可以随意把"工人"从一台机器调到另一台机器",他还得意扬扬地叫嚷:"这样调换显然违背了让一个人做别针针头,另一个人磨别针针尖的那种分工的老规矩"163。他本应问问自己,为什么自动工厂只是"在必要的时候"才废除这个"老规矩"。

人成为机器工人。[183] 在工厂里,单纯的下手干的活一方面可以用机器来代替[184],另一方面由于这种活十分简单,从事这种苦役的人员可以迅速地经常地更换。

虽然机器从技术上废弃了旧的分工制度,但是这种旧制度最初由于习惯,仍然作为工场手工业的传统在工厂里延续着,后来被资本当做剥削劳动力的手段,在更令人厌恶的形式上得到了系统的恢复和巩固。过去是终生专门使用一种局部工具,现在是终生专门服侍一台局部机器。滥用机器的目的是要使工人自己从小就转化为局部机器的一部分。这样,不仅工人自身再生产所必需的费用大大减少,而且工人终于毫无办法,只有依赖整个工厂,从而

---

(183)　在情况紧急的时候,例如美国南北战争[37]期间,工厂工人破例地被资产者用来干最粗笨的活,如筑路等等。1862年及以后几年英国为失业的棉纺织工人设立的"国家工场",和1848年法国的"国家工场"的区别在于:在后者,工人由国家出钱从事非生产劳动,在前者,工人则从事对资产者有利的城市生产劳动,同时使用这样的工人比使用正规工人更便宜,从而迫使他们和正规工人竞争。"棉纺织工人的身体,看起来无疑是变好了。我认为……就男工而论,这是在户外从事公共工程的结果。"(这里指的是在"普雷斯顿沼泽"干活的普雷斯顿的工厂工人。)(《工厂视察员报告。1863年10月》第59页)

(184)　例如:自从1844年的法律[165]颁布以来,毛纺织厂就采用各种机械装置代替儿童劳动。当工厂主先生们使用的儿童必须上工厂的下手"学校"时,力学中这个几乎尚未开拓的领域马上就有了显著的发展。"自动走锭纺纱机也许是一种和其他任何一种机器同样危险的机器。大多数事故都发生在幼童身上,这是由于他们在纺机开动时爬到它下面去扫地造成的。许多看管走锭纺纱机的工人因这种过失而被〈工厂视察员〉控告,并被判罚款,但这样做并没有产生任何普遍的好处。如果机器制造者能发明一种自动扫地机,使这些幼童不需要再爬到机器下面去,那将是对我们的保护措施的值得庆幸的贡献。"(《工厂视察员报告。1866年10月31日》第63页)

依赖资本家。在这里,像在其他各处一样,必须把社会生产过程的发展所造成的较大的生产率同这个过程的资本主义剥削所造成的较大的生产率区别开来。

在工场手工业和手工业中,是工人利用工具,在工厂中,是工人服侍机器。在前一种场合,劳动资料的运动从工人出发,在后一种场合,则是工人跟随劳动资料的运动。在工场手工业中,工人是一个活机构的肢体。在工厂中,死机构独立于工人而存在,工人被当做活的附属物并入死机构。[483—486]

机器劳动极度地损害了神经系统,同时它又压抑肌肉的多方面运动,夺去身体上和精神上的一切自由活动。[187]甚至减轻劳动也成了折磨人的手段,因为机器不是使工人摆脱劳动,而是使工人的劳动毫无内容。一切资本主义生产既然不仅是劳动过程,而且同时是资本的增殖过程,就有一个共同点,即不是工人使用劳动条件,相反地,而是劳动条件使用工人,不过这种颠倒只是随着机器的采用才取得了在技术上很明显的现实性。由于劳动资料转化为自动机,它就在劳动过程本身中作为资本,作为支配和吮吸活劳动力的死劳动而同工人相对立。正如前面已经指出的那样,生产过程的智力同体力劳动相分离,智力转化为资本支配劳动的权力,是在以机器为基础的大工业中完成的[167]。变得空虚了的单个机器工人的局部技巧,在科学面前,在巨大的自然力面前,在社会的群众性劳动面前,作为微不足道的附属品而消失了;科学、巨大的自然力、社会的群众性劳动都体现在机器体系中,并同机器体系一道构成"主人"的权力。[486—487]

工人在技术上服从劳动资料的划一运动以及由各种年龄的男

---

(187)　弗·恩格斯《英国工人阶级状况》第216页[166]。

女个体组成的劳动体的特殊构成,创造了一种兵营式的纪律。这种纪律发展成为完整的工厂制度,并且使前面已经提到的监督劳动[168]得到充分发展,同时使那种把工人划分为劳工和监工,划分为普通工业士兵和工业军士的现象得到充分发展。[488]

资产阶级通常十分喜欢分权制[169],特别是喜欢代议制,但资本在工厂法典中却通过私人立法独断地确立了对工人的专制。这种法典只是对劳动过程实行社会调节,即对大规模协作和使用共同的劳动资料,特别是使用机器所必需的社会调节的一幅资本主义讽刺画。奴隶监督者的鞭子被监工的罚金簿代替了。自然,一切处罚都简化成罚款和扣工资,而且工厂的莱喀古士们立法的英明,使犯法也许比守法对他们更有利。[190][488—489]

---

(190) "资产阶级用来束缚无产阶级的奴隶制,无论在哪里也不像在工厂制度上暴露得这样明显。在这里,一切自由在法律上和事实上都不见了。工人必须在清晨5点半钟到工厂。如果迟到几分钟,那就得受罚;如果他迟到10分钟,在吃完早饭以前干脆就不放他进去,这样,他就要丧失一天工资的四分之一。无论吃饭、喝水、睡觉,他都得听命令…… 专制的钟声把他从睡梦中唤走,把他从早餐和午餐中唤走。工厂的情形又怎样呢? 在这里,工厂主是绝对的立法者。他随心所欲地颁布工厂的规则;他爱怎样就怎样修改和补充自己的法规;即使他在这个法规中加上最荒谬的东西,法院还是会对工人说:你们既然自愿地订了这个契约,那你们现在就得履行它…… 这些工人注定了从九岁起无论精神上或肉体上都要在棍子下面生活一直到死。"(弗·恩格斯《英国工人阶级状况》第217页及以下几页[166])我想举两个例子来解释一下"法院说的话"。一件事是1866年底在设菲尔德发生的。那里,一个工人同一家铁工厂订了两年合同。由于同工厂主吵了一次架,他离开了工厂,并表示决不再给这个工厂主干活了。结果他被控违反合同,判了两个月监禁。(要是工厂主违反合同,只能受民法制裁,只有罚款的危险。)两个月刑满出狱后,那个工厂主又要他按旧合同回厂工作。这个工人说不行,他违反合同已经受过处罚。工厂主又把他告了,法院又对他判刑,虽然其中一位法官希先生公开指责说,一个人为了同一过失或罪行,要一辈子一次

9. 工厂立法（卫生条款和教育条款）。它在英国的普遍实行

工厂立法是社会对其生产过程自发形态的第一次有意识、有

又一次地受处罚，这在法律上是荒谬的。作出这个判决的，不是"伟大的不领薪水的人"**170**，不是地方上的道勃雷，而是伦敦的一个高等法院。〔第四版注：现在这种状况已不存在。现在在英国，除少数情况外（如公用煤气厂），工人违反合同和雇主一样只受民法的制裁。——弗·恩·〕第二件事是1863年11月底在威尔特郡发生的。韦斯特伯里这个地方的利奥韦呢绒工厂主哈鲁普雇用的约30名蒸汽织机女工举行了一次罢工，因为这个哈鲁普有一个称心的习惯，对早晨迟到者要扣工资：迟到2分钟扣6便士，迟到3分钟扣1先令，迟到10分钟扣1先令6便士。按每小时扣9先令算，一天就要扣4镑10先令，但是她们全年的平均工资每周从来没有超过10—12先令。哈鲁普还雇一个男孩吹上工哨。有时这个男孩在早晨6点以前就吹哨了，哨声一停，工人没有赶到，工厂就关上大门，门外的人都要罚款；因为厂里没有钟，不幸的工人都受哈鲁普指使的年轻报时员的操纵。举行"罢工"的工人，母亲们和少女们说，只要用钟来代替报时员，规定较合理的罚款，她们就愿意复工。哈鲁普以违反合同为理由把19个妇女和少女告到了治安法官那里。她们每人竟被判罚款6便士，讼费2先令6便士，旁听者都很愤怒。哈鲁普离开法院时，一群人跟在他后面嘘叫。——工厂主惯用的一种伎俩是，借口工人提供给工厂主的产品质量不好而通过扣工资来惩罚工人。1866年，这种方法引起了英国陶业区的总罢工。童工调查委员会的报告（1863—1866）列举一些事例，说明工人做了工不仅得不到工资，反而由于罚款规定竟成了自己尊贵的"主人"的债务人。最近的棉业危机也提供了很有教益的实例，说明工厂专制君主在扣工资方面是多么精明。工厂视察员罗·贝克说："不久前，我本人不得不对一个棉纺织厂主起诉，因为在这样艰难困苦的时候，他还从他雇用的某些'少年'〈13岁以上的〉工人身上扣10便士，作为他只花6便士领来的医生的年龄证明书的费用，按法律规定只准扣3便士，按照习惯是根本不扣的…… 另有一个工厂主，为了达到同一目的而又不触犯法律，在医生证明替他做工的穷孩子适于纺纱时，向他们每人收一先令，作为

计划的反作用。〔553〕

为了迫使资本主义生产方式建立最起码的清洁卫生设施，必须由国家颁布强制性的法律。还有什么比这一点能更好地说明资本主义生产方式的特点呢？〔554〕

尽管工厂法的教育条款整个说来是不足道的，但还是把初等教育宣布为劳动的强制性条件。这一条款的成就第一次证明了智育和体育同体力劳动相结合的可能性，从而也证明了体力劳动同智育和体育相结合的可能性。工厂视察员很快从教师的证词中就发现：虽然工厂儿童上课的时间要比正规的日校学生少一半，但学到的东西一样多，而且往往更多。〔555—556〕

从工厂制度中萌发出了未来教育的幼芽，未来教育对所有已满一定年龄的儿童来说，就是生产劳动同智育和体育相结合，它不仅是提高社会生产的一种方法，而且是造就全面发展的人的唯一方法。〔556—557〕

大工业的原则是，首先不管人的手怎样，把每一个生产过程本身分解成各个构成要素，从而创立了工艺学这门完全现代的科学。社会生产过程的五光十色的、似无联系的和已经固定化的形态，分解成为自然科学的自觉按计划的和为取得预期有用效果而系统分类的应用。工艺学也揭示了为数不多的重大的基本运动形式，尽管所使用的工具多种多样，人体的一切生产活动必然在这些形式中进行，正像机器虽然异常复杂，力学仍会看出它们不过是简单机

学会纺纱技术和秘诀的学费。因此，存在着暗流，不了解这种暗流，就不能了解在目前这样的时期发生的像罢工〈指1863年6月达温的机器织布工人的一次罢工〉这样的非常现象。"（《工厂视察员报告。1863年4月30日》第50、51页）（工厂报告往往载有它的正式公布日期以后的事）

械力的不断重复一样。现代工业从来不把某一生产过程的现存形式看成和当做最后的形式。因此,现代工业的技术基础是革命的,而所有以往的生产方式的技术基础本质上是保守的。[306] 现代工业通过机器、化学过程和其他方法,使工人的职能和劳动过程的社会结合不断地随着生产的技术基础发生变革。这样,它也同样不断地使社会内部的分工发生革命,不断地把大量资本和大批工人从一个生产部门投到另一个生产部门。因此,大工业的本性决定了劳动的变换、职能的更动和工人的全面流动性。另一方面,大工业在它的资本主义形式上再生产出旧的分工及其固定化的专业。我们已经看到,这个绝对的矛盾怎样破坏着工人生活的一切安宁、稳定和保障,使工人面临这样的威胁:在劳动资料被夺走的同时,生活资料也不断被夺走[307],在他的局部职能变成过剩的同时,他本身也变成过剩的东西;这个矛盾怎样通过工人阶级的不断牺牲、劳动力的无限度的浪费和社会无政府状态造成的灾难而放纵地表现出来[173]。这是消极的方面。但是,如果说劳动的变换现在只是作为不可克服的自然规律并且带着自然规律在任何地方遇到障碍时都有的那种盲目破坏作用而为自己开辟道

（306）“资产阶级除非对生产工具,从而对生产关系,从而对全部社会关系不断地进行革命,否则就不能生存下去。反之,原封不动地保持旧的生产方式,却是过去的一切工业阶级生存的首要条件。生产的不断变革,一切社会状况不停的动荡,永远的不安定和变动,这就是资产阶级时代不同于过去一切时代的地方。一切固定的僵化的关系以及与之相适应的素被尊崇的观念和见解都被消除了,一切新形成的关系等不到固定下来就陈旧了。一切等级的和固定的东西都烟消云散了,一切神圣的东西都被亵渎了。人们终于不得不用冷静的眼光来看他们的生活地位、他们的相互关系。”（弗·恩格斯和卡·马克思《共产党宣言》1848 年伦敦版第 5 页[171]）

（307）“你们夺去了我活命的资料,就是要了我的命。”（莎士比亚）[172]

路[308]，那么，大工业又通过它的灾难本身使下面这一点成为生死攸关的问题：承认劳动的变换，从而承认工人尽可能多方面的发展是社会生产的普遍规律，并且使各种关系适应于这个规律的正常实现。大工业还使下面这一点成为生死攸关的问题：用适应于不断变动的劳动需求而可以随意支配的人，来代替那些适应于资本的不断变动的剥削需要而处于后备状态的、可供支配的、大量的贫穷工人人口；用那种把不同社会职能当做互相交替的活动方式的全面发展的个人，来代替只是承担一种社会局部职能的局部个人。综合技术学校和农业学校是这种变革过程在大工业基础上自然发展起来的一个要素；职业学校是另一个要素，在这种学校里，工人的子女受到一些有关工艺学和各种生产工具的实际操作的教育。如果说工厂立法作为从资本那里争取来的最初的微小让步，只是把初等教育同工厂劳动结合起来，那么毫无疑问，工人阶级在不可避免地夺取政权之后，将使理论的和实践的工艺教育在工人学校中占据应有的位置。同样毫无疑问，生产的资本主义形式和与之相适应的工人的经济关系，是同这种变革酵母及其目的——消灭旧分工——直接矛盾的。但是，一种历史生产形式的矛盾的发展，是这种形式瓦解和新形式形成的唯一的历史道路。[559—562]

　　大工业在瓦解旧家庭制度的经济基础以及与之相适应的家庭

---

　　(308)　一个法国工人从旧金山回来后这样写道："我从没有想到，我在加利福尼亚竟能够干各种职业。我原来确信，除了印刷业外，我什么也干不了……　可是，一旦处在这个换手艺比换衬衫还要容易的冒险家世界中，——请相信我的忠诚！——我也就和别人一样地干了。由于矿山劳动的收入不多，我就抛弃了这个职业到城里去，在那里我先后做过印刷工人、屋面工人、铸铅工人等等。因为有了适合做任何工作的经验，我觉得自己不再像一个软体动物而更像一个人了。"(昂·科尔邦《论职业教育》第2版第50页)

劳动的同时,也瓦解了旧的家庭关系本身。[562]

不论旧家庭制度在资本主义制度内部的解体表现得多么可怕和可厌,但是由于大工业使妇女、男女少年和儿童在家庭范围以外,在社会地组织起来的生产过程中起着决定性的作用,它也就为家庭和两性关系的更高级的形式创造了新的经济基础。[563]

10. 大工业和农业

在农业领域内,就消灭旧社会的堡垒——"农民",并代之以雇佣工人来说,大工业起了最革命的作用。这样,农村中社会变革的需要和社会对立,就和城市相同了。最墨守成规和最不合理的经营,被科学在工艺上的自觉应用代替了。农业和工场手工业的原始的家庭纽带,也就是把二者的幼年未发展的形态联结在一起的那种纽带,被资本主义生产方式撕断了。但资本主义生产方式同时为一种新的更高级的综合,即农业和工业在它们对立发展的形态的基础上的联合,创造了物质前提。资本主义生产使它汇集在各大中心的城市人口越来越占优势,这样一来,它一方面聚集着社会的历史动力,另一方面又破坏着人和土地之间的物质变换,也就是使人以衣食形式消费掉的土地的组成部分不能回归土地,从而破坏土地持久肥力的永恒的自然条件。这样,它同时就破坏城市工人的身体健康和农村工人的精神生活。[324] 但是资本主义生

---

(324) "你们把人民分成两个敌对的阵营:粗笨的农民和娇弱的侏儒。天啊!一个按农业利益和商业利益分裂开来的民族,不仅无视这种惊人的不自然的划分,而且正是因为这种划分,自称为健康的,甚至自命为开化的和文明的民族。"(戴维·乌尔卡尔特《家常话》第119页)这段话同时表明了这样一种批判的长处和短处,这种批判知道评论现在,谴责现在,却不知道理解现在。

产通过破坏这种物质变换的纯粹自发形成的状况,同时强制地把这种物质变换作为调节社会生产的规律,并在一种同人的充分发展相适合的形式上系统地建立起来。在农业中,像在工场手工业中一样,生产过程的资本主义转化同时表现为生产者的殉难史,劳动资料同时表现为奴役工人的手段、剥削工人的手段和使工人贫穷的手段,劳动过程的社会结合同时表现为对工人个人的活力、自由和独立的有组织的压制。农业工人在广大土地上的分散,同时破坏了他们的反抗力量,而城市工人的集中却增强了他们的反抗力量。在现代农业中,像在城市工业中一样,劳动生产力的提高和劳动量的增大是以劳动力本身的破坏和衰退为代价的。此外,资本主义农业的任何进步,都不仅是掠夺劳动者的技巧的进步,而且是掠夺土地的技巧的进步,在一定时期内提高土地肥力的任何进步,同时也是破坏土地肥力持久源泉的进步。一个国家,例如北美合众国,越是以大工业作为自己发展的基础,这个破坏过程就越迅速。因此,资本主义生产发展了社会生产过程的技术和结合,只是由于它同时破坏了一切财富的源泉——土地和工人。[578—580]

第 五 篇

绝对剩余价值和
相对剩余价值的生产

第十四章

绝对剩余价值和相对剩余价值

劳动过程最初是抽象地,撇开它的各种历史形式,作为人和自然之间的过程来考察的(见第五章[174])。在那里曾指出:"如果整个劳动过程从其结果的角度加以考察,那么劳动资料和劳动对象二者表现为生产资料,劳动本身则表现为生产劳动。"在注(7)中还补充说:"这个从简单劳动过程的观点得出的生产劳动的定义,对于资本主义生产过程是绝对不够的。"在这里要进一步阐述这个问题。

就劳动过程是纯粹个人的劳动过程来说,同一劳动者是把后来彼此分离开来的一切职能结合在一起的。当他为了自己的生活目的对自然物实行个人占有时,他是自己支配自己的。后来他成为被支配者。单个人如果不在自己的头脑的支配下使自己的肌肉活动起来,就不能对自然发生作用。正如在自然机体中头和手组成一体一样,劳动过程把脑力劳动和体力劳动结合在一起了。后来它们分离开来,直到处于敌对的对立状态。产品从个体生产者的直接产品转化为社会产品,转化为总体工人即结合劳动人员的共同产品。总体工人的各个成员较直接地或者较间接地作用于劳动对象。因此,随着劳动过程的协作性质本身的发展,生产劳动和它的承担者即生产工人的概念也就必然扩大。为了从事生产劳动,现在不一定要亲自动手;只要成为总体工人的一个器官,完成他所属的某一种职能就够了。上面从物质生产性质本身中得出的关于生产劳动的最初的定义,对于作为整体来看的总体工人始终是正确的。但是,对于总体工人的每一单个成员来说,它就不再适用了。

但是,另一方面,生产劳动的概念缩小了。资本主义生产不仅是商品的生产,它实质上是剩余价值的生产。工人不是为自己生产,而是为资本生产。因此,工人单是进行生产已经不够了。他必须生产剩余价值。只有为资本家生产剩余价值或者为资本的自行增殖服务的工人,才是生产工人。如果可以在物质生产领域以外举一个例子,那么,一个教员只有当他不仅训练孩子的头脑,而且还为校董的发财致富劳碌时,他才是生产工人。校董不把他的资本投入香肠工厂,而投入教育工厂,这并不使事情有任何改变。因此,生产工人的概念决不只包含活动和效果之间的关系,工人和劳动产品之间的关系,而且还包含一种特殊社会的、历史地产生的生产关系。这种生产关系把工人变成资本增殖的直接手段。所以,成为生产工人不是一种幸福,而是一种不幸。[581—582]

把工作日延长,使之超出工人只生产自己劳动力价值的等价物的那个点,并由资本占有这部分剩余劳动,这就是绝对剩余价值的生产。绝对剩余价值的生产构成资本主义制度的一般基础,并且是相对剩余价值生产的起点。就相对剩余价值的生产来说,工作日一开始就分成必要劳动和剩余劳动这两个部分。为了延长剩余劳动,就要通过以较少的时间生产出工资的等价物的各种方法来缩短必要劳动。绝对剩余价值的生产只同工作日的长度有关；相对剩余价值的生产使劳动的技术过程和社会组织发生彻底的革命。

因此，相对剩余价值的生产以特殊的资本主义的生产方式为前提；这种生产方式连同它的方法、手段和条件本身，最初是在劳动在形式上从属于资本的基础上自发地产生和发展的。劳动对资本的这种形式上的从属，又让位于劳动对资本的实际上的从属。[583]

对于绝对剩余价值的生产来说，只要劳动在形式上从属于资本就够了，例如，只要从前为自己劳动或者作为行会师傅的帮工的手工业者变成受资本家直接支配的雇佣工人就够了；另一方面却可以看到，生产相对剩余价值的方法同时也是生产绝对剩余价值的方法。无限度地延长工作日[175]正是表现为大工业的特有的产物。特殊的资本主义的生产方式一旦掌握整整一个生产部门，它就不再是单纯生产相对剩余价值的手段，而一旦掌握所有决定性的生产部门，那就更是如此。这时它成了生产过程的普遍的、在社会上占统治地位的形式。现在它作为生产相对剩余价值的特殊方法，只在下面两种情况下还起作用：第一，以前只在形式上从属于资本的那些产业为它所占领，也就是说，它扩大作用范围；第二，已经受它支配的产业由于生产方法的改变不断发生革命。

从一定观点看来，绝对剩余价值和相对剩余价值之间的区别似乎完全是幻想的。相对剩余价值是绝对的，因为它以工作日超过工人本身生存所必要的劳动时间的绝对延长为前提。绝对剩余价值是相对的，因为它以劳动生产率发展到能够把必要劳动时间限制为工作日的一个部分为前提。但是，如果注意一下剩余价值的运动，这种表面上的同一性就消失了。在资本主义生产方式一且确立并成为普遍的生产方式的情况下,只要涉及剩余价值率的提高,绝对剩余价值和相对剩余价值之间的差别就可以感觉到了。假定劳动力按其价值支付,那么,我们就会面临这样的抉择:如果劳动生产力和劳动的正常强度已定,剩余价值率就只有通过工作日的绝对延长才能提高;另一方面,如果工作日的界限已定,剩余价值率就只有通过工作日两个组成部分即必要劳动和剩余劳动的相对量的变化才能提高,而这种变化在工资不降低到劳动力价值以下的情况下,又以劳动生产率或劳动强度的变化为前提。

如果工人需要用他的全部时间来生产维持他自己和他的家庭所必要的生活资料,那么他就没有时间来无偿地为第三者劳动。没有一定程度的劳动生产率,工人就没有这种可供支配的时间,而没有这种剩余时间,就不可能有剩余劳动,从而不可能有资本家,而且也不可能有奴隶主,不可能有封建贵族,一句话,不可能有大占有者阶级。[1]

因此,可以说剩余价值有一个自然基础,但这只是从最一般的意义来说,即没有绝对的自然障碍会妨碍一个人把维持自身生存所必要的劳动从自身解脱下来并转嫁给别人,比如,同样没有绝对的自然障碍会妨碍一个人去把别人的肉当做食物。决不应该像有时发生的情况那样,把各种神秘的观念同这种自然发生的劳动生产率联系起来。只有当人类通过劳动摆脱了最初的动物状态,从而他们的劳动本身已经在一定程度上社会化的时候,一个人的剩

---

(1) "资本主义企业主作为一个特殊阶级的存在本身是取决于劳动生产率的。"(拉姆赛《论财富的分配》第206页)"如果每个人的劳动刚够生产他自己的食物,那就不会有任何财产了。"(莱文斯顿《论公债制度及其影响》第14页)

余劳动成为另一个人的生存条件的关系才会出现。在文化初期，已经取得的劳动生产力很低，但是需要也很低，需要是同满足需要的手段一同发展的，并且是依靠这些手段发展的。其次，在这个文化初期，社会上依靠他人劳动来生活的那部分人的数量，同直接生产者的数量相比，是微不足道的。随着社会劳动生产力的增进，这部分人也就绝对地和相对地增大起来。[2] 此外，资本关系就是在作为一个长期发展过程的产物的经济土壤之上产生的。作为资本关系的基础和起点的现有的劳动生产率，不是自然的恩惠，而是几十万年历史的恩惠。

撇开社会生产的形态的发展程度不说，劳动生产率是同自然条件相联系的。这些自然条件都可以归结为人本身的自然（如人种等等）和人的周围的自然。外界自然条件在经济上可以分为两大类：生活资料的自然富源，例如土壤的肥力，鱼产丰富的水域等等；劳动资料的自然富源，如奔腾的瀑布、可以航行的河流、森林、金属、煤炭等等。在文化初期，第一类自然富源具有决定性的意义；在较高的发展阶段，第二类自然富源具有决定性的意义。[584—586]

资本主义生产一旦成为前提，在其他条件不变和工作日保持一定长度的情况下，剩余劳动量随劳动的自然条件，特别是随土壤的肥力而变化。但决不能反过来说，最肥沃的土壤最适于资本主义生产方式的生长。资本主义生产方式以人对自然的支配为前提。过于富饶的自然"使人离不开自然的手，就像小孩子离不开引带一

---

(2)　"在美洲未开化的印第安人那里，几乎一切都属于劳动者，99%的东西归劳动所有；在英国，工人也许从来没有得到 $\frac{2}{3}$。"（《东印度贸易对英国的利益》第72、73页）

样"[176]。它不能使人自身的发展成为一种自然必然性。[4]资本的祖国不是草木繁茂的热带,而是温带。不是土壤的绝对肥力,而是它的差异性和它的自然产品的多样性,形成社会分工的自然基础,并且通过人所处的自然环境的变化,促使他们自己的需要、能力、劳动资料和劳动方式趋于多样化。社会地控制自然力,从而节约地利用自然力,用人力兴建大规模的工程占有或驯服自然力,——这种必要性在产业史上起着最有决定性的作用。[587—588]

良好的自然条件始终只提供剩余劳动的可能性,从而只提供剩余价值或剩余产品的可能性,而决不能提供它的现实性。劳动的不同的自然条件使同一劳动量在不同的国家可以满足不同的需要量[7],

---

[4] "前者〈自然富源〉在非常富饶非常有利时,使人无所用心、骄傲自满、放荡不羁。而后者[人工富源]则迫使人要小心谨慎,有丰富的学识、熟练的技巧和政治的才能。"(《英国得自对外贸易的财富,或我国对外贸易差额是衡量我国财富的尺度》,伦敦商人托马斯·曼著,他的儿子约翰·曼现在为了公共利益将本书出版,1669年伦敦版第181、182页)"我觉得,对于一个民族来说,最大的不幸莫过于他们所居住的地方天然就能出产大部分生活资料和食物,而气候又使人几乎不必为穿和住担忧……当然也可能有另一方面的极端。投入劳动不能带来任何结果的土地,同不投入任何劳动就能出产丰富产品的土地是一样坏的。"([纳·福斯特]《论当前粮价昂贵的原因》1767年伦敦版第10页)

[7] "没有两个国家能够以等量的劳动耗费而同样丰富地提供数目相等的必要生活资料。人的需要的增减取决于人所处的气候的严寒或温暖,所以不同国家的居民必须从事的各种职业的比例是不一样的,这种差别的程度只有根据冷热的程度才能断定。由此可以得出一个一般的结论:维持一定数量的人的生活所需要的劳动量,在气候寒冷的地方最大,在气候炎热的地方最小,因为前一种地方与后一种地方相比,人们不仅需要较多的衣服,而且土地也必须耕作得更好。"(《论决定自然利息率的原因》1750年伦敦版第59页)这部划时代的匿名著作的作者是约瑟夫·马西。休谟就是从这部著作中得出他的利息理论的。

因而在其他条件相似的情况下,使得必要劳动时间各不相同。这些自然条件只作为自然界限对剩余劳动发生影响,就是说,它们只确定开始为别人劳动的起点。产业越进步,这一自然界限就越退缩。[588—589]

同历史地发展起来的社会劳动生产力一样,受自然制约的劳动生产力也表现为合并劳动的资本的生产力。[589]

第 六 篇
工　资

第十七章
劳动力的价值或价格转化为工资

在资产阶级社会的表面上，工人的工资表现为劳动的价格，表现为对一定量劳动支付的一定量货币。在这里，人们说劳动的价值，并把它的货币表现叫做劳动的必要价格或自然价格。另一方面，人们说劳动的市场价格，也就是围绕着劳动的必要价格上下波动的价格。

但什么是商品的价值呢？这就是耗费在商品生产上的社会劳动的对象形式。我们又用什么来计量商品的价值量呢？用它所包含的劳动量来计量。那么，比如说，一个十二小时工作日的价值是由什么决定的呢？是由一个十二小时工作日中包含的 12 个劳动小时决定的；这是无谓的同义反复。[21]

---

(21) "李嘉图相当机智地避开了一个困难，这个困难乍看起来似乎会推翻他的关于价值取决于生产中所使用的劳动量的理论。如果严格地坚持这个原则，就会得出结论说，劳动的价值取决于劳动的生产中所使用的劳动量——这显然是荒谬的。因此，李嘉图先生用了一个巧妙的手法，使劳动的价值取决于生产工资所需要的劳动量；或者用他自己的话来说，劳动的价值

　　劳动要作为商品在市场上出卖,无论如何必须在出卖以前就已存在。但是,如果工人能使他的劳动独立存在,他出卖的就是商品,而不是劳动。[22] **177**

　　撇开这些矛盾不说,货币即对象化劳动同活劳动的直接交换,也会或者消灭那个正是在资本主义生产的基础上才自由展开的价值规律,或者消灭那种正是以雇佣劳动为基础的资本主义生产本身。举例来说,假定一个十二小时工作日表现为 6 先令的货币价值。或者是等价物相交换,这样,工人以 12 小时劳动获得 6 先令。他的劳动的价格就会等于他的产品的价格。在这种情形下,他没有为他的劳动的购买者生产剩余价值,这 6 先令不转化为资本,资本主义生产的基础就会消失,然而正是在这个基础上,工人才出卖他的劳动,而他的劳动才成为雇佣劳动。或者工人在 12 小时劳动中获得的少于 6 先令,就是说,少于 12 小时劳动。12 小时劳动同10 小时劳动、6 小时劳动等等相交换。不等量的这种相等,不仅消灭了价值规定。这种自我消灭的矛盾甚至根本不可能当做规律来阐明或表述。[23]

应当由生产工资所必需的劳动量来估量;他这里指的是为生产付给工人的货币或商品所必需的劳动量。那我们同样也可以说,呢绒的价值不是由生产呢绒所花费的劳动量来估量,而是由生产用呢绒换得的银所花费的劳动量来估量。"([赛·贝利]《对价值的本质、尺度和原因的批判研究》第 50、51 页)

　　[22] "如果你们把劳动叫做商品,那么它也还是不同于这样的商品,这种商品最初为交换的目的而生产,然后拿到市场上去,应和同时在市场上出售的其他商品按照适当的比例相交换。劳动只有当它被带到市场上去的那一瞬间才被创造出来,或者不如说,劳动是在它被创造出来以前被带到市场上去的。"(《评政治经济学上若干用语的争论》第 75、76 页)

　　[23] "如果把劳动看成一种商品,而把资本,劳动的产品,看成另一种商品,并且假定这两种商品的价值是由相同的劳动量来决定的,那么一定量的

从劳动分为对象化劳动和活劳动这一形式上的区别而引出较多量劳动同较少量劳动相交换,这是徒劳无益的。[24] 因为商品的价值不是由实际对象化在商品中的劳动量来决定,而是由生产该商品所必要的活劳动的量来决定,所以这种做法就更加荒谬了。[613—615]

实际上,在商品市场上同货币占有者直接对立的不是劳动,而是工人。工人出卖的是他的劳动力。当工人的劳动实际上开始了的时候,它就不再属于工人了,因而也就不再能被工人出卖了。劳动是价值的实体和内在尺度,但是它本身没有价值。[25][615]

现在,我们首先来考察一下,劳动力的价值和价格是怎样表现为它的转化形式,即表现为工资的。

我们知道,劳动力的日价值是根据工人的一定的寿命来计算的,而同工人的一定的寿命相适应的是一定长度的工作日[179]。假定一个普通工作日是 12 小时,劳动力的日价值是 3 先令,而这 3 先令是一个体现 6 个劳动小时的价值的货币表现。如果工人获得了 3 先令,他就获得了他的在 12 小时内执行职能的劳动力的价值。现在如果劳动力的这个日价值当做日劳动的价值来表现,那

劳动就会……和同量劳动所生产的资本量相交换;过去的劳动就会……和同量的现在的劳动相交换。但是,劳动的价值同其他商品相比……不是由同量劳动决定的。"(爱·吉·韦克菲尔德对他出版的亚·斯密《国富论》所加的注。1835 年伦敦版第 1 卷第 230、231 页)

(24) "必须同意〈"社会契约"的又一翻版[178]〉,每当已经完成的劳动同将要完成的劳动相交换时,后者〈资本家〉获得的价值必须多于前者〈工人〉。"(西蒙〈即西斯蒙第〉《论商业财富》1803 年日内瓦版第 1 卷第 37 页)

(25) "劳动,即价值的唯一尺度……一切财富的创造者,不是商品。"(托·霍吉斯金《通俗政治经济学》第 186 页)

就会得出这样一个公式：12 小时的劳动有 3 先令价值。这样一来，劳动力的价值就决定劳动的价值，或者用货币来表现，就决定劳动的必要价格。如果劳动力的价格同它的价值相偏离，那么劳动的价格也就会同它的所谓价值相偏离。

既然劳动的价值只是劳动力的价值的不合理的用语，那么不言而喻，劳动的价值必定总是小于劳动的价值产品，因为资本家总是使劳动力执行职能的时间超过再生产劳动力本身的价值所需要的时间。在上述例子中，在 12 小时内执行职能的劳动力的价值是 3 先令，为了再生产这一价值，劳动力需要执行职能 6 小时。可是劳动力的价值产品是 6 先令，因为劳动力实际上执行职能 12 小时，而劳动力的价值产品不是由劳动力本身的价值来决定的，而是由劳动力执行职能的时间长短来决定的。这样，我们就会得到一个一看就是荒谬的结果：创造 6 先令价值的劳动有 3 先令价值。[27]

其次，我们看到，体现工作日的有酬部分即 6 小时劳动的 3 先令价值，表现为包含六小时无酬劳动在内的整个十二小时工作日的价值或价格。于是，工资的形式消灭了工作日分为必要劳动和剩余劳动、分为有酬劳动和无酬劳动的一切痕迹。全部劳动都表现为有酬劳动。在徭役劳动下，服徭役者为自己的劳动和为地主的强制劳动在空间上和时间上都是明显地分开的。在奴隶劳动下，连奴隶只是用来补偿他本身的生活资料的价值的工作日部分，即他实际上为自己劳动的工作日部分，也表现为为主人的劳动。

（27）　参看《政治经济学批判》第 40 页[180]。我曾在那里指出，在考察资本时应当解决这个问题："为什么在纯粹由劳动时间决定的交换价值的基础上进行的生产，结果竟会使劳动的交换价值小于这劳动的产品的交换价值？"

他的全部劳动都表现为无酬劳动。[28]相反地,在雇佣劳动下,甚至剩余劳动或无酬劳动也表现为有酬劳动。在奴隶劳动下,所有权关系掩盖了奴隶为自己的劳动,而在雇佣劳动下,货币关系掩盖了雇佣工人的无代价劳动。

因此可以懂得,为什么劳动力的价值和价格转化为工资形式,即转化为劳动本身的价值和价格,具有决定性的重要意义。这种表现形式掩盖了现实关系,正好显示出它的反面。工人和资本家的一切法的观念,资本主义生产方式的一切神秘性,这一生产方式所产生的一切自由幻觉,庸俗经济学的一切辩护遁词,都是以这个表现形式为依据的。[617—619]

第十八章
计 时 工 资

工资本身又采取各种各样的形式,这种情况从那些过分注重材料而忽视一切形式区别的经济学教程中是了解不到的。但是,阐述所有这些形式是属于专门研究雇佣劳动的学说的范围[182],因而不是本书的任务。不过,这里要简单地说明一下两种占统治地位的基本形式。

我们记得,劳动力总是按一定时期来出卖的[183]。因此,直接表现劳动力的日价值、周价值等等的转化形式,就是"计时工资"

---

(28) 伦敦一家天真到愚蠢程度的自由贸易派[21]机关报《晨星报》[181],在美国南北战争[37]时期,一再以人类所能有的义愤断言,"南部同盟"的黑人的劳动是完全无代价的。最好请它把这种黑人的一天的费用同例如伦敦东头的自由工人的一天的费用比较一下。

的形式,也就是日工资等等。[623]

工人靠日劳动、周劳动等等得到的货币额[30],形成他的名义的即按价值计算的工资额。但是很明显,依照工作日的长短,即依照工人每天所提供的劳动量,同样的日工资、周工资等等可以代表极不相同的劳动价格,也就是说,可以代表对同量劳动所支付的极不相同的货币额。[31] 因而,在考察计时工资时必须再把工资总额,即日工资、周工资等等的总额和劳动价格区别开来。但怎样得出这个价格,即一定量劳动的货币价值呢? 劳动力的平均日价值除以平均工作日的小时数,就得出平均的劳动价格。如果劳动力的日价值是 3 先令,即 6 个劳动小时的价值产品,而工作日为 12 小时,那么一个劳动小时的价格 $=\dfrac{3\ \text{先令}}{12}=3$ 便士。这样得出的劳动小时的价格就是劳动价格的单位尺度。[624]

一般的规律就是:如果日劳动、周劳动等等的量已定,那么日工资或周工资就决定于劳动价格,而劳动价格本身或者是随着劳动力的价值而变化,或者是随着劳动力的价格与其价值的偏离而变化。反之,如果劳动价格已定,那么日工资或周工资就决定于日劳动或周劳动的量。[625—626]

第十九章
计 件 工 资

计件工资无非是计时工资的转化形式,正如计时工资是劳动

---

(30) 这里总是假定货币本身的价值是不变的。

(31) "劳动价格是对一定量劳动所支付的货币额。"(爱德华·威斯特爵士《谷物价格和工资》1826 年伦敦版第 67 页)威斯特是《论资本用于土地》(牛津大学大学学院一研究员著,1815 年伦敦版)这本在政治经济学史上有划时代意义的匿名著作的作者。

力的价值或价格的转化形式一样。

在实行计件工资的情况下，乍一看来，似乎工人出卖的使用价值不是他的劳动力的职能即活的劳动，而是已经对象化在产品中的劳动，似乎这种劳动的价格不是像计时工资那样，由 $\frac{劳动力的日价值}{一定小时数的工作日}$ 这个分数来决定，而是由生产者的工作效率来决定的[45]。[633]

现在我们比较详细地来考察一下计件工资的特点。

在这里，劳动的质量是由产品本身来控制的，产品必须具有平均的质量，计件价格才能得到完全的支付。从这方面说，计件工资是克扣工资和进行资本主义欺诈的最丰富的源泉。

计件工资给资本家提供了一个十分确定的计算劳动强度的尺度。只有体现在一个预先规定的并由经验确定的商品量中的劳动时间，才被看做是社会必要劳动时间，并当做这种劳动时间来支付报酬。因此，在伦敦较大的裁缝工场中，把某件产品，例如一件背心等等，叫做一小时或半小时等等，每小时付给6便士。从实践中知道，一小时的平均产品是多少。在做时装、改衣服等等时，雇主和工人之间常常会为某件产品是否等于一小时等等发生争执，最后还是要由经验来解决。在伦敦的家具制造厂等部门中也有类似

---

(45) "计件劳动制度标志着工人史上的一个时代；它是介于受资本家意志支配的普通短工的地位和不久的将来有希望一身兼任手工业者和资本家的合作手工业者之间的阶段。计件工人即使在靠企业主的资本从事劳动时，实际上也是自己的雇主。"(约翰·瓦茨《工会和罢工。机器和合作社》1865年曼彻斯特版第52、53页)我引用这本小册子，是因为它是一切早已陈腐的辩护滥调的真正臭水坑。就是这位瓦茨先生，以前曾热衷于欧文主义，并在1842年发表过另外一本小册子《政治经济学家的事实和臆想》，在那里，他说财产就是掠夺。这已经是很久以前的事了。

的情况。如果工人没有平均的工作效率,因而不能提供一定的最低限度的日劳动,他就会被解雇。[49]

既然劳动的质量和强度在这里是由工资形式本身来控制的,那么对劳动的监督大部分就成为多余的了。因此,计件工资的形式既形成前面所说的现代家庭劳动的基础[184],也形成层层剥削和压迫的制度的基础。后一种制度有两种基本形式。一方面,计件工资使资本家和雇佣工人之间的寄生者的中间盘剥即包工制(subletting of labour)更容易实行。中间人的利润完全来自资本家支付的劳动价格和中间人实际付给工人的那部分劳动价格之间的差额。[50]〔635—637〕

实行了计件工资,很自然,工人的个人利益就会使他尽可能紧张地发挥自己的劳动力,而这使资本家容易提高劳动强度的正常程度。[51a]同样,延长工作日也是工人的个人利益之所在,因为这

—————————

(49) "交给他〈纺纱工人〉一定重量的棉花。经过一定时间,他必须交出一定重量的有一定精细程度的线或纱,并且根据这样提供的每一磅产品,得到一定的报酬。如果产品的质量不好,他就要受罚;如果产品数量少于一定时期规定的最低限度,他就会被解雇,就会被更能干的工人所代替。"(尤尔《工厂哲学》1835年伦敦版第316、317页)

(50) "如果一件劳动产品要经过许多人的手,他们都要从中分取利润,而只有最后一双手才从事劳动,那么女工最后得到的报酬就微乎其微了。"(《童工调查委员会。第2号报告》第LXX页第424号)

(51a) 人们往往人为地助长这种自然的结果。例如,伦敦的机器制造业中惯用的诡计是:"资本家挑选一名特别强壮和灵巧的人做一定数量工人的头头。每到一个季度或其他期限付给他以追加工资,条件是他拼命地干,以促使他的那些只领取普通工资的同伴也跟着拼命地干……这不用进一步解释就可以说明,为什么资本家抱怨说,'工联限制劳动、卓越技能和劳动力的发挥'。"(托·约·邓宁《工联和罢工》1860年伦敦版第22、23页)因为作者本人就是工人和工联书记,人们也许会认为他的话过于夸张。但是请看

样可以提高他的日工资或周工资。[52] 这就会引起那种在研究计时工资时已经指出过的反作用[185]，更不用说，即使在计件工资保持不变的情况下，工作日的延长本身就包含着劳动价格的下降。[637—638]

第二十章
工资的国民差异

我们已经说过，只要把劳动力的价值或价格换成外在的工资形式，那里的一切规律就会转化为工资运动的规律[186]。在这一运动中表现为各种变动着的组合的情况，对于不同的国家说来，会表现为各个国民工资的同一时期的差异。因此，在比较国民工资时，必须考虑到决定劳动力的价值量的变化的一切因素：自然的和历史地发展起来的首要的生活必需品的价格和范围，工人的教育费用，妇女劳动和儿童劳动的作用，劳动生产率，劳动的外延量和内涵量。即使作最肤浅的比较，首先也要求把不同国家同一行业的平均日工资化为长度相等的工作日。在对日工资作了这样换算以后，还必须把计时工资换算为计件工资，因为只有计件工资才是计

一看，比如说，约·查·摩尔顿的"受人推崇的"农业百科全书吧，在"工人"一条里，这个方法是当做一种卓有成效的方法向租地农场主们推荐的。

(52) "所有拿计件工资的人……由于劳动超过法定界限而获得利益。这种从事额外时间的劳动的愿望，在织布女工和绞纱女工中间尤为常见。"(《工厂视察员报告。1858 年 4 月 30 日》第 9 页)"这种计件工资制对资本家非常有利……它直接促使少年陶工在四五年内从事过长的额外劳动，而得到的却是按低价支付的计件工资。这是引起陶工身体衰退的主要原因之一。"(《童工调查委员会。第 1 号报告》第 XIII 页)

算劳动生产率和劳动内涵量的尺度。

　　每一个国家都有一个中等的劳动强度,在这个强度以下的劳动,在生产一个商品时所耗费的时间要多于社会必要劳动时间,所以不能算做正常质量的劳动。在一个国家内,只有超过国民平均水平的强度,才会改变单纯按劳动的持续时间进行的价值计量。在以各个国家作为组成部分的世界市场上,情形就不同了。国家不同,劳动的中等强度也就不同;有的国家高些,有的国家低些。于是各国的平均数形成一个阶梯,它的计量单位是世界劳动的平均单位。因此,强度较大的国民劳动比强度较小的国民劳动,会在同一时间内生产出更多的价值,从而表现为更多的货币。

　　但是,价值规律在其国际范围的应用,还会由于下述情况而发生更大的变化:只要生产效率较高的国家没有因竞争而被迫把它们的商品的出售价格降低到和商品的价值相等的程度,生产效率较高的国民劳动在世界市场上也被算做强度较大的劳动。

　　一个国家的资本主义生产越发达,那里的国民劳动的强度和生产率,就越超过国际水平。[64a] 因此,不同国家在同一劳动时间内所生产的同种商品的不同量,有不同的国际价值,从而表现为不同的价格,即表现为按各自的国际价值而不同的货币额。所以,货币的相对价值在资本主义生产方式较发达的国家里,比在资本主义生产方式不太发达的国家里要小。由此可以得出结论:名义工资,即表现为货币的劳动力的等价物,在前一种国家会比在后一种国家高;但这决不是说,实际工资即供工人支配的生活资料也是这样。

　　(64a)　我们将在别处研究,哪些和生产率有关的情况能够在个别生产部门使这一规律发生变化。

但是即使撇开不同国家货币价值的这种相对的差异,也常常可以发现,日工资、周工资等等在前一种国家比在后一种国家高,而相对的劳动价格,即同剩余价值和同产品价值相比较的劳动价格,在后一种国家却比在前一种国家高。[(65)][644—646]

---

(65) 詹姆斯·安德森在同亚·斯密论战时说过:"同样应当指出,虽然在农产品特别是谷物便宜的贫国中,劳动价格表面上通常较低,其实在那里,劳动价格实际上大都比其他国家高。因为工人每日获得的工资,虽然是劳动的表面价格,但是并不代表劳动的实际价格。实际价格是已完成的一定量劳动使企业主实际上花去的费用。从这个观点看来,劳动在富国几乎总是比在贫国便宜,虽然谷物和其他生活资料的价格在贫国通常比富国低得多……按日计酬的劳动在苏格兰比在英格兰贱得多…… 而按件计酬的劳动一般在英格兰较贱。"(詹姆斯·安德森《论激励民族创业精神的手段》1777年爱丁堡版第350、351页)——相反地,工资的低廉又引起劳动的昂贵。"劳动在爱尔兰比在英格兰贵……因为那里的工资低得多。"(《皇家铁道委员会报告》1867年版第2074号)

第 七 篇
资本的积累过程

　　一个货币额转化为生产资料和劳动力,这是要执行资本职能的价值量所完成的第一个运动。这个运动是在市场上,在流通领域内进行的。运动的第二阶段,生产过程,在生产资料转化为商品时就告结束,这些商品的价值大于其组成部分的价值,也就是包含原预付资本加上剩余价值。接着,这些商品必须再投入流通领域。必须出售这些商品,把它们的价值实现在货币上,把这些货币又重新转化为资本,这样周而复始地不断进行。这种不断地通过同一些连续阶段的循环,就形成资本流通。[651]

　　我们在这里一方面假定,生产商品的资本家按照商品的价值出售商品,而不去进一步研究资本家如何回到商品市场:既不研究资本在流通领域里所采取的那些新形式,也不研究这些形式所包含的再生产的具体条件。另一方面,我们把资本主义的生产者当做全部剩余价值的所有者,或者,不妨把他当做所有参加分赃的人的代表。所以,我们首先抽象地来考察积累,也就是把积累只看做直接生产过程的一个要素。[652]

第二十一章
简单再生产

不管生产过程的社会的形式怎样,生产过程必须是连续不断的,或者说,必须周而复始地经过同样一些阶段。一个社会不能停止消费,同样,它也不能停止生产。因此,每一个社会生产过程,从经常的联系和它不断更新来看,同时也就是再生产过程。

生产的条件同时也就是再生产的条件。任何一个社会,如果不是不断地把它的一部分产品再转化为生产资料或新生产的要素,就不能不断地生产,即再生产。在其他条件不变的情况下,社会在例如一年里所消费的生产资料,即劳动资料、原料和辅助材料,只有在实物形式上为数量相等的新物品所替换,社会才能在原有的规模上再生产或保持自己的财富,这些新物品要从年产品总量中分离出来,重新并入生产过程。因此,一定量的年产品是属于生产的。这部分本来供生产消费之用的产品,就采取的实物形式来说,大多数不适于个人消费。

生产具有资本主义的形式,再生产也就具有同样的形式。在资本主义生产方式下,劳动过程只表现为价值增殖过程的一种手段,同样,再生产也只表现为把预付价值作为资本即作为自行增殖的价值来再生产的一种手段。某个人之所以扮演资本家的经济角色,只是因为他的货币不断地执行资本的职能。比如说,如果100镑预付货币额在今年转化为资本,生产了20镑剩余价值,那么,在明年及以后各年它必须重复同样的活动。剩余价值作为资本价值的周期增加额或处在过程中的资本的周期果实,取得了来源于资本的收入[Revenue ①]的形式。[1]

如果这种收入只是充当资本家的消费基金，或者说，它周期地获得，也周期地消费掉，那么，在其他条件不变的情况下，这就是简单再生产。虽然简单再生产只是生产过程在原来规模上的重复，但是这种单纯的重复或连续，赋予这个过程以某些新的特征，或者不如说，消除它仅仅作为孤立过程所具有的虚假特征。

生产过程是以购买一定时间的劳动力作为开端的，每当劳动的售卖期限届满，从而一定的生产期间（如一个星期，一个月等等）已经过去，这种开端就又更新。但是，工人只是在自己的劳动力发挥了作用，把它的价值和剩余价值实现在商品上以后，才得到报酬。因此，工人既生产了我们暂时只看做资本家的消费基金的剩余价值，也生产了付给他自己报酬的基金即可变资本，而后者是在它以工资形式流回到工人手里之前生产的，只有当他不断地再生产这种基金的时候，他才被雇用。[……]当然，资本家用货币把这个商品价值支付给工人。但这些货币不过是劳动产品的转化形式。当工人把一部分生产资料转化为产品的时候，他以前的一部分产品就再转化为货币。工人今天的劳动或下半年的劳动是用他上星期的劳动或上半年的劳动来支付的。只要我们不是考察单个资本家和单个工人，而是考察资本家阶级和工人阶级，货币形式

（1）"消费别人劳动产品的富人，只有通过交换行为〈购买商品〉才能获得这种产品。因此，他们似乎很快就会花光自己的准备金……　但是在这种社会制度下，财富获得了一种通过别人劳动而再生产出来的力量……　财富，和劳动一样，并且通过劳动，每年提供果实，这种果实每年可以被消费掉，但不会使富人变穷。这种果实就是来源于资本的收入。"（西斯蒙第《政治经济学新原理》第 1 卷第 81、82 页）

① 见本卷第 266—267 页。——编者注

所造成的错觉就会立即消失。［653—655］

因此，可变资本不过是工人为维持和再生产自己所必需的生活资料基金或劳动基金的一种特殊的历史的表现形式；这种基金在一切社会生产制度下都始终必须由劳动者本身来生产和再生产。劳动基金所以不断以工人劳动的支付手段的形式流回到工人手里，只是因为工人自己的产品不断以资本的形式离开工人。但是劳动基金的这种表现形式丝毫没有改变这样一个事实：资本家把工人自己的对象化劳动预付给工人。［655］

诚然，只有从生产过程的不断更新来考察资本主义生产过程，可变资本才会失去从资本家私人基金中预付的价值的性质。(4a) 但是，这一过程总要从某地某时开始。因此，从我们上面所持的观点来看，下面的情况是可能的：资本家曾经一度依靠某种与无酬的他人劳动无关的原始积累而成为货币占有者，因而能够作为劳动力的购买者进入市场。然而，资本主义生产过程的单纯连续或者说简单再生产，还会引起其他一些特殊的变化，这些变化不仅影响资本的可变部分，而且影响整个资本。

如果 1 000 镑资本周期地（例如每年）创造剩余价值 200 镑，而这些剩余价值每年又都被消费掉，那就很清楚，同一过程重复五年以后，所消费的剩余价值量＝5×200，也就是等于原预付资本价值 1 000 镑。如果年剩余价值只是部分地被消费掉，例如只消费掉一半，那么，在生产过程重复 10 年以后，也会产生同样的结果，

(4a) "manufacturer〈即制造业工人〉的工资虽然由雇主预付，但实际上雇主没有破费什么，因为这些工资的价值通常总是带着利润，在工人的劳动加于其上的对象的增大的价值中又被保留下来。"（亚·斯密《国富论》第 2 篇第 3 章第 355 页）

因为 $10 \times 100 = 1\ 000$。总之,预付资本价值除以每年所消费的剩余价值,就可以求出,经过若干年或者说经过若干个再生产期间,原预付资本就会被资本家消费掉,因而消失了。资本家认为,他所消费的是他人无酬劳动的产品即剩余价值,而保存了原资本价值,但这种看法绝对不能改变事实。经过若干年以后,资本家占有的资本价值就等于他在这若干年不付等价物而占有的剩余价值额,而他所消费的价值额就等于原有资本价值。[656—657]

因此,撇开一切积累不说,生产过程的单纯连续或者说简单再生产,经过一个或长或短的时期以后,必然会使任何资本都转化为积累的资本或资本化的剩余价值。即使资本在进入生产过程的时候是资本使用者本人挣得的财产,它迟早也要成为不付等价物而被占有的价值,成为无酬的他人劳动在货币形式或其他形式上的化身。[657—658]

工人本身不断地把客观财富当做资本,当做同他相异己的、统治他和剥削他的权力来生产,而资本家同样不断地把劳动力当做主观的、同它本身对象化在其中和借以实现的资料相分离的、抽象的、只存在于工人身体中的财富源泉来生产,一句话,就是把工人当做雇佣工人来生产。(6)工人的这种不断再生产或永久化是资本主义生产的必不可少的条件。

工人的消费有两种。在生产本身中他通过自己的劳动消费生产资料,并把生产资料转化为价值高于预付资本价值的产品。这

---

(6)　"确实,一种工场手工业最初采用时,会使许多贫民得到工作;但他们依然贫穷,而且这种工场手工业的继续经营又会造成更多的贫民。"(《限制羊毛出口的理由》1677 年伦敦版第 19 页)"租地农场主荒谬地断言他维持穷人生活。实际上,穷人被维持在贫困生活中。"(《最近济贫税增加的理由,或劳动价格和粮食价格的比较研究》1777 年伦敦版第 31 页)

是他的生产消费。同时这也是购买他的劳动力的资本家对他的劳动力的消费。另一方面,工人把购买他的劳动力而支付给他的货币用于生活资料:这是他的个人消费。[659]

只要我们考察的不是单个资本家和单个工人,而是资本家阶级和工人阶级,不是孤立的商品生产过程,而是在社会范围内不断进行的资本主义生产过程,情况就不同了。当资本家把自己一部分资本转变为劳动力时,他就由此增殖了自己的总资本。他一举两得。他不仅从他由工人那里取得的东西中,而且从他给工人的东西中获取利益。用来交换劳动力的资本转化为生活资料,这种生活资料的消费是为了再生产现有工人的肌肉、神经、骨骼、脑髓和生出新的工人。因此,工人阶级的个人消费,在绝对必要的限度内,只是把资本用来交换劳动力的生活资料再转化为可供资本重新剥削的劳动力。这种消费是资本家最不可少的生产资料即工人本身的生产和再生产。可见,工人的个人消费,不论在工场、工厂等以内或以外,在劳动过程以内或以外进行,总是资本生产和再生产的一个要素,正像擦洗机器,不论在劳动过程中或劳动过程的一定间歇进行,总是生产和再生产的一个要素一样。[660]

从社会角度来看,工人阶级,即使在直接劳动过程以外,也同死的劳动工具一样是资本的附属物。甚至工人阶级的个人消费,在一定限度内,也不过是资本再生产过程的一个要素。不过,这个过程关心的是,它不让这些有自我意识的生产工具在它不断使他们的劳动产品从他们这一极移到资本那一极时跑掉。个人消费一方面保证他们维持自己和再生产自己,另一方面通过生活资料的耗费来保证他们不断重新出现在劳动市场上。罗马的奴隶是由锁链,雇佣工人则由看不见的线系在自己的所有者手里。他的独立性这种假象是由雇主的经常更换以及契约的法律拟制[85]来保持

的。[661—662]

因此,资本主义生产过程在本身的进行中,再生产出劳动力和劳动条件的分离。这样,它就再生产出剥削工人的条件,并使之永久化。它不断迫使工人为了生活而出卖自己的劳动力,同时不断使资本家能够为了发财致富而购买劳动力。[17]现在已经不再是偶然的事情使资本家和工人作为买者和卖者在商品市场上相对立。过程本身必定把工人不断地当做自己劳动力的卖者投回商品市场,并把工人自己的产品不断地转化为资本家的购买手段。实际上,工人在把自己出卖给资本家以前就已经属于资本了。工人在经济上的隶属地位[18],是通过他的卖身行为的周期更新、雇主的更换和劳动的市场价格的变动来实现的,同时又被这些事实所掩盖。

可见,资本主义生产过程,在联系中加以考察,或作为再生产过程加以考察时,不仅生产商品,不仅生产剩余价值,而且还生产

---

(17) "工人为了生活而需要生活资料,雇主为了获利而需要劳动。"(西斯蒙第《政治经济学新原理》巴黎版第 1 卷第 91 页)

(18) 达勒姆郡存在着这种隶属地位的农村粗野形式。有几个郡,当地的条件不能保证租地农场主对农业短工的无可争辩的所有权,达勒姆郡就是其中的一个。采矿业使农业短工有选择的机会。因此,在这些地方,租地农场主打破惯例,只承租筑有工人小屋的土地。小屋租金就是工资的一部分。这些小屋叫做"农业工人房舍"。工人要租这些小屋必须完成一定的封建义务,租赁契约就叫做"bondage"["依附关系"],按照这种束缚工人的契约,例如工人在外地做工的时候,必须由他的女儿或其他人代他工作。工人本人叫bondsman,即依附农。这种关系还从一个全新的角度表明,工人的个人消费就是为资本的消费或生产消费。"值得注意的是,甚至这种依附农的粪便都成了他的利欲熏心的主子的一项额外收入…… 租地农场主除了自己的厕所以外,不许邻近有别的厕所,而且不容许对这方面的领主权有任何侵犯。"(《公共卫生。第 7 号报告。1864 年》第 188 页)

和再生产资本关系本身：一方面是资本家，另一方面是雇佣工人。[20]［665—667］

第二十二章
剩余价值转化为资本

1. 规模扩大的资本主义生产过程。商品生产所有权规律转变为资本主义占有规律

我们以前考察了剩余价值怎样从资本产生[187]，现在我们考察资本怎样从剩余价值产生。把剩余价值当做资本使用，或者说，把剩余价值再转化为资本，叫做资本积累。[21]

首先，我们从单个资本家的角度来考察这个过程。例如，一个纱厂主预付了1万镑的资本，其中 $\frac{4}{5}$ 用于棉花、机器等等，其余 $\frac{1}{5}$

---

(20)　"资本以雇佣劳动为前提，而雇佣劳动又以资本为前提。两者相互制约；两者相互产生。一个棉纺织厂的工人是不是只生产棉织品呢？不是，他生产资本。他生产重新供人利用去支配他的劳动并通过他的劳动创造新价值的价值。"(卡尔·马克思《雇佣劳动与资本》，载于《新莱茵报》[12]1849年4月7日第266号)用这个标题在《新莱茵报》上发表的文章，是1847年我在布鲁塞尔德意志工人协会[10]就这个题目发表的演说的一部分；文章的登载由于二月革命[11]而中断。

(21)　"资本积累就是把收入的一部分当做资本使用。"(马尔萨斯《政治经济学定义》，卡泽诺夫编，第11页)"收入转化为资本。"(马尔萨斯《政治经济学原理》1836年伦敦第2版320页)

用于工资。假定他每年生产棉纱 24 万磅,价值为 12 000 镑。如果剩余价值率为 100%,剩余价值就包含在 4 万磅棉纱的剩余产品或纯产品中,它占总产品的$\frac{1}{6}$,价值 2 000 镑。这 2 000 镑价值将由出售而实现。2 000 镑的价值额就是 2 000 镑的价值额。从这笔货币上既嗅不出也看不出它是剩余价值。一个价值是剩余价值这一点,表明这一价值怎样来到它的所有者手里,但是丝毫也不能改变价值或货币的本性。

因此,纱厂主要把他新增加的 2 000 镑货币转化为资本,在其他条件不变的情况下,就得预付其中的$\frac{4}{5}$去购买棉花等物,$\frac{1}{5}$去购买新的纺纱工人,这些纺纱工人会在市场上找到生活资料,而生活资料的价值已由纱厂主预付给他们了。于是,这 2 000 镑新资本就在纺纱厂中执行职能,并又带来 400 镑的剩余价值。

资本价值最初是以货币形式预付的;相反,剩余价值一开始就作为总产品的一定部分的价值而存在。如果总产品卖出去,转化为货币,那么资本价值就又取得了自己最初的形式,而剩余价值则改变了自己最初的存在方式。但是从这时候起,资本价值和剩余价值二者都成了货币额,并且以完全相同的方式重新转化为资本。资本家把这二者都用来购买商品,以便能够重新开始制造自己的产品,而这次是在扩大规模上进行的。[668—669]

要积累,就必须把一部分剩余产品转化为资本。但是,如果不是出现了奇迹,能够转化为资本的,只是在劳动过程中可使用的物品,即生产资料,以及工人用以维持自身的物品,即生活资料。所以,一部分年剩余劳动必须用来制造追加的生产资料和生活资料,它们要超过补偿预付资本所需的数量。总之,剩余价值所以能转化为资本,只是因为剩余产品(它的价值就是剩余价值)已经包含

了新资本的物质组成部分。(21a)

但要使这些组成部分真正执行资本的职能，资本家阶级还需要追加劳动。如果从外延方面或内涵方面都不能增加对已经就业的工人的剥削，那就必须雇用追加的劳动力。而资本主义生产的机制也已经考虑到了这一点，因为它把工人阶级当做靠工资过活的阶级再生产出来，让他们的通常的工资不仅够用来维持自己，而且还够用来进行繁殖。资本只要把工人阶级每年向它提供的各种年龄的追加劳动力同已经包含在年产品中的追加生产资料合并起来，剩余价值向资本的转化就完成了。具体说来，积累就是资本以不断扩大的规模进行的再生产。简单再生产的循环改变了，按照西斯蒙第的说法[188]，变成螺旋形了。(21b)

现在我们再回过头来谈我们所举的例子。这是亚伯拉罕生以撒，以撒生雅各等等的老故事。[189] 10 000 镑原有资本带来 2 000 镑剩余价值，这些剩余价值资本化了；新的 2 000 镑资本又带来 400 镑剩余价值；这个剩余价值又资本化了，于是转化为第二个追加资本，又带来 80 镑新的剩余价值，依此类推。[670—671]

原有资本是由预付 10 000 镑而形成的。它的占有者是从哪

(21a) 这里我们把出口贸易撇开不说。一个国家借助出口贸易可以使奢侈品转变为生产资料或生活资料，或者也可以反过来。为了对我们的研究对象在其纯粹的状态下进行考察，避免次要情况的干扰，我们在这里必须把整个贸易世界看做一个国家，并且假定资本主义生产已经到处确立并占据了一切产业部门。

(21b) 西斯蒙第对积累的分析有一个很大的缺点，就是他太满足于"收入①转变为资本"这句话，而没有深究这个活动的物质条件。

① 见本卷第 266—267 页。——编者注

里得到它的呢？是通过他本人的劳动和他的祖先的劳动得到的！——政治经济学的代表人物一致这样回答我们[21c]，而他们的这种假定好像真的是唯一符合商品生产的规律的。

2 000 镑追加资本的情况就完全不同了。它的产生过程我们是一清二楚的。这是资本化了的剩余价值。它一开始就没有一个价值原子不是由无酬的他人劳动产生的。[671—672]

如果追加资本所雇用的就是把它生产出来的人，那么他们首先必须继续使原有资本增殖，其次要对自己过去劳动的产品用比它所费劳动更多的劳动买回来。如果我们把这看做资本家阶级和工人阶级之间的交易，那么，即使用从前雇用的工人的无酬劳动来雇用追加的工人，问题的实质也不会有丝毫改变。资本家也许还把追加资本转化为机器，而机器又把这种追加资本的生产者抛向街头，用几个儿童来代替他们。不管怎样，工人阶级总是用他们这一年的剩余劳动创造了下一年雇用追加劳动的资本。[22]这就是所谓"资本生资本"**190**。

第一个追加资本 2 000 镑的积累的前提，是资本家所预付的、由于他的"最初劳动"而属于他的 10 000 镑价值额。而第二个追加资本 400 镑的前提，只能是第一个追加资本 2 000 镑的先行积累，400 镑就是这 2 000 镑的资本化的剩余价值。现在，对过去无酬劳动的所有权，成为现今以日益扩大的规模占有活的无酬劳动的唯一条件。资本家积累得越多，他就越能更多地

（21c）　"最初的劳动是他的资本产生的由来。"（西斯蒙第《政治经济学新原理》巴黎版第 1 卷第 109 页）

（22）　"在资本使用劳动以前，劳动就创造了资本。"（爱·吉·韦克菲尔德《英国和美国》1833 年伦敦版第 2 卷第 110 页）

积累。

既然构成第一个追加资本的剩余价值,是用一部分原资本购买劳动力的结果,而这种购买符合商品交换的规律,从法律上看来,这种购买的前提不外是工人自由地支配自己的能力,而货币或商品的占有者自由地支配属于他的价值;既然第二个追加资本等等不过是第一个追加资本的结果,因而是前一种关系的结果;既然每一次交易始终符合商品交换的规律,资本家总是购买劳动力,工人总是出卖劳动力,甚至可以假定这种交易是按劳动力的实际价值进行的;那么很明显,以商品生产和商品流通为基础的占有规律或私有权规律,通过它本身的、内在的、不可避免的辩证法转变为自己的直接对立物。表现为最初活动的等价物交换,已经变得仅仅在表面上是交换,因为,第一,用来交换劳动力的那部分资本本身只是不付等价物而占有的他人的劳动产品的一部分;第二,这部分资本不仅必须由它的生产者即工人来补偿,而且在补偿时还要加上新的剩余额。这样一来,资本家和工人之间的交换关系,仅仅成为属于流通过程的一种表面现象,成为一种与内容本身无关的并只是使它神秘化的形式。劳动力的不断买卖是形式。其内容则是,资本家用他总是不付等价物而占有的他人的已经对象化的劳动的一部分,来不断再换取更大量的他人的活劳动。最初,在我们看来,所有权似乎是以自己的劳动为基础的。至少我们应当承认这样的假定,因为互相对立的仅仅是权利平等的商品占有者,占有他人商品的手段只能是让渡自己的商品,而自己的商品又只能是由劳动创造的。现在,所有权对于资本家来说,表现为占有他人无酬劳动或它的产品的权利,而对于工人来说,则表现为不能占有自己的产品。所有权和劳动的分离,成了似乎是一个以它们的同一性为出发点的

规律的必然结果。(23)[672—674]

交换规律只要求彼此出让的商品的交换价值相等。这一规律甚至从来就要求商品的使用价值各不相同,并且同它们的消费毫无关系,因为消费只是在买卖结束和完成以后才开始的。

可见,货币最初转化为资本,是完完全全符合商品生产的经济规律以及由此产生的所有权的。尽管这样,这种转化仍然有以下的结果:

1. 产品属于资本家,而不属于工人;

2. 这一产品的价值除包含预付资本的价值外,还包含剩余价值,后者要工人耗费劳动,而不要资本家耗费任何东西,但它却成为资本家的合法财产;

3. 工人保持了自己的劳动力,只要找到买者就可以重新出卖。

简单再生产仅仅是这种最初的活动的周期反复。货币总是一次又一次地重新转化为资本。因此,规律并没有遭到违反,相反地,只是得到不断发生作用的机会。[675]

如果简单再生产为规模扩大的再生产,为积累所代替,事情也还是一样。在前一种情况下,资本家花费了全部剩余价值,在后一种情况下,他只消费了剩余价值的一部分,而把其余部分转化为货币,以此表现了自己的公民美德。[676]

尽管每一个单独考察的交换行为仍遵循交换规律,但占有方式却会发生根本的变革,而这丝毫不触犯与商品生产相适应的所

---

(23) 资本家对他人劳动产品的所有权"是占有规律的严酷的结果,但这个规律的基本原则却是每个工人对自己的劳动产品拥有唯一的所有权"(舍尔比利埃《富或贫》1841年巴黎版第58页,但是这种辩证的转变,在那里并没有得到正确的阐明)。

有权。[677]

一旦劳动力由工人自己作为商品自由出卖,这种结果就是不可避免的。但只有从这时起,商品生产才普遍化,才成为典型的生产形式;只有从这时起,每一个产品才一开始就是为卖而生产,而生产出来的一切财富都要经过流通。只有当雇佣劳动成为商品生产的基础时,商品生产才强加于整个社会;但也只有这时,它才能发挥自己的全部潜力。说雇佣劳动的介入使商品生产变得不纯,那就等于说,商品生产要保持纯粹性,它就不该发展。商品生产按自己本身内在的规律越是发展成为资本主义生产,商品生产的所有权规律也就越是转变为资本主义的占有规律。

我们已经看到,甚至在简单再生产的情况下,全部预付资本,不管它的来源如何,都转化为积累的资本或资本化的剩余价值**191**。但在生产的巨流中,全部原预付资本,与直接积累的资本即重新转化为资本(不论它是在积累者手中,还是在他人手中执行职能)的剩余价值或剩余产品比较起来,总是一个近于消失的量(数学意义上的无限小的量)。[677—678]

3. 剩余价值分为资本和收入。节欲论

在前一章里,我们把剩余价值或剩余产品只是看做资本家的个人消费基金**192**,在这一章里,我们到现在为止把它只是看做积累基金。但是,剩余价值不仅仅是前者,也不仅仅是后者,而是二者兼而有之。剩余价值一部分由资本家作为收入(33)消费,另一

---

(33)　读者会注意到,收入[Revenue]一词有双重用法:第一是指剩余价值,即从资本周期地产生的果实;第二是指这一果实中被资本家周期地消费

部分用做资本或积累起来。

在剩余价值量已定时，这两部分中的一部分越大，另一部分就越小。[682—683]

资本家只有作为人格化的资本，他才有历史的价值[……]。也只有这样，他本身的暂时必然性才包含在资本主义生产方式的暂时必然性中。但既然这样，他的动机，也就不是使用价值和享受，而是交换价值和交换价值的增殖了。作为价值增殖的狂热追求者，他肆无忌惮地迫使人类去为生产而生产，从而去发展社会生产力，去创造生产的物质条件；而只有这样的条件，才能为一个更高级的、以每一个个人的全面而自由的发展为基本原则的社会形式建立现实基础。只有作为资本的人格化，资本家才受到尊敬。作为资本的人格化，他同货币贮藏者一样，具有绝对的致富欲。但是，在货币贮藏者那里表现为个人的狂热的事情，在资本家那里却表现为社会机制的作用，而资本家不过是这个社会机制中的一个主动轮罢了。此外，资本主义生产的发展，使投入工业企业的资本有不断增长的必要，而竞争使资本主义生产方式的内在规律作为外在的强制规律支配着每一个资本家。竞争迫使他不断扩大自己的资本来维持自己的资本，而他扩大资本只能靠累进的积累。

所以，就资本家的一切行动只是那个通过他才有了意志和意识的资本的职能而论，他的私人消费，对他来说也就成了对他的资本积累的掠夺，就像在意大利式簿记中资本家的私人开支被记在资本家的借方来同资本相对立一样。积累是对社会财富世界的征服。它在扩大被剥削的人身材料的数量的同时，也扩大了资本家

掉或加入他的消费基金的部分。我保留了这一双重意义，因为它同英法两国经济学家的用语相一致。

直接和间接的统治。[683—684]

在资本主义生产方式的历史初期,——而每个资本主义的暴发户都个别地经过这个历史阶段,——致富欲和贪欲作为绝对的欲望占统治地位。但资本主义生产的进步不仅创立了一个享乐世界;随着投机和信用事业的发展,它还开辟了千百个突然致富的源泉。在一定的发展阶段上,已经习以为常的挥霍,作为炫耀富有从而取得信贷的手段,甚至成了"不幸的"资本家营业上的一种必要。奢侈被列入资本的交际费用。此外,资本家财富的增长,不是像货币贮藏者那样同自己的个人劳动和个人消费的节约成比例,而是同他榨取别人的劳动力的程度和强使工人放弃一切生活享受的程度成比例的。因此,虽然资本家的挥霍从来不像放荡的封建主的挥霍那样是直截了当的,相反地,在它的背后总是隐藏着最肮脏的贪欲和最小心的盘算;但是资本家的挥霍仍然和积累一同增加,一方决不会妨害另一方。[685]

在极不相同的经济的社会形态中,不仅都有简单再生产,而且都有规模扩大的再生产,虽然程度不同。生产和消费会累进地增加,因此,转化为生产资料的产品也会累进地增加。但是,只要工人的生产资料,从而他的产品和生活资料,还没有以资本形式同他相对立,这个过程就不会表现为资本积累,因而也不会表现为资本家的职能。(46)[690]

---

(46) "最有助于国民资本进步的几种特殊收入,在它们各个不同发展阶段上是不同的,因此它们在处于这种发展的不同阶段的各个国家里也是截然不同的…… 在社会的初期阶段,同工资和地租相比,利润……是一个不重要的积累源泉…… 当国民劳动的力量真正得到显著发展时,利润作为一个积累源泉就相当重要了。"(理查·琼斯《国民政治经济学教程》第16、20、21页)

4. 几种同剩余价值分为资本和收入的比例无关但决定积累量的情况：劳动力的剥削程度；劳动生产力；所使用的资本和所消费的资本之间差额的扩大；预付资本的量

假设剩余价值分为资本和收入的比例已定,积累的资本量显然取决于剩余价值的绝对量。假定80%资本化,20%被消费掉,那么,积累的资本是2 400镑还是1 200镑,就要看剩余价值的总额是3 000镑还是1 500镑。可见,决定剩余价值量的一切情况也影响着积累的量。在这里我们对这些情况再作一次总括的说明,但是只限于它们在积累方面会提供新观点的范围。

我们记得,剩余价值率首先取决于劳动力的剥削程度[193]。政治经济学非常重视剥削程度的这种作用,以致有时把由于提高劳动生产力而造成的积累的加速和由于加强对工人的剥削而造成的积累的加速等同起来。[(48)] 在论述剩余价值的生产的那几篇里,我们总是假定工资至少和劳动力的价值相等。但是,把工资强行压低到这一价值以下,在实际运动中起着极为重要的作用,因此我们

---

(48) "李嘉图说:'在社会发展的不同阶段,资本或使用〈即剥削〉劳动的手段的积累有快有慢,但无论怎样都必然取决于劳动生产力。一般说来,在有大量肥沃土地的地方,劳动生产力最高。'假如这里所说的劳动生产力,是指每一产品中属于亲手生产该产品的人的那一部分很小,那么这段话就是同义反复,因为其余部分形成一个基金,只要它的所有者高兴,便可以用来积累资本。但是在土地最肥沃的地方,大多不会有这种情况。"(《评政治经济学上若干用语的争论》第74页)

不能不对这一点略加考察。在一定限度内,这实际上是把工人的必要消费基金转化为资本的积累基金。[691—692]

18 世纪末和 19 世纪的最初几十年间,英国的租地农场主和地主把工资强行降低到绝对的最低限度,他们以工资形式付给农业短工的钱比最低限度还要低,而以教区救济金的形式付给不足的部分。[694—695]

虽然在一切产业部门里,由劳动资料构成的不变资本部分,必须足够供由设备规模决定的一定数量的工人使用,但是它完全不必总是同所使用的劳动量按同一比例增加。假定某一工厂有 100 个工人,每人劳动 8 小时,共 800 个劳动小时。如果资本家想使这个劳动小时数增加一半,他可以再雇用 50 个工人,但这样一来,他不仅要在工资上预付新的资本,而且要在劳动资料上预付新的资本。不过他也可以使原有的 100 个工人不是劳动 8 小时而是劳动 12 小时,这样,现有的劳动资料就足够使用了,只是损耗得快一些罢了。可见,由提高劳动力的紧张程度而获得的追加劳动,没有不变资本部分的相应增加,也能够增加剩余产品和剩余价值,即积累的实体。[696]

资本积累的另一个重要的因素是社会劳动生产率的水平。

随着劳动生产力的提高,表现一定价值从而一定量剩余价值的产品量也会提高。在剩余价值率不变甚至下降,但其下降比劳动生产力的提高缓慢的情况下,剩余产品量也会增加。因此,在剩余产品分为收入和追加资本的比例保持不变的情况下,资本家的消费可以增加,而积累基金并不减少。积累基金的相对量甚至可以靠牺牲消费基金而增加,而由于商品变得便宜,资本家享用的消费品仍和过去相等甚至比过去还多。但是我们已经知道,工人之变得便宜,从而剩余价值率的增加,是同劳动生产率的提高携手并进的,即使在实际工资提高的情况下也是如此[194]。实际工资从来不会和劳动生产率按同一比例增加。这样,同一可变资本价值会推动更多的劳动力,从而推动更多的劳动。同一不变资本价值会表现为更多的生产资料,即表现为更多的劳动资料、劳动材料和辅助材料,从而会提供更多的形成产品和价值的要素,或者说,提供更多的吮吸劳动的要素。因此,在追加资本的价值不变甚至降低的情况下,积累仍然可以加快。不仅再生产的规模在物质上扩大了,而且剩余价值的生产也比追加资本的价值增长得更快。

劳动生产力的发展也会对原资本或已经处于生产过程中的资本发生反作用。执行职能的不变资本的一部分是由劳动资料如机器等等构成的,这些劳动资料只有经过一个较长的时期,才会被消费掉,因而被再生产出来或被同一种新的物品所替换。但是,这些劳动资料每年都有一部分死亡,或者说,达到了它的生产职能的终点。因此,每年都有一部分是处在周期的再生产或被同一种新的物品所替换的阶段。如果生产这些劳动资料的部门的劳动生产力发展了,而劳动生产力是随着科学和技术的不断进步而不断发展的,那么旧的机器、工具、器械等等就会被效率更高的、从功效来说更便宜的机器、工具和器械等等所代替。撇开现有的劳动资料在细节上的不断改进不说,旧的资本也会以生产效率更高的形式再生产出来。不变资本的另一部分,即原料和辅助材料在一年当中不断地再生产出来,而其中由农业生产的大多是一年再生产一次。因此,改良方法等等的每次采用,在这里对追加资本和已在执行职能的资本几乎同时发生影响。化学的每一个进步不仅增加有用物质的数量和已知物质的用途,从而随着资本的增长扩大投资领域。同时,它还教人们把生产过程和消费过程中的废料投回到再生产过程的循环中去,从而无须预先支出资本,就能创造新的资本材料。正像只要提高劳动力的紧张程度就能加强对自然财富的利用一样,科学和技术使执行职能的资本具有一种不以它的一定量为转移的扩张能力。同时,这种扩张能力对原资本中已进入更新阶段的那一部分也发生反作用。资本以新的形式无代价地合并了在它的旧形式背后所实现的社会进步。当然,生产力的这种发展同时会使正在执行职能的资本部分地贬值。只要这种贬值通过竞争被人们痛切地感觉到,主要负担就会落到工人身上,资本家力图用加强对工人剥削的办法来弥补自己的损失。

劳动把它所消费的生产资料的价值转移到产品上去。另一方面,一定量的劳动所推动的生产资料的价值和数量是同劳动的生产效率的提高成比例地增加的。因此,虽然同量的劳动始终只是给自己的产品增加同量的新价值,但是,随着劳动生产率的提高,同时由劳动转移到产品上的旧资本的价值仍会增加。[697—699]

随着资本的增长,所使用的资本和所消费的资本之间的差额也在增大。换句话说,劳动资料如建筑物、机器、排水管、役畜以及各种器械的价值量和物质量都会增加,这些劳动资料在或长或短的一个时期里,在不断反复进行的生产过程中,用自己的整体执行职能,或者说,为达到某种有用的效果服务,而它们本身却是逐渐损耗的,因而是一部分一部分地丧失自己的价值,也就是一部分一部分地把自己的价值转移到产品中去。这些劳动资料越是作为产品形成要素发生作用而不把价值加到产品中去,也就是说,它们越是整个地被使用而只是部分地被消费,那么,它们就越是像我们在上面说过的自然力如水、蒸汽、空气、电力等等那样,提供无偿的服务[195]。被活劳动抓住并赋予生命的过去劳动的这种无偿服务,会随着积累规模的扩大而积累起来。[701—702]

在劳动力的剥削程度已定的情况下,剩余价值量就取决于同时被剥削的工人人数,而工人人数和资本的量是相适应的,虽然它们的比例是变动着的。所以,资本由于连续的积累而增加得越多,分为消费基金和积累基金的价值额也就增加得越多。因此,资本家既能过更优裕的生活,又能更加"禁欲"。最后,生产的规模越是随着预付资本量一同扩大,生产的全部发条也就运作得越是有力。［702—703］

第二十三章
资本主义积累的一般规律

1. 在资本构成不变时,对劳动力的需求随积累的增长而增长

我们在这一章要研究资本的增长对工人阶级的命运产生的影响。在这种研究中,最重要的因素是资本的构成和它在积累过程进行中所起的变化。

资本的构成要从双重的意义上来理解。从价值方面来看,资本的构成是由资本分为不变资本和可变资本的比例,或者说,分为生产资料的价值和劳动力的价值即工资总额的比例来决定的。从在生产过程中发挥作用的物质方面来看,每一个资本都分为生产资料和活的劳动力;这种构成是由所使用的生产资料量和为使用这些生产资料而必需的劳动量之间的比例来决定的。我把前一种构成叫做资本的价值构成,把后一种构成叫做资本的技术构成。二者之间有密切的相互关系。为了表达这种关系,我把由资本技

术构成决定并且反映技术构成变化的资本价值构成,叫做资本的有机构成。凡是简单地说资本构成的地方,始终应当理解为资本的有机构成。

投入一定生产部门的许许多多单个资本,在构成上或多或少是不同的。把这些资本的一个个构成加以平均,就得出这个生产部门的总资本的构成。最后,把一切生产部门的平均构成加以总平均,就得出一个国家的社会资本的构成,我们以下要谈的归根到底只是这种构成。

资本的增长包含它的可变组成部分,即转变为劳动力的组成部分的增长。转化为追加资本的剩余价值总要有一部分再转化为可变资本,或追加的劳动基金。假定资本的构成不变,也就是说,为了推动一定量的生产资料或不变资本始终需要同量劳动力,同时其他情况也不变,那么,对劳动的需要和工人的生存基金,显然按照资本增长的比例而增长,而且资本增长得越快,它们也增长得越快。因为资本每年都生产出剩余价值,其中的一部分每年都并入原资本,因为这种增殖额本身随着已经执行职能的资本的规模的扩大每年都在增长,最后,因为在致富欲的特殊的刺激下,例如,在由于新发展起来的社会需要而开辟了新的市场、新的投资领域等等的情况下,只要改变剩余价值或剩余产品分为资本和收入的比例,积累的规模就能突然扩大,所以,资本的积累需要,能够超过劳动力或工人人数的增加,对工人的需要,能够超过工人的供给,这样一来,工资就会提高。只要上述假定一直不变,这种情况最终一定会发生。因为雇用的工人一年比一年多,所以迟早必定会出现这样的时候:积累的需要开始超过通常的劳动供给,于是工资提高。在整个 15 世纪和 18 世纪上半叶,在英国就可以听到这方面的怨言。但是这些多少有利于雇佣工人的维持和繁殖的情况,丝毫不会改变资本主义生产的基本性质。简单再生产不断地再生产出资本关系本身：一方面是资本家，另一方面是雇佣工人；同样，规模扩大的再生产或积累再生产出规模扩大的资本关系：一极是更多的或更大的资本家，另一极是更多的雇佣工人。劳动力必须不断地作为价值增殖的手段并入资本，不能脱离资本，它对资本的从属关系只是由于它时而卖给这个资本家，时而卖给那个资本家才被掩盖起来，所以，劳动力的再生产实际上是资本本身再生产的一个因素。因此，资本的积累就是无产阶级的增加。[70] **196** [707—709]

　　在以上所假定的对工人最有利的积累条件下，工人对资本的从属关系是采取可以忍受的，或者如伊登所说的"安适和宽松的"形式。随着资本的增长，这种关系不是更为加强，而只是更为扩大，也就是说，资本的剥削和统治的范围只是随着它本身的规模和它的臣民人数的增大而扩大。在工人自己所生产的日益增加的并且越来越多地转化为追加资本的剩余产品中，会有较大的部分以

----

　　(70)　卡尔·马克思《雇佣劳动与资本》。——"在群众受压迫的程度相同的情况下，一个国家的无产者越多，这个国家就越富。"（科兰《政治经济学。革命及所谓社会主义乌托邦的起源》1857 年巴黎版第 3 卷第 331 页）"无产者"在经济学上只能理解为生产和增殖"资本"的雇佣工人，只要他对"资本先生"（贝魁尔对这种人的称呼）的价值增殖的需要成为多余时，就被抛向街头。"原始森林中的病弱的无产者"是罗雪尔的奇妙的幻想。原始森林人是原始森林的所有主，他像猩猩一样毫不客气地把原始森林看做自己的财产。可见，他不是无产者。只有在原始森林剥削他，而不是他剥削原始森林时，他才是无产者。至于他的健康状况，那么，不仅完全可以同现代无产者的健康状况相比，而且也可以同患梅毒和患瘰疬病的"上流人士"的健康状况相比。不过，威廉·罗雪尔先生所说的原始森林，大概是指他的家乡吕讷堡的灌木林吧。

支付手段的形式流回到工人手中，使他们能够扩大自己的享受范围，有较多的衣服、家具等消费基金，并且积蓄一小笔货币准备金。但是，吃穿好一些，待遇高一些，特有财产[197]多一些，不会消除奴隶的从属关系和对他们的剥削，同样，也不会消除雇佣工人的从属关系和对他们的剥削。由于资本积累而提高的劳动价格，实际上不过表明，雇佣工人为自己铸造的金锁链已经够长够重，容许把它略微放松一点。在关于这一问题的争论中，大都把主要的东西，即资本主义生产的具有代表性的特征忽略了。在这里，购买劳动力，不是为了用它的服务或它的产品来满足买者的个人需要。买者的目的是增殖他的资本，是生产商品，使其中包含的劳动比他支付了报酬的劳动多，也就是包含一个不花费他什么，但会通过商品的出售得到实现的价值部分。生产剩余价值或赚钱，是这个生产方式的绝对规律。劳动力只有在它会把生产资料当做资本来保存，把自身的价值当做资本再生产出来，并且以无酬劳动提供追加资本的源泉的情况下，才能够卖出去。[76] 所以，劳动力的出卖条件不管对工人怎样有利，总要使劳动力不断地再出卖，使财富作为资本不断地扩大再生产。我们已经知道，工资按其本性来说，要求工人不断地提供一定数量的无酬劳动[198]。即使完全撇开工资提高而劳动价格同时下降等情况不说，工资的增大至多也不过说明工人必须提供的无酬劳动量的减少。这种减少永远也不会达到威胁制度本身的程度。[……]由资本积累而引起的劳动价格的提高不

---

(76) 第二版注："但是，不论工业工人还是农业工人，他们就业的界限是一致的，那就是雇主能够从他们的劳动产品中榨取利润。如果工资率过高，使雇主的利润降低到平均利润以下，那么，雇主就会不再雇用他们，或者只有在他们答应降低工资的条件下才会继续雇用他们。"（约翰·威德《中等阶级和工人阶级的历史》1835 年伦敦第 3 版第 240 页）

外是下列两种情况之一：

一种情况是，劳动价格继续提高，因为它的提高不会妨碍积累的进展；这没有什么值得奇怪的地方，因为，亚·斯密说过，

"即使利润下降，资本还是能增长，甚至增长得比以前还要快……　利润小的大资本，一般也比利润大的小资本增长得快"（《国富论》第 1 卷第 189 页）。

在这种情况下，很显然，无酬劳动的减少决不会妨碍资本统治的扩大。另一种情况是，积累由于劳动价格的提高而削弱，因为利润的刺激变得迟钝了。积累减少了。但是随着积累的减少，使积累减少的原因，即资本和可供剥削的劳动力之间的不平衡，也就消失了。所以，资本主义生产过程的机制会自行排除它暂时造成的障碍。劳动价格重新降到适合资本增殖需要的水平，而不管这个水平现在是低于、高于还是等于工资提高前的正常水平。可见，在第一种情况下，并不是劳动力或工人人口绝对增加或相对增加的减缓引起资本的过剩，相反地，是资本的增长引起可供剥削的劳动力的不足。在第二种情况下，并不是劳动力或工人人口绝对增加或相对增加的加速引起资本的不足，相反地，是资本的减少使可供剥削的劳动力过剩，或者不如说使劳动力价格过高。正是资本积累的这些绝对运动反映为可供剥削的劳动力数量的相对运动，因而看起来好像是由后者自身的运动引起的。用数学上的术语来说：积累量是自变量，工资量是因变量，而不是相反。［712—715］

作为所谓"自然人口规律"的基础的资本主义生产规律，可以简单地归结如下：资本、积累同工资率之间的关系，不外是转化为资本的无酬劳动和为推动追加资本所必需的追加劳动之间的关系。因此，这决不是两个彼此独立的量，即资本量和工人人口数量之间的关系；相反地，归根到底这只是同一工人人口所提供的无酬

劳动和有酬劳动之间的关系。如果工人阶级提供的并由资本家阶级所积累的无酬劳动量增长得十分迅速,以致只有大大追加有酬劳动才能转化为资本,那么,工资就会提高,而在其他一切情况不变时,无酬劳动就会相应地减少。但是,一旦这种减少达到这样一点,即滋养资本的剩余劳动不再有正常数量的供应时,反作用就会发生:收入中资本化的部分减少,积累削弱,工资的上升运动受到反击。可见,劳动价格的提高被限制在这样的界限内,这个界限不仅使资本主义制度的基础不受侵犯,而且还保证资本主义制度的规模扩大的再生产。可见,被神秘化为一种自然规律的资本主义积累规律,实际上不过表示:资本主义积累的本性,决不允许劳动剥削程度的任何降低或劳动价格的任何提高有可能严重地危及资本关系的不断再生产和它的规模不断扩大的再生产。在一种不是物质财富为工人的发展需要而存在,相反是工人为现有价值的增殖需要而存在的生产方式下,事情也不可能是别的样子。[716—717]

2. 在积累和伴随积累的积聚的 进程中资本可变部分相对减少

一旦资本主义制度的一般基础奠定下来,在积累过程中就一定会出现一个时刻,那时社会劳动生产率的发展成为积累的最强有力的杠杆。[717]

如果撇开土壤肥力等等自然条件,撇开单独地进行劳动的独立生产者的技能(这种技能更多地表现在质量即制品的优劣上,而不是表现在数量即制品的多寡上),那么,社会劳动生产率的水平就表现为一个工人在一定时间内,以同样的劳动力强度使之转化为产品的生产资料的相对量。工人用来进行劳动的生产资料的量,随着工

人的劳动生产率的增长而增长。在这里，这些生产资料起着双重作
用。一些生产资料的增长是劳动生产率增长的结果，另一些生产资
料的增长是劳动生产率增长的条件。[……]但是，不管是条件还是
结果，只要生产资料的量比并入生产资料的劳动力相对增长，这就
表示劳动生产率的增长。因而，劳动生产率的增长，表现为劳动的
量比它所推动的生产资料的量相对减少，或者说，表现为劳动过程
的主观因素的量比它的客观因素的量相对减少。

　　资本技术构成的这一变化，即生产资料的量比推动它的劳动
力的量相对增长，又反映在资本的价值构成上，即资本价值的不变
组成部分靠减少它的可变组成部分而增加。[……]只代表所耗
费的生产资料价值或资本不变部分的那个价格要素的相对量，同
积累的增进成正比；用来支付劳动或代表资本可变部分的另一价
格要素的相对量，一般同积累的增进成反比。

　　不过，资本可变部分比不变部分的相对减少，或资本价值构成
的变化，只是近似地表示出资本的物质组成部分构成上的变化。
[……]原因很简单：随着劳动生产率的增长，不仅劳动所消费的
生产资料的量增大了，而且生产资料的价值比生产资料的量相对
地减小了。这样一来，生产资料的价值绝对地增长了，但不是同它
的量按比例增长。因此，不变资本和可变资本之间的差额的增大，
同不变资本转变成的生产资料的量和可变资本转变成的劳动力的
量之间的差额的增大相比，要慢得多。随着后一个差额的增长，前
一个差额也增长，但是增长的程度较小。

　　然而，积累的增进虽然使资本可变部分的相对量减少，但是决
不因此排斥它的绝对量的增加。假定资本价值起初分为50%的
不变资本和50%的可变资本，后来分为80%的不变资本和20%
的可变资本。如果原有资本在此期间从例如6 000镑增加到

18 000 镑,那么,它的可变组成部分也要增加 $\frac{1}{5}$。这个可变部分原来是 3 000 镑,现在是 3 600 镑。但是,要使对劳动的需求提高 20%,以前只需资本增加 20% 就够了,现在则要求原有资本增加为三倍。[718—719]

　　每一单个资本都是生产资料的或大或小的积聚,并且相应地指挥着一支或大或小的劳动军。每一个积累都成为新的积累的手段。这种积累随着执行资本职能的财富数量的增多而扩大这种财富在单个资本家手中的积聚,从而扩大大规模生产和特殊的资本主义的生产方法的基础。社会资本的增长是通过许多单个资本的增长来实现的。假定其他一切条件不变,各单个资本,以及与之相连的生产资料的积累,会按照它们各自在社会总资本中所占份额的比例而增长。同时,从原资本上会分出枝杈来,作为新的独立资本执行职能。在这方面,资本家家庭内部的分产起着重大作用。因此,随着资本的积累,资本家的人数也多少有所增加。这种直接以积累为基础的或不如说和积累等同的积累,有两个特征。第一,在其他条件不变的情况下,社会生产资料在单个资本家手中积聚的增进,受社会财富增长程度的限制。第二,社会资本中固定在每个特殊生产部门的部分,分在许多资本家身上,他们作为独立的和互相竞争的商品生产者彼此对立着。所以,积累和伴随积累的积聚不仅分散在许多点上,而且执行职能的资本的增长还同新资本的形成和旧资本的分裂交错在一起。因此,积累一方面表现为生产资料和对劳动的支配权的不断增长的积聚,另一方面,表现为许多单个资本的互相排斥。

　　社会总资本这样分散为许多单个资本,或它的各部分间的互相排斥,又遇到各部分间的互相吸引的反作用。这已不再是生产资料和对劳动的支配权的简单的、和积累等同的积聚。这是已经形成的各资本的积聚，是它们的个体独立性的消灭，是资本家剥夺资本家，是许多小资本转化为少数大资本。这一过程和前一过程不同的地方就在于，它仅仅以已经存在的并且执行职能的资本在分配上的变化为前提，因而，它的作用范围不受社会财富的绝对增长或积累的绝对界限的限制。资本所以能在这里，在一个人手中膨胀成很大的量，是因为它在那里，在许多人手中丧失了。这是不同于积累和积聚的本来意义的集中。

资本的这种集中或资本吸引资本的规律，不可能在这里加以阐述。简单地提一些事实就够了。竞争斗争是通过使商品便宜来进行的。在其他条件不变时，商品的便宜取决于劳动生产率，而劳动生产率又取决于生产规模。因此，较大的资本战胜较小的资本。其次，我们记得，随着资本主义生产方式的发展，在正常条件下经营某种行业所需要的单个资本的最低限量提高了。因此，较小的资本挤到那些大工业还只是零散地或不完全地占领的生产领域中去。在那里，竞争的激烈程度同互相竞争的资本的多少成正比，同互相竞争的资本的大小成反比。竞争的结果总是许多较小的资本家垮台，他们的资本一部分转入胜利者手中，一部分归于消灭。除此而外，一种崭新的力量——信用事业，随同资本主义的生产而形成起来。起初，它作为积累的小小的助手不声不响地挤了进来，通过一根根无形的线把那些分散在社会表面上的大大小小的货币资金吸引到单个的或联合的资本家手中；但是很快它就成了竞争斗争中的一个新的可怕的武器；最后，它转化为一个实现资本集中的庞大的社会机构。

随着资本主义生产和积累的发展，竞争和信用——集中的两个最强有力的杠杆，也以同样的程度发展起来。同时，积累的增进又使可以集中的材料即单个资本增加，而资本主义生产的扩大，又替那些要有资本的预先集中才能建立起来的强大工业企业，一方面创造了社会需要，另一方面创造了技术手段。因此，现在单个资本的互相吸引力和集中的趋势比以往任何时候都更加强烈。虽然集中运动的相对广度和强度在一定程度上由资本主义财富已经达到的数量和经济机构的优越程度来决定，但是集中的进展决不取决于社会资本的实际增长量。这正是集中与积聚——它不过是规模扩大的再生产的另一种表现——特别不同的地方。集中可以通过单纯改变既有资本的分配，通过单纯改变社会资本各组成部分的量的组合来实现。资本所以能在这里，在一个人手中增长成巨大的量，是因为它在那里，在许多单个人的手中被夺走了。在一个生产部门中，如果投入的全部资本已融合为一个单个资本时，集中便达到了极限。[77b] 在一个社会里，只有当社会总资本或者合并在唯一的资本家手中，或者合并在唯一的资本家公司手中的时候，集中才算达到极限。

集中补充了积累的作用，使工业资本家能够扩大自己的经营规模。不论经营规模的扩大是积累的结果，还是集中的结果；不论集中是通过吞并这条强制的途径来实现，——在这种场合，某些资本成为对其他资本的占压倒优势的引力中心，打破其他资本的个体内聚力，然后把各个零散的碎片吸引到自己方面来，——还是通过建立股份公司这一比较平滑的办法把许多已经形成或正在形成的资本融合起来，经济作用总是一样的。工业企业规模的扩大，对于更广泛地组织许多人的总体劳动，对于更广泛地发展这种劳动的

(77b) 〔第四版注：英美两国最新的"托拉斯"已经在为这一目标而奋斗，它们力图至少把一个生产部门的全部大企业联合成一个握有实际垄断权的大股份公司。——弗·恩·〕

物质动力,也就是说,对于使分散的、按习惯进行的生产过程不断地变成社会结合的、用科学处理的生产过程来说,到处都成为起点。

不过很明显,积累,即由圆形运动变为螺旋形运动的再生产所引起的资本的逐渐增大,同仅仅要求改变社会资本各组成部分的量的组合的集中比较起来,是一个极缓慢的过程。假如必须等待积累使某些单个资本增长到能够修建铁路的程度,那么恐怕直到今天世界上还没有铁路。但是,集中通过股份公司转瞬之间就把这件事完成了。集中在这样加强和加速积累作用的同时,又扩大和加速资本技术构成的变革,即减少资本的可变部分来增加它的不变部分,从而减少对劳动的相对需求。[721—724]

可见,一方面,在积累进程中形成的追加资本,同它自己的量比较起来,会越来越少地吸引工人。另一方面,周期地按新的构成再生产出来的旧资本,会越来越多地排斥它以前所雇用的工人。[724]

3. 相对过剩人口或产业后备军的累进生产

资本积累最初只是表现为资本的量的扩大,但是以上我们看到,它是通过资本构成不断发生质的变化,通过减少资本的可变组成部分来不断增加资本的不变组成部分而实现的。[(77c)①][725]

(77c)　〔第三版注:在马克思的自用本上,此处有如下的边注:"为了以后备考,这里应当指出:如果扩大只是量上的扩大,那么同一生产部门中,较大和较小资本的利润都同预付资本的量成比例。如果量的扩大引起了质的变化,那么,较大资本的利润率就会同时提高"。——弗·恩·〕

---

①　见本卷第278—279页。——编者注

总资本的可变组成部分的相对减少随着总资本的增长而加快，而且比总资本本身的增长还要快这一事实，在另一方面却相反地表现为，好像工人人口的绝对增长总是比可变资本即工人人口的就业手段增长得快。事实是，资本主义积累不断地并且同它的能力和规模成比例地生产出相对的，即超过资本增殖的平均需要的，因而是过剩的或追加的工人人口。

就社会总资本来考察，时而它的积累运动引起周期的变化，时而这个运动的各个因素同时分布在各个不同的生产部门。在某些部门，由于单纯的积聚①，资本的构成发生变化而资本的绝对量没有增长；在有些部门，资本的绝对增长同它的可变组成部分或它所吸收的劳动力的绝对减少结合在一起；在另一些部门，资本时而在一定的技术基础上持续增长，并按照它增长的比例吸引追加的劳动力，时而发生有机的变化，资本的可变组成部分缩小；在一切部门中，资本可变部分的增长，从而就业工人人数的增长，总是同过剩人口的激烈波动，同过剩人口的暂时产生结合在一起，而不管这种产生采取排斥就业工人这个较明显的形式，还是采取使追加的工人人口难于被吸入它的通常水道这个不大明显但作用相同的形式。随着已经执行职能的社会资本量的增长及其增长程度的提高，随着生产规模和所使用的工人人数的扩大，随着他们劳动的生产力的发展，随着财富的一切源流的更加广阔和更加充足，资本对工人的更大的吸引力和更大的排斥力互相结合的规模也不断扩大，资本有机构成和资本技术形式的变化速度也不断加快，那些时而同时地时而交替地被卷入这些变化的生产部门的范围也不断增大。因此，工人人口本身在生产出资本积累的同时，也以日益扩大

---

① 在第三版和经恩格斯审定的英文版中是"集中"。——编者注

的规模生产出使他们自身成为相对过剩人口的手段。[79] 这就是资本主义生产方式所特有的人口规律，事实上，每一种特殊的、历史的生产方式都有其特殊的、历史地发生作用的人口规律。抽象的人口规律只存在于历史上还没有受过人干涉的动植物界。

　　过剩的工人人口是积累或资本主义基础上的财富发展的必然产物，但是这种过剩人口反过来又成为资本主义积累的杠杆，甚至成为资本主义生产方式存在的一个条件。过剩的工人人口形成一支可供支配的产业后备军，它绝对地从属于资本，就好像它是由资

-----

　　[79]　可变资本相对量递减的规律和这个规律对雇佣工人阶级状况的影响，曾经被古典学派某些优秀的经济学家感觉到，但是没有被他们所理解。在这方面，最大的功绩应归于约翰·巴顿，虽然他同所有其他的人一样，把不变资本同固定资本混为一谈，把可变资本同流动资本混为一谈。他说："对劳动的需求取决于流动资本的增加，而不是取决于固定资本的增加。如果这两种资本的比例在任何时候和在任何情况下确实都是一样的话，那么由此的确可以得出结论说，就业工人的人数同国家的财富成比例。但是这种假定并不符合现实。随着技术的进步和文明的传播，固定资本与流动资本相比越来越大。英国生产一匹凡尔纱所使用的固定资本额至少等于印度生产同样一匹凡尔纱所使用的固定资本额的一百倍，也许是一千倍。而流动资本的份额则是百分之一或千分之一……　如果把一年的全部积蓄都加到固定资本上去，也不会使劳动的需求有任何增长。"（约翰·巴顿《论影响社会上劳动阶级状况的环境》1817 年伦敦版第 16、17 页）"使国家的纯收入增加的原因，同时可以使人口过剩和使工人状况恶化。"（李嘉图《政治经济学和赋税原理》第 469 页）**199** 随着资本的增加，"〈对劳动的〉需求会相对地减少"（同上，第 480 页注）。"用来维持劳动的资本额可以不依赖于资本总额的变化而发生变化……　随着资本本身越来越雄厚，就业规模的大波动以及大贫困变得越来越频繁。"（理查·琼斯《政治经济学绪论》1833 年伦敦版第 52 页）"〈对劳动的〉需求的提高……并不是同总资本的积累成比例的……　因此，在社会进步的过程中，用于再生产的国民资本的每次增加，对工人状况的影响会越来越小。"（拉姆赛《论财富的分配》第 90、91 页）

本出钱养大的一样。过剩的工人人口不受人口实际增长的限制，为不断变化的资本增殖需要创造出随时可供剥削的人身材料。[726—729]

工人阶级的一部分从事过度劳动迫使它的另一部分无事可做，反过来，它的一部分无事可做迫使它的另一部分从事过度劳动，这成了各个资本家致富的手段[83]，同时又按照与社会积累的增进相适应的规模加速了产业后备军的生产。[733—734]

产业后备军在停滞和中等繁荣时期加压力于现役劳动军，在生产过剩和亢进时期又抑制现役劳动军的要求。所以，相对过剩

---

(83) 甚至在 1863 年棉荒时期，我们在布莱克本的纺纱工人散发的一本小册子中，也看到对过度劳动的强烈指责。由于工厂法的约束，从事这种过度劳动的当然只有成年男工。"这个工厂要求成年工人每天劳动 12—13 小时，虽然有成百的人被迫无事可做，而他们又愿意劳动一部分时间，以便养家糊口和防止自己的工人弟兄因过度劳动而早死。"小册子接着说："我们要问，进行额外时间的劳动这种做法，能使主人和'仆役'之间建立某种可以容忍的关系吗？过度劳动的牺牲者和因此而被宣告为被迫无事可做的人，同样地感到不公平。如果把劳动加以公平的分配，那么，这个地区所需完成的工作足以使所有的人都能部分地就业。我们只要求一个权利：我们请求业主们，至少在目前状况维持不变的期间，普遍缩短劳动时间，而不是使一部分人从事过度劳动，使另一部分人由于没有活干被迫靠救济来维持生活。"(《工厂视察员报告。1863 年 10 月 31 日》第 8 页)——《论手工业和商业》的作者①，以其惯有的可靠的资产者本能，来理解相对过剩人口对就业工人的影响。"在这个王国中，引起怠惰的另一个原因，就是缺少足够数量的劳动人手。只要出现对产品的某种特殊需求，而使劳动量变得不足时，工人就会感觉到自己的重要性，并且想使业主也感觉到这一点；这是令人惊奇的；但是这帮家伙的心思坏透了，每遇到这种场合，成群的工人就联合起来，终日游惰，使他们的业主陷于困境。"(《论手工业和商业》第 27、28 页)这是说，这些人要求提高工资。

---

① 指约·肯宁安。——编者注

人口是劳动供求规律借以运动的背景。它把这个规律的作用范围限制在绝对符合资本的剥削欲和统治欲的界限之内。[736]

4. 相对过剩人口的各种存在形式。
资本主义积累的一般规律

相对过剩人口是形形色色的。每个工人在半失业或全失业的时期,都属于相对过剩人口。工业周期阶段的更替使相对过剩人口具有显著的、周期反复的形式,因此,相对过剩人口时而在危机时期急剧地表现出来,时而在营业呆滞时期缓慢地表现出来。如果撇开这些形式不说,那么,过剩人口经常具有三种形式:流动的形式、潜在的形式和停滞的形式。

在现代工业的中心——工厂、制造厂、冶金厂、矿山等等,工人时而被排斥,时而在更大的规模上再被吸引,因此总的说来,就业人数是增加的,虽然增加的比率同生产规模相比不断缩小。在这里,过剩人口处于流动的形式。[738]

资本主义生产一旦占领农业,或者依照它占领农业的程度,对农业工人人口的需求就随着在农业中执行职能的资本的积累而绝对地减少,而且对人口的这种排斥不像在非农业的产业中那样,会由于更大规模的吸引而得到补偿。因此,一部分农村人口经常准备着转入城市无产阶级或制造业无产阶级的队伍,经常等待着有利于这种转化的条件。(这里所说的制造业是指一切非农业的产业。)[86]因此,相对过剩人口的这一源泉是长流不息的。但是,它

---

(86)　根据1861年对英格兰和威尔士的人口调查,"781座城市有居民10 960 998人,而乡村和农村教区只有居民9 105 226人……　在1851年的

不断地流向城市是以农村本身有经常潜在的过剩人口为前提的,这种过剩人口的数量只有在排水渠开放得特别大的时候才能看得到。因此,农业工人的工资被压到最低限度,他总是有一只脚陷在需要救济的赤贫的泥潭里。

第三类相对过剩人口,停滞的过剩人口,形成现役劳动军的一部分,但是就业极不规则。因此,它为资本提供了一个贮存着可供支配的劳动力的取之不竭的蓄水池。这种劳动力的生活状况降到了工人阶级的平均正常水平以下,正是这种情况使它成为资本的特殊剥削部门的广泛基础。它的特点是劳动时间最长而工资最低。[739—740]

最后,相对过剩人口的最底层陷于需要救济的赤贫的境地。撇开流浪者、罪犯和妓女,一句话,撇开真正的流氓无产阶级不说,这个社会阶层由三类人组成。第一类是有劳动能力的人。只要粗略地浏览一下英格兰需要救济的贫民的统计数字,就会发现,他们的人数每当危机发生时就增大,每当营业复苏时就减少。第二类是孤儿和需要救济的贫民的子女。他们是产业后备军的候补者,在高度繁荣时期,如在 1860 年,他们迅速地大量地被卷入现役劳动军的队伍[200]。第三类是衰败的、流落街头的、没有劳动能力的人。[741]

社会的财富即执行职能的资本越大,它的增长的规模和能力越大,从而无产阶级的绝对数量和他们的劳动生产力越大,产业

人口调查中列有 580 座城市,它们的人口同它们周围的农业地区的人口大致相等。可是,在以后的 10 年中,农业地区的人口只增加 50 万人,而 580 座城市的人口却增加了 1 554 067 人。农村教区的人口增加 6.5%,而城市人口增加 17.3%。增长率的差额是由于农村人口流入城市造成的。人口增长总额中有 $\frac{3}{4}$ 属于城市"(《人口调查》第 3 卷第 11、12 页)。

后备军也就越大。可供支配的劳动力同资本的膨胀力一样,是由同一些原因发展起来的。因此,产业后备军的相对量和财富的力量一同增长。但是同现役劳动军相比,这种后备军越大,常备的过剩人口也就越多,他们的贫困同他们所受的劳动折磨成反比①。最后,工人阶级中贫苦阶层和产业后备军越大,官方认为需要救济的贫民也就越多。**这就是资本主义积累的绝对的、一般的规律**。像其他一切规律一样,这个规律的实现也会由于各种各样的情况而有所变化,不过对这些情况的分析不属于这里的范围。[742]

在资本主义制度内部,一切提高社会劳动生产力的方法都是靠牺牲工人个人来实现的;一切发展生产的手段都转变为统治和剥削生产者的手段,都使工人畸形发展,成为局部的人,把工人贬低为机器的附属品,使工人受劳动的折磨,从而使劳动失去内容,并且随着科学作为独立的力量被并入劳动过程而使劳动过程的智力与工人相异化;这些手段使工人的劳动条件变得恶劣,使工人在劳动过程中屈服于最卑鄙的可恶的专制,把工人的生活时间转化为劳动时间,并且把工人的妻子儿女都抛到资本的札格纳特车轮⁴²下。²⁰¹但是,一切生产剩余价值的方法同时就是积累的方法,而积累的每一次扩大又反过来成为发展这些方法的手段。由此可见,不管工人的报酬高低如何,工人的状况必然随着资本的积累而恶化。最后,使相对过剩人口或产业后备军同积累的规模和能力始终保持平衡的规律把工人钉在资本上,比赫斐斯塔司的楔子把普罗米修斯钉在岩石上钉得还要牢。这一规律制约着同资本积累相适应的贫困积累。因此,在一极是财富

---

①　在经马克思审定的法文版中是"成正比"。——编者注

的积累,同时在另一极,即在把自己的产品作为资本来生产的阶级方面,是贫困、劳动折磨、受奴役、无知、粗野和道德堕落的积累。[743—744]

第二十四章

所谓原始积累

1. 原始积累的秘密

我们已经知道,货币怎样转化为资本,资本怎样产生剩余价值,剩余价值又怎样产生更多的资本。但是,资本积累以剩余价值为前提,剩余价值以资本主义生产为前提,而资本主义生产又以商品生产者握有较大量的资本和劳动力为前提。因此,这整个运动好像是在一个恶性循环中兜圈子,要脱出这个循环,就只有假定在资本主义积累之前有一种"原始"积累(亚当·斯密称为"预先积累"),这种积累不是资本主义生产方式的结果,而是它的起点。

这种原始积累在政治经济学中所起的作用,同原罪在神学中所起的作用几乎是一样的。亚当吃了苹果,人类就有罪了。[202]人们在解释这种原始积累的起源的时候,就像在谈过去的奇闻逸事。在很久很久以前有两种人,一种是勤劳的,聪明的,而且首先是节俭的精英,另一种是懒惰的,耗尽了自己的一切,甚至耗费过了头的无赖汉。诚然,神学中关于原罪的传说告诉我们,人怎样被注定必须汗流满面才得糊口;而经济学中关于原罪的故事则向我们揭示,怎么会有人根本不需要这样做。但是,这无关紧要。于是出现了这样的局面:第一种人积累财富,而第二种人最后除了自己的皮以外没有可出卖的东西。大多数人的贫穷和少数人的富有就是从这种原罪开始的;前者无论怎样劳动,除了自己本身以外仍然没有可出卖的东西,而后者虽然早就不再劳动,但他们的财富却不断增加。[……]大家知道,在真正的历史上,征服、奴役、劫掠、杀戮,总之,暴力起着巨大的作用。[820—821]

因此,创造资本关系的过程,只能是劳动者和他的劳动条件的所有权分离的过程,这个过程一方面使社会的生活资料和生产资料转化为资本,另一方面使直接生产者转化为雇佣工人。因此,所谓原始积累只不过是生产者和生产资料分离的历史过程。这个过程所以表现为"原始的",因为它形成资本及与之相适应的生产方式的前史。

资本主义社会的经济结构是从封建社会的经济结构中产生的。后者的解体使前者的要素得到解放。[822]

使生产者转化为雇佣工人的历史运动,一方面表现为生产者从农奴地位和行会束缚下解放出来;对于我们的资产阶级历史学家来说,只有这一方面是存在的。但是另一方面,新被解放的人只有在他们被剥夺了一切生产资料和旧封建制度给予他们的一切生存保障之后,才能成为他们自身的出卖者。而对他们的这种剥夺的历史是用血和火的文字载入人类编年史的。[822]

在原始积累的历史中,对正在形成的资本家阶级起过推动作用的一切变革,都是历史上划时代的事情;但是首要的因素是:大量的人突然被强制地同自己的生存资料分离,被当做不受法律保护的无产者抛向劳动市场。对农业生产者即农民的土地的剥夺,形成全部过程的基础。这种剥夺的历史在不同的国家带有不同的色彩,按不同的顺序、在不同的历史时代通过不同的阶段。只有在

英国,它才具有典型的形式,因此我们拿英国做例子。[189][823]

2. 对农村居民土地的剥夺

掠夺教会地产,欺骗性地出让国有土地,盗窃公有地,用剥夺方法、用残暴的恐怖手段把封建财产和克兰[204]财产转化为现代私有财产——这就是原始积累的各种田园诗式的方法。这些方法为资本主义农业夺得了地盘,使土地与资本合并,为城市工业造成了不受法律保护的无产阶级的必要供给。[842]

3. 15 世纪末以来惩治被剥夺者的血腥立法。压低工资的法律

由于封建家臣的解散和土地断断续续遭到暴力剥夺而被驱逐的人,这个不受法律保护的无产阶级,不可能像它诞生那样快地被新兴的工场手工业所吸收。另一方面,这些突然被抛出惯常生活轨道的人,也不可能一下子就适应新状态的纪律。他们大批地转化为乞丐、盗贼、流浪者,其中一部分人是由于习性,但大多数是为环境所迫。因此,15 世纪末和整个 16 世纪,整个西欧都颁布了惩

---

(189)　在意大利,资本主义生产发展得最早,农奴制关系也瓦解得最早。在这里,农奴在获得某种土地时效权之前,就已经得到解放。因此,解放立即使他们转化为不受法律保护的无产者,这些无产者又在大部分还是罗马时代保留下来的城市中找到了现成的新主人。在 15 世纪末开始的世界市场的革命[203]破坏了意大利北部的商业优势之后,产生了一个方向相反的运动。城市工人大批地被赶往农村,给那里按照园艺形式经营的小规模耕作带来了空前的繁荣。

治流浪者的血腥法律。现在的工人阶级的祖先,当初曾因被迫转化为流浪者和需要救济的贫民而受到惩罚。[843]

被暴力剥夺了土地、被驱逐出来而变成了流浪者的农村居民,由于这些古怪的恐怖的法律,通过鞭打、烙印、酷刑,被迫习惯于雇佣劳动制度所必需的纪律。

单是在一极有劳动条件作为资本出现,在另一极有除了劳动力以外没有东西可出卖的人,还是不够的。这还不足以迫使他们自愿地出卖自己。在资本主义生产的进展中,工人阶级日益发展,他们由于教育、传统、习惯而承认这种生产方式的要求是理所当然的自然规律。发达的资本主义生产过程的组织粉碎一切反抗;相对过剩人口的不断产生把劳动的供求规律,从而把工资限制在与资本增殖需要相适应的轨道以内;经济关系的无声的强制保证资本家对工人的统治。超经济的直接的暴力固然还在使用,但只是例外地使用。在通常的情况下,可以让工人由“生产的自然规律”去支配,即由他对资本的从属性去支配,这种从属性由生产条件本身产生,得到这些条件的保证并由它们永久维持下去。在资本主义生产在历史上刚刚产生的时期,情况则不同。新兴的资产阶级为了“规定”工资,即把工资强制地限制在有利于赚钱的界限内,为了延长工作日并使工人本身处于正常程度的从属状态,就需要并运用国家权力。这是所谓原始积累的一个重要因素。[846—847]

法律规定了城市和农村、计件劳动和日劳动的工资率。农村工人受雇期限应为一年,城市工人则应在“自由市场”上受雇。支付高于法定工资的人要被监禁,但接受高工资的人要比支付高工资的人受到更严厉的处罚。[848]

4. 资本主义租地农场主的产生

在英国,最初形式的租地农场主本身也是农奴的管事。他的地位和古罗马的斐力卡斯①相似,不过活动范围狭小一些。在14世纪下半叶,管事被由地主供给种子、牲畜和农具的租地农民所代替。这种租地农民的地位同农民没有多大的区别,不过他剥削更多雇佣劳动。他不久就成为分成制佃农,半租地农场主。他筹集农业资本的一部分,而其余部分则由地主提供。双方按合同规定的比例分配总产品。这种形式在英国很快就消失了,代之而起的是真正的租地农场主,他靠使用雇佣工人来增殖自己的资本,并把剩余产品的一部分以货币或实物的形式作为地租交给地主。[852]

5. 农业革命对工业的反作用。
工业资本的国内市场的形成

我们已经知道,对农村居民断断续续的、一再重复的剥夺和驱逐,不断地为城市工业提供大批完全处于行会关系之外的无产者。[205][854]

事实上,使小农转化为雇佣工人,使他们的生活资料和劳动资料转化为资本的物质要素的那些事件,同时也为资本建立了自己的国内市场。以前,农民家庭生产并加工绝大部分供自己以后消费的生活资料和原料。现在,这些原料和生活资料都变成了商品;大租地农场主出售它们,手工工场则成了他的市场。纱、麻布、粗

---

① 见本卷第 165 页。——编者注

毛织品(过去每个农民家庭都有这些东西的原料,它把这些东西纺织出来供自己消费),现在转化为工场手工业的产品,农业地区正是这些东西的销售市场。以前由于大量小生产者独自经营而造成的分散各地的许多买主,现在集中为一个由工业资本供应的巨大市场。(234)于是,随着以前的自耕农**44**的被剥夺以及他们与自己的生产资料的分离,农村副业被消灭了,工场手工业与农业分离的过程发生了。只有消灭农村家庭手工业,才能使一个国家的国内市场获得资本主义生产方式所需要的范围和稳固性。

但是,真正的工场手工业时期并没有引起根本的改变。[……]只有大工业才用机器为资本主义农业提供了牢固的基础,彻底地剥夺了极大多数农村居民,使农业和农村家庭手工业完全分离,铲除了农村家庭手工业的根基——纺纱和织布。这样,它才为工业资本征服了整个国内市场。[857—859]

6. 工业资本家的产生

工业(238)资本家不是通过像租地农场主那样的渐进方式产生的。毫无疑问,有些小行会师傅和更多的独立小手工业者,甚至

---

(234) "一个工人家庭在它从事的各种劳动的间歇,通过自己的辛劳不知不觉地把20磅羊毛转化为全家一年的衣着,这并不引人注意。但是,如果它把羊毛拿到市场,送进工厂,然后送到经纪人手里,然后再送到商人手里,那么就可以看到频繁的商业活动,所用的名义资本会是羊毛的价值的20倍……工人阶级就是这样为了维持不幸的工厂人口、寄生的商人阶级和虚假的商业制度、货币制度、财政制度而受人剥削。"(戴维·乌尔卡尔特《家常话》第120页)

(238) 这里所用的"工业"[Industrie]是和"农业"相对而言。就"范畴"的含义来说,租地农场主和工厂主一样,也是工业资本家[industrieller Kapitalist,也译产业资本家]。

雇佣工人,转化成了小资本家,并且由于逐渐扩大对雇佣劳动的剥削和相应的积累,成为不折不扣的资本家。在中世纪城市的幼年时期,逃跑的农奴中谁成为主人,谁成为仆人的问题,多半取决于他们逃出来的日期的先后,在资本主义生产的幼年时期,情形往往也是这样。但是这种方法的蜗牛爬行的进度,无论如何也不能适应 15 世纪末各种大发现[203]所造成的新的世界市场的贸易需要。而中世纪已经留下两种不同形式的资本,它们是在极不相同的经济的社会形态中成熟的,而且在资本主义生产方式时期到来以前,就被当做资本,这就是高利贷资本和商人资本。[859—860]

美洲金银产地的发现,土著居民的被剿灭、被奴役和被埋葬于矿井,对东印度开始进行的征服和掠夺,非洲变成商业性地猎获黑人的场所——这一切标志着资本主义生产时代的曙光。这些田园诗式的过程是原始积累的主要因素。接踵而来的是欧洲各国以地球为战场而进行的商业战争。这场战争以尼德兰脱离西班牙[206]开始,在英国的反雅各宾战争[39]中具有巨大的规模,并且在对中国的鸦片战争中继续进行下去,等等。

原始积累的不同因素,多少是按时间顺序特别分配在西班牙、葡萄牙、荷兰、法国和英国。在英国,这些因素在 17 世纪末系统地综合为殖民制度、国债制度、现代税收制度和保护关税制度。这些方法一部分是以最残酷的暴力为基础,例如殖民制度就是这样。但所有这些方法都利用国家权力,也就是利用集中的、有组织的社会暴力,来大力促进从封建生产方式向资本主义生产方式的转化过程,缩短过渡时间。暴力是每一个孕育着新社会的旧社会的助产婆。暴力本身就是一种经济力。[860—861]

殖民制度、国债、重税、保护关税制度、商业战争等等——所有这些真正工场手工业时期的嫩芽,在大工业的幼年时期都大大地成长起来了。[868]

要使资本主义生产方式的"永恒的自然规律"充分表现出来，要完成劳动者同劳动条件的分离过程，要在一极使社会的生产资料和生活资料转化为资本，在另一极使人民群众转化为雇佣工人，转化为自由的"劳动贫民"这一现代历史的杰作，就需要经受这种苦难[207]。如果按照奥日埃的说法，货币"来到世间，在一边脸上带着天生的血斑"[(249)]，那么，资本来到世间，从头到脚，每个毛孔都滴着血和肮脏的东西。[(250)][870—871]

7. 资本主义积累的历史趋势

资本的原始积累，即资本的历史起源，究竟是指什么呢？既然它不是奴隶和农奴直接转化为雇佣工人，因而不是单纯的形式变换，那么它就只是意味着直接生产者的被剥夺，即以自己劳动为基础的私有制的解体。

私有制作为社会的、集体的所有制的对立物，只是在劳动资料和劳动的外部条件属于私人的地方才存在。但是私有制的性质，却依这些私人是劳动者还是非劳动者而有所不同。私有制在最初

---

(249) 马利·奥日埃《论公共信用及其古今史》[1842年巴黎版第265页]。

(250) 《评论家季刊》说："资本逃避动乱和纷争，它的本性是胆怯的。这是真的，但还不是全部真理。资本害怕没有利润或利润太少，就像自然界害怕真空一样。一旦有适当的利润，资本就胆大起来。如果有10%的利润，它就保证到处被使用；有20%的利润，它就活跃起来；有50%的利润，它就铤而走险；为了100%的利润，它就敢践踏一切人间法律；有300%的利润，它就敢犯任何罪行，甚至冒绞首的危险。如果动乱和纷争能带来利润，它就会鼓励动乱和纷争。走私和贩卖奴隶就是证明。"（托·约·邓宁《工联和罢工》1860年伦敦版第35、36页）

看来所表现出的无数色层,只不过反映了这两极间的各种中间状态。

劳动者对他的生产资料的私有权是小生产的基础,而小生产又是发展社会生产和劳动者本人的自由个性的必要条件。诚然,这种生产方式在奴隶制度、农奴制度以及其他从属关系中也是存在的。但是,只有在劳动者是自己使用的劳动条件的自由私有者,农民是自己耕种的土地的自由私有者,手工业者是自己运用自如的工具的自由私有者的地方,它才得到充分发展,才显示出它的全部力量,才获得适当的典型的形式。

这种生产方式是以土地和其他生产资料的分散为前提的。它既排斥生产资料的积聚,也排斥协作,排斥同一生产过程内部的分工,排斥对自然的社会统治和社会调节,排斥社会生产力的自由发展。它只同生产和社会的狭隘的自然产生的界限相容。要使它永远存在下去,那就像贝魁尔公正地指出的那样,等于"下令实行普遍的中庸"[208]。它发展到一定的程度,就产生出消灭它自身的物质手段。从这时起,社会内部感到受它束缚的力量和激情就活动起来。这种生产方式必然要被消灭,而且已经在消灭。它的消灭,个人的分散的生产资料转化为社会的积聚的生产资料,从而多数人的小财产转化为少数人的大财产,广大人民群众被剥夺土地、生活资料、劳动工具,——人民群众遭受的这种可怕的残酷的剥夺,形成资本的前史。这种剥夺包含一系列的暴力方法,其中我们只考察了那些具有划时代意义的资本原始积累的方法。对直接生产者的剥夺,是用最残酷无情的野蛮手段,在最下流、最龌龊、最卑鄙和最可恶的贪欲的驱使下完成的。靠自己劳动挣得的私有制,即以各个独立劳动者与其劳动条件相结合为基础的私有制,被资本主义私有制,即以剥削他人的但形式上是自由的劳动为基础的私

有制所排挤。[(251)]

一旦这一转化过程使旧社会在深度和广度上充分瓦解，一旦劳动者转化为无产者，他们的劳动条件转化为资本，一旦资本主义生产方式站稳脚跟，劳动的进一步社会化，土地和其他生产资料的进一步转化为社会地使用的即公共的生产资料，从而对私有者的进一步剥夺，就会采取新的形式。现在要剥夺的已经不再是独立经营的劳动者，而是剥削许多工人的资本家了。

这种剥夺是通过资本主义生产本身的内在规律的作用，即通过资本的集中进行的。一个资本家打倒许多资本家。随着这种集中或少数资本家对多数资本家的剥夺，规模不断扩大的劳动过程的协作形式日益发展，科学日益被自觉地应用于技术方面，土地日益被有计划地利用，劳动资料日益转化为只能共同使用的劳动资料，一切生产资料因作为结合的、社会的劳动的生产资料使用而日益节省，各国人民日益被卷入世界市场网，从而资本主义制度日益具有国际的性质。随着那些掠夺和垄断这一转化过程的全部利益的资本巨头不断减少，贫困、压迫、奴役、退化和剥削的程度不断加深，而日益壮大的、由资本主义生产过程本身的机制所训练、联合和组织起来的工人阶级的反抗也不断增长。资本的垄断成了与这种垄断一起并在这种垄断之下繁盛起来的生产方式的桎梏。生产资料的集中和劳动的社会化，达到了同它们的资本主义外壳不能相容的地步。这个外壳就要炸毁了。资本主义私有制的丧钟就要响了。剥夺者就要被剥夺了。

从资本主义生产方式产生的资本主义占有方式，从而资本主

---

(251)　"我们是处于社会的全新状态中……我们努力使任何一种所有制同任何一种劳动相分离。"（西斯蒙第《政治经济学新原理》第2卷第434页）

义的私有制,是对个人的、以自己劳动为基础的私有制的第一个否定。但资本主义生产由于自然过程的必然性,造成了对自身的否定。这是否定的否定。这种否定不是重新建立私有制,而是在资本主义时代的成就的基础上,也就是说,在协作和对土地及靠劳动本身生产的生产资料的共同占有的基础上,重新建立个人所有制。

以个人自己劳动为基础的分散的私有制转化为资本主义私有制,同事实上已经以社会的生产经营为基础的资本主义所有制转化为社会所有制比较起来,自然是一个长久得多、艰苦得多、困难得多的过程。前者是少数掠夺者剥夺人民群众,后者是人民群众剥夺少数掠夺者。(252)[872—875]

---

(252) "资产阶级无意中造成而又无力抵抗的工业进步,使工人通过结社而达到的革命联合代替了他们由于竞争而造成的分散状态。于是,随着大工业的发展,资产阶级赖以生产和占有产品的基础本身也就从它的脚下被挖掉了。它首先生产的是它自身的掘墓人。资产阶级的灭亡和无产阶级的胜利是同样不可避免的…… 在当前同资产阶级对立的一切阶级中,只有无产阶级是真正革命的阶级。其余的阶级都随着大工业的发展而日趋没落和灭亡,无产阶级却是大工业本身的产物。中间等级,即小工业家、小商人、手工业者、农民,他们同资产阶级作斗争,都是为了维护他们这种中间等级的生存,以免于灭亡……他们甚至是反动的,因为他们力图使历史的车轮倒转。"(卡尔·马克思和弗·恩格斯《共产党宣言》1848 年伦敦版第 11、9 页**171**)

卡·马克思

《资本论》第二卷[209]

（节　选）

恩格斯写的 1885 年版序言（节选）

那么，马克思关于剩余价值说了什么新东西呢？为什么马克思的剩余价值理论，好像晴天霹雳震动了一切文明国家，而所有他的包括洛贝尔图斯在内的社会主义前辈们的理论，却没有发生过什么作用呢？

化学史上有一个例证可以说明这一点。

大家知道，直到前一世纪末，燃素说还处于支配的地位。根据这种理论，一切燃烧的本质都在于从燃烧物体中分离出一种另外的、假想的物体，即称为燃素的绝对燃烧质。这种理论曾足以说明当时所知道的大多数化学现象，虽然在某些场合不免有些牵强附会。但到 1774 年，普利斯特列析出了一种气体，

"他发现这种气体是如此纯粹或如此不含燃素，以致普通空气和它相比显得污浊不堪"。

他称这种气体为无燃素气体。过了不久，瑞典的舍勒也析出

了这种气体,并且证明它存在于大气中。他还发现,当一种物体在这种气体或普通空气中燃烧时,这种气体就消失了。因此,他称这种气体为火气。

> "从这些事实中他得出一个结论:燃素与空气的一种成分相结合时〔即燃烧时〕所产生的化合物,不外就是通过玻璃失散的火或热。"[2]

普利斯特列和舍勒析出了氧气,但不知道他们所析出的是什么。他们为"既有的"燃素说"范畴所束缚"。这种本来可以推翻全部燃素说观点并使化学发生革命的元素,在他们手中没有能结出果实。但是,当时在巴黎的普利斯特列立刻把他的发现告诉了拉瓦锡,拉瓦锡就根据这个新事实研究了整个燃素说化学,方才发现:这种新气体是一种新的化学元素;在燃烧的时候,并不是神秘的燃素从燃烧物体中**分离**出来,而是这种新元素与燃烧物体**化合**。这样,他才使过去在燃素说形式上倒立着的全部化学正立过来了。即使不是像拉瓦锡后来硬说的那样,他与其他两人同时和不依赖他们而析出了氧气,然而真正**发现**氧气的还是他,而不是那两个人,因为他们只是**析出**了氧气,但甚至不知道自己所析出的是**什么**。

在剩余价值理论方面,马克思与他的前人的关系,正如拉瓦锡与普利斯特列和舍勒的关系一样。在马克思以前很久,人们就已经确定我们现在称为剩余价值的那部分产品价值的**存在**;同样也有人已经多少明确地说过,这部分价值是由什么构成的,也就是说,是由占有者不付等价物的那种劳动的产品构成的。但是到这

---

(2)　罗斯科和肖莱马《化学教程大全》1877 年不伦瑞克版第 1 卷第 13 页和第 18 页。

里人们就止步不前了。其中有些人，即资产阶级古典经济学家，至多只研究了劳动产品在工人和生产资料所有者之间分配的数量比例。另一些人，即社会主义者，则发现这种分配不公平，并寻求乌托邦的手段来消除这种不公平现象。这两种人都为既有的经济范畴所束缚。

于是，马克思发表意见了，他的意见是和所有他的前人直接对立的。在前人认为已有**答案**的地方，他却认为只是**问题**所在。他认为，这里摆在他面前的不是无燃素气体，也不是火气，而是氧气；这里的问题不是在于要简单地确认一种经济事实，也不是在于这种事实与永恒公平和真正道德相冲突，而是在于这样一种事实，这种事实必定要使全部经济学发生革命，并且把理解全部资本主义生产的钥匙交给那个知道怎样使用它的人。根据这种事实，他研究了全部既有的经济范畴，正像拉瓦锡根据氧气研究了燃素说化学的各种既有的范畴一样。要知道什么是剩余价值，他就必须知道什么是价值。李嘉图的价值理论本身必须首先加以批判。于是，马克思研究了劳动形成价值的特性，第一次确定了**什么样的**劳动形成价值，为什么形成价值以及怎样形成价值，并确定了价值不外就是**这种**劳动的凝固，而这一点是洛贝尔图斯始终没有理解的。马克思进而研究商品和货币的关系，并且论证了商品和商品交换怎样和为什么由于商品内在的价值属性必然要造成商品和货币的对立。他的建立在这个基础上的货币理论是第一个详尽无遗的货币理论，今天已为大家所默认了。他研究了货币向资本的转化，并证明这种转化是以劳动力的买卖为基础的。他以劳动力这一创造价值的属性代替了劳动，因而一下子就解决了使李嘉图学派[94]破产的一个难题，也就是解决了资本和劳动的相互交换与李嘉图的劳动决定价值这一规律无法相容这个难题。他确定了资本分为不

变资本和可变资本,就第一个详尽地阐述了剩余价值形成的实际
过程,从而说明了这一过程,而这是他的任何一个前人都没有做到
的;因而,他确定了资本自身内部的区别,这个区别是洛贝尔图斯
和资产阶级经济学家都完全不可能作出的,但是这个区别提供了
一把解决经济学上最复杂的问题的钥匙,关于这一点,这第二册又
是一个最令人信服的证明,以后我们会知道,第三册更是这样。马
克思还进一步研究了剩余价值本身,发现了它的两种形式,即绝对
剩余价值和相对剩余价值,并且证明,这两种形式在资本主义生产
的历史发展中起了不同的然而都是决定性的作用。他根据剩余价
值,阐明了我们现在才具有的第一个合理的工资理论,第一次指出
了资本主义积累史的各个基本特征,并说明了资本主义积累的历
史趋势。[19—22]①

---

① 方括号中的数字表示《资本论》第 2 卷即《马克思恩格斯文集》第 6 卷的
页码。——编者注

资本的流通过程

第 一 篇
资本形态变化及其循环

第 一 章
货币资本的循环

资本的循环过程经过三个阶段;根据第一卷的叙述,这些阶段形成如下的序列:

第一阶段:资本家作为买者出现于商品市场和劳动市场;他的货币转化为商品,或者说,经历 G—W 这个流通行为。

第二阶段:资本家用购买的商品从事生产消费。他作为资本主义商品生产者进行活动;他的资本经历生产过程。结果产生了一种商品,这种商品的价值大于它的生产要素的价值。

第三阶段:资本家作为卖者回到市场;他的商品转化为货币,或者说,经历 W—G 这个流通行为。

因此,货币资本循环的公式是:$G—W \cdots P \cdots W'—G'$。在这个公式中,虚线表示流通过程的中断,$W'$ 和 G' 表示由剩余价值增大

了的 W 和 G。[31—32]

I. 第一阶段 G—W

G—W 表示一个货币额转化为一个商品额；对买者来说，是他的货币转化为商品，对卖者来说，则是他们的商品转化为货币。使一般商品流通的这个行为同时成为单个资本的独立循环中一个职能上确定的阶段的，首先不是行为的形式，而是它的物质内容，是那些和货币换位的商品的特殊使用性质。这一方面是生产资料，另一方面是劳动力，即商品生产的物的因素和人的因素。它们的特性，自然要与所生产物品的种类相适应。如果我们用 A 表示劳动力，用 Pm 表示生产资料，那么所要购买的商品额 W＝A+Pm，或者简单地说，就是 $W {<}^{A①}_{Pm}$。因此，从内容来看，G—W 是表现为 $G—W{<}^{A}_{Pm}$；就是说，G—W 分成 G—A 和 G—Pm；货币额 G 分成两部分，其中一部分购买劳动力，另一部分购买生产资料。这两个购买序列属于完全不同的市场，一个属于真正的商品市场，另一个则属于劳动市场。

但是，$G—W{<}^{A}_{Pm}$ 除了表示 G 所要转化成的商品额有这种质的分割之外，还表示一种最具有特征的量的关系。

我们知道，劳动力的价值或价格，是以工资的形式，即作为一个包含剩余劳动的劳动量的价格，支付给把劳动力当做商品出卖的劳动力所有者的；例如，假定劳动力的日价值＝3 马克，即 5 小

---

① 根据恩格斯 1888 年 4 月 27 日给加·德维尔的信，图式正确的写法应为 $W{<}^{A}_{Pm}$，目前这样的写法，是由德文第一版以来在排版印刷过程中造成的。——编者注

时劳动的产物,那么,这个金额就会在买者和卖者之间的契约上,表现为比方说10小时劳动的价格或工资。如果这种契约是和50个工人订的,那么,他们在一日中一共要对买者提供500个劳动小时,其中二分之一,即250个劳动小时=25个10小时的工作日,完全是由剩余劳动构成的。要购买的生产资料的数量和规模,必须足以使这个劳动量得到充分的利用。

因此,$G—W<^{A}_{Pm}$不仅表示一种质的关系:一定的货币额,比如说422镑,转化为互相适应的生产资料和劳动力;它还表示一种量的关系,即用在劳动力 A 上面的货币部分和用在生产资料 Pm 上面的货币部分的量的关系。这种量的关系一开始就是由一定数量的工人所要耗费的超额即剩余劳动的量决定的。

例如,一个纺纱厂50个工人的周工资等于50镑,如果由一周3 000小时的劳动(其中1 500小时是剩余劳动)转化为纱的生产资料的价值是372镑,那就必须在生产资料上耗费372镑。

在不同的产业部门,对追加劳动的利用,需要追加多少生产资料形式的价值,是与这里的问题完全无关的。问题只是在于:耗费在生产资料上的货币部分,也就是在 G—Pm 中购买的生产资料,在任何情况下都必须是充分的,因此,必须一开始就估计到这一点,并按照适当的比例准备好。换句话说,生产资料的数量,必须足以吸收劳动量,足以通过这个劳动量转化为产品。如果没有充分的生产资料,买者所支配的超额劳动就不能得到利用;他对于这种超额劳动的支配权就没有用处。如果现有生产资料多于可供支配的劳动,生产资料就不能被劳动充分利用,不能转化为产品。

$G—W<^{A}_{Pm}$一经完成,买者就不仅支配着生产一种有用物品所必需的生产资料和劳动力。他支配着一种比补偿劳动力价值所必需的劳动力使用权更大的劳动力使用权,或者说,支配着一个比补

偿劳动力价值所必需的劳动量更大的劳动量;同时还支配着使这个劳动量实现或对象化所必需的生产资料。因此,他支配的各种因素所能生产的物品,比这种物品的生产要素有更大的价值,或者说,是一个包含剩余价值的商品量。因此,他以货币形式预付的价值,现在处在一种实物形式中,在这种形式中,它能够作为会生出剩余价值(表现为商品)的价值来实现。换句话说,它处在具有创造价值和剩余价值的能力的**生产资本**的状态或形式中。我们把这种形式的资本称为 P。

但是,P 的价值=A+Pm 的价值=转化为 A 和 Pm 的 G。G 和 P 是同一个资本价值,只是处在不同的存在方式上,就是说,G 是货币状态或货币形式的资本价值——**货币资本**。

因此,$G—W<^A_{Pm}$ 或它的一般形式 G—W,即商品购买的总和,这个一般商品流通的行为,作为资本的独立循环过程的阶段来看,同时又是资本价值由货币形式到生产形式的转化,或者简单地说,是由**货币资本**到**生产资本**的转化。可见,在这里首先考察的循环公式中,货币表现为资本价值的第一个承担者,因而货币资本表现为资本预付的形式。[32—35]

II. 第二阶段　生产资本的职能

$G—W<^A_{Pm}$ 的直接结果,是以货币形式预付的资本价值的流通的中断。通过从货币资本到生产资本的转化,资本价值取得了一种实物形式,这种形式的资本价值不能继续流通,而必须进入消费,即进入生产消费。劳动力的使用,劳动,只能在劳动过程中实现。资本家不能再把工人当做商品出售,因为工人不是资本家的

奴隶,并且资本家买到的仅仅是在一定时间内对他的劳动力的使用。另一方面,资本家只能这样来使用劳动力,就是通过劳动力把生产资料作为商品形成要素来使用。因此,第一阶段的结果是进入第二阶段,即资本的生产阶段。

运动表现为 $G—W<^{A}_{Pm}\cdots P$,这里的虚线表示:资本流通被中断,而资本的循环过程在继续,资本从商品流通领域进入生产领域。因此,第一阶段,从货币资本到生产资本的转化,只是表现为第二阶段即生产资本的职能的先导和先行阶段。[41—42]

不论生产的社会的形式如何,劳动者和生产资料始终是生产的因素。但是,二者在彼此分离的情况下只在可能性上是生产因素。凡要进行生产,它们就必须结合起来。实行这种结合的特殊方式和方法,使社会结构区分为各个不同的经济时期。在当前考察的场合,自由工人和他的生产资料的分离,是既定的出发点,并且我们已经看到,二者在资本家手中是怎样和在什么条件下结合起来的——就是作为他的资本的生产的存在方式结合起来的。因此,形成商品的人的要素和物的要素这样结合起来一同进入的现实过程,即生产过程,本身就成为资本的一种职能,成为资本主义的生产过程。[44]

生产资本在执行职能时,消耗它自己的组成部分,使它们转化为一个具有更高价值的产品量。因为劳动力仅仅作为生产资本的一个器官发生作用,所以,劳动力的剩余劳动所产生的产品价值超过产品形成要素价值的余额,也是资本的果实。劳动力的剩余劳动,是资本的无偿劳动,因而它为资本家形成剩余价值,一个无须他花费任何等价物的价值。因此,产品不只是商品,而且是包含着剩余价值的商品。它的价值 $=P+M$,等于生产这种商品所耗费的生产资本的价值 P,加上这个生产资本产生的剩余价值 M。假定这宗商品是 10 000 磅纱,生产这些纱所消耗的生产资料的价值是 372 镑,所消耗的劳动力的价值是 50 镑。纺纱工人在纺纱过程中把通过他们的劳动而耗费的生产资料的价值 372 镑转移到纱上,同时又提供了一个相当于他们消耗的劳动的新价值,比如说,128 镑。因此,10 000 磅纱是一个 500 镑价值的承担者。[45]

III. 第三阶段 W′—G′

商品,作为直接由生产过程本身产生的已经增殖的资本价值的职能存在形式,就成了**商品资本**。[45]

资本在商品形式上必须执行商品的职能。构成资本的物品,本来就是为市场而生产的,必须卖掉,转化为货币,也就是必须经历 W—G 运动。

假定资本家的商品是 10 000 磅纱。既然在纺纱过程中耗费的生产资料的价值是 372 镑,创造的新价值是 128 镑,那么,这些纱就有 500 镑的价值。这个价值表现在这些纱的同名的价格上。这个价格要通过出售 W—G 来实现。[……]10 000 磅纱的价值,第一,包含已经消耗的生产资本 P 的价值,其中不变部分 = 372 镑,可变部分 = 50 镑,二者之和 = 422 镑,= 8 440 磅纱。但生产资本 P 的价值等于 W,等于它的形成要素的价值,即在 G—W 阶段上处于卖者手中与资本家对立的商品的价值。——第二,这些纱的价值,还包含 78 镑的剩余价值 = 1 560 磅纱。因此,作为 10 000 磅纱的价值表现的 W = W+ΔW,W 加上 W 的增殖额(= 78 镑),我们把这个增殖额叫做 w,因为现在它和原有价值 W 处在同一个商品形式上。10 000 磅纱的价值 = 500 镑,也就是 = W + w = W′。

[46—47]

现在,W′的职能是一切商品产品的职能:转化为货币,卖掉,经历流通阶段 W—G。只要现在已经增殖的资本保留商品资本的形式,停滞在市场上,生产过程就会停止。这个资本既不会作为产品形成要素起作用,也不会作为价值形成要素起作用。由于资本抛弃它的商品形式和采取它的货币形式的速度不同,或者说,由于卖的速度不同,同一个资本价值就会以极不相同的程度作为产品形成要素和价值形成要素起作用,再生产的规模也会以极不相同的程度扩大或者缩小。第一册已经指出,一个一定量资本的作用程度,是由生产过程的各种潜能规定的,而这些潜能在一定程度上是和资本本身的价值量无关的。[210]这里指出,流通过程推动了和资本的价值量无关的新的潜能,即资本的作用程度的新的潜能,资本的扩张和收缩的新的潜能。

商品量 W′,作为已经增殖的资本的承担者,还必须全部经历形态变化 W′—G′。在这里,出售商品的数量,成为决定性的事情。单个商品只是表现为总量的不可缺少的部分。500 镑的价值存在于 10 000 磅纱中。如果资本家只能卖掉价值 372 镑的 7 440 磅纱,他就只补偿了他的不变资本的价值,即已消耗的生产资料的价值;如果卖掉 8 440 磅纱,他就只补偿了全部预付资本的价值量。要实现剩余价值,他就必须多卖一些;要实现全部剩余价值 78 镑(=1 560 磅纱),他就必须把 10 000 磅纱全部卖掉。[48]

W′=W+w(=422 镑+78 镑)。——W 等于 P 的价值或生产资本的价值,这又等于在购买生产要素的 G—W 中预付的 G 的价值;用我们的例子来说 =422 镑。如果商品总量按照它的价值出售,那么,W = 422 镑,w = 78 镑,即剩余产品 1 560 磅纱的价值。

如果我们把用货币表现的 w 叫做 g,那么,$W'—G' = (W+w)—(G+g)$,因此,$G—W\cdots P\cdots W'—G'$ 这一循环,用详细的形式表示,就是 $G—W<^{A}_{Pm}\cdots P\cdots (W+w)—(G+g)$。

在第一阶段,资本家从真正的商品市场和劳动市场取得了使用物品;在第三阶段,他把商品投回,但只是投回到**一个**市场,即真正的商品市场。而如果他通过他的商品从市场又取得了比他原来投入的价值更多的价值,那么,这只是因为他投入的商品价值大于他原来取得的商品价值。过去他投入价值 G,取得相等的价值 W;现在他投入 $W+w$,取得相等的价值 $G+g$。——用我们的例子来说,G 等于 8 440 磅纱的价值;但他在市场上投入了 10 000 磅纱,因此,他投入市场的价值大于他从市场取得的价值。另一方面,他能够把这个已经增大的价值投入市场,只是因为他在生产过程中,通过剥削劳动力,生产了剩余价值(作为产品的一个部分,表现在剩余产品中)。这个商品量,只有作为这个过程的产物,才是商品资本,才是已经增殖的资本价值的承担者。由于 $W'—G'$ 的完成,预付资本价值和剩余价值都得到了实现。[49—50]

同一个流通行为 $W'—G'$,对以货币形式预付的资本价值来说,是第二形态变化即终结形态变化,是回到货币形式;而对同时包含在商品资本中并通过商品资本转换成货币形式而一同实现的剩余价值来说,却是第一形态变化,由商品形式转化为货币形式,是 $W—G$,是第一流通阶段。[51]

IV. 总循环

现在让我们来考察总运动 $G—W\cdots P\cdots W'—G'$,或它的详细

形式 $G—W<^A_{Pm}\cdots P\cdots W'(W+w)—G'(G+g)$。在这里,资本表现为这样一个价值,它经过一系列互相联系的、互为条件的转化,经过一系列的形态变化,而这些形态变化也就形成总过程的一系列阶段。在这些阶段中,两个属于流通领域,一个属于生产领域。在每个这样的阶段中,资本价值都处在和不同的特殊职能相适应的不同形态上。在这个运动中,预付的价值不仅保存了,而且增长了,它的量增加了。最后,在终结阶段,它回到总过程开始时它原有的形式。因此,这个总过程是循环过程。

资本价值在它的流通阶段所采取的两种形式,是**货币资本**的形式和**商品资本**的形式;它属于生产阶段的形式,是**生产资本**的形式。在总循环过程中采取而又抛弃这些形式并在每一个形式中执行相应职能的资本,就是**产业资本**。这里所说的产业,包括任何按资本主义方式经营的生产部门。

因此,在这里,货币资本,商品资本,生产资本,并不是指这样一些独立的资本种类,这些独立的资本种类的职能形成同样独立的、彼此分离的营业部门的内容。在这里,它们只是指产业资本的特殊的职能形式,产业资本是依次采取所有这三种形式的。

资本的循环,只有不停顿地从一个阶段转入另一个阶段,才能正常进行。如果资本在第一阶段 $G—W$ 停顿下来,货币资本就会凝结为贮藏货币;如果资本在生产阶段停顿下来,一方面生产资料就会搁置不起作用,另一方面劳动力就会处于失业状态;如果资本在最后阶段 $W'—G'$ 停顿下来,卖不出去而堆积起来的商品就会把流通的流阻塞。

另一方面,理所当然的是,循环本身又要求资本在各个循环阶段中在一定的时间内固定下来。在每一个阶段中,产业资本都被束缚在一定的形式上:货币资本,生产资本,商品资本。产业资本

只有在完成一种和它当时的形式相适应的职能之后,才取得可以进入一个新的转化阶段的形式。[60—63]

但是,有一些独立的产业部门,那里的生产过程的产品不是新的物质的产品,不是商品。在这些产业部门中,经济上重要的,只有交通工业,它或者是真正的客货运输业,或者只是消息、书信、电报等等的传递。[64]

运输业所出售的东西,就是场所的变动本身。它产生的效用,是和运输过程即运输业的生产过程不可分离地结合在一起的。旅客和货物是和运输工具一起运行的,而运输工具的运行,它的场所变动,也就是它所进行的生产过程。这种效用只能在生产过程中被消费;它不是一种和生产过程不同的,只有在生产出来之后才作为交易品执行职能,作为商品来流通的使用物。但是,这种效用的交换价值,和任何其他商品的交换价值一样,都是由其中消耗的生产要素(劳动力和生产资料)的价值加上运输工人的剩余劳动所创造的剩余价值决定的。至于这种效用的消费,它也是和其他商品完全一样的。如果它是个人消费的,那么,它的价值就和消费一起消失;如果它是生产消费的,从而它本身就是处于运输中的商品的一个生产阶段,那么,它的价值就作为追加价值转移到商品本身中去。因此,运输业的公式应该是 $G—W<^A_{Pm}\cdots P—G'$,因为被支付的和被消费的,是生产过程本身,而不是能和它分离的产品。因此,这个公式和贵金属生产的公式,在形式上几乎完全相同,只是在这里,G'是在生产过程中产生的效用的转化形式,而不是在生产过程中产生的并离开生产过程的金或银的实物形式。[65—66]

可见,资本的循环过程是流通和生产的统一,包含二者在内。因为 G—W 和 W'—G'这两个阶段都是流通行为,所以资本流通是一般商品流通的一部分。但是,作为不仅属于流通领域而且属于生产领域的资本循环的职能上确定的段落、阶段,资本是在一般商品流通之内完成自己特有的循环的。一般商品流通,在第一阶段,使资本取得能够执行生产资本职能的形态;在第二阶段,使它抛弃它不能重新进行循环的商品职能,同时为它创造一种可能,使它自己特有的资本循环同资本中增加的剩余价值的流通分离开来。

因此,货币资本的循环,是产业资本循环的最片面,从而最明显和最典型的表现形式;产业资本的目的和动机——价值增殖,赚钱和积累——表现得最为醒目(为贵卖而买)。因为第一阶段是G—W,所以也表明生产资本的组成部分来自商品市场,同样也表明资本主义生产过程都受流通、商业制约。货币资本的循环不仅是商品生产;这种循环本身只有通过流通才能进行,它是以流通为前提的。这一点已经很清楚,因为属于流通的形式 G 是预付资本价值的最初的纯粹的形式,而在其他两种循环形式中则不是这样。

只要货币资本的循环始终包含着预付价值的价值增殖,它就始终是产业资本的一般的表现。[70]

第 二 章

生产资本的循环

生产资本循环的总公式是:P…W′—G′—W…P。这个循环表示生产资本职能的周期更新,也就是表示再生产,或者说,表示资本的生产过程是增殖价值的再生产过程;它不仅表示剩余价值的生产,而且表示剩余价值的周期再生产;它表示,处在生产形式上的产业资本不是执行一次职能,而是周期反复地执行职能,因此,过程的重新开始,已由起点本身规定了。[75]

在这个形式上,有两点是显而易见的。

第一，在第一种形式 G…G′ 中，生产过程，即 P 的职能，使货币资本的流通中断，只是表现为 G—W 和 W′—G′ 这两个阶段之间的中介；而在这里，产业资本的总流通过程，它在流通阶段的全部运动，只是作为始极使循环开始的生产资本，和作为终极以同一形式即以循环重新开始的形式使循环结束的生产资本这二者之间的中断，从而只是二者之间的中介。真正的流通，只是表现为周期更新的和通过更新而连续进行的再生产的中介。

第二，总流通表现的形式和它在货币资本循环中具有的形式相反。在货币资本的循环中，撇开价值规定不说，总流通的形式是 G—W—G(G—W. W—G)；在生产资本的循环中，同样撇开价值规定不说，总流通的形式却是 W—G—W(W—G. G—W)，所以是简单商品流通的形式。[75—76]

II. 积累和规模扩大的再生产

产业资本在生产领域只能存在于和一般生产过程，从而也和非资本主义的生产过程相适应的构成中，同样，它在流通领域也只能存在于两种和流通领域相适应的形式，即商品形式和货币形式中。但是，由于劳动力是他人的劳动力，资本家要从劳动力所有者那里购买劳动力，就像要从其他商品所有者那里购买生产资料完全一样，所以各种生产要素的总和从一开始就表现为生产资本，因而生产过程本身也表现为产业资本的生产职能，同样，货币和商品也表现为同一产业资本的流通形式，因而，它们的职能也表现为产业资本的流通职能，这些职能或者是生产资本的职能的先导，或者是从生产资本的职能产生。在这里，货币职能和商品职能所以同时又是货币资本的职能和商品资本的职能，只是由于它们作为产业资本在循环过程不同阶段上所要完成的职能的形式是互相联系的。因此,企图从货币和商品的资本性质得出表明货币所以是货币,商品所以是商品的特征的那些特有属性和职能,是错误的;反过来,企图从生产资本采取的生产资料这一存在方式得出生产资本的属性,同样是错误的。[94—95]

第 三 章

商品资本的循环

商品资本循环的总公式是:

$$W'—G'—W\cdots P\cdots W'。[101]$$

第三个形式和前两个形式的区别如下:第一,在这里,是以包含两个对立阶段的总流通来开始循环,而在形式 I 中,流通为生产过程所中断,在形式 II 中,包含两个互相补充阶段的总流通,只表现为再生产过程的中介,因此是 $P\cdots P$ 之间的中介运动。在 $G\cdots G'$ 中,流通形式是 $G—W\cdots W'—G'=G—W—G$。在 $P\cdots P$ 中则相反,流通形式却是 $W'—G'. G—W=W—G—W$。在 $W'\cdots W'$ 中,流通形式与后一个形式相同。

第二,在循环 I 和 II 的反复中,即使终点的 G' 和 P' 是更新的循环的起点,它们产生时的形式也会消失。$G'=G+g$ 和 $P'=P+p$ 重新作为 G 和 P 开始新的过程。但是在形式 III 中,即使循环以相同的规模更新,起点 W 也必须用 W' 来表示,而这是由于下面的原因。在形式 I 中,只要 G' 本身开始新的循环,它就作为货币资本 G,作为以货币形式预付的待增殖的资本价值执行职能。预付的货币资本的量由于在第一个循环中实行的积累而增加,变得更大了。但不论预付的货币资本的量是 422 镑还是 500 镑,都不会改变它表现为单纯的资本价值这种情况。G′不再作为已经增殖的即包含剩余价值的资本,不再作为资本关系而存在。它要在过程中才自行增殖。P…P′也是这样;P′总是要作为 P,作为要生产剩余价值的资本价值继续执行职能,使循环更新。——相反,商品资本的循环不是以资本价值开始,而是以商品形式上增大了的资本价值开始,因而它一开始就不仅包含存在于商品形式中的资本价值的循环,而且包含剩余价值的循环。因此,如果简单再生产以这种形式进行,在终点就会出现一个和起点上一样大的 W′。如果一部分剩余价值进入资本循环,在终点出现的虽然不是 W′,而是 W″,一个更大的 W′,但下一个循环会再次以 W′ 开始,不过和前一个循环相比,那是一个更大的 W′,它用更大的已经积累的资本价值,因此也是用较大的新生产的剩余价值,开始它的新的循环。在所有情况下,W′ 总是作为一个商品资本(= 资本价值+剩余价值)来开始循环。[101—102]

在 W′…W′ 形式中,全部商品产品的消费是资本本身循环正常进行的条件。全部个人消费包括工人的个人消费和剩余产品中非积累部分的个人消费。因此,消费是全部——个人的消费和生产的消费——作为条件进入 W′ 的循环。[108]

第 四 章

循环过程的三个公式

如果用 Ck 代表总流通过程,这三个公式可以表示如下:

(Ⅰ) G—W…P…W′—G′

(Ⅱ) P…Ck…P

(Ⅲ) Ck…P(W′)。

如果我们对这三个形式进行概括,那么,过程的所有前提都表现为过程的结果,表现为过程本身所产生的前提。每一个因素都表现为出发点、经过点和复归点。总过程表现为生产过程和流通过程的统一;生产过程成为流通过程的中介,反之亦然。

所有这三个循环都有一个共同点:价值增殖是决定目的,是动机。在形式 I 中,这一点已经在形式上表现出来了。形式 II 是以 P 即价值增殖过程本身开始的。在形式 III 中,即使运动以同样规模反复进行,循环也是以已经增殖的价值开始,而以重新增殖的价值结束的。[116]

任何一个单个产业资本都是同时处在所有这三种循环中。这三种循环,三种资本形态的这些再生产形式,是连续地并列进行的。例如,现在作为商品资本执行职能的资本价值的一部分,转化为货币资本,但同时另一部分则离开生产过程,作为新的商品资本进入流通。因此,W′…W′循环形式不断地进行着;其他两个形式也是如此。资本在它的任何一种形式和任何一个阶段上的再生产都是连续进行的,就像这些形式的形态变化和依次经过这三个阶段是连续进行的一样。可见,在这里,总循环是资本的三个形式的现实的统一。

我们的考察曾经假定,资本价值是按照它的价值总量全部作为货币资本,或作为生产资本,或作为商品资本出现的。例如,我们假定 422 镑首先是全部作为货币资本,然后全部转化为生产资本,最后又全部作为商品资本,即价值 500 镑(其中有 78 镑剩余价值)的纱。在这里,各个不同阶段会分别形成中断。例如,当 422 镑保持货币形式时,也就是说,在购买行为 G—W(A+Pm)完成以前,全部资本只是作为货币资本存在并执行职能。一旦它转化为生产资本,它就既不作为货币资本,也不作为商品资本执行职能了。

它的总流通过程就会中断,另一方面,一旦它处在两个流通阶段的一个阶段上,不论是作为 G 还是作为 W′ 执行职能,它的总生产过程也同样就会中断。这样一来,P…P 循环不仅表现为生产资本的周期更新,而且在流通过程完成以前,同样表现为它的职能即生产过程的中断;生产将不是连续地进行,而是痉挛状地进行,只有经过一段由流通过程的这两个阶段完成得快慢所决定的长短不定的时间,生产才能重新进行。例如,中国的手工业者就是这样,他只是为私人顾客劳动,如果没有新的订货,他的生产过程就会停顿。

实际上,以上所说适用于处在运动中的资本的每一个部分,并且资本的所有部分都要依次经过这种运动。假定 10 000 磅纱是一个纺纱业主的一周的产品。这 10 000 磅纱要全部从生产领域转到流通领域;其中包含的资本价值必须全部转化为货币资本,并且只要资本价值保持货币资本的形式,它就不能重新进入生产过程;它必须先进入流通,并重新转化为生产资本的要素 A+Pm。资本的循环过程是不断的中断,是离开一个阶段,进入下一个阶段;是抛弃一种形式,存在于另一种形式;其中每一个阶段不仅以另一个阶段为条件,而且同时排斥另一个阶段。

但是,连续性是资本主义生产的特征,是由资本主义生产的技术基础所决定的,虽然这种连续性并不总是可以无条件地达到的。让我们来看看实际情况是怎样的。例如,在 10 000 磅纱作为商品资本进入市场,并转化为货币(不论是支付手段,还是购买手段,甚至只是计算货币)时,新的棉花、煤炭等等则代替纱出现于生产过程,也就是说,已经由货币形式和商品形式重新转化为生产资本的形式,从而开始执行生产资本的职能;在第一个 10 000 磅纱转化为货币的同时,以前的 10 000 磅纱则已经进行它的流通的第二阶段,由货币重新转化为生产资本的要素。资本的所有部分都依次经过循环过程,而同时处在循环过程的不同阶段上。这样,产业资本在它的循环的连续进行中,就同时处在它的一切循环阶段以及与这些阶段相适应的不同的职能形式上。对第一次由商品资本转化为货币的部分来说,W′…W′循环才开始,而对作为运动中的整体的产业资本来说,W′…W′循环则已经完成。货币是一手预付出去,另一手收进来。G…G′循环在一点上的开始,同时就是它在另一点上的复归。生产资本也是如此。

因此,产业资本的连续进行的现实循环,不仅是流通过程和生产过程的统一,而且是它的所有三个循环的统一。但是,它之所以能够成为这种统一,只是由于资本的每个不同部分能够依次经过相继进行的各个循环阶段,从一个阶段转到另一个阶段,从一种职能形式转到另一种职能形式,因而,只是由于产业资本作为这些部分的整体同时处在各个不同的阶段和职能中,从而同时经过所有这三个循环。在这里,每一部分的相继进行,是由各部分的并列存在即资本的分割所决定的。因此,在实行分工的工厂体系内,产品不断地处在它的形成过程的各个不同阶段上,同时又不断地由一个生产阶段转到另一个生产阶段。因为单个产业资本代表着一定的量,而这个量又取决于资本家的资金,并且对每个产业部门来说都有一定的最低限量,所以资本的分割必须按一定的比例数字进行。现有资本的量决定生产过程的规模,而生产过程的规模又决定同生产过程并列执行职能的商品资本和货币资本的量。但是,决定生产连续性的并列存在之所以可能,只是由于资本的各部分依次经过各个不同阶段的运动。并列存在本身只是相继进行的结果。例如,如果对资本的一部分来说 W′—G′ 停滞了,商品卖不出去,那么,这一部分的循环就会中断,它的生产资料的补偿就不能进行;作为 W′ 继续从生产过程中出来的各部分,在职能变换中就会被它们的先行部分所阻止。如果这种情况持续一段时间，生产就会受到限制，整个过程就会停止。相继进行—停滞，就使并列存在陷于混乱。在一个阶段上的任何停滞，不仅会使这个停滞的资本部分的总循环，而且会使整个单个资本的总循环发生或大或小的停滞。[117—120]

因此，资本作为整体是同时地、在空间上并列地处在它的各个不同阶段上。但是，每一个部分都不断地依次由一个阶段过渡到另一个阶段，由一种职能形式过渡到另一种职能形式，从而依次在一切阶段和一切职能形式中执行职能。因此，这些形式都是流动的形式，它们的同时性是以它们的相继进行为中介的。每一种形式都跟随在另一种形式之后，而又发生在它之前，因而，一个资本部分回到一种形式，是由另一个资本部分回到另一种形式而决定的。每一个部分都不断进行着它自己的循环，然而处在这种形式中的总是资本的另一个部分，而这些特殊的循环只是形成总过程的各个同时存在而又依次进行的要素。

只有在三个循环的统一中，才能实现总过程的连续性，而不致发生上述的中断。社会总资本始终具有这种连续性，而它的过程始终是三个循环的统一。[121]

资本作为自行增殖的价值，不仅包含着阶级关系，包含着建立在劳动作为雇佣劳动而存在的基础上的一定的社会性质。它是一种运动，是一个经过各个不同阶段的循环过程，这个过程本身又包含循环过程的三种不同的形式。因此，它只能理解为运动，而不能理解为静止物。那些把价值的独立化看做是单纯抽象的人忘记了，产业资本的运动就是这种抽象的实现。在这里，价值经过不同的形式，不同的运动，在其中它保存自己，同时使自己增殖，增大。[121—122]

第　五　章

流　通　时　间

　　我们已经知道,资本是按照时间顺序通过生产领域和流通领域两个阶段完成运动的。资本在生产领域停留的时间是它的生产时间,资本在流通领域停留的时间是它的流通时间。所以,资本完成它的循环的全部时间,等于生产时间和流通时间之和。[138]

　　流通时间和生产时间是互相排斥的。资本在流通时间内不是执行生产资本的职能,因此既不生产商品,也不生产剩余价值。如果我们考察循环的最简单形式,也就是总资本价值每次都是一下子由一个阶段进到另一个阶段,那就很清楚,在资本流通时间持续的时候,生产过程就中断,资本的自行增殖也就中断;并且生产过程的更新根据资本流通时间的长短而或快或慢。相反,如果资本的不同部分是相继通过循环的,也就是总资本价值的循环是在资本的不同部分的循环中依次完成的,那就很清楚,资本的各组成部分在流通领域不断停留的时间越长,资本在生产领域不断执行职能的部分就必定越小。因此,流通时间的延长和缩短,对于生产时间的缩短或延长,或者说,对于一定量资本作为生产资本执行职能的规模的缩小或扩大,起了一种消极限制的作用。资本在流通中的形态变化越成为仅仅观念上的现象,也就是说,流通时间越等于零或近于零,资本的职能就越大,资本的生产效率就越高,它的自行增殖就越大。例如,假定有一个资本家按订货生产,因此他在提供产品时就得到支付,又假定支付给他的是他自己需要的生产资料,那么,流通时间就接近于零了。

　　因此,资本的流通时间,一般说来,会限制资本的生产时间,从而也会限制它的价值增殖过程。限制的程度与流通时间持续的长短成比例。而这种持续时间的增加或减少的程度可以极不相同,因而对资本的生产时间限制的程度也可以极不相同。[141—142]

资本在流通领域内,不管按这个序列还是那个序列,总是要通过 W—G 和 G—W 这两个对立的阶段。因此,资本的流通时间也分成两个部分,即商品转化为货币所需要的时间,和货币转化为商品所需要的时间。我们在分析简单商品流通(第一册第三章)时已经知道,W—G 即卖,是资本形态变化的最困难部分,因此,在通常的情况下,也占流通时间较大的部分。[143]

W—G 和 G—W 之间存在一种区别,这种区别与商品和货币之间的形式区别无关,而是由生产的资本主义性质产生的。不论是 W—G,还是 G—W,就它们本身看,都只是一定价值由一种形式到另一种形式的转化。但是,W′—G′同时是 W′所包含的剩余价值的实现。G—W 则不是这样。因此,卖比买更为重要。G—W,在正常条件下,对于表现为 G 的价值的增殖来说,是必要的行为,但它不是剩余价值的实现;它是剩余价值生产的导论,而不是它的补遗。

商品本身的存在形式,商品作为使用价值的存在,使商品资本的流通 W′—G′受到一定的限制。商品会自然变坏。因此,如果商品没有按照它们的用途,在一定时期内,进入生产消费或个人消费,换句话说,如果它们没有在一定时间内卖掉,它们就会变坏,并且在丧失它们的使用价值的同时,也就丧失作为交换价值承担者的属性。商品中包含的资本价值,资本价值中增长的剩余价值,都将丧失。使用价值只有不断更新,不断再生产,也就是由同种或别种新的使用价值来补偿,才是长久保存而自行增殖的资本价值的承担者。而使用价值以完成的商品形式出售,从而由此进入生产消费或个人消费,是它们的再生产不断更新的条件。它们必须在一定时间内变换它们的旧的使用形式,以便在一种新的使用形式上继续存在。交换价值只有通过使用价值的躯体的这种不断更新才能够保存自己。不同商品的使用价值变坏的快慢程度不同；因此，在使用价值的生产和消费之间的间隔时间，可以长短不等；因此，它们能够以长短不等的时间，作为商品资本停留在 W—G 流通阶段，作为商品经受长短不等的流通时间，而不致消灭。由商品体本身会变坏所决定的商品资本流通时间的界限，就是流通时间的这一部分或商品资本作为商品资本能够经过的流通时间的绝对界限。一种商品越容易变坏，因而生产出来越要赶快消费，也就是越要赶快卖掉，它能离开产地的距离就越小，它的空间流通领域就越狭窄，它的销售市场就越带有地方性质。因此，一种商品越容易变坏，它的物理性能对于它作为商品的流通时间的绝对限制越大，它就越不适于成为资本主义生产的对象。这种商品只有在人口稠密的地方，或者随着地域的距离由于运输工具的发展而缩短时，才能成为资本主义生产的对象。而一种物品的生产集中在少数人手里和人口稠密的地点，甚至能够为这样一类产品，如大啤酒厂、牛奶厂生产的产品，造成较大的市场。[144—145]

第 六 章
流 通 费 用

I. 纯粹的流通费用

1. 买卖时间

资本由商品到货币和由货币到商品的形式转化，同时就是资本家的交易,即买卖行为。资本完成这些形式转化的时间,从主观上,从资本家的观点来看,就是买卖时间,就是他在市场上执行卖者和买者的职能的时间。正像资本的流通时间是资本再生产时间的一个必要部分一样,资本家进行买卖,在市场上奔走的时间,也是他作为资本家即作为人格化的资本执行职能的时间的一个必要部分。这是他的经营时间的一部分。[146]

无论如何,用在买卖上的时间,是一种不会增加转化了的价值的流通费用。这种费用是价值由商品形式转变为货币形式所必要的。如果资本主义的商品生产者是流通当事人,那么,他同直接的商品生产者的区别只是在于,他的买卖规模较大,因而他作为流通当事人执行职能的范围较大。一旦他的营业范围使他必须购买或者能够购买(雇用)作为雇佣工人的他的流通当事人,事情的本质也不会发生变化。劳动力和劳动时间必须以某种程度耗费在流通过程(就它只是形式转化来说)上。但是,现在这种耗费表现为追加的资本支出;可变资本的一部分必须用来购买这种仅仅在流通中执行职能的劳动力。资本的这种预付,既不创造产品,也不创造价值。它相应地缩小预付资本生产地执行职能的范围。这就好像是把产品的一部分转化为一种机器,用来买卖产品的其余部分。这种机器是产品的一种扣除。它虽然能够减少在流通中耗费的劳动力等等,但不参加生产过程。它只是流通费用的一部分。[150]

2. 簿 记

劳动时间除了耗费在实际的买卖上外,还耗费在簿记上;此外,簿记又耗费对象化劳动,如钢笔、墨水、纸张、写字台、事务所费用。因此,在这种职能上,一方面耗费劳动力,另一方面耗费劳动资料。这里的情况和买卖时间完全一样。

资本作为它的循环中的统一体,作为处在过程中的价值,无论是在生产领域还是在流通领域的两个阶段,首先只是以计算货币的形态,观念地存在于商品生产者或资本主义商品生产者的头脑中。这种运动是由包含商品的定价或计价(估价)在内的簿记来确定和监督的。这样,生产的运动,特别是价值增殖的运动,——在这里,商品只是价值的承担者,只是这样一种物品的名字,这种物品的观念的价值存在固定为计算货币,——获得了反映在观念中的象征形象。[……]不论这种职能集中在资本主义商品生产者手中,不再是许多小商品生产者的职能,而是**一个**资本家的职能,是一个大规模生产过程内部的职能,从而获得了巨大的规模;还是这种职能不再是生产职能的附带部分,而从生产职能中分离出来,独立化为特殊的、专门委托的当事人的职能,——这种职能本身的性质都不会改变。[150—152]

但是,簿记所产生的各种费用,或劳动时间的非生产耗费,同单纯买卖时间的费用,毕竟有一定的区别。单纯买卖时间的费用只是由生产过程的一定的社会形式而产生,是由这个生产过程是商品的生产过程而产生。过程越是按社会的规模进行,越是失去纯粹个人的性质,作为对过程的监督和观念上的总括的簿记就越是必要;因此,簿记对资本主义生产,比对手工业和农民的分散生产更为必要,对公有生产,比对资本主义生产更为必要。但是,簿记的费用随着生产的积聚而减少,簿记越是转化为社会的簿记,这种费用也就越少。[152]

II. 保管费用

由价值的单纯形式变换，由观念地考察的流通产生的流通费用，不加入商品价值。就资本家来考察，耗费在这种费用上的资本部分，只是耗费在生产上的资本的一种扣除。我们现在考察的那些流通费用的性质则不同。它们可以产生于这样一些生产过程，这些生产过程只是在流通中继续进行，因此，它们的生产性质完全被流通的形式掩盖起来了。另一方面，从社会的观点看，它们又可以是单纯的费用，是活劳动或对象化劳动的非生产耗费，但是正因为这样，对单个资本家来说，它们可以起创造价值的作用，成为他的商品出售价格的一种加价。这种情况已经来源于以下事实：这些费用在不同的生产领域是不同的，在同一生产领域，对不同的单个资本来说，有时也是不同的。这些费用追加到商品价格中时，会按照各个资本家分担这些费用的比例进行分配。但是，一切追加价值的劳动也会追加剩余价值，并且在资本主义基础上总会追加剩余价值，因为劳动形成的价值取决于劳动本身的量，劳动形成的剩余价值则取决于资本家付给劳动的报酬额。因此，使商品变贵而不追加商品使用价值的费用，对社会来说，属于生产上的非生产费用，对单个资本家来说，则可以成为发财致富的源泉。另一方面，既然这些费用加到商品价格中去的这种加价，只是均衡地分配这些费用，所以这些费用的非生产性质不会因此而消失。例如，保险公司把单个资本家的损失在资本家阶级中间分配。尽管如此，就社会总资本考察，这样平均化的损失仍然是损失。
[154—155]

1. 储备形成一般

在产品作为商品资本存在或在产品停留在市场上时,也就是,在产品处在它从中出来的生产过程和它进入的消费过程之间的间隔时间内,产品形成商品储备。商品资本,作为市场上的商品,从而具有储备形态的商品,在每个循环中出现两次:一次是作为我们正在考察其循环的、处在过程中的资本本身的商品产品;另一次相反是作为另一个资本的商品产品,这种产品必须出现在市场上,以便被购买,并转化为生产资本。当然,后面这种商品资本可能只是根据订货生产的。如果这样,在它被生产出来以前,就会发生中断。然而,生产过程和再生产过程的不断进行,要求相当数量的商品(生产资料)不断处在市场上,也就是形成储备。生产资本还包括对劳动力的购买,在这里,货币形式只是生活资料的价值形式,这种生活资料的大部分,工人必须在市场上找到。[155]

商品资本要作为商品储备停留在市场上,就要有建筑物,栈房、储藏库、货栈,也就是要支出不变资本,还要对把商品搬进储藏库的劳动力付给报酬。此外,商品会变坏,会受有害的自然因素的影响。为了保护商品不受这些影响,要投入追加的资本,一部分投在劳动资料上,即物的形式上,一部分投在劳动力上。(14)

---

(14) 据柯贝特对 1841 年 9 个月期间小麦储存费用的计算,数量的损失占 $\frac{1}{2}$% ,小麦价格的利息占 3% ,仓库租金占 2% ,筛选和运输的费用占 1% ,卸货的费用占 $\frac{1}{2}$% ,共计占 7% ,或者说,在每夸特小麦价格 50 先令中占 3 先令 6 便士。(托·柯贝特《个人致富的原因和方法的研究》1841 年伦敦版[第 140 页])**211** 按照利物浦市商人向铁道委员会提出的证词,1865 年谷物储存的(纯)非生产费用,每月为每夸特 2 便士,或每吨 9—10 便士。(《皇家铁道委员会。证词》1867 年版第 19 页第 331 号)

可见,资本在商品资本形式上从而作为商品储备的存在,产生了费用,因为这些费用不属于生产领域,所以算做流通费用。这类流通费用同第一节所说的流通费用的区别在于:它们在一定程度上加入商品价值,因此使商品变贵。在任何情况下,用于保存和保管这种商品储备的资本和劳动力,总是从直接的生产过程抽出来的。另一方面,这里使用的资本,包括作为资本组成部分的劳动力,必须从社会产品中得到补偿。因此,这些资本的支出所产生的影响,就像劳动生产力降低一样,因而,要获得一定的效用,就需要更大量的资本和劳动。这是**非生产费用**。[156]

另一方面,商品价值在这里被保存或者增加,只是因为使用价值,产品本身,被置于一定的、需要有资本支出的物的条件下,并且必须经历那些有追加劳动作用于使用价值的操作。相反,商品价值的计算,记载这一过程的簿记,买卖交易,却不会在商品价值借以存在的使用价值上发生作用。这些事情只是同商品价值的形式有关。因此,虽然在我们假定的场合,花费在储备(在这里是非自愿的)上的非生产费用只是产生于形式转化的停滞和必要性,但是,这些费用和第一节所说的非生产费用仍然不同,这些费用的目的本身不是价值的形式转化,而是价值的保存,而价值存在于作为产品,作为使用价值的商品中,因而只有通过产品的保存,使用价值本身的保存,价值才能得到保存。在这里,使用价值既没有提高,也没有增加,反而减少了。但是,它的减少受到了限制,它被保存下来。在这里,商品中存在的预付价值,也没有增加。但是,加进了新的劳动——对象化劳动和活劳动。[157]

实际上,储备有三种形式:生产资本的形式,个人消费基金的形式,商品储备或商品资本的形式。虽然就绝对量来说,三种形式的储备可以同时增加,但是一种形式的储备会在另一种形式的储备增加时相对地减少。[158]

生产资本形式的储备,是以生产资料的形式存在的,这些生产资料或者已经处于生产过程,或者至少已经在生产者手中,也就是已经潜在地处于生产过程。我们在前面已经看到,随着劳动生产率的发展,从而,随着资本主义生产方式(它比一切以前的生产方式更加发展了劳动的社会生产力)的发展,那种以劳动资料形式一下子全部并入过程,并在一个或长或短的时期内在过程中不断反复执行职能的生产资料(建筑物、机器等等)的量,不断增大,并且这种生产资料的增大,既是劳动的社会生产力发展的前提,又是它的结果。这种形式的财富不仅绝对增加而且相对增加的事实(参看第一册第二十三章第 2 节[212]),最能说明资本主义生产方式的特征。但是,不变资本的物质存在形式,生产资料,不仅由这种劳动资料构成,而且还由各加工阶段上的劳动材料以及辅助材料构成。随着生产规模的扩大,随着劳动生产力由于协作、分工、机器等等而提高,逐日进入再生产过程的原料、辅助材料等等的量也会增加。这些要素必须预先在生产场所准备好。因此,这种以生产资本形式存在的储备的规模是绝对增大的。要使生产过程流畅地进行——不管这种储备可以逐日更新,还是只能在一定时期内更新——,就总是要在生产场所准备好更多的原料等等,比如说要多于一天或一周的消耗量。过程的连续性,要求它的各种条件的存在不致因为在逐日购买上可能遇到中断而受影响,也不致因为商品产品逐日逐周出售,从而只能不规则地再转化为它的各种生产要素而受影响。不过,生产资本显然可以以极不相同的规模潜在地存在或形成储备。例如,纺纱业者必须准备好够用三个月的,还是只够用一个月的棉花或煤炭,就有很大的差别。我们看到,这种储备虽然绝对地增大了,但是可以相对地减少。

这要取决于各种条件,而这一切条件实质上不外就是,要使必要数量的原料能够更迅速地、更有规则地、更有保证地不断得到供应,而不致发生任何中断。这些条件越不具备,从而供应越没有保证,越不规则,越缓慢,生产资本的潜在部分,即生产者手中等待加工的原料等等的储备就必然越大。这些条件同资本主义生产的发展水平,因而同社会劳动的生产力的发展水平成反比。因此,这种形式的储备也是这样。

这里表现为储备减少的现象(如莱勒所看到的),部分地说,只是商品资本形式的储备即真正商品储备的减少;因此,只是同一个储备的形式变换。例如,如果本国每天生产的煤炭量,从而煤炭生产的规模和能力很大,纺纱业者用不着储存大量煤炭,就可以保证他的生产连续进行。煤炭供应的不断的有保证的更新,使这种储备成为不必要。第二,一个过程的产品能够以什么样的速度作为生产资料进入另一个过程,取决于交通运输工具的发展。在这方面,运费的低廉有很大的作用。例如,如果从矿山一次又一次地不断向纺纱厂运输煤炭,那么,所需的费用就会比利用较便宜的运输为较长时期供应较大量煤炭所需的费用更贵。以上考察的这两种情况,都发生在生产过程本身。第三,信用制度的发展也有影响。纺纱业者在棉花、煤炭等等的储备的更新上越不依赖于他的纱的直接出售——信用制度越发展,这种直接依赖性就越小——,为保证既定规模的连续的棉纱生产不受棉纱出售上偶然情况的影响而需要的这种储备的相对量,就可以越小。第四,许多原料、半成品等等需要有较长的生产时间,农业提供的一切原料,尤其是这样。因此,要使生产过程不致中断,就要在新产品还不能代替旧产品的整个时期,储备一定量这样的原

料、半成品。[159—160]

2. 真正的商品储备

我们已经知道,在资本主义生产的基础上,商品成为产品的一般形式,而资本主义生产在广度和深度上越是发展,情况就越是这样。因此,不管和以前的各种生产方式相比,还是和发展水平较低的资本主义生产方式相比,即使生产规模相同,产品中大得不可比拟的部分是作为商品存在的。但是,任何商品——从而任何商品资本,它们只是商品,不过是作为资本价值存在形式的商品——,只要它不是从生产领域直接进入生产消费或个人消费,因而在这个间歇期间处在市场上,它就是商品储备的要素。因此,商品储备本身(即产品的商品形式的独立和固定),即使在生产规模不变的情况下,也会随着资本主义生产的发展而增大。我们已经知道,这只是储备的形式变换,也就是说,在这一方面,商品形式的储备所以增大,是因为在那一方面,它在直接的生产储备和消费储备形式上减少了。这只是储备的社会形式的变化。如果商品储备同社会总产品相比,不仅它的相对量增大,而且它的绝对量也同时增大,那么,这是因为总产品的量随着资本主义生产的发展而增大了。

随着资本主义生产的发展,生产的规模在越来越小的程度上取决于对产品的直接需求,而在越来越大的程度上取决于单个资本家支配的资本量,取决于他的资本的价值增殖欲以及他的生产过程连续进行和不断扩大的必要性。因此,每一个特殊生产部门中作为商品出现在市场上或寻找销路的产品量,必然增大。在较短或较长时期固定在商品资本形式上的资本量也增大。因此,商品储备也增大。

最后,社会上绝大部分人变为雇佣工人,他们靠挣一文吃一文过活,他们的工资按周领取,逐日花掉,因此,他们必须找到作为储备的生活资料。不管这种储备的单个要素的流动性有多大,其中一部分总要不断地停留下来,以便储备可以始终处于流动状态。

所有这些因素,都来源于生产的形式和它所包含的、产品在流通过程中所必须经历的形式转化。

不管产品储备的社会形式如何,保管这种储备,总是需要费用:需要有贮存产品的建筑物、容器等等;还要根据产品的性质,耗费或多或少的生产资料和劳动,以便防止各种有害的影响。储备越是社会地集中,这些费用相对地就越少。这些支出,总是构成对象化形式或活的形式的社会劳动的一部分——因而,在资本主义形式上,这些支出就是资本的支出——,它们不进入产品形成本身,因此是产品的一种扣除。它们作为社会财富的非生产费用是必要的。它们是社会产品的保存费用,不管社会产品只是由于生产的社会形式即商品形式及其必要的形式转化才成为商品储备的要素,也不管我们把商品储备只是看做一切社会所共有的产品储备的一种特殊形式;它们是社会产品的保存费用,即使产品储备不具有**商品**储备形式这种属于流通过程的产品储备形式。

现在要问,这些费用在多大程度上加入商品价值。[161—163]

既然商品储备不外就是储备的商品形式,这种储备在一定规模的社会生产中如果不是作为商品储备存在,就是作为生产储备(潜在的生产基金)或者作为消费基金(消费资料的储存)存在,所以,维持这种储备所需要的费用,也就是储备形成的费用,即用于这方面的对象化劳动或活劳动,不过是社会生产基金或社会消费基金的维持费用的一种变形。由此引起的商品价值的提高,只是把这种费用按比例分配在不同商品上,因为这种费用对不同种商品来说是不同的。储备形成的费用仍然是社会财富的扣除,虽然它是社会财富的存在条件之一。

只有在商品储备是商品流通的条件,甚至是商品流通中必然产生的形式时,也就是,只有在这种表面上的停滞是流动本身的形式,就像货币准备金的形成是货币流通的条件一样时,这种停滞才是正常的。相反,一旦留在流通蓄水池内的商品,不让位给后面涌来的生产浪潮,致使蓄水池泛滥起来,商品储备就会因流通停滞而扩大,就像在货币流通停滞时,贮藏货币会增加一样。在这里,不论这种停滞是发生在产业资本家的仓库内,还是发生在商人的栈房内,情况都是一样的。这时,商品储备已经不是不断出售的条件,而是商品卖不出去的结果。费用仍旧是一样的,但是,因为它现在完全是由形式产生,也就是由于必须把商品转化为货币而产生,并且是由于这种形态变化发生困难而产生,所以它不加入商品价值,而成为在价值实现时的扣除,即价值损失。[165—166]

储备形成的费用包含:1. 产品总量的数量减损(例如,储存面粉时就是这样);2. 质量变坏;3. 维持储备所需的对象化劳动和活劳动。[166]

III. 运输费用

在这里,我们不必考察流通费用的一切细目,如包装、分类等等。一般的规律是:**一切只是由商品的形式转化而产生的流通费用,都不会把价值追加到商品上**。这仅仅是实现价值或价值由一种形式转变为另一种形式所需的费用。投在这种费用上的资本(包括它所支配的劳动),属于资本主义生产上的非生产费用。这种费用必须从剩余产品中得到补偿,对整个资本家阶级来说,是剩余价值或剩余产品的一种扣除,就像对工人来说,购买生活资料所需的时间是损失掉的时间一样。但是,运输费用起很重要的作用,因此在这里必须简短地加以考察。

社会劳动的物质变换,是在资本循环和构成这个循环的一个阶段的商品形态变化中完成的。这种物质变换可以要求产品发生场所的变换,即产品由一个地方到另一个地方的实际运动。但是,没有商品的物理运动,商品也可以流通;没有商品流通,甚至没有直接的产品交换,产品也可以运输。A 卖给 B 的房屋,是作为商品流通的,但是它并没有移动。棉花、生铁之类可以移动的商品价值,经过许多流通过程,由投机者反复买卖,但还是留在原来的货栈内。⁽¹⁷⁾这里实际运动的,是物品的所有权证书,而不是物品本身。另一方面,例如在印加国¹⁰¹,虽然社会产品不作为商品流通,也不通过物物交换来进行分配,但是运输业起着很大的作用。

因此,虽然运输业在资本主义生产基础上表现为产生流通费用的原因,但是,这种特殊的表现形式并不会改变事情的本质。

产品总量不会因运输而增大。产品的自然属性因运输而引起的变化,除了若干例外,不是预期的效用,而是一种不可避免的祸害。但是,物品的使用价值只是在物品的消费中实现,而物品的消费可以使物品的位置变化成为必要,从而使运输业的追加生产过程成为必要。因此,投在运输业上的生产资本,会部分地由于运输工具的价值转移,部分地由于运输劳动的价值追加,把价值追加到所运输的产品中去。后一种价值追加,就像在一切资本主义生产下一样,分为工资补偿和剩余价值。

---

(17) 施托尔希把这种流通称为虚假的流通。

在每一个生产过程中,劳动对象的位置变化,以及这种变化所必需的劳动资料和劳动力——例如,棉花由梳棉车间运到纺纱车间,煤炭由井下运到地面——,都起着重要的作用。完成的产品作为完成的商品从一个独立的生产场所转移到相隔很远的另一个生产场所,只是在较大的规模上表示同样的现象。在产品从一个生产场所运到另一个生产场所以后,接着还有完成的产品从生产领域运到消费领域。产品只有完成这个运动,才是现成的消费品。

以前讲过,商品生产的一般规律是:劳动生产率和劳动的价值创造成反比。这个规律,像适用于其他任何产业一样,也适用于运输业。在一定距离内运输商品所需要的劳动量——死劳动量和活劳动量——越小,劳动生产力就越大;反之亦然。[18]

在其他条件不变的情况下,由运输追加到商品中去的绝对价值量,和运输业的生产力成反比,和运输的距离成正比。[166—169]

商品在空间上的流通,即实际的移动,就是商品的运输。运输业一方面形成一个独立的生产部门,从而形成生产资本的一个特殊的投资领域。另一方面,它又具有如下的特征:它表现为生产过程**在流通过程内**的继续,并且**为了流通过程**而继续。[170]

---

(18) 李嘉图引用萨伊的话,萨伊认为商业由于运输费用而使产品变贵或提高价值,是商业的一种天惠。萨伊说:"商业使我们能够在商品的产地取得商品,并把它运往另一个消费地点;因此,它使我们能够按前一个地方和后一个地方的价格之间的全部差额增加商品的价值。"[213]李嘉图对这段话评论说:"确实如此,但是这个追加价值是怎样加到商品上去的呢?是在生产成本中首先加上运费,然后再加上商人预付的资本的利润。这种商品价值的增加,和任何其他商品价值的增加一样,只是因为它在被消费者购买以前在生产和运输上已经耗费更多的劳动。这决不能算做是商业的一种好处。"(李嘉图《政治经济学原理》1821年伦敦第3版第309—310页)

第 二 篇

资 本 周 转

第 七 章

周转时间和周转次数

我们已经知道,一定资本的总流通时间,等于它的流通时间和它的生产时间之和。这就是从资本价值以一定的形式预付时起,直到处在过程中的资本价值以同一形式返回时止的一段时间。[171]

单个资本家投在任何一个生产部门的总资本价值,在完成它的运动的循环后,就重新处在它的原来的形式上,并且能够重复同一过程。这个价值要作为资本价值永久保持和增殖,就必须重复这个过程。单个循环在资本的生活中只形成一个不断重复的段落,也就是一个周期。在 G···G′ 这个周期的末尾,资本重新处在货币资本的形式上,这个货币资本重新通过包括资本再生产过程或价值增殖过程在内的形式转化序列。在 P···P 这个周期的末尾,资本重新处在生产要素的形式上,这些生产要素形成资本的更新的循环的前提。资本的循环,不是当做孤立的过程,而是当做周期性的过程时,叫做资本的周转。这种周转的持续时间,由资本的生产时间和资本的流通时间之和决定。这个时间之和形成资本的周转时间。因此,资本的周转时间计量总资本价值从一个循环周期到下一个循环周期的那段时间,计量资本生活过程经历的周期,或者说,计量同一资本价值的增殖过程或生产过程更新、重复的时间。[173—174]

假定我们用 U 表示周转时间的计量单位——年,用 u 表示一定资本的周转时间,用 n 表示资本的周转次数,那么 $n=\dfrac{U}{u}$。举例来说,如果周转时间 u 等于 3 个月,那么 $n=\dfrac{12}{3}=4$;资本在一年中完成 4 次周转,或者说,周转 4 次。如果 u=18 个月,那么 $n=\dfrac{12}{18}=\dfrac{2}{3}$,或者说,资本在一年内只完成它的周转时间的 $\dfrac{2}{3}$。如果资本的周转时间等于几年,那么,它就要用一年的倍数来计算。

对资本家来说,他的资本的周转时间,就是他必须预付他的资本,以便使它增殖并回到它原有形态的时间。

在进一步研究周转对生产过程和价值增殖过程的影响以前,我们要考察两种新的形式,这两种新形式是资本由流通过程得到的,并且会对资本周转的形式发生影响。[174—175]

第 八 章

固定资本和流动资本

I. 形式区别

我们在第一册第六章已经看到,[214]一部分不变资本和它帮助形成的产品相对立,保持着它进入生产过程时的一定的使用形式。因此,它在一个或长或短的期间内,在不断反复的劳动过程中,总是反复地执行着相同的职能。例如厂房、机器等,总之,凡是称做

劳动资料的东西,都是这样。这部分不变资本,按照它在丧失自身的使用价值时丧失掉自身的交换价值的比例,把价值转给产品。这种生产资料把多少价值转给或转移到它帮助形成的产品中去,要根据平均计算来决定,即根据它执行职能的平均持续时间来计量。这个持续时间,从生产资料进入生产过程时起,到它完全损耗,不能使用,而必须用同一种新的物品来替换或再现出来时为止。

因此,这部分不变资本——真正的劳动资料——的特征是:

一部分资本是以不变资本的形式即生产资料的形式预付的。生产资料在它保持着进入劳动过程时的独立使用形式的期间,作为劳动过程的因素执行职能。完成的产品,从而已经转化为产品的产品形成要素,脱离生产过程,作为商品从生产领域转移到流通领域。相反,劳动资料一进入生产领域,就不再离开。它的职能把它牢牢地限制在那里。一部分预付资本价值,被**固定**在这个由劳动资料在过程中的职能所决定的形式上。在劳动资料执行职能并因而损耗时,劳动资料的一部分价值转移到产品中,另一部分则仍旧固定在劳动资料中,因而仍旧固定在生产过程中。这样固定的价值不断地减少,一直到劳动资料不能再用;因此它的价值在一个或长或短的期间内,分配在由一系列不断反复的劳动过程产生的一批产品中。但是,只要它还起劳动资料的作用,就是说,只要它还不需要由同一种新的物品来替换,就总是有不变资本价值固定在它里面,而与此同时另一部分原来固定在它里面的价值则转移到产品中,从而作为商品储备的组成部分进行流通。劳动资料越耐用,它的损耗越缓慢,不变资本价值固定在这个使用形式上的时间就越长。但是,不管耐用的程度如何,劳动资料转移的价值份额总是和它的全部职能时间成反比。如果有两台价值相等的机器,一台五年磨损掉,另一台十年磨损掉,那么,前者在同一时间内转移的价值就是后者的两倍。

固定在劳动资料上的这部分资本价值,和其他任何部分一样要进行流通。我们曾经一般地说过,全部资本价值是处在不断流通之中,因此从这个意义上说,一切资本都是流动资本。但这里考察的这个资本部分的流通是独特的流通。首先,这个资本部分不是在它的使用形式上进行流通,进行流通的只是它的价值,并且这种流通是逐步地、一部分一部分地进行的,和从它那里转移到作为商品进行流通的产品中去的价值相一致。在它执行职能的全部时间内,它的价值总有一部分固定在它里面,和它帮助生产的商品相对立,保持着自己的独立。由于这种特性,这部分不变资本取得了**固定资本**的形式。在生产过程中预付的资本的其他一切物质组成部分,则与此相反,形成**流动资本**。

一部分生产资料——即这样一些辅助材料,它们在劳动资料执行职能时由劳动资料本身消费掉,例如煤炭由蒸汽机消费掉;或者对过程只起协助作用,例如照明用的煤气等等——在物质上不加入产品。不过它们的价值形成产品价值的一部分。产品在它本身的流通中,也使这部分生产资料的价值流通。在这一点上,它们和固定资本是相同的。但是,它们在所参加的每一个劳动过程中被全部消费掉,因此对每一个新的劳动过程来说,必须全部用同一种新的物品来替换。它们在执行职能时不保持自己的独立的使用形式。因此,在它们执行职能时,资本价值没有任何部分固定在它们的旧的使用形式即实物形式上。这部分辅助材料在物质上不加入产品,只是按照它们的价值加入产品的价值,成为产品价值的一部分;因此,这种材料的职能被牢牢地限制在生产领域之内,——这种情况曾经使像拉姆赛这样的经济学家(他同时还混淆了固定资本和不变资本）错误地把这部分生产资料列入固定资本的范畴。[215]

在物质上加入产品的那部分生产资料，即原料等等，有一部分由此取得了以后能够作为享受资料进入个人消费的形式。真正的劳动资料，即固定资本的物质承担者，只被生产地消费，不能进入个人消费，因为它不加入它帮助形成的产品或使用价值，相反，它与产品相对立，在它完全损耗以前一直保持独立的形式。运输工具则例外。运输工具在它执行生产职能、从而停留在生产领域时产生的那种有用效果即场所变更，同时可以进入个人消费，例如旅客的个人消费。这时，旅客使用运输工具就像使用其他消费资料一样，也要支付报酬。我们说过，例如在化学工业中，原料和辅助材料彼此是分不清的。[216]劳动资料、辅助材料、原料之间也是如此。例如在农业中，为改良土壤而投下的物质，就有一部分作为产品的形成要素加入植物产品。另一方面，这些物质会在较长的时期如四五年内发挥作用。因此，其中一部分会在物质上加入产品，同时也就把它的价值转移到产品中去；另一部分则保持它原有的使用形式，把它的价值固定在这种形式上。它继续作为生产资料存在，因而取得固定资本的形式。牛作为役畜，是固定资本。如果它被吃掉，它就不是作为劳动资料，从而也不是作为固定资本执行职能了。

决定一部分投在生产资料上的资本价值具有固定资本性质的，只是这个价值的独特的流通方式。这种特别的流通方式，是由劳动资料把它的价值转移到产品中去，或者说，在生产过程中充当价值形成要素的特殊方式产生的。而这种方式本身，又是由劳动资料在劳动过程中执行职能的特殊方式产生的。

我们知道，同一个使用价值既作为产品来自一个劳动过程，又作为生产资料进入另一个劳动过程。①一种产品之所以变为固定资本,只是由于它在生产过程中作为劳动资料执行职能。而产品本身刚离开过程时,决不是固定资本。例如,一台机器,作为机器制造业者的产品或商品,属于他的商品资本。它只有在它的买者手里,即在生产上使用它的资本家手里,才成为固定资本。

在其他一切条件相同的情况下,劳动资料固定性的程度随着劳动资料的耐久性的增加而增加。固定在劳动资料上的资本价值和这个价值量中由劳动资料在反复进行的劳动过程中转给产品的部分之间的差额,就是由这种耐久性决定的。这种价值转移进行得越慢——而价值是在同一个劳动过程的每次反复中由劳动资料转移出去的——,固定化的资本就越大,生产过程中使用的资本和生产过程中消费的资本之间的差额也就越大。这个差额一旦消失,劳动资料的寿命就完结了,它的价值也就和它的使用价值一同丧失。它不再是价值的承担者了。因为劳动资料和不变资本的其他任何物质承担者一样,只是按照它在丧失使用价值时丧失价值的程度,把它的价值转给产品,所以很清楚,它的使用价值丧失得越慢,它在生产过程中越耐用,不变资本价值固定在劳动资料上的期间就越长。

有的生产资料,例如辅助材料、原料、半成品等等,不是本来意义上的劳动资料,但从价值转移来看,因而从它的价值的流通方式来看,是和劳动资料一样的,因此,它们也是固定资本的物质承担者即存在形式。上面说过的土壤改良就是这样。这种改良把化学成分加到土壤中去,它的作用会延续若干个生产期间或若干年。在这里,价值中仍有一部分继续以它的独立形式或固定资本的形

---

① 见本卷第 173 页。——编者注

式存在于产品之外，价值的另一部分则转给产品，因而和产品一起流通。在这个场合，不仅固定资本价值的一部分加入产品，而且这个价值部分借以存在的使用价值，即实体，也加入产品。

撇开把固定资本和流动资本的范畴混同于不变资本和可变资本的范畴这一根本错误不说，经济学家们迄今为止在概念规定上所以陷入混乱，首先是由于下述原因：

他们把劳动资料在物质上具有的某些属性，看成固定资本的直接属性，例如像房屋具有的物体不动性。但是我们也很容易证明，其他一些本身也是固定资本的劳动资料具有相反的属性，例如像船舶具有的物体可动性。

或者，他们把那种由价值流通引起的经济的形式规定性，和物质的属性混同起来，好像那些就本身说根本不是资本，只是在一定社会关系内才成为资本的东西，**就它们本身说**天生就可以是具有一定形式的资本——固定资本或流动资本。[176—180]

固定资本的独特的流通，引起独特的周转。固定资本因损耗而在实物形式上丧失的那部分价值，作为产品的一部分价值来流通。产品通过流通由商品转化为货币；从而劳动资料中被产品带入流通的那部分价值也变为货币，而且随着这种劳动资料在多大程度上不再是生产过程中的价值承担者，它的价值也就在多大程度上从流通过程中作为货币一滴一滴地落下来。因此，这种劳动资料的价值这时获得双重存在。其中一部分仍然束缚在它的属于生产过程的使用形式或实物形式上，另一部分则作为货币，脱离这个形式。在劳动资料执行职能的过程中，它的以实物形式存在的那部分价值不断减少，而它的转化为货币形式的那部分价值则不断增加，一直到它的寿命完结，它的全部价值和它的尸体脱离，转化为货币为止。在这里，生产资本的这个要素在周转上的特征显露出来了。它的价值转化为货币,是和作为它的价值承担者的商品蛹化为货币同时进行的。但是,它由货币形式再转化为使用形式,是和商品再转化为商品的其他生产要素相分离的,确切地说,是由它本身的再生产期间决定的,即由这样一段时间决定的,在这段时间内,劳动资料已经损耗掉,必须用同一种新的物品替换。假定一台价值 10 000 镑的机器执行职能的期间是 10 年,原来预付在这台机器中的价值的周转时间也就是 10 年。在这 10 年内,它不需要更新,而以它的实物形式继续发生作用。在这个期间,它的价值一部分一部分地,作为用它不断生产出的商品的一部分价值而流通,这样逐渐转化为货币,最后直到 10 年结束时,全部转化为货币,并由货币再转化为一台机器,也就是完成它的周转。在这个再生产时间到来之前,它的价值先以货币准备金的形式逐渐积累起来。

生产资本其余的要素,一部分是由存在于辅助材料和原料上的不变资本要素构成,一部分是由投在劳动力上的可变资本构成。

对劳动过程和价值增殖过程的分析(第一册第五章)表明,这些不同的组成部分,作为产品形成要素和价值形成要素,是完全不同的。由辅助材料和原料构成的那部分不变资本的价值——和由劳动资料构成的那部分不变资本的价值完全一样——,是作为仅仅转移的价值,再现在产品的价值中,而劳动力则通过劳动过程,把它的价值的等价物追加到产品中去,或者说,实际上把它的价值再生产出来。其次,一部分辅助材料,如充做燃料的煤炭、用于照明的煤气等等,在劳动过程中消费掉,但不会在物质上加入产品,而另一部分辅助材料以物体加入产品,并成为产品实体的材料。不过,这一切差异,对流通来说,从而对周转的方式来说,是没有关系的。只要辅助材料和原料在形成产品时全部消费掉,它们就把自己的全部价值转移到产品中去。因此,这个价值也全部通过产品而流通,转化为货币,并由货币再转化为商品的生产要素。它的周转不像固定资本的周转那样被中断,而是不断地通过它的各种形式的全部循环,因此,生产资本的这些要素不断地在实物形式上更新。

至于生产资本中投在劳动力上的可变组成部分,那么,劳动力是按一定时间购买的。一旦资本家购买了劳动力并把它并入生产过程,它就构成他的资本的一个组成部分,即资本的可变组成部分。它每天在一定的时间内发生作用,在这个时间内,它不仅把它一天的全部价值,而且还把一个超额剩余价值,追加到产品中去;在这里,我们暂且把这个超额剩余价值撇开不说。在劳动力比如说按一周购买并且发生作用之后,这种购买必须按习惯的期限不断更新。劳动力在执行职能时把它的价值的等价物追加到产品中去,这个等价物随着产品的流通转化为货币。要使连续生产的循环不致中断,这个等价物就必须不断地由货币再转化为劳动力,或者说,不断地经过它的各种形式的完整的循环,就是说,必须不断地周转。

因此,预付在劳动力上的那部分生产资本的价值,全部转移到产品中去(我们在这里总是撇开剩余价值不说),同产品一起经过流通领域的两个形态变化,并通过这种不断的更新,不断并入生产过程。所以,在另一场合,即就价值的形成来说,不管劳动力和不变资本中形成**非固定资本**的组成部分多么不同,它的价值的这种周转方式却和这些部分相同,而与固定资本相反。生产资本的这两个组成部分——投在劳动力上的价值部分和投在形成非固定资本的生产资料上的价值部分——由于它们在周转上的这种共同性,便作为**流动**资本与固定资本相对立。

我们以前讲过[217],资本家为使用劳动力而支付给工人的货币,实际上只是工人必要生活资料的一般等价形式。就这一点说,可变资本在物质上是由生活资料构成的。但是在这里,在我们考察周转时,问题却在于形式。资本家购买的,不是工人的生活资料,而是工人的劳动力本身。形成他的资本的可变部分的,不是工人的生活资料,而是工人的发挥作用的劳动力。资本家在劳动过程中生产地消费的,是劳动力本身,而不是工人的生活资料。[……]因此,和固定资本相对立而取得流动资本的规定性的,不是工人的生活资料,也不是工人的劳动力,而是生产资本投在劳动力上的那部分价值。这部分价值,由于它的周转形式,取得了这种和不变资本某些组成部分相同,但和它的另一些组成部分相对立的性质。

投在劳动力和生产资料上的流动资本的价值,只是按制成产品所需要的时间而预付的,它要和由固定资本的大小所决定的生产规模相适应。这个价值全部加入产品,因此通过产品的出售又全部从流通中返回,并且能够重新预付。流动资本组成部分借以存在的劳动力和生产资料,按照形成和出售成品所需要的量,从流通中被取出,但它们必须不断地通过再购买,通过由货币形式到生产要素的再转化,而被替换和更新。和固定资本要素相比,它们一下子从市场上被取出的量比较小,但也就要更加频繁地一再被取出,并且投在它们上面的资本预付的更新所需要的期间比较短。这种不断的更新,是通过把它们的全部价值带入流通的产品的不断出售来进行的。最后,它们不仅在它们的价值上,而且在它们的物质形式上,不断地完成形态变化的全部循环;它们不断地由商品再转化为同种商品的生产要素。

劳动力在把它自己的价值加进产品的同时,还不断地把剩余价值,即无酬劳动的化身,追加到产品中去。因此,剩余价值也和成品的其余价值要素一样,不断地被成品带入流通并转化为货币。不过在这里,我们要研究的首先是资本价值的周转,而不是和它一起同时周转的剩余价值的周转,所以,暂且撇开后者不说。

综上所述,我们可以得出如下的结论:

1. 固定资本和流动资本的形式规定性之所以产生,只是由于在生产过程中执行职能的资本价值或**生产资本**有不同的周转。而周转之所以不同,又是由于生产资本的不同组成部分是按照不同的方式把它们的价值转移到产品中去的,而不是由于它们在产品价值的生产中有不同的作用,或它们在价值增殖过程中各有独特的作用。最后,价值转给产品的方式——从而这个价值通过产品而流通的方式和通过产品的形态变化而以原来的实物形式更新的方式——之所以有差别,又是由于生产资本借以存在的物质形态有差别,这个物质形态的一部分在形成单个产品时全部消费掉,另一部分只是逐渐消耗掉。因此,只有生产资本能够分为固定资本和流动资本。相反,这种对立,对产业资本的其他两种存在方式来说,也就是,不论对商品资本还是对货币资本来说,都是不存在的。它也不是这两种资本和生产资本之间的对立。这种对立只有**对生产资本并且在生产资本之内**才是存在的。不管货币资本和商品资本怎样执行资本的职能,怎样顺畅地流通,它们只有转化为生产资本的流动组成部分,才能够变为和固定资本相对立的流动资本。但是,因为资本的这两种形式存在于流通领域,所以,正如我们以后会看到的,亚·斯密以来的经济学错误地把它们和生产资本的流动部分一起列入流动资本这个范畴。它们事实上是与生产资本相对立的流通资本,但不是与固定资本相对立的流动资本。

2. 固定资本组成部分的周转,从而它的必要的周转时间,包括流动资本组成部分的多次周转。在固定资本周转一次的时间内,流动资本周转多次。生产资本的一个价值组成部分,只是由于它借以存在的生产资料在产品制成并作为商品离开生产过程的时间未被全部消耗掉,才取得固定资本的形式规定。它的价值的一部分必须仍旧束缚在继续保存下来的旧的使用形式上;另一部分则被完成的产品带入流通,而完成的产品的流通,却同时会把流动资本组成部分的全部价值带入流通。

3. 投在固定资本上的那部分生产资本的价值,是为构成固定资本的那一部分生产资料执行职能的整个期间全部一次预付的。因此,这个价值是由资本家一次投入流通的;但它只是通过固定资本一部分一部分地加进商品的价值部分的实现,而一部分一部分地、逐渐地再从流通中取出的。另一方面,一部分生产资本借以固定的生产资料本身,则一次从流通中取出,在它们执行职能的整个期间并入生产过程,不过在同一时间之内,不需要由同一种新的物品替换,不需要再生产。它们在一个或长或短的时间内,继续参加投入流通的商品的形成,但并不从流通中取出自身更新的要素。因此,在这个时间内,它们也不要求资本家重新预付。最后,投在固定资本上的资本价值,在它借以存在的生产资料执行职能的期间,不是在物质上,而只是在价值上经过它的各种形式的循环,并且这也只是一部分一部分地、逐渐地进行的。这就是说,它的价值不断地有一部分作为商品的价值部分而流通,并转化为货币,但不由货币再转化为它原来的实物形式。这种由货币到生产资料的实物形式的再转化,要到生产资料执行职能的期间结束,即生产资料完全不能用的时候,才会发生。

4. 要使生产过程连续进行,流动资本的各种要素就要和固定资本的各种要素一样,不断地固定在生产过程中。不过这样固定下来的流动资本要素,要不断地在实物形式上更新(生产资料是通过同一种新的物品,劳动力是通过不断更新的购买);而固定资本的各种要素,在它们存在的整个期间内,本身既不更新,它们的购买也不需要更新。原料和辅助材料不断存在于生产过程中,但是当旧的原料和辅助材料在完成的产品的形成上用掉时,总是用同一种新的物品来更新。劳动力也不断存在于生产过程中,但这只是由于劳动力的购买的不断更新,而且往往有人员的变动。相反地,同一建筑物、机器等等,却在流动资本反复周转时,在反复进行的相同的生产过程中继续执行职能。[182—188]

II. 固定资本的组成部分、补偿、修理和积累

在同一个投资中,固定资本的各个要素有不同的寿命,从而也有不同的周转时间。例如就铁路来说,铁轨、枕木、土建结构物、车站建筑物、桥梁、隧道、机车和车厢,各有不同的执行职能的期间和再生产时间,从而其中预付的资本也有不同的周转时间。建筑物、站台、水塔、高架桥、隧道、地道和路基,总之,凡是在英国铁路上称为技术工程的东西,多年都不需要更新。最易磨损的东西是轨道和车辆。[189]

磨损首先是由使用本身引起的。一般说来,铁轨的磨损和列车通过的次数成正比[……]。速度增加时,磨损增加的比例大于速度增加比例的平方;就是说,列车的速度增加到两倍时,磨损则增加到四倍以上。[189—190]

其次,磨损是由于自然力的影响造成的。例如枕木不仅受到实际的磨损,而且由于腐朽而损坏。[190]

最后,在这里和在大工业的各个部门一样,无形损耗也起着作用。原来值 40 000 镑的同量车厢和机车,10 年之后,通常可以用 30 000 镑买到。因此,即使使用价值没有减少,也必须把这些物资的市场价格的 25% 的贬值计算在内。[190]

劳动资料大部分都因为产业进步而不断变革。因此,它们不是以原来的形式,而是以变革了的形式进行补偿。一方面,大量固定资本投在一定的实物形式上,并且必须在这个形式上达到一定的平均寿命,这一点就成了只能逐渐采用新机器等等的一个原因,从而就成了迅速普遍采用改良的劳动资料的一个障碍。另一方面,竞争斗争,特别是在发生决定性变革的时候,又迫使旧的劳动资料在它们的自然寿命完结之前,用新的劳动资料来替换。迫使企业设备提前按照更大的社会规模实行更新的,主要是大灾难即危机。

损耗(无形损耗除外)是指固定资本被消耗而逐渐转移到产品中去的价值部分。这种转移是按照固定资本丧失使用价值的平均程度进行的。

这种损耗有一部分是这样的:固定资本有一定的平均寿命;它为这段时间而全部预付;过了这段时间,就要全部替换。就活的劳动资料来说,例如马,再生产时间是由自然本身规定的。它们作为劳动资料的平均寿命是由自然规律决定的。这段时间一过,损耗掉的头数就必须用新的来替换。一匹马不能一部分一部分地替换,只能用另一匹马来替换。

固定资本的另一些要素,可以周期地或局部地更新。在这里,必须把这种局部的或周期的补偿与营业的逐渐扩大区别开来。

固定资本有一部分是由同一种组成部分构成的,但这种组成部分耐用时间不一样,因而要在不同期间一部分一部分地更新。

例如,车站上的铁轨要比别处的铁轨替换得快些。[190—191]

固定资本的其他部分,是由不同的组成部分构成的,它们在不同期间内损耗掉,因而必须在不同期间内进行补偿。机器的情形特别是这样。前面我们关于一个固定资本的不同组成部分具有不同的寿命所说的,在这里对于作为这个固定资本的一部分执行职能的同一台机器的不同组成部分的寿命来说,也是适用的。

关于在局部更新的过程中企业的逐渐扩大问题,我们要指出如下几点。虽然固定资本,如上所述,继续以实物形式在生产过程中发生作用,但它的价值的一部分,按照平均损耗,已经和产品一起进入流通,转化为货币,成为货币准备金的要素,以便在资本需要以实物形式进行再生产时来补偿资本。固定资本价值中这个转化为货币的部分,可以用来扩大企业,或改良机器以提高机器效率。这样,经过一段或长或短的时间,就有了再生产,并且从社会的观点看,是规模扩大的再生产。如果生产场所扩大了,就是在外延上扩大;如果生产资料效率提高了,就是在内涵上扩大。这种规模扩大的再生产,不是由积累——剩余价值转化为资本——引起的,而是由从固定资本的本体分出来、以货币形式和它分离的价值再转化为追加的或效率更大的同一种固定资本而引起的。一个企业能够在什么程度上,以多大规模进行这种逐渐的追加,因而也就是说,为了能够以这种方式再投入企业,准备金必须积累到多大数量,这又需要多长时间,所有这些,当然都部分地取决于该企业的特殊性质。另一方面,现有机器的局部改良能够达到什么程度,当然取决于改良的性质和机器本身的构造。[191—192]

固定资本需要有各种特别的维持费用。固定资本的维持,部分地是依靠劳动过程本身;固定资本不在劳动过程内执行职能,就会损坏。[193]

但是固定资本的维持,还要求有直接的劳动支出。机器必须经常擦洗。这里说的是一种追加劳动,没有这种追加劳动,机器就会变得不能使用;这里说的是对那些和生产过程不可分开的有害的自然影响的单纯预防,因此,这里说的是在最严格的意义上把机器保持在能够工作的状态中。不言而喻,固定资本的正常寿命,是以它在这个期间内正常执行职能的各种条件已经具备为前提的,正像说人平均活30年时已经把洗脸洗澡也考虑在内一样。这里说的,也不是对机器所包含的劳动的补偿,而是使用机器所必需的不断的追加劳动。这里说的不是机器所做的劳动,而是加于机器的劳动,在这种劳动中,机器不是生产的当事人,而是原料。投在这种劳动上的资本,虽然不进入作为产品来源的真正的劳动过程,但是属于流动资本。这种劳动在生产中必须不断地耗费,因而它的价值也必须不断地由产品价值来补偿。投在这种劳动上的资本,属于流动资本中要弥补一般非生产费用的部分,这个部分要按年平均计算,分摊到价值产品中去。[193—194]

真正的修理或修补劳动,需要支出资本和劳动。这种支出不包括在原来预付的资本内,因此,它至少并不总是能通过固定资本的逐渐的价值补偿而得到补偿和弥补。例如,假定固定资本的价值＝10 000镑,它的全部寿命＝10年,那么,10年后全部转化为货币的这10 000镑,只补偿原来投下的资本的价值,而并不补偿这期间在修理上新追加的资本或劳动。这是追加的价值组成部分,它也不是一次预付的,而是根据需要分别预付的,它的不同的预付时间自然是偶然的。任何固定资本都需要事后在劳动资料和劳动力上一点一滴地支出这种追加资本。

机器等等的个别部分所受的损伤,自然是偶然的,因而由此造成的修理也是偶然的。但是从这中间可以分出两类修理劳动,它们都多少具有固定的性质,并且是在固定资本寿命中不同的时期进行的。这就是幼年期的故障和中年期以后更多得多的故障。例如,一台机器的构造在进入生产过程时不管怎样完美无缺,但在实际使用时会出现一些缺陷,必须用补充劳动来纠正。另一方面,机器越是超过它的中年期,因而正常的磨损越是增多,构成机器的材料越是消耗和衰老,为维持机器直到它的平均寿命结束所需要的修理劳动就越频繁,越重要。正像一个老年人,为了防止不到时候就死去,必须比一个年轻力壮的人支付更多的医药费。因此,修理劳动虽然有偶然的性质,但仍然会不均衡地分配在固定资本寿命的不同时期。

根据以上所述以及机器修理劳动的其他方面的偶然性质,可以得出如下的结论:

一方面,用在修理上的劳动力和劳动资料的实际支出,和造成这种修理的必要性的情况本身一样,是偶然的;必要修理量在固定资本寿命的不同时期分配的情况是不同的。另一方面,在估计固定资本的平均寿命时,必须把下述情况考虑在内,这就是有的通过擦洗(包括清扫场地),有的通过每有必要时进行的修理始终把固定资本保持在工作状态中。由固定资本损耗而引起的价值转移,是按固定资本的平均寿命计算的,而确定这个平均寿命本身,又是以维修所需要的追加资本的不断预付为前提的。

另一方面,同样很清楚,通过资本和劳动的这种追加支出而追加的价值,不能随实际支出而同时加入到商品价格中去。例如,一个纺纱业主不能因为这个星期坏了一个轮盘或断了一根皮带,就在这个星期以高于上个星期的价格来出售纱。纺纱的一般费用,不会因为一个工厂发生这种事故而起任何变化。在这里,和在所有的价值决定上一样,起决定作用的是平均数。经验会告诉人们,

投在一定生产部门的固定资本在平均寿命期间遇到的这种事故和
所需要的维修劳动的平均量会有多大。这种平均支出被分配在平
均寿命期间,并以相应的部分加进产品的价格,从而通过产品的出
售得到补偿。

这样得到补偿的追加资本也属于流动资本范围,虽然支出的
方法不规则。因为立即排除机器的故障是一件非常重要的事,所
以每一个较大的工厂,除了真正的工厂工人,还雇有工程师、木
匠、机械师、钳工等人员。他们的工资是可变资本的一部分,他们
的劳动的价值分配在产品中。另一方面,在生产资料上需要的支
出,也按平均计算决定,并按照这个计算,不断形成产品的价值部
分,虽然这种支出实际上是在不规则的期间内预付的,从而也是在
不规则的期间内加入产品或固定资本中去的。这种投在真正修理
上的资本,从某些方面看,形成一种独特的资本,既不能列入流动
资本,也不能列入固定资本,但作为一种经常支出,宁可算做流动
资本。〔194—196〕

同异常的自然现象,火灾、水灾等等引起的破坏相关连的**保
险**,则和损耗的补偿以及维修劳动完全不同。保险必须由剩余价
值补偿,是剩余价值的一种扣除。或者,从整个社会的观点来看,
必须不断地有超额生产,也就是说,生产规模必须大于单纯补偿和
再生产现有财富所必要的规模——完全撇开人口的增长不
说——,以便掌握一批生产资料,来弥补偶然事件和自然力所造成
的异乎寻常的破坏。〔198〕

我们已经讲过,为补偿固定资本的损耗而流回的货币,大部分
都是每年,或者甚至在更短的时间内,就再转化为它的实物形式。
尽管如此,对每个资本家来说,仍然必须设置折旧基金,以用于经
过若干年才一朝达到其再生产期限,从而要全部补偿的那部分固

定资本。[202]

第 九 章

预付资本的总周转。周转的周期

我们知道,生产资本的固定组成部分和流动组成部分,是按不同的方式,以不同的期间周转的;我们又知道,同一企业的固定资本的不同组成部分,根据它们的不同的寿命,从而不同的再生产时间,又各有不同的周转期间。[204]

1. 预付资本的总周转,是它的不同组成部分的平均周转;计算方法见后。如果问题只涉及不同的期间,那么,计算它们的平均数当然是再简单不过了。但是:

2. 这里不仅有量的差别,而且有质的差别。

进入生产过程的流动资本,把它的全部价值转移到产品中去,因此,要使生产过程不间断地进行,它就必须通过产品的出售,不断用实物来补偿。进入生产过程的固定资本,只把它的一部分价值(损耗)转移到产品中去,尽管有损耗,但它继续在生产过程中执行职能;因此,固定资本要经过一段或长或短的时间,才需要用实物来补偿,但这种补偿无论如何不像流动资本那样频繁。补偿的这种必要性,再生产的期限,对固定资本的不同组成部分来说,不仅有量的差别,而且如前所述,一部分寿命较长、能使用多年的固定资本,能一年或不到一年补偿一次,以实物形式加到旧的固定资本中去,而具有其他性能的固定资本,其补偿只能在其寿命终结时一次进行。

因此,必须把固定资本不同部分的特殊周转化为周转的同种形式,使它们只有量的差别,即只有周转时间上的差别。

如果我们用 P…P 即连续性生产过程的形式作为起点,这种质的同一性是不会发生的。因为 P 的某些要素必须不断用实物来补偿,另一些要素则不必如此。但 G…G′形式无疑会提供周转的这种同一性。例如有一台价值 10 000 镑的机器,寿命为 10 年,因而每年有 $\frac{1}{10}$ = 1 000 镑再转化为货币。这 1 000 镑在一年之间,由货币资本再转化为生产资本和商品资本,又由商品资本再转化为货币资本。它像我们在这个形式下考察的流动资本一样,回到它原来的货币形式,而这 1 000 镑货币资本,年终是否再转化为一台机器的实物形式,是没有关系的。因此,在计算预付生产资本的总周转时,我们把它的全部要素固定在货币形式上,这样,回到货币形式就是周转的终结。我们总是把价值看做是以货币预付的,甚至在价值的这种货币形式只是以计算货币形式出现的连续性生产过程中,也是如此。这样,我们就可以计算出平均数。

3. 由此可见:即使预付生产资本的极大部分,是由其再生产时间从而周转时间形成一个持续多年的周期的那种固定资本构成,但是,由于流动资本在一年内反复周转,一年内周转的资本价值还是能够大于预付资本的总价值。

假定固定资本 = 80 000 镑,它的再生产时间 = 10 年,这样每年有 8 000 镑回到货币形式,或者说,固定资本每年完成它的周转的 $\frac{1}{10}$。假定流动资本 = 20 000 镑,每年周转 5 次。这样,总资本 = 100 000 镑。周转的固定资本 = 8 000 镑;周转的流动资本 = 5 × 20 000 = 100 000 镑。因此,一年内周转的资本 = 108 000 镑,比预付资本大 8 000 镑。周转的是资本的 $1+\frac{2}{25}$。

4. 因此,预付资本的**价值周转**,是和它的实际再生产时间,或者说,和它的各种组成部分的现实周转时间相分离的。假定一个 4 000 镑的资本每年周转 5 次。这样,周转的资本是 5 × 4 000 =

20 000镑。但每次周转终结时流回而被重新预付的,是原来预付的4 000镑资本。它的量,不会因为它借以重新执行资本职能的各个周转期间的数目而改变。(把剩余价值撇开不说。)[204—206]

所使用的固定资本的价值量和寿命,会随着资本主义生产方式的发展而增加,与此相适应,每个特殊的投资部门的产业和产业资本的寿命也会延长为持续多年的寿命,比如说平均为10年。一方面,固定资本的发展使这种寿命延长,而另一方面,生产资料的不断变革——这种变革也随着资本主义生产方式的发展而不断加快——又使它缩短。因此,随着资本主义生产方式的发展,生产资料的变换也加快了,它们因无形损耗而远在有形寿命终结之前就要不断补偿的必要性也增加了。可以认为,大工业中最有决定意义的部门的这个生命周期现在平均为10年。但是这里的问题不在于确切的数字。有一点是很清楚的:这种由一些互相联结的周转组成的长达若干年的周期(资本被它的固定组成部分束缚在这种周期之内),为周期性的危机造成了物质基础。在周期性的危机中,营业要依次通过松弛、中等活跃、急剧上升和危机这几个时期。虽然资本投入的那段期间是极不相同和极不一致的,但危机总是大规模新投资的起点。因此,就整个社会考察,危机又或多或少地是下一个周转周期的新的物质基础。[206—207]

第十二章

劳 动 期 间

假定有两个生产部门,一个是棉纺业,一个是机车制造业,它们的工作日一样长,比如说10小时的劳动过程。在一个部门,每天、每周提供一定量的成品,棉纱;在另一个部门,劳动过程也许要反复进行三个月,才能制成一件成品,一台机车。[……]尽管每天的劳动过程的持续时间在这里是一样的,但生产行为的持续时间,即为提供一件成品,把它作为商品送到市场,从而使它由生产资本转化为商品资本所必须反复进行的劳动过程的持续时间,却有非常明显的差别。[255]

显然,生产行为持续时间的差别,在资本支出一样多的时候,必定引起周转速度的差别,从而引起既定资本的预付时间的差别。假定机器纺纱厂和机车制造厂使用同量资本,不变资本和可变资本的分割相同,资本的固定部分和流动部分的分割也相同,最后,工作日一样长,工作日分为必要劳动和剩余劳动的比例也一样。其次,为了把由流通过程产生的并且和当前问题无关的一切情况撇开不说,我们假定,棉纱和机车二者都是按照订货生产的,而且在成品交货的时候得到货款。一周以后,纺纱厂主交付棉纱,收回他投入的流动资本和包含在棉纱价值中的固定资本的损耗(在这里,我们撇开剩余价值不说)。因此,他能够重新用同一个资本去重复同一个循环。这个资本完成了自己的周转。机车制造厂主却必须在三个月内,每周都把新的资本投在工资和原料上,并且只有过了三个月,机车交货以后,在此期间为制造同一个商品而在同一个生产行为中逐渐投入的流动资本,才再处于一种可以重新开始自己的循环的形式;同样地,机器在这三个月内的磨损对他来说这时才得到补偿。所以,一个是一周的投资;另一个是一周投资的12倍。假定其他一切条件都相同,一个人所使用的流动资本必须是另一个人的12倍。[256]

周转速度的差别,或单个资本在同一个资本价值又能在一个新的劳动过程或新的价值增殖过程中起作用以前所必须预付的那

段时间长短的差别,在这里,是由下列情况引起的:

　　假定制造一台机车或任何一台机器要花费 100 个工作日。对纺纱厂和机器制造厂所使用的工人来说,这 100 个工作日同样是一个非连续的(可分立的)量,按照假定,是由 100 个依次进行的、各自分开的 10 小时劳动过程构成。但对产品即对机器来说,这 100 个工作日却是一个连续的量,一个 1 000 个劳动小时的工作日,一个单一的互相联系的生产行为。这种由许多依次进行、互相连接的工作日构成的工作日,我称为**劳动期间**。我们讲工作日,指的是工人每天必须耗费劳动力,每天必须劳动的劳动时间的长短。而我们讲劳动期间,指的是一定生产部门为提供一件成品所必需的互相连接的工作日的数目。在这里,每个工作日的产品只是局部产品,它每天继续被加工,到一个或长或短的劳动期间结束的时候,才取得完成的形态,成为一个完成的使用价值。

　　因此,例如由于危机而发生的社会生产过程的中断、紊乱,对于具有可分立性质的劳动产品和那些在生产上需要有一个较长的互相连接的劳动期间的劳动产品,会产生极不相同的影响。在一个场合,今天的一定量棉纱、煤炭等等的生产,没有继之而来的明天的棉纱、煤炭等等新的生产。但船舶、建筑物、铁路等等的情况却有所不同。不仅劳动会中断,而且互相连接的生产行为也会中断。如果工程不继续进行,已经在生产上消费掉的生产资料和劳动,就会白白地耗费。即使以后工程恢复了,它在这段间歇时间里也总会有损失。

　　在整个劳动期间,固定资本每天转移到产品上去的那部分价值,层层堆积起来,直到产品完成。这里同时也显示了固定资本和流动资本的区别的实际重要性。固定资本是为较长时间预付到生产过程中去的,要经过这个也许是许多年的期间才有更新的必要。

蒸汽机是每天一部分一部分地把它的价值转移到棉纱这种可分立的劳动过程的产品中去,还是在三个月内把它的价值转移到连续生产行为的产品一台机车中去,这对购买蒸汽机所必需的资本支出毫无影响。在一个场合,蒸汽机的价值是零星地,比如说,每周流回一次,在另一个场合,却是以较大的量,比如说,每三个月流回一次。但在这两个场合,蒸汽机也许要经过20年才更新。[257—258]

预付资本的流动组成部分就不是这样。[……]每周必须有新的追加资本来支付劳动力的报酬。如果把一切信用关系撇开不说,即使资本家每周零星地支付工资,他仍然需要有支付三个月工资的能力。流动资本的其他部分,即原料和辅助材料,也是这样。[258]

为取得产品的特殊性质或应达到的有用效果的特殊性质,需要或长或短的劳动期间。视这个期间的长短不等,总是必须持续追加流动资本(工资、原料和辅助材料)支出。在这个流动资本中,没有任何部分处于可以流通的形式,因此没有任何部分可以用来更新同一经营。相反地,它的每一个部分都要相继作为正在形成的产品的组成部分固定在生产领域内,束缚在生产资本的形式上。但是,周转时间等于资本的生产时间和流通时间之和。因此,生产时间的延长,和流通时间的延长一样,会减慢周转的速度。[258—259]

在资本主义生产不太发达的阶段,那些需要很长劳动期间,因而需要在较长时间内大量投资的企业,特别是只能大规模经营的企业,例如筑路、开凿运河等等,或者完全不是资本家经营,而由地方或国家出资兴办(至于劳动力,在较早的时期,多半实行强制劳动)。或者那种需要较长劳动期间才能生产出来的产品,只有很小一部分是靠资本家自己的财产来生产的。例如,在给私人建造房子时,私人分期付款给建筑业主。因此,事实上他是按照房屋的生产过程的进度,一部分一部分地支付房屋的代价。而在发达的资本主义时期,一方面大量资本集中在单个资本家手里,另一方面,除了单个资本家,又有联合的资本家(股份公司),同时信用制度也发展了,资本主义建筑业主只是在例外的情况下才为个别私人定造房屋。他以为市场建筑整排的房屋或市区为业,就像单个资本家以作为承包人从事铁路建筑为业一样。[260]

有些事情,例如协作、分工、机器的使用,可以增加一个工作日的产品,同时可以在互相连接的生产行为中缩短劳动期间。例如,机器缩短了房屋、桥梁等等的建筑时间;收割机、脱粒机等等缩短了已经成熟的谷物转化为完成的商品所必需的劳动期间。造船技术的改良,提高了船速,从而缩短了航运业投资的周转时间。但是,这些缩短劳动期间,从而缩短流动资本预付时间的改良,通常与固定资本支出的增加联系在一起。另一方面,在某些部门,可以单纯通过协作的扩大而缩短劳动期间;动用庞大的工人大军,从而在许多地点同时施工,就可以缩短一条铁路建成的时间。在这里,周转时间由于预付资本的增加而缩短了。在所有这些场合必须有更多的生产资料和更多的劳动力在资本家的指挥下结合起来。[261—262]

在有些生产部门,劳动期间不管是连续的还是间断的,总是由一定的自然条件决定的,所以不能用上述方法来缩短。[262]

缩短劳动期间的方法,在不同的产业部门中其应用程度是极不相同的,并且不会抵消不同劳动期间长度上的差别。再用我们上述的例子来说,如果采用新工具机,制成一台机车所必需的劳动期间可以绝对地缩短。但是,如果由于纺纱过程的改良,每天或每

周提供的成品更迅速地增加了,那么,制造机器的劳动期间,同纺纱的劳动期间相比较,还是相对地变长了。[264—265]

第十三章

生 产 时 间

劳动时间始终是生产时间,即资本束缚在生产领域的时间。但是反过来,资本处于生产过程中的全部时间,并不因此也必然都是劳动时间。

这里要说的不是劳动力本身的自然界限所制约的那种劳动过程的中断,虽然我们说过,固定资本即厂房、机器等等在劳动过程休止时闲置不用这一情况,已经足以成为超出自然界限来延长劳动过程和实行日夜班劳动[218]的动机之一。这里要说的是与劳动过程长短无关,而受产品的性质和产品制造本身的性质制约的那种中断。在这个中断期间,劳动对象受时间长短不一的自然过程的支配,要经历物理的、化学的、生理的变化;在这个期间,劳动过程全部停止或者局部停止。

例如,榨出来的葡萄汁,先要有一个发酵时期,然后再存放一个时期,酒味才醇。在许多产业部门,产品要经过一个干燥过程,例如陶器业,或者,把产品置于一定条件下,使它的化学性质发生变化,例如漂白业。越冬作物大概要九个月才成熟。在播种和收获之间,劳动过程几乎完全中断。在造林方面,播种和必要的准备工作结束以后,也许要过 100 年,种子才变为成品;在这全部时间内,相对地说,是用不着花多少劳动的。[266—267]

在所有这些场合,预付资本的生产时间由两个期间构成:第一个期间,资本处在劳动过程中;第二个期间,资本的存在形式——

未完成的产品的形式——不是处在劳动过程中,而是受自然过程的支配。这两个期间是否有时会互相交错和互相穿插,对问题没有任何影响。劳动期间和生产期间在这里是不一致的。生产期间比劳动期间长。但是,产品只有到生产期间结束以后,才能完成、成熟,因而才能从生产资本的形式转化为商品资本的形式。所以,资本的周转期间,也要随着不是由劳动时间构成的生产时间的长度而延长。如果超过劳动时间的生产时间,不是像谷物的成熟,橡树的成长等等那样,由永恒的自然规律决定,那么,资本周转期间就往往可以通过生产时间的人为的缩短而或多或少地缩短。[……]关于仅仅由自然过程占据的生产时间可以人为地缩短的问题,铁的生产史,特别是近百年来的生铁炼钢史,提供了最好的例子。[267]

关于生产时间和劳动时间的不一致,美国的鞋楦制造提供了一个独特的例子。在这里,相当大一部分非生产费用的产生,是由于木材要储存 18 个月才能干燥。这样,制成的鞋楦以后才不会收缩、走样。在这期间,木材不进入任何其他劳动过程。因此,所投资本的周转期间不仅决定于鞋楦制造本身所需的时间,而且也决定于木材放在那里等待干燥的时间。木材必须在生产过程中停留18 个月,才能进入真正的劳动过程。这个例子同时还说明,由于不是发生在流通领域内,而是来自生产过程的一些情况,全部流动资本的不同部分的周转时间可以多么不同。

生产时间和劳动时间的差别,在农业上特别显著。在我们温带气候条件下,土地每年长一次谷物。生产期间(越冬作物平均九个月)的缩短或延长,还要看年景好坏变化而定,因此不像真正的工业那样,可以预先准确地确定和控制。[267—268]

在大部分真正的工业部门,采矿业、运输业等等,生产是均衡地进行的,劳动时间年年相同,撇开价格波动、营业上的干扰等等异常的中断现象不说,进入每天流通过程的资本的支出,是均衡地分配的。同样,在市场关系的其他条件不变时,流动资本的回流或更新,也是均衡地分配在一年的各个时期。但在劳动时间只是生产时间的一部分的那些投资部门,流动资本的支出,在一年的各个不同时期是极不均衡的,而回流只是按自然条件所规定的时间一次完成。因此,如果生产规模相同,也就是说,预付流动资本的量相同,和那些有连续劳动期间的生产部门相比,这些生产部门就必须为更长的时间一次预付更大量的资本。在这里,固定资本的寿命和它在生产中实际执行职能的时间也显然不同。由于劳动时间和生产时间有差别,所使用的固定资本的使用时间,当然也会不断地发生或长或短时间的中断,例如在农业方面,役畜、农具和机器就是这样。如果这个固定资本由役畜构成,那么,发生中断时会同干活时一样,在饲料等等方面继续需要同量的或几乎同量的支出。至于死的劳动资料,它不使用也会造成某种贬值。因此,产品一般说来就会变贵,因为转移到产品中去的价值,不是按固定资本执行职能的时间,而是按固定资本丧失价值的时间计算的。在这些生产部门,固定资本的闲置,不管是否会造成日常费用的支出,都是它的正常使用的一个条件,如同纺纱业会损失一定量的棉花一样;在每一个劳动过程中,那种在正常技术条件下非生产地,但又是不可避免地支出的劳动力,都和生产支出的劳动力一样计算。每一种改良,只要会减少在劳动资料、原料和劳动力上的非生产支出,也就会降低产品的价值。

在农业中,劳动期间较长,同时劳动时间和生产时间又有巨大的差别。[269—270]

在农业中,有些方法,一方面使工资和劳动资料的支出在一年内分配得比较均衡,一方面使周转缩短,比如进行多种作物的生产,从而在全年可以获得多茬收成,就是如此。但所有这些方法都要求增加预付在生产上的即投在工资、肥料、种子等等上的流动资本。[270]

漫长的生产时间(只包含比较短的劳动时间),从而其漫长的周转期间,使造林不适合私人经营,因而也不适合资本主义经营。资本主义经营本质上就是私人经营,即使由联合的资本家代替单个资本家,也是如此。文明和产业的整个发展,对森林的破坏从来就起很大的作用,对比之下,它所起的相反的作用,即对森林的护养和生产所起的作用则微乎其微。[272]

畜牧业也是这样。一部分牲畜群(牲畜储备)留在生产过程中,另一部分则作为年产品出售。在这里,只有一部分资本每年周转一次,如同固定资本——机器、役畜等等——的情况完全一样。虽然这个资本是较长时间内固定在生产过程中的资本,因此使总资本的周转拖得较长,但在范畴的意义上,它并不是固定资本。

这里所说的储备——一定量的活树或活畜——相对地说是处在生产过程中(同时作为劳动资料和劳动材料);按照它的再生产的自然条件,在正常的经营中,必然有相当大一部分储备总是处在这个形式上。

另一种储备也对周转发生类似的影响。它只形成可能的生产资本,但是由于经营的性质,必须有或多或少的量的积累,因此必须在较长的时间内为生产而预付,尽管它只是逐渐进入现实的生产过程。例如肥料,在运到地里以前,就是属于这一类的。谷物、干草等等以及用在牲畜生产上的饲料储备,也属于这一类。[272—273]

我们已经看到,生产时间和劳动时间的差别,可以有种种极不相同的情形。有时,流动资本在进入真正的劳动过程以前,已经处在生产时间内(鞋楦制造);有时,流动资本在通过真正的劳动过程以后,仍然处在生产时间内(葡萄酒、谷种);有时,生产时间间或有劳动时间插进来(农业、造林);有时,能流通的产品的很小一部分进入常年的流通,而大部分仍然处在现实的生产过程中(造林和畜牧业);流动资本必须以可能的生产资本形式投入的时间的长短,从而,这个资本必须一次投入的量的大小,部分地取决于生产过程的种类(农业),部分地取决于市场远近等等,总之,取决于流通领域内的情况。[274]

第十四章

流　通　时　间

流通时间的一部分——相对地说最有决定意义的部分——是由出售时间,即资本处在商品资本状态的时间构成的。流通时间,从而整个周转期间,是按照这个时间的相对的长短而延长或缩短的。由于保管费用等等,追加的资本支出也就成为必要的了。从一开始就很清楚:出售成品所需的时间,对同一个生产部门的单个资本家来说,可能是极不相同的;因此,它不仅对投入不同生产部门的资本量来说,是极不相同的,而且对各个独立的资本即实际上只是投入同一个生产领域的总资本的各个独立化的部分来说,也是极不相同的。在其他条件相同的情况下,同一个单个资本的出售期间,随着市场情况的一般变动或者随着特殊生产部门的市场情况的变动而变动。[276—277]

商品的销售市场和生产地点的距离,是使出售时间,从而使整个周转时间产生差别的一个经常性的原因。在商品运往市场的全部时间内，资本束缚在商品资本的状态；如果商品按订货生产，就要停留到交货的时候；如果不是按订货生产，那么，商品运往市场的时间，还要加上商品在市场上等候出售的时间。交通运输工具的改良，会绝对缩短商品的移动期间；但不同的商品资本或向不同的市场移动的同一商品资本的不同部分，由于移动而在流通时间上发生的相对差别，不会因此消失。例如，改良的帆船和轮船，缩短了商品的移动时间，从而也就缩短了商品到达远近港口的时间。相对的差别仍然存在，虽然往往是缩小了。不过，由于交通运输工具的发展，这种相对差别会以一种与自然距离不一致的方式发生变化。例如，一条从生产地点通往内地一个人口聚集的主要中心的铁路，可以使内地的一个不通铁路的较近地点，比这个自然距离较远的地点，绝对地或相对地变远。同样，这种情况还会使生产地点到较大的销售市场的相对距离发生变化，由此可以说明，随着交通运输工具的变化，旧的生产中心衰落了，新的生产中心兴起了。（此外，远距离运输比近距离运输相对地说要便宜得多。）在运输工具发展的同时，不仅空间运动的速度加快了，而且空间距离在时间上也缩短了。不仅交通工具的数量增多了，比如说，许多条船同时驶向同一个港口，好几辆列车在相同的两地之间同时沿着不同的铁路线行驶，而且货船例如在一周内，按不同的日期，依次由利物浦开往纽约，或者，货车在一天内按不同的钟点由曼彻斯特开往伦敦。当然，在运输工具的效率已定时，绝对的速度——因而流通时间的这个部分——并不会由于后面这种情况而发生变化。但是，一批又一批的商品可以每隔一个较短的时间起运，这样，它们可以连绵不断地到达市场，不需要在实际运出以前，作为可能的商品资本大量堆积起来。因此，回流也就每隔一个比较短的期间发生，以致有一部分不断转化为货币资本，而另一部分则作为商品资本流通。由于回流在若干连续的期间之内发生,总流通时间就缩短了,因而周转也缩短了。首先是运输工具的运行次数有或大或小的增加,例如,一方面,一条铁路的列车次数,随着生产地点生产的增加,随着它变为较大的生产中心而增加,而且这种增加,是面向现有的销售市场,也就是面向大生产中心、人口中心、输出港等等的。另一方面,这种交通特别便利的情况以及由此而加速的资本周转(就资本周转取决于流通时间来说),反过来既使生产中心又使它的销售地点加速集中。随着大量人口和资本在一定的地点这样加速集中,大量资本也就集中在少数人手里。同时,由于生产地点和销售地点的相对位置随着交通工具的变化而发生变化,这些地点又会发生一些变化。一个生产地点,过去由于处在大路或运河旁边,一度享有特别的地理上的便利,现在却位于一条铁路支线的旁边,这条支线要隔相当长的时间才通车一次。另一个生产地点,原来和交通要道完全隔绝,现在却位于好几条铁路的交叉点。后一个生产地点兴盛起来,前一个生产地点衰落了。因此,运输工具的变化,在商品的流通时间,买和卖的机会等方面造成地点差别,或者使已有的地点差别再发生变化。[277—279]

如果从一方面说,随着资本主义生产的进步,交通运输工具的发展会缩短一定量商品的流通时间,那么反过来说,这种进步以及由于交通运输工具发展而提供的可能性,又引起了开拓越来越远的市场,简言之,开拓世界市场的必要性。运输中的并且是运往远地的商品会大大增长,因而,在较长时间内不断处在商品资本阶段、处在流通时间内的那部分社会资本,也会绝对地和相对地增加。与此同时,不是直接用做生产资料,而是投在交通运输工具以及为运用这些工具所必需的固定资本和流动资本上的那部分社会财富,也会增加。

商品由生产地点到销售市场的运载过程的相对长度,不仅会在流通时间的第一部分即出售时间上引起差别,而且也会在第二部分即由货币再转化为生产资本要素也就是购买时间上引起差别。[279]

不用说,商品流通时间的延长使销售市场上价格变动的风险增加,因为可能发生价格变动的时期延长了。

流通时间的差别,有的是个别地出现在同一个生产部门的不同的单个资本之间,有的也出现在不立即支付现款而有不同支付习惯的不同生产部门之间。这种差别是由买和卖的支付期限不同引起的。这一点,对信用制度来说很重要,但这里就不再谈了。

周转时间的差别也是由供货契约的规模引起的,而供货契约规模随资本主义生产的规模和水平一同扩大。作为买者和卖者之间的交易的供货契约,是一种与市场即流通领域有关的业务。因此,由此引起的周转时间的差别,是由流通领域引起的,不过这种差别又反过来直接影响生产领域,而且把所有支付期限和信用关系撇开不说,即使在现金支付的情况下也影响生产领域。[280—281]

现在我们来考察流通时间的第二段时间:购买时间,或者说,资本由货币形式再转化为生产资本要素的时间。在这期间,资本必须以或短或长的时间停留在货币资本的状态,因而,全部预付资本的一定部分,必须不断地处在货币资本的状态,尽管这个部分是由不断变化的要素构成的。例如,某一个企业的全部预付资本中,必须有 $n \times 100$ 镑处于货币资本的形式,这样,$n \times 100$ 镑的所有组成部分要继续不断地转化为生产资本,而这个货币额却又不断地从流通、从已经实现的商品资本的流入得到补充。因此,预付资本的一定价值部分,不断地处于货币资本的状态,即处于不是属于生产领域,而是属于流通领域的形式。

我们说过,市场距离所造成的资本束缚在商品资本形式上的时间的延长,直接造成货币回流的延迟,因而也延迟了资本由货币资本到生产资本的转化。

其次,关于商品的购买,我们说过(第六章),购买时间、离原料主要供应地的远近,怎样使人们必须为较长的期间买进原料,并且使它们保持生产储备的形式,保持潜在的或可能的生产资本的形式以供使用;因此,在生产规模不变的情况下,必须一次预付的资本量就会增加,资本必须预付的时间也会延长。

大批原料投入市场的或长或短的期间,会在不同的生产部门发生类似的影响。[281—282]

货币是在流通时间的后半段再转化为生产资本要素的。在考察这一段时,我们不仅是考察这种转化本身,不仅是考察由出售产品的市场距离决定的货币回流的时间。最主要的,是要考察预付资本有多大一部分必须不断处于货币形式,货币资本的状态。

撇开所有的投机不说,需要购买多少必须不断作为生产储备来存放的商品,这取决于这种储备更新的时间,从而取决于那些本身又受市场条件决定的、因而对不同的原料等等来说也是各不相同的情况;因此,这里有时必须一次预付大量的货币。按照资本周转的时间,货币流回有快有慢,但总是一部分一部分地流回。其中一部分,即再转化为工资的部分,同样不断地经过较短的期间再支出。但是,另一部分,即要再转化为原料等等的部分,必须在较长的期间积累起来,作为准备金,或用于购买或用于支付。因此,它以货币资本的形式存在,尽管它作为货币资本存在的数量是变化不定的。[283]

第十五章
周转时间对预付资本量的影响

在这一章和后面的第十六章,我们要考察周转时间对资本价值增殖的影响。

假定一个商品资本,是一个比如9周的劳动期间的产品。我们暂且撇开由固定资本的平均损耗追加到产品上的那部分价值和在生产过程中追加到产品上的剩余价值,这样,这个产品的价值就等于生产这个产品时预付的流动资本的价值,也就是等于工资和生产这个产品时消费的原料和辅助材料的价值。假定这个价值=900镑,这样,一周的支出是100镑。周期的生产时间在这里同劳动期间一致,因此也是9周。不管我们假定这里所涉及的是一个具有连续性的产品的劳动期间,还是一个可分立的产品的连续的劳动期间,只要一次运到市场上去的可分立的产品的量要花费9周劳动,情况都一样。再假定流通时间持续3周。那么,整个周转期间就要持续12周。在9周完了以后,预付生产资本转化成商品资本了,但是它还有3周留在流通期间内。因此,新的生产期间只有到第13周开始时才重新开始。生产要停顿3周,或者说,要停顿整个周转期间的 $\frac{1}{4}$。不管我们假定这3周期间是出售产品平均所需的时间,还是假定这段时间要由市场的远近或由所出售的商品的支付期限来决定,情况也都是一样。每3个月中,生产要停顿3周,也就是说,一年中要停顿 $4 \times 3 = 12$ 周 $= 3$ 个月 $=$ 年周转期间的 $\frac{1}{4}$。因此,为了使生产连续进行,一周一周地按相同的规模进行,只有两种办法可行。

或者必须缩小生产规模,使900镑足以在第一个周转的劳动期间和流通时间内使劳动继续进行。这样,在第一个周转期间结束以前,第二个劳动期间,从而第二个周转期间,在第 10 周就开始了,因为周转期间是 12 周,而劳动期间是 9 周。把 900 镑分配在 12 周,每周是 75 镑。[285—286]

因此,为了使生产连续进行,同一个流动资本的支出在这里必须分配在较长的时间内,不是分配在 9 周,而是分配在 12 周。因此,在每一个既定的时间段里,都有一个已经减少了的生产资本执行职能;生产资本的流动部分由 100 减少到 75,即减少 $\frac{1}{4}$。在 9 周的劳动期间内执行职能的生产资本减少的总额 $= 9 \times 25 = 225$ 镑,即 900 镑的 $\frac{1}{4}$。但是流通时间和周转期间之比仍然是 $\frac{3}{12} = \frac{1}{4}$。由此得出结论:如果要使生产在已经转化为商品资本的生产资本的流通时间内不致中断,如果要使生产同时地、一周一周连续地进行,而这样做又没有特别的流动资本可用,那就只有缩小生产规模,减少执行职能的生产资本的流动组成部分,才能办到。这样为了使生产在流通时间内继续进行而游离出来的流动资本部分和全部预付流动资本之比,等于流通时间和周转期间之比。[286—287]

反过来,我们假定企业的性质排除了缩小生产规模的可能性,从而也排除了减少每周要预付的流动资本的可能性,那么,只有追加流动资本才能使生产连续进行。在上例是追加 300 镑。在 12 周的周转期间内,要相继预付 1 200 镑,300 镑是其中的 $\frac{1}{4}$,就像 3 周是 12 周的 $\frac{1}{4}$ 一样。在 9 周的劳动期间结束以后,资本价值 900 镑就由生产资本形式转化为商品资本形式了。这个资本价值的劳动期间已经结束,但是它不能用同一个资本来更新。当这个资本在这 3 周停留在流通领域,作为商品资本执行职能时,它所处的情况,从生产过程来看,就好像它根本不存在一样。在这里,我们把一切信用关系撇开不说,因此假定资本家只用他个人的资本来经营。但是,为第一个劳动期间预付的资本,在生产过程完成之后,要在流通过程停留 3 周,在此期间有一个追加的投资 300 镑在执行职能,因此生产的连续进行不会中断。[287]

对于周转这个机制根本一窍不通的经济学家,总是忽视这一要点:生产要不间断地进行,产业资本就始终只能有一部分实际上加入生产过程。当一部分处在生产期间的时候,另一部分必须总是处在流通期间。换句话说,资本的一部分,只有在另一部分脱离真正的生产而处于商品资本或货币资本形式的条件下,才能作为生产资本执行职能。忽视这一点,也就完全忽视了货币资本的意义和作用。[294]

第十六章

可变资本的周转

I. 年剩余价值率

到目前为止,我们把商品资本的一部分价值,也就是商品资本中包含的、已经在生产过程中生产出来、并且已经并入产品的剩余价值完全撇开不说。现在,我们要把注意力放到这部分价值上面来。

假定每周投入的可变资本 100 镑生产 100% 的剩余价值=100 镑,那么,在 5 周的周转期间内投入的可变资本 500 镑,就会生产一个 500 镑的剩余价值,也就是说,工作日的一半是由剩余劳动构成的。

如果可变资本 500 镑产生 500 镑剩余价值,那么,5 000 镑就生产$10\times500=5\,000$镑的剩余价值。但是,预付的可变资本是500镑。我们把一年内生产的剩余价值总额和预付可变资本的价值额之比,称为年剩余价值率。在当前考察的场合,年剩余价值率$=\dfrac{5\,000}{500}=1\,000\%$。我们进一步分析这个比率就会知道,年剩余价值率,等于预付可变资本在一个周转期间内生产的剩余价值率乘以可变资本的周转次数(它和全部流动资本的周转次数是一致的)。

在当前考察的场合,一个周转期间预付的可变资本$=500$镑;在这个周转期间内生产的剩余价值也$=500$镑。因此,一个周转期间的剩余价值率$=\dfrac{500\text{m}}{500\text{v}}=100\%$。这个100%乘以一年周转的次数10,得出$\dfrac{5\,000\text{m}}{500\text{v}}=1\,000\%$。

这里说的是年剩余价值率。至于一个已定的周转期间内取得的剩余价值量,那么,这个量等于这个期间内预付的可变资本价值(这里$=500$镑)乘以剩余价值率,在这里是$500\times\dfrac{100}{100}=500\times1=500$镑。如果预付资本是1 500镑,在剩余价值率不变的情况下,剩余价值量就$=1\,500\times\dfrac{100}{100}=1\,500$镑。

这个一年内周转10次、一年内生产剩余价值5 000镑,从而年剩余价值率$=1\,000\%$的可变资本500镑,我们称为资本A。

现在,再假定有另一个可变资本B,是5 000镑,它为全年(这里就是为50周)而预付,因此一年只周转一次。其次,我们假定在年终时,产品会在它完成的那一天得到支付;就是说,产品要转化成的货币资本,会在它完成的那一天流回。在这里,流通期间$=0$,周转期间$=$劳动期间,即$=1$年。和上述的情形一样,每周都有100镑可变资本,因而50周会有5 000镑可变资本处在劳动过程中。又假定剩余价值率同样$=100\%$,也就是说,在工作日长度不变时,有一半时间是由剩余劳动构成的。如果我们考察5周,那么,投入的可变资本=500 镑,剩余价值率=100% ,因此 5 周内生产的剩余价值量=500 镑。在这里,按照假定,被剥削的劳动力的量和剥削程度,都恰好和资本 A 的被剥削的劳动力的量和剥削程度相等。

投入的可变资本 100 镑每周生产剩余价值 100 镑,从而 50 周内,投入的资本 50×100 = 5 000 镑,会生产剩余价值 5 000 镑。每年生产的剩余价值量,和上述的场合一样是 5 000 镑,但是年剩余价值率完全不同。在这里,年剩余价值率等于一年内生产的剩余价值除以预付的可变资本:$\frac{5\ 000m}{5\ 000v}$ = 100% ,而在上述资本 A 的场合则 = 1 000% 。

在资本 A 和资本 B 的场合,我们每周都支出 100 镑可变资本;价值增殖程度或剩余价值率同样 = 100% ;可变资本量也同样 = 100 镑。被剥削的劳动力的数量一样;剥削量和剥削程度在两个场合也一样;工作日一样,并且以同一比例分为必要劳动和剩余劳动。一年内使用的可变资本额一样大,都 = 5 000 镑,它们推动着同量的劳动,并且从这两个等额资本推动的劳动力榨出同量的剩余价值 5 000 镑。但是,A 的年剩余价值率和 B 的年剩余价值率的差额是 900% 。[328—330]

在 A 和 B 两个场合,每周等量的可变资本 100 镑在全年的每周中被使用。因此,在劳动过程中真正执行职能的所使用的可变资本是相等的,但是预付可变资本完全不等。对资本 A 来说,每 5 周预付 500 镑,每周使用其中的 100 镑。对资本 B 来说,在第一个 5 周的期间要预付 5 000 镑,但是每周只使用其中的 100 镑,因而 5 周只使用 500 镑 = 预付资本的 $\frac{1}{10}$。在第二个 5 周的期间,要预付 4 500 镑,但是只使用了 500 镑,依此类推。为一定期间而预付的可变资本只是随着它实际进入那个期间内由劳动过程填满的阶

段,随着它在劳动过程中实际执行职能而转化为所使用的可变资本,即实际执行职能和发挥作用的可变资本。[331—332]

一切会使预付的可变资本和使用的可变资本的比例发生变化的情况,总起来说,就是周转期间的差别(或者由劳动期间的差别决定,或者由流通期间的差别决定,或者由二者的差别决定)。[332]

III. 从社会的角度考察的
可变资本的周转

现在我们从社会的观点来考察一下这个问题。假定一个工人每周需费一镑,工作日=10 小时。A 和 B 一年内都雇用 100 个工人(100 个工人每周需费 100 镑,5 周就需费 500 镑,50 周就需费5 000 镑),每一个工人在每周的 6 天中劳动 60 小时。因此,100个工人每周劳动 6 000 小时,在 50 周内劳动 300 000 小时。这个劳动力已经由 A 和 B 一手占有,因此不能再由社会用在别的目的上。因此,就这方面来说,从社会的观点来看,A 和 B 的情况相同。其次,A 和 B 的各 100 个工人每年都得到工资 5 000 镑(200 个工人合计得 10 000 镑),并且从社会取走相当于这笔金额的生活资料。就这方面来说,从社会的观点来看,A 和 B 的情况又相同。由于工人在两个场合都是每周得到报酬,所以他们都是每周从社会取走生活资料,为此,他们在两个场合也都是每周把货币等价物投入流通。但是,区别就是从这里开始的。

第一,A 的工人投入流通的货币,不像 B 的工人那样,只是他的劳动力的价值的货币形式(实际上是对已经完成的劳动的支付手段);从开业后的第二个周转期间起,它已经是**工人本身**在第一个周转期间生产的**价值产品**(=劳动力的价格加上剩余价值)的货币形式,工人在第二个周转期间的劳动的报酬就是用这个价值产品来支付的。而 B 却不是这样。从工人方面来说,在这里,货币虽然是他的已经完成的劳动的支付手段,但是这个已经完成的劳动的报酬,不是用这个劳动本身的已经转化为货币的价值产品(这个劳动本身所生产的价值的货币形式)来支付。这种情况要到第二年才会发生,那时,B 的工人的报酬才用他自己前一年的已经转化为货币的价值产品来支付。

资本的周转期间越短——从而它的再生产期间在一年内更新的间隔时间越短——,资本家原来以货币形式预付的可变资本部分就越迅速地转化为工人为补偿这个可变资本而创造的价值产品(此外,还包括剩余价值)的货币形式,资本家必须从他个人的基金中预付货币的时间就越短,他预付的资本,和一定的生产规模相比,就越少;在剩余价值率已定时,他在一年内榨取的剩余价值量也就相应地越大,因为他可以越是多次地用工人自己创造的价值产品的货币形式来不断重新购买工人,并且推动他的劳动。

在生产规模已定时,预付的可变货币资本(以及全部流动资本)的绝对量,按照周转期间缩短的比例而减少,年剩余价值率则按照这个比例而提高。在预付资本的量已定时,生产规模会随着再生产期间的缩短所造成的年剩余价值率的提高而同时扩大,因而,在剩余价值率已定时,一个周转期间内生产的剩余价值的绝对量,会随着年剩余价值率的这种提高而同时增加。总的说来,根据以上的研究可以得出:由于周转期间长短不同,在劳动剥削程度相等时,为了推动同量的生产流动资本和同量的劳动而必须预付的货币资本量是极不相同的。

第二——这和第一点区别有联系——,B 的工人和 A 的工人一样,也是用那个在他手中变成流通手段的可变资本,来支付他所购买的生活资料的费用的。例如,他不仅从市场上取走小麦,而且也用一个货币形式的等价物来补偿小麦。但是,和 A 的工人不同,B 的工人用来支付并从市场上取走生活资料的货币,不是他在这一年内投入市场的价值产品的货币形式,因此,他虽然对生活资料的卖者提供货币,但是,没有提供任何可供后者用得到的货币购买的商品——不管是生产资料,还是生活资料,相反,A 的工人却提供了商品。因此,在 B 的场合,从市场上取走了劳动力,取走了这种劳动力的生活资料,取走了 B 所使用的劳动资料形式的固定资本以及生产材料,而把货币等价物作为它们的补偿投入市场;但是,在一年内没有把任何产品投入市场,来补偿从市场上取走的生产资本的各种物质要素。如果我们设想一个社会不是资本主义社会,而是共产主义社会,那么首先,货币资本会完全消失,因而,货币资本所引起的交易上的伪装也会消失。问题就简单地归结为:社会必须预先计算好,能把多少劳动、生产资料和生活资料用在这样一些产业部门而不致受任何损害,这些部门,如铁路建设,在一年或一年以上的较长时间内不提供任何生产资料和生活资料,不提供任何有用效果,但会从全年总生产中取走劳动、生产资料和生活资料。相反,在资本主义社会,社会的理智总是事后才起作用,因此可能并且必然会不断发生巨大的紊乱。[346—349]

周转期间的长短,就它取决于真正的劳动期间,即完成可进入市场的产品所必要的期间而言,是以不同投资的各自物质生产条件为基础的。这些条件,在农业上,更多地具有生产的自然条件的性质,在制造业和绝大部分采掘业上,是随着生产过程本身的社会发展而变化的。

劳动期间的长短,就它以供应数量(产品作为商品通常投入市场的数量的多少)作为基础而言,具有习惯的性质。但是习惯本身也以生产规模作为物质基础,因此,只有在个别考察时才具有偶然性。

最后,周转期间的长短,就它取决于流通期间的长短而言,部分地要受到下列情况的限制:市场行情的不断变化,出售的难易程度以及由此引起的把产品一部分投入较近或较远的市场的必要性。撇开需求量本身不说,价格的运动在这里起着主要的作用,因为在价格降低时,出售会有意识地受到限制,而生产会继续进行;反之,在价格提高时,生产和出售可以齐步前进,或者出售可以预先进行。但是,由生产地点到销售市场的实际距离,必须看做是真正的物质基础。[350—351]

第三,至于所使用的流动资本本身(可变流动资本和不变流动资本),由劳动期间的长短引起的周转期间的长短,会产生这种区别:在一年周转多次的场合,可变流动资本或不变流动资本的一个要素可以由它本身的产品来提供,例如煤炭生产,服装业等等。在不是这样的场合,就不能这样,至少在一年内不能这样。[352—353]

第 三 篇
社会总资本的再生产和流通

第十八章
导　言

I. 研究的对象

资本的直接生产过程,就是资本的劳动过程和价值增殖过程。这个过程的结果是商品产品,它的决定性动机是生产剩余价值。

资本的再生产过程,既包括这个直接的生产过程,也包括真正流通过程的两个阶段,也就是说,包括全部循环。这个循环,作为周期性的过程,即经过一定期间不断地重新反复的过程,形成资本的周转。

无论我们考察的是 $G\cdots G'$ 形式的循环,还是 $P\cdots P$ 形式的循环,直接生产过程 P 本身始终只是这个循环的一个环节。在前一种形式中,它表现为流通过程的中介;在后一种形式中,流通过程表现为它的中介。它的不断更新,资本作为生产资本的不断再现,在这两种场合,都以资本在流通过程中的转化为条件。另一方面,不断更新的生产过程,是资本在流通领域不断地重新经历各种转化的条件,是资本交替地表现为货币资本和商品资本的条件。

但是,正如每一单个资本家只是资本家阶级的一个分子一样,每一单个资本只是社会总资本中一个独立的、可以说赋有个体生命的部分。社会资本的运动,由社会资本的各个独立部分的运动的总和,即各个单个资本的周转的总和构成。正如单个商品的形态变化是商品世界的形态变化系列——商品流通——的一个环节一样,单个资本的形态变化,它的周转,是社会资本循环中的一个环节。

这个总过程,既包含生产消费(直接的生产过程)和作为其中介的形式转化(从物质方面考察,就是交换),也包含个人消费和作为其中介的形式转化或交换。一方面,它包含可变资本向劳动力的转化,从而包含劳动力的并入资本主义生产过程。在这里,工人是他的商品——劳动力的卖者,资本家是这种商品的买者。另一方面,商品的出售,包含工人阶级对商品的购买,也就是说,包含工人阶级的个人消费。在这里,工人阶级是买者,资本家是向工人出售商品的卖者。

商品资本的流通,还包含剩余价值的流通,从而也包含对资本家的个人消费,即对剩余价值的消费起中介作用的买和卖。

因此,总括起来成为社会资本的各个单个资本的循环,也就是说,就社会资本的总体来考察的循环,不仅包括资本的流通,而且也包括一般的商品流通。后者本来只能由两部分构成:1.资本本身的循环;2.进入个人消费的商品的循环,也就是工人用工资,资本家用剩余价值(或其中的一部分)购买的那些商品的循环。[389—390]

但是在第一篇和第二篇,我们考察的,始终只是单个资本,只是社会资本中一个独立部分的运动。

但是,各个单个资本的循环是互相交错的,是互为前提、互为条件的,而且正是在这种交错中形成社会总资本的运动。在简单商品流通中,一个商品的总形态变化表现为商品世界形态变化系列的一个环节,同样,单个资本的形态变化现在则表现为社会资本形态变化系列的一个环节。虽然简单商品流通决没有必要包括资本的流通——因为它可以在非资本主义生产的基础上进行——,但如上所述,社会总资本的循环却包括那种不属于单个资本循环范围内的商品流通,即包括那些不形成资本的商品的流通。

现在,我们就要考察作为社会总资本的组成部分的各个单个资本的流通过程(这个过程的总体就是再生产过程的形式),也就是考察这个社会总资本的流通过程。[392]

II. 货币资本的作用

在考察单个资本的周转时,货币资本显示出两个方面。

第一,它是每个单个资本登上舞台,作为资本开始它的过程的形式。因此,它表现为发动整个过程的第一推动力。

第二,由于周转期间的长短不同和周转期间两个组成部分——劳动期间和流通期间——的比例不同,必须不断以货币形式预付和更新的那部分预付资本价值与它所推动的生产资本即连续进行的生产的规模之间的比例,也就不同。但不管这个比例如何,能够不断执行生产资本职能的那部分处在过程中的资本价值,总是受必须不断以货币形式与生产资本同时存在的那部分预付资本价值的限制。这里说的只是正常的周转,一个抽象的平均数。在这里,为消除流通的停滞而追加的货币资本是撇开不说的。

关于第一点。商品生产以商品流通为前提,而商品流通又以商品表现为货币,以货币流通为前提;商品分为商品和货币的这种二重化,是产品表现为商品的规律。同样,资本主义的商品生产——无论是社会地考察还是个别地考察——,要求货币形式的资本或货币资本作为每一个新开办的企业的第一推动力和持续的动力。特别是流动资本,要求货币资本作为动力经过一段短时间不断地反复出现。全部预付资本价值,即资本的一切由商品构成的部分——劳动力、劳动资料和生产材料,都必须不断地用货币一再购买。在这里,就单个资本说是如此,就社会资本说也是如此,后者不过是以许多单个资本的形式执行职能。但是正如第一册已经指出的,由此决不能得出结论说,资本执行职能的范围,生产的规模——即使在资本主义的基础上——就其**绝对的**界限来说,是由执行职能的货币资本的大小决定的。

并入资本中的各种生产要素的扩大,在一定的界限之内,不是取决于预付货币资本的量。在劳动力的报酬相同的情况下,可以从外延方面或内涵方面加强对劳动力的剥削。如果货币资本随着这种剥削的加强而增加(即如果工资提高),那么,它也不是和这种剥削成比例地增加的,因而,根本不是相应地增加的。

生产上利用的自然物质,如土地、海洋、矿山、森林等等,不是资本的价值要素。只要提高同样数量劳动力的紧张程度,不增加预付货币资本,就可以从外延方面或内涵方面,加强对这种自然物质的利用。这样,生产资本的现实要素增加了,而无须追加货币资本。如果由于追加辅助材料而必须追加货币资本,那么,资本价值借以预付的货币资本,也不是和生产资本效能的扩大成比例地增加的,因而,根本不是相应地增加的。

同一些劳动资料,也就是同一固定资本,可以用延长每天的使用时间的办法,也可以用增加使用强度的办法,更有效地加以利用,而无须为固定资本追加货币支出。这时,只是固定资本的周转加快了,可是它的再生产的各种要素也更迅速地提供出来。

撇开自然物质不说,各种不费分文的自然力,也可以作为要素,以或大或小的效能并入生产过程。它们发挥效能的程度,取决于不花费资本家分文的各种方法和科学进步。

关于劳动力在生产过程中的社会结合和各个单个工人积累起来的熟练程度,情况也是如此。[392—394]

关于第二点。社会劳动和生产资料中每年都必须有一部分用来生产或购买货币,以补偿磨损掉的铸币。不言而喻,这对社会生产的规模相应地是一种削减。但是,至于那个部分地充当流通手段,部分地充当贮藏货币的货币价值,那么,既然它已经存在,已经取得,它就同劳动力、生产出来的生产资料和财富的自然源泉并存。不能把这种货币价值看成是限制这些东西的。通过它转化为生产要素,通过它和外国进行交换,生产规模就能扩大。但这以货币依旧起世界货币的作用为前提。

由于周转期间的长短不同,推动生产资本所必要的货币资本量也就有大有小。我们还知道,周转期间划分为劳动时间和流通时间,就要求增加那种在货币形式上潜在的或暂歇的资本。

周转期间,就它由劳动期间的长度决定而言,在其他条件不变的情况下,由生产过程的物质性质决定,因此,不是由这个生产过程的特殊的社会性质决定。但是,在资本主义生产的基础上,历时较长范围较广的事业,要求为较长的时间预付较大量的货币资本。所以,这一类领域里的生产取决于单个资本家拥有的货币资本的界限。这个限制被信用制度和与此相连的联合经营(例如股份公司)打破了。因此,货币市场的混乱会使这类企业陷于停顿,而这类企业反过来也会引起货币市场的混乱。

有些事业在较长时间内取走劳动力和生产资料,而在这个时间内不提供任何有效用的产品;而另一些生产部门不仅在一年间不断地或者多次地取走劳动力和生产资料,而且也提供生活资料和生产资料。在社会的生产的基础上,必须确定前者按什么规模进行,才不致有损于后者。在社会的生产中,和在资本主义的生产中一样,在劳动期间较短的生产部门,工人将照旧只在较短时间内取走产品而不提供产品;在劳动期间长的生产部门,则在提供产品之前,在较长时间内不断取走产品。因此,这种情况是由相关的劳动过程的物质条件造成的,而不是由这个过程的社会形式造成的。在社会的生产中,货币资本不再存在了。社会把劳动力和生产资料分配给不同的生产部门。生产者也许会得到纸的凭证,以此从社会的消费品储备中,取走一个与他们的劳动时间相当的量。这些凭证不是货币。它们是不流通的。[396—397]

第二十章
简单再生产

I. 问题的提出

如果我们考察社会资本,即总资本——各单个资本只是它的组成部分,这些部分的运动,既是它们的单个的运动,同时又是总资本运动的不可缺少的环节——在一年内执行职能的结果,也就是说,如果我们考察社会在一年间提供的商品产品,那么必定会看到:社会资本的再生产过程是怎样进行的,这个再生产过程和单个资本的再生产过程相比有哪些不同的特征,二者又有哪些共同的特征。年产品既包括补偿资本的那部分社会产品,即社会再生产,也包括归入消费基金的、由工人和资本家消费的那部分社会产品,就是说,既包括生产消费,也包括个人消费。这种消费包括资本家阶级和工人阶级的再生产(即维持),因而也包括总生产过程的资本主义性质的再生产。

显然,我们应当分析的是 $W'—\{\begin{smallmatrix}G—W\cdots P\cdots W'\\g—w\end{smallmatrix}$ 这个流通公式,在这里,消费必然会起作用;因为起点 $W' = W + w$,即商品资本,既包含不变资本价值和可变资本价值,也包含剩余价值。所以,它的运动既包括生产消费,也包括个人消费。在 $G—W\cdots P\cdots W'—G'$ 循环和 $P\cdots W'—G'—W\cdots P$ 循环中,**资本**的运动是起点和终点:这一运动自然也包括消费,因为商品,即产品,必须出售。但是,只要商品已经出售,这个商品以后变成什么,对单个资本的运动是没有关系的。相反地,在 $W'\cdots W'$ 运动中,正是要通过说明这个总产品 W' 的每一价值部分会变成什么,才能认识社会再生产的条件。在这里,总的再生产过程既包括资本本身的再生产过程,也包括以流通为中介的消费过程。

为了我们当前的目的,再生产过程必须从 W' 的各个组成部分的价值补偿和物质补偿的观点来加以考察。在分析单个资本的产品价值时,我们**假定**,单个资本家通过出售他的商品产品,先把他的资本的组成部分转化为货币,然后,通过在商品市场上再购买各种生产要素,把它们再转化为生产资本。现在,我们已经不能再满足于这个假定了。既然这些生产要素是物质的东西,那它们就同用来和它们交换并由它们来补偿的单个成品一样,是社会资本的组成部分。另一方面,工人用工资和资本家用剩余价值所消费的那部分社会商品产品的运动,不仅是总产品运动的一个不可缺少的环节,而且同各单个资本的运动交织在一起。因此,只是假定这个过程发生,是不能说明这个过程的。

直接摆在我们面前的问题是:生产上消费掉的**资本**,就它的价值来说,怎样由年产品得到补偿?这种补偿的运动怎样同资本家对剩余价值的消费和工人对工资的消费交织在一起?因此,首先要研究原有规模的再生产。其次,不仅要假定,产品按照它们的价值交换,而且还要假定,生产资本的组成部分没有发生任何价值革命。[435—437]

当我们从单个资本的角度来考察资本的价值生产和产品价值时,商品产品的实物形式,对于分析是完全无关的,例如,不论它是机器,是谷物,还是镜子都行。这始终只是举例而已,任何一个生产部门都同样可以作为例证。我们必须考察的是直接的生产过程本身。这种生产过程,在每一点上,都表现为一个单个资本的过程。说到资本的再生产,我们只要假定,代表资本价值的那部分商品产品,会在流通领域内找到机会再转化为它的生产要素,从而再转化为它的生产资本的形态。同样,我们只要假定,工人和资本家会在市场上找到他们用工资和剩余价值购买的商品。但是,当我们考察社会总资本及其产品价值时,这种仅仅从形式上来说明的方法,就不够用了。产品价值的一部分再转化为资本,另一部分进入资本家阶级和工人阶级的个人消费,这在表现为总资本的结果的产品价值本身内形成一个运动。这个运动不仅是价值补偿,而且是物质补偿,因而既要受社会产品的价值组成部分相互之间的比例的制约,又要受它们的使用价值,它们的物质形态的制约。

既然一方面,在资本主义基础上,没有任何积累或规模扩大的再生产,是一种奇怪的假定,另一方面,生产条件在不同的年份不是绝对不变的(而假定它们是不变的),那么,规模不变的简单再生产就只是表现为一个抽象。前提是:一定价值的社会资本,今年

和去年一样,再提供一样多的商品价值,满足一样多的需要,虽然
商品的形式在再生产过程中可能改变。但是,只要有积累,简单再
生产总是积累的一部分,所以,可以就简单再生产本身进行考察,
它是积累的一个现实因素。年产品的价值可以减少,而使用价值
量不变;年产品的价值可以不变,而使用价值量减少;价值量和再
生产的使用价值量也可以同时减少。这一切就在于,再生产不是
在比以前更有利的情况下进行,就是在更困难的情况下进行。后
者可能造成的结果,是出现一个不完备的——有缺陷的——再生
产。这一切都只能涉及再生产的不同要素的量的方面,但不涉及
它们作为进行再生产的资本或作为再生产出来的收入在总过程中
所起的作用。[437—438]

II. 社会生产的两个部类

社会的总产品,从而社会的总生产,分成两大部类:

I. 生产资料:具有必须进入或至少能够进入生产消费的形式
的商品。

II. 消费资料:具有进入资本家阶级和工人阶级的个人消费的
形式的商品。

这两个部类中,每一部类拥有的所有不同生产部门,总合起来
都形成一个单一的大的生产部门:一个是生产资料的生产部门,另
一个是消费资料的生产部门。两个生产部门各自使用的全部资
本,都形成社会资本的一个特殊的大部类。

每一部类的资本都分成两个组成部分:

1. **可变资本**。从**价值**方面看,这个资本等于该生产部门使用
的社会劳动力的价值,也就是等于为这个社会劳动力而支付的工

资总额。从物质方面看,这个资本是由发挥作用的劳动力本身构成的,即由这个资本价值所推动的活劳动构成的。

2. **不变资本**,即该部门在生产上使用的全部生产资料的价值。这些生产资料本身又分成**固定资本**:机器、工具、建筑物、役畜等等,**流动**不变资本:生产材料,如原料、辅助材料、半成品等等。

这两个部类中,每一部类借助于这些资本而生产的全部年产品的价值,都分成:代表生产上消费掉的、按其价值来说只是转移到产品中去的不变资本 c 的价值部分和由全部年劳动追加的价值部分。后者又分成:补偿预付可变资本 v 的部分和超过可变资本而形成剩余价值 m 的部分。因此,每一部类的全部年产品的价值,和每个个别商品的价值一样,也分成 c+v+m。

代表生产上**消费掉的**不变资本的那部分价值 c,是和生产上**使用的**不变资本的价值不一致的。诚然,生产材料会全部消费掉,从而它的价值全部转移到产品中去。但是所使用的**固定资本**只有一部分会完全消费掉,因而只有这部分价值转移到产品中去。固定资本的另一部分即机器、建筑物等等和以前一样继续存在并继续执行职能,虽然它的价值由于逐年损耗而减少。在我们考察产品价值时,继续执行职能的这部分固定资本,对我们来说是不存在的。它是独立于这个新生产的商品价值之外、和这个商品价值并存的一部分资本价值。[……]在考察单个资本的产品价值时,我们讲过,固定资本因损耗而失去的价值,会转移到在损耗期间生产的商品产品中去,不管这个固定资本在此期间是否有任何部分由于这种价值转移而得到实物补偿。相反地,在这里,在考察社会总产品及其价值时,我们不得不撇开,至少是暂时撇开固定资本在当年因损耗而转移到年产品中去的那部分价值,因为这种固定资本没有在当年重新得到实物补偿。在本章的后面有一节,我们将专门论述这一点。

————

我们研究简单再生产,要以下列公式为基础,其中 c = 不变资本,v = 可变资本,m = 剩余价值,并且假定价值增殖率 $\frac{m}{v}$ = 100% 。数字可以表示几百万马克,几百万法郎,或几百万镑。

Ⅰ. 生产资料的生产:

资本……………………4 000c+1 000v = 5 000,

商品产品……………4 000c+1 000v+1 000m = 6 000,

以生产资料的形式存在。

Ⅱ. 消费资料的生产:

资本……………………2 000c+500v = 2 500,

商品产品……………2 000c+500v+500m = 3 000,

以消费资料的形式存在。

概括起来说,全年总商品产品:

Ⅰ. 4 000c+1 000v+1 000m = 6 000 生产资料;

Ⅱ. 2 000c+ 500v+ 500m = 3 000 消费资料。

总价值 = 9 000,按照假定,其中不包括继续以实物形式执行职能的固定资本。

现在,如果我们研究简单再生产基础上(这里全部剩余价值都是非生产地消费掉)的各种必要的交换,并且先不考察作为交换中介的货币流通,那么,我们一开始就会得出三大要点:

1. 第Ⅱ部类工人的工资 500v 和资本家的剩余价值 500m,必须用于消费资料。但是,它们的价值存在于价值 1 000 的消费资料中,这种消费资料掌握在第Ⅱ部类的资本家的手里,补偿预付的 500v,并代表 500m。因此,第Ⅱ部类的工资和剩余价值,在第Ⅱ部类内部同第Ⅱ部类的产品交换。这样,就有(500v+500m)Ⅱ=

1 000 以消费资料形式从总产品中消失。

2. 第 I 部类的 1 000v+1 000m，同样必须用于消费资料，即用于第 II 部类的产品。因此，它们必须同第 II 部类产品的其余的、数量与它们相等的不变资本部分 2 000c 交换。为此，第 II 部类会得到数额相等的生产资料，得到体现第 I 部类的 1 000v+1 000m 的价值的第 I 部类产品。因此，就有 2 000IIc 和（1 000v+1 000m）I 从计算中消失。

3. 还剩下 4 000Ic。它们由生产资料构成，只能用于第 I 部类，以便补偿该部类消费掉的不变资本，因此，要通过第 I 部类的各个资本家之间的互相交换来解决，就像（500v+500m）II 要通过第 II 部类的工人和资本家之间的交换，或通过第 II 部类的各个资本家之间的交换来解决一样。

暂时说到这里，这些只是为了更好地理解以下的叙述。[438—442]

III. 两个部类之间的交换：
I(v+m) 和 IIc 的交换

我们从两个部类之间的大宗交换开始。（1 000v+1 000m）I——这些价值以生产资料的实物形式存在于它们的生产者手中——要和 2 000IIc，即以消费资料的实物形式存在的价值交换。通过这种交换，第 II 部类的资本家阶级把他们的不变资本=2 000 从消费资料形式再转化为消费资料的生产资料形式，在这种形式中，不变资本可以重新作为劳动过程的因素，并且为了价值增殖而作为不变的资本价值执行职能。另一方面，通过这种交换，第 I 部类的劳动力的等价物（1 000Iv）和第 I 部类的资本家的剩余价值

（1 000Im），在消费资料中实现；二者都由生产资料的实物形式转化为一种可以作为收入来消费的实物形式。

但这种互相交换是通过货币流通来完成的。货币流通成为交换的中介，同时也使这种交换难于理解，然而它却具有决定性的重要意义，因为可变资本部分必须一再表现为货币形式，即表现为由货币形式转化为劳动力的货币资本。在整个社会范围内同时进行经营的一切生产部门，不论它们属于第Ⅰ部类还是第Ⅱ部类，可变资本都必须以货币形式来预付。资本家购买劳动力，是在劳动力进入生产过程之前，但是支付劳动力的报酬，却是在约定的期限，在劳动力已经在使用价值的生产上消耗掉之后。就像产品价值的其余部分一样，产品价值中仅仅作为在劳动力报酬上支出的货币的等价物的那部分价值，即产品价值中代表可变资本价值的那部分价值，也是属于资本家的。在这部分价值中，工人已经把他的工资的等价物提供给资本家了。但是，只有商品再转化为货币，即把商品卖出去，资本家的可变资本才能重新成为他可以为购买劳动力而重新预付的货币资本。［442—443］

至于第Ⅰ部类的商品资本的 m 部分和第Ⅱ部类的不变资本的另一半交换时所需要的货币，它可以按不同的方式预付。实际上，这种流通包括两个部类的各单个资本家之间的无数个别的买和卖，而这种货币在任何情况下都必须来自这些资本家，因为由工人投入流通的货币量，我们已经计算过了。或者是，第Ⅱ部类的一个资本家可以用他的和生产资本并存的货币资本，向第Ⅰ部类的资本家购买生产资料；或者是相反，第Ⅰ部类的一个资本家把用于个人支出而非资本支出的货币基金，向第Ⅱ部类的资本家购买消费资料。正如前面第一篇和第二篇中已经指出的，前提是：在任何情况下，资本家手中除生产资本外，必须要有一定的货币储

备——或者作为资本预付,或者作为收入花掉。[443—444]

总的结论是:产业资本家为了促成他们自己的商品流通而投入流通的货币,无论是记在商品的不变价值部分的账上,还是记在存在于商品中的剩余价值(在它作为收入花掉的时候)的账上,总是按照各个资本家为货币流通而预付的数额回到他们手中。[446]

由此得出结论:在简单再生产中,第 I 部类的商品资本中的 v+m 价值额(也就是第 I 部类的总商品产品中与此相应的比例部分),必须等于不变资本 IIc,也就是第 II 部类的总商品产品中分出来的与此相应的部分;或者说,I(v+m)= IIc。[446]

IV. 第 II 部类内部的交换。必要生活资料和奢侈品

年商品生产的第 II 部类是由种类繁多的产业部门构成的,但是,按它们的产品来说,可分成两大分部类:

(a)消费资料。它们进入工人阶级的消费,但因为它们是必要生活资料,所以也构成资本家阶级的消费的一部分,虽然就其质量和价值来说,往往和工人的必要生活资料不同。为了这里研究的目的,我们可以把这整个分部类概括为**必要**消费资料这个项目。[448]

(b)**奢侈**消费资料。它们只进入资本家阶级的消费,所以只能和花费的剩余价值交换,而剩余价值是绝对到不了工人手中的。[448]

在简单再生产的前提下,会得出以下必然的结论:

1. 年劳动以生产资料的实物形式创造的新价值产品(分成

$v+m$），等于年劳动的另一部分生产的产品价值所包含的以消费资料形式再生产的不变资本价值 c。假如前者小于 IIc，第 II 部类的不变资本就不能全部得到补偿；假如前者大于 IIc，余额就不能利用。在这两个场合，简单再生产这个前提都会被违反。

2. 在以消费资料形式再生产的年产品中，以货币形式预付的可变资本 v，它的获得者是生产奢侈品的工人时，只能在一开始体现着必要生活资料的资本主义生产者的剩余价值的那部分必要生活资料中实现。因此，投入奢侈品生产的 v，必须等于以必要生活资料形式生产的 m 中和它的价值量相适应的部分，因而就必然小于这整个 m，即小于（IIa）m。只是由于这个 v 在这一部分 m 中实现，奢侈品的资本主义生产者所预付的可变资本才能以货币形式回到他们手中。这个现象和 I（v+m）在 IIc 中的实现是完全类似的；只是在这里，（IIb）v 是在和它价值量相等的**那一部分**（IIa）m 中实现的。既然全年总产品实际进入以流通为中介的年再生产过程，所以这些比例关系在全年总产品的每一次分配中，都具有质的决定意义。I（v+m）只能在 IIc 中实现，而作为生产资本组成部分执行职能的 IIc 也只有通过这种实现才能得到更新；同样，（IIb）v 只能在（IIa）m 的一部分中实现，而（IIb）v 也只有通过这种实现，才能再转化为它的货币资本的形式。不言而喻，只有在这一切实际上都是再生产过程本身的结果时，也就是说，只有在例如 IIb 的资本家不是靠信用从别处取得用于 v 的货币资本时，上述情况才适用。相反地，从量的方面说，年产品各部分之间的交换，只有在生产规模和价值关系保持静止状态，并且这些严格的比例关系不会由于对外贸易而有所改变的情况下，才能按上述比例进行。

[453—454]

我们在上面已经看到，必要消费资料的生产和奢侈品的生产之间的比例关系,是以 II(v+m) 在 IIa 和 IIb 之间的分割为条件的,从而也是以 IIc 在 (IIa)c 和 (IIb)c 之间的分割为条件的。因此,这种分割从根本上影响着生产的性质和数量关系,对生产的总形态来说,是一个本质的决定因素。

简单再生产实质上是以消费为目的的,虽然攫取剩余价值表现为单个资本家的动机;但是,剩余价值——不管它的比例量如何——在这里最终只是用于资本家的个人消费。

既然简单再生产是每个规模扩大的年再生产的一部分,并且还是它最重要的一部分,所以,这种个人消费的动机总是和发财致富的动机本身相伴而生,同时又和它相对立。实际上,问题表现得更复杂,因为掠夺物——资本家的剩余价值——的分享者,会作为独立于资本家以外的消费者出现。[457—458]

V. 货币流通在交换中的中介作用

对商品流通来说,有两样东西始终是必要的:投入流通的商品和投入流通的货币。"与直接的产品交换不同,流通过程在使用价值换位和转手之后并没有结束。货币并不因为它最终从一个商品的形态变化系列中退出来而消失。它不断地沉淀在商品空出来的流通位置上。"(第一册第三章第 92 页①)

例如,在 IIc 和 I(v+m) 之间的流通中,我们假定,第 II 部类为这个流通预付了 500 镑货币。大的社会的生产者群之间的流通,分解为无数的流通过程,其中,时而这一生产者群的某个人,时而那一生产者群的某个人,首先作为买者出现,从而把货币投入流

---

① 见本卷第 140 页。——编者注

通。把个别情况完全撇开不说，这已经由生产期间的差别，从而由不同商品资本的周转的差别决定了。现在，第 II 部类用 500 镑向第 I 部类购买同等价值额的生产资料，第 I 部类再向第 II 部类购买 500 镑消费资料；这些货币因此又流回到第 II 部类那里；后者绝不会因为这种回流而更富有。它首先把 500 镑货币投入流通，并从流通中取出同等价值额的商品，然后又出售 500 镑商品，并从流通中取出同等价值额的货币；这样，500 镑又流回来。事实上，第 II 部类投入流通的是 500 镑货币和 500 镑商品＝1 000 镑；它也从流通中取出了 500 镑商品和 500 镑货币。为了使 500 镑商品（I）和 500 镑商品（II）相交换，流通所需要的只是 500 镑货币。这样，谁预付货币来购买别人的商品，谁就会在出售自己的商品时，重新得到货币。所以，假如第 I 部类首先向第 II 部类购买 500 镑商品，然后再向第 II 部类出售 500 镑商品，那么这 500 镑将回到第 I 部类那里，而不是回到第 II 部类那里。

第 I 部类投在工资上的货币，即以货币形式预付的可变资本并不是在货币形式上直接地返回的，而是间接地、通过迂回的道路返回的。相反，在第 II 部类，500 镑工资却直接从工人那里回到资本家手中，就像在同一些人彼此交替地作为商品的买者和卖者不断对立，反复进行买和卖时货币总是直接返回一样。第 II 部类的资本家以货币支付劳动力的报酬；他由此就把劳动力并入他的资本，并且只是通过这种流通行为，即对资本家来说仅仅是货币资本转化为生产资本的流通行为，才作为产业资本家而和作为他的雇佣工人的工人相对立。但是，起先作为自己劳动力的卖者、出售者出现的工人，后来会作为买者，作为货币所有者，而和作为商品的卖者的资本家相对立；因此，投在工资上的货币，也流回到资本家手中。只要这些商品的出售不包含欺诈等等，而是商品和货币进行等价交换,那么,这就不会是资本家借以发财致富的过程。资本家并不是支付给工人两次:先用货币,后用商品;一旦工人把货币换成资本家的商品,资本家的货币就回到自己手中。

然而,转化为可变资本的货币资本,即预付在工资上的货币,在货币流通本身中,起着主要的作用,这是因为工人阶级不得不挣一文吃一文,不能给产业资本家提供任何长期的信贷,这样,各个产业部门的资本周转期间尽管有差别,可变资本却要在某一短期内,例如一周,即在比较迅速地反复的期限内,同时在社会的无数不同地点,以货币形式预付(这个期限越短,通过这个渠道一次投入流通的货币总额相对地说也就越小)。在每个进行资本主义生产的国家,这样预付的货币资本在总流通中都占有一个在比例上有决定意义的部分,这尤其是因为,同一些货币在流回起点之前要流过各种渠道,作为无数其他的营业的流通手段来执行职能。[459—461]

VI. 第 I 部类的不变资本

现在留下还要研究的是第 I 部类的不变资本 = 4 000Ic。这个价值等于第 I 部类的商品产品中再现的价值,即在这个商品量的生产上所消费的生产资料的价值。这个再现的价值并不是在第 I 部类的生产过程中生产的,而是在这一年以前作为不变的价值,作为第 I 部类生产过程的生产资料既定的价值,进入这个生产过程的。它现在存在于第 I 部类的整个那部分没有被第 II 部类吸收的商品量中。因而,仍然保留在第 I 部类的资本家手中的这个商品量的价值 = 他们的全部年商品产品价值的 $\frac{2}{3}$。[470]

在第 I 部类,全部商品产品由生产资料,即由建筑物、机器、容器、原料和辅助材料等等构成。因此，其中用来补偿这个部门所使用的不变资本的那一部分，能够以它的实物形式立即重新作为生产资本的组成部分执行职能。如果它进入流通，那也是在第Ⅰ部类内部流通。在第Ⅱ部类，一部分实物形式的商品产品由该部类的生产者个人消费掉，而在第Ⅰ部类，一部分实物形式的产品却由它的资本主义生产者在生产上消费掉。[471]

第Ⅰ部类的不变资本，由大量的不同的资本群构成。它们被分别投入不同的生产资料生产部门，有若干被投入铸铁厂，有若干被投入煤矿，等等。每个这种资本群或每个这种社会的群资本，又由数量或多或少的独立执行职能的单个资本构成。首先，社会资本，比如说7 500（可以用百万等等来表示），分成不同的资本群；价值7 500的社会资本分成各个特殊的部分，其中每个部分都被分别投入一个特殊的生产部门；投入每个特殊生产部门的那部分社会资本价值，按照它的实物形式，部分地由各特殊生产部门的生产资料构成，部分地由它们的经营所必需的、具有相应的熟练程度的劳动力构成，这种劳动力由于分工，并按照它在每个个别生产部门所完成的劳动的特殊种类，而各不相同。投入每个特殊生产部门的那部分社会资本，又由投入该生产部门的独立执行职能的单个资本的总和构成。不言而喻，这里所说的，既适用于第Ⅰ部类，也适用于第Ⅱ部类。

至于说第Ⅰ部类中以它的商品产品形式再现的不变资本价值，那么，它有一部分作为生产资料再进入把它当做产品生产出来的特殊生产部门（或者，甚至就是它那一个企业）。例如，谷物进入谷物的生产，煤炭进入煤炭的生产，铁以机器形式进入铁的生产，等等。

当构成第Ⅰ部类的不变资本价值的部分产品不再直接进入自

己的特殊生产部门或自己那个生产部门的时候,这些产品只是变换了位置。它们以实物形式进入第 I 部类的另一个生产部门,而第 I 部类其他生产部门的产品则对它们进行实物补偿。这只不过是这些产品的换位。它们全部作为补偿第 I 部类的不变资本的因素再进入第 I 部类,不过不是进入第 I 部类这一个群,而是进入这个部类的另一个群。在这里,只要交换是在第 I 部类的各个资本家之间进行的,这种交换就是一种实物形式的不变资本和另一种实物形式的不变资本的交换,就是一种生产资料和其他生产资料的交换。这是第 I 部类的不同的单个不变资本部分的互相交换。只要产品不是直接在本生产部门作为生产资料使用,这些产品就离开它们自己的生产场所,进入另一个生产场所,因而,互相得到补偿。换句话说(和第 II 部类剩余价值的情况相似),第 I 部类的每个资本家按照他作为这 4 000 不变资本的共有者所占的比例,从这个商品总量中取出他所需要的相应的生产资料。如果生产是社会的,而不是资本主义的,那么很明显,为了进行再生产,第 I 部类的这些产品同样会不断地再作为生产资料在这个部类的各个生产部门之间进行分配,一部分直接留在这些产品的生产部门,另一部分则转入其他生产场所,因此,在这个部类的不同生产场所之间发生一种不断往返的运动。[472—473]

VII. 两个部类的可变资本和剩余价值

每年生产的消费资料的总价值,等于当年再生产的第 II 部类的可变资本价值和新生产的第 II 部类的剩余价值(即等于第 II 部类当年生产的价值),加上当年再生产的第 I 部类的可变资本价值和新生产的第 I 部类的剩余价值(也就是加上第 I 部类当年生产的价值)。

因此,在简单再生产的前提下,每年生产的消费资料的总价值,等于年价值产品,即等于社会劳动在当年生产的全部价值。其所以必然如此,因为在简单再生产中,这全部价值将被消费掉。[474]

VIII. 两个部类的不变资本

生产资料(I)的总价值,等于以生产资料(I)形式再现的不变资本价值同以消费资料(II)形式再现的不变资本价值之和,所以,等于在社会总产品中再现的不变资本价值之和。[480]

XI. 固定资本的补偿

不变资本的价值部分,只要是由真正的劳动资料(生产资料的一个特殊种类)构成的,就由劳动资料转移到劳动产品(商品)中去;这些劳动资料继续作为生产资本的要素执行职能,而且是以它们的旧的实物形式继续执行职能。只是劳动资料的损耗,即它们在一定期间持续执行职能时逐渐损失的价值,才作为借助于劳动资料生产出来的商品的价值要素再现,才由劳动工具转移到劳动产品中去。[501—502]

商品的这个价值要素决不能和各种修理费用混为一谈。如果商品出售了,这个价值要素就会和别的要素一样货币化,即转化为货币;但是,在转化为货币以后,它和其他价值要素的区别就出现了。为了开始商品的再生产(总之,就是为了使商品生产过程成为持续的过程),在商品生产上消费的原料和辅助材料,必须用实物来补偿;在商品上消耗的劳动力,同样也必须用新的劳动力来补偿。因此,通过出售商品得到的货币,必须不断再转化为生产资本的这些要素,不断由货币形式转化为商品形式。[……]相反地,出售商品所得到的货币,就它是与固定资本损耗相等的那部分商品价值的货币化而言,是不会再转化为生产资本的组成部分的,虽然它是补偿这种生产资本的价值损失的。它在生产资本旁边沉淀下来,保留它的货币形式。这种货币沉淀反复发生,直到年数不等的再生产时期结束为止,在这个再生产时期,不变资本的固定要素以它的旧的实物形式在生产过程中继续执行职能。一旦这种固定要素如建筑物、机器等等的寿命已经完结,不能再在生产过程中执行职能,它的价值就在它旁边存在着,全部由货币来补偿,即由货币沉淀的总和,由固定资本逐渐转移到它参与生产的商品中去的、已经通过商品出售而转化为货币形式的价值的总和来补偿。接着,这些货币就用来对固定资本(或固定资本的要素,因为固定资本的不同要素有不同的寿命)进行实物补偿,从而对生产资本的这个组成部分进行实际更新。可见,这些货币是不变资本价值的一部分即固定部分的货币形式。因此,这种货币贮藏本身是资本主义再生产过程的一个要素,是在固定资本的寿命还没有完结,从而还没有把它的全部价值转移到所生产的商品中去,还不必用实物进行补偿之前,固定资本价值或它的个别要素的价值在货币形式上的再生产和贮存。只有在这种货币再转化为固定资本的新的要素,以便补偿它的寿命已经完结的要素的时候,它才失去货币贮藏的形式,从而再能动地进入以流通为中介的资本再生产过程。

就像简单的商品流通决不只是产品交换一样,年商品产品的交换也决不能只分解为它的不同组成部分的直接的互相交换。货币在其中起一种独特的作用,这种作用尤其会在固定资本价值再生产的方式上表现出来。(假如生产是共同的生产,不具有商品生产的形式,情况又会有哪些不同,这是以后要研究的问题。)[502—504]

1. 损耗的价值部分在货币形式上的补偿

如果我们现在从下列公式开始:

I. 4 000c+1 000v+1 000m

II. ·············2 000c　　　+500v+500m,

那么,商品2 000IIc和同等价值的商品I(1 000v+1 000m)交换的前提是:2 000IIc全部以实物形式再转化为第I部类所生产的第II部类的不变资本的实物组成部分;但是,后者借以存在的商品价值2 000包含着补偿固定资本的价值损失的要素,这个要素不需要立即用实物来补偿,而要转化为货币,这个货币逐渐积累成一个总额,直到固定资本需要以实物形式更新的时候为止。每一年都是固定资本的终年,固定资本时而需要在这个或那个单个企业,时而需要在这个或那个产业部门进行补偿;对同一个单个资本来说,总会有这一部分或那一部分固定资本需要补偿(因为固定资本各部分的寿命不同)。如果我们考察年再生产——即使是原有规模的年再生产,也就是说,把一切积累撇开不说——,我们也不是从头开始。我们考察的是许多年中的一年,而不是资本主义生产刚诞生的一年。因此,投入第II部类的各种各样的生产部门的不同资本也会有不同的年龄。就像在这些生产部门从事生产的人每年都有死亡一样,每年也有许多固定资本在当年到达寿命的终点,必须用积累的货币基金实行实物更新。所以,在2 000IIc和2 000I(v+m)的交换中就包含着2 000IIc由它的商品形式(消费

资料)到它的实物要素的转化,这些实物要素不仅由原料和辅助
材料构成,而且也由固定资本的实物要素,如机器、工具、建筑物等
等构成。因此,2 000IIc 的价值中要用**货币**来补偿的损耗和正在
执行职能的固定资本的数量,是完全不一致的,因为固定资本每年
都有一部分必须**用实物**来补偿,但这要有一个前提,即第 II 部类
资本家在前几年内已经积累了这种转化所必需的货币。不过,这
一个前提既适用于前几年,同样也适用于当年。

在 I(1 000v+1 000m)和 2 000IIc 的交换中,首先要指出,价值
额 I(v+m)不包含任何不变的价值要素,因而也不包含任何用以
补偿损耗的价值要素,即不包含由不变资本的固定组成部分转移
到 v+m 借以存在的实物形式的商品中去的价值的要素。相反地,
这种要素却存在于 IIc 中,并且正是这种因固定资本而存在的价
值要素的一部分,不需要立即由货币形式转化为实物形式,而是首
先要保留在货币形式上。因此,当 I(1 000v+1 000m)和 2 000IIc
交换时,立即遇到了困难:第 I 部类的 2 000(v+m)借以存在的实
物形式的生产资料,要用它的全部价值额 2 000 和以第 II 部类的
消费资料存在的等价物进行交换,而另一方面,消费资料 2 000IIc
却不能以它的全部价值额来和生产资料 I(1 000v+1 000m)交换,
因为它的价值的一部分——等于固定资本中有待补偿的损耗或价
值损失——必须首先以货币形式沉淀下来,而在我们仅仅考察的
当年再生产期间,不再作为流通手段执行职能。[506—507]

2. 固定资本的实物补偿

第 II 部类是由许多资本家构成的,他们的固定资本处在再生
产的完全不同的期限中。对一些资本家来说,固定资本已经到了

必须全部用实物更新的期限。对另一些资本家来说,它和这个阶段多少还有些距离。对后一类资本家的全体成员来说,有一点是共同的:他们的固定资本并没有实际再生产,即并没有用实物来更新,或者说,并没有用同一种新的物品来补偿,它的价值则相继以货币形式积累起来。前一类资本家则完全处于企业开办时的那种情况(或部分地处于那种情况,这一点和这里的问题无关)。那时,他们带着货币资本来到市场,一方面要把它转化为(固定的和流动的)不变资本,另一方面则要把它转化为劳动力,即可变资本。他们现在也和当初一样,要把货币资本再预付到流通中去,因此,既要预付流动资本和可变资本的价值,也要预付不变的固定资本的价值。[513]

我们把第 II 部类中用实物补偿固定资本的那部分资本家叫做"第 1 部分";把第 II 部类中以货币形式贮存固定资本损耗价值的那部分资本家叫做"第 2 部分"。[515]

$$\begin{array}{l} \text{I.}\ 1\,000v+1\,000m \\ \underline{} \\ \text{II.}\quad 2\,000c \end{array}$$,这种交换所遇到的困难,可归结为如下的

余额交换所遇到的困难:

I. …………400m

II. (1)200 货币+200c 商品+(2)200c 商品,说得更清楚些,这种余额交换就是:

I. 200m+200m。

II. (1)200 货币+200c 商品+(2)200c 商品。

因为第 II 部类第 1 部分的商品 200c 和 200Im(商品)交换,并且因为在第 I 部类和第 II 部类之间的这 400 商品的交换中流通的一切货币都流回到预付者手中,流回到第 I 部类或第 II 部类手中,所以,这个货币作为第 I 部类和第 II 部类之间的交换的要素,实际

上并不是我们这里所研究的问题的要素。或者换一种说法:假定在 200Im(商品)和 200IIc(第 II 部类第 1 部分的商品)的交换中,货币作为支付手段,而不是作为购买手段执行职能,因此它也不是作为狭义的"流通手段"执行职能,那么很清楚,因为商品 200Im 和商品 200IIc(第 1 部分)价值额相等,价值 200 的生产资料就和价值 200 的消费资料相交换,货币在这里只是观念地执行职能,任何一方都无须为支付差额而实际把货币投入流通。因此,只有当我们把商品 200Im 和它的等价物即商品 200IIc(第 1 部分)从第 I 部类和第 II 部类双方去掉时,问题才会以纯粹的形式表现出来。

把第 I 部类和第 II 部类的这两个彼此相抵的具有同等价值的商品额去掉后,就只需要交换一个余额了。在这种情况下,问题就以纯粹的形式表现出来,即:

I. 200m 商品。

II. (1)200c 货币+(2)200c 商品。

这里很清楚:第 II 部类的第 1 部分用 200 货币购买它的固定资本组成部分 200Im;因此,第 II 部类的第 1 部分的固定资本得到实物更新,第 I 部类的 200 剩余价值也由商品形式(由生产资料,即固定资本的要素)转化为货币形式。第 I 部类用这些货币向第 II 部类的第 2 部分购买消费资料;对第 II 部类来说,结果是:第 1 部分用实物更新了它的不变资本的固定组成部分;第 2 部分则有另一个组成部分(补偿固定资本损耗的组成部分)以货币形式沉淀下来;每年都这样继续下去,直到这个组成部分也得到实物更新。

在这里先决条件显然是:第 II 部类不变资本的这个固定组成部分,即按自己的全部价值再转化为货币,因而每年要用实物更新的固定组成部分(第 1 部分),应该等于第 II 部类不变资本中另一个固定组成部分的年损耗,也就是等于以旧的实物形式继续执行职能,而其损耗(即转移到所参与生产的商品中去的价值损失)先要用货币来补偿的那个固定组成部分的年损耗。因此,这样一种平衡,好像就是规模不变的再生产的规律了;换句话说,因为生产生产资料的第 I 部类一方面要提供第 II 部类不变资本的流动组成部分,另一方面要提供它的固定组成部分,所以,劳动在第 I 部类的分配比例必须保持不变。[519—521]

3. 结　论

关于固定资本的补偿,一般应当指出:

在其他一切条件不变的前提下,也就是说,在不仅生产规模不变,而且特别是劳动生产率也不变的前提下,如果 IIc 的固定要素比去年有更大一部分已经寿命完结,从而有更大一部分要用实物更新,那么,还在死亡途中的、在死亡期到来以前暂时要以货币形式补偿的那部分固定资本,必然会按照同一比例减少,因为按照这个前提,在第 II 部类执行职能的固定资本部分的总量(以及价值总量)是保持不变的。但是,这会引起下列情况。**第一**,如果第 I 部类的商品资本中的较大部分由 IIc 的固定资本要素构成,那么它的相应的较小部分就由 IIc 的流动组成部分构成,因为第 I 部类为 IIc 生产的总额保持不变。如果其中一部分增加了,另一部分就减少;反过来也是一样。而另一方面,第 II 部类的生产总额也保持不变。但是,在第 II 部类原料、半成品、辅助材料(即第 II 部类的不变资本的流动要素)减少时,这又怎么可能呢? **第二**,恢复货币形式的固定资本 IIc 中有较大一部分流到第 I 部类,以便从货币形式再转化为实物形式。所以,除去第 I 部类和第 II 部类之间为了单纯的商品交换而流通的货币,还会有更多的货币流到第 I 部类;这些货币,不成为相互间的商品交换的中介,而只是单方面地执行购买手段的职能。但同时 IIc 中承担补偿损耗价值的商品量将会按比例减少,从而第 II 部类中无须和第 I 部类的商品交换而只须和第 I 部类的货币交换的商品量也会按比例减少。所以,会有更多的货币作为单纯购买手段从第 II 部类流到第 I 部类;而对第 II 部类来说,第 I 部类单纯作为买者向它购买的商品则较少。因此,Im——因为 Iv 已经和第 II 部类的商品交换——会有较大的部分不能转化为第 II 部类的商品,而是要保留在货币形式上。

有了以上的阐述,对于相反的情况,即对于一年内第 II 部类的固定资本中寿命完结而要再生产的部分较小,损耗部分较大的情况,就无须再进一步考察了。

因此,尽管是规模不变的再生产,但危机——生产危机——还是会发生。

一句话:如果在简单再生产和各种条件不变,特别是劳动生产力、劳动总量、劳动强度不变的情况下,假定在寿命完结的(有待更新的)固定资本和以旧的实物形式继续起作用的(只是为了补偿其损耗而把价值加到产品中去的)固定资本之间的比例不是不变,那么,在一个场合,需要再生产的流动组成部分的量保持不变,而需要再生产的固定组成部分的量就会增加;因此,第 I 部类的生产总额必须增加,不然,即使把货币关系撇开不说,也会出现再生产不足的现象。

在另一个场合,如果需要在实物形式上再生产的第 II 部类的固定资本的比例量减少,从而还只是要用货币进行补偿的第 II 部类的固定资本组成部分会按同一比例增加,那么,在需要由第 I 部类再生产的第 II 部类不变资本的流动组成部分的量保持不变的同时,需要再生产的固定组成部分的量却会减少。因此,或者是第Ⅰ部类的生产总额减少,或者是出现过剩(就像前面出现不足一样),而且是不能转化成货币的过剩。

诚然,在第一个场合,同一劳动可以靠提高劳动生产率、增加劳动量或增加劳动强度提供更多的产品,这样就可以弥补第一个场合的不足;但是发生这种变化的时候,总不免会有劳动和资本从第Ⅰ部类的某个生产部门移动到另一个生产部门;并且,每一次这样的移动,都会引起暂时的紊乱。其次,第Ⅰ部类(由于增加劳动量和劳动强度)不得不用较多的价值来交换第Ⅱ部类的较少的价值,因而第Ⅰ部类的产品就要跌价。

在第二个场合则相反,第Ⅰ部类必须压缩自己的生产,这对该部类的工人和资本家来说,意味着危机;或者第Ⅰ部类提供的产品过剩,这对他们来说,又是危机。这种过剩本身并不是什么祸害,而是利益;但在资本主义生产下,它却是祸害。

在两个场合,对外贸易都能起补救作用;在第一个场合,是使第Ⅰ部类保留货币形式的商品转化为消费资料;在第二个场合,是把过剩的商品销售掉。但是,对外贸易既然不是单纯补偿各种要素(按价值说也是这样),它就只会把矛盾推入更广的范围,为这些矛盾开辟更广阔的活动场所。

再生产的资本主义形式一旦废除,问题就归结如下:寿命已经完结因而要用实物补偿的那部分固定资本(这里是指在消费资料生产中执行职能的固定资本)的数量大小,是逐年不同的。如果在某一年数量很大(像人一样,超过平均死亡率),那在下一年就一定会很小。在其他条件不变的前提下,消费资料年生产所需的原料、半成品和辅助材料的数量不会因此而减少;因此,生产资料的生产总额在一个场合必须增加,在另一个场合必须减少。这种情况,只有用不断的相对的生产过剩来补救;一方面要生产出超过直接需要的一定量固定资本;另一方面,特别是原料等等的储备也要超过每年的直接需要(这一点特别适用于生活资料)。这种生产过剩等于社会对它本身的再生产所必需的各种物质资料的控制。但是,在资本主义社会内部,这种生产过剩却是一个无政府状态的要素。[523—526]

第二十一章
积累和扩大再生产

第一册已经指出,单个资本家的积累是怎样进行的。由于商品资本转化为货币,代表剩余价值的剩余产品也转化为货币。资本家把这样转化为货币的剩余价值,再转化为他的生产资本的追加的实物要素。这个增大的资本,在生产的下一个循环内,会提供更多的产品。但是,在单个资本上发生的情况,也必然会在全年的总再生产上出现,正像在考察简单再生产时我们已经看到,在单个资本的场合,单个资本的已经损耗的固定组成部分相继沉淀为贮藏货币的现象,也会在社会的年再生产上表现出来。

假定一个单个资本=400c+100v,年剩余价值=100,那么,商品产品=400c+100v+100m。这600转化为货币。在这个货币中,400c重新转化为不变资本的实物形式,100v重新转化为劳动力,此外——假定全部剩余价值都积累——100m通过和生产资本的实物要素相交换,转化为追加的不变资本。这里要假定:1.在一定的技术条件下,这个货币额或者足以增加正在执行职能的不变资本,或者足以开办一个新的工业企业。但是,情况也可能是这样:在开始这个过程以前,即进行实际积累和扩大生产以前,剩余价值向货币的转化和这个货币的贮藏需要一个很长的时间。2. 假定事实上生产在以前已经按扩大的规模进行;因为要使货币(即以货币形式贮藏的剩余价值)能够转化为生产资本的要素,这些要素必须是在市场上可以买到的商品;即使这些要素不是作为成品来买,而是按订货制造,在这里也不会有什么差别。只有在它们存在以后,并且无论如何只有在对它们实际进行了规模扩大的再生产以后,也就是说,在它们原来正常的生产已经扩大以后,才会对它们进行支付。它们必须是可能存在的,也就是在它们的要素中存在的,因为,只要有订货的刺激,即在商品存在以前预先购买,预先出售,它们的生产就可以实际进行。于是,一方面的货币就能引起另一方面的扩大再生产,这是由于再生产扩大的可能性在**没有**货币的情况下就已经存在;因为货币本身不是实际再生产的要素。

例如,资本家 A 在一年内或多年内把他相继生产的那些商品产品卖掉时,就把作为剩余价值承担者的那部分商品产品即剩余产品相继转化为货币,也把他以商品形式生产的剩余价值本身相继转化为货币,这种货币逐渐贮存起来,就形成一种可能的新的货币资本。其所以是可能的,是因为它可以并且要用来转化为生产资本的要素。但是,事实上他只是进行了简单的货币贮藏,这种货币贮藏并不是实际再生产的要素。[550—551]

虽然这个以货币形式贮藏的剩余价值不代表追加的新的社会财富,但是由于它贮存后所要执行的职能,它还是代表着新的可能的货币资本。(以后我们会知道,除了由于剩余价值的逐渐货币化外,新的货币资本还可以由其他方法产生。)

货币所以会从流通中取出,并且作为贮藏货币贮存起来,是因为商品在出售以后,没有接着进行购买。因此,如果把这种做法看成是普遍进行的,那就似乎难于看出,买者应该从哪儿来,因为在这个过程中——这个过程必须看成是普遍的,因为每一个单个资本都能够处于积累过程——,每一个人都想为贮藏货币而卖,但是没有人要买。[552]

我们在解决这个表面的困难以前,要把第Ⅰ部类(生产资料的生产)的积累和第Ⅱ部类(消费资料的生产)的积累区别开来。我们从第Ⅰ部类开始。[553]

Ⅰ. 第Ⅰ部类的积累

1. 货币贮藏

显然,投在构成第Ⅰ部类的许多产业部门的资本,和投在每一个这样的产业部门内的不同的单个资本,都会由于它们的年龄不同,也就是由于已经经历的执行职能的时间不同——完全撇开它们的规模、技术条件、市场关系等等不说——,处于剩余价值相继转化为可能的货币资本这个过程的不同阶段,而无论这种货币资本是要用来扩充它们的正在执行职能的资本,还是要用来创立新的工业企业(这是扩大生产的两种形式)。因此,一部分资本家不断地把他们的已经增加到相应数量的可能的货币资本转化为生产资本,也就是用通过剩余价值的货币化而贮藏起来的货币来购买生产资料,即追加的不变资本要素;而另一部分资本家则仍然从事可能的货币资本的贮藏。因此,这两类资本家是互相对立的:一方作为买者,另一方作为卖者,并且每一方在这两种作用中都只起一种作用。

例如,A 卖给 B(可以代表一个以上的买者)600(= 400c +

100v+100m）。他已经卖掉商品 600，换成货币 600，其中 100 代表剩余价值，他把这 100 从流通中取出，以货币形式贮藏起来；但是这 100 货币不过是剩余产品即价值 100 的承担者的货币形式。货币贮藏根本不是生产，因此从一开始也就不是生产的增长。在这里，资本家的活动不过是把出售剩余产品 100 所得的货币从流通中取出，抓住它，把它扣留下来。不仅 A 这样做，而且在流通领域的许多点上，其他资本家 A′、A″、A‴也这样做，他们都同样热衷于这种货币贮藏。在这许多点上，货币被从流通中取出，并积累成无数单个的贮藏货币或可能的货币资本。这许多点也就像是流通的许多障碍，因为它们使货币的运动停止，使货币在一个或长或短的时间内失去流通能力。但是必须注意，远在商品流通建立在资本主义商品生产的基础上以前，在简单的商品流通中已经产生了货币贮藏；社会现有的货币量，总是大于它处于实际流通中的部分，虽然这一部分会由于情况的变化而增加或减少。我们在这里又遇到了同样的贮藏货币和同样的货币贮藏，不过现在它是资本主义生产过程的一个内在因素。

在信用制度下，所有这些可能的资本，由于它们积聚在银行等等的手中，而成为可供支配的资本、"可贷资本"、货币资本，而且不再是被动的东西，不再是未来的音乐[219]，而是能动的，生利的东西。〔553—555〕

但是，A 所以能进行这种货币贮藏，仅仅是因为就他的剩余产品来说，他只作为卖者，而不接着作为买者出现。所以，他的剩余产品——要转化为货币的剩余价值的承担者——的连续生产，就是这种货币贮藏的前提。在只考察第 I 部类内部的流通这种场合，作为总产品的一部分的剩余产品的实物形式，和总产品的实物形式一样，是第 I 部类的不变资本的一个要素的实物形式，也就是说，属于生产资料的生产资料的范畴。我们马上就会知道,在 B、B′、B″等等买者手中,它将会变成什么,将会执行什么样的职能。

在这里,首先要记住一点:尽管 A 从流通中取出相当于他的剩余价值的货币,把它贮藏起来,但另一方面,他也把商品投入流通,而没有以此从流通中取出其他商品,因此,B、B′、B″等等就能够把货币投入流通而只取出商品。在这个场合,这种商品,按照它的实物形式和它的用途来说,是要加入到 B、B′等的不变资本的固定要素或流动要素中去的。关于这一点,等我们涉及剩余产品的买者 B、B′等时再谈。[555]

我们知道,固定资本一经投入,在它执行职能的全部时间内就不用更新,而是以它的原有形式继续发挥作用,它的价值则逐渐地以货币形式沉淀下来。我们又已经知道,IIc 的固定资本(IIc 的全部资本价值转化为在价值上与 I(v+m)相等的要素)的周期更新的前提,一方面是 IIc 中要由货币形式再转化为实物形式的固定部分的**单纯的买**,与此相适应的是 Im 的单纯的卖;另一方面是 IIc 中要沉淀为货币的固定(损耗)价值部分的**单纯的卖**,与此相适应的是 Im 的单纯的买。在这里,交换正常进行必须具有的前提是,IIc 的单纯的买,按价值量来说,和 IIc 的单纯的卖相等;同样,Im 对 IIc 第 1 部分的单纯的卖,也和它向 IIc 第 2 部分的单纯的买相等(第 440 页①)。不然,简单再生产就会遭到破坏。一方面的单纯的卖,必须由另一方面的单纯的买来抵消。同样,这里必须具有的前提是,Im 中 A、A′、A″的形成货币贮藏的部分的单纯的卖,和 Im 中 B、B′、B″把自己的贮藏货币转化为追加生产资本要素的部分的单纯的买保持平衡。

---

① 见本卷第 405—406 页。——编者注

既然平衡的形成是由于买者后来作为出售同等价值额的卖者出现,卖者后来作为购买同等价值额的买者出现,所以,货币会流回到在购买时预付货币的、在重新购买之前先已出售的那一方。但是就商品交换本身、就年产品的不同部分的交换而言,实际平衡要取决于互相交换的商品具有同等的价值额。

但是,既然发生的只是单方面的交易,一方面是大量的单纯的买,另一方面是大量的单纯的卖——并且我们已经知道,资本主义基础上的年产品的正常交易决定了这种单方面的形态变化——,所以,这种平衡只有在如下的前提下才能保持:单方面的买的价值额要和单方面的卖的价值额互相抵消。商品生产是资本主义生产的一般形式这个事实,已经包含着在资本主义生产中货币不仅起流通手段的作用,而且也起货币资本的作用,同时又会产生这种生产方式所特有的、使交换从而也使再生产(或者是简单再生产,或者是扩大再生产)得以正常进行的某些条件,而这些条件转变为同样多的造成过程失常的条件,转变为同样多的危机的可能性;因为在这种生产的自发形式中,平衡本身就是一种偶然现象。

我们还知道,在 Iv 和 IIc 的相应价值额交换时,正是对 IIc 来说,第 II 部类的商品最后由第 I 部类的同等价值额的商品所补偿,所以在第 II 部类的总体资本家方面,他的商品的出售是事后以第 I 部类的同等价值额的商品的购买作为补充的。这种补偿是会发生的;但是在第 I 部类和第 II 部类的资本家相互之间的这种商品交易中,发生的不是第 I 部类资本家和第 II 部类资本家之间的交换。IIc 把他的商品出售给第 I 部类的工人阶级;第 I 部类的工人阶级是单方面作为商品的买者和 IIc 相对立,而 IIc 则是单方面作为商品的卖者和第 I 部类的工人阶级相对立;IIc 用他这样得到的货币,单方面作为商品的买者和第Ⅰ部类的总体资本家相对立,而第Ⅰ部类的总体资本家则用 Iv 的数额单方面作为商品的卖者和 IIc 相对立。只是由于出售这种商品,第Ⅰ部类最后以货币资本的形式重新再生产出它的可变资本。如果第Ⅰ部类的资本用 Iv 的数额单方面作为商品的卖者和第Ⅱ部类的资本相对立,那么,第Ⅰ部类的资本在购买本部类工人阶级的劳动力时就作为商品的买者和本部类的工人阶级相对立。如果第Ⅰ部类的工人阶级单方面作为商品的买者(即生活资料的买者)和第Ⅱ部类的资本家相对立,那么,第Ⅰ部类的工人阶级就单方面作为商品的卖者,即自己的劳动力的卖者,和第Ⅰ部类的资本家相对立。

第Ⅰ部类的工人阶级要不断地提供劳动力,第Ⅰ部类的商品资本有一部分要再转化为可变资本的货币形式,第Ⅱ部类的商品资本有一部分要用不变资本 IIc 的实物要素来补偿——这一切必要的前提是互为条件的,但是,它们是通过一个极为复杂的过程作为中介的。这个过程,包括三个彼此独立进行但又互相交错在一起的流通过程。过程本身的复杂性,呈现出同样多的造成过程失常的原因。[556—558]

2. 追加的不变资本

剩余产品,剩余价值的承担者,对于它的占有者,第Ⅰ部类的资本家,是不费分文的。他们用不着预付任何货币或商品,就可以得到它。预付(avance),在重农学派[38]看来,就已经是在生产资本的要素上实现的价值的一般形式。因此,第Ⅰ部类资本家预付的,不外是他们的不变资本和可变资本。工人不仅通过自己的劳动,为他们保存了不变资本;不仅用一个新创造的具有商品形式的相应的价值部分,为他们补偿了可变资本价值;而且,工人还用自己的剩余劳动,向他们提供了一个以剩余产品形式存在的剩余价值。他们通过相继出售这种剩余产品,形成了货币贮藏,形成了追加的可能的货币资本。在这里考察的场合,这个剩余产品从一开始就是由生产资料的生产资料构成的。这个剩余产品,只有在 B、B′、B″等等(I)的手中,才执行追加的不变资本的职能。但是,它在出售以前,在货币贮藏者 A、A′、A″(I)的手中已经是潜在的追加的不变资本了。如果我们只考察第 I 部类方面的再生产的价值量,那么,我们就仍然处在简单再生产的范围内,因为没有使用追加资本来创造这个潜在的追加的不变资本(剩余产品),也没有使用比在简单再生产基础上耗费的更多的剩余劳动。在这里,区别只在于所使用的剩余劳动的形式,只在于它的特殊的有用方式的具体性质。它是用来生产 Ic 的生产资料,而不是用来生产 IIc 的生产资料的,是用来生产生产资料的生产资料,而不是用来生产消费资料的生产资料的。在简单再生产的情况下,前提是第 I 部类的全部剩余价值作为收入花掉,即用在第 II 部类的商品上;所以,它只不过是由那种以自己的实物形式重新补偿不变资本 IIc 的生产资料构成的。因此,为了从简单再生产过渡到扩大再生产,第 I 部类的生产要能够少为第 II 部类制造不变资本的要素,而相应地多为第 I 部类制造不变资本的要素。完成这种过渡往往不是没有困难的,但是,由于第 I 部类的有些产品可以作为生产资料在两个部类起作用这一事实,完成这种过渡就容易些。

由此得出结论:如果只考察价值量,扩大再生产的物质基础是在简单再生产内部生产出来的。简单说来,这种物质基础就是直接用在第 I 部类生产资料的生产上的、用在第 I 部类潜在的追加资本的创造上的第 I 部类工人阶级的剩余劳动。因此，A、A′、A″(I)方面潜在的追加货币资本的形成——通过相继出售他们的在没有任何资本主义货币支出的情况下形成的剩余产品——，在这里也就只是追加地生产出来的第 I 部类的生产资料的货币形式。

潜在的追加资本的生产,在当前的场合(因为我们将会知道,这种追加资本还可以按完全不同的方法形成),不外是生产过程本身的现象,即生产资本的要素在一定形式上的生产。

因此,追加的潜在货币资本在流通领域许多点上的大规模生产,不外是潜在的追加生产资本的多方面的生产的结果和表现,这种生产资本的形成本身并不是以产业资本家方面的任何追加货币支出为前提的。

A、A′、A″等等(I)方面的这个潜在的追加生产资本向潜在的货币资本(贮藏货币)的相继转化,是由他们的剩余产品的相继出售引起的,因而是由没有购买作为补充的反复进行的单方面的商品出售引起的,这种转化是靠反复从流通中取出货币以及形成与此相应的货币贮藏来完成的。这种货币贮藏——金生产者是买者的场合除外——,决不包含贵金属财富的增加,而只包含到目前为止处于流通中的货币的职能的改变。以前,它作为流通手段执行职能,现在则作为贮藏手段,作为正在形成的、潜在的新货币资本执行职能。因此,追加货币资本的形成和一个国家现有贵金属的数量彼此之间是没有任何因果关系的。

由此还可以得出结论:已经在一个国家执行职能的生产资本(包括并入生产资本的劳动力,即剩余产品的创造者)越多,劳动的生产力,从而生产资料生产迅速扩大的技术手段越发展,因而,剩余产品的量无论在价值方面或在价值借以体现的使用价值量方

面越大,那么,下列二者也就越大:

1. A、A′、A″等等手中的剩余产品形式的潜在的追加生产资本也就越大,和

2. A、A′、A″手中的转化为货币的剩余产品的量,即潜在的追加货币资本的量也就越大。[558—560]

如果由资本家 A、A′、A″(Ⅰ)直接生产和占有的剩余产品是资本积累即扩大再生产的现实基础——虽然它要到 B、B′、B″等等(Ⅰ)手中,才实际以这种资格执行职能——,那么,当它还处于蛹化成的货币的形式,作为贮藏货币,作为只是逐渐形成的潜在货币资本时,它是绝对非生产的,它在这个形式上虽然和生产过程平行进行,但却处在生产过程之外。它是资本主义生产的一个死荷重(dead weight)。渴望利用这种作为潜在货币资本贮藏起来的剩余价值来取得利润和收入的企图,在信用制度和有价证券上找到了努力的目标。货币资本由此又以另一个形式对资本主义生产体系的进程和巨大的发展,产生了极大的影响。[561]

3. 追加的可变资本

因为以上我们只考察了追加的不变资本,所以现在要转入考察追加的可变资本。

在第一册,我们已经详细地论述过,在资本主义生产的基础上,劳动力总是准备好的;在必要时,不用增加所雇用工人的人数,即不用增加劳动力的量,就可以推动更多的劳动。因此,这里暂时没有必要进一步加以论述,而只要假定,新形成的货币资本中可以转化为可变资本的部分,在应该转化时总会找到劳动力。我们在第一册还论述过,一定的资本,没有积累,还是能够在一定界限之

内扩大它的生产规模。但是,这里要讲的是特定意义上的资本积累,因此,生产的扩大以剩余价值转化为追加资本作为条件,也就是以扩大作为生产基础的资本为条件。

金生产者能够把他的一部分金剩余价值,作为潜在的货币资本来积累;只要达到必要的数量,他就能够把它直接转化为新的可变资本,而不必为此先出售他的剩余产品;同样地,他能够直接把它转化为不变资本的要素。但是在后一种场合,他就必须找到他的不变资本的这些物质要素;或者像以上说明的那样,假定每个生产者都是为存货而生产,然后把他的成品送往市场,或者假定每个生产者都是为订货而生产。在这两个场合,都是以生产的实际扩大为前提的,也就是以剩余产品为前提的;在前一个场合,剩余产品是实际存在的,在后一个场合,剩余产品是潜在地存在的,是能够供应的。[564]

II. 第 II 部类的积累

以上我们假定,A、A′、A″(I)是把他们的剩余产品卖给也是属于第 I 部类的 B、B′、B″等等。现在我们假定,A(I)把他的剩余产品卖给第 II 部类的 B,从而把他的剩余产品转化为货币。这种情况所以能够发生,只是因为 A(I)把生产资料卖给 B(II)以后,不接着购买消费资料,也就是说,只是因为他这方面进行的是单方面的卖。IIc 所以能够由商品资本的形式转化为不变生产资本的实物形式,只是因为不仅 Iv,而且至少 Im 的一部分,和以消费资料形式存在的 IIc 的一部分相交换;而现在,A 把他的 Im 转化为货币,是由于这种交换没有进行,相反地,A 把通过出售他的 Im 而从第 II 部类得到的货币从流通中取出,不用它来购买消费资料IIc。因此,在A(I)方面虽然形成追加的潜在货币资本;但是另一方面,B(II)却有同等价值量的一部分不变资本,被凝结在商品资本的形式上,不能够转化为不变生产资本的实物形式。换句话说,B(II)的一部分商品卖不出去,而且首先是他的这样一部分商品卖不出去,由于这部分商品卖不出去,他就不能把他的不变资本全部再转化为生产形式;因此,就这部分商品来说,发生了生产过剩,这种过剩阻碍着这部分商品的再生产,甚至是规模不变的再生产。

因此,在这个场合,A(I)方面的追加的潜在货币资本,虽然是剩余产品(剩余价值)的转化成货币的形式,但是,就剩余产品(剩余价值)本身来看,它在这里是简单再生产的现象,还不是规模扩大的再生产的现象。[565]

现在,我们要比较详细地考察一下第II部类的积累。

IIc方面的第一个困难,即怎样由第II部类的商品资本的一个组成部分转化为第II部类的不变资本的实物形式,是与简单再生产有关的。让我们采用以前的公式:

(1 000v+1 000m)I 和

2 000IIc 交换。

假如第I部类的剩余产品的一半,即 $\frac{1\ 000}{2}$m 或 500Im,再作为不变资本并入第I部类,留在第I部类的这部分剩余产品,就不能补偿 IIc 的任何部分。它不转化为消费资料(在转化为消费资料的场合,在第I部类和第II部类之间的这部分流通中发生的,是商品的实际的互相的交换,也就是双方的商品换位,这不同于以第I部类的工人作为中介的 1 000IIc 由 1 000Iv 进行的补偿),而要在第I部类本身内作为追加的生产资料来用。它不能同时在第I部类和第II部类完成这个职能。资本家不能既把他的剩余产品的价值花费在消费资料上,同时又对这个剩余产品本身进行生产消费,即把它并入他的生产资本。因此,能转化为 2 000IIc 的,已不是 2 000I(v+m),而只是 1 500,即(1 000v+500m)I。这样,500IIc 就不能从它的商品形式再转化为第 II 部类的生产(不变)资本。于是第 II 部类就会发生生产过剩,过剩的程度恰好与第 I 部类生产已经扩大的程度相适应。第 II 部类的生产过剩也许会这样反应到第 I 部类上,以致第 I 部类的工人用在第 II 部类消费资料上的 1 000,也仅仅是部分地流回,因而这 1 000 也不是以可变的货币资本的形式回到第 I 部类的资本家手中。第 I 部类的资本家将会发觉,仅仅因为他们有扩大再生产的企图,就连规模不变的再生产也会受到阻碍。这里还要注意,第 I 部类事实上只有简单再生产,公式中列举的要素只不过为将来的扩大,比如说下一年的扩大,进行不同的组合罢了。[566—567]

我们在这里涉及的是一种特殊的现象,这种现象之所以发生,只是由于第 I 部类的各要素之间(就再生产来说)有了不同的组合,没有这种组合的变化,就根本不可能发生规模扩大的再生产。[569]

III. 用公式来说明积累

现在我们按照下列公式来考察再生产:

公式(a)
$$\left.\begin{array}{l} \text{I.}\quad 4\ 000c+1\ 000v+1\ 000m=6\ 000 \\ \text{II.}\quad 1\ 500c+\ \ 376v+\ \ 376m=2\ 252 \end{array}\right\}\text{合计}=8\ 252。$$

首先要指出,年社会产品的总额 8 252,小于第一个公式的总额 9 000。我们尽可以假定一个大得多的总额,比如说,一个增大 10 倍的总额。但这里选择一个小于第一个公式的总额,正是为了要清楚地说明,规模扩大的再生产(在这里,这种再生产只是指用较大的投资来进行的生产)与产品的绝对量无关,也正是为了要清楚地说明,对一定量商品来说,规模扩大的再生产所需要的前提只是,既定产品的各种要素已经有了不同的组合,或不同的职能规定,因此,按价值量来说,这种再生产首先只是简单再生产。所改变的,不是简单再生产的各种既定要素的量,而是它们的质的规定,并且这种改变是以后随着发生的规模扩大的再生产的物质前提。(58)

在可变资本和不变资本之间的比例不同时,我们对公式的表述可以不同,例如:

$$公式(b) \begin{cases} \text{I.} \ 4\,000c+875v+875m=5\,750 \\ \text{II.} \ 1\,750c+376v+376m=2\,502 \end{cases} 合计=8\,252。$$

这样,这个公式似乎是为简单再生产而列出的,以至于剩余价值全都作为收入花掉,而没有积累起来。在(a)和(b)这两个场合,年产品的价值量是相同的,只是在(b)的场合,它的各种要素在职能上的组合使再生产按照相同的规模再开始,而在(a)的场合,年产品各要素在职能上的组合却形成规模扩大的再生产的物质基础。在(b)的场合,$(875v+875m)I = 1\,750I(v+m)$,它和 1 750IIc 交换时,没有余额,而在(a)的场合,$(1\,000v+1\,000m)I = 2\,000I(v+m)$,它和 1 500IIc 交换时,却留下一个余额 500Im,供第 I 部类进行积累。[569—570]

_____

(58)　这一点永远结束了詹姆斯·穆勒和赛·贝利之间关于资本积累的争论,这个争论在第一册(第二十二章第 5 节第 634 页注(65)**220**)已经从另一个观点加以论述,这就是在产业资本量不变的情况下产业资本的作用有无扩大的可能。我们以后还要谈到这一点。

1. 第一例

（A）简单再生产的公式

I. 4 000c+1 000v+1 000m=6 000
II. 2 000c+ 500v+ 500m=3 000 } 总额 = 9 000

（B）规模扩大的再生产的开端公式

I. 4 000c+1 000v+1 000m=6 000
II. 1 500c+ 750v+ 750m=3 000 } 总额 = 9 000

假定在公式（B）中,第 I 部类的剩余价值的一半即 500 被积累。因此,首先,(1 000v+500m)I 或 1 500I(v+m) 要由 1 500IIc 补偿;这样,第 I 部类留下的是 4 000c+500m,后者要用于积累。(1 000v+ 500m)I 由 1 500IIc 来补偿,是简单再生产的一个过程,这在考察简单再生产时已经阐明了。

我们假定,500Im 中有 400 要转化为不变资本,100 要转化为可变资本。要在第 I 部类内部资本化的 400m 的交换已经阐明了;它们能够直接并入 Ic;这样,第 I 部类是:

4 400c+1 000v+100m(最后一项要转化为 100v)。

第 II 部类方面为了积累的目的,要向第 I 部类购买 100Im(以生产资料的形式存在),于是这 100Im 形成第 II 部类的追加不变资本;而第 II 部类为这个目的而支付的 100 货币,就转化为第 I 部类的追加可变资本的货币形式。这样,第 I 部类的资本是 4 400c+1 100v(后者以货币形式存在)= 5 500。

第 II 部类的不变资本现在是 1 600c;第 II 部类要运用这个资

本,就必须再投入50v的货币来购买新的劳动力,从而使他的可变资本由750增加到800。第II部类这样增加的不变资本和可变资本,共计150,要由该部类的剩余价值来偿付;因此,在750IIm中,只剩下600m作为第II部类资本家的消费基金,他们的年产品现在划分如下:

II. 1 600c+800v+600m(消费基金)= 3 000。

在消费资料上生产的150m,在这里已经转化为(100c+50v)II。它将以它的实物形式,全部进入工人的消费:如上所述,100为第I部类的工人(100Iv)所消费,50为第II部类的工人(50IIv)所消费。事实上,因为第II部类的总产品要以积累所必需的形式制造出来,所以增大了100的剩余价值部分要以**必要**消费资料的形式再生产出来。如果再生产实际是按扩大的规模开始的,第I部类的可变货币资本100,就会通过他们的工人阶级的手,流回到第II部类;第II部类则把商品储备中的100m转给第I部类,同时又把商品储备中的50转给本部类的工人阶级。

为积累的目的而改变的组合,现在表述如下:

I. 　4 400c+1 100v+500 消费基金=6 000

II. 1 600c+　800v+600 消费基金=3 000

总计同上=9 000。

其中,资本是:

I. 　4 400c+1 100v(货币)= 5 500 $\Bigg\}$=7 900,

II. 1 600c+　800v(货币)= 2 400

在开始生产时则是:

I. 　4 000c+1 000v=5 000 $\Bigg\}$=7 250。

II. 1 500c+　750v=2 250

如果实际积累现在是在这个基础上进行的,这就是说,如果用

这个已经增加的资本实际进行生产,在第二年结束时,我们就得出:

$$\left.\begin{array}{l} \text{I. } 4\ 400c+1\ 100v+1\ 100m=6\ 600 \\ \text{II. } 1\ 600c+\quad 800v+\quad 800m=3\ 200 \end{array}\right\}=9\ 800。$$

假定第 I 部类继续按同一比例进行积累,550m 作为收入花掉,550m 积累起来。这样,首先 1 100Iv 要由 1 100IIc 补偿,其次,550Im 也要实现为同等数额的第 II 部类的商品,合计是 1 650I(v+m)。但是,第 II 部类需要补偿的不变资本只=1 600;因此,其余的 50,必须从 800IIm 中补充。如果我们在这里首先撇开货币不说,那么,这个交易的结果如下:

I. 4 400c+550m(要资本化的剩余价值);此外还有资本家和工人的消费基金 1 650(v+m),在商品 IIc 上实现。

II. 1 650c(如上所述,其中的 50 是从 IIm 中取出来追加的)+800v+750m(资本家的消费基金)。

但是,如果第 II 部类的 v 和 c 保持原有的比例,那么,投入 50c,就还要投入 25v;这又必须从 750m 中取出。因此,我们得出:

II. 1 650c+825v+725m。

第 I 部类的 550m 要资本化;如果保持以前的比例,其中 440 就形成不变资本,110 就形成可变资本。这 110 势必要从 725IIm 中取出,就是说,价值 110 的消费资料将由第 I 部类的工人消费,而不是由第 II 部类的资本家消费,因此,后者也只好把他们不能消费的 110m 转化为资本。因此,725IIm 就只剩下 615IIm。但是,第 II 部类把 110 这样转化为追加不变资本时,他们还需要有追加的可变资本 55;这就必须再从他们的剩余价值中取出;从 615IIm 中减去这个数额,就只剩下 560,供第 II 部类的资本家消费。所以,在完成一切现实的和可能的转移以后,现在的资本价值是：

I.　（4 400c+440c）+（1 100v+110v）
$$= 4\ 840c+1\ 210v=6\ 050$$

II.　（1 600c+50c+110c）+（800v+25v+55v）
$$= 1\ 760c+\ \ 880v=2\ 640$$
$$8\ 690。$$

如果要使事情正常地进行，第 II 部类就必须比第 I 部类积累得快，因为如果不是这样，I(v+m) 中要与商品 IIc 交换的部分，就会比它唯一能与之交换的 IIc 增加得快。

如果再生产是在这个基础上并且在其他条件不变的情况下继续进行，下一年结束时，我们就得出：

I.　4 840c+1 210v+1 210m=7 260
II.　1 760c+　880v+　880m=3 520　$\Big\}$=10 780。

如果剩余价值划分率不变，第 I 部类首先就会把 1 210v 和剩余价值的一半=605，合计=1 815，作为收入花掉。这个消费基金，又比 IIc 大 55。这 55 要从 880m 中取出，这样就剩下 825。55 IIm 转化为 IIc 时，又要从 IIm 中扣除相应的可变资本=$27\frac{1}{2}$。留下消费的是 $797\frac{1}{2}$ IIm。

第 I 部类中现在要资本化的是 605m，其中 484 转化为不变资本，121 转化为可变资本，后者要从 IIm 中扣除，IIm 现在是=$797\frac{1}{2}$，扣除后剩下的是 $676\frac{1}{2}$。因此，第 II 部类会把 121 再转化为不变资本；为此，还需要有可变资本 $60\frac{1}{2}$；这同样要从 $676\frac{1}{2}$ 中扣除，剩下用于消费的只是 616。

这时的资本是：

I. 不变资本 4 840+484＝5 324。

可变资本 1 210+121＝1 331。

II. 不变资本 1 760+55+121＝1 936。

可变资本 880+27$\frac{1}{2}$+60$\frac{1}{2}$＝968。

合计：
$\left.\begin{array}{l} \text{I. 5 324c+1 331v＝6 655} \\ \text{II. 1 936c+ 968v＝2 904} \end{array}\right\}$＝9 559

年终时的产品是：

$\left.\begin{array}{l} \text{I. 5 324c+1 331v+1 331m＝7 986} \\ \text{II. 1 936c+ 968v+ 968m＝3 872} \end{array}\right\}$＝11 858。

我们重复这种计算,把分数去掉,就得出下一年结束时的产品：

$\left.\begin{array}{l} \text{I. 5 856c+1 464v+1 464m＝8 784} \\ \text{II. 2 129c+1 065v+1 065m＝4 259} \end{array}\right\}$＝13 043。

再下一年结束时的产品是：

$\left.\begin{array}{l} \text{I. 6 442c+1 610v+1 610m＝9 662} \\ \text{II. 2 342c+1 172v+1 172m＝4 686} \end{array}\right\}$＝14 348。

在五年规模扩大的再生产期间,第 I 部类和第 II 部类的总资本,已经由 5 500c + 1 750v = 7 250,增加到 8 784c + 2 782v = 11 566,也就是按 100 ：160 之比增加了。总剩余价值原来是 1 750,现在是 2 782。已经消费的剩余价值,原来在第 I 部类是 500,在第 II 部类是 600,合计＝1 100;但是在最后一年,在第 I 部类是 732,在第 II 部类是 745,合计＝1 477,因此,是按 100：134 之比增加了。**221**[574—579]

2. 第二例

现在假定有年产品 9 000,这个年产品完全是处在产业资本家阶级手中的商品资本,其中可变资本和不变资本的一般平均比例是1∶5。这种情况的前提是:资本主义生产已经有了显著的发展;与此相应,社会劳动的生产力也已经有了显著的发展;生产规模在此以前已经有了显著的扩大;最后,在工人阶级中造成相对人口过剩的所有条件也已经有了发展。这时,把分数去掉,年产品就会划分如下:

I. 5 000c+1 000v+1 000m=7 000
II. 1 430c+ 285v+ 285m=2 000 $\Big\} =9\,000$。

现在假定,第 I 部类的资本家阶级只消费剩余价值的一半=500,而把其余一半积累起来。这样,(1 000v+500m)I=1 500 要转化为 1 500IIc。但是因为在这里 IIc 只=1 430,所以要从剩余价值那里补进70。285IIm 减去这个数额,还留下215IIm。于是我们得出:

I. 5 000c+500m(待资本化的剩余价值)+资本家和工人的消费基金 1 500(v+m)。

II. 1 430c+70m(待资本化的剩余价值)+285v+215m。

因为在这里 70IIm 直接并入 IIc,所以,为了推动这个追加的不变资本,就要有一个可变资本 $\frac{70}{5}$=14。这 14 也要从 215IIm 中扣除;剩下的是201IIm,因此我们得出:

II. (1 430c+70c)+(285v+14v)+201m。

1 500I(v+$\frac{1}{2}$m) 和 1 500IIc 的交换,是简单再生产的过程,关于这一点已经讲过了。不过,在这里还必须指出某些特征,这些特征所以会发生,是由于在有积累的再生产中,I(v+$\frac{1}{2}$m)不是单单由 IIc 来补偿,而是由 IIc 加 IIm 的一部分来补偿。

不言而喻,既然把积累作为前提,I(v+m)就大于 IIc,而不像简单再生产那样,和 IIc 相等;因为1. 第 I 部类已经把它的一部分剩余产品并入自己的生产资本,并把其中的 $\frac{5}{6}$ 转化为不变资本,所以,它不能同时又用第 II 部类的消费资料来补偿这 $\frac{5}{6}$;2. 第 I 部类要用它的剩余产品,为第 II 部类进行积累时所必需的不变资本提供材料,就像第 II 部类必须为第 I 部类的可变资本提供材料完全一样,这个可变资本应当推动第 I 部类的剩余产品中由第 I 部类自己用做追加不变资本的部分。我们知道,实际的可变资本是由劳动力构成的,因此,追加的可变资本也是由劳动力构成的。第 I 部类的资本家不必为了他们将要使用的追加劳动力,向第 II 部类购买必要生活资料,把它们储备起来,或积累这种必要生活资料,而奴隶主却不得不这样做。工人自己会和第 II 部类进行交易。但是,不妨说,从资本家的观点看来,追加劳动力的消费资料只是生产和维持他们势必要有的追加劳动力的手段,因而是他们的可变资本的实物形式。他们(这里指第 I 部类资本家)自己的直接活动,只是贮存为购买追加劳动力所必需的新的货币资本。一旦他们把这个劳动力并入他们的资本,货币对于这种劳动力来说,就成为第 II 部类商品的购买手段,因此必须找到劳动力的消费资料。[579—581]

因此,就像第 I 部类必须用它的剩余产品为第 II 部类提供追加的不变资本一样,第 II 部类也要同样为第 I 部类提供追加的可变资本。就可变资本来说,当第 II 部类以必要消费资料的形式再生产它的总产品的更大部分,特别是它的剩余产品的更大部分时,它就既为第 I 部类又为它自己进行积累了。

在以资本的增加为基础的生产中,I(v+m)必须=IIc 加上再并入资本的那部分剩余产品,加上第 II 部类扩大生产所必需的不变资本的追加部分;而第 II 部类扩大生产的最低限度,就是第 I 部类本身进行实际积累,即实际扩大生产所不可缺少的最低限度。

我们回过来讲刚才考察的情况,这种情况有这样一个特点:
IIc 小于 $I(v+\frac{1}{2}m)$,即小于第 I 部类产品中作为收入用于消费资
料的部分,因此,在和 1 500I(v+m) 交换时,第 II 部类的一部分剩
余产品=70,会立即由此实现。至于 1 430IIc,在其他条件不变的
情况下,它总是要由同等价值额的 I(v+m) 来补偿,这样,第 II 部
类的简单再生产才有可能进行,关于这一点,我们在这里不需要进
一步考察。但是补充的 70IIm 就不是这样。那种对第 I 部类来说
仅仅是以消费资料补偿收入,仅仅是为消费而进行商品交换的事
情,对第 II 部类来说,就不像在简单再生产中那样,仅仅是它的不变
资本由商品资本形式再转化为它的实物形式,而是直接的积累过
程,是它的一部分剩余产品由消费资料的形式转化为不变资本的形
式。如果第 I 部类用 70 镑货币(为了剩余价值的转化而保留的货币
准备金)来购买 70IIm,如果第 II 部类不用这个货币购买 70Im,而把
这 70 镑作为货币资本积累起来,那么,这 70 镑虽然不是再进入生产
的产品的表现,但总是追加产品的表现(正是第 II 部类的剩余产品
的表现,追加产品是这个剩余产品的一部分)。但是,这样一来,第
II 部类方面的这种货币积累,同时就是生产资料形式的卖不出去的
70Im 的表现了。因此,第 I 部类会发生相对的生产过剩,这是同第
II 部类方面的再生产不同时扩大相适应的。

　　但是,我们把上面这点撇开不说。在从第 I 部类出来的货币
70,还没有通过第 II 部类方面购买 70Im,而回到或者只是部分地
回到第 I 部类的期间,货币 70 会在第 II 部类全部地或者部分地充
当追加的潜在货币资本。在第 I 部类和第 II 部类之间商品的互相
补偿使货币再流回到它的起点以前,这对双方的任何交换来说,都
是适用的。但是,在事情正常进行的情况下,货币在这里所起的这
种作用只是暂时的。在一切暂时游离的追加货币都立即能动地作

为追加货币资本执行职能的信用制度下,这种仅仅暂时游离的货币资本可以被束缚起来,例如,可以用在第 I 部类的新的企业上,而它本来应该实现停滞在第 I 部类的其他企业中的追加产品。其次,应该指出:70Im 并入第 II 部类的不变资本,同时要求第 II 部类的可变资本增加 14。这种增加——像第 I 部类剩余产品 Im 直接并入资本 Ic 一样——是以第 II 部类的再生产已经具有进一步资本化的趋势为前提的,也就是说,是以第 II 部类再生产包含着由必要生活资料构成的那部分剩余产品的增加为前提的。

────────

我们说过,在第二例中,如果 500Im 要资本化,9 000 产品为了再生产的目的,必须按照下面的方法来划分。我们在这里只考察商品,而把货币流通撇开不管。

I. 5 000c+500m(待资本化的剩余价值)+1 500(v+m) 消费基金=7 000 商品。

II. 1 500c+299v+201m=2 000 商品。总额为 9 000 商品产品。

资本化的过程如下:

第 I 部类中要资本化的 500m,分成 $\frac{5}{6}$=417c+$\frac{1}{6}$=83v。这个 83v 会从 IIm 中取出一个同等数额,用来购买不变资本的要素,并且加到 IIc 中去。IIc 增加 83,就要求 IIv 也增加 83 的 $\frac{1}{5}$=17。因此,在交换之后我们得出:

I. (5 000c+417m)c+(1 000v+83m)v

$$=5\ 417c+1\ 083v=6\ 500$$

II. (1 500c+83m)c+(299v+17m)v

$$=1\ 583c+\ \ 316v=1\ 899$$

合计:8 399。

第 I 部类的资本已经由 6 000 增加到 6 500,即增加 $\frac{1}{12}$。第 II 部类的资本已经由 1 715 增加到 1 899,即增加近 $\frac{1}{9}$。

在这个基础上,第二年的再生产在年终得到的资本是:

I. (5 417c+452m)c+(1 083v+90m)v

$$=5\ 869c+1\ 173v=7\ 042。$$

II. (1 583c+42m+90m)c+(316v+8m+18m)v

$$=1\ 715c+342v=2\ 057$$

第三年结束时得到的产品是:

I. 5 869c+1 173v+1 173m。

II. 1 715c+　342v+　342m。

如果第 I 部类和以前一样,把剩余价值的一半积累起来,那么,I$(v+\frac{1}{2}m)$= 1 173v+587$(\frac{1}{2}m)$= 1 760,大于 1 715IIc 的总数,多了 45。因此,这个差额必须通过同额的生产资料转给 IIc 来抵消。这样,IIc 就会增加 45,从而也要求 IIv 增加 $\frac{1}{5}$=9。其次,资本化的 587Im,也是分为 $\frac{5}{6}$ 和 $\frac{1}{6}$,即分为 489c 和 98v;这 98 要求第 II 部类的不变资本再增加 98,这又要求第 II 部类的可变资本再增加 $\frac{1}{5}$=20。因此,我们得出:

I. (5 869c+489m)c+(1 173v+98m)v

$$=6\ 358c+1\ 271v=7\ 629$$

II. (1 715c+45m+98m)c+(342v+9m+20m)v

$$=1\ 858c+　371v=2\ 229$$

$$总资本 = 9\ 858。$$

因此,三年的扩大再生产,使第 I 部类的总资本由 6 000 增加到 7 629,第 II 部类的总资本由 1 715 增加到 2 229,社会的总资本则由 7 715 增加到 9 858。[583—586]

3. 积累时 IIc 的交换

可见,在 I(v+m) 和 IIc 的交换上有不同的情况。

在简单再生产时,二者必须相等,必须互相补偿;因为如果不是这样,正像前面说过的,简单再生产就不可能不受到干扰。

在积累时,首先要考察的是积累率。在以上各个场合,我们都假定第 I 部类的积累率 $=\frac{1}{2}mI$,并且每年保持不变。我们只是假定这个积累资本分成可变资本和不变资本的比例会发生变化。这里有三种情形:

1. $I(v+\frac{1}{2}m)=IIc$。因此,IIc 小于 I(v+m)。必须总是这样,否则第 I 部类就无法积累了。

2. $I(v+\frac{1}{2}m)$ 大于 IIc。在这个场合,要完成这一补偿,就要把 IIm 的一个相应部分加进 IIc,使 IIc 的总额 $=I(v+\frac{1}{2}m)$。这里的交换,对第 II 部类来说,不是它的不变资本的简单再生产,而已经是积累,即它的不变资本已经增加了用以交换第 I 部类的生产资料的那部分剩余产品。这种增加同时包括第 II 部类还从它本身的剩余产品中取出一部分相应地增加它的可变资本。

3. $I(v+\frac{1}{2}m)$ 小于 IIc。在这个场合,第 II 部类没有通过这种交换而全部再生产它的不变资本,所以必须通过向第 I 部类购买,才能补偿这种不足。但是,这种情况并不需要第 II 部类可变资本的进一步积累,因为它的不变资本只是通过这种购买在原有数量上全部再生产出来。另一方面,第 I 部类中仅仅积累追加货币资本的那一部分资本家,却已经通过这种交换完成了这种积累的一部分。

简单再生产的前提是 I(v+m)=IIc。这个前提同资本主义生产是不相容的,虽然这并不排斥在 10—11 年的产业周期中某一年的生产总额往往小于前一年的生产总额,以致和前一年比较,连简单再生产也没有。不仅如此,在人口每年自然增殖的情况下,只有在人数相应地增加的不从事生产的仆役参与代表全部剩余价值的 1 500 的消费时,简单再生产才会发生。而在这种情况下,就不可能有资本的积累,即实际的资本主义生产。因此,资本主义积累的事实排斥了 $IIc = I(v+m)$ 这一可能性。不过,甚至在资本主义积累中,仍然可能发生这样的情况:由于过去的一系列生产期间进行积累的结果,IIc 不仅与 $I(v+m)$ 相等,而且甚至大于 $I(v+m)$。这就是说,第 II 部类的生产过剩了,而这只有通过一次大崩溃才能恢复平衡,其结果是资本由第 II 部类转移到第 I 部类。——如果第 II 部类自己再生产一部分不变资本,例如在农业中使用自己生产的种子,那也不会改变 $I(v+m)$ 和 IIc 的关系。在第 I 部类和第 II 部类之间的交换中,IIc 的这个部分和 Ic 一样,无须加以考察。如果第 II 部类的产品有一部分可以作为生产资料进入第 I 部类,那也不会改变问题的实质。这部分产品就会和第 I 部类提供的一部分生产资料互相抵消,如果我们愿意对社会生产的两大部类(生产资料的生产者和消费资料的生产者)之间的交换进行纯粹的、不受干扰的考察,那么应该从一开始就把这个部分从双方都扣除。

因此,在资本主义生产中,$I(v+m)$ 不能与 IIc 相等;或者说,二者不能在交换时互相抵消。如果 $I\frac{m}{x}$ 是 Im 中第 I 部类资本家作为收入花掉的部分,那么,$I(v+\frac{m}{x})$ 就可以等于、大于或小于 IIc;但是,$I(v+\frac{m}{x})$ 必须总是小于 $II(c+m)$,其差额就是第 II 部类的资本家阶级在 IIm 中无论如何必须由自己消费的部分。[586—588]

卡·马克思

《资本论》第三卷[222]

（节　选）

资本主义生产的总过程

第　一　篇

剩余价值转化为利润和
剩余价值率转化为利润率

第　一　章

成本价格和利润

在第一册中，我们研究的是资本主义**生产过程**本身作为直接生产过程考察时呈现的各种现象，而撇开了这个过程以外的各种情况引起的一切次要影响。但是，这个直接的生产过程并没有结束资本的生活过程。在现实世界里，它还要由**流通过程**来补充，而流通过程则是第二册研究的对象。在第二册中，特别是在把流通过程作为社会再生产过程的中介来考察的第三篇中指出：资本主义生产过程，就整体来看，是生产过程和流通过程的统一。至于这个第三册的内容，它不能是对于这个统一的一般的考察。相反地，这一册要揭示和说明**资本运动过程作为整体考察**时所产生的各种具体形式。资本在其现实运动中就是以这些具体形式互相对立的，对这些具体形式来说，资本在直接生产过程中采取的形态和在流通过程中采取的形态，只是表现为特殊的要素。因此，我们在本册中将阐明的资本的各种形态，同资本在社会表面上，在各种资本的互相作用中，在竞争中，以及在生产当事人自己的通常意识中所表现出来的形式，是一步一步地接近了。

———

按照资本主义方式生产的每一个商品 W 的价值，用公式来表示是 W＝c+v+m。如果我们从这个产品价值中减去剩余价值 m，那么，在商品中剩下的，只是一个在生产要素上耗费的资本价值 c+v 的等价物或补偿价值。

例如，假定生产某一商品耗费 500 镑资本：其中劳动资料的损耗 20 镑，生产材料 380 镑，劳动力 100 镑；假定剩余价值率为 100%，这样，产品价值就等于 400c+100v+100m=600 镑。

减去 100 镑剩余价值之后，还剩下 500 镑的商品价值，而这 500 镑只是补偿已经耗费的资本 500 镑。商品价值的这个部分，即补偿所消耗的生产资料价格和所使用的劳动力价格的部分，只是补偿商品使资本家自身耗费的东西，所以对资本家来说，这就是商品的成本价格。

商品使资本家耗费的东西和商品的生产本身所耗费的东西，

无疑是两个完全不同的量。商品价值中由剩余价值构成的部分，不需要资本家耗费什么东西，因为它耗费的只是工人的无酬劳动。但是，因为在资本主义生产的基础上，工人自己在进入生产过程之后，就成为执行职能的并属于资本家的生产资本的一个组成部分，也就是说，资本家是实际的商品生产者，所以，对资本家来说，商品的成本价格必然表现为商品本身的实际费用。我们把成本价格叫做 k，W＝c+v+m 这个公式就转化为 W＝k+m 这个公式，或者说，商品价值＝成本价格+剩余价值。

因此，把商品价值中那些只是补偿商品生产上耗费的资本价值的部分概括为成本价格这个范畴，这一方面表明资本主义生产的特殊性质。商品的资本主义费用是用**资本**的耗费来计量的，而商品的实际费用则是用**劳动**的耗费来计量的。所以，商品的资本主义的成本价格，在数量上是与商品的价值或商品的实际成本价格不同的；它小于商品价值，因为，既然 W＝k+m，那么 k＝W-m。另一方面，商品的成本价格也决不仅仅是资本家账簿上的一个项目。这个价值部分的独立存在，在现实的商品生产中，会经常在实际中表现出来，因为这个价值部分会通过流通过程，由它的商品形式不断地再转化为生产资本的形式，也就是说，商品的成本价格必须不断买回在商品生产上消费的各种生产要素。

但是，成本价格这一范畴，同商品的价值形成或同资本的增殖过程毫无关系。即使我们知道商品价值 600 镑的 $\frac{5}{6}$ 或 500 镑，只是所耗费的 500 镑资本的等价物或补偿价值，因此只够买回这个资本的各种物质要素，我们由此还是不会知道，商品价值中形成商品成本价格的这个 $\frac{5}{6}$ 是怎样生产出来的，也不会知道商品价值中形成剩余价值的最后 $\frac{1}{6}$ 是怎样生产出来的。不过，我们通过研究将会看到，在资本主义经济中，成本价格具有一种假象，似乎它是

价值生产本身的一个范畴。[29—33]①

以上我们只考察了商品价值的一个要素，即成本价格。现在我们也必须看看商品价值的另一个组成部分，即超过成本价格的余额或剩余价值。剩余价值首先是商品价值超过商品成本价格的余额。但是，因为成本价格等于所耗费的资本的价值，并且不断地再转化为所耗费的资本的各种物质要素，所以，这个价值余额就是商品的生产上耗费掉的并且会从商品流通中流回的资本的价值增加额。

我们以前已经看到，②虽然剩余价值 m 只是产生于可变资本 v 的价值变动，因而本来只是可变资本的一个增长额，但在生产过程结束以后，它同样也成为所耗费的总资本 c+v 的一个价值增加额。c+(v+m)这一公式——它表示，m 的生产是由于预付在劳动力上的一定的资本价值 v 转化为一个流动的量，即一个不变量转化为一个可变量——也可以用(c+v)+m 来表现。在生产开始以前，我们有一个 500 镑的资本。在生产完成以后，我们就有了一个 500 镑的资本加上一个 100 镑的价值增加额。(2)

但是，剩余价值不仅对进入价值增殖过程的预付资本部分来

---

(2)　"实际上我们已经知道，剩余价值只是 v 这个转变为劳动力的资本部分发生价值变化的结果，因此，v+m=v+Δv(v 加 v 的增长额)。但是现实的价值变化和价值变化的比率却是被这样的事实掩盖了：由于资本可变组成部分的增加，全部预付资本也增加了。全部预付资本以前是 500，现在变成了590。"(第一册第七章第 1 节第 203/195 页③)

---

① 方括号中的数字表示《资本论》第 3 卷即《马克思恩格斯文集》第 7 卷的页码。——编者注
② 见本卷第 185—186 页。——编者注
③ 见本卷第 186 页。——编者注

说是一个增加额,而且对不进入价值增殖过程的预付资本部分来说也是一个增加额;因而,不仅对用商品的成本价格来补偿的所耗费的资本来说是一个价值增加额,而且对生产中所使用的全部资本来说也是一个价值增加额。[41—42]

现在对资本家来说很清楚,这个价值增加额来自用资本进行的生产过程,也就是来自资本自身;因为它在生产过程完成以后才存在,而在生产过程开始以前并不存在。首先就生产中所耗费的资本来说,好像剩余价值同样都来自所耗费的资本的不同价值要素,即由生产资料构成的价值要素和由劳动构成的价值要素,因为这些要素同样都加入成本价格的形成。它们同样都把自己的作为预付资本存在的价值加入产品价值,而并不区分为不变的价值量和可变的价值量。[……]但是,另一方面,这个预付的资本价值能形成剩余价值,并不是由于它已经被消耗,从而形成了商品的成本价格。因为,正是就它形成商品的成本价格来说,它形成的不是剩余价值,而只是所耗费的资本的等价物,或补偿价值。因而,就它形成剩余价值来说,它不是靠它作为所耗费的资本的特有属性,而是靠它作为预付资本,从而作为所使用的资本的特有属性,来形成剩余价值的。因此,剩余价值既由预付资本中那个加入商品成本价格的部分产生,也由预付资本中那个不加入商品成本价格的部分产生;总之,同样由所使用的资本的固定组成部分和流动组成部分产生。总资本在物质上是产品的形成要素,不管它作为劳动资料,还是作为生产材料和劳动,都是如此。总资本虽然只有一部分进入价值增殖过程,但在物质上总是全部进入现实的劳动过程。或许正是由于这个原因,它虽然只是部分地参加成本价格的形成,但会全部参加剩余价值的形成。不管怎样,结论总是:剩余价值是同时由所使用的资本的一切部分产生的。[42—43]

剩余价值,作为全部预付资本的这样一种观念上的产物,取得了**利润**这个转化形式。因此,一个价值额之所以成为资本,是因为它用来生产利润[4],换句话说,利润之所以产生出来,是因为有一个价值额被当做资本来使用。如果我们把利润叫做 p,那么,W=c+v+m=k+m 这个公式,就变成 W=k+p 这个公式,也就是**商品价值=成本价格+利润**。

因此,我们目前在这里看到的利润,和剩余价值是一回事,不过它具有一个神秘化的形式,而这个神秘化的形式必然会从资本主义生产方式中产生出来。因为在成本价格的表面的形成上,不变资本和可变资本之间的区别看不出来了,所以在生产过程中发生的价值变化的起源,必然从可变资本部分转移到总资本上面。因为在一极上,劳动力的价格表现为工资这个转化形式,所以在另一极上,剩余价值表现为利润这个转化形式。

我们知道,商品的成本价格小于它的价值。因为 W=k+m,所以 k=W−m。只有 m=0,公式 W=k+m 才会化为 W=k,即商品价值=商品成本价格。这种情况在资本主义生产的基础上是决不会发生的,虽然在特殊的市场情况下,商品的出售价格可以降低到商品的成本价格,甚至降低到商品的成本价格以下。

因此,如果商品是按照它的价值出售的,那么,利润就会被实现,这个利润等于商品价值超过商品成本价格的余额,也就是等于商品价值中包含的全部剩余价值。然而,资本家即使低于商品的价值出售商品,也可以得到利润。只要商品的出售价格高于商品的成本价格,即使它低于商品的价值,也总会实现商品中包含的剩

---

(4) "资本是用来取得利润的。"引自马尔萨斯《政治经济学定义》1827年伦敦版第 86 页。

余价值的一部分,从而总会获得利润。用我们的例子来说,商品价值=600镑,成本价格=500镑。假定商品按510镑、520镑、530镑、560镑或590镑的价格出售,它就分别低于它的价值90镑、80镑、70镑、40镑或10镑出售,但从它的出售中仍然可以分别得到10镑、20镑、30镑、60镑或90镑的利润。在商品的价值和它的成本价格之间,显然会有无数的出售价格。商品价值中由剩余价值构成的要素越大,这些中间价格的实际活动余地也就越大。

这不仅可以说明日常的竞争现象,例如某些低价出售的情形,某些产业部门的商品价格异常低廉的现象[5]等等。我们下面将会看到,政治经济学迄今没有理解的关于资本主义竞争的基本规律,即调节一般利润率和由它决定的所谓生产价格的规律,就是建立在商品价值和商品成本价格之间的这种差别之上的,建立在由此引起的商品低于价值出售也能获得利润这样一种可能性之上的。

商品出售价格的最低界限,是由商品的成本价格规定的。如果商品低于它的成本价格出售,生产资本中已经消耗的组成部分,就不能全部由出售价格得到补偿。如果这个过程继续下去,预付资本价值就会消失。从这个观点来说,资本家就乐于把成本价格看做商品的真正的**内在**价值,因为单是为了保持他的资本,成本价格已是必要的价格。况且,商品的成本价格还是资本家自己为了生产商品而支付的购买价格,因而是由商品的生产过程本身决定的购买价格。因此,在资本家面前,在商品出售时实现的价值余额或剩余价值,表现为商品的出售价格超过它的价值的余额,而不是表现为它的价值超过它的成本价格的余额,因而商品中包含的剩

---

(5) 参看第一册第十八章第571/561页**223**。

余价值好像不是通过商品的出售来实现,而是从商品的出售本身产生的。[43—46]

第 二 章
利　润　率

资本的总公式是 G—W—G′;这就是说,一个价值额投入流通,是为了从流通中取出一个更大的价值额。这个更大价值额的产生过程,是资本主义的生产;这个更大价值额的实现过程,是资本的流通。资本家生产商品,不是为了商品本身,不是为了商品的使用价值或他的个人消费。资本家实际关心的产品,不是可以摸得着的产品本身,而是产品的价值超过在产品上消费的资本的价值的余额。资本家预付总资本时并没有考虑它的各个组成部分在剩余价值的生产上所起的不同作用。他把这一切组成部分同样地预付出去,不仅是为了再生产预付资本,而且是为了生产一个超过预付资本的价值余额。[49]

虽然只有可变资本部分才能创造剩余价值,但它只有在另一些部分,即劳动的生产条件也被预付的情况下,才会创造出剩余价值。因为资本家只有预付不变资本才能对劳动进行剥削,因为他只有预付可变资本才能使不变资本增殖,所以在他的心目中,这两种资本就完全混同在一起了。而且,因为他实际获利的程度不是决定于利润和可变资本的比率,而是决定于利润和总资本的比率,即不是决定于剩余价值率,而是决定于利润率,所以情形就更是这样。我们将会看到,利润率可以不变,然而它可以表示不同的剩余价值率。[50]

商品包含的价值,等于制造商品所耗费的劳动时间,这个劳动的总和则由有酬劳动和无酬劳动构成。而对资本家来说，商品成本只由他所支付的对象化在商品中的那部分劳动构成。商品包含的剩余劳动不需要资本家耗费什么东西，虽然它同有酬劳动一样，需要工人付出劳动，并且它同有酬劳动一样创造价值，作为价值形成要素加入商品。资本家的利润是这样来的：他可以出售他没有支付分文的某种东西。剩余价值或利润，恰恰就是商品价值超过商品成本价格的余额，或者说，就是商品包含的劳动总量超过它包含的有酬劳动量的余额。据此，不管剩余价值来自何处，它总是一个超过全部预付资本的余额。因此，这个余额和总资本会保持一个比率，这个比率可以用分数 $\frac{m}{C}$ 来表示，其中 C 表示总资本。这样，我们就得到了一个与剩余价值率 $\frac{m}{v}$ 不同的**利润率** $\frac{m}{C} = \frac{m}{c+v}$。

用可变资本来计算的剩余价值的比率，叫做剩余价值率；用总资本来计算的剩余价值的比率，叫做利润率。这是同一个量的两种不同的计算法，由于计算的标准不同，它们表示的是同一个量的不同的比率或关系。

应当从剩余价值率到利润率的转化引出剩余价值到利润的转化，而不是相反。实际上，利润率从历史上说也是出发点。剩余价值和剩余价值率相对地说是看不见的东西，是要进行研究的本质的东西，而利润率，从而剩余价值作为利润的形式，却会在现象的表面上显示出来。

至于单个资本家，那么很清楚，他唯一关心的，是剩余价值即他出售自己的商品时所得到的价值余额和生产商品时所预付的总资本的比率；而对这个余额和资本的各个特殊组成部分的特定关系以及这个余额和它们之间的内在联系，他不仅不关心，而且掩盖这个特定关系和这种内在联系，正是他的利益所在。

虽然商品价值超过它的成本价格的余额是在直接生产过程中

产生的,但它只是在流通过程中才得到实现,而且由于这个余额在现实中、在竞争中、在现实市场上是否实现,实现到什么程度,都要取决于市场的状况,因此这个余额更容易造成一种假象,好像它来自流通过程。在这里没有必要说明,如果一个商品高于或低于它的价值出售,这时发生的只是剩余价值的另一种分配;这种不同的分配,即在不同个人之间分割剩余价值的比率的变更,既丝毫不会改变剩余价值的大小,也丝毫不会改变剩余价值的性质。在实际流通过程中,不仅发生着我们在第二册已经考察过的各种转化,而且这些转化还同现实的竞争,同商品高于或低于它的价值的买和卖结合在一起,因此对单个资本家来说,由他本人实现的剩余价值,既取决于对劳动的直接剥削,也取决于互相诈骗的行为。〔50—52〕

由于资本的一切部分都同样表现为超额价值(利润)的源泉,资本关系也就神秘化了。

不过,剩余价值通过利润率而转化为利润形式的方式,只是生产过程中已经发生的主体和客体的颠倒的进一步发展。我们已经在生产过程中看到,劳动的全部主体生产力怎样表现为资本的生产力。①一方面,价值,即支配着活劳动的过去劳动,人格化为资本家;另一方面,工人反而仅仅表现为物质劳动力,表现为商品。从这种颠倒的关系出发,还在简单的生产关系中,已经必然产生出相应的颠倒的观念,即歪曲的意识,这种意识由于真正流通过程的各种转化和变形而进一步发展了。〔53—54〕

尽管利润率和剩余价值率在数量上不同,而剩余价值和利润实际上是一回事并且数量上也相等,但是利润还是剩余价值的一

---

① 见本卷第209—210页。——编者注

个转化形式,在这个形式中,剩余价值的起源和它存在的秘密被掩盖了,被抹杀了。实际上,利润是剩余价值的表现形式,而剩余价值只有通过分析才得以从利润中剥离出来。在剩余价值中,资本和劳动的关系赤裸裸地暴露出来了;在资本和利润的关系中,也就是在资本和剩余价值——它一方面表现为在流通过程中实现的、超过商品成本价格的余额,另一方面表现为一个通过它对总资本的关系而获得进一步规定的余额——的关系中,**资本表现为一种对自身的关系**,在这种关系中,资本作为原有的价值额,同它自身创造的新价值相区别。至于说资本在它通过生产过程和流通过程的运动中创造出这个新价值,这一点是人们意识到了的。但是这种情况是怎样发生的,现在却神秘化了,好像它来自资本本身固有的秘密性质。[56—57]

第 四 章

周转对利润率的影响

〔周转对剩余价值的生产,从而对利润的生产的影响,已经在第二册作了说明。这种影响可以简述如下:因为周转需要持续一段时间,所以,在生产中不能同时使用全部资本;一部分资本总是以货币资本的形式,以储存的原料的形式,以已经制成但尚未售出的商品资本的形式,或者以尚未到期的债权的形式闲置起来;在实际生产中即在创造和占有剩余价值中发生作用的资本,总是要减去这个部分,而所创造和占有的剩余价值,也总是要按相同的比例减少。所以,周转时间越短,同全部资本相比,这个闲置的资本部分就越小,因此,在其他条件相同时,所占有的剩余价值也就越大。

第二册已经详细说明,周转时间或它的两个部分(生产时间和流通时间)中的任何一个部分的缩短,都会增加所生产的剩余价值量。[224]但是,因为利润率表示的,只是所生产的剩余价值量和参加剩余价值量生产的总资本的比率,所以,很清楚,每一次这样的缩短,都会提高利润率。我们以前在第二册第二篇对剩余价值的阐述,同样适用于利润和利润率,没有必要在这里重复。不过,我们要着重指出几个要点。

缩短生产时间的主要方法是提高劳动生产率,这就是人们通常所说的工业进步。如果这不会同时由于添置昂贵的机器等等而引起总投资的大大增加,从而不会引起按总资本计算的利润率的降低,那么利润率就必然会提高。在冶金工业和化学工业上许多最新的进步中,情况确实是这样。贝色麦、西门子、吉尔克里斯特—托马斯等人新发明的炼铁炼钢法,就以较少的费用,把以前需时很长的过程缩短到最低限度。由煤焦油提炼茜素或茜红染料的方法,利用现有的生产煤焦油染料的设备,已经可以在几周之内,得到以前需要几年才能得到的结果。茜草生长需要一年,然后还需要让茜根长几年,等茜根成熟,才能制成染料。

缩短流通时间的主要方法是改进交通。近50年来,交通方面已经发生了革命,只有18世纪下半叶的工业革命才能与这一革命相比。在陆地上,碎石路已经被铁路排挤到次要地位,在海上,缓慢的不定期的帆船已经被快捷的定期的轮船航线排挤到次要地位,并且整个地球布满了电报网。苏伊士运河才真正开辟了通往东亚和澳洲的轮船交通。1847年,运往东亚的商品的流通时间,至少还需要12个月(见第二册第235页[225]),现在已经减少到12个星期左右。1825年到1857年期间的两大危机策源地,美国和印度,由于交通手段的这种变革,同欧洲的工业国家靠近了70%—90%,因而失去了它们的爆发能力的大部分。全世界贸易的周转时间,都已经按相同的程度缩短,参加世界贸易的资本的活动能力,已经增加到两倍或三倍多。不用说,这不会不对利润率发生影响。

要把总资本的周转对利润率的影响纯粹地表示出来,我们就必须假定,互相比较的两个资本的其他一切条件是相等的。所以,除了要假定剩余价值率和工作日相等,还特别要假定资本的百分比构成相等。假定资本 A 的构成是 $80c+20v=100C$,剩余价值率为 100% ,资本每年周转两次。这样,年产品就是:

$160c+40v+40m$。但是在求利润率时,我们不是按周转的资本价值 200 来计算 $40m$,而是按预付资本价值 100 来计算。因此,$p'=40\%$。

让我们用这个资本和资本 $B=160c+40v=200C$ 比较一下。资本 B 有同样的剩余价值率 100% ,但每年只周转一次。这样,年产品就和上述的年产品一样是:

$160c+40v+40m$。但在这个场合,$40m$ 要按预付资本 200 来计算,利润率只有 20% ,也就是只有资本 A 的利润率的一半。

由此可见:在资本百分比构成相等,剩余价值率相等,工作日相等的时候,两个资本的利润率和它们的周转时间成反比。如果在互相比较的两种情况中,资本构成不相等,或剩余价值率不相等,或工作日不相等,或工资不相等,那当然会造成利润率的进一步的差别;但这些事情同周转无关,所以也同我们这里的问题无关;而且这些事情已经在第三章研究过了。

周转时间的缩短对剩余价值的生产,从而对利润的生产的直接影响,在于使可变资本部分由此提高效率。这一点我们在第二册第十六章《可变资本的周转》中考察过了。那里指出,一个每年周转 10 次的可变资本 500,和一个剩余价值率相等、工资相等、但

每年只周转一次的可变资本5 000,会在这个时间内占有同样多的剩余价值。[83—85]

一年内占有的剩余价值量,等于**可变**资本一个周转期间所占有的剩余价值量乘以一年内可变资本周转的次数。如果我们把一年内占有的剩余价值或利润叫做 M,一个周转期间所占有的剩余价值叫做 m,一年内可变资本周转的次数叫做 n,那么,M＝mn,年剩余价值率 M′＝m′n。这一点已经在第二册第十六章第 I 节说明过了。**226**[87]

要使年利润率的公式完全正确,我们必须用年剩余价值率代替简单的剩余价值率,即用 M′或 m′n 代替 m′。换句话说,我们必须让剩余价值率 m′——或者让 C 中所含的可变资本部分 v——乘以这个可变资本在一年内周转的次数 n。这样我们就得到:$p′＝m′n\dfrac{v}{C}$,这就是年利润率的计算公式。[88]

——弗·恩·][90]

第 五 章

不变资本使用上的节约

I. 概　论

在可变资本不变,也就是说,按相同的名义工资使用的工人人数不变的条件下,绝对剩余价值的增加,或剩余劳动从而工作日的延长,——不管额外时间有没有报酬都一样,——会相对地降低不变资本同总资本、同可变资本相比的价值,并由此提高利润率(这里也是把剩余价值量的增加和剩余价值率的可能的提高撇开不说）。不变资本的固定部分即工厂建筑物、机器等等的规模，不管用来工作 16 小时，还是 12 小时，都会仍旧不变。工作日的延长并不要求在不变资本的这个最花钱的部分上有新的支出。此外，固定资本的价值，由此会在一个较短的周转期间系列中再生产出来，因而，这种资本为获得一定利润所必须预付的时间缩短了。因此，甚至在额外时间支付报酬，而且在一定限度内甚至比正常劳动时间支付较高报酬的情况下，工作日的延长都会提高利润。因此，现代工业制度下不断增长的增加固定资本的必要性，也就成了唯利是图的资本家延长工作日的一个主要动力。[(11)][91]

把机器和固定资本其他组成部分的价值再生产出来的持续时间，实际上不是由它们的单纯的存在时间决定的，而是由它们在其中发挥作用和被使用的整个劳动过程的持续时间决定的。如果工人每天必须做苦工 18 小时，而不是 12 小时，那么，一周就会多出三天，一周就会变为一周半，两年就会变为三年。如果额外时间没有报酬，工人就会在正常的剩余劳动时间之外，每两周再白送一周，每两年再白送一年。这样，机器价值的再生产也会加快 50%，并且只要平常必要时间的 $\frac{2}{3}$ 就行了。[92—93]

在论述协作、分工和机器时，我们已经指出[227]，生产条件的节约（这是大规模生产的特征）本质上是这样产生的：这些条件是作为社会劳动的条件，社会结合的劳动的条件，因而作为劳动的社会条件执行职能的。它们在生产过程中由总体工人共同消费，而不是由一批互相没有联系的，或最多只是在小范围内互相直接协作

---

(11) "因为一切工厂都有极大量的固定资本投在建筑物和机器上，所以，这些机器能够工作的时数越多，利润就越大。"（《工厂视察员报告。1858 年 10 月 31 日》第 8 页）

的工人以分散的形式消费。在一个有一台或两台中央发动机的大工厂内,发动机的费用,不会和发动机的马力,因而不会和发动机的可能的作用范围,按相同的比例增加;传动机的费用,不会和传动机所带动的工作机的数量,按相同的比例增加;工作机机身,也不会和被它用做自己的器官来执行职能的工具的数目的增加,按比例变得更贵,等等。其次,生产资料的集中,可以节省各种建筑物,这不仅指真正的工场,而且也指仓库等等。燃料、照明等等的支出,也是这样。其他生产条件,不管由多少人利用,会仍旧不变。

但是,这种由生产资料的集中及其大规模应用而产生的全部节约,是以工人的聚集和协作,即劳动的社会结合这一重要条件为前提的。因此,如果说剩余价值来源于单独地考察的每一个工人的剩余劳动,那么,这种节约来源于劳动的社会性质。甚至在这里可能进行和必须进行的不断改良,也完全是由大规模结合的总体工人的生产所提供的和所给予的社会的经验和观察产生的。

关于生产条件节约的另一个大类,情况也是如此。我们指的是生产排泄物,即所谓的生产废料再转化为同一个产业部门或另一个产业部门的新的生产要素;这是这样一个过程,通过这个过程,这种所谓的排泄物就再回到生产从而消费(生产消费或个人消费)的循环中。我们以后还要比较详细地探讨的这一类节约,也是大规模社会劳动的结果。由于大规模社会劳动所产生的废料数量很大,这些废料本身才重新成为贸易的对象,从而成为新的生产要素。这种废料,只有作为共同生产的废料,因而只有作为大规模生产的废料,才对生产过程有这样重要的意义,才仍然是交换价值的承担者。这种废料——撇开它作为新的生产要素所起的作用——会按照它可以重新出售的程度降低原料的费用,因为正常范围内的废料,即原料加工时平均必然损失的数量,总是要算在原

料的费用中。在可变资本的量已定,剩余价值率已定时,不变资本这一部分的费用的减少,会相应地提高利润率。[93—94]

下面我们将进一步考察由于流通时间的缩短(在这里,交通工具的发展是重要的物质要素)在不变资本的支出上产生的节约。但在这里,应该立即想到机器的不断改良所引起的节约,也就是:1.机器的材料改良了,例如铁代替了木材;2.由于机器制造的改良,机器便宜了;这样,不变资本固定部分的价值虽然随着大规模劳动的发展而不断增加,但远不是按相同的程度增加;3.那种使现有机器的使用更便宜和更有效的特殊改良,例如蒸汽锅炉的改良等等,这一点我们以后还要比较详细地讲到;4.由于机器的改良,废料减少了。

凡是使机器从而全部固定资本在一定生产期间内的损耗减少的事情,不仅会使单个商品变得便宜(因为每个商品都在它的价格中再现归它负担的损耗部分),而且会使这个期间内相应的资本支出减少。维修劳动等等,凡是必要的,在计算时就要包括在机器原来的费用之内。这种劳动会因机器更加耐用而减少,这会相应地降低机器的价格。

所有这一类节约,在大多数场合又只有在存在结合工人的情况下才可能实现,并且往往要在更大规模的劳动下才能实现,因而要求工人直接在生产过程中达到更大规模的结合。

但是另一方面,**一个**生产部门,例如铁、煤、机器的生产或建筑业等等的劳动生产力的发展,——这种发展部分地又可以和精神生产领域内的进步,特别是和自然科学及其应用方面的进步联系在一起,——在这里表现为**另一些**产业部门(例如纺织工业或农业)的生产资料的价值减少,从而费用减少的条件。这是不言而喻的,因为商品作为产品从一个产业部门生产出来后,会作为生产资料再进入另一个产业部门。它的便宜程度,取决于把它作为产品生产出来的生产部门的劳动生产率,同时它的便宜程度不仅是它作为生产资料参加其生产的那种商品变得便宜的条件,而且也是它构成其要素的那种不变资本的价值减少的条件,因此又是利润率提高的条件。

产业的向前发展所造成的不变资本的这种节约,具有这样的特征:在这里,**一个**产业部门利润率的提高,要归功于**另一个**产业部门劳动生产力的发展。在这里,资本家得到的好处,又是社会劳动的产物,虽然并不是他自己直接剥削的工人的产物。生产力的这种发展,最终总是归结为发挥作用的劳动的社会性质,归结为社会内部的分工,归结为脑力劳动特别是自然科学的发展。在这里,资本家利用的,是整个社会分工制度的优点。在这里,劳动生产力在其他部门即为资本家提供生产资料的部门的发展,相对地降低资本家所使用的不变资本的价值,从而提高利润率。

提高利润率的另一条途径,不是来源于生产不变资本的劳动的节约,而是来源于不变资本本身使用上的节约。工人的集中和他们的大规模协作,一方面会节省不变资本。同样的建筑物、取暖设备和照明设备等等用于大规模生产所花的费用,比用于小规模生产相对地说要少。动力机和工作机也是这样。它们的价值虽然绝对地说是增加了,但是同不断扩大的生产相比,同可变资本的量或者说同所推动的劳动力的量相比,相对地说却是减少了。一个资本在本生产部门内实现的节约,首先是并且直接是劳动的节约,即本部门内工人的有酬劳动的减少;而上面所说的那种节约,却是用最经济的方式,也就是说,在既定的生产规模上,用最少的费用,来实现对他人无酬劳动的这种尽可能大的占有。这种节约的基础不是上面已经提到的对用于不变资本生产的社会劳动的生产率的利用,而是不变资本本身使用上的节约,就这一点说,这种节约或者是直接来源于一定生产部门本身内的协作和劳动的社会形式,或者是来源于机器等的生产已经达到这样一种规模,以致机器等的价值不是和它们的使用价值按相同的比例增加。[95—97]

资本主义生产方式一方面促进社会劳动生产力的发展,另一方面也促进不变资本使用上的节约。

但问题还不只是限于:在工人即活劳动的承担者这一方和他的劳动条件的经济的,即合理而节约的使用这另一方之间,存在着异化和毫不相干的现象。资本主义生产方式按照它的矛盾的、对立的性质,还把浪费工人的生命和健康,压低工人的生存条件本身,看做不变资本使用上的节约,从而看做提高利润率的手段。

因为工人一生的大部分时间是在生产过程中度过的,所以,生产过程的条件大部分也就是工人的能动生活过程的条件,是工人的生活条件,这些生活条件中的节约,是提高利润率的一种方法;正如我们在前面已经看到的[228],过度劳动,把工人变成一种役畜,是加速资本自行增殖,加速剩余价值生产的一种方法。这种节约的范围包括:使工人挤在一个狭窄的有害健康的场所,用资本家的话来说,这叫做节约建筑物;把危险的机器塞进同一些场所而不安装安全设备;对于那些按其性质来说有害健康的生产过程,或对于像采矿业中那样有危险的生产过程,不采取任何预防措施,等等。更不用说缺乏一切对工人来说能使生产过程合乎人性、舒适或至少可以忍受的设备了。从资本主义的观点来看,这会是一种完全没有目的和没有意义的浪费。总之,资本主义生产尽管非常吝啬,但对人身材料却非常浪费,正如另一方面,由于它的产品通过贸易进行分配的方法和它的竞争方式,它对物质资料也非常浪费一样;资本主义生产一方面使社会失去的东西,就是另一方面使各个资本家获得的东西。

　　资本有一种趋势,要在直接使用活劳动时,把它缩减为必要劳动,并且要利用劳动的各种社会生产力来不断缩减生产产品所必要的劳动,因而要尽量节约直接使用的活劳动,同样,它还有一种趋势,要在最经济的条件下使用这种已经缩减到必要程度的劳动,也就是说,要把所使用的不变资本的价值缩减到它的尽可能最低的限度。如果说商品价值是由商品包含的必要劳动时间决定,而不是由商品一般地包含的劳动时间决定,那么,正是资本才实现这种决定,同时不断地缩短生产商品所需要的社会必要劳动时间。这样一来,商品的价格就缩减到它的最低限度,因为生产商品所需要的劳动的每一个部分都缩减到它的最低限度了。〔101—102〕

第 六 章

价格变动的影响

I. 原料价格的波动及其
对利润率的直接影响

　　在这里,也同前面一样,假定剩余价值率没有发生任何变化。为了对这种情况在其纯粹状态下进行研究,这个假定是必要的。不过,在剩余价值率不变的情况下,资本仍然可能由于我们在这里要考察的原料价格的波动而收缩或膨胀,以致资本所雇用的工人人数可能增加或减少。在这种情况下,剩余价值率不变,剩余价值量也会发生变化。不过在这里也要把这个现象作为偶然情况排除在外。如果机器的改良和原料价格的变动同时影响到一定资本所雇用的工人人数,或影响工资的水平,那么,只要把1.不变资本的变化对利润率的影响和2.工资的变化对利润率的影响综合在一起,结论就自然可以得出。

但是总的说来,在这里也和以前一样,必须指出:如果由于不变资本的节约或由于原料价格的波动而出现了变化,那么这些变化即使完全不影响工资,因而完全不影响剩余价值率和剩余价值量,也总会影响利润率。这些变化会改变 $m'\frac{v}{C}$ 中 C 的大小,从而改变整个分数的值。因此,在这里,和考察剩余价值时看到的情形不同,这些变化发生在哪些生产部门,这些变化所影响的产业部门是否生产工人的生活资料或者这种生活资料生产上所用的不变资本,都是完全一样的。这里的阐述也同样适用于奢侈品生产发生变化的场合,而这里所说的奢侈品生产,是指一切对劳动力的再生产不是必需的那种生产。

在这里,原料也包括辅助材料,如蓝靛、煤炭、煤气等等。其次,如果在这个项目下也考察机器,那么机器本身的原料是由铁、木材、皮革等等构成的。因此,机器本身的价格也会由于制造机器所用的原料的价格波动而受到影响。如果构成机器的原料或机器运转时消费的辅助材料发生价格波动,从而引起机器价格上涨,利润率就会相应地下降。反过来,情况也就相反。

我们在下面研究原料的价格波动时所说的原料,既不是指制造作为劳动资料来执行职能的机器所用的原料,也不是指机器使用时所用的辅助材料,而是指加入商品的生产过程的原料。在这里,只有一点必须指出:机器的制造和使用所必需的主要要素如铁、煤炭、木材等的自然财富,在这里表现为资本的自然丰度,并且是一个不以工资的高低为转移的决定利润率的要素。

因为利润率是$\frac{m}{C}$或$=\frac{m}{c+v}$,所以很清楚,一切使 c 的大小,从而使 C 的大小发生变化的东西,即使在 m 和 v 以及它们相互间的比例保持不变的情况下,也会使利润率发生变化。但原料是不变资本的一个主要部分。甚至在不使用真正原料的产业部门,也有原料作为辅助材料或机器组成部分等等加入,这样,原料的价格波动也会相应地影响利润率。如果原料的价格降低了,降低的数额=d,那么,$\frac{m}{C}$或$\frac{m}{c+v}$就变为$\frac{m}{C-d}$或$\frac{m}{(c-d)+v}$;因而利润率就提高。相反,如果原料价格提高了,那么,$\frac{m}{C}$或$\frac{m}{c+v}$就变为$\frac{m}{C+d}$或$\frac{m}{(c+d)+v}$,因而利润率就下降。因此,在其他条件不变的情况下,利润率的高低和原料价格成反比。由此可以看出,即使在原料的价格波动时产品出售领域完全没有发生变化,就是说,即使完全撇开供求关系,原料价格的低廉对工业国来说也是非常重要的。其次,还可以看出,即使撇开对外贸易由于使必要生活资料便宜而对工资产生的任何影响,对外贸易也会影响利润率。这就是说,它会影响工业或农业中所使用的原料或辅助材料的价格。[120—122]

原料和辅助材料的价值全部一次加入由于它们被消耗才生产出来的产品的价值,而固定资本各要素的价值只是按其损耗的程度,因而只是逐渐加入产品。由此可以得出结论,虽然利润率是由所使用的资本的价值总额决定(不管其中有多少已被消费都一样),但是原料的价格对产品价格的影响,比固定资本的价格对产品价格的影响要大得多。然而很清楚,市场的扩大或缩小取决于单个商品的价格,并和这个价格的涨落成反比,——虽然我们只是顺便提到这一点,因为在这里我们仍然假定,商品是按照它的价值出售的,由竞争引起的价格波动在这里仍与我们无关。因此,在现实中也有这样的情形:成品价格不是和原料价格按相同的比例提

高,也不是和原料价格按相同的比例下降。因此,同商品按其价值
出售的情况相比,利润率在前一场合会下降得更低,在后一场合会
上升得更高。

其次,所使用的机器的数量和价值会随着劳动生产力的发展
而增加,但并不是和劳动生产力按相同的比例增加,也就是说,不
是和这些机器提供的产品数量按相同的比例增加。因此,对使用
原料的产业部门来说,也就是对劳动对象本身已经是过去劳动的
产品的产业部门来说,劳动生产力的增长正是表现为这样一个关
系,即吸收一定量的劳动需用更多的原料,也就是表现为,比如说,
一个劳动小时内转化成产品即加工成商品的原料量增加了。因
此,随着劳动生产力的发展,原料的价值会在商品产品的价值中形
成一个越来越大的组成部分,这不仅因为原料会全部加入商品产
品的价值,而且因为在总产品的每一部分中,由机器磨损形成的部
分和由新的追加劳动形成的部分会越来越小。由于这种下降运
动,另一个由原料形成的价值部分就相应地增长起来,除非由于制
造原料本身所使用的劳动的生产率的提高,使原料价值相应减少,
以致这种增长被抵消。

其次,因为原料和辅助材料完全同工资一样是流动资本的组
成部分,必须不断地从产品的每次出售中全部得到补偿,而机器只
有磨损部分才需要补偿,并且首先是以准备金的形式补偿,——每
次出售是否都为这个准备金提供它的一部分,事实上是无关紧要
的,我们只是假定全年的出售能够为这个准备金提供相当于一年
的份额,——所以在这里又可以看到,如果出售商品所得的价格不
够补偿商品的一切要素,或者不能使生产过程按照同它的技术基
础相适应的规模继续进行,以致只有一部分机器能够工作,或者全
部机器不能按通常的全部时间工作,那么,原料价格的提高就会缩

小或是阻碍全部再生产过程。

最后,由废料所引起的费用的变动和原料价格的波动成正比:原料价格提高,它就提高;原料价格下降,它就下降。[123—124]

第 二 篇

利润转化为平均利润

第 八 章

不同生产部门的资本的不同构成和
由此引起的利润率的差别

在前一篇中已经指出,在劳动的剥削程度不变时,利润率会随着不变资本各个组成部分的价值变化以及资本周转时间的变化而变化。由此自然可以得出结论说,如果其他条件不变,不同生产部门所使用的资本的周转时间不同,或者这些资本的有机组成部分的价值比率不同,那么,同时并存的不同生产部门的利润率就会不同。我们以前当做同一个资本在时间上相继发生的变化来考察的东西,现在要当做不同生产部门各个并存的投资之间同时存在的差别来考察。

在这里,我们必须研究:1. 资本**有机构成**上的差别;2. 资本周转时间上的差别。

不言而喻,这整个研究的前提是:当我们说到某一生产部门的资本的构成或周转时,我们总是指投在这个生产部门的资本的平均正常状况,一般说来,也就是指投在这个生产部门的总资本的平均状况,而不是指投在这个部门的各个资本的偶然差别。

其次,因为假定剩余价值率和工作日不变,并且因为这个假定也包含着工资不变,所以,一定量的可变资本表示一定量的被推动的劳动力,因此也表示一定量的对象化劳动。这样,如果 100 镑代表 100 个工人一周的工资,也就是实际上代表 100 个劳动力,那么,n×100 镑就代表 n×100 个工人的劳动力,而$\frac{100 镑}{n}$则代表$\frac{100}{n}$个工人的劳动力。这样一来,可变资本在这里(在工资已定时总是这样)成了一定量的总资本所推动的劳动量的指数;因而所使用的可变资本的量的差别,也就成了所使用的劳动力的量的差别的指数。如果 100 镑代表 100 个工人的一周劳动,因而在每周劳动 60 小时的时候代表 6 000 个劳动小时,那么,200 镑就代表 12 000 个劳动小时,50 镑就只代表 3 000 个劳动小时。

正如在第一册中已经说过的,我们把资本的构成理解为资本的能动组成部分和它的被动组成部分的比率,理解为可变资本和不变资本的比率。在这里,我们要考察两个比率,虽然它们在一定情况下能够发生相同的作用,但它们并不具有同样的意义。

第一个比率是建立在技术基础上的,它在生产力的一定发展阶段可以看做是已定的。例如,要在一天之内生产一定量的产品,因而——这里也就意味着——要推动一定量的生产资料,机器、原料等等,在生产中把它们消费掉,就必须有一定数目的工人所代表的一定量的劳动力。一定量的生产资料,必须有一定数目的工人与之相适应;也就是说,一定量的已经对象化在生产资料中的劳动,必须有一定量的活劳动与之相适应。这个比率在不同的生产部门是极不相同的,甚至在同一个产业的不同部门,也往往是极不相同的,尽管在彼此相隔很远的产业部门,这个比率偶尔可能完全相同或大致相同。

这个比率形成资本的技术构成,并且是资本有机构成的真正基础。

但是,就可变资本只是劳动力的指数,不变资本只是这个劳动力所推动的生产资料量的指数来说,这个比率在不同产业部门也可能是相同的。例如,就铜器业和铁器业中的某些劳动来说,可以假定在劳动力和生产资料量之间有相同的比率。但因为铜比铁贵,所以,在这两个场合,可变资本和不变资本的价值比率就会不同,因此二者的总资本的价值构成也就不同。在每一个产业部门,技术构成和价值构成的差别都表现为:在技术构成不变时,资本的两个部分的价值比率可以发生变化,在技术构成发生变化时,资本的两个部分的价值比率可以保持不变;当然,后一种情况,只有在所使用的生产资料量和劳动力的比率上的变化,为二者价值上的相反的变化所抵消时,才会产生。

我们把由资本技术构成决定并且反映这种技术构成的资本价值构成,叫做资本的有机构成。[20] [161—163]

从对可变资本的这种考察中可以得出如下结论:

如果在生产部门 A 的一个投资中,总资本每 700 中只有 100 用在可变资本上,600 用在不变资本上,而在生产部门 B 的一个投资中,600 用在可变资本上,只有 100 用在不变资本上,那么,A 的总资本 700 就只能推动 100 劳动力,按照以前的假定,也就是只能推动 100 劳动周或 6 000 小时活劳动,而 B 的一个同样大的总资本却能推动 600 劳动周或 36 000 小时活劳动。因此,A 的资本只

---

(20) 以上所说在第一册第三版第 628 页,即第二十三章开头①已经作过简略的说明。因为头两版没有包括这段话,所以在这里更有必要把它重述一遍。——弗·恩·

① 见本卷第 273—274 页。——编者注

能占有 50 劳动周或 3 000 小时剩余劳动;而 B 的一个同样大的资本却能占有 300 劳动周或 18 000 小时剩余劳动。可变资本不仅是它本身所包含的劳动的指数;在剩余价值率已定时,它同时还是超出这个限度所推动的超额劳动或剩余劳动的指数。在劳动剥削程度相等时,在前一个场合,利润为 $\frac{100}{700}=\frac{1}{7}=14\frac{2}{7}\%$;在后一个场合 $=\frac{600}{700}=85\frac{5}{7}\%$,是前者 6 倍的利润率。但是在这个场合,利润本身实际上也是前者的 6 倍,对 B 来说是 600,对 A 来说是 100,因为用相等的资本,B 所推动的活劳动为 A 所推动的活劳动的 6 倍,所以在劳动剥削程度相等时,生产了 6 倍的剩余价值,也就是生产了 6 倍的利润。[164—165]

　　用百分比计算的不等量资本,——或者说等量资本,在这里是一样的,——在工作日相等、劳动剥削程度相等时,会生产出极不相同的利润量,因为它们会生产出极不相同的剩余价值量;确切些说,这是因为在不同的生产部门由于资本的有机构成不同,它们的可变部分也就不同,因而它们所推动的活劳动量也就不同,它们所占有的剩余劳动量,即剩余价值从而利润的实体的量,也就不同。在不同生产部门,总资本中大小相等的各资本,包含着剩余价值的大小不等的源泉,而剩余价值的唯一源泉是活劳动。在劳动剥削程度相等时,资本 100 所推动的劳动量,从而它所占有的剩余劳动量,取决于它的可变组成部分的大小。如果一个百分比构成为 90c+10v 的资本和一个构成为 10c+90v 的资本,在劳动剥削程度相等时,会生产出同样多的剩余价值或利润,那就非常清楚,剩余价值,从而价值本身的源泉必定不是劳动,而是别的什么东西了,这样一来,政治经济学就会失去任何合理的基础了。如果我们仍旧假定一镑等于一个工人一周 60 个劳动小时的工资,剩余价值率=100%,那么很清楚,一个工人一周内能够提供的总价值产品=2 镑;因而 10 个工人一周内能够提供的总价值产品不会多于 20 镑;并且,因为这 20 镑中 10 镑用来补偿工资,所以,10 个工人创造的剩余价值不会多于 10 镑;而 90 个工人——他们的总产品=180 镑,他们的工资=90 镑——却会创造出 90 镑剩余价值。因此,利润率在一个场合是 10%,而在另一个场合是 90%。如果不是这样,价值和剩余价值就必定不是对象化劳动,而是别的什么东西了。可见,因为不同生产部门按百分比考察的资本——或者说,等量资本——,是按不同比率分为不变要素和可变要素的,它们所推动的活劳动不等,因而所创造的剩余价值从而利润也不等,所以,它们的利润率,即那个正好由剩余价值对总资本用百分比计算得出的利润率也就不同。[166—167]

除了资本的有机构成不同以外,也就是说,除了等量资本在不同生产部门会推动不等量劳动,从而在其他条件相同时会推动不等量剩余劳动以外,利润率的不等还有另外一个源泉,即不同生产部门资本的周转时间不同。我们在第四章已经看到,在资本构成相同,其他条件也相同时,利润率和周转时间成反比;我们还看到,如果同一个可变资本的周转时间不同,它生产的年剩余价值量就会不等。所以,周转时间的差别,是等量资本在不同生产部门在相等时间内生产出不等量利润的另一个原因,因而也是这些不同生产部门利润率不等的另一个原因。[169]

这样,我们已经指出,在不同产业部门,与资本的不同的有机构成相适应,并且在一定限度内与资本的不同的周转时间相适应,不同的利润率占着统治地位;因此,即使在剩余价值率相等的情况下,利润和资本量成正比,从而等量资本在相等时间内提供等量利润的规律(作为一般的趋势)——假定周转时间相等——,也只适用于有机构成相等的资本。以上所述,和我们直到现在为止的全部论述一样,是建立在同一基础上的,即商品是按照它们的价值出售的。另一方面,毫无疑问,如果撇开那些非本质的、偶然的、互相抵消的差别不说,对不同产业部门来说,平均利润率的差别实际上并不存在,而且也不可能存在,除非把资本主义生产的整个体系摧毁。所以,在这里,价值理论好像同现实的运动不一致,同生产的实际现象不一致,因此,理解这些现象的任何企图,也好像必须完全放弃。[171]

第 九 章

一般利润率(平均利润率)的形成和
商品价值转化为生产价格

资本的有机构成,在任何时候都取决于两种情况:第一,所使用的劳动力和所使用的生产资料量的技术比率;第二,这些生产资料的价格。我们已经知道,资本的有机构成,必须按它的百分比来考察。一个资本的 $\frac{4}{5}$ 为不变资本, $\frac{1}{5}$ 为可变资本,它的有机构成,我们用 80c+20v 这个公式来表示。其次,在比较时,假定剩余价值率不变,并且可以任意假定这个比率,例如 100%。因此,80c+20v 的资本产生 20m 的剩余价值,按总资本计算,利润率为 20%。它的产品的实际价值有多大,现在要看不变资本的固定部分有多大,并且要看固定部分中作为损耗加入产品的部分有多大,没有加入产品的部分有多大。但是,因为这种情况对于利润率,从而对于我们现在的研究毫无意义,所以,为了简便起见,假定不变资本到处都是同样地全部加入所考察的资本的年产品。其次还假定,不同生产部门的资本,会和它们的可变部分的量成比例地每年实现同样多的剩余价值;这就是说,我们把周转时间的差别能在这方面引起的差别暂时撇开不说。这一点以后再研究。

让我们拿五个不同的生产部门来说。投在这五个生产部门的资本的有机构成各不相同,例如:

资　　本	剩余价值率	剩余价值	产品价值	利润率
I.　80c+20v	100%	20	120	20%
II. 70c+30v	100%	30	130	30%
III.60c+40v	100%	40	140	40%
IV. 85c+15v	100%	15	115	15%
V. 95c+ 5v	100%	5	105	5%

在这里我们看到,不同的生产部门,在劳动的剥削程度相等的情况下,按照资本的不同有机构成,有很不相同的利润率。

投在五个部门的资本的总额等于500;它们生产的剩余价值的总额等于110;它们生产的商品的总价值等于610。如果我们把这500看做一个资本,I—V 不过是这个资本的不同部分(比方说好像一个棉纺织厂分成不同部分:梳棉间、粗纺间、纺纱间和织布间,这些部分的不变资本和可变资本的比率各不相同,而整个工厂的平均比率只有通过计算才能得出),那么,首先这个资本 500 的平均构成是 390c+110v,用百分比表示,是 78c+22v。既然每个资本 100 都只是被看做总资本的 $\frac{1}{5}$,那么它的构成就是这个平均构成 78c+22v;同样,每 100 都有 22 作为平均剩余价值;因此,平均利润率=22%;最后,这 500 所生产的总产品的任何 $\frac{1}{5}$ 的价格=122。因此,全部预付资本的任何 $\frac{1}{5}$ 所生产的产品,都必须按 122 的价格出售。

但是,为了避免得出完全错误的结论,必须认为不是所有成本价格都=100。

在资本有机构成＝80c+20v,剩余价值率＝100％时,如果全部不变资本都加入年产品,资本Ⅰ＝100所生产的商品的总价值就＝80c+20v+20m＝120。在有些情况下,这个结果也许能在一定生产部门内发生。但在所有c和v的比率＝4∶1的地方,很难都有这样的结果。因此,在谈到不同资本每100所生产的商品的价值时,必须考虑到,商品价值会因c中固定组成部分和流动组成部分之比不同而不同,并且不同资本的固定组成部分又会快慢不等地损耗,从而在相同的时间内把不等的价值量加入产品。不过,这对利润率来说没有什么关系。不论80c是把价值80,50,或5转移到年产品中去,从而也不论年产品是＝80c+20v+20m＝120,还是＝50c+20v+20m＝90,或者＝5c+20v+20m＝45,在所有这些场合,产品的价值超过产品的成本价格的余额,都等于20;并且在所有这些场合,在确定利润率时,这20都按资本100计算;因此,在所有这些场合,资本Ⅰ的利润率都＝20％。为了把这一点说得更清楚些,我们在为上述五个资本编制的下表中,假定不变资本各以不同的部分加入产品的价值。

资　　本	剩余价值率	剩余价值	利润率	已经用掉的c	商品价值	成本价格
Ⅰ. 80c+20v	100％	20	20％	50	90	70
Ⅱ. 70c+30v	100％	30	30％	51	111	81
Ⅲ. 60c+40v	100％	40	40％	51	131	91
Ⅳ. 85c+15v	100％	15	15％	40	70	55
Ⅴ. 95c+ 5v	100％	5	5％	10	20	15
合计 390c+110v	—	110	—	—	—	—
平均 78c+ 22v	—	22	22％	—	—	—

如果我们再把资本 I—V 看做一个总资本,那么就会看到,在这个场合,这五个资本的总和的构成是 500＝390c＋110v,平均构成＝78c＋22v,仍然和以前一样;平均剩余价值也是 22。把剩余价值平均分配给 I—V,就会得到如下的商品价格:

资　　本	剩余价值	商品价值	商品成本价格	商品价格	利润率	价格同价值的偏离
I.　80c+20v	20	90	70	92	22%	＋ 2
II.　70c+30v	30	111	81	103	22%	－ 8
III.　60c+40v	40	131	91	113	22%	－18
IV.　85c+15v	15	70	55	77	22%	＋ 7
V.　95c+ 5v	5	20	15	37	22%	＋17

总起来说,这些商品比价值高 2＋7＋17＝26 出售,又比价值低 8＋18＝26 出售,所以,价格的偏离,由于剩余价值的均衡分配,或者说,由于每 100 预付资本有平均利润 22 分别加入 I—V 的各种商品的成本价格,而互相抵消。一部分商品出售时比自己的价值高多少,另一部分商品出售时就比自己的价值低多少。并且,只因为它们是按照这样的价格出售,I—V 的利润率才能同样是 22%,虽然资本 I—V 的有机构成不同。求出不同生产部门的不同利润率的平均数,把这个平均数加到不同生产部门的成本价格上,由此形成的价格,就是**生产价格**。生产价格以一般利润率的存在为前提;而这个一般利润率,又以每个特殊生产部门的利润率已经分别化为同样多的平均率为前提。这些特殊的利润率在每个生产部门都＝$\frac{m}{c}$,并且像本册第一篇所做的那样,它们要从商品的价值引申出来。没有这种引申,一般利润率(从而商品的生产价格)就是一个没有意义、没有内容的概念。因此,商品的生产价

格,等于商品的成本价格加上依照一般利润率按百分比计算应加到这个成本价格上的利润,或者说,等于商品的成本价格加上平均利润。

由于投在不同生产部门的资本有不同的有机构成,因而,由于等量资本按可变部分在一定量总资本中占有不同的百分比而推动极不等量的劳动,等量资本也就占有极不等量的剩余劳动,或者说,生产极不等量的剩余价值。根据这一点,不同生产部门中占统治地位的利润率,本来是极不相同的。这些不同的利润率,通过竞争而平均化为一般利润率,而一般利润率就是所有这些不同利润率的平均数。按照这个一般利润率归于一定量资本(不管它的有机构成如何)的利润,就是平均利润。一个商品的价格,如等于这个商品的成本价格,加上生产这个商品所使用的资本(不只是生产它所消费的资本)的年平均利润中根据这个商品的周转条件归于它的那部分,就是这个商品的生产价格。例如,我们拿一个500的资本来说,其中100为固定资本,400为流动资本,并且在流动资本每一个周转期间内,固定资本的损耗为10%。再假定这个周转期间内的平均利润是10%。这样,在这个周转期间内制造的产品的成本价格就是:固定资本的损耗10c+流动资本400(c+v)=410,它的生产价格则是成本价格410+利润50(500的10%)=460。

因此,虽然不同生产部门的资本家在出售自己的商品时收回了生产这些商品所用掉的资本价值,但是他们不是得到了本部门生产这些商品时所生产的剩余价值从而利润,而只是得到了社会总资本在所有生产部门在一定时间内生产的总剩余价值或总利润均衡分配时归于总资本的每个相应部分的剩余价值从而利润。每100预付资本,不管它的构成怎样,每年或在任何期间得到的利润,就是作为总资本一个部分的100在这个期间所得的利润。就利润来说,不同的资本家在这里彼此只是作为一个股份公司的股东发生关系,在这个公司中,按每100资本均衡地分配一份利润。因此,对不同的资本家来说,他们的各份利润之所以有差别,只是因为每个人投在总企业中的资本量不等,因为每个人在总企业中的入股比例不等,因为每个人持有的股票数不等。因此,商品价格的一个部分,即用来补偿生产商品所用掉的资本价值,从而必须用来买回这些用掉的资本价值的部分,也就是说,成本价格,完全是由各生产部门的支出决定的,而商品价格的另一个组成部分,即加在这个成本价格上的利润,却不是由这个一定资本在这个一定生产部门于一定时间内生产的利润量决定的,而是由每个所使用的资本作为总生产所使用的社会总资本的一定部分在一定时间内平均得到的利润量决定的。[22]

因此,如果资本家按商品的生产价格出售他的商品,他就取回相当于他在生产上所耗费的资本的价值量的货币,并且比例于他的只是作为社会总资本的一定部分的预付资本取得利润。他的成本价格是特殊的。加在这个成本价格上的利润,不以他的特殊生产部门为转移,而只是归于每100预付资本的平均数。

我们假定上述例子中五个不同的投资 I—V 属于一个人。I—V 中每个投资所使用的每100资本在商品的生产上所消费的可变资本和不变资本的数量是已知的,而且 I—V 的商品的这个价值部分自然会形成它们的价格的一部分,因为至少这个价格必须用来补偿预付的并用掉的资本部分。因此,这些成本价格对 I—V 的每种商品来说是不同的,而且作为成本价格被占有者不同地确定下

----

(22) 舍尔比利埃。**229**

来。至于I—V所生产的不同的剩余价值量或利润量,资本家会很容易认为这是他所预付的总资本的利润,所以,每100资本都能得到一个相应的部分。因此,I—V中每个投资所生产的商品的成本价格各不相同,但在所有这些商品中,由每100资本追加的利润形成的那部分出售价格,都是相等的。这样,I—V的商品的总价格是同它们的总价值相等的,也就是说,是同I—V的成本价格的总和加上I—V所生产的剩余价值或利润的总和相等的;因而,事实上也就是I—V的商品所包含的过去劳动和新追加劳动的总量的货币表现。同样,如果把社会当做一切生产部门的总体来看,社会本身所生产的商品的生产价格的总和等于它们的价值的总和。[173—179]

一般利润率取决于两个因素:

1. 不同生产部门的资本的有机构成,从而各个部门的不同的利润率;

2. 社会总资本在这些不同部门之间的分配,即投在每个特殊部门因而有特殊利润率的资本的相对量;也就是,每个特殊生产部门在社会总资本中所吸收的相对份额。

我们在第一册和第二册只是研究了商品的**价值**。现在,一方面,**成本价格**作为这个价值的一部分而分离出来了,另一方面,商品的**生产价格**作为价值的一个转化形式而发展起来了。[182—183]

社会劳动生产力在每个特殊生产部门的特殊发展,在程度上是不同的,有的高,有的低,这和一定量劳动所推动的生产资料量成正比,或者说,和一定数目的工人在工作日已定的情况下所推动的生产资料量成正比,也就是说,和推动一定量生产资料所需要的劳动量成反比。因此,我们把那种同社会平均资本相比,不变资本占的百分比高,从而可变资本占的百分比低的资本,叫做**高**构成的资本。反之,把那种同社会平均资本相比,不变资本比重小,而可变资本比重大的资本,叫做**低**构成的资本。最后,我们把那种和社会平均资本有同样构成的资本,叫做平均构成的资本。如果社会平均资本,用百分比表示,由 80c+20v 构成,那么一个由 90c+10v 构成的资本就**高**于社会平均数,一个由 70c+30v 构成的资本,就**低**于社会平均数。一般地说,在社会平均资本的构成 $=m_c+n_v$,m 和 n 为不变量,并且 m+n=100 时,(m+x)c+(n-x)v 就代表一个资本或资本群的高构成,(m-x)c+(n+x)v 则代表一个资本或资本群的低构成。这些资本在平均利润率确定之后,在一年周转一次的前提下,怎样执行职能,可由下表看出。在表内,I 代表平均构成,因此,平均利润率=20%。

  I. 80c+20v+20m。利润率=20%。

  产品的价格=120。价值=120。

  II. 90c+10v+10m。利润率=20%。

  产品的价格=120。价值=110。

  III. 70c+30v+30m。利润率=20%。

  产品的价格=120。价值=130。

这样,就资本 II 生产的商品来说,价值小于生产价格,就资本 III 生产的商品来说,生产价格小于价值。只有就资本构成偶然是社会平均构成的生产部门的资本 I 来说,价值才等于生产价格。此外,我们把这些符号应用到一定场合时,当然还要考虑到,c 和 v 之比同一般平均数的偏离,在多大程度上不是由技术构成的差别,而只是由不变资本各要素的价值变动引起的。

当然,以上所说,对商品成本价格的规定是一种修正。我们原先假定,一个商品的成本价格,等于该商品生产中所消费的各种商品的**价值**。但一个商品的生产价格,对它的买者来说,就是它的成本价格,因而可以作为成本价格加入另一个商品的价格形成。因为生产价格可以偏离商品的价值,所以,一个商品的包含另一个商品的这个生产价格在内的成本价格,也可以高于或低于它的总价值中由加到它里面的生产资料的价值构成的部分。必须记住成本价格这个修正了的意义,因此,必须记住,如果在一个特殊生产部门把商品的成本价格看做和该商品生产中所消费的生产资料的价值相等,那就总可能有误差。对我们现在的研究来说,这一点没有进一步考察的必要。无论如何,商品的成本价格总是小于商品的价值这个论点,在这里仍然是正确的。因为,无论商品的成本价格能够怎样偏离商品中所消费的生产资料的价值,这个过去的误差对资本家来说是无关紧要的。商品的成本价格是既定的,它是一个不以他即资本家的生产为转移的前提,而资本家生产的结果则是一个包含剩余价值的商品,也就是一个包含超过商品成本价格的价值余额的商品。此外,成本价格小于商品价值的论点,现在实际上转化为成本价格小于生产价格的论点。对生产价格和价值相等的社会总资本来说,这个论点同以前关于成本价格小于价值的论点是一致的。尽管这个论点对特殊生产部门来说要加以修正,但其根据始终是如下的事实:从社会总资本来看,它所生产的商品的成本价格小于价值,或者在这里从所生产的商品总量来看,小于和这个价值相一致的生产价格。商品的成本价格,只是涉及商品中包含的有酬劳动的量;价值,是涉及商品中包含的有酬劳动和无酬劳动的总量;生产价格,是涉及有酬劳动加上不以特殊生产部门本身为转移的一定量无酬劳动之和。

商品的生产价格=k+p,即等于成本价格加上利润,这个公式,现在得到了如下的进一步规定:p＝kp′(p′代表一般利润率),因而

生产价格 = k + kp′。如果 k = 300, p′ = 15%, 生产价格 k + kp′ 就 = $300 + 300 \times \frac{15}{100} = 345$。

商品的生产价格,在每个特殊生产部门,都会在下述每个场合发生量的变动:

1. 商品价值不变(也就是说,加入商品生产的死劳动和活劳动的量不变),但一般利润率发生了一种不以该部门为转移的变化。

2. 一般利润率不变,但价值发生了变动,这或是由于该生产部门本身的技术发生了变化,或是由于作为形成要素加入该部门不变资本的商品的价值发生了变动。

3. 最后,上述两种情况共同发生作用。[183—186]

我们在第一篇已经看到,从量的方面来看,剩余价值和利润是同一的。不过,利润率一开始就和剩余价值率有区别,这首先只表现为不同的计算方式;但这一开始就使剩余价值的真实起源完全模糊了和神秘化了,因为利润率会在剩余价值率不变时提高或下降,或者反过来,并且因为利润率是资本家实际上唯一关心的事情。然而,量的差别只存在于剩余价值率和利润率之间,而不是存在于剩余价值和利润本身之间。因为在利润率中,剩余价值是按总资本计算的,是以总资本为尺度的,所以剩余价值本身也就好像从总资本产生,而且同样地从总资本的一切部分产生,这样,不变资本和可变资本的有机差别就在利润的概念中消失了;因此,实际上,剩余价值本身在它的这个转化形态即利润上否定了自己的起源,失去了自己的性质,成为不能认识的东西。但到目前为止,利润和剩余价值的差别,只同质的变化,同形式变换有关,而在转化的这个第一阶段上,实际的量的差别还只存在于利润率和剩余价值率之间,而不是存在于利润和剩余价值之间。

一般利润率,从而与各不同生产部门所使用的既定量资本相适应的平均利润一经形成,情况就不同了。

现在,一个特殊生产部门实际生产的剩余价值或利润,同商品出售价格中包含的利润相一致,这只是一种偶然的现象。现在,不仅利润率和剩余价值率,而且利润和剩余价值,通常都是实际不同的量。现在,在劳动的剥削程度已定时,一个特殊生产部门生产的剩余价值量,对社会资本的总平均利润,从而对整个资本家阶级,比直接对每个生产部门的资本家更重要。它对每个特殊生产部门的资本家之所以重要(24),只是因为他那个部门生产的剩余价值量作为一个决定的因素参加平均利润的调节。但这是一个在他背后进行的过程,这个过程是他所看不见的,不理解的,实际上不关心的。现在,在各特殊生产部门内,利润和剩余价值之间——不仅是利润率和剩余价值率之间——实际的量的差别,把利润的真正性质和起源完全掩盖起来,这不仅对由于特殊利益在这一点上欺骗自己的资本家来说是这样,而且对工人来说也是这样。随着价值转化为生产价格,价值规定的基础本身就被掩盖起来。最后,如果在剩余价值单纯转化为利润时,形成利润的商品价值部分,与作为商品成本价格的另一个价值部分相对立,以致对资本家来说,价值概念在这里已经消失——因为他看到的不是生产商品所耗费的总劳动,而只是总劳动的一部分,即他已经在活的或死的生产资料的形式上支付的部分——,因而在他看来,利润是某种存在于商品的内在价值以外的东西,那么,现在这种看法就完全被确认、固定和僵化了,因为当我们考察特殊生产部门时,加在成本价格上的利润,的确不是由该部门本身的价值形成过程的界限决定,而是由完

---

(24)　当然,这里把那种用压低工资,规定垄断价格等办法取得暂时额外利润的可能性撇开不说。[弗·恩·]

全外在的条件确定的。［187—188］

第 十 章

一般利润率通过竞争而平均化。
市场价格和市场价值。超额利润

一部分生产部门所使用的资本具有中等构成或平均构成,也就是说,这部分生产部门的资本的构成完全是或接近于社会平均资本的构成。

在这些部门中生产的商品的生产价格,是同这些商品的用货币来表现的价值完全一致或接近一致的。如果没有别的方法可以达到数学上的极限,那么,用这样的方法也许可以达到。竞争会把社会资本这样地分配在不同的生产部门中,以致每个部门的生产价格,都按照这些中等构成部门的生产价格的样板来形成,也就是说,它们＝k+kp′(成本价格加上成本价格乘以平均利润率所得之积)。但是这种平均利润率,不外就是这些中等构成部门的用百分比计算的利润,在这些部门中利润是同剩余价值一致的。因此,利润率在一切生产部门都是一样的,也就是说,是同资本的平均构成占统治地位的中等生产部门的利润率相等的。因此,一切不同生产部门的利润的总和,必然等于剩余价值的总和;社会总产品的生产价格的总和,必然等于它的价值的总和。［193］

在这里,真正困难的问题是:利润到一般利润率的这种平均化是怎样进行的,因为这种平均化显然是结果,而不可能是起点。［195］

我们先假定,不同生产部门的一切商品都按照它们的实际价值出售。这样一来会怎样呢? 如前所述,在不同的生产部门占统治地位的就会是极不相同的利润率。商品是按照它们的价值来出售（即按照它们包含的价值的比例,按照与它们的价值相一致的价格来交换）,还是按照那种使它们的出售能为它们的各自生产上所预付的等量资本提供等量利润的价格来出售,这显然是完全不同的两件事情。[195]

全部困难是由这样一个事实产生的:商品不只是当做**商品**来交换,而是当做**资本的产品**来交换。这些资本要求从剩余价值的总量中,分到和它们各自的量成比例的一份,或者在它们的量相等时,要求分到相等的一份。一定资本在一定时间内生产的商品的总价格,应该满足这种要求。但是,这些商品的总价格,只是资本所生产的各个商品的价格的总和。[196]

商品按照它们的价值或接近于它们的价值进行的交换,比那种按照它们的生产价格进行的交换,所要求的发展阶段要低得多。按照它们的生产价格进行的交换,则需要资本主义的发展达到一定的高度。

不同商品的价格不管最初用什么方式来互相确定或调节,它们的变动总是受价值规律的支配。在其他条件相同的情况下,如果生产商品所需要的劳动时间减少了,价格就会降低;如果增加了,价格就会提高。

因此,撇开价格和价格变动受价值规律支配不说,把商品价值看做不仅在理论上,而且在历史上先于生产价格,是完全恰当的。[197—198]

要使商品互相交换的价格接近于符合它们的价值,只需要:1.不同商品的交换,不再是纯粹偶然的或仅仅一时的现象;2.就直接的商品交换来说,这些商品是双方按照大体符合彼此需要的数量来生产的,这一点是由交换双方在销售时取得的经验来确定的,因此是从连续不断的交换本身中产生的结果;3.就出售来说,没有任何自然的或人为的垄断能使立约双方的一方高于价值出售，或迫使一方低于价值抛售。至于偶然的垄断，我们是指那种由偶然的供求状况所造成的对买者或卖者的垄断。

不同生产部门的商品按照它们的价值来出售这个假定，当然只是意味着：它们的价值是它们的价格围绕着运动的重心，而且价格的不断涨落也是围绕这个重心来拉平的。此外，必须始终把**市场价值**——下面我们就要谈到它——与不同生产者所生产的个别商品的个别价值区别开来。在这些商品中，有些商品的个别价值低于市场价值（也就是说，生产这些商品所需要的劳动时间少于市场价值所表示的劳动时间），另外一些商品的个别价值高于市场价值。市场价值，一方面，应看做一个部门所生产的商品的平均价值，另一方面，又应看做是在这个部门的平均条件下生产的并构成该部门的产品很大数量的那种商品的个别价值。只有在特殊的组合下，那些在最坏条件下或在最好条件下生产的商品才会调节市场价值，而这种市场价值又成为市场价格波动的中心，不过市场价格对同类商品来说是相同的。如果满足通常的需求的，是按平均价值，也就是按两端之间的大量商品的中等价值来供给的商品，那么，其个别价值低于市场价值的商品，就会实现一个额外剩余价值或超额利润，而其个别价值高于市场价值的商品，却不能实现它们所包含的剩余价值的一部分。

说什么在最坏条件下生产的商品能够出售，就证明这样的商品是满足需求所必需的，这种说法是无济于事的。在上述假定的情况下，如果价格高于中等的市场价值，需求就会减少①。在一定的价格下，一种商品能在市场上占有一定的地盘；在价格发生变化

① 1894 年版中是"增加"，马克思的手稿中是"减少"。——编者注

时,这个地盘只有在价格的提高同商品量的减少相一致,价格的降低同商品量的增加相一致的情况下,才能保持不变。另一方面,如果需求非常强烈,以致当价格由最坏条件下生产的商品的价值来调节时也不降低,那么,这种在最坏条件下生产的商品就决定市场价值。这种情况,只有在需求超过通常的需求,或者供给低于通常的供给时才可能发生。最后,如果所生产的商品的量大于这种商品按中等的市场价值可以找到销路的量,那么,那种在最好条件下生产的商品就调节市场价值。例如,这种商品能够完全按照或者大致按照它们的个别价值来出售,这时可能出现这样的情况:那些在最坏条件下生产的商品,也许连它们的成本价格都不能实现,而那些按中等平均条件生产的商品,也只能实现它们所包含的剩余价值的一部分。这里关于市场价值所说的,也适用于生产价格,只要把市场价值换成生产价格就行了。生产价格是在每个部门中调节的,并且是按照特殊的情况调节的。不过它本身又是一个中心,日常的市场价格就是围绕着这个中心来变动,并且在一定时期内朝这个中心来拉平的。[198—200]

不管价格是怎样调节的,我们都会得到如下的结论:

1. 价值规律支配着价格的运动,生产上所需要的劳动时间的减少或增加,会使生产价格降低或提高。[200]

2. 决定生产价格的平均利润,必定总是同一定资本作为社会总资本的一个相应部分所分到的剩余价值量接近相等。[……]既然商品的总价值调节总剩余价值,而总剩余价值又调节平均利润从而一般利润率的水平——这是一般的规律,也就是支配各种变动的规律——,那么,价值规律就调节生产价格。

竞争首先在一个部门内实现的,是使商品的不同的个别价值形成一个相同的市场价值和市场价格。但只有不同部门的资本的竞争,才能形成那种使不同部门之间的利润率平均化的生产价格。这后一过程同前一过程相比,要求资本主义生产方式有更高的发展。

要使生产部门相同、种类相同、质量也接近相同的商品按照它们的价值出售,必须具备两个条件:

第一,不同的个别价值,必须平均化为**一个**社会价值,即上述市场价值,为此就需要在同种商品的生产者之间有一种竞争,并且需要有一个可供他们共同出售自己商品的市场。为了使种类相同,但各自在不同的带有个别色彩的条件下生产的商品的市场价格,同市场价值相一致,而不是同市场价值相偏离,即既不高于也不低于市场价值,这就要求各个卖者互相施加足够大的压力,以便把社会需要所要求的商品量,也就是社会能够按市场价值支付的商品量提供到市场上来。如果产品量超过这种需要,商品就必然会低于它们的市场价值出售;反之,如果产品量不够大,就是说,如果卖者之间的竞争压力没有大到足以迫使他们把这个商品量带到市场上来,商品就必然会高于它们的市场价值出售。如果市场价值发生了变化,总商品量得以出售的条件也就会发生变化。如果市场价值降低了,社会需要(在这里总是指有支付能力的需要)平均说来就会扩大,并且在一定限度内能够吸收较大量的商品。如果市场价值提高了,商品的社会需要就会缩减,就只能吸收较小的商品量。因此,如果供求调节市场价格,或者确切地说,调节市场价格同市场价值的偏离,那么另一方面,市场价值调节供求关系,或者说,调节一个中心,供求的变动使市场价格围绕这个中心发生波动。[200—202]

在这里顺便指出,"社会需要",也就是说,调节需求原则的东西,本质上是由不同阶级的互相关系和它们各自的经济地位决定的,因而也就是,第一是由全部剩余价值和工资的比率决定的,第二是由剩余价值所分成的不同部分(利润、利息、地租、赋税等等)的比率决定的。这里再一次表明,在供求关系借以发生作用的基础得到说明以前,供求关系绝对不能说明什么问题。

虽然商品和货币这二者都是交换价值和使用价值的统一,但我们已经看到(第一册第一章第 3 节),在买和卖的行为上,这两个规定分别处在两端,商品(卖者)代表使用价值,货币(买者)代表交换价值。商品要有使用价值,因而要满足社会需要,这是卖的一个前提。另一个前提是,商品中包含的劳动量要代表社会必要的劳动,因而,商品的个别价值(在这里的前提下,也就是出售价格)要同它的社会价值相一致。[28]

让我们把这一点应用到市场上现有的、构成某一整个部门的产品的商品总量上来。

如果我们把商品总量,首先是把**一个**生产部门的商品总量,当做**一个**商品,并且把许多同种商品的价格总额,当做**一个**总价格,那么问题就很容易说明了。这样一来,关于单个商品所说的话就完全适用于市场上现有的一定生产部门的商品总量。商品的个别价值应同它的社会价值相一致这一点,现在在下面这一点上得到了实现或进一步的规定:这个商品总量包含着为生产它所必要的社会劳动,并且这个总量的价值=它的市场价值。

现在假定这些商品的很大数量是在大致相同的正常社会条件下生产出来的,因而社会价值同时就是这个很大数量的商品由以构成的各个商品的个别价值。这时,如果这些商品中有一个较小的部分的生产条件低于这些条件,而另一个较小的部分的生产条

---

(28)　卡·马克思《政治经济学批判》1859 年柏林版**230**。

件高于这些条件,因此一部分的个别价值大于大部分商品的中等价值,另一部分的个别价值小于这种中等价值,如果这两端互相拉平,从而使属于这两端的商品的平均价值同属于中间的大量商品的价值相等,那么,市场价值就会由中等条件下生产的商品的价值来决定。[29]商品总量的价值,也就同所有单个商品合在一起——既包括那些在中等条件下生产的商品,也包括那些在高于或低于中等条件下生产的商品——的价值的实际总和相等。在这种情况下,商品总量的市场价值或社会价值,即其中包含的必要劳动时间,就由中间的大量商品的价值来决定。

相反,假定投到市场上的该商品的总量仍旧不变,然而在较坏条件下生产的商品的价值,不能由于较好条件下生产的商品的价值而拉平,以致在较坏条件下生产的那部分商品,无论同中间的商品相比,还是同另一端的商品相比,都构成一个相当大的量,那么,市场价值或社会价值就由在较坏条件下生产的大量商品来调节。

最后,假定在高于中等条件下生产的商品量,大大超过在较坏条件下生产的商品量,甚至同中等条件下生产的商品量相比也构成一个相当大的量;那么,市场价值就由在最好条件下生产的那部分商品来调节。这里撇开市场商品充斥的情况不说,因为在那种情况下,市场价格总是由在最好条件下生产的那部分商品来调节的;但是,我们这里所谈的,并不是和市场价值不同的市场价格,而是市场价值本身的不同的规定。

事实上,严格地说(当然,实际上只是接近如此,而且还会有千变万化),在第一种情况下,由中等价值调节的商品总量的市场价值,等于它们的个别价值的总和;尽管这个价值,对两端生产的

---

(29) 卡·马克思《政治经济学批判》[231]。

商品来说,表现为一种强加于它们的平均价值。这样,在最坏的一端生产的人,必然低于个别价值出售他们的商品;在最好的一端生产的人,必然高于个别价值出售他们的商品。

在第二种情况下,在两端生产的两个个别价值量并不拉平,而是在较坏条件下生产的商品起了决定作用。严格地说,每一单个商品或商品总量的每一相应部分的平均价格或市场价值,在这里是由那些在不同条件下生产的商品的价值相加而成的这个总量的总价值,以及每一单个商品从这个总价值中所分摊到的部分决定的。这样得到的市场价值,不仅会高于有利的一端生产的商品的个别价值,而且会高于属于中等部分的商品的个别价值;但它仍然会低于不利的一端生产的商品的个别价值。至于它和后一种个别价值接近到什么程度,或最后是否和它相一致,这完全要看不利的一端生产的商品量在该商品部门中具有多大规模。只要需求稍占优势,市场价格就会由在不利条件下生产的商品的个别价值来调节。

最后,假定和第三种情况一样,在有利的一端生产的商品量,不仅同另一端相比,而且同中等条件下生产的商品量相比,都占据较大的地盘,那么,市场价值就会降低到中等价值以下。这时,由两端和中等条件下生产的商品的价值额合计得到的平均价值,就会低于中等价值;它究竟是接近还是远离这个中等价值,这要看有利的一端所占据的相对地盘而定。如果需求小于供给,那么在有利条件下生产的那部分不管多大,都会把它的价格缩减到它的个别价值的水平,以便强行占据地盘。但市场价值决不会同在最好的条件下生产的商品的这种个别价值相一致,除非供给极大地超过了需求。

以上**抽象地**叙述的市场价值的确定,在需求恰好大到足以按这样确定的价值吸收掉全部商品的前提下，在实际市场上是通过买者之间的竞争来实现的。在这里，我们就谈到另外一点了。

第二，说商品有使用价值，无非就是说它能满足某种社会需要。当我们只是说到单个商品时，我们可以假定，存在着对这种特定商品的需要——它的量已经包含在它的价格中——，而用不着进一步考察这个有待满足的需要的量。但是，只要一方面有了整个生产部门的产品，另一方面又有了社会需要，这个量就是一个重要的因素了。因此，现在有必要考察一下这个社会需要的规模，即社会需要的量。

在上述关于市场价值的各个规定中，我们假定，所生产的商品的量是不变的，是已定的，只是这个在不同条件下生产的量的各个组成部分的比例发生了变化，因此，同样数量的商品的市场价值按不同的情况来调节。假定这个量就是通常的供给量，并且我们撇开所生产的商品的一部分会暂时退出市场的可能性不说。如果对这个总量的需求仍旧是通常的需求，这个商品就会按照它的市场价值出售，而不管这个市场价值是按以上研究过的三种情况中的哪一种情况来调节。这个商品量不仅满足了一种需要，而且满足了社会范围内的需要。与此相反，如果这个量小于或大于对它的需求，市场价格就会偏离市场价值。第一种偏离就是：如果这个量过小，市场价值就总是由最坏条件下生产的商品来调节，如果这个量过大，市场价值就总是由最好条件下生产的商品来调节，因而市场价值就由两端中的一端来决定，尽管单纯就不同条件下生产的各个量的比例来看，必然会得到另外的结果。如果需求和生产量之间的差额更大，市场价格也就会偏离市场价值更远，或者更高于市场价值，或者更低于市场价值。但是所生产的商品量和按市场价值出售的商品量之间的差额，可以由双重原因产生。或者是这个量本身发生了变化,变得过小或过大了,因而再生产必须按照与调节现有市场价值的规模不同的另一种规模来进行。在这种情况下,供给发生了变化,尽管需求仍旧不变,这样一来,就会产生相对的生产过剩或生产不足的现象。或者是再生产即供给保持不变,但需求由于各种各样的原因而增加或减少了。在这里,尽管供给的绝对量不变,但它的相对量,也就是同需要相比较或按需要来计量的量,还是发生了变化。结果是和第一种情形一样,不过方向相反。最后:如果两方面都发生了变化,但方向相反,或者方向相同,但程度不同,总之,如果双方都发生了变化,而且改变了它们之间的以前的比例,那么,最后结果就必然总是归结为上述两种情况中的一种。

要给需求和供给这两个概念下一般的定义,真正的困难在于,它们好像只是同义反复。让我们首先考察供给,这就是处在市场上的产品,或者能提供给市场的产品。为了不涉及在这里完全无用的细节,我们在这里只考虑每个产业部门的年再生产总量,而把不同商品有多少能够从市场取走,储存起来,以备比如说下一年消费这一点撇开不说。这个年再生产首先表现为一定的量,是多大量还是多少个,要看这个商品量是作为可分离的量还是作为不可分离的量来计量而定;它们不仅是满足人类需要的使用价值,而且这种使用价值还以一定的量出现在市场上。其次,这个商品量还有一定的市场价值,这个市场价值可以表现为单位商品的或单位商品量的市场价值的倍数。因此,市场上现有商品的数量和它们的市场价值之间,没有必然的联系,例如,有些商品的价值特别高,另一些商品的价值特别低,因而一定的价值额可以表现为一种商品的很大的量,也可以表现为另一种商品的很小的量。在市场上现有的物品量和这些物品的市场价值之间只有这样一种联系:在一定的劳动生产率的基础上,每个特殊生产部门制造一定量的物品,都需要一定量的社会劳动时间,尽管这个比例在不同生产部门是完全不同的,并且同这些物品的用途或它们的使用价值的特殊性质没有任何内在联系。在其他条件完全相同的情况下,如果 a 量的某种商品花费劳动时间 b,na 量的商品就花费劳动时间 nb。其次,既然社会要满足需要,并为此目的而生产某种物品,它就必须为这种物品进行支付。事实上,因为商品生产是以分工为前提的,所以,社会购买这些物品的方法,就是把它所能利用的劳动时间的一部分用来生产这些物品,也就是说,用该社会所能支配的劳动时间的一定量来购买这些物品。社会的一部分人,由于分工的缘故,要把他们的劳动用来生产这种既定的物品;这部分人,当然也要从体现在各种满足他们需要的物品上的社会劳动中得到一个等价物。但是,一方面,耗费在一种社会物品上的社会劳动的总量,即总劳动力中社会用来生产这种物品的可除部分,也就是这种物品的生产在总生产中所占的数量,和另一方面,社会要求用这种特定物品来满足的需要的规模之间,没有任何必然的联系,而只有偶然的联系。尽管每一物品或每一定量某种商品都只包含生产它所需要的社会劳动,并且从这方面来看,所有这种商品的市场价值也只代表必要劳动,但是,如果某种商品的产量超过了当时社会的需要,社会劳动时间的一部分就浪费掉了,这时,这个商品量在市场上代表的社会劳动量就比它实际包含的社会劳动量小得多。(只有在生产受到社会实际的预定的控制的地方,社会才会在用来生产某种物品的社会劳动时间的数量和要由这种物品来满足的社会需要的规模之间,建立起联系。)因此,这些商品必然要低于它们的市场价值出售,其中一部分甚至会根本卖不出去。如果用来生产某种商品的社会劳动的数量,同要由这种产品来满足的特殊的社会需要的规模相比太小,结果就会相反。但是,如果用来生产某种物品的社会劳动的数量,和要满足的社会需要的规模相适应,从而产量也和需求不变时再生产的通常规模相适应,那么这种商品就会按照它的市场价值来出售。商品按照它们的价值来交换或出售是理所当然的,是商品平衡的自然规律。应当从这个规律出发来说明偏离,而不是反过来,从偏离出发来说明规律本身。

现在,我们考察另一个方面:需求。

商品被买来当做生产资料或生活资料,以便进入生产消费或个人消费,——即使有些种类商品能达到这两个目的,也不会引起任何变化。因此,生产者(这里指的是资本家,因为假定生产资料已经转化为资本)和消费者都对商品有需求。看来,这首先要假定:在需求方面有一定量的社会需要,而在供给方面则有不同生产部门的一定量的社会生产与之相适应。如果棉纺织业每年按一定规模重新进行再生产,那就要有往年那样数量的棉花;如果考虑到再生产因资本积累每年在扩大,在其他条件不变的情况下,就还要有棉花的追加量。生活资料也是这样。工人阶级要维持通常的中等水平的生活,至少必须再得到同样数量的必要生活资料,虽然这个数量在各种商品上的分配可能会有或多或少的变化;如果考虑到人口每年在增长,那就还要有必要生活资料的追加量。这里所说的情况,经过或多或少的修改,也适用于其他阶级。

因此,在需求方面,看来存在着某种数量的一定社会需要,要满足这种需要,就要求市场上有一定量的某种物品。但是,从量的规定性来说,这种需要具有很大的弹性和变动性。它的固定性是一种假象。如果生活资料便宜了或者货币工资提高了,工人就会购买更多的生活资料,对这些商品种类就会产生更大的"社会需要"。这里完全撒开需要救济的贫民等等不说,这种人的"需求"

甚至低于他们的身体需要的最低限度。另一方面,比如说,如果棉花便宜了,资本家对棉花的需求就会增长,投入棉纺织业中的追加资本就会增加,等等。这里决不要忘记,根据我们的前提,生产消费的需求是资本家的需求,他的真正目的是生产剩余价值,因此,只是为了这个目的,他才生产某种商品。另一方面,这种情况并不妨碍资本家在他作为例如棉花的买者出现在市场上的时候,代表着对棉花的需要;就像对棉花的卖者来说,棉花的买者把棉花转化为衬衣料子,还是转化为火棉,还是想用它来堵塞自己和世人的耳朵,都是无所谓的。可是,这种情况对于资本家是什么样的买者当然会有很大的影响。他对棉花的需要由于下述情况而发生本质的变化:这种需要实际上只是掩盖他榨取利润的需要。**市场上**出现的对商品的需要,即需求,和**实际的社会**需要之间存在着数量上的差别,这种差别的界限,对不同的商品说来当然是极不相同的;我说的是下面二者之间的差额:一方面是所要求的商品量;另一方面是商品的货币价格发生变化时可能要求的商品量,或者,买者的货币条件或生活条件发生变化时可能要求的商品量。

要理解供求之间的不平衡,以及由此引起的市场价格同市场价值的偏离,是再容易不过的了。真正的困难在于确定,供求一致究竟是指什么。

如果供求之间的比例,使某个生产部门的商品总量能够按照它们的市场价值出售,既不高,也不低,供求就是一致的。这是我们听到的第一点。

第二点是:如果商品都能够按照它们的市场价值出售,供求就是一致的。

如果供求一致,它们就不再发生作用,正因为如此,商品就按照自己的市场价值出售。如果有两种力量按照相反的方向发生相等的作用,它们就会互相抵消,而不会对外界发生任何影响,在这种条件下发生的各种现象,就必须用另外的作用,而不是用这两种力量的作用来解释。如果互相抵消,它们就不再说明任何事情,就不会对市场价值发生影响,并且使我们更加无从了解,为什么市场价值正好表现为这样一个货币额,而不表现为另外一个货币额。资本主义生产的实际的内在规律,显然不能由供求的互相作用来说明(完全撇开对这两种社会动力的更深刻的分析不说,在这里不需要作出这种分析),因为这种规律只有在供求不再发生作用时,也就是互相一致时,才纯粹地实现。供求实际上从来不会一致;如果它们达到一致,那也只是偶然现象,所以在科学上等于零,可以看做没有发生过的事情。①可是,在政治经济学上必须假定供求是一致的。为什么呢?这是为了对各种现象在它们的合乎规律的、符合它们的概念的形态上来进行考察,也就是说,撇开由供求变动引起的假象来进行考察。另一方面,是为了找出供求变动的实际趋势,为了在一定程度上把这种趋势确定下来。因为各种不平衡具有互相对立的性质,并且因为这些不平衡会彼此接连不断地发生,所以它们会由它们的相反的方向,由它们互相之间的矛盾而互相平衡。这样,虽然在任何一个场合供求都是不一致的,但是它们的不平衡的接连发生,——而且朝一个方向偏离的结果,会引起另一个方向相反的偏离——从一个或长或短的时期的整体来看,使供求总是互相一致;然而这种一致只是作为过去的变动的平均,并且只是作为它们的矛盾的不断运动的结果。由此,各种同市场价值相偏离的市场价格,按平均数来看,就会平均化为市场价值,因为这种和市场价值的偏离会作为正负数互相抵消。这个平

---

① 见本卷第717—718页。——编者注

均数决不是只有理论意义,而且对资本来说还有实际意义,因为投资要把或长或短的一定时期内的变动和平均化计算在内。

因此,供求关系一方面只是说明市场价格同市场价值的偏离,另一方面是说明抵消这种偏离的趋势,也就是抵消供求关系的作用的趋势。(那种有价格而没有价值的商品是一种例外,在这里不必考察。)供求可以在极不相同的形式上消除由供求不平衡所产生的作用。例如,如果需求减少,因而市场价格降低,结果,资本就会被抽走,这样,供给就会减少。但这也可能导致这样的结果:由于某种发明缩短了必要劳动时间,市场价值本身降低了,因而与市场价格平衡。反之,如果需求增加,因而市场价格高于市场价值,结果,流入这个生产部门的资本就会过多,生产就会增加到使市场价格甚至降低到市场价值以下;或者另一方面,这也可以引起价格上涨,以致需求本身减少。这还可以在这个或者那个生产部门,在一个或长或短的期间内引起市场价值本身的提高,因为所需要的一部分产品在这个期间内必须在较坏的条件下生产出来。

如果供求决定市场价格,那么另一方面,市场价格,而在进一步分析下,也就是市场价值,又决定供求。就需求来说,那是很清楚的,因为需求按照和价格相反的方向变动,如果价格跌落,需求就增加,反之,价格提高,需求就减少。而就供给来说,情况也是这样。因为加到所供给的商品中去的生产资料的价格,决定对这种生产资料的需求,因而也决定这样一些商品的供给,这些商品的供给本身包含对这种生产资料的需求。棉花的价格对棉布的供给具有决定意义。[202—212]

要使一个商品按照它的市场价值来出售,也就是说,按照它包含的社会必要劳动来出售,耗费在这种商品总量上的社会劳动的总量,就必须同这种商品的社会需要的量相适应,即同有支付能力的社会需要的量相适应。竞争,同供求比例的变动相适应的市场价格的波动,总是力图把耗费在每一种商品上的劳动的总量归结到这个标准上来。[214]

在资本主义生产中,问题不仅在于,要用那个以商品形式投入流通的价值额,取出另一种形式(货币形式或其他商品形式)的等量的价值额,而且在于,要用那个预付在生产中的资本,取出和任何另一个同量资本所取得的一样多的或者与资本的大小成比例的剩余价值或利润,而不管预付资本是用在哪个生产部门;因此,问题在于,最低限度要按照那个会提供平均利润的价格,即生产价格来出售商品。在这种形式上,资本就意识到自己是一种**社会权力**,每个资本家都按照他在社会总资本中占有的份额而分享这种权力。

第一,资本主义生产本身并不关心它所生产的商品具有什么样的使用价值,不关心它所生产的商品具有什么样的特殊性质。在每个生产部门中,它所关心的只是生产剩余价值,在劳动产品中占有一定量的无酬劳动。同样,从属于资本的雇佣劳动,按它的性质来说,也不关心它的劳动的特殊性质,它必须按照资本的需要让人们变来变去,把它从一个生产部门抛到另一个生产部门。

第二,事实上,一个生产部门和另一个生产部门好坏都是一样的。每个生产部门都提供同样的利润,而且,如果它所生产的商品不去满足某种社会需要,它就是无用的。

但是,如果商品都按照它们的价值出售,那就像已经说过的那样,不同生产部门由于投入其中的资本量的有机构成不同,会产生极不相同的利润率。但是资本会从利润率较低的部门抽走,投入利润率较高的其他部门。通过这种不断的流出和流入,总之,通过资本在不同部门之间根据利润率的升降进行的分配,供求之间就会形成这样一种比例,使不同的生产部门都有相同的平均利润,因而价值也就转化为生产价格。资本主义或多或少能够实现这种平均化,资本主义在一国社会内越是发展,也就是说,该国的条件越是适应资本主义生产方式,资本就越能够实现这种平均化。随着资本主义生产的发展,这种生产的各种条件也发展了,这种生产使生产过程借以进行的全部社会前提从属于它的特殊性质和它的内在规律。

那种在不断的不平衡中不断实现的平均化,在下述两个条件下会进行得更快:1. 资本有更大的活动性,也就是说,更容易从一个部门和一个地点转移到另一个部门和另一个地点;2. 劳动力能够更迅速地从一个部门转移到另一个部门,从一个生产地点转移到另一个生产地点。第一个条件的前提是:社会内部已有完全的贸易自由,消除了自然垄断以外的一切垄断,即消除了资本主义生产方式本身造成的垄断;其次,信用制度的发展已经把大量分散的可供支配的社会资本在各个资本家面前集中起来;最后,不同的生产部门都受资本家支配。最后这一点,在我们假定一切按资本主义方式经营的生产部门的价值转化为生产价格时,已经包括在我们的前提中了;但是,如果有数量众多的非资本主义经营的生产部门(例如小农经营的农业)插在资本主义企业中间并与之交织在一起,这种平均化本身就会遇到更大的障碍。最后还必须有很高的人口密度。——第二个条件的前提是:废除了一切妨碍工人从一个生产部门转移到另一个生产部门,或者从一个生产地点转移到另一个生产地点的法律;工人对于自己劳动的内容是不关心的;一切生产部门的劳动都已尽可能地化为简单劳动;工人抛弃了一切职业的偏见;最后,特别是:工人受资本主义生产方式的支配。关于这个问题的进一步说明,属于专门研究竞争的范围。

根据以上所说可以得出结论,每一单个资本家,同每一个特殊生产部门的所有资本家总体一样,参与总资本对全体工人阶级的剥削,并参与决定这个剥削的程度,这不只是出于一般的阶级同情,而且也是出于直接的经济利益,因为在其他一切条件(包括全部预付不变资本的价值)已定的前提下,平均利润率取决于总资本对总劳动的剥削程度。

平均利润和每100资本所生产的平均剩余价值相一致;就剩余价值来说,以上所述本来是不言而喻的。就平均利润来说,不过要把预付资本价值作为利润率的一个决定因素加进来。事实上,一个资本家或一定生产部门的资本,在对他直接雇用的工人的剥削上特别关心的只是:或者通过例外的过度劳动,或者通过把工资降低到平均工资以下的办法,或者通过所使用的劳动的例外生产率,可以获得一种额外利润,即超出平均利润的利润。撇开这一点不说,一个在本生产部门内完全不使用可变资本,因而完全不使用工人的资本家(事实上这是一个极端的假定),会像一个只使用可变资本,因而把全部资本都投到工资上面的资本家(又是一个极端的假定)一样地关心资本对工人阶级的剥削,并且会像后者一样地从无酬的剩余劳动获取他的利润。但劳动的剥削程度,在工作日已定时,取决于劳动的平均强度,而在劳动强度已定时,则取决于工作日的长度。剩余价值率的高低,因而,在可变资本的总额已定时,剩余价值量,从而利润量,取决于劳动的剥削程度。一个部门的资本,与总资本不同,对本部门直接雇用的工人的剥削会表现出特别的关心,而单个资本家,与整个本部门不同,则对他个人使用的工人的剥削会表现出特别的关心。

另一方面,资本的每一个特殊部门和每一个资本家,都同样关心总资本所使用的社会劳动的生产率。因为有两点取决于这种生产率:第一是平均利润借以表示的使用价值量;这一点有双重的重要性,因为这个平均利润既可以充当新资本的积累基金,又可以充当供享受的收入基金。第二是全部预付资本(不变资本和可变资本)价值的大小;在整个资本家阶级的剩余价值量或利润量已定时,这个价值的大小决定利润率或一定量资本的利润。在一个特殊的生产部门或这个部门的特殊的单个企业内出现的特殊的劳动生产率,只有当它使单个部门同总资本相比,或者使单个资本家同他所属的部门相比能够获得一笔额外利润的时候,才会引起那些直接有关的资本家的关心。

因此,我们在这里得到了一个像数学一样精确的证明:为什么资本家在他们的竞争中表现出彼此都是假兄弟,但面对整个工人阶级却结成真正的共济会团体。[217—220]

根据以上所说可以看出,市场价值(关于市场价值所说的一切,加上必要的限定,全都适用于生产价格)包含着每个特殊生产部门中在最好条件下生产的人所获得的超额利润。把危机和生产过剩的情况完全除外,这一点也适用于所有的市场价格,而不管市场价格同市场价值或市场生产价格有多大的偏离。就是说,市场价格包含这样的意思:对同种商品支付相同的价格,虽然这些商品可以在极不相同的个别条件下生产出来,因而会有极不相同的成本价格。(这里我们不说那种普通意义上的垄断——人为垄断或自然垄断——所产生的超额利润。)

此外,超额利润还能在下列情况下产生出来:某些生产部门可以不把它们的商品价值转化为生产价格,从而不把它们的利润化为平均利润。在论述地租的那一篇,我们将研究超额利润的这两种形态的更进一步的变形。[221]

第 三 篇

利润率趋向下降的规律

第十三章

规 律 本 身

在工资和工作日已定时,一个可变资本,例如 100,代表着一定数目的被推动的工人;它就是这个人数的指数。例如,假定 100 镑是 100 个工人一周的工资。如果这 100 个工人所完成的必要劳动和剩余劳动一样多,也就是说,如果他们每天为自己劳动的时间,即再生产他们的工资的时间,和他们为资本家劳动的时间,即生产剩余价值的时间一样多,那么,他们的总价值产品就 = 200 镑,他们生产的剩余价值则是 100 镑。剩余价值率 $\frac{m}{v}$ 就 = 100%。但是我们已经知道,这个剩余价值率由于不变资本 c 的大小不等,从而由于总资本 C 的大小不等,会表现为极不相同的利润率,因为利润率 = $\frac{m}{C}$。假定剩余价值率为 100%:

如果 c = 50,v = 100,那么 $p' = \frac{100}{150} = 66\frac{2}{3}\%$;

如果 c = 100,v = 100,那么 $p' = \frac{100}{200} = 50\%$;

如果 c = 200,v = 100,那么 $p' = \frac{100}{300} = 33\frac{1}{3}\%$;

如果 $c=300$，$v=100$，那么 $p'=\dfrac{100}{400}=25\%$；

如果 $c=400$，$v=100$，那么 $p'=\dfrac{100}{500}=20\%$。

这样，在劳动的剥削程度不变时，同一个剩余价值率会表现为不断下降的利润率，因为随着不变资本的物质量的增加，不变资本从而总资本的价值量也会增加，虽然不是按相同的比例增加。

如果我们进一步假定，资本构成的这种逐渐变化，不仅发生在个别生产部门，而且或多或少地发生在一切生产部门，或者至少发生在具有决定意义的生产部门，因而这种变化就包含着某一个社会的总资本的平均有机构成的变化，那么，不变资本同可变资本相比的这种逐渐增加，就必然会有这样的结果：在剩余价值率不变或资本对劳动的剥削程度不变的情况下，**一般利润率会逐渐下降**。而我们已经看到，随着资本主义生产方式的发展，可变资本同不变资本相比，从而同被推动的总资本相比，会相对减少，这是资本主义生产方式的规律。这只是说，由于资本主义生产内部所特有的生产方法的日益发展，一定价值量的可变资本所能支配的同数工人或同量劳动力，会在同一时间内推动、加工、生产地消费掉数量不断增加的劳动资料，机器和各种固定资本，原料和辅助材料，——也就是价值量不断增加的不变资本。可变资本同不变资本从而同总资本相比的这种不断的相对减少，和社会资本的平均有机构成的不断提高是一回事。这也只是劳动的社会生产力不断发展的另一种表现，而这种发展正好表现在：由于更多地使用机器和一般固定资本，同数工人在同一时间内可以把更多的原料和辅助材料转化为产品，也就是说，可以用较少的劳动把它们转化为产品。与不变资本价值量的这种增加——虽然它只是大致地表现出在物质上构成不变资本的各种使用价值的实际数量的增加——相适应的,是产品的日益便宜。每一个产品就其本身来看,同较低的生产阶段相比,都只包含一个更小的劳动量,因为在较低的生产阶段上,投在劳动上的资本比投在生产资料上的资本大得多。因此,本章开头假设的序列,表示了资本主义生产的实际趋势。资本主义生产,随着可变资本同不变资本相比的日益相对减少,使总资本的有机构成不断提高,由此产生的直接结果是:在劳动剥削程度不变甚至提高的情况下,剩余价值率会表现为一个不断下降的一般利润率。(以后我们将会看到[232],为什么这种下降不是以这个绝对的形式而是以不断下降的趋势表现出来。)因此,一般利润率日益下降的趋势,只是劳动的社会生产力的日益发展**在资本主义生产方式下所特有的表现**。这并不是说利润率不能由于别的原因而暂时下降,而是根据资本主义生产方式的本质证明了一种不言而喻的必然性:在资本主义生产方式的发展中,一般的平均的剩余价值率必然表现为不断下降的一般利润率。因为所使用的活劳动的量,同它所推动的对象化劳动的量相比,同生产中消费掉的生产资料的量相比,不断减少,所以,这种活劳动中对象化为剩余价值的无酬部分同所使用的总资本的价值量相比,也必然不断减少。而剩余价值量和所使用的总资本价值的比率就是利润率,因而利润率必然不断下降。[235—237]

　　利润率不断下降的规律,或者说,所占有的剩余劳动同活劳动所推动的对象化劳动的量相比相对减少的规律,决不排斥这样的情况:社会资本所推动和所剥削的劳动的绝对量在增大,因而社会资本所占有的剩余劳动的绝对量也在增大;同样也决不排斥这样的情况:单个资本家所支配的资本支配着日益增加的劳动量,从而支配着日益增加的剩余劳动量,甚至在这些资本所支配的工人人数并不增加的时候,也支配着日益增加的剩余劳动量。

假定工人人口已定,例如200万,再假定平均工作日的长度、强度以及工资也已定,因而必要劳动和剩余劳动的比率也已定,那么,这200万工人的总劳动,以及他们的表现为剩余价值的剩余劳动,就总是生产出同样大小的价值量。但是,随着这个劳动所推动的不变资本(固定资本和流动资本)的量不断增加,这个价值量和这个资本的价值(这个价值和资本的量一起增加,虽然不是按相同的比例增加)的比率会下降。因此,这个比率从而利润率会下降,尽管资本所支配的活劳动的量和它吸收的剩余劳动的量同以前一样。这个比率所以会发生变化,并不是因为活劳动的量减少了,而是因为活劳动所推动的已经对象化的劳动的量增加了。这种减少是相对的,不是绝对的,实际上同所推动的劳动和剩余劳动的绝对量毫无关系。利润率的下降,不是由于总资本的可变组成部分的绝对减少,而只是由于它的相对减少,由于它同不变组成部分相比的减少。

关于劳动量和剩余劳动量已定的情况所说的话,也适用于工人人数增加的情况,从而,在上述前提下,一般也适用于所支配的劳动量增加的情况,特别是适用于这个劳动的无酬部分即剩余劳动的量增加的情况。如果工人人口由200万增加到300万,以工资形式付给工人人口的可变资本现在也由以前的200万增加到300万,而不变资本由400万增加到1 500万,那么,在上述前提下(工作日和剩余价值率不变),剩余劳动量或剩余价值量就增加一半,即50%,由200万增加到300万。但是,尽管剩余劳动的绝对量,因而剩余价值的绝对量增加了50%,可变资本和不变资本的比率还是会由2:4下降到3:15,而剩余价值和总资本的比率如下(以百万为单位):

$$\text{I.}\quad 4c+2v+2m;\ C=\ 6,p'=33\frac{1}{3}\%\ ;$$

II. $15c+3v+3m; C=18, p'=16\frac{2}{3}\%$。

剩余价值量增加了一半,而利润率则比以前下降了一半。但是,利润只是按社会资本计算的剩余价值,因而就社会范围来说,利润量,利润的绝对量,同剩余价值的绝对量相等。因此,尽管这个利润量和全部预付资本的比率大大下降了,即一般利润率大大下降了,利润的绝对量,它的总量,还是增加了50%。所以,尽管利润率不断下降,资本所使用的工人人数,即它所推动的劳动的绝对量,从而它所吸收的剩余劳动的绝对量,从而它所生产的剩余价值量,从而它所生产的利润的绝对量,仍然**能够**增加,并且不断增加。事情还不只是**能够**如此。在资本主义生产的基础上,撇开那些暂时的波动,事情也**必然**如此。[241—242]

劳动的社会生产力的同一发展,在资本主义生产方式的发展中,一方面表现为利润率不断下降的趋势,另一方面表现为所占有的剩余价值或利润的绝对量的不断增加;结果,总的说来,与可变资本和利润的相对减少相适应的,是二者的绝对增加。我们讲过,这种双重的作用,只是在总资本的增加比利润率的下降更快的时候才能表现出来。要在构成更高或不变资本以更大程度相对增加的情况下使用一个绝对增加了的可变资本,总资本不仅要和更高的构成成比例地增加,而且要增加得更快。由此可见,资本主义生产方式越是发展,要使用同量劳动力,就需要越来越大的资本量;如果要使用更多的劳动力,那就更是如此。因此,在资本主义的基础上,劳动生产力的提高必然会产生永久性的表面上的工人人口过剩。如果可变资本以前占总资本的$\frac{1}{2}$,现在只占$\frac{1}{6}$,那么,要使用同量劳动力,总资本就必须增加到三倍;如果所用的劳动力要增加一倍,总资本就必须增加到六倍。[248]

利润率因生产力的发展而下降,同时利润量却会增加,这个规律也表现为:资本所生产的商品的价格下降,同时商品所包含的并通过商品出售所实现的利润量却会相对增加。

因为生产力的发展以及与之相适应的资本构成的提高,会使数量越来越小的劳动,推动数量越来越大的生产资料,所以,总产品中每一个可除部分,每一个商品,或者说,所生产的商品总量中每一定量商品,都只吸收较少的活劳动,而且也只包含较少的对象化劳动,即所使用的固定资本的损耗以及所消费的原料和辅助材料中所体现的对象化劳动。因此,每一个商品都只包含一个较小的、对象化在生产资料中的劳动和生产中新追加的劳动的总和。这样,单个商品的价格就下降了。尽管如此,单个商品中包含的利润量,在绝对剩余价值率或相对剩余价值率提高时仍能增加。它包含较少的新追加劳动,但是这种劳动的无酬部分同有酬部分相比却增加了。不过,只有在一定范围内情况才是这样。当单个商品中包含的新追加的活劳动的总和在生产发展过程中大大地绝对减少时,其中包含的无酬劳动的量也会绝对地减少,不管它同有酬部分相比相对地增加了多少。尽管剩余价值率提高了,每一个商品中的利润量却会随着劳动生产力的发展而大大减少;而这种减少和利润率的下降完全一样,只是由于不变资本要素变得便宜,由于本册第一篇所指出的在剩余价值率不变甚至下降时使利润率提高的其他情况才延缓下来。[251]

第十四章
起反作用的各种原因

如果我们考虑到,同以往的一切时期相比,仅仅最近30年间社会劳动生产力有了巨大的发展;特别是,如果我们考虑到,除了真正的机器,又有大量的固定资本加入社会生产过程的总体,那么,一向使经济学家感到麻烦的困难,即说明利润率下降,就会让位给相反的困难,即说明这种下降为什么不是更大、更快。必然有某些起反作用的影响在发生作用,来阻挠和抵消这个一般规律的作用,使它只有趋势的性质,因此,我们也就把一般利润率的下降叫做趋向下降。下面就是这些原因中最普遍的原因:

I. 劳动剥削程度的提高

劳动的剥削程度,剩余劳动和剩余价值的占有,特别会由于工作日的延长和劳动的强化而提高。这两点在第一册论述绝对剩余价值和相对剩余价值的生产时已经详细说明过了。使劳动强化的因素很多,其中包括不变资本同可变资本相比的相对增加,因而也包括利润率的下降,例如在一个工人必须看管更多机器的时候,情况就是这样。在这里——也像生产相对剩余价值时使用的大多数方法一样——,引起剩余价值率提高的同一些原因,都包含着按所使用的总资本的一定量来考察的剩余价值量的减少。[258—259]

剩余价值率的提高是决定剩余价值量从而决定利润率的一个因素。这特别是因为这种提高,如上所述,在不变资本同可变资本相比完全没有增加或不按比例增加的情况下也会发生。这个因素不会取消一般的规律。但是,它不如说会使一般的规律作为一种趋势来发生作用,即成为这样一种规律,它的绝对的实现被起反作用的各种情况所阻碍、延缓和减弱。但是,因为使剩余价值率提高(甚至延长劳动时间也是大工业的一个结果)的同一些原因,具有使一定量资本所使用的劳动力减少的趋势,所以同一些原因具有使利润率降低的趋势,同时又使这种降低的运动延缓下来。[261]

II. 工资被压低到劳动力的价值以下

在这里,这种情况只是作为经验的事实提出,因为它和其他许多似乎应该在这里提到的情况一样,实际上同资本的一般分析无关,而属于不是本书所要考察的竞争的研究范围。但它是阻碍利润率下降趋势的最显著的原因之一。[262]

III. 不变资本各要素变得便宜

就总资本来看,不变资本的价值并不和它的物质量按同一比例增加。例如,一个欧洲纺纱工人在一个现代工厂中加工的棉花量,同一个欧洲纺纱业者从前用纺车加工的棉花量相比,是极大地增加了。但是加工的棉花的价值,并不和它的量按同一比例增加。机器和其他固定资本的情况也是这样。总之,使不变资本量同可变资本相比相对增加的同一发展,由于劳动生产力的提高,会使不变资本各要素的价值减少,从而使不变资本的价值不和它的物质量,就是说,不和同量劳动力所推动的生产资料的物质量,按同一比例增加,虽然不变资本的价值会不断增加。在个别情况下,不变资本各要素的量,甚至会在不变资本的价值保持不变或其至下降的时候增加。

同上述情况有关的,是现有资本(即它的物质要素)随着工业发展而发生的贬值。它也是阻碍利润率下降的不断发生作用的原因之一,虽然它在某些情况下会使提供利润的资本的量减少,从而使利润量减少。这里再一次表明,造成利润率下降趋势的同一些

原因,也会阻碍这种趋势的实现。[262—263]

IV. 相对过剩人口

相对过剩人口的产生,是和表现为利润率下降的劳动生产力的发展分不开的,并且由于这种发展而加速。一个国家的资本主义生产方式越发展,这个国家的相对过剩人口就表现得越明显。一方面,相对过剩人口又是造成下述情况的原因:许多生产部门中劳动或多或少不完全从属于资本的现象继续存在,而且,即使这种现象初看起来和一般发展水平已不相适应,这种现象仍会继续存在;它也是下述情况造成的结果:可供支配的或被游离的雇佣工人价格低廉和数量众多,一些生产部门出于其本性而更加强烈地反对由手工劳动转化为机器劳动。另一方面,出现了新的生产部门,特别是生产奢侈品的部门,这些生产部门把其他生产部门中常常由于不变资本占优势而被游离的上述相对过剩人口作为基础,而这些生产部门本身又建立在活劳动要素占优势的基础之上,只是逐渐地走上其他生产部门所走过的路。在这两个场合,可变资本在总资本中占有相当大的比重,工资则低于平均水平,结果这些生产部门的剩余价值率和剩余价值量都非常高。因为一般利润率是由各特殊生产部门利润率的平均化而形成的,所以,造成利润率下降趋势的同一些原因,在这里又会产生一种和这种趋势相反的对抗力量,或多或少地抵消这种趋势的作用。[263—264]

V. 对外贸易

对外贸易一方面使不变资本的要素变得便宜,一方面使可变资本转变成的必要生活资料变得便宜，就这一点说，它具有提高利润率的作用，因为它使剩余价值率提高，使不变资本价值降低。一般说来，它在这方面起作用，是因为它可以使生产规模扩大。因此，它一方面加速积累，但是另一方面也加速可变资本同不变资本相比的相对减少，从而加速利润率的下降。同样，对外贸易的扩大，虽然在资本主义生产方式的幼年时期是这种生产方式的基础，但在资本主义生产方式的发展中，由于这种生产方式的内在必然性，由于这种生产方式要求不断扩大市场，它成为这种生产方式本身的产物。在这里，我们再一次看见了同样的二重作用。[264]

因此，一般说来，我们已经看到，引起一般利润率下降的同一些原因，又会产生反作用，阻碍、延缓并且部分地抵消这种下降。这些原因不会取消这个规律，但是会减弱它的作用。否则，不能理解的就不是一般利润率的下降，反而是这种下降的相对缓慢了。所以，这个规律只是作为一种趋势发生作用；它的作用，只有在一定情况下，并且经过一个长的时期，才会清楚地显示出来。[266]

VI. 股份资本的增加

除上述五点外，还可以补充下面一点，不过关于这一点，我们暂时不能进行深入的研究。在和加速的积累同时并进的资本主义生产的发展中，资本的一部分只作为生息资本来计算和使用。这里的生息资本不是在下述意义上说的：每个贷出资本的资本家满足于利息，而产业资本家则取得企业主收入。这同一般利润率的水平无关，因为对一般利润率来说，利润＝利息＋各种利润＋地租；利润在这些特殊范畴中的分配，同一般利润率无关。这里的生息资本是在下述意义上说的：这些资本虽然投在大的生产企业上，但在扣除一切费用之后,只提供或大或小的利息,即所谓股息。例如,投在铁路上的资本就是这样。因此,这些资本不参加一般利润率的平均化,因为它们提供的利润率低于平均利润率。如果它们参加进来,平均利润率就会下降得更厉害。从理论上说,我们可以把它们计算进去,这样得到的利润率小于表面上存在的并且对资本家实际上起决定作用的利润率,因为恰好在这些企业内,不变资本同可变资本相比最大。[267—268]

第十五章
规律的内部矛盾的展开

I. 概　论

利润率的下降和积累的加速,就二者都表现生产力的发展来说,只是同一个过程的不同表现。积累,就引起劳动的大规模集中,从而引起资本构成的提高来说,又加速利润率的下降。另一方面,利润率的下降又加速资本的积聚,并且通过对小资本家的剥夺,通过对那些还有一点东西可供剥夺的直接生产者的最后残余的剥夺,来加速资本的集中。所以,虽然积累率随着利润率的下降而下降,但是积累在量的方面还是会加速进行。[269—270]

假定已经有必要的生产资料,即充足的资本积累,那么,在剩余价值率从而劳动的剥削程度已定时,剩余价值的创造就只会遇到工人人口的限制,在工人人口已定时,就只会遇到劳动剥削程度的限制。资本主义的生产过程,实质上就是剩余价值的生产,而剩余价值体现为剩余产品或体现为所生产的商品中由无酬劳动对象化成的可除部分。决不应当忘记,这种剩余价值的生产——剩余价值的一部分再转化为资本,或积累,也是这种剩余价值生产的不可缺少的部分——是资本主义生产的直接目的和决定性动机。[233]因此,决不能把这种生产描写成它本来不是的那个东西,就是说,不能把它描写成以享受或者以替资本家生产享受品为直接目的的生产。如果这样,就完全无视这种生产在其整个内在本质上表现的独特性质。

这个剩余价值的取得,形成直接的生产过程,而这个生产过程,正如我们已经指出的,除了上面所说的那些限制,再没有别的限制。一旦可以榨出的剩余劳动量对象化在商品中,剩余价值就生产出来了。但是,这样生产出剩余价值,只是结束了资本主义生产过程的第一个行为,即直接的生产过程。资本已经吮吸了这么多无酬劳动。随着表现为利润率下降的过程的发展,这样生产出来的剩余价值的总量会惊人地膨胀起来。现在开始了过程的第二个行为。总商品量,即总产品,无论是补偿不变资本和可变资本的部分,还是代表剩余价值的部分,都必须卖掉。如果卖不掉,或者只卖掉一部分,或者卖掉时价格低于生产价格,那么,工人固然被剥削了,但是对资本家来说,这种剥削没有原样实现,这时,榨取的剩余价值就完全不能实现,或者只是部分地实现,资本就可能部分或全部地损失掉。进行直接剥削的条件和实现这种剥削的条件,不是一回事。二者不仅在时间和地点上是分开的,而且在概念上也是分开的。前者只受社会生产力的限制,后者受不同生产部门的比例关系和社会消费力的限制。但是社会消费力既不是取决于绝对的生产力,也不是取决于绝对的消费力,而是取决于以对抗性的分配关系为基础的消费力;这种分配关系,使社会上大多数人的消费缩小到只能在相当狭小的界限以内变动的最低限度。其次,这个消费力还受到追求积累的欲望,扩大资本和扩大剩余价值生产规模的欲望的限制。这是资本主义生产的规律,它是由生产方法本身的不断革命,由总是和这种革命联系在一起的现有资本的贬值,由普遍的竞争斗争以及仅仅为了保存自身和避免灭亡而改进生产和扩大生产规模的必要性决定的。因此,市场必须不断扩大,以致市场的联系和调节这种联系的条件,越来越取得一种不以生产者为转移的自然规律的形式,越来越无法控制。这个内部矛盾力图通过扩大生产的外部范围求得解决。但是生产力越发展,它就越和消费关系的狭隘基础发生冲突。在这个充满矛盾的基础上,资本过剩和日益增加的人口过剩结合在一起是完全不矛盾的;因为在二者相结合的情况下,所生产的剩余价值的量虽然会增加,但是生产剩余价值的条件和实现这个剩余价值的条件之间的矛盾,恰好也会随之而增大。[271—273]

利润率下降,不是因为对工人的剥削少了,而是因为所使用的劳动同所使用的资本相比少了。[274]

利润量甚至在利润率较低时也会随着所投资本量的增加而增加。但是,这同时需要有资本的积累,因为这时各种生产条件都要求使用大量资本。这同样需要有资本的集中,即小资本家为大资本家所吞并,小资本家丧失资本。这不过又是劳动条件和生产者的再一次的分离,这些小资本家还属于生产者,因为对他们来说,本人的劳动还起着作用;一般说来,资本家的劳动和他的资本量成反比,就是说,和他成为资本家的程度成反比。正是劳动条件和生产者之间的这种分离,形成资本的概念;这种分离从原始积累(第一册第二十四章)开始,然后在资本的积累和积聚中表现为不断的过程,最后表现为现有资本集中在少数人手中和许多人丧失资本(现在剥夺正向这方面变化)。如果没有相反的趋势总是在向心力之旁又起离心作用,这个过程很快就会使资本主义生产崩溃。
[274—275]

II. 生产扩大和价值增殖之间的冲突

总的说来,矛盾在于:资本主义生产方式包含着绝对发展生产
力的趋势,而不管价值及其中包含的剩余价值如何,也不管资本主
义生产借以进行的社会关系如何;而另一方面,它的目的是保存现
有资本价值和最大限度地增殖资本价值(也就是使这个价值越来
越迅速地增加)。它的独特性质是把现有的资本价值用做最大可
能地增殖这个价值的手段。它用来达到这个目的的方法包含着:
降低利润率,使现有资本贬值,靠牺牲已经生产出来的生产力来发
展劳动生产力。

现有资本的周期贬值,这个为资本主义生产方式所固有的、阻
碍利润率下降并通过新资本的形成来加速资本价值的积累的手
段,会扰乱资本流通过程和再生产过程借以进行的现有关系,从而
引起生产过程的突然停滞和危机。

与生产力发展并进的、可变资本同不变资本相比的相对减少,
刺激工人人口的增加,同时又不断地创造出人为的过剩人口。资
本的积累,从价值方面看,由于利润率下降而延缓下来,但这样一
来更加速了使用价值的积累,而使用价值的积累又使积累在价值
方面加速进行。

资本主义生产总是竭力克服它所固有的这些限制,但是它用
来克服这些限制的手段,只是使这些限制以更大的规模重新出现
在它面前。

资本主义生产的**真正限制**是**资本自身**,这就是说:资本及其自

行增殖,表现为生产的起点和终点,表现为生产的动机和目的;生产只是为**资本**而生产,而不是反过来生产资料只是生产者**社会**的生活过程不断扩大的手段。以广大生产者群众的被剥夺和贫穷化为基础的资本价值的保存和增殖,只能在一定的限制以内运动,这些限制不断与资本为它自身的目的而必须使用的并旨在无限制地增加生产,为生产而生产,无条件地发展劳动社会生产力的生产方法相矛盾。手段——社会生产力的无条件的发展——不断地和现有资本的增殖这个有限的目的发生冲突。因此,如果说资本主义生产方式是发展物质生产力并且创造同这种生产力相适应的世界市场的历史手段,那么,这种生产方式同时也是它的这个历史任务和同它相适应的社会生产关系之间的经常的矛盾。**234**[278—279]

III. 人口过剩时的资本过剩

单个资本家为了生产地使用劳动所必需的资本最低限额,随着利润率的下降而增加;这个最低限额所以是必需的,既是为了剥削劳动,也是为了使所用劳动时间成为生产商品的必要劳动时间,使它不超过生产商品的平均社会必要劳动时间。同时积聚也增长了,因为超过一定的界限,利润率低的大资本比利润率高的小资本积累得更迅速。这种不断增长的积聚,达到一定程度,又引起利润率重新下降。因此,大量分散的小资本被迫走上冒险的道路:投机、信用欺诈、股票投机、危机。所谓的资本过剩,实质上总是指利润率的下降不能由利润量的增加来抵消的那种资本——新形成的资本嫩芽总是这样——的过剩**235**,或者是指那种自己不能独立行动而以信用形式交给大经营部门的指挥者去支配的资本的过剩。资本的这种过剩是由引起相对过剩人口的同一些情况产生的,因而是相对过剩人口的补充现象,虽然二者处在对立的两极上:一方面是失业的资本,另一方面是失业的工人人口。[279]

资本的生产过剩,从来仅仅是指能够作为资本执行职能即能够用来按一定剥削程度剥削劳动的生产资料——劳动资料和生活资料——的生产过剩;而这个剥削程度下降到一定点以下,就会引起资本主义生产过程的混乱和停滞、危机、资本的破坏。资本的这种生产过剩伴随有相当可观的相对人口过剩,这并不矛盾。使劳动生产力提高、商品产量增加、市场扩大、资本在量和价值方面加速积累和利润率降低的同一些情况,也会产生并且不断地产生相对的过剩人口,即过剩的工人人口,这些人口不能为过剩的资本所使用,因为他们只能按照很低的劳动剥削程度来使用,或者至少是因为他们按照一定的剥削程度所提供的利润率已经很低。[284—285]

因为资本的目的不是满足需要,而是生产利润,因为资本达到这个目的所用的方法,是按照生产的规模来决定生产量,而不是相反,所以,在立足于资本主义基础的有限的消费范围和不断地力图突破自己固有的这种限制的生产之间,必然会不断发生不一致。而且,资本是由商品构成的,因而资本的生产过剩包含商品的生产过剩。由此产生了这样一种奇怪的现象:那些否认商品生产过剩的经济学家,却承认资本的生产过剩。[236] 如果有人说,发生的不是一般的生产过剩,而是不同生产部门之间的不平衡,[237] 那么,这仅仅是说,在资本主义生产内部,各个生产部门之间的平衡表现为由不平衡形成的一个不断的过程,因为在这里,全部生产的联系是作为盲目的规律强加于生产当事人,而不是作为由他们的集体的理性所把握、从而受这种理性支配的规律来使生产过程服从于他们的共同的控制。[285—286]

生活资料和现有的人口相比不是生产得太多了。正好相反。要使大量人口能够体面地、像人一样地生活,生活资料还是生产得太少了。[287]

不是财富生产得太多了。而是资本主义的、对立的形式上的财富,周期地生产得太多了。

资本主义生产方式的限制表现在:

1. 劳动生产力的发展使利润率的下降成为一个规律,这个规律在某一点上和劳动生产力本身的发展发生最强烈的对抗,因而必须不断地通过危机来克服。

2. 生产的扩大或缩小,不是取决于生产和社会需要即社会地发展了的人的需要之间的关系,而是取决于无酬劳动的占有以及这个无酬劳动和对象化劳动之比,或者按照资本主义的说法,取决于利润以及这个利润和所使用的资本之比,即一定水平的利润率。因此,当生产扩大到在另一个前提下还显得远为不足的程度时,对资本主义生产的限制已经出现了。资本主义生产不是在需要的满足要求停顿时停顿,而是在利润的生产和实现要求停顿时停顿。[287—288]

利润率是资本主义生产的推动力;那种而且只有那种生产出来能够提供利润的东西才会被生产。英国经济学家对利润率下降的担忧就是由此产生的。单是这种可能性就使李嘉图感到不安,这正好表明他对资本主义生产条件有深刻的理解。有人责难他,说他在考察资本主义生产时不注意"人",只看到生产力的发展,而不管这种发展以人和资本**价值**的多大牺牲为代价。[238]这正好是他的学说中的重要之处。发展社会劳动的生产力,是资本的历史任务和存在理由。资本正是以此不自觉地创造着一种更高级的生产形式的物质条件。使李嘉图感到不安的是:利润率,资本主义生产的刺激,积累的条件和动力,会受到生产本身发展的威胁。而且在这里,数量关系就是一切。实际上,成为基础的还有某种更为深刻的东西,他只是模糊地意识到了这一点。在这里,资本主义生产的限制,它的相对性,以纯粹经济学的方式,就是说,从资产阶级立场出发,在资本主义理解力的界限以内,从资本主义生产本身的立场出发而表现出来,也就是说这里表明,资本主义生产不是绝对的生产方式,而只是一种历史的、和物质生产条件的某个有限的发展时期相适应的生产方式。[288—289]

第　四　篇

商品资本和货币资本转化为
商品经营资本和
货币经营资本（商人资本）

第十六章
商品经营资本

　　商人资本或商业资本分为两个形式或亚种，即商品经营资本和货币经营资本。现在，我们要在分析资本的核心构造所必要的范围内，较详细地说明这两种资本的特征。[297]

　　商品资本的运动在第二册[239]已经分析过了。就社会总资本来说，它的一部分总是作为商品处在市场上，以便转化为货币，虽然这部分的构成要素不断改变，甚至数量也在变化；另一部分则以货币形式处在市场上，以便转化为商品。社会总资本总是处在这种转化即这种形态变化的运动中。只要处在流通过程中的资本的这种职能作为一种特殊资本的特殊职能独立起来，作为一种由分工赋予特殊一类资本家的职能固定下来，商品资本就成为商品经营资本或商业资本。[297—298]

　　商品经营资本不外是这个不断处在市场上、处在形态变化过程中并总是局限在流通领域内的流通资本的一部分的转化形式。

我们说一部分,是因为商品的买和卖有一部分是不断地在产业资本家自身中间直接进行的。在这里的研究中,我们把这个部分完全抽象掉,因为它对于规定商人资本的概念,对于理解商人资本的特有性质毫无帮助,另一方面,在第二册中,我们已经对这个部分做了为我们的目的所需要做的详尽说明**240**。

商品经营者,作为资本家一般,首先是作为某个货币额的代表出现在市场上;他作为资本家预付这个货币额,也就是说,他要把这个货币额从 x(这个货币额的原有价值)转化为 x+Δx(这个货币额加上它的利润)。但是,对他这个不仅是作为资本家一般,而且特别是作为商品经营者的人来说,不言而喻的是,他的资本最初必须以货币资本的形式出现在市场上,因为他不生产商品,而只是经营商品,对商品的运动起中介作用,而要经营商品,他就必须首先购买商品,因此必须是货币资本的占有者。

假定一个商品经营者有 3 000 镑,把它当做经营资本来增殖。他用这 3 000 镑从麻布厂主那里购买比如说 30 000 码麻布,每码 2 先令。他再把这 30 000 码麻布卖掉。如果年平均利润率 = 10%,他在扣除一切其他花费之后赚到 10% 的年利润,那么,他在年终时就把这 3 000 镑转化为 3 300 镑了。他怎样赚得这笔利润,那是我们以后才要研究的问题。在这里,我们首先要考察的只是他的资本的运动的形式。他不断地用这 3 000 镑购买麻布,并且不断地把这些麻布卖掉;他不断地重复为卖而买这一行为,G—W—G′。这是完全局限在流通过程中的资本的简单形式,不会因处在这一资本的自身运动和职能范围以外的生产过程所造成的间歇而中断。[299—300]

商品经营资本无非是生产者的商品资本,这种商品资本必须经历它转化为货币的过程,必须在市场上完成它作为商品资本的职能;不过这种职能已经不是表现为生产者的附带活动,而是表现为一类特殊资本家即商品经营者的专门活动,它已经作为一种特殊投资的业务而独立起来。

此外,这种情况也表现在商品经营资本的特有流通形式上。商人购买商品,然后把它卖掉:G—W—G'。[……]这同时也表明,对生产资本家来说是 W—G 的行为,即他的资本执行其商品资本这一暂时形态上的简单职能的行为,对商人来说却是 G—W—G'的行为,即他所预付的货币资本实现特殊增殖过程的行为。商品形态变化的一个阶段,在这里,对商人来说,表现为 G—W—G',也就是表现为一种独特的资本的演变。[301—302]

既然商品经营资本在自行销售的生产者手中显然只是他的资本在再生产过程中的一个特殊阶段上,即停留在流通领域的时候所表现的一种特殊形式,那么,是什么情况使商品经营资本具有一个独立地执行职能的资本的性质呢?

第一,是下面这个情况:商品资本是在一个和它的生产者不同的当事人手中完成它最终转化为货币的过程,即完成它的第一形态变化,完成它在市场上作为商品资本所固有的职能的;商品资本的这种职能,是以商人的活动,即商人的买卖为中介的,于是这种活动就形成一种特别的、与产业资本的其他职能分离的、因而是独立存在的业务。这是社会分工的一种特殊形式,结果是,一部分本来要在资本再生产过程的一个特殊阶段(在这里就是流通阶段)中完成的职能,现在表现为一种和生产者不同的、特别的流通当事人的专门职能。但是单有这一点,这种特殊业务还决不会表现为一种和处于再生产过程的产业资本不同的、独立于产业资本之外的特殊资本的职能;在商品经营只是由产业资本家的推销员或其他直接代理人进行的地方,它实际上还没有表现为这种职能。因此,还必须有第二个因素。

第二,这是由于独立的流通当事人,商人,在这个地位上要预付货币资本(他自有的或借入的)。那个对于处在再生产过程中的产业资本来说只表现为 W—G,即商品资本转化为货币资本或单纯的卖的行为,对商人来说却表现为 G—W—G′,即同一商品的买和卖,因而表现为货币资本的回流,这个货币资本在商人进行购买时离开了他,通过出售又回到他手中。[303—304]

商品资本会在商品经营资本形式上取得一种独立资本的形态,是由于这样一种情况:商人预付货币资本,这种资本所以能作为资本自行增殖,能执行资本的职能,是因为它专门从事这样一种活动,即作为中介实现商品资本的形态变化,实现这一资本作为商品资本的职能,也就是实现它向货币的转化,并且这一点是通过商品的不断的买和卖来实现的。这是商品经营资本的唯一活动;对产业资本流通过程起中介作用的这种活动,就是商人使用的货币资本的唯一职能。通过这种职能,商人把他的货币转化为货币资本,把他的 G 表现为 G—W—G′;并且通过同一过程,他把商品资本转化为商品经营资本。

商品经营资本,只要它以商品资本的形式存在,从社会总资本的再生产过程来看,显然不过是产业资本中那个还处在市场上、处在自己的形态变化过程中、现在作为商品资本存在和执行职能的部分。因此,这只是商人预付的货币资本,这种货币资本是专门用于买卖商品的,因而只采取商品资本和货币资本的形式,而从来不采取生产资本的形式,并且总是处在资本的流通领域中——我们现在就资本的总再生产过程要考察的,也只是这种货币资本。

一旦生产者即麻布厂主把他的 30 000 码麻布卖给商人,得到了 3 000 镑,他就会用由此得到的货币购买必要的生产资料,他的资本就会再进入生产过程;他的生产过程就会继续进行下去,不会发生中断[241]。对他来说,他的商品已经转化为货币。但是我们知道,对麻布本身来说,这种转化还没有发生。它还没有最终再转化为货币,还没有作为使用价值进入生产消费或个人消费。原来由麻布生产者代表的同一商品资本,现在在市场上由麻布商人来代表了。对麻布生产者来说,形态变化的过程缩短了,但只是要在商人手中继续进行下去。

如果麻布生产者必须等待,直等到他的麻布实际上已经不再是商品,已经转入最后的买者手中,即转入生产消费者或个人消费者手中,那么,他的再生产过程就会中断。或者,为了使再生产过程不致中断,他就必须限制他的业务,把他的较小部分的麻布转化为麻纱、煤炭、劳动等等,总之,转化为生产资本的各种要素,而把他的较大部分的麻布作为货币准备金保存起来,以便在他的资本的一部分作为商品处在市场上的时候,另一部分能够使生产过程继续进行下去,因而,在这一部分作为商品出现在市场上的时候,那一部分则以货币形式流回。他的资本的这种分割,不会由于商人的介入而消除。但是,如果没有商人的介入,流通资本中以货币准备金形式存在的部分,同以生产资本形式使用的部分相比,必然会不断增大,与此相适应,再生产的规模就会受到限制。而现在,生产者能够把他的资本中较大的部分不断地用于真正的生产过程,而把较小的部分用做货币准备金。[305—306]

如果商人不是把3 000镑用来购买麻布,然后把它再卖出去,而是自己把这3 000镑用于生产,那么,社会的生产资本似乎就会增大了。不过在这种情况下,麻布生产者当然就必须把他的相当大一部分资本作为货币准备金保存起来;现在已经转化为产业资本家的商人也必须这样做。反之,如果商人仍然是商人,那么,生产者就可以把出售商品的时间节省下来用于监督生产过程,而商人则必须把他的全部时间用于出售商品。

只要商人资本没有超过它的必要的比例,那就必须承认:

1. 由于分工,专门用于买卖的资本(在这里,除了购买商品的货币以外,还包括在经营商业所必要的劳动方面和在商人的不变资本即仓库、运输等等方面必须支出的货币),小于产业资本家在必须亲自从事他的企业的全部商业活动时所需要的这种资本。

2. 因为商人专门从事这种业务,所以,不仅生产者可以把他的商品较早地转化为货币,而且商品资本本身也会比它处在生产者手中的时候更快地完成它的形态变化。

3. 就全部商人资本同产业资本的关系来看,商人资本的一次周转,不仅可以代表一个生产部门许多资本的周转,而且可以代表不同生产部门若干资本的周转。前一种情况是,例如,在麻布商人用他的 3 000 镑购买麻布生产者的产品并再把它卖掉以后,在这个生产者再把同量商品投入市场以前,他又去购买另一个或几个麻布生产者的产品并再把它卖掉,这样也就对同一生产部门中的不同资本的周转起中介作用。后一种情况是,例如,在商人把麻布卖掉之后,接着买进生丝,从而对另一个生产部门的资本的周转起中介作用。[306—307]

商人资本的周转,与一个同样大小的产业资本的周转或一次再生产是不同的;相反地,它同若干个这种资本的周转的总和相等,而不管这种资本是属于同一生产部门还是属于不同生产部门。商人资本周转得越快,总货币资本中充当商人资本的部分就越小;商人资本周转得越慢,总货币资本中充当商人资本的部分就越大。生产越不发达,商人资本的总额,同投入流通的商品的总额相比,就越大;但是绝对地说,或者同比较发达的状态相比,则越小。反过来,情况也就相反。因此,在这样的不发达状态下,真正的货币资本大部分掌握在商人手中,这样,商人的财产对于其他人的财产来说成为货币财产。**242**

商人预付的货币资本的流通速度取决于:1.生产过程更新的速度和不同生产过程互相衔接的速度;2.消费的速度。

商人资本仅仅为了完成上述周转,不需要按自己的全部价值量先买进商品,然后再把它卖掉。商人同时完成这两种运动。在这种情况下,他的资本分为两部分。一部分由商品资本构成,另一部分由货币资本构成。他在这里买东西,从而把他的货币转化为商品。他在那里卖东西,从而把另一部分商品资本转化为货币。一方面,他的资本作为货币资本流回他手中,另一方面,商品资本流到他手中。以一种形式存在的部分越大,以另一种形式存在的部分就越小。二者互相交替并互相平衡。如果货币作为支付手段的应用和由此发展起来的信用制度,同货币作为流通手段的应用结合在一起,那么,商人资本的货币资本部分同这个商人资本完成的交易额相比,就会更加减少。如果我购买了价值 1 000 镑的葡萄酒,支付期是三个月,在三个月期满以前,我已经按现金交易把葡萄酒卖掉了,那么,进行这笔交易就一文钱也没有预付。[308—309]

商人资本不外是在流通领域内执行职能的资本。流通过程是总再生产过程的一个阶段。但是在流通过程中,任何价值也没有生产出来,因而任何剩余价值也没有生产出来。在这个过程中,只是同一价值量发生了形式变化。事实上不过是发生了商品的形态变化,这种形态变化本身同价值创造或价值变化毫无关系。如果说在生产的商品出售时实现了剩余价值,那是因为剩余价值已经存在于该商品中;因此,在第二个行为,即货币资本同商品(各种生产要素)的再交换中,买者也不会实现任何剩余价值,在这里货币同生产资料和劳动力的交换只是为剩余价值的生产做了准备。相反地,既然这些形态变化要花费流通时间——在这个时间内资本根本不生产东西,因而也不生产剩余价值——,这个时间也就限制价值的创造,表现为利润率的剩余价值会正好和流通时间的长短成反比。因此,商人资本既不创造价值,也不创造剩余价值,就是说,它不直接创造它们。但既然它有助于流通时间的缩短,它就能间接地有助于产业资本家所生产的剩余价值的增加。既然它有助于市场的扩大,并对资本之间的分工起中介作用,因而使资本能够按更大的规模来经营,它的职能也就会提高产业资本的生产效率和促进产业资本的积累。既然它缩短流通时间,它也就提高剩余价值对预付资本的比率,也就是提高利润率。既然它把资本的一个较小部分作为货币资本束缚在流通领域中,它就增大了直接用于生产的那部分资本。[311—312]

第十七章
商 业 利 润

商品经营资本——撇开可以和它结合在一起的一切异质的职能,如保管、发送、运输、分类、分装等,只说它的真正的为卖而买的职能——,既不创造价值,也不创造剩余价值,它只是对它们的实现起中介作用,因而同时也对商品的实际交换,对商品从一个人手里到另一个人手里的转让,对社会的物质变换起中介作用。但是,因为产业资本的流通阶段,和生产一样,形成再生产过程的一个阶段,所以在流通过程中独立地执行职能的资本,也必须和在各不同生产部门中执行职能的资本一样,提供年平均利润。如果商人资本比产业资本带来百分比更高的平均利润,那么,一部分产业资本就会转化为商人资本。如果商人资本带来更低的平均利润,那么就会发生相反的过程,一部分商人资本就会转化为产业资本。没有哪一种资本比商人资本更容易改变自身的用途,更容易改变自身的职能了。

因为商人资本本身不生产剩余价值,所以很清楚,以平均利润的形式归商人资本所有的剩余价值,是总生产资本所生产的剩余价值的一部分。但是现在问题在于:商人资本怎样从生产资本所生产的剩余价值或利润中获得归它所有的那一部分呢?[243][314]

很清楚,商人只能从他所出售的商品的价格中获得他的利润,更清楚的是,他出售商品时赚到的这个利润,必然等于商品的购买价格和它的出售价格之间的差额,必然等于后者超过前者的余额。[314—315]

这种加价的形式是很容易理解的。例如,1 码麻布值 2 先令。如果我要从再出售中获得 10% 的利润,我就必须加价 $\frac{1}{10}$,也就是,按每码 2 先令 $2\frac{2}{5}$ 便士出售。在这种情况下,它的实际生产价格和它的出售价格之间的差额 $=2\frac{2}{5}$ 便士。这就是 2 先令的 10% 的利润。[316]

这就是从现象上最初表现出来的情形:商业利润通过商品加价而实现。事实上,认为利润来自商品价格的名义上的提高或商品高于它的价值出售这整个看法,是从对商业资本的直觉中产生的。

但是,只要仔细考察一下,马上就可以看到,这不过是假象。并且可以看到,假定资本主义生产方式是占统治地位的生产方式,商业利润就不是以这个方式实现的。(在这里,我们谈的始终只是平均的情况,而不是个别的情况。)为什么我们假定,商品经营者只有高于商品生产价格比如说 10% 出售商品,才能在他的商品上实现10%的利润呢？因为我们已经假定,这种商品的生产者,产业资本家(作为产业资本的人格化,对外界来说,他总是作为"生产者"出现)是按商品的生产价格把商品卖给商人的。如果商品经营者支付的商品购买价格等于它的生产价格,归根到底,也就是等于它的价值,以致商品的生产价格,归根到底,也就是商品的价值,对商人来说代表成本价格,那么,商人的出售价格超过他的购买价格的余额——只有这个差额才是他的利润的源泉——,事实上就必然是商品的商业价格超过它的生产价格的余额,因此,归根到底,商人是高于商品价值出售一切商品的。但是,为什么假定产业资本家是按商品的生产价格把商品卖给商人的呢？或者不如说,这个假定是以什么为前提的呢？这就是:商业资本(在这里,我们还只是把它看做商品经营资本)不参加一般利润率的形成。在说明一般利润率时,我们必须从这个前提出发,第一,因为商业资本本身那时对我们来说还不存在;第二,因为平均利润,从而一般利润率,首先必须作为不同生产部门的产业资本实际生产的利润或剩余价值的平均化来说明。但是,说到商人资本,我们考察的却是一种不参加利润生产而只分享利润的资本。所以,现在必须对以前的说明进行补充。

假定一年中预付的总产业资本 $=720c+180v=900$（比如说以百万镑为单位）, $m'=100\%$ 。因而产品 $=720c+180v+180m$ 。然后我们把这个产品或生产出来的商品资本叫做W,它的价值或生产价格(因为就全部商品来说,二者是一致的)就是 1 080,总资本900的利润率 $=20\%$ 。按照前面的阐述,这个20%是平均利润率,因为在这里剩余价值不是根据这个或那个具有特殊构成的资本计算的,而是根据具有平均构成的总产业资本计算的。因而 W $=$ 1 080,利润率 $=20\%$ 。现在我们假定,在这900镑产业资本之外,还有 100 镑商人资本加入,它要按照自己大小的比例从利润中分得和产业资本相同的份额。按照假定,它是总资本 1 000 中的 $\frac{1}{10}$ 。因此,它从全部剩余价值 180 中分得 $\frac{1}{10}$;也就是按 18% 的比率获得一笔利润。因此,留下来要在其余 $\frac{9}{10}$ 的总资本中进行分配的利润实际上只有 162,对资本 900 来说也是 18% 。因此,产业资本 900 的所有者把 W 卖给商品经营者的价格 = 720c + 180v + 162m = 1 062。因此,如果商人对他的资本 100 加上 18% 的平均利润,他就是按照 1 062 + 18 = 1 080,也就是按照商品的生产价格来出售商品,或者就总商品资本来看,也就是按照商品的价值来出售商品,虽然他的利润只是在流通中并且通过流通才获得的,只是由于他的出售价格超过他的购买价格的余额才获得的。不过,他还是没有高于商品的价值或高于商品的生产价格出售商品,而正是因为他是低于商品的价值或低于商品的生产价格从产业资本家那里购买商品的。

因此,商人资本会按照它在总资本中所占的比例,作为一个决定的因素参加一般利润率的形成。拿上述例子来说,平均利润率 = 18% ,所以,如果不是总资本有 $\frac{1}{10}$ 是商人资本,由此使一般利润率降低了 $\frac{1}{10}$,那么一般利润率就会 = 20% 。这样一来,关于生产价格也就出现一个更确切的有限制的规定。我们仍然要把生产价格理解为商品的价格,即 = 商品的成本(商品中包含的不变资本+可变资本的价值)+平均利润。但是,这个平均利润现在是由另外的方法决定的。它是由总生产资本所生产的总利润决定的;但不是按这个总生产资本来计算的,而是按总生产资本+商业资本来计算的。在前一个场合,如果总生产资本如上所述 = 900,利润 = 180,平均利润率就会 = $\frac{180}{900}$ = 20% ;在后一个场合,如果生产资本为900,商业资本为100,平均利润率就$=\frac{180}{1\ 000}=18\%$。因此,生产价格=k(成本)+18,而不是k+20。在平均利润率中,总利润中归商业资本所有的部分已经计算在内了。因此,总商品资本的实际价值或实际生产价格=k+p+h(在这里,h代表商业利润)。所以,生产价格或者说产业资本家本人出售商品的价格,小于商品的实际生产价格;或者,就商品的总体来看,产业资本家阶级出售全部商品的价格,小于这全部商品的价值。这样,拿上述例子来说,900(成本)+900的18%,即900+162=1 062。现在商人把他花费100的商品,按118出售,他当然加价18%;但是,因为他用100买来的商品本来值118,所以他并没有高于商品的价值出售。我们以后要在上述这个更确切的意义上使用生产价格这个用语。在这种情况下很清楚,产业资本家的利润等于商品的生产价格超过它的成本价格的余额,而和这种产业利润不同,商业利润等于商品的出售价格超过它的生产价格的余额,这个生产价格对商人来说就是商品的购买价格;但是,商品的实际价格=商品的生产价格+商业利润。正像产业资本之所以能实现利润,只是因为利润作为剩余价值已经包含在商品的价值中一样,商业资本之所以能实现利润,只是因为产业资本在商品的价格中实现的并非全部的剩余价值或利润。(39)因此,商人的出售价格之所以高于购买价格,并不是因为出售价格高于总价值,而是因为购买价格低于总价值。

可见,商人资本虽然不参加剩余价值的生产,但参加剩余价值到平均利润的平均化。因此,一般利润率已经意味着从剩余价值中扣除了属于商人资本的部分,也就是说,对产业资本的利润作了

---

(39)　约翰·贝勒斯。**244**

一种扣除。

根据以上所说可以得出如下结论:

1. 同产业资本相比,商人资本越大,产业利润率就越小。反过来,情况也就相反。

2. 如果像第一篇已经说明的那样,利润率总是表现为一个小于实际剩余价值率的比率,也就是说,总是把劳动的剥削程度表现得过小,如以上述 $720c+180v+180m$ 的情况为例,一个 100% 的剩余价值率仅仅表现为一个 20% 的利润率,那么,既然平均利润率本身在商人资本应得的份额计算进来时表现得更小,在这里,是 18% ,而不是 20% ,这个比率就相差得更大。因此,直接进行剥削的资本家的平均利润率所表现的利润率小于实际的利润率。[316—320]

如果产业资本家自己互相直接出售商品时损失的劳动时间——从客观上说,也就是商品的流通时间——根本不会给这些商品加进任何价值,那么很清楚,这种劳动时间决不会因为由商人来花费而不是由产业资本家来花费,就获得另一种性质。由商品(产品)到货币和由货币到商品(生产资料)的转化,是产业资本的必要职能,因而是资本家——他事实上只是人格化的具有自己的意识和意志的资本——的必要活动。但是这种职能既不会增加价值,也不会创造剩余价值。当商人进行这些活动时,或者说,当商人在生产资本家不再执行资本在流通领域内的职能以后,继续执行这种职能时,他只是代替了产业资本家。这些活动所花费的劳动时间,是用在资本的再生产过程的必要活动上的,但它不会加进任何价值。如果商人不去进行这些活动(因而也不花费这些活动所需要的劳动时间),他就不会作为产业资本的流通代理人来使用他的资本,也不会继续执行产业资本家的已经中断的职能,因此也就不会作为资本家,按照他所预付的资本的比例,分享产业资本家阶级所生产的利润量。因此,商业资本家为了分享剩余价值量,使自己预付的货币作为资本增殖,是无须使用雇佣工人的。如果他的业务和资本都很小,他自己也许就是他所使用的唯一工人。他得到的报酬,就是利润的一部分,对他来说,这部分来自商品的购买价格和商品的实际生产价格之间的差额。[322—323]

对产业资本家来说,流通行为的延长意味着:1. 他的个人时间会受到损失,因为这会妨碍他作为生产过程本身的管理者去执行自己的职能;2. 他的产品会更久地以货币形式或商品形式停留在流通过程中,在这个过程中,产品的价值不会增殖,并且直接的生产过程会被中断。要使直接的生产过程不被中断,就或者必须限制生产,或者必须预付追加的货币资本,以便生产过程不断按同一规模继续进行。这在每一次都会造成如下的结果:或者使原来的资本只取得较少的利润,或者必须预付追加的货币资本,以便取得原来的利润。即使商人代替了产业资本家,这一切仍然不变。这时,不是产业资本家把更多的时间花在流通过程中,而是商人把更多的时间花在流通过程中;不是产业资本家为流通预付追加的资本,而是商人预付追加的资本。或者,换一种说法也一样:不是产业资本的一个相当大的部分不断在流通过程中流转,而是商人的资本完全束缚在流通过程中;不是产业资本家生产的利润少了,而是他必须把他的利润的一部分完全让给商人。只要商人资本限制在必要限度以内,差别就只是在于:由于资本职能的这种划分,专门用在流通过程上的时间减少了,为流通过程预付的追加资本减少了,而且总利润中以商业利润的形式表现出来的损失也比在没有这种划分的情况下减少了。拿我们上述 $720c+180v+180m$ 的例子来说,如果在存在一个商人资本 100 的时候,给产业资本家带来的利润是 162 或 18%，因此利润减少了 18，那么，在没有这种独立的商人资本的时候，必要的追加资本也许会是 200，因此，产业资本家的预付总额不是 900，而是 1 100 了，这样，按剩余价值 180 计算，利润率只是 $16\frac{4}{11}$%。

如果产业资本家同时又是自己的商人，他除了预付追加资本，以便在他的处在流通中的产品再转化为货币以前购买新的商品，还要为实现他的商品资本的价值，也就是为流通过程预付资本（事务所费用和商业工人的工资），那么，这些支出固然会形成追加资本，但不会生产任何剩余价值。它们必须从商品的价值中得到补偿；这些商品的一部分价值必须再转化为这种流通费用；但由此不会形成任何追加的剩余价值。就社会总资本来看，这事实上无非就是说，总资本的一部分是那些不加入价值增殖过程的次一级的活动所需要的，并且社会资本的这个部分必须为这些目的而不断地再生产出来。对单个资本家和整个产业资本家阶级来说，利润率会因此减少。对他们来说，每一次追加资本都会产生这样的结果，只要这种追加是推动同量可变资本所必需的。

当这种和流通业务本身有关的追加费用由商业资本家替产业资本家担负起来的时候，利润率的这种减少也会发生，不过程度较小了，途径也不同了。现在，情况是这样：同没有这种费用时需要预付的资本相比，商人要预付更多的资本；这种追加资本的利润会增加商业利润总额，因此，会有更多的商人资本同产业资本一起参加平均利润率的平均化，也就是说，平均利润会下降。拿我们上述的例子来说，如果在商人资本 100 之外，还要为所说的各种费用预付追加资本 50，那么，全部剩余价值 180 现在就要按照生产资本 900 加上商人资本 150，总共是 1 050 来分配了。因此平均利润率

会下降到 $17\frac{1}{7}\%$。产业资本家按照 $900+154\frac{2}{7}=1\,054\frac{2}{7}$ 的价格把商品卖给商人,商人再按照 1 130 的价格(即 1 080+50 的费用,这是他必须再收回的)把商品卖掉。此外,必须承认,随着商人资本和产业资本的划分,会同时出现商业费用的集中,从而商业费用的减少。

现在要问:商业资本家即这里所说的商品经营者所雇用的商业雇佣工人的情况,是怎样的呢?

从一方面说,一个这样的商业工人,和任何另一个工人一样,是雇佣工人。第一,因为这种劳动是用商人的可变资本,而不是用作为收入来花费的货币购买的;因此,购买这种劳动的目的并不是为了替私人服务,而是为了使预付在这上面的资本自行增殖。第二,因为他的劳动力的价值,从而他的工资,也和一切其他雇佣工人的情况一样,是由他特有的劳动力的生产费用和再生产费用决定的,而不是由他的劳动的产物决定的。

但是,在商业工人和产业资本直接雇用的工人之间,必然会出现产业资本和商业资本之间,从而产业资本家和商人之间出现的同样的差别。因为商人作为单纯的流通当事人既不生产价值,也不生产剩余价值(因为他由自己的费用加到商品上的追加价值,不过是原先已有的价值的追加,尽管这里还有一个问题:他究竟怎样保持和保存他的不变资本的这个价值?),所以,他雇用的执行同样职能的商业工人,也不可能直接为他创造剩余价值。在这里,也像在生产工人的场合一样,我们假定工资是由劳动力的价值决定的,因此,商人不是靠克扣工资的办法来发财致富,也就是说,他不是把对劳动的一笔预付计入成本,却只支付这笔成本的一部分,换句话说,他不是靠欺骗他的店员等等的办法来发财致富。

　　就商业雇佣工人来说,困难决不在于说明,他们怎样直接为他们的雇主生产利润,尽管他们不直接生产剩余价值(利润不过是它的转化形式)。这个问题通过对商业利润的一般分析实际上已经解决了。产业资本所以能获得利润,是由于它把包含在并实现在商品中的、但它没有支付等价物的劳动拿来出卖,同样,商业资本所以能获得利润,是由于它没有把包含在商品中的无酬劳动(只要投在这种商品生产上的资本是作为总产业资本的一个相应部分执行职能)全部支付给生产资本,相反地,在出售商品时却让人把这个还包含在商品中的、它未作支付的部分支付给自己。商人资本和剩余价值的关系不同于产业资本和剩余价值的关系。产业资本通过直接占有无酬的他人劳动来生产剩余价值。而商人资本使这个剩余价值的一部分从产业资本手里转移到自己手里,从而占有这部分剩余价值。

　　商业资本只是由于它的实现价值的职能,才在再生产过程中作为资本执行职能,因而才作为执行职能的资本,从总资本所生产的剩余价值中取得自己的份额。对单个商人来说,他的利润量取决于他能够用在这个过程中的资本量,而他的店员的无酬劳动越大,他能够用在买卖上的资本量就越多。商业资本家会把他的货币借以成为资本的职能本身,大部分交给他的工人去承担。这些店员的无酬劳动,虽然不创造剩余价值,但能使他占有剩余价值;这对这个资本来说,就结果而言是完全一样的;因此,这种劳动对商业资本来说是利润的源泉。否则,商业就不可能大规模地经营,就不可能按资本主义的方式经营了。**245**

　　正如工人的无酬劳动为生产资本直接创造剩余价值一样,商业雇佣工人的无酬劳动,也为商业资本在那个剩余价值中创造出一个份额。[324—327]

商业工人不直接生产剩余价值。但是，他的劳动的价格是由他的劳动力的价值决定的，也就是由他的劳动力的生产费用决定的，而这个劳动力的应用，作为一种发挥，一种力的表现，一种消耗，却和任何别的雇佣工人的情况一样，是不受他的劳动力的价值限制的。因此，他的工资并不与他帮助资本家实现的利润量保持任何必要的比例。资本家为他支出的费用，和他带给资本家的利益，是不同的量。他给资本家带来利益，不是因为他直接创造了剩余价值，而是因为他在完成劳动——一部分是无酬劳动——的时候，帮助资本家减少了实现剩余价值的费用。[334—335]

对产业资本来说，流通费用表现为并且确实是非生产费用。对商人来说，流通费用表现为他的利润的源泉，在一般利润率的前提下，他的利润和这种流通费用的大小成比例。因此，对商业资本来说，投在这种流通费用上的支出，是一种生产投资。所以，它所购买的商业劳动，对它来说，也是直接生产的。[246][336]

第十八章

商人资本的周转。价格

产业资本的周转是它的生产时间和流通时间的统一，因此包括整个生产过程。与此相反，商人资本的周转，因为事实上只是商品资本的独立化的运动，所以只是把商品形态变化的第一阶段 $W—G$，表现为一种特殊资本自我回流的运动；从商人来看的 $G—W$、$W—G$，表现为商人资本的周转。商人先是买，把他的货币转化为商品，然后是卖，把同一商品再转化为货币；并且这样反复不断地进行下去。在流通中，产业资本的形态变化总是表现为 $W_1—$

$G—W_2$；把出售所生产的商品 W_1 而得到的货币,用来购买新的生产资料 W_2；这实际上是 W_1 和 W_2 相交换,因此,同一货币两次转手。货币的运动对两种不同商品 W_1 和 W_2 的交换起中介作用。相反地,在商人那里,在 $G—W—G'$ 中两次转手的,却是同一商品；它只是对货币流回到商人手中起中介作用。[337]

　　一定量商人资本的周转次数,在这里和货币作为单纯流通手段的流通的反复,十分相似。正像同一个塔勒流通 10 次就是买了 10 次价值一塔勒的商品一样,商人手中的同一货币资本,例如 100,周转 10 次就是买了 10 次价值 100 的商品,或者说,实现了价值 10 倍的总商品资本＝1 000。但是有一个区别:在货币作为流通手段进行流通时,同一货币要经过不同人的手,就是说,反复完成同一职能,因此流通的货币量由流通速度来弥补。但是,在商人那里,同一货币资本(不管它是由哪些货币单位构成),同一货币价值,却是按其价值额反复买卖商品资本,因而作为 $G+\Delta G$ 反复流回同一个人手里,也就是作为价值加上剩余价值流回它的起点。这就是它的周转作为资本的周转所具有的特征。从流通中取出的货币总是比投入流通的货币多。此外,不言而喻,随着商人资本周转的加速(在发达的信用制度下,货币作为支付手段的职能成了货币的主要职能),同一货币量的流通也会加快。

　　但是,商品经营资本的反复周转,始终只是表示买和卖的反复；而产业资本的反复周转,则表示总再生产过程(其中包括消费过程)的周期性和更新。但这一点对商人资本来说,只表现为外部条件。产业资本必须不断把商品投入市场,并从市场再取走商品,商人资本才能保持迅速周转。如果再生产过程是缓慢的,商人资本的周转也就是缓慢的。当然,商人资本对生产资本的周转起中介作用,但这只是就它缩短生产资本的流通时间来说的。它不会直接影响生产时间,而生产时间也是对产业资本周转时间的一个限制。这对商人资本的周转来说是第一个界限。第二,把再生产消费所造成的限制撇开不说,商人资本的周转最终要受全部个人消费的速度和规模的限制,因为商品资本中加入消费基金的整个部分,取决于这种速度和规模。

但是(把商业界内部的周转撇开不说,在那里,一个商人总是把同一商品卖给另一个商人,在投机时期,这种流通会显得非常旺盛),第一,商人资本会缩短生产资本的 W—G 阶段。第二,在现代信用制度下,商人资本支配着社会总货币资本的一个很大的部分,因此,它可以在已购买的物品最终卖掉以前反复进行购买。在这里,无论是我们这个商人直接把商品卖给最后的消费者,还是在这二者之间另有 12 个商人,都与问题无关。当再生产过程有巨大的弹性,能够不断突破每一次遇到的限制时,商人在生产本身中不会发现任何限制,或者只会发现有很大弹性的限制。因此,除了由于商品性质造成的 W—G 和 G—W 的分离以外,这里将会创造出一种虚假的需求。尽管商人资本的运动独立化了,它始终只是产业资本在流通领域内的运动。但是,由于商人资本的独立化,它的运动在一定界限内就不受再生产过程的限制,因此,甚至还会驱使再生产过程越出它的各种限制。内部的依赖性和外部的独立性会使商人资本达到这样一点:内部联系要通过暴力即通过一次危机来恢复。[338—339]

如果 1 磅砂糖的生产价格为 1 镑,商人用 100 镑就能买到 100 磅砂糖。如果这是他在一年内买卖的数量,如果年平均利润率为 15%,他就会在 100 镑上加进 15 镑,即在 1 磅的生产价格 1 镑上加进 3 先令。这样,他会按 1 镑 3 先令的价格出售 1 磅砂糖。现在,如果 1 磅砂糖的生产价格下降到 1 先令,商人用 100 镑就能买到 2 000 磅砂糖,并且会按每磅 1 先令 $1\frac{4}{5}$ 便士的价格来出售。投在砂糖营业上的 100 镑资本的年利润仍旧=15 镑。不过在一个场合,他只要卖 100 磅,在另一个场合,他却要卖 2 000 磅。生产价格的高低,对利润率没有任何意义;但是,对每磅砂糖的出售价格中构成商业利润的部分的大小,也就是说,对商人在一定量商品(产品)上的加价的多少,却有很大的、决定性的意义。如果一个商品的生产价格很小,商人预付在该商品的购买价格上的金额,即为一定量该商品预付的金额也就很小,因此,在利润率已定时,他从这个一定量廉价商品上获得的利润额也就很小。或者,换一种说法也一样:商人在这种情况下能用一定量资本,例如 100 镑,买到大量这种便宜的商品,他从这 100 镑上获得的总利润 15,会分成很小的份额,分配到这个商品量的每个单位上去。反过来,情况也就相反。[341]

对商人资本来说,平均利润率是一个已定的量。商人资本不直接参与利润或剩余价值的创造;它按照自己在总资本中所占的部分,从产业资本所生产的利润量中取得自己的份额,只是就这一点来说,它才作为一个决定的因素参加一般利润率的形成。[344]

对商人资本来说,利润率是一个已定的量,一方面由产业资本所生产的利润量决定,另一方面由总商业资本的相对量决定,即由总商业资本同预付在生产过程和流通过程中的资本总额的数量关系决定。它的周转次数,当然会作为一个决定的因素影响它和总资本的比率,或影响流通所必要的商人资本的相对量,因为很清楚,必要的商人资本的绝对量和它的周转速度成反比;如果其他一切条件不变,它的相对量,即它在总资本中所占的份额,就由它的绝对量决定。如果总资本是 10 000,那么,在商人资本等于总资本

的 $\frac{1}{10}$ 时,就 = 1 000;如果总资本是 1 000,它的 $\frac{1}{10}$ 就 = 100。就这种情况来说,尽管商人资本的相对量仍旧不变,它的绝对量却不同了,按照总资本的量而不同了。在这里,我们假定它的相对量已定,比如说是总资本的 $\frac{1}{10}$。但是,这个相对量本身又由周转决定。在周转快的时候,它的绝对量在第一个场合比如说 = 1 000,在第二个场合 = 100,因此,它的相对量 = $\frac{1}{10}$。在周转较慢的时候,它的绝对量在第一个场合比如说 = 2 000,在第二个场合 = 200。因此,它的相对量就由总资本的 $\frac{1}{10}$,增加到总资本的 $\frac{1}{5}$。各种会缩短商人资本平均周转的情况,例如,运输工具的发展,都会相应地减少商人资本的绝对量,从而会提高一般利润率。反过来,情况也就相反。同以前的状况相比,发达的资本主义生产方式会对商人资本产生双重影响:同量商品可以借助一个数量较小的实际执行职能的商人资本来周转;由于商人资本周转的加速和再生产过程速度的加快(前者以后者为基础),商人资本对产业资本的比率将会缩小。另一方面,随着资本主义生产方式的发展,一切生产都会变成商品生产,因而一切产品都会落到流通当事人手中。[345—346]

但是,假定商人资本同总资本相比的相对量是已定的,不同商业部门中周转的差别,就不会影响归商人资本所有的总利润量,也不会影响一般利润率。商人的利润,不是由他所周转的商品资本的量决定的,而是由他为了对这种周转起中介作用而预付的货币资本的量决定的。如果一般年利润率为 15% ,商人预付 100 镑,那么,在他的资本一年周转一次时,他就会按 115 的价格出售他的商品。如果他的资本一年周转 5 次,他就会在一年中 5 次按 103 的价格出售他按购买价格 100 买来的商品资本,因而在全年内就是按 515 的价格出售 500 的商品资本。但是和前一场合一样,他的预付资本 100 所得到的年利润仍旧是 15。如果情况不是这样,商人资本就会随着它的周转次数的增加,比产业资本提供高得多的利润,而这是和一般利润率的规律相矛盾的。

因此,不同商业部门的商人资本的周转次数,会直接影响商品的商业价格。商业加价的多少,一定资本的商业利润中加到单个商品的生产价格上的部分的大小,和不同营业部门的商人资本的周转次数或周转速度成反比。如果一个商人资本一年周转 5 次,而另一个商人资本一年只能周转一次,那么,前者对同一价值的商品资本的加价,就只有后者对同一价值的商品资本的加价的 $\frac{1}{5}$。[346—347]

不同商业部门的不同周转时间,却是表现在这样一点上:一定量商品资本周转一次获得的利润,同实现这个商品资本的周转所需的货币资本的周转次数成反比。薄利快销,特别对零售商人来说是他原则上遵循的一个原则。

此外,不言而喻,商人资本周转的这个规律在每个商业部门中——撇开互相抵消的、较快的周转和较慢的周转交替出现的情况不说——,只适用于投入该部门的全部商人资本的平均周转。和资本 B 投在同一个部门内的资本 A 的周转次数,可能多于或少于平均周转次数。在这种情况下,其他资本的周转次数就会少于或多于平均周转次数。这丝毫也不会改变投在该部门的商人资本总量的周转。但是,这对单个商人或零售商人来说却有决定意义。在这种情况下,他会赚到超额利润,正像在比平均条件更有利的条件下进行生产的产业资本家会赚到超额利润一样。如果为竞争所迫,他可以卖得比他的伙伴便宜一些,但不会使他的利润降到平均水平以下。如果那些使他能加速资本周转的条件本身是可以买卖的，例如店铺的位置，那么，他就要为此付出额外的租金，也就是说，把他的一部分超额利润转化为地租。[349—350]

第十九章
货币经营资本

货币在产业资本和现在我们可以补充进来的商品经营资本的流通过程中（因为商品经营资本把产业资本的一部分流通运动当做自己特有的运动承担起来）所完成的各种纯粹技术性的运动，当它们独立起来，成为一种特殊资本的职能，而这种资本把它们并且只把它们当做自己特有的活动来完成的时候，就把这种资本转化为货币经营资本了。产业资本的一部分，进一步说，还有商品经营资本的一部分，不仅要作为货币资本一般，而且要作为正在执行这些技术职能的货币资本，不断处于货币形式。现在，从总资本中有一定的部分在货币资本的形式上分离出来并独立起来，这种货币资本的资本职能，是专门替整个产业资本家和商业资本家阶级完成这些活动。就像在商品经营资本的场合一样，这里也是在流通过程中以货币资本形态存在的一部分产业资本分离出来，替其余的所有资本完成再生产过程中的这些活动。所以，这种货币资本的运动，仍然不过是处在自己的再生产过程中的产业资本的一个独立部分的运动。[351]

如果整个货币流通就它的规模、它的形式和它的运动来说，只是商品流通的结果，而从资本主义的观点来看，商品流通本身只表示资本的流通过程（在这里，就收入花费在零售商业中来说，既包括资本对收入的交换，又包括收入对收入的交换），那么，不言而喻,货币经营业就不只是对商品流通的这个单纯结果和表现方式,即对货币流通起中介作用。这个货币流通本身,作为商品流通的一个要素,对货币经营业来说是既定的。货币经营业作为中介,担任货币流通的各种技术性业务,使之集中、缩短和简化。货币经营业不进行货币贮藏,而是提供技术手段,使自愿进行的这个货币贮藏(因而,既不是闲置资本的表现,也不是再生产过程紊乱的表现)减少到它的经济上的最低限度,因为购买手段和支付手段的准备金,在对它的管理是为了整个资本家阶级的场合,不需要像它由每个资本家各自管理的场合那样大。货币经营业不购买贵金属,只是在商品经营业买了贵金属以后对它的分配起中介作用。就货币执行支付手段的职能来说,货币经营业会使差额的平衡易于进行,并且会通过各种人为的结算机制减少平衡差额所需要的货币量;但它既不决定各种互相支付的联系,也不决定它们的规模。例如,在银行和票据交换所内互相交换的汇票和支票,就代表完全独立的营业,是已经完成的各种活动的结果,问题只在于使这些结果的平衡在技术上更完善。就货币作为购买手段而流通来说,买和卖的规模与次数就完全不以货币经营业为转移。货币经营业只能缩短买和卖引起的各种技术活动,并由此减少这种周转所必要的货币现金量。

可见,我们在这里考察的纯粹形式的货币经营业,即与信用制度相分离的货币经营业,只与商品流通的一个要素即货币流通的技术以及由此产生的不同的货币职能有关。

这是货币经营业在本质上区别于商品经营业的地方。商品经营业对商品的形态变化和商品交换起中介作用,或者,甚至使商品资本的这个过程表现为一个由产业资本分离出来的资本的过程。因此,如果说商品经营资本表示一个独特的流通形式 G—W—G,

在其中,商品两次换位,货币由此流回(这和 W—G—W 相反,在其中,货币两次转手,由此对商品交换起中介作用)),那么,在货币经营资本那里看不出这样的特殊形式。

只要对货币流通起这种技术上的中介作用的货币资本——这个资本以缩小的规模代表商人和产业资本家自己在另一种情况下也必须为这个目的预付的追加资本——,是由特殊一类资本家预付的,资本的一般形式 G—G′ 也就会在这里出现。由于 G 的预付,对预付者来说,就会产生出 G+ΔG。但是,在 G—G′ 中作为中介的东西,在这里与形态变化的物质要素无关,而只与它的技术要素有关。

显然,货币经营者所操作的货币资本的总量,就是商人和产业家的处在流通中的货币资本;货币经营者所完成的各种活动,只是他们作为中介所实现的商人和产业家的活动。

同样很清楚,货币经营者的利润不过是从剩余价值中所作的一种扣除,因为他们的活动只与已经实现(即使只是在债权形式上实现)的价值有关。

像在商品经营业那里一样,在这里也发生了职能的二重化。因为,同货币流通结合在一起的技术业务,有一部分必须由商品经营者和商品生产者自己去完成。[357—359]

第　五　篇

利润分为利息和企业主收入。
生息资本

第二十一章
生　息　资　本

在最初考察一般利润率或平均利润率时（本册第二篇），这个利润率还不是在它的完成形态上出现在我们面前，因为平均化还只表现为投在不同部门的产业资本之间的平均化。这种情况已经在上一篇得到补充。在那里，我们说明了商业资本如何参加这个平均化，并且说明了商业利润。这样，一般利润率和平均利润就表现在比以前狭窄的范围内了。在阐述的过程中，以后凡是说到一般利润率或平均利润时，要注意我们总是就后一种意义而言，即只是就平均利润率的完成形态而言。因为这种利润率现在对产业资本和商业资本来说是相同的，所以，在只考察这个平均利润的时候，就不再需要区分产业利润和商业利润了。不管资本是作为产业资本投在生产领域内，还是作为商业资本投在流通领域内，它都会按照它的数量比例，提供相同的年平均利润。

货币——在这里它被看做一个价值额的独立表现，而不管这个价值额实际上以货币形式还是以商品形式存在——在资本主义生产的基础上能转化为资本,并通过这种转化,由一个一定的价值变为一个自行增殖、自行增加的价值。它会生产利润,也就是说,使资本家能够从工人那里榨出一定量的无酬劳动,剩余产品和剩余价值,并把它据为己有。这样,货币除了作为货币具有的使用价值以外,又取得一种追加的使用价值,即作为资本来执行职能的使用价值。在这里,它的使用价值正在于它转化为资本而生产的利润。就它作为可能的资本,作为生产利润的手段的这种属性来说,它变成了商品,不过是一种特别的商品。或者换一种说法,资本作为资本,变成了商品。[54]

假定年平均利润率是 20%。这时,一台价值 100 镑的机器,在平均条件以及平均的智力水平和合乎目的的活动下当做资本使用,会提供 20 镑的利润。因此,一个拥有 100 镑的人,手中就有使 100 镑变成 120 镑,或生产 20 镑利润的权力。他手中有 100 镑可能的资本。如果这个人把这 100 镑交给另一个人为期一年,让后者把这 100 镑实际当做资本来使用,他也就给了后者生产 20 镑利润即剩余价值的权力。这个剩余价值对后者来说什么也不花费,他没有为它支付等价物。如果后者在年终把比如说 5 镑,即把所生产的利润的一部分付给这 100 镑的所有者,他就是用这 5 镑来支付这 100 镑的使用价值,来支付这 100 镑的资本职能即生产 20 镑利润的职能的使用价值。他支付给所有者的那一部分利润,叫做利息。因此,利息不外是一部分利润的一个特殊名称,一个特殊

---

[54] 在这里,可以引用几段话,来说明经济学家们正是这样考虑问题的。——"您〈英格兰银行〉是经营**资本商品**的大商人吗?"这个问题是在就《银行法报告》对证人的询问中向该行的一位董事提出的,见《银行法报告》(下院 1857 年[第 104 页])。

项目;执行职能的资本不能把这部分利润装进自己的腰包,而必须把它支付给资本的所有者。

很清楚,100镑的所有权,使其所有者有权把利息,把他的资本生产的利润的一定部分据为己有。如果他不把这100镑交给另一个人,后者就不能生产利润,也就根本不能用这100镑来执行资本家的职能。[(55)][377—379]

我们先来考察生息资本的特有的流通。然后第二步再来研究它作为商品出售的独特方式,即它是贷放,而不是永远出让。

起点是A贷给B的货币。A把货币贷给B,可以有担保,也可以没有担保;前一种形式是比较古老的,不过用商品或用像票据、股票等等的债券做担保的贷款除外。这些特殊形式和我们这里无关。在这里,我们只是考察普通形式上的生息资本。

货币在B手中实际转化为资本,完成G—W—G′运动,然后作为G′,作为G+ΔG回到A手中,在这里,ΔG代表利息。为简便起见,我们在这里暂且把资本长期留在B手中并按期支付利息的情况撇开不说。

这样,运动就是:

$$G—G—W—G′—G′。$$

在这里,出现两次的是, 1. 货币作为资本的支出; 2. 货币作为已经实现的资本,作为G′或G+ΔG的流回。

在商业资本的运动G—W—G′中,同一商品转手两次,如果是商人卖给商人,那就要转手多次;但同一商品每次这样的换位,都

----

(55) "一个用借款来牟取利润的人,应该把一部分利润付给贷放人,这是不言而喻的自然正义的原则。"(吉尔巴特《银行业的历史和原理》1834年伦敦版第163页)

表示一个形态变化,表示商品的买或卖,而不管这个过程在商品最后进入消费以前要反复进行多少次。

另一方面在 W—G—W 中,同一货币换位两次,却表示商品的一个完全的形态变化,先是商品转化为货币,然后再由货币转化为另一种商品。

相反,在生息资本的场合,G 的第一次换位,既不是商品形态变化的要素,也不是资本再生产的要素。它在第二次支出时,在用它来经营商业或把它转化为生产资本的那个执行职能的资本家手中,才变成这样的要素。在这里,G 的第一次换位,无非表示它已经由 A 转移到或转交到 B 手中;这种转移通常在一定的法律形式和条件下进行。

与货币作为资本的这种双重支出——其中第一次支出只是由 A 转移到 B——相适应的,是它的双重回流。它作为 G′或 G+ΔG,从运动中流回到执行职能的资本家 B 手中。然后,执行职能的资本家 B 让它带着一部分利润,作为已经实现的资本,作为 G+ΔG 再转给 A。在这里,ΔG 不等于利润的全部,而只是利润的一部分,即利息。它流回到 B 手中,只是作为 B 曾经支出的东西,作为执行职能的资本,但它属于 A 所有。因此,要使它的回流完全起来,B 就要把它再转给 A。但除了资本额,B 还要把他用这个资本额赚得的一部分利润在利息的名义下转交给 A,因为 A 只是把这个货币作为资本,即作为不仅在运动中保存自己,而且为它的所有者创造剩余价值的价值交给 B 的。它只有在它是执行职能的资本的时候,才留在 B 手中。并且,只要资本到期流回,它就不再作为资本执行职能。而作为不再执行职能的资本,它就必须再转移到 A 手中,因为 A 一直是它的法律上的所有者。

在这里,资本是作为商品出现的,或者说,货币作为资本变成了商品。从这个规定中就已经可以得出这种商品即作为商品的资本所特有的贷放形式(不过这种形式在其他交易中也会出现),而不是出售形式。

这里我们必须作如下的区别。

我们已经说过(第二册第一章),并且在这里还可以简单地回顾一下,流通过程中的资本,是作为商品资本和货币资本执行职能的。但是,在这两种形式上,资本不是作为资本变成商品的。[380—382]

在商品资本和货币资本实际执行职能,在过程中实际发生作用时,商品资本仅仅起商品的作用,货币资本仅仅起货币的作用。在形态变化的无论哪一个要素上,就其本身来看,资本家都不是把商品作为**资本**出售给买者(虽然这种商品对他来说代表资本),他也不是把货币作为资本让渡给卖者。在这两个场合,他把商品单纯作为商品来让渡,把货币单纯作为货币,作为购买商品的手段来让渡。[383]

生息资本却不是这样。它的特有的性质也正在于此。要把自己的货币作为生息资本来增殖的货币占有者,把货币让渡给第三者,把它投入流通,使它成为一种**作为资本**的商品;不仅对他自己来说是作为资本,而且对他人来说也是作为资本;它不仅对把它让渡出去的人来说是资本,而且它一开始就是作为资本交给第三者的,这就是说,是作为这样一种价值,这种价值具有创造剩余价值、创造利润的使用价值;它在运动中保存自己,并在执行职能以后,流回到原来的支出者手中,在这里,也就是流回到货币占有者手中;因此,它不过暂时离开他,不过暂时由它的所有者的占有物变为执行职能的资本家的占有物,这就是说,它既不是被付出,也不是被卖出,而只是被贷出;它不过是在这样的条件下被转让:第一,它过一定时期流回到它的起点;第二,它作为已经实现的资本流回,流回时,已经实现它的能够生产剩余价值的那种使用价值。

作为资本贷放的商品,按照它的性质,或是作为固定资本贷放,或是作为流动资本贷放。[247]货币可以在这两种形式上贷放。例如,如果它是在终身年金的形式上偿还,让资本一部分一部分地带着利息流回,它就是作为固定资本贷放。有些商品,例如房屋、船舶、机器等等,按照它们的使用价值的性质,始终只能作为固定资本贷放。不过,一切借贷资本,不管它的形式如何,也不管它的偿还会怎样受它的使用价值性质的影响,都始终只是货币资本的一个特殊形式。因为这里贷放的,总是一定的货币额,并且利息也是按这个金额计算的。如果贷出的既不是货币,也不是流动资本,它就会按照固定资本流回的方式来偿还。贷出者定期得到利息,并得到固定资本自身的一部分已经消耗的价值,即周期损耗的等价物。贷出的固定资本中尚未消耗的部分,到期也以实物形式还回来。如果借贷资本是流动资本,它也就会按照流动资本流回的方式回到贷出者手中。

因此,流回的**方式**总是由自身得到再生产的资本及其特殊种类的现实循环运动决定的。但是,借贷资本的回流采取偿还的**形式**,因为它的预付、它的让渡,具有贷放的形式。

在这一章中,我们只研究本来意义的货币资本,借贷资本的其他形式都是由此派生出来的。[384—385]

资本流回到它的起点,一般地说,是资本在它的总循环中的具有特征的运动。这决不只是生息资本的特征。作为生息资本的特征的,是它的表面的、已经和作为中介的循环相分离的流回形式。借贷资本家把他的资本放出去,把它转给产业资本家时,没有得到等价物。放出资本根本不是资本现实循环过程中的行为,而只是为这个要由产业资本家去完成的循环做了准备。货币的这第一次换位,不表示形态变化的任何行为,既不表示买,也不表示卖。所有权没有被出让,因为没有发生交换,也没有得到等价物。货币由产业资本家手中流回到借贷资本家手中,不过是把放出资本这第一个行为加以补充。这个以货币形式预付的资本,通过循环过程,又以货币形式回到产业资本家手中。但因为资本支出时不是归他所有,所以流回时也不能归他所有。通过再生产过程这件事,并不会使这个资本变为产业资本家的所有物。因此,产业资本家必须把它归还给贷出者。第一次支出,使资本由贷出者手中转到借入者手中,这是一个法律上的交易手续,它与资本的现实的再生产过程无关,只是为这个再生产过程做了准备。资本的偿还,使流回的资本再由借入者手中转到贷出者手中,这是第二个法律上的交易手续,是第一个交易手续的补充。一个是为现实过程做了准备,另一个则是发生在现实过程之后的补充行为。因此,借贷资本的出发点和复归点,它的放出和收回,都表现为任意的、以法律上的交易为中介的运动,它们发生在资本现实运动的前面和后面,同这个现实运动本身无关。即使资本本来就归产业资本家所有,因而作为他的所有物只流回到他手中,那么,对这个现实运动来说,这也不会有什么不同。

在第一个作为先导的行为中,贷出者把他的资本交给借入者。在第二个作为补充的结束行为中,借入者把资本还给贷出者。如果我们只考察二者之间的交易——暂时撇开利息不说——,也就是说,如果我们只考察贷出的资本本身在贷出者和借入者之间的运动,这两种行为(有一个或长或短的时间把它们分开,资本的现实再生产运动就是在这个时间内进行)就已经包括这个运动的全部。这个运动——以偿还为条件的付出——一般地说就是贷和借的运动,即货币或商品的只是有条件让渡的这种特有形式的运动。

一般资本的具有特征的运动,即货币流回到资本家手中,资本流回到它的起点,在生息资本的场合,取得了一个完全表面的和现实运动相分离的形态,这个形态便是现实运动的形式。A 把他的货币不是作为货币,而是作为资本放出去。在这里,资本没有发生任何变化。它不过转手而已。它只是在 B 手中才实际转化为资本。但对 A 来说,单是把它交给B,它就成了资本。资本从生产过程和流通过程实际流回的现象,只有对 B 来说才发生。而对 A 来说,流回是在和让渡相同的形式上进行的。资本由 B 手中再回到 A 手中。把货币放出即贷出一定时期,然后把它连同利息(剩余价值)一起收回,是生息资本本身所具有的运动的全部形式。贷出的货币作为资本所进行的现实运动,是贷出者和借入者之间的交易以外的事情。在双方进行的交易中,中介过程消失了,看不见了,不直接包含在内了。作为独特的商品,资本也具有它的独特的让渡方式。因此在这里,回流也不是表现为一定系列的经济行为的归宿和结果,而是表现为买者和卖者之间的一种特有的法律契约的结果。流回的时间取决于再生产的过程;而就生息资本来说,它作为资本的回流,**好像**只取决于贷出者和借入者之间的协议。因此,就这种交易来说,资本的回流不再表现为由生产过程决定的结果,而是表现为:好像贷出的资本从来就没有丧失货币形式。当然,这种交易实际上是由现实的回流决定的。但这一点不会在交易本身中表现出来。实际的情形也并不总是这样。如果现实的回流没有按时进行,借入者就必须寻求别的办法来履行他对贷出者的义务。资本的单纯**形式**——货币,它以 A 额支出,经过一定时间,除了这种时间上的间隔,不借助于任何别的中介,再以 $A+\frac{1}{x}A$ 额流回——不过是现实资本运动的没有概念的形式。**248**

在资本的现实运动中,回流是流通过程的一个要素。货币先转化为生产资料;生产过程把它转化为商品;通过商品出售,它再转化为货币,并在这个形式上流回到那个最初以货币形式预付资本的资本家手中。但就生息资本来说,回流和放出一样,只是资本所有者和另一个人之间进行的一种法律交易手续的结果。我们看见的只是放出和偿还。中间发生的一切都消失了。[388—391]

以上我们只考察了借贷**资本**在它的所有者和产业资本家之间的运动。现在来研究**利息**。

贷出者把他的货币作为资本放出去;他让渡给另一个人的价值额是资本,因此,这个价值额会流回到他那里。但单是流回到他那里,还不是**作为资本**贷出的价值额的回流,而只是一个贷出的价值额的偿还。预付的价值额要作为资本流回,就必须在运动中不仅保存自己,而且增殖自己,增大自己的价值量,也就是必须带着一个剩余价值,作为 G+ΔG 流回。在这里,这个 ΔG 是利息,或者说平均利润中不是留在执行职能的资本家手中,而是落到货币资本家手中的部分。

货币资本家把货币作为资本让渡,这就是说,货币必须作为 G+ΔG 回到他那里。我们以后还要特别考察一种形式,按照这种形式,在贷出期内,利息按期流回,但资本不流回,它要等到一个较长的时期结束时才偿还。

货币资本家给予借入者即产业资本家的是什么呢? 前者实际上让渡给后者的是什么呢? 而只有这种让渡的行为,才使货币的贷放成为作为资本的货币的让渡,也就是说,成为作为商品的资本的让渡。

只是由于这种让渡的行为,资本才由货币贷出者作为商品交给另一个人,或者说,他所支配的商品才作为资本交给另一个人。

就通常的出售来说,让渡的是什么呢?那不是所出售的商品的价值,因为这个价值只是改变了形式。这个价值在它以货币形式实际地转到卖者手中以前,已经作为价格观念地存在于商品之中。在这里,同一价值,同一价值量,不过改变形式而已。在一个场合,它们以商品形式存在;在另一个场合,它们以货币形式存在。卖者实际让渡的,从而进入买者的个人消费或生产消费的,是商品的使用价值,是作为使用价值的商品。

货币资本家在借出期内让渡并出让给生产资本家即债务人的使用价值又是什么呢?是货币由于下面这一点而取得的使用价值:它能够转化为资本,能够作为资本执行职能,因而在它的运动中,它除了保存自己原有的价值量,还会生产一定的剩余价值,生产平均利润(在这里,高于或低于平均利润都表现为偶然的事情)。就其余的商品来说,使用价值最终会被消费掉,因而商品的实体和它的价值会一道消失。相反,资本商品有一种特性:由于它的使用价值的消费,它的价值和它的使用价值不仅会保存下来,而且会增加。

货币资本家在把借贷资本的支配权出让给产业资本家的时间内,就把货币作为资本的这种使用价值——生产平均利润的能力——让渡给产业资本家。

在这个意义上,这样贷出的货币,同那种与产业资本家发生关系的劳动力,有某种类似的地方。不过,产业资本家对劳动力的价值是支付,而他对借贷资本的价值只是偿还。对产业资本家来说,劳动力的使用价值在于:当劳动力被使用的时候,它会比它本身具有的价值,比它所费的价值,生产更多的价值(利润)。这个价值余额,对产业资本家来说,就是劳动力的使用价值。同样,借贷货币资本的使用价值,也表现为这种资本生产价值和增加价值的能力。

货币资本家事实上让渡了一种使用价值,因此,他所让出的东西,是作为商品让出的。从这方面来说,完全和商品本身相类似。第一,一个价值由一个人手中转到另一个人手中。在简单的商品即商品本身的场合,在买者和卖者手中保留着的是相同的价值,只是形式不同;双方在交易前和交易后拥有和他们让渡的价值相同的价值,不过一个以商品形式存在,一个以货币形式存在。区别在于:在贷放上,只有货币资本家在这种交易中让出价值;但他会由未来的偿还而保持住这个价值。在贷放上,只有一方得到价值,因为只有一方让出价值。第二,一方让渡现实的使用价值,另一方得到并且使用这个使用价值。但这个使用价值与普通商品不同,它本身就是价值,也就是由于货币作为资本使用而产生的那个价值量超过货币原有的价值量所形成的余额。利润就是这个使用价值。

贷出的货币的使用价值是:能够作为资本执行职能,并且作为资本在平均条件下生产平均利润。[57]

那么,产业资本家支付的是什么呢,借贷资本的价格又是什么呢?[392—394]

一个普通商品的买者所购买的,是这个商品的使用价值;他支付的,是这个商品的价值。同样,借款人所购买的,是货币作为资本的使用价值;但他支付的是什么呢? 那当然不是像在购买别的

---

(57)　"收取利息的合理性,不是取决于借债人是否赚到利润,而是取决于它〈所借的东西〉如果使用得当,能够生产利润。"(《论决定自然利息率的原因。对威廉·配第爵士和洛克先生关于这个问题的见解的考察》1750年伦敦版第49页。这部匿名著作的作者是约·马西。)

商品时那样,是它的价格或价值。在贷出者和借入者之间,不像在买者和卖者之间那样,会发生价值的形式变化,以致这个价值在一个时候以货币形式存在,在另一个时候以商品形式存在。放出的价值和收回的价值的同一性,在这里是以完全不同的方式表现出来的。价值额,货币,在没有等价物的情况下付出去,经过一定时间以后交回来。贷出者总是同一价值的所有者,即使在这个价值已经从他手中转到借入者手中,也是这样。在简单商品交换中,货币总是在买者方面;但在贷放中,货币却是在卖者方面。他把货币放出去一定时期,资本的买者则把资本作为商品接受下来。但是,只有当货币能够作为资本执行职能,从而被预付时,这才是可能的。借入者是把货币作为资本,作为自行增殖的价值借来的。不过,和任何处在起点上,处在预付那一瞬间的资本一样,这个货币还不过是可能的资本。它通过使用才自行增殖,才作为资本来实现。但借入者必须把它作为**已经实现的**资本,即作为价值加上剩余价值(利息)来偿还;而利息只能是他所实现的利润的一部分。只是一部分,不是全部,因为对于借入者来说,这个货币的使用价值,就在于它会替他生产利润。不然的话,贷出者就没有让渡使用价值。另一方面,利润也不能全部归借入者。不然的话,他对于这种使用价值的让渡就没有支付什么,他把贷款还给贷出者时,就只是把它作为单纯的货币,而不是把它作为资本,作为已经实现的资本来偿还了,因为它只有作为 $G+\Delta G$,才是已经实现的资本。

贷出者和借入者双方都是把同一货币额作为资本支出的。但它只有在后者手中才执行资本的职能。同一货币额作为资本对两个人来说取得了双重的存在,这并不会使利润增加一倍。它所以能对双方都作为资本执行职能,只是由于利润的分割。其中归贷出者的部分叫做利息。

按照前提,这全部交易发生在两类资本家之间,即货币资本家和产业资本家或商业资本家之间。

决不要忘记,在这里,资本作为资本是商品,或者说,我们这里所说的商品是资本。因此,这里出现的一切关系,从简单商品的观点来看,或者从那种在再生产过程中作为商品资本执行职能的资本的观点来看,都是不合理的。贷和借(不是卖和买)的区别,在这里是由商品——资本——的特有性质产生的。同样不要忘记,这里支付的,是利息,而不是商品价格。如果我们把利息叫做货币资本的价格,那就是价格的不合理的形式,与商品价格的概念完全相矛盾。[59] 在这里,价格已经归结为它的纯粹抽象的和没有内容的形式,它不过是对某个按某种方式执行使用价值职能的东西所支付的一定货币额;而按照价格的概念,价格等于这个使用价值的以货币表现的价值。[395—396]

资本所以表现为商品,是因为利润分割为利息和本来意义的利润是由供求,从而由竞争来调节的,这完全和商品的市场价格是由它们来调节的一样。但是在这里,不同之处和相同之处一样地明显。如果供求平衡,商品的市场价格就和它的生产价格相一致,也就是说,这时它的价格就表现为由资本主义生产的内部规律来调节,而不是以竞争为转移,因为供求的变动只是说明市场价格同生产价格的偏离。这种偏离会互相抵消,所以从某个较长的时期

---

(59) "价值(value)这个用语用在通货上有三种意义……　2.将与以后某一天收进的同额的通货相比较的手中现有的通货。这时,通货的价值要由利息率来计量,利息率则由借贷资本的总额和对它的需求之间的比例决定。"(罗·托伦斯上校《论1844年银行法的实施对商业信贷的影响》1847年[伦敦]第2版[第5、6页])

来看,平均市场价格等于生产价格。一旦供求平衡,这些力量就不再起作用,互相抵消;决定价格的一般规律这时也就适用于个别的场合;市场价格这时就在它的直接存在上,而不只是作为市场价格运动的平均数,同由生产方式本身的内在规律调节的生产价格相一致。工资也是这样。如果供求平衡,供求的作用就会互相抵消,工资就等于劳动力的价值。但货币资本的利息却不是这样。在这里,竞争并不是决定对规律的偏离,而是除了由竞争强加的分割规律之外,不存在别的分割规律,因为我们以后会看到,并不存在"自然"利息率。相反,我们把自然利息率理解为由自由竞争决定的比率。利息率没有"自然"界限。[398—399]

第二十二章

利润的分割。利息率。
"自然"利息率

我们要在这里阐述的,只是生息资本的独立形态和利息从利润中独立出来的过程。

因为利息只是利润的一部分,按照我们以上的前提,这个部分要由产业资本家支付给货币资本家,所以,利润本身表现为利息的最高界限,达到这个最高界限,归执行职能的资本家的部分就会=0。撇开利息事实上可能大于利润,因而不能用利润支付的个别情况不说,我们也许还可以把全部利润减去其中可以归结为监督工资的部分(这部分我们以后加以说明)的余额,看做是利息的最高界限。利息的最低界限则完全无法规定。它可以下降到任何程度。不过这时候,总会出现起反作用的情况,使它提高到这个相对的最低限度以上。[401]

首先让我们假定，总利润和其中要作为利息支付给货币资本家的部分之间的比率是固定的。在这种情况下很清楚，利息会随着总利润而提高或降低，而总利润则由一般利润率和一般利润率的变动决定。例如，如果平均利润率=20%，利息等于利润的$\frac{1}{4}$，利息率就=5%；如果平均利润率=16%，利息率就=4%。在利润率为20%时，利息尽可以提高到8%，而产业资本家获得的利润，仍会和利润率=16%，利息率=4%的时候一样，即12%。如果利息只提高到6%或7%，产业资本家仍会把较大部分的利润保留下来。如果利息等于平均利润的一个不变的部分，结果就是：一般利润率越高，总利润和利息之间的绝对差额就越大，因而总利润中归执行职能的资本家的部分就越大；反过来，情况也就相反。假定利息等于平均利润的$\frac{1}{5}$。10的$\frac{1}{5}$是2；总利润和利息之间的差额=8。20的$\frac{1}{5}$=4；差额=20－4=16。25的$\frac{1}{5}$=5；差额=25－5=20。30的$\frac{1}{5}$=6；差额=30－6=24。35的$\frac{1}{5}$=7；差额=35－7=28。在这里，4%、5%、6%、7%这几个不同的利息率，都只代表总利润的$\frac{1}{5}$或20%。因此，在利润率不同时，不同的利息率可以代表总利润中同一个部分，或总利润中同一个百分比部分。在利息有这样的不变的比率时，一般利润率越高，产业利润（总利润和利息之间的差额）就越大；反过来，情况也就相反。

假定其他一切条件相同，也就是说，假定利息和总利润之间的比率或多或少是不变的，执行职能的资本家就能够并且也愿意与利润率的高低成正比地支付较高或较低的利息。[61] 因为我们已

---

(61)　"自然利息率是由各个人营业的利润决定的。"（马西，同上 [《论决定自然利息率的原因》1750 年伦敦版] 第51页）

经知道,利润率的高低和资本主义生产的发展成反比,所以由此可以得出结论,如果利息率的差别实际上表示利润率的差别,一个国家利息率的高低就同样会和产业发展的水平成反比。我们以后会知道,情形并不总是这样。在这个意义上我们可以说,利息是由利润调节的,确切些说,是由一般利润率调节的。并且,这种调节利息的方法,甚至也适用于利息的平均水平。

不管怎样,必须把平均利润率看成是利息的有最后决定作用的最高界限。

我们现在就来较详细地考察一下利息和平均利润有关这个情况。当要在两个人之间分割一个已定的总量,例如利润的时候,当然首先要看这个有待分割的总量有多大,而这个总量,即利润的量,是由平均利润率决定的。假定一般利润率是已定的,也就是说,假定一定数量的资本比如说100的利润量是已定的,显然,利息的变动就和用借入的资本营业的执行职能的资本家手中所留下的那部分利润的变动成反比。而那些决定有待分割的利润的量即无酬劳动所生产的价值的量的事情,和那些决定利润在这两类资本家之间的分割的事情,是极不相同的,并且往往按完全相反的方向发生作用。[62]

如果我们考察一下现代工业在其中运动的周转周期,——沉寂状态、逐渐活跃、繁荣、生产过剩、崩溃、停滞、沉寂状态等等,对这种周期作进一步分析,则不属于我们的考察范围,——我们就会

---

[62] 这里在手稿上有一个注:"在阐述这一章的过程中发现,比较好的做法是,在研究利润如何进行分割的规律以前,先阐述一下量的分割怎么会变成质的分割。为了由前一章过渡到这一点,只需要先假定利息是利润的一个尚未精确规定的部分。"[弗·恩·]

发现,低利息率多数与繁荣时期或有额外利润的时期相适应,利息的提高与繁荣转向急转直下的阶段相适应,而达到高利贷极限程度的最高利息则与危机相适应。[63][402—404]

关于利息率的决定,拉姆赛说,利息率

"部分地取决于总利润率,部分地取决于总利润分为利息和企业主收入(profits of enterprise)的比例。这个比例取决于资本的贷出者和借入者之间的竞争;这种竞争受预期的总利润率的影响,但不是完全由它调节。[66]竞争所以不是完全由它调节,一方面是因为有许多人借钱并不打算用在生产上;另一方面又因为全部借贷资本的量随着国家的财富而变化,不以总利润的任何变化为转移。"(拉姆赛,同上[《论财富的分配》]第206、207页)[405—406]

一个国家中占统治地位的平均利息率——不同于不断变动的市场利息率——,不能由任何规律决定。在这方面,像经济学家所说的自然利润率和自然工资率那样的自然利息率,是没有的。[406]

在中等利息率不仅作为平均数,而且作为现实的量存在时,习惯和法律传统等等都和竞争本身一样,对它的决定发生作用。在许多法律诉讼中,当需要计算利息时,就必须把中等利息率作为合法的利息率。如果有人进一步问,为什么中等利息率的界限不能从一般规律得出来,那么答复很简单:由于利息的性质。利息不过是平均利润的一部分。同一资本在这里有双重规定:在贷出者手

---

(63)　"在第一个时期,也就是紧接在营业不振时期后面的那个时期,货币充裕,但是没有投机;在第二个时期,货币充裕,投机盛行;在第三个时期,投机开始减弱,人们寻求货币;在第四个时期,货币奇缺,营业不振开始。"(吉尔巴特,同上[《银行实用业务概论》1849年伦敦第5版]第1卷第149页)

(66)　因为总的来说利息率由平均利润率决定,所以,异乎寻常的欺诈行为往往和低利息率结合在一起。例如1844年夏季的铁路欺诈就是这样。英格兰银行的利息率,只是到1844年10月16日才提高到3%。

中,它是作为借贷资本;在执行职能的资本家手中,它是作为产业或商业资本。但它只执行一次职能,本身只生产一次利润。在生产过程本身中,资本作为借贷资本的性质不起任何作用。这两种有权要求享有利润的人将怎样分割这种利润,本身是和一个股份公司的共同利润在不同股东之间按百分比分配一样,纯粹是经验的、属于偶然性王国的事情。利润率的决定在本质上是建立在剩余价值和工资的分割基础上的,在剩余价值和工资的分割上,劳动力和资本这两个完全不同的要素起着决定的作用;那是两个独立的互为界限的可变数的函数;从它们的**质的区别**中产生了所生产的价值的**量的分割**。我们以后会知道,在剩余价值分割为地租和利润时,会出现同样的情况。**249** 但在利息上,却不会发生类似的情况。我们立即就会看到,在这里,**质的区别**相反地是从同一剩余价值部分的**纯粹量的分割**中产生的。

根据以上所述可以得出结论,并没有什么"自然"利息率。但是,如果从一方面来说,与一般利润率相反,那种和不断变动的市场利息率不同的中等利息率或平均利息率,其界限不能由任何一般的规律来确定,因为这里涉及的只是总利润在两个资本占有者之间以不同的名义进行的分配;那么,反过来说,利息率,不管是中等利息率还是各个特殊场合的市场利息率,都与一般利润率的情况完全不同,表现为同一的、确定的、明确的量。⁽⁶⁹⁾

利息率对利润率的关系,同商品市场价格对商品价值的关系

---

(69) "商品的价格不断变动;商品各有不同的用途;货币则可以用于任何目的。商品,甚至同类商品,质量也各不相同;现金却总是有相同的价值或应当有相同的价值。因此,我们用利息这个词来表示的货币价格,比任何其他物品的价格具有较大的固定性和一致性。"(詹·斯图亚特《政治经济学原理》法译本1789年版第4卷第27页)

相类似。就利息率由利润率决定来说,利息率总是由一般利润率决定,而不是由可能在特殊产业部门内占统治地位的特殊利润率决定,更不是由某个资本家可能在某个特殊营业部门内获得的额外利润决定。[70]因此,一般利润率事实上会作为经验的、既定的事实,再表现在平均利息率上,虽然后者并不是前者的纯粹的或可靠的表现。

不错,利息率本身随着借款人提供的担保的种类不同,随着借款时间的长短不同,也经常会有所不同;但对每一种类来说,利息率在一定时刻是一致的。因此,这种差别不会损害利息率的固定的、一致的形态。

中等利息率在每个国家在较长期间内都会表现为不变的量,因为一般利润率——尽管特殊的利润率在不断变动,但一个部门的变动会被另一个部门的相反的变动所抵消——只有在较长的期间内才会发生变动。并且一般利润率的相对的不变性,正是表现在中等利息率(average rate or common rate of interest)的这种或大

---

(70)　"不过,利润分割的这个规则,并非对每个单位的贷出者和借入者适用,而是从总体上说对贷出者和借入者适用…… 特大的利润或特小的利润,是对业务熟练或缺乏营业知识的报酬,同贷出者根本没有关系,因为他们既不会由一种情况而受损,也不会由于另一种情况而得利。我们就同一营业中各个人所说的情况,也适用于各种不同的营业部门;如果某一个营业部门的商人和制造业者可以用他们借来的货币,获得比本国其他的商人和制造业者所获得的普通利润更多的利润,那么,这种额外利润就属于他们自己,尽管这种额外利润的获得,只需要有普通的熟练和营业知识;这种额外利润不属于贷给他们货币的贷出者……因为贷出者把货币贷给某个营业部门时,是不会同意利息低于一般利息率的条件的,所以,不管用他们的货币获得多大的利益,他们都不应该得到更多的利息。"(马西,同上[《论决定自然利息率的原因》1750 年伦敦版]第 50、51 页)

或小的不变性上。

至于不断变动的市场利息率，那么，它和商品的市场价格一样，在每一时刻都是作为固定的量出现的，因为在货币市场上，全部借贷资本总是作为一个总额和执行职能的资本相对立，从而，借贷资本的供给和借贷资本的需求之间的关系，决定着当时市场的利息状况。信用制度的发展和由此引起的信用制度的集中，越是赋予借贷资本以一般的社会的性质，并使它一下子同时投到货币市场上来，情形就越是这样。与此相反，一般利润率只是不断地作为一种趋势，作为一种使各种特殊利润率平均化的运动而存在。[408—411]

第二十三章
利息和企业主收入

对于用借入的资本从事经营的产业资本家和不亲自使用自己的资本的货币资本家来说，总利润在两种不同的人，即在两种对同一资本，从而对由它产生的利润享有不同合法权的人之间的单纯量的分割，都会因此转变为质的分割。利润的一部分现在表现为**一个**规定上的资本应得的果实，表现为利息；利润的另一部分则表现为一个相反规定上的资本的特有的果实，因而表现为企业主收入。一个单纯表现为资本所有权的果实，另一个则表现为用资本单纯执行职能的果实，表现为处在过程中的资本的果实，或能动资本家所执行的职能的果实。总利润的这两部分硬化并且互相独立化了，好像它们出自两个本质上不同的源泉。这种硬化和互相独立化，对整个资本家阶级和整个资本来说，现在必然会固定下来。而且，不管能动资本家所使用的资本是不是借入的，也不管属于货币资本家的资本是不是由他自己使用,情况都是一样。每个资本的利润,从而以资本互相平均化为基础的平均利润,都分成或被割裂成两个不同质的、互相独立的、互不依赖的部分,即利息和企业主收入,二者都由特殊的规律来决定。用自有的资本从事经营的资本家,同用借入的资本从事经营的资本家一样,把他的总利润分为利息和企业主收入。利息归他所有,因为他是资本的所有者,是把资本贷给自己的贷出者,企业主收入也归他所有,因为他是能动的、执行职能的资本家。因此,对于这种质的分割来说,资本家实际上是否和另一个资本家共分,是没有意义的。资本的使用者,即使是用自有的资本从事经营,也具有双重身份,即资本的单纯所有者和资本的使用者;他的资本本身,就其提供的利润范畴来说,也分成资本**所有权**,即处在生产过程**以外**的、本身提供利息的资本,和处在生产过程**以内**的、由于在过程中活动而提供企业主收入的资本。[420—421]

企业主收入是劳动的监督工资这种看法,是从企业主收入同利息的对立中产生的,并由于下面这个事实而得到进一步加强:利润的一部分事实上能够作为工资分离出来,并且确实也作为工资分离出来,或者不如反过来说,在资本主义生产方式的基础上,一部分工资表现为利润的不可缺少的组成部分。正如亚·斯密已经正确地发现的那样,在那些生产规模等等允许有充分的分工,以致可以对一个经理支付特别工资的营业部门中,这个利润部分会以经理的薪水的形式纯粹地表现出来,一方面同利润(利息和企业主收入的总和),另一方面同扣除利息以后作为所谓企业主收入留下的那部分利润相独立并且完全分离出来。**250**

凡是直接生产过程具有社会结合过程的形态,而不是表现为独立生产者的孤立劳动的地方,都必然会产生监督和指挥的劳动。[73] 不过它具有二重性。

一方面，凡是有许多个人进行协作的劳动，过程的联系和统一都必然要表现在一个指挥的意志上，表现在各种与局部劳动无关而与工场全部活动有关的职能上，就像一个乐队要有一个指挥一样。这是一种生产劳动，是每一种结合的生产方式中必须进行的劳动。

另一方面——完全撇开商业部门不说——，凡是建立在作为直接生产者的劳动者和生产资料所有者之间的对立上的生产方式中，都必然会产生这种监督劳动。这种对立越严重，这种监督劳动所起的作用也就越大。因此，它在奴隶制度下所起的作用达到了最大限度。[74] 但它在资本主义生产方式下也是不可缺少的，因为在这里，生产过程同时就是资本家消费劳动力的过程。这完全同在专制国家中一样，在那里，政府的监督劳动和全面干涉包括两方面：既包括由一切社会的性质产生的各种公共事务的执行，又包括由政府同人民大众相对立而产生的各种特有的职能。[430—432]

监督和指挥的劳动，就它由对立的性质，由资本对劳动的统治产生而言，因而就它为包括资本主义生产方式在内的一切以阶级对立为基础的生产方式所共有而言，这种劳动在资本主义制度下，也是直接地和不可分离地同由一切结合的社会劳动交给单个人作为特殊劳动去完成的生产职能，结合在一起的。[434]

资本主义生产本身已经使那种完全同资本所有权分离的指挥

---

(73) "在这里〈在农民是土地所有者的地方〉，监督是完全不必要的。"（约·埃·凯尔恩斯《奴隶劳力》1862 年伦敦版第 48、49 页）

(74) "如果劳动的性质要求劳动者〈即奴隶〉分散在一个广阔的地面上劳动，监工的人数以及这种监督所需的劳动的费用就会相应地增加。"（凯尔恩斯，同上[《奴隶劳力》1862 年伦敦版]第 44 页）

劳动比比皆是。因此,这种指挥劳动就无须资本家亲自进行了。一个乐队指挥完全不必就是乐队的乐器的所有者;如何处理其他演奏者的"工资"问题,也不是他这个乐队指挥职能范围以内的事情。合作工厂[251]提供了一个实例,证明资本家作为生产上的执行职能的人员已经成为多余的了,就像资本家自己发展到最成熟时,认为大地主是多余的一样。只要资本家的劳动不是由单纯作为资本主义生产过程的那种生产过程引起,因而这种劳动并不随着资本的消失而自行消失;只要这种劳动不只限于剥削他人劳动这个职能;从而,只要这种劳动是由作为社会劳动的劳动的形式引起,由许多人为达到共同结果而形成的结合和协作引起,它就同资本完全无关,就像这个形式本身一旦把资本主义的外壳炸毁,就同资本完全无关一样。说这种劳动作为资本家的劳动,作为资本家的职能是必要的,这无非意味着,庸俗经济学家不能设想各种在资本主义生产方式内部发展起来的形式竟能够离开并且摆脱它们的对立的、资本主义的性质。[252]相对于货币资本家来说,产业资本家是劳动者,不过是作为资本家的劳动者,即作为对他人劳动的剥削者的劳动者。他为这种劳动所要求和所取得的工资,恰好等于他所占有的他人劳动的量,而且就他为进行剥削而亲自花费必要的精力来说,上述的工资直接取决于对这种劳动的剥削程度,而不是取决于他为进行这种剥削所付出的、并且在适当的报酬下可以让一个经理去承担的那种努力的程度。[434—435]

　　商业经理和产业经理的管理工资,在工人的合作工厂和资本主义的股份企业中,都是完全同企业主收入分开的。管理工资同企业主收入的分离,在其他的场合是偶然发生的,而在这里则是经常的现象。在合作工厂中,监督劳动的对立性质消失了,因为经理由工人支付报酬,他不再代表资本而同工人相对立。随着信用而发展起来的股份企业,一般地说也有一种趋势,就是使这种管理劳动作为一种职能越来越同自有资本或借入资本的占有权相分离,这完全像司法职能和行政职能随着资产阶级社会的发展,同土地所有权相分离一样,而在封建时代,这些职能却是土地所有权的属性。但是一方面,因为执行职能的资本家同资本的单纯所有者即货币资本家相对立,并且随着信用的发展,这种货币资本本身取得了一种社会的性质,集中于银行,并且由银行贷出而不再是由它的直接所有者贷出;另一方面,又因为那些不能在任何名义下,既不能以借贷也不能以别的方式占有资本的单纯的经理,执行着一切应由执行职能的资本家自己担任的现实职能,所以,留下来的只有执行职能的人员,资本家则作为多余的人从生产过程中消失了。[436]

第二十五章
信用和虚拟资本

详细分析信用制度和它为自己所创造的工具(信用货币等等),在我们的计划之外。在这里,只着重指出为说明资本主义生产方式一般的特征所必要的少数几点。因此,在这里,我们只谈商业信用和银行信用。这种信用的发展和公共信用的发展之间的联系,也在考察范围之外。

我以前已经指出(第一册第三章第3节b),货币充当支付手段的职能,从而商品生产者和商品经营者之间债权人和债务人的关系,是怎样由简单商品流通而形成的。随着商业和只是着眼于流通而进行生产的资本主义生产方式的发展,信用制度的这个自然基础也在扩大、普遍化、发展。大体说来,货币在这里只是充当支付手段,也就是说,商品不是为取得货币而卖,而是为取得定期支付的凭证而卖。为了简便起见,我们可以把这种支付凭证概括为票据这个总的范畴。这种票据直到它们期满,支付日到来之前,本身又会作为支付手段来流通;它们形成真正的商业货币。就这种票据由于债权和债务的平衡而最后互相抵消来说,它们是绝对地作为货币来执行职能的,因为在这种情况下,它们已无须最后转化为货币了。就像生产者和商人的这种互相预付形成信用的真正基础一样,这种预付所用的流通工具,票据,也形成真正的信用货币如银行券等等的基础。真正的信用货币不是以货币流通(不管是金属货币还是国家纸币)为基础,而是以票据流通为基础。[450—451]

信用制度的另一方面,与货币经营业的发展联系在一起,而在资本主义生产中,货币经营业的发展又自然会和商品经营业的发展齐头并进。我们在前一篇(第十九章)已经看到,实业家的准备金的保管,货币出纳、国际支付和金银贸易的技术性业务,怎样集中在货币经营者的手中。同这种货币经营业相联系,信用制度的另一方面,生息资本或货币资本的管理,就作为货币经营者的特殊职能发展起来。货币的借入和贷出成了他们的特殊业务。他们以货币资本的实际贷出者和借入者之间的中介人的身份出现。一般地说,这方面的银行业务是:银行家把借贷货币资本大量集中在自己手中,以致与产业资本家和商业资本家相对立的,不是单个的贷出者,而是作为所有贷出者的代表的银行家。银行家成了货币资本的总管理人。另一方面,由于他们为整个商业界而借款,他们也把借入者集中起来,与所有贷出者相对立。银行一方面代表货币资本的集中,贷出者的集中,另一方面代表借入者的集中。银行的利润一般地说在于:它们借入时的利息率低于贷出时的利息率。

银行拥有的借贷资本,是通过多种途径流到银行那里的。首先,因为银行是产业资本家的出纳业者,每个生产者和商人作为准备金保存的或在支付中得到的货币资本,都会集中到银行手中。这样,这种基金就转化为借贷货币资本。商业界的准备金,由于作为共同的准备金集中起来,就可以限制到必要的最低限度,而本来要作为准备金闲置起来的一部分货币资本也就会贷放出去,作为生息资本执行职能。第二,银行的借贷资本还包括可由银行贷放的货币资本家的存款。此外,随着银行制度的发展,特别是自从银行对存款支付利息以来,一切阶级的货币积蓄和暂时不用的货币,都会存入银行。小的金额是不能单独作为货币资本发挥作用的,但它们结合成为巨额,就形成一个货币力量。这种收集小金额的活动是银行制度的特殊作用,应当把这种作用同银行在真正货币资本家和借款人之间的中介作用区别开来。最后,各种只是逐渐花费的收入也会存入银行。

贷放(这里我们只考察真正的商业信用)是通过票据的贴现——使票据在到期以前转化成货币——来进行的,是通过不同形式的贷款,即以个人信用为基础的直接贷款,以有息证券、国债券、各种股票作抵押的贷款,特别是以提单、栈单及其他各种证明商品所有权的凭证作抵押的贷款来进行的,是通过存款透支等等来进行的。

银行家提供的信用,可以采取不同的形式,例如:向其他银行签发汇票、支票,开立同样的信用账户,最后,对拥有钞票发行权的银行来说,是发行本行的银行券。银行券无非是向银行家签发的、持票人随时可以兑现的、由银行家用来代替私人汇票的一种汇票。最后这一种信用形式在外行人看来特别令人注目和重要,首先因为这种信用货币会由单纯的商业流通进入一般的流通,并在那里作为货币执行职能;还因为在大多数国家里,发行银行券的主要银行,作为国家银行和私人银行之间的奇特的混合物,事实上有国家的信用作为后盾,它们的银行券在不同程度上是合法的支付手段;因为在这里可以明显看到的是,银行家经营的是信用本身,而银行券不过是流通的信用符号。但银行家也经营一切其他形式的信用,甚至贷放存在他那里的货币现金。实际上,银行券只形成批发商业的铸币,而对银行来说具有最重要意义的始终是存款。[453—454]

第二十七章
信用在资本主义生产中的作用

到现在为止,我们关于信用制度所作的一般评述,可归结为以下几点:

I. 信用制度的必然形成,以便对利润率的平均化或这个平均化运动起中介作用,整个资本主义生产就是建立在这个运动的基础上的。

II. 流通费用的减少。

1. 一项主要的流通费用,就是货币本身,因为货币自身具有价值。通过信用,货币以三种方式得到节约。

A. 相当大的一部分交易完全用不着货币。

B. 流通手段的流通加速了。[85]这一点,和第 2 点中要说的,

---

(85) "法兰西银行银行券的平均流通额,1812 年为 106 538 000 法郎;1818 年为 101 205 000 法郎;而货币流通,即所有收支总额,1812 年为 2 837 712 000法郎;1818 年为9 665 030 000 法郎。所以,法国 1818 年的流

有部分共同之处。一方面,这种加速是技术性的;也就是说,在现实的、对消费起中介作用的商品流转额保持不变时,较小量的货币或货币符号,可以完成同样的服务。这是同银行业务的技术联系在一起的。另一方面,信用又会加速商品形态变化的速度,从而加速货币流通的速度。

C. 金币为纸币所代替。

2. 由于信用,流通或商品形态变化的各个阶段,进而资本形态变化的各个阶段加快了,整个再生产过程因而也加快了。(另一方面,信用又使买和卖的行为可以互相分离较长的时间,因而成为投机的基础。)准备金缩小了,这可以从两方面来考察:一方面,流通手段减少了;另一方面,必须经常以货币形式存在的那部分资本缩减了。(86)

III. 股份公司的成立。由此:

1. 生产规模惊人地扩大了,个别资本不可能建立的企业出现了。同时,以前曾经是政府企业的那些企业,变成了社会的①

通活动同 1812 年的流通活动相比为 3∶1。流通速度的巨大调节器是信用…… 由此可以说明,为什么货币市场所受到的沉重压力,通常是和充实的流通同时并存。"(《通货论评述》第 65 页)——"1833 年 9 月和 1843 年 9 月之间,在大不列颠开办了将近 300 家发行自己的银行券的银行;结果银行券的流通减少了 250 万镑;1833 年 9 月底是 36 035 244 镑,1843 年 9 月底是 33 518 544 镑。"(同上,第 53 页)——"苏格兰的流通惊人地活跃,以致在那里用 100 镑就可以结清在英格兰需要用 420 镑才能结清的货币业务。"(同上,第 55 页。最后一点,只涉及业务的技术方面。)

(86) "在银行设立以前,执行流通手段的职能所需要的资本额,任何时候都比实际的商品流通所需要的数额大。"(1845 年《经济学家》253 第 238 页)

---

① 此处译文中的"社会的"一词,德文原文为"gesellschaftlich"。——编者注

企业。

2. 那种本身建立在社会生产方式的基础上并以生产资料和劳动力的社会集中为前提的资本,在这里直接取得了社会资本(即那些直接联合起来的个人的资本)的形式,而与私人资本相对立,并且它的企业也表现为社会企业①,而与私人企业相对立。这是作为私人财产的资本在资本主义生产方式本身范围内的扬弃。

3. 实际执行职能的资本家转化为单纯的经理,别人的资本的管理人,而资本所有者则转化为单纯的所有者,单纯的货币资本家。因此,即使后者所得的股息包括利息和企业主收入,也就是包括全部利润(因为经理的薪金只是,或者应该只是某种熟练劳动的工资,这种劳动的价格,同任何别种劳动的价格一样,是在劳动市场上调节的),这全部利润仍然只是在利息的形式上,即作为资本所有权的报酬获得的。而这个资本所有权这样一来现在就同现实再生产过程中的职能完全分离,正像这种职能在经理身上同资本所有权完全分离一样。因此,利润(不再只是利润的一部分,即从借入者获得的利润中理所当然地引出来的利息)表现为对他人的剩余劳动的单纯占有,这种占有之所以产生,是因为生产资料已经转化为资本,也就是生产资料已经和实际的生产者相异化,生产资料已经作为他人的财产,而与一切在生产中实际进行活动的个人(从经理一直到最后一个短工)相对立。在股份公司内,职能已经同资本所有权相分离,因而劳动也已经完全同生产资料的所有权和剩余劳动的所有权相分离。资本主义生产极度发展的这个结果,是资本再转化为生产者的财产所必需的过渡点,不过这种财产

---

① 此处译文中的"社会企业",德文原文为"Gesellschaftsunternehmungen"。——编者注

不再是各个互相分离的生产者的私有财产,而是联合起来的生产者的财产,即直接的社会财产。另一方面,这是再生产过程中所有那些直到今天还和资本所有权结合在一起的职能转化为联合起来的生产者的单纯职能,转化为社会职能的过渡点。[493—495]

〔自从马克思写了上面这些话以来,大家知道,一些新的产业经营的形式发展起来了。这些形式代表着股份公司的二次方和三次方。在大工业的一切领域内,生产现在能以日益增长的速度增加,与此相反,这些增产的产品的市场的扩大却不断地变慢。大工业在几个月中生产的东西,市场在几年内未必吸收得了。此外,那种使每个工业国家同其他工业国家,特别是同英国隔绝的保护关税政策,又人为地提高了本国的生产能力。结果是全面的经常的生产过剩,价格下跌,利润下降甚至完全消失;总之,历来受人称赞的竞争自由已经日暮途穷,必然要自行宣告明显的可耻破产。这种破产表现在:在每个国家里,一定部门的大工业家会联合成一个卡特尔,以便调节生产。一个委员会确定每个企业的产量,并最后分配接到的订货。在个别场合,甚至有时会成立国际卡特尔,例如英国和德国在铁的生产方面成立的卡特尔。但是生产社会化的这个形式还嫌不足。各个公司的利益的对立,过于频繁地破坏了这个形式,并恢复了竞争。因此,在有些部门,只要生产发展的程度允许的话,就把该部门的全部生产,集中成为**一个**大股份公司,实行统一领导。在美国,这个办法已经多次实行;在欧洲,到现在为止,最大的一个实例是联合制碱托拉斯。这个托拉斯把英国的全部碱的生产集中到唯一的一家公司手里。单个工厂——超过30家——原来的所有者,以股票的形式取得他们的全部投资的估定价值,共约500万镑,代表该托拉斯的固定资本。技术方面的管理,仍然留在原来的人手中,但是营业方面的领导则已集中在总管理处手中。约100万镑的流动资本是向公众筹集的。所以,总资本共有600万镑。因此,在英国,在这个构成整个化学工业的基础的部门,竞争已经为垄断所代替,并且已经最令人鼓舞地为将来由整个社会即全民族来实行剥夺做好了准备。——弗·恩·〕

这是资本主义生产方式在资本主义生产方式本身范围内的扬弃,因而是一个自行扬弃的矛盾,这个矛盾明显地表现为通向一种新的生产形式的单纯过渡点。它作为这样的矛盾在现象上也会表现出来。它在一定部门中造成了垄断,因而引起国家的干涉。它再生产出了一种新的金融贵族,一种新的寄生虫,——发起人、创业人和徒有其名的董事;并在创立公司、发行股票和进行股票交易方面再生产出了一整套投机和欺诈活动。这是一种没有私有财产控制的私人生产。

IV. 把股份制度——它是在资本主义体系本身的基础上对资本主义的私人产业的扬弃;随着它的扩大和侵入新的生产部门,它也在同样的程度上消灭着私人产业——撇开不说,信用为单个资本家或被当做资本家的人,提供在一定界限内绝对支配他人的资本,他人的财产,从而他人的劳动的权利。[87]对社会资本而不是

---

(87)　例如,我们可以在《泰晤士报》[254]上看到1857年这样一个危机年[255]的破产表,并且把破产者自己的财产和他们的负债额比较一下。——"真的,那些有资本和信用的人的购买力,远非一个对投机市场毫无实际知识的人所能想象。"(图克《通货原理研究》第79页)"一个人,只要他有这种名声,即被公认为拥有充足的资本可以经营他的经常的营业,并且在同业中又享有良好的信用,如果他对他所经营的货物的行情看涨持有乐观的估计,而在投机开始和进行中又一切顺利,那么,他就可以按照一个比他的资本大得多的规模来购买。"(同上,第136页)——"工厂主、商人等等,都大大超过他们的资本来进行交易……现在,资本与其说是任何一种商业交易的界限,不如说是用来建立良好信用的基础。"(1847年《经济学家》第1333页)

对自己的资本的支配权,使他取得了对社会劳动的支配权。因此,一个人实际拥有的或公众认为他拥有的资本本身,只是成为信用这个上层建筑的基础。以上所述特别适用于经手绝大部分社会产品的批发商业。在这里,一切尺度,一切在资本主义生产方式内多少还可以站得住脚的辩护理由都消失了。进行投机的批发商人是拿社会的财产,而不是拿**自己的**财产来进行冒险的。资本起源于节约的说法,也变成荒唐的了,因为那种人正是要求**别人**为他而节约。〔如不久前整个法国为巴拿马运河的骗子总共节约了 15 亿法郎。巴拿马运河的全部骗局**256** 在它发生整整 20 年之前,就已经在这里多么准确地描绘出来了。——弗·恩·〕他的奢侈——奢侈本身现在也成为获得信用的手段——正好给了另一种关于禁欲的说法一记耳光。在资本主义生产不很发达的阶段还有某种意义的各种观念,在这里变得完全没有意义了。在这里,成功和失败同时导致资本的集中,从而导致最大规模的剥夺。在这里,剥夺已经从直接生产者扩展到中小资本家自身。这种剥夺是资本主义生产方式的出发点;实行这种剥夺是资本主义生产方式的目的,而且最后是要剥夺一切个人的生产资料,这些生产资料随着社会生产的发展已不再是私人生产的资料和私人生产的产品,它们只有在联合起来的生产者手中还能是生产资料,因而还能是他们的社会财产,正如它们是他们的社会产品一样。但是,这种剥夺在资本主义制度本身内,以对立的形态表现出来,即社会财产为少数人所占有;而信用使这少数人越来越具有纯粹冒险家的性质。因为财产在这里是以股票的形式存在的,所以它的运动和转移就纯粹变成了交易所赌博的结果;在这种赌博中,小鱼为鲨鱼所吞掉,羊为交易所的狼所吞掉。在股份制度内,已经存在着社会生产资料借以表现为个人财产的旧形式的对立面;但是,这种向股份形式的转化本身,还是局限在资本主义界限之内;因此,这种转化并没有克服财富作为社会财富的性质和作为私人财富的性质之间的对立,而只是在新的形态上发展了这种对立。

工人自己的合作工厂[251],是在旧形式内对旧形式打开的第一个缺口,虽然它在自己的实际组织中,当然到处都再生产出并且必然会再生产出现存制度的一切缺点。但是,资本和劳动之间的对立在这种工厂内已经被扬弃,虽然起初只是在下述形式上被扬弃,即工人作为联合体是他们自己的资本家,也就是说,他们利用生产资料来使他们自己的劳动增殖。这种工厂表明,在物质生产力和与之相适应的社会生产形式的一定的发展阶段上,一种新的生产方式怎样会自然而然地从一种生产方式中发展并形成起来。没有从资本主义生产方式中产生的工厂制度,合作工厂就不可能发展起来;同样,没有从资本主义生产方式中产生的信用制度,合作工厂也不可能发展起来。信用制度是资本主义的私人企业逐渐转化为资本主义的股份公司的主要基础,同样,它又是按或大或小的国家规模逐渐扩大合作企业的手段。资本主义的股份企业,也和合作工厂一样,应当被看做是由资本主义生产方式转化为联合的生产方式的过渡形式,只不过在前者那里,对立是消极地扬弃的,而在后者那里,对立是积极地扬弃的。

以上,我们主要联系产业资本考察了信用制度的发展以及在这一制度中包含的资本所有权的潜在的扬弃。以下几章,我们将要联系生息资本本身来考察信用,考察信用对这种资本的影响和信用在这里所采取的形式;同时,我们还要作几点专门的经济学的评述。

在此之前,先谈谈下面这点:

如果说信用制度表现为生产过剩和商业过度投机的主要杠

杆,那只是因为按性质来说具有弹性的再生产过程,在这里被强化到了极限。它所以会被强化,是因为很大一部分社会资本为社会资本的非所有者所使用,这种人办起事来和那种亲自执行职能、小心谨慎地权衡其私人资本的界限的所有者完全不同。这不过表明:建立在资本主义生产的对立性质基础上的资本增殖,只容许现实的自由的发展达到一定的限度,因而,它事实上为生产造成了一种内在的、但会不断被信用制度打破的束缚和限制。因此,信用制度加速了生产力的物质上的发展和世界市场的形成;使这二者作为新生产形式的物质基础发展到一定的高度,是资本主义生产方式的历史使命。同时,信用加速了这种矛盾的暴力的爆发,即危机,因而促进了旧生产方式解体的各要素。

信用制度固有的二重性质是:一方面,把资本主义生产的动力——用剥削他人劳动的办法来发财致富——发展成为最纯粹最巨大的赌博欺诈制度,并且使剥削社会财富的少数人的人数越来越减少;另一方面,造成转到一种新生产方式的过渡形式。正是这种二重性质,使信用的主要宣扬者,从约翰·罗到伊萨克·贝列拉,都具有这样一种有趣的混合性质:既是骗子又是预言家。[496—500]

第二十九章
银行资本的组成部分

现在,我们必须更仔细地考察一下银行资本是由什么组成的。[525]

银行资本由两部分组成:1. 现金,即金或银行券;2. 有价证券。我们可以再把有价证券分成两部分:一部分是商业证券即汇票,它们是流动的,按时到期的,它们的贴现已经成为银行家的基本业务;另一部分是公共有价证券,如国债券,国库券,各种股票,总之,各种有息的而同汇票有本质差别的证券。这里还可以包括地产抵押单。由这些物质组成部分构成的资本,又分为银行家自己的投资和别人的存款,后者形成银行营业资本或借入资本。对那些发行银行券的银行来说,这里还包括银行券。我们首先把存款和银行券撇开不说。很明显,银行家资本的这些现实组成部分——货币、汇票、有息证券——决不因为这些不同要素是代表银行家自有的资本,还是代表存款即别人所有的资本,而会发生什么变化。不论银行家只用自有的资本来经营业务,还是只用在他那里存入的资本来经营业务,银行家资本的上述区分仍然不变。

生息资本的形式造成这样的结果:每一个确定的和有规则的货币收入都表现为一个资本的利息,而不论这种收入是不是由一个资本生出。货币收入首先转化为利息,有了利息,然后得出产生这个货币收入的资本。同样,有了生息资本,每个价值额只要不作为收入花掉,都会表现为资本,也就是都会表现为本金,而同它能够生出的可能的或现实的利息相对立。

事情是简单的:假定平均利息率是一年5%。如果500镑的金额转化为生息资本,一年就会生出25镑。因此,每一笔固定的25镑的年收入,都可以看做500镑资本的利息。但是,这总是一种纯粹幻想的观念,除非这25镑的源泉——不论它是单纯的所有权证书,即债权,还是像地产一样是现实的生产要素——可以直接转移,或采取一种可以转移的形式。我们以国债和工资为例。

国家对借入资本每年要付给自己的债权人以一定量的利息。在这个场合,债权人不能向债务人宣布解除契约,而只能卖掉他的债权,即他的所有权证书。资本本身已经由国家花掉了,耗费了。它已不再存在。对于国家的债权人来说,1. 他持有一张比如说

100 镑的国债券；2. 他靠这张国债券有权从国家的年收入即年税收中索取一定的金额,比如说 5 镑,或 5%；3. 他可以随意把这张 100 镑的债券卖给别人。如果利息率是 5%,国家提供的保证又很可靠,那么占有者 A 通常就能按 100 镑把这张债券卖给 B,因为对 B 来说,无论是把 100 镑按年息 5% 借给别人,还是通过支付 100 镑而从国家的年赋税中保证每年得到 5 镑,是完全一样的。但在这一切场合,这种资本,即把国家付款看成是自己的幼仔(利息)的资本,是幻想的虚拟的资本。这不仅是说贷给国家的金额已经不再存在。这个金额从来不是要作为资本支出的,不是要作为资本投下的,而只有作为资本投下,它才能转化为一个自行保存的价值。对于原债权人 A 来说,他在年税收中所占有的部分代表着他的资本的利息,就像对高利贷者来说,他在挥霍浪费者的财产中所占有的部分代表着他的资本的利息一样,虽然在这两种情况下,贷出的货币额都不是作为资本支出的。国债券出售的可能性,对 A 来说,代表着本金流回的可能性。对 B 来说,从他私人的观点看,他的资本是作为生息资本投下的。但就事情本身来看,B 只是代替了 A,买进了 A 对国家的债权。不管这种交易反复进行多少次,国债的资本仍然是纯粹的虚拟资本;一旦债券不能卖出,这个资本的假象就会消失。然而,我们马上就会知道,这种虚拟资本有它的独特的运动。

为了同国债资本对比,——在国债的场合,负数表现为资本;因为生息资本一般是一切颠倒错乱形式之母,所以,在银行家的观念中,比如债券可以表现为商品,——我们现在来考察劳动力。在这里,工资被看成是利息,因而劳动力被看成是提供这种利息的资本。例如,如果一年的工资等于 50 镑,利息率等于 5%,一年的劳动力就被认为是一个等于 1 000 镑的资本。资本家们思考方式的错乱在这里达到了顶点,资本的增殖不是用劳动力的被剥削来说明,相反,劳动力的生产性质却用劳动力本身是这样一种神秘的东西即生息资本来说明。在 17 世纪下半叶(例如在配第那里),这已经是一种很流行的观念,但是一直到今天,一部分是庸俗经济学家,另一部分主要是德国的统计学家[1],还非常热衷于这个观念。在这里,不幸有两件事情和这种轻率的观念令人不快地交错着:第一,工人必须劳动,才能获得这种利息;第二,他不能通过转让的办法把他的劳动力的资本价值转化为货币。其实,他的劳动力的年价值只等于他的年平均工资,而他必须由他的劳动补偿给劳动力的买者的,却是这个价值本身加上剩余价值,也就是加上这个价值的增殖额。在奴隶制度下,劳动者有一个资本价值,即他的购买价格。如果他被出租,承租人就首先要支付这个购买价格的利息,此外要补偿这个资本的年损耗。

　　人们把虚拟资本的形成叫做资本化。人们把每一个有规则的会反复取得的收入按平均利息率来计算,把它算做是按这个利息率贷出的一个资本会提供的收益,这样就把这个收入资本化了;例如,在年收入 = 100 镑,利息率 = 5% 时,100 镑就是 2 000 镑的年利息,这 2 000 镑现在就被看成是每年取得 100 镑的法定所有权证书的资本价值。对这个所有权证书的买者来说,这 100 镑年收入实际代表他所投资本的 5% 的利息。因此,和资本的现实增殖过程的一切联系就彻底消灭干净了。资本是一个自行增殖的自动机的观念就牢固地树立起来了。

---

　　(1)　"工人有资本价值,如果我们把他的常年服务的货币价值看做是利息收入,就会发现这个资本价值……　只要……把平均日工资按 4% 的利息率资本化,我们就会得到一个男性农业工人的平均价值:在德意志奥地利是 1 500 塔勒,在普鲁士是 1 500,在英格兰是 3 750,在法国是 2 000,在俄国内地是 750 塔勒。"(弗·雷登《比较文化统计学》1848 年柏林版第 434 页)

即使在债券——有价证券——不像国债那样代表纯粹幻想的资本的地方,这种证券的资本价值也纯粹是幻想的。我们上面已经讲过①,信用制度怎样产生出联合的资本。这种证券被当做代表这种资本的所有权证书。铁路、采矿、轮船等公司的股票代表现实资本,也就是代表在这些企业中投入的并执行职能的资本,或者说,代表股东所预付的、在这些企业中作为资本来用的货币额。这里决不排除股票也只是一种欺诈的东西。但是,这个资本不能有双重存在:一次是作为所有权证书即股票的资本价值,另一次是作为在这些企业中实际已经投入或将要投入的资本。它只存在于后一种形式,股票不过是对这个资本所实现的剩余价值的一个相应部分的所有权证书。A 可以把这个证书卖给 B,B 可以把它卖给 C。这样的交易并不会改变事物的性质。这时,A 或 B 把他的证书转化为资本,而 C 把他的资本转化为一张对股份资本预期可得的剩余价值的单纯所有权证书。

这些所有权证书——不仅是国债券,而且是股票——的价值的独立运动,加深了这样一种假象,好像除了它们能够有权索取的资本或权益之外,它们还形成现实资本。这就是说,它们已经成为商品,而这些商品的价格有独特的运动和决定方法。它们的市场价值,在现实资本的价值不发生变化(即使它的价值已增殖)时,会和它们的名义价值具有不同的决定方法。一方面,它们的市场价值,会随着它们有权索取的收益的大小和可靠程度而发生变化。假定一张股票的名义价值即股票原来代表的投资额是 100 镑,又假定企业提供的不是 5% 而是 10%,那么,在其他条件不变的情况下,在利息率是 5% 时,这张股票的市场价值就会提高到 200 镑,因为这张股

---

① 见本卷第 566—568 页。——编者注

票按5%的利息率资本化,现在已经代表200镑的虚拟资本。用200镑购买这张股票的人,会由这个投资得到5%的收入。如果企业的收益减少,情况则相反。这种证券的市场价值部分地有投机的性质,因为它不是由现实的收入决定的,而是由预期得到的、预先计算的收入决定的。但是,假定现实资本的增殖不变,或者假定像国债那样,资本已不存在,年收益已经由法律规定,并且又有充分保证,那么,这种证券的价格的涨落就和利息率成反比。如果利息率由5%涨到10%,保证可得5镑收益的有价证券,就只代表50镑的资本。如果利息率降到$2\frac{1}{2}$%,这同一张有价证券就代表200镑的资本。它的价值始终只是资本化的收益,也就是一个幻想的资本按现有利息率计算可得的收益。因此,在货币市场紧迫的时候,这种有价证券的价格会双重跌落;第一,是因为利息率提高,第二,是因为这种有价证券大量投入市场,以便实现为货币。不管这种证券保证它的持有者取得的收益,可能像国债券那样是不变的,也不管这种证券所代表的现实资本的增殖,可能像在产业企业中那样会因再生产过程的扰乱而受到影响,在这两种场合,这种价格跌落的现象都是会发生的。只是在后一种场合,除了上述贬值以外,还会加上进一步贬值。一旦风暴过去,只要这种证券代表的不是一个破产的或欺诈性质的企业,它们就会回升到它们以前的水平。它们在危机中的贬值,会作为货币财产集中的一个有力的手段来发生作用。[(2)]

---

(2)〔二月革命[11]以后不久,当商品和有价证券在巴黎大跌特跌并且完全卖不出去时,利物浦有个瑞士商人茨维尔兴巴特先生(他是亲自对我父亲讲这件事的),把他一切能换的东西都换成货币,带着现金来到巴黎去找路特希尔德,向他提议合伙做一笔生意。路特希尔德凝视着他,走到他身边,抓住他的两个肩膀问:"你身边有钱吗?"——"有,男爵先生!"——"好吧,让我们合伙吧。"于是他们两个做了一笔漂亮的生意。——弗·恩·〕

只要这种证券的贬值或增值同它们所代表的现实资本的价值变动无关,一国的财富在这种贬值或增值以后,和在此以前是一样的。[526—531]

只要这种贬值不表示生产以及铁路和运河运输的实际停滞,不表示已开始经营的企业的停闭,不表示资本在毫无价值的企业上的白白浪费,一个国家就决不会因为名义货币资本这种肥皂泡的破裂而减少分文。

所有这些证券实际上都只是代表已积累的对于未来生产的索取权或权利证书,它们的货币价值或资本价值,或者像国债那样不代表任何资本,或者完全不决定于它们所代表的现实资本的价值。

在一切进行资本主义生产的国家,都有巨额的所谓生息资本或货币资本(moneyed capital)采取这种形式。货币资本的积累,大部分不外是对生产的这种索取权的积累,是这种索取权的市场价格即幻想的资本价值的积累。

银行家资本的一部分,就是投在这种所谓有息证券上。这本身是准备资本即不在实际银行业务中执行职能的资本的一部分。这些证券的最大部分,是汇票,即产业资本家或商人的支付凭据。对货币贷放者来说,这种汇票是有息证券;就是说,在他购买汇票时,会扣除汇票到期以前的利息。这就是所谓的贴现。因此,从汇票所代表的金额中扣除多少,这要看当时的利息率而定。

银行家资本的最后一部分,是他的由金或银行券构成的货币准备。存款,如果没有立据规定较长的期限,随时可由存款人支取。这种存款处在不断的流动中。在有人支取时,又有人会存入,所以,在营业正常进行时,存款的一般平均总额很少变动。

在资本主义生产发达的国家,银行的准备金,总是表示贮藏货币的平均量,而这种贮藏货币的一部分本身又是自身没有任何价值的证券,只是对金的支取凭证。因此,银行家资本的最大部分纯粹是虚拟的,是由债权(汇票)、国债券(它代表过去的资本)和股票(对未来收益的支取凭证)构成的。在这里,不要忘记,银行家保险箱内的这些证券,即使是对收益的可靠支取凭证(例如国债券),或者是现实资本的所有权证书(例如股票),它们所代表的资本的货币价值也完全是虚拟的,是不以它们至少部分地代表的现实资本的价值为转移的;既然它们只是代表取得收益的要求权,并不是代表资本,那么,取得同一收益的要求权就会表现在不断变动的虚拟货币资本上。此外,还要加上这种情况:这种虚拟的银行家资本,大部分并不是代表他自己的资本,而是代表公众在他那里存入的资本——不论有利息,或者没有利息。

存款总是存入货币——金或银行券,或者存入对它们的支取凭证。除了根据实际流通的需要时而收缩时而扩大的准备金外,事实上,这种存款一方面总是在产业资本家和商人手里,他们的汇票靠这种存款来贴现,他们也是靠这种存款来取得贷款;另一方面,这种存款是在有价证券的交易人(交易所经纪人)手里,或者在已经出售有价证券的私人手里,或者在政府手里(例如在发行国库券和举借新债的场合)。存款本身起着双重作用。一方面,正如前面已经讲过的,它们会作为生息资本贷放出去,因而不会留在银行的保险柜里,而只是作为存款人提供的贷款记在银行的账簿上。另一方面,在存款人相互间提供的贷款由他们的存款支票互相平衡和互相抵消时,它们只是作为账面项目起作用;在这里,无论存款存在同一银行家那里,由他在各账户之间进行结算,或者存款存入不同的银行,由这些银行互相交换支票,而只是支付差额,情况都完全是一样的。

随着生息资本和信用制度的发展,一切资本好像都会增加一倍,有时甚至增加两倍,因为有各种方式使同一资本,甚至同一债权在各种不同的人手里以各种不同的形式出现。[3]这种"货币资本"的最大部分纯粹是虚拟的。全部存款,除了准备金外,只不过是银行家账上的结存款项,但它们从来不是作为现金保存在那里。如果存款用在转账业务上,它们就会在银行家把它们贷出以后,对银行家执行资本的职能。银行家彼此之间通过结算的办法,来互相偿付他们对这种已经不存在的存款的支取凭证。[531—534]

既然同一货币额根据它的流通速度可以完成多次购买,它也可以完成多次借贷,因为购买使货币从一个人手里转到另一个人手里,而借贷不过是货币不以购买为中介而从一个人手里转到另一个人手里。对任何一个卖者来说,货币都代表他的商品的转化形式;而在每一个价值都表现为资本价值的今天,说货币在各次借贷中先后代表各个资本,其实只不过是以前那种认为货币能先后实现各个商品价值的说法的另一种表现。同时,货币还充当流通

---

(3)〔在最近几年,资本这种增加一倍和两倍的现象,例如,已由金融信托公司大大发展了。这种金融信托公司,在伦敦的交易所报告中已占有特殊一栏。这种公司是为了购买某种有息证券,例如外国的国债券、英国的市政债券、美国的公债券、铁路股票等等而成立的。资本,比如说200万镑,是通过认股的方法筹集的。董事会买进了相应的有价证券,或在这上面多少主动地作一些投机,并且在扣去各项开支以后,把年利息收入作为股息分配给各个股东。——其次,还有些股份公司习惯于把通常的股票分为两类:优先股和普通股。优先股的利息率是确定的,比如5%,当然,这以总利润许可这样付息为前提。付息后如有剩余,就由普通股获得。这样,优先股的"可靠的"投资,就或多或少和普通股的真正的投机分开了。因为有些大企业不愿采用这个新办法,所以就出现了这样的公司,它们把100万镑或几百万镑投在这些企业的股票上,然后按这种股票的名义价值发行新的股票,其中一半为优先股,一半为普通股。在这种情况下,原来的股票增加了一倍,因为它们是发行新股票的基础。——弗·恩·〕

手段,使那些物质资本从一个人手里转移到另一个人手里。在借贷中,它并不是作为流通手段从一个人手里转移到另一个人手里。只要货币在贷出者手里,那么货币在他手里就不是流通手段,而是他的资本的价值存在。在借贷中,贷出者就是在这个形式上把货币转给另一个人。如果 A 把货币借给 B,B 又把货币借给 C,而没有以购买作为中介,那么同一个货币就不是代表三个资本,而只是代表一个资本,**一个**资本价值。它实际代表多少个资本,就取决于它有多少次作为不同商品资本的价值形式执行职能。[534—535]

正如在这种信用制度下一切东西都会增加一倍和两倍,以至变为纯粹幻想的怪物一样,人们以为终究可以从里面抓到一点实在东西的"准备金"也是如此。[535]

第三十章

货币资本和现实资本。I

我们现在在考察信用制度时要遇到的仅有的几个困难问题是:

第一,真正货币资本的积累。它在什么程度上是资本的现实积累的标志,即规模扩大的再生产的标志,又在什么程度上不是这种标志呢?所谓资本过剩[plethora][236],一个始终只用于生息资本即货币资本的用语,仅仅是表现产业生产过剩的一个特殊方式呢,还是除此以外形成一种特殊的现象呢?这种过剩即货币资本的供给过剩,是否与停滞的货币总量(金银条块、金币和银行券)的存在相一致,从而现实货币的这种过剩,是否就是借贷资本的上述过剩的反映和表现形式呢?

第二,货币紧迫,即借贷资本不足,又在什么程度上反映出现实资本(商品资本和生产资本)的不足呢?另一方面,它又在什么程度上与货币本身的不足,即流通手段的不足相一致呢?

在以上考察货币资本和货币财产的积累的特有形式时,我们已经把这种积累的形式归结为对劳动的所有权要求的积累。前面已经说过,国债资本的积累,不过是表明国家债权人阶级的增加,这个阶级有权把税收中的一定数额预先划归自己所有。⁽⁶⁾连债务积累也能表现为资本积累这一事实,清楚地表明那种在信用制度中发生的颠倒现象已经达到完成的地步。这些为原来借入的并且早已用掉的资本而发行的债券,这些代表已经消灭的资本的纸制复本,在它们是可卖商品,因而可以再转化为资本的情况下,对它们的占有者来说,就作为资本执行职能。

公用事业、铁路、矿山等等的所有权证书,正如我们上面所说的,事实上是现实资本的证书。但有了这种证书,并不能去支配这个资本。这个资本是不能提取的。有了这种证书,只是在法律上有权索取这个资本应该获得的一部分剩余价值。但是,这种证书也就成为现实资本的纸制复本,正如提货单在货物之外,和货物同时具有价值一样。它们成为并不存在的资本的名义代表。这是因

---

(6) "国家有息证券不过是一种想象的资本,它代表用来偿还国债的那部分年收入。与此相等的一笔资本已经消耗掉了;它是国债的分母,但国家有息证券所代表的并不是这笔资本,因为这笔资本早已不再存在。但新的财富必然会由产业劳动产生出来;而在这个财富中每年都有一部分预先指定给那些曾经贷出这个被消耗掉的财富的人;这个部分是用课税的方法从生产这些财富的人那里取走,然后付给国家债权人的。并且人们根据本国通行的资本和利息的比率,设想出一个想象的资本,这个资本的大小和能产生债权人应得年利的那个资本相等。"(西斯蒙第《政治经济学新原理》第2卷第229—230页)

为现实资本存在于这种复本之外，并且不会由于这种复本的转手而改变所有者。这种复本所以会成为生息资本的形式，不仅因为它们保证取得一定的收益，而且因为可以通过它们的出售而能得到它们的资本价值的偿付。当这些证券的积累表示铁路、矿山、汽船等等的积累时，它们也表示现实再生产过程的扩大，就像动产征税单的扩大表示这种动产的增加一样。但是，作为纸制复本，这些证券只是幻想的，它们的价值额的涨落，和它们有权代表的现实资本的价值变动完全无关，尽管它们可以作为商品来买卖，因而可以作为资本价值来流通。它们的价值额，也就是，它们在证券交易所内的行情，会随着利息率的下降——就这种下降与货币资本特有的运动无关，只不过是利润率趋向下降的结果来说——而必然出现上涨的趋势，所以，单是由于这个原因，这个想象的财富，就其原来具有一定名义价值的每个组成部分的价值表现来说，也会在资本主义生产发展的进程中扩大起来。[7]

由这种所有权证书的价格变动而造成的盈亏，以及这种证书在铁路大王等人手里的集中，就其本质来说，越来越成为赌博的结果。赌博已经取代劳动，表现为夺取资本财产的本来的方法，并且也取代了直接的暴力。这种想象的货币财产，不仅构成私人货币财产的很大的部分，并且正如我们讲过的，也构成银行家资本的很大的部分。

为了尽快地弄清问题，我们不妨把货币资本的积累，理解为银

（7）　一部分积累的借贷货币资本，事实上只是产业资本的表现。例如，1857 年，英国向美国铁路和其他企业投资 8 000 万镑，这笔投资几乎完全是靠输出英国商品实现的。对于这些商品，美国人没有偿还分文。英国的出口商人凭这些商品开出在美国兑付的汇票，英国的认股人就购进这种汇票，寄到美国去缴付他们已经认购的股金。[——弗·恩·]

行家(职业的货币贷放者)手中的财富的积累,即私人货币资本家一方和国家、团体以及从事再生产的借款人另一方之间的中介人手中的财富的积累;因为整个信用制度的惊人的扩大,总之,全部信用,都被他们当做自己的私有资本来利用。这些人总是以货币的形式或对货币的直接索取权的形式占有资本和收入。这类人的财产的积累,可以按极不同于现实积累的方向进行,但是无论如何都证明,他们攫取了现实积累的很大一部分。[539—542]

我们首先分析商业信用,即从事再生产的资本家互相提供的信用。这是信用制度的基础。它的代表是汇票,是一种有一定支付期限的债券,是一种延期支付的证书。每一个人都一面提供信用,一面接受信用。我们首先撇开银行家的信用不说,它是一个本质上完全不同的要素。如果这些汇票通过背书而在商人自己中间再作为支付手段来流通,由一个人转到另一个人,中间没有贴现,那就不过是债权由 A 到 B 的转移,而这绝对不会影响整个的联系。这里发生的只是人的变换。即使在这种场合,没有货币的介入,也照样可以进行结算。[542—543]

如果我们把这种信用同银行家的信用分开来进行考察,那就很清楚,这种信用随着产业资本本身的规模一同增大。在这里,借贷资本和产业资本是一个东西;贷出的资本就是商品资本,不是用于最后的个人的消费,就是用来补偿生产资本的不变要素。所以,这里作为贷出的资本出现的,总是那种处在再生产过程的一定阶段上的资本,它通过买卖,由一个人手里转到另一个人手里,不过它的代价要到后来才按约定的期限由买者支付。[545]

在这里,信用的最大限度,等于产业资本的最充分的运用,也就是等于产业资本的再生产能力不顾消费界限而达到极度紧张。这些消费界限也会因再生产过程本身的紧张而扩大:一方面这种紧张会增加工人和资本家对收入的消费,另一方面这种紧张和生产消费的紧张是一回事。

只要再生产过程顺畅地进行,从而资本回流确有保障,这种信用就会持续下去和扩大起来,并且它的扩大是以再生产过程本身的扩大为基础的。一旦由于回流延迟,市场商品过剩,价格下降而出现停滞,产业资本就会过剩,不过这种过剩是在产业资本不能执行自己的各种职能的形式上表现出来的。有大量的商品资本,但卖不出去。有大量的固定资本,但由于再生产停滞,大部分闲置不用。信用将会收缩,1.因为这种资本闲置不用,也就是停滞在它的再生产的一个阶段上,因为它不能完成它的形态变化;2.因为再生产过程顺畅进行的信念已经遭到破坏;3.因为对这种商业信用的需求已经减少。[546—547]

因此,只要再生产过程的这种扩大受到破坏,或者哪怕是再生产过程的正常紧张状态受到破坏,信用就会减少。通过信用来获得商品就比较困难。要求现金支付,对赊售小心谨慎,是产业周期中紧接着崩溃之后的那个阶段所特有的现象。在危机中,因为每个人都要卖而卖不出去,但是为了支付,又必须卖出去,所以,正是在这个信用最缺乏(并且就银行家的信用来说,贴现率也最高)的时刻,不是闲置的寻找出路的资本,而是滞留在自身的再生产过程内的资本的数量也最大。这时,由于再生产过程的停滞,已经投入的资本实际上大量地闲置不用。工厂停工,原料堆积,制成的产品作为商品充斥市场。因此,如果把这种情况归因于生产资本的缺乏,那就大错特错了。正好在这个时候,生产资本是过剩了,无论就正常的、但是暂时紧缩的再生产规模来说,还是就已经萎缩的消费来说,都是如此。

我们假定整个社会只是由产业资本家和雇佣工人构成。此外,我们撇开价格的变动不说。这种价格变动使总资本的大部分不能在平均状况下实行补偿,并且,由于整个再生产过程的普遍联系(特别是由信用发展起来的这种联系),这种价格变动必然总是引起暂时的普遍停滞。同样,我们撇开信用制度所助长的买空卖空和投机交易不说。这样,危机好像只能由各个不同部门生产的不平衡,由资本家自己的消费和他们的积累之间的不平衡来说明。然而实际情况是,投在生产上的资本的补偿,在很大程度上依赖于非生产阶级的消费能力;而工人的消费能力一方面受工资规律的限制,另一方面受以下事实的限制,就是他们只有在他们能够为资本家阶级带来利润时才能被雇用。一切现实的危机的最终原因始终是:群众贫穷和群众的消费受到限制,而与此相对立,资本主义生产却竭力发展生产力,好像只有社会的绝对的消费能力才是生产力发展的界限。[547—548]

现在我们回过头来谈货币资本的积累。

借贷货币资本的增大,并不是每次都表示现实的资本积累或再生产过程的扩大。这种情况,在产业周期中紧接着危机过后的那个阶段中,表现得最为明显,这时,借贷资本大量闲置不用。在这种时刻,生产过程紧缩(1847年危机[257]后,英国各工业区的生产减少三分之一),商品价格降到最低点,企业信心不足,这时,低微的利息率就起着支配作用。这种低微的利息率无非是表明:借贷资本的增加,正是由于产业资本的收缩和委靡不振造成的。当商品价格下跌,交易减少,投在工资上的资本收缩时,所需的流通手段就会减少;另一方面,在对外债务一部分由金的流出,一部分由破产而偿清之后,也就不需要追加的货币去执行世界货币的职能了;最后,汇票贴现业务的规模,随着汇票本身的数目和金额的缩小而缩小,——这一切都是一目了然的。因此,对借贷货币资本的需求,不论是用于流通手段,还是用于支付手段(这里还谈不上新的投资），都会减少，这样，借贷货币资本相对说来就充裕了。不过，正如以后将会看到的，在这样的情况下，借贷货币资本的供给也会实际增加。［549］

　　如果再生产过程再一次达到过度紧张状态以前的那种繁荣局面，商业信用就会大大扩张，这种扩张实际上又是资本容易流回和生产扩大的"健全"基础。在这种情况下，利息率虽然已经高于最低限度，但是仍然很低。事实上这是**唯一的**这样一个时期，这时低利息率，从而借贷资本的相对充裕，可以说是和产业资本的现实扩大结合在一起的。由于资本回流容易并且具有规则性，加上商业信用扩大，这就保证了借贷资本的供给（虽然需求已经增长），防止了利息率水平的上升。另一方面，只有到这时，没有准备资本甚至根本没有任何资本而完全依靠货币信用进行操作的冒险家们，才引人注目地涌现出来。此外，还有各种形式的固定资本的显著扩大和新型大企业的大批开张。现在，利息提高到它的平均水平。一旦新的危机爆发，信用突然停止，支付停滞，再生产过程瘫痪，并且，除了上述的例外情况，在借贷资本几乎绝对缺乏的同时，闲置的产业资本发生过剩，这时，利息就会再升到它的最高限度。

　　因此，表现在利息率上的借贷资本的运动，和产业资本的运动，总的说来是方向相反的。有一个阶段，低的但是高于最低限度的利息率，与危机以后的"好转"和信任的增强结合在一起；特别是另一个阶段，利息率达到了它的平均水平，也就是离它的最低限度和最高限度等距的中位点，——只是在这两个阶段，充裕的借贷资本才和产业资本的显著扩大结合在一起。但是，在产业周期的开端，低利息率和产业资本的收缩结合在一起，而在周期的末尾，则是高利息率和产业资本的过多结合在一起。伴随"好转"而来的低利息率，表示商业信用对银行信用的需要是微不足道的，商业信用还是立足于自身。[553]

在再生产过程的全部联系都是以信用为基础的生产制度中，只要信用突然停止，只有现金支付才有效，危机显然就会发生，对支付手段的激烈追求必然会出现。所以乍看起来，好像整个危机只表现为信用危机和货币危机。而且，事实上问题只是在于汇票能否兑换为货币。但是这种汇票多数是代表现实买卖的，而这种现实买卖的扩大远远超过社会需要的限度这一事实，归根到底是整个危机的基础。[555]

由以上所述可以看到，商品资本代表可能的货币资本的那种属性，在危机中和一般地说在营业停滞时期，将会大大丧失。虚拟资本，生息的证券，就它们本身作为货币资本在证券交易所内进行流通而言，也是如此。它们的价格随着利息的提高而下降。其次，它们的价格还会由于信用的普遍缺乏而下降，这种信用的缺乏迫使证券所有者在市场上大量抛售这种证券，以便获得货币。最后，就股票来说，它的价格下降，部分地是由于股票有权要求的收入减少了，部分地是由于它们代表的往往是那种带有欺诈性质的企业。在危机时期，这种虚拟的货币资本大大减少，从而它的所有者凭它在市场上获得货币的力量也大大减少。这些有价证券的行情的下降，虽然和它们所代表的现实资本无关，但是和它们的所有者的支付能力关系极大。[558—559]

第三十三章

信用制度下的流通手段

"流通速度的巨大调节器是信用。由此可以说明，为什么货币市场上尖锐的紧迫状态，通常是和充实的流通同时并存。"(《通货论评述》第65页)

　　这一点应该从两方面去理解。一方面,一切节省流通手段的方法都以信用为基础。而另一方面,以一张 500 镑的银行券为例。A 今天在兑付汇票时把这张银行券交给 B;B 在同一天把它存到他的银行家那里;这个银行家在同一天用它来为 C 的汇票贴现;C 把它支付给他的银行,这个银行再把它贷给汇票经纪人等等。银行券在这里为购买或支付而流通的速度,是由它不断以存款的形式流回到某人手里,并以贷款的形式再转移到他人手里的速度所决定的。流通手段的单纯节约,在票据交换所里,在到期汇票的单纯交换上发展到了最高点,这时货币作为支付手段的主要职能只是结清余额。但这种汇票的存在本身又是以工商业者互相提供的信用为基础的。如果这种信用减少了,票据,特别是长期票据的数目就会减少,因而这种结算方法的效力也会减小。这种节约是由于在交易上排除货币,完全以货币的支付手段职能为基础,而这种职能又是以信用为基础的。这种节约只能有两种(撇开已或多或少发展的集中支付的技术不说):汇票或支票所代表的互相的债权,或是由同一个银行家结算,他只是把债权从一个户头转到另一个户头;或是由不同的银行家互相之间进行结算。(11) 把 800 万一

---

　　(11)　一张银行券停留在流通中的平均天数:

年　度	5 镑券	10 镑券	20—100 镑券	200—500 镑券	1 000 镑券
1792	?	236	209	31	22
1818	148	137	121	18	13
1846	79	71	34	12	8
1856	70	58	27	9	7

　　(上表是英格兰银行出纳员马歇尔在《银行法报告》1857 年第 II 篇附件第 300、301 页上提出的。)

1 000 万的汇票集中在一个票据经纪人(例如奥弗伦—葛尼公司)手里,是在当地扩大这种结算规模的主要手段之一。流通手段的效力通过这种节约而提高了,因为单纯结算差额需要的流通手段量变小了。另一方面,作为流通手段的货币的流通速度(流通速度又节约流通手段),完全取决于买卖的顺畅进行,在支付依次以货币进行时,也取决于各种支付的衔接。但信用会作为中介促进并从而提高流通速度。如果货币原来的持有者 A 向 B 买,B 向 C 买,C 向 D 买,D 向 E 买,E 向 F 买,也就是,货币只是以现实的买卖作中介从一个人手里转移到另一个人手里,那么,同一货币就会比如说只流通五次,并且在每个人手里都会停留较长的时间,——这就是没有信用介入时货币作为单纯流通手段的情形。但是,如果 B 把 A 付给他的货币存到他的银行家那里,这个银行家为 C 的汇票贴现而把它付给 C,C 向 D 买,D 把它存到他的银行家那里,这个银行家再把它贷给 E,E 向 F 买,那么,货币作为单纯流通手段(购买手段)的速度本身,就是以多次信用活动为中介的:B 存款到他的银行家那里,这个银行家为 C 贴现,D 存款到他的银行家那里,这个银行家为 E 贴现;就是说,是以这四次信用活动为中介的。如果没有这些信用活动,同一货币就不会在一定时间内依次完成五次购买。在没有现实的买卖作为中介的情况下,同一货币在存款和贴现上的转手,在这里,加快了它在一系列现实的买卖中的转手。[589—591]

在考察简单的货币流通时(第一册第三章第 2 节),我们已经证明,已知流通的速度和支付的节约,现实流通的货币量是由商品的价格和交易量决定的。[258]银行券的流通也受这个规律的支配。[591]

只要银行券可以随时兑换货币,发行银行券的银行就决不能任意增加流通的银行券的数目。〔这里谈的根本不是不能兑现的纸币;不能兑现的银行券,只有在它实际上得到国家信用支持的地方,例如现在的俄国,才会成为一般的流通手段。因此,这种银行券受不能兑现的国家纸币的规律的支配,这些规律在以前就已经阐明过了。(第一册第三章第 2 节 c《铸币。价值符号》)——弗·恩·〕

流通的银行券的数量是按照交易的需要来调节的,并且每一张多余的银行券都会立即回到它的发行者那里去。〔593—594〕

流通手段总额同产业周期的不同阶段相适应的变动,更显著也更持久得多。〔597〕

〔在营业的状况使得贷款有规则地流回,从而信用依然没有动摇的时候,通货的扩张和收缩完全取决于工商业者的需要。因为至少在英国,金在批发商业上是无足轻重的,并且撇开季节性的变动不说,金的流通又可以看成是一个在较长时期内几乎不变的量,所以英格兰银行的银行券的流通,是这种变动的十分准确的测量器。在危机以后的消沉时期,通货额最小,随着需求的复苏,又会出现对流通手段的较大的需要。这种需要随着繁荣的增进而增加;而在过度扩张和过度投机的时期,流通手段量将达到最高点,——这时危机突然爆发了,昨天还是如此充足的银行券,一夜之间就从市场上消失了;随着银行券的消失,汇票贴现者,要有价证券作担保的贷款人,商品购买者,也消失了。英格兰银行应该出来援助——但是它很快也就无能为力了;正是在全世界叫喊着要银行券的时候,在商品占有者卖不出去,但仍然要支付,因而准备不惜任何牺牲来获得银行券的时候,1844 年的银行法[165]强迫英格兰银行限制它的银行券的流通额。〔597—598〕

危机一旦爆发,问题就只在于支付手段了。但是,因为这种支付手段的收进,对每个人来说,都要依赖于另一个人,而谁也不知道另一个人能不能如期付款;所以,将会发生对市场上现有的支付手段即银行券的全面追逐。每一个人都想尽量多地把自己能够获得的货币贮藏起来,因此,银行券将会在人们最需要它的那一天从流通中消失。赛米尔·葛尼(《商业危机》,1848—1857年第1116号)估计,在恐慌时期这样保藏起来的银行券,1847年10月一个月就有400万镑到500万镑。——弗·恩·〕[598]

银行券实际流通的部分同当做准备金闲置在银行中的部分,这两者互相之间是在不断地显著地发生变动的。如果这个准备金很多,从而实际流通的通货很少,那么,从货币市场的观点看,这就是通货充足(the circulation is full, money is plentiful);如果这个准备金很少,从而实际流通的通货很多,从货币市场的观点看,就叫做通货短缺(the circulation is low, money is scarce),也就是说,代表闲置的借贷资本的那部分,只有一个很小的数额。通货的实际的、与产业周期各阶段无关的膨胀或收缩,——因而公众需要的数额仍保持不变,——可以只是由于技术上的原因产生的,例如在纳税或支付国债利息时就是这样。在纳税时,银行券和金流入英格兰银行超过通常的程度,所以实际上是不管对通货的需要如何而使通货收缩。在支付国债利息时,情况就恰好相反。在前一场合,人们向银行要求借款,以便获得流通手段。在后一场合,各私人银行的利息率将会降低,因为它们的准备金将会暂时增加。这同流通手段的绝对量无关,而只同把这种流通手段投入流通的银行有关,并且对银行来说,这个过程表现为借贷资本的出让,所以,它把由此而来的利润放进自己的腰包。

在一个场合,流通手段只是发生暂时的位置变动,英格兰银行会在每季纳税和每季支付国债利息以前不久,按低息发放短期贷款，以便这种变动得到平衡。这些这样发行出去的过剩的银行券，首先会把纳税所造成的空隙填补；但由于要偿还上述银行贷款，支付国债利息而投到公众手中的过剩银行券又会立即流回银行。

在另一场合，通货的短缺或充足，始终只是同一数量的流通手段在现款和存款（即借贷工具）之间的不同的分配。

另一方面，例如，如果由于金流入英格兰银行，银行券的发行额相应增加，那么，这些银行券就会参加这个银行以外的贴现业务，并且会在贷款偿还的时候流回，所以，流通的银行券的绝对量只是暂时增加。

如果通货充足是由于营业的扩大（这在物价比较低的时候也是可能发生的），那么，由于利润增大和新的投资增加所引起的对借贷资本的需求，利息率可能是比较高的。如果通货短缺是由于营业收缩或信用非常活跃，那么，利息率在物价高的时候，也可能是低的。〔599—600〕

通货的绝对量只有在紧迫时期，才对利息率产生决定的影响。这时，对充足的通货的需求，只是表示由于信用缺乏（把货币流通的速度已经减慢和同一些货币不断转化为借贷资本的速度已经减慢的情况撇开不说）而产生了对贮藏手段的需求。〔601〕

在另外的情况下，通货的绝对量不会影响利息率。第一，这是因为通货的绝对量——假定周转的节约和速度不变——是由商品的价格和交易的总量决定的（这时候，一个要素通常会抵消另一个要素的作用），最后是由信用的状况决定的（而通货的绝对量决不会反过来决定信用的状况）；第二，这是因为在商品价格和利息之间并无任何必然的联系。〔601〕

流通手段的发行和资本的贷放之间的差别，在现实的再生产过程中,表现得最清楚。我们已经在以前(第二册第三篇)看到,生产的不同组成部分是怎样进行交换的。例如可变资本在物质上是工人的生活资料,即工人自己的一部分产品。但这部分产品是用货币一点一点付给他们的。资本家必须预付这些货币,并且他能不能在下周再用他上周付出的那些货币来支付新的可变资本,在很大程度上要取决于信用事业的组织。社会总资本的各个组成部分之间的交换行为,例如消费资料和消费资料的生产资料之间的交换行为,也是这样。我们已经知道,它们的流通所需要的货币,必须由交换当事人的一方或双方预付。这时,这种货币会留在流通中,但交换完成后,总是又回到预付人的手里,因为这种货币是他在他实际使用的产业资本之外所预付的(见第二册第二十章²⁵⁹)。在发达的信用制度下,货币集中在银行手中,银行至少在名义上贷放货币。这种贷放只与流通中的货币有关。这是通货的贷放,不是借助这些通货而流通的资本的贷放。[601—602]

英格兰银行不用它的地库内的金属贮藏做准备金而发行银行券时,它创造了一些价值符号,它们不仅是流通手段,而且对英格兰银行来说,它们还按没有准备金的银行券的票面总额,形成了追加的——虽然是虚拟的——资本。并且这一追加的资本,会为它提供追加的利润。[614]

银行还有其他的创造资本的手段。根据同一个纽马奇的说法,各地方银行,正如上面谈到的,习惯于把它们的剩余基金(即英格兰银行的银行券)送到伦敦的票据经纪人那里去,而经纪人则把贴现的汇票送回给它们。银行用这种汇票来为它的客户服务,因为从当地客户手里接受的汇票,银行照例是不再发出的,以免客户的营业活动被客户周围的人知道。这种从伦敦得到的汇票,不仅会在客户不愿要银行本行签发的在伦敦兑付的汇票的时候,被用来发给那些要在伦敦直接支付的客户;它也被用来结算本地区的支付,因为银行家的背书,可以作为这种汇票在当地有信用的保证。例如在兰开夏郡,这种汇票已经把地方银行本行的全部银行券和英格兰银行的大部分银行券从流通中排挤出去。(同上[《银行法》],第 1568—1574 号)

因此,在这里,我们看到各银行创造信用和资本的方法:1. 发行本行的银行券;2. 签发以 21 天为期在伦敦兑付的汇票,但在签发汇票时,立即收进现金;3. 付出已经贴现的汇票,这种汇票之所以有信用能力,至少对有关地区来说,首先是并且主要是因为有了银行的背书。[614—615]

第三十五章
贵金属和汇兑率

I. 金贮藏的变动

关于贵金属的流出和流入,必须指出:

第一,要区别以下两方面的情况:一方面,金属在不产金银的区域内流来流去,另一方面,金银从它们的产地流入其他各国,以及这个追加额分配在这些国家之间。[640—641]

第二,贵金属在不产金银的各国中间不断流来流去;同一个国家不断地把金银输入,又同样不断地把金银输出。因为这种只是摆来摆去并且往往平行的运动,大部分会互相中和,所以只有占优势的朝这一个方向或那一个方向的运动,才能最后决定流出还是流入。但也正因为如此，所以人们在考虑这种现象的结果时，就忽视了这两种运动的经常性和整个说来并行的进程。人们总只是这样理解，好像贵金属的输入过多和输出过多，只是商品输入和输出对比关系的结果和表现，其实它同时还是和商品交易无关的贵金属本身输入和输出对比关系的表现。

第三，输入超过输出以及相反的现象，大体说来，可以用中央银行的金属准备的增加或减少来测量。这个尺度准确到什么程度，当然首先取决于整个银行业务已集中到什么程度。因为所谓国家银行的贵金属贮藏在什么程度上代表一国的金属贮藏，就是取决于这一点。但是，假定情况真是这样，这个尺度也并不准确，因为在一定情况下，追加的输入可以由于国内的流通或用于制造奢侈品的金银的增加而被吸收掉；其次，因为没有追加的输入，也会为了国内的流通而取出金铸币，这样，虽然没有同时增加输出，金属贮藏仍会减少。

第四，如果减少的运动持续很长时间，以致减少竟表现为运动的趋势，并且银行的金属准备下降到显著地低于中等水平，几乎达到这个准备的平均最低限度，那么，金属的输出就会采取流出（drain）的形式。[641—642]

第五，所谓国家银行的金属准备的用途——这种用途决不能单独调节金属贮藏量，因为后者可以仅仅由于国内外营业的停滞而增大——有三个方面：1. 作为国际支付的准备金，一句话，作为世界货币的准备金；2. 作为时而扩大时而收缩的国内金属流通的准备金；3. 是和银行的职能有联系，但和货币作为单纯货币的职能无关的事情：作为支付存款和兑换银行券的准备金。因此，这种金属准备会受到涉及这三种职能中每一种职能的事情的影响；就是说，作为国际基金，它会受支付差额的影响，而不管这种差额是由什么原因决定的,不管这种差额和贸易差额的关系如何;作为国内金属流通的准备金,它会受这种流通的扩大或收缩的影响。第三种职能,即作为保证金的职能,虽然不决定金属准备的独立运动,但有双重的影响。如果发行银行券是为了在国内流通中代替金属货币(在以银作为价值尺度的国家,也代替银币),那么,第二项中所说的准备金的职能就会丧失。而用在这上面的一部分贵金属,就会长期流到国外。在这种情况下,就不能为了国内流通而取出金属铸币;同时,也不能由于一部分流通的金属铸币的停滞而暂时增加金属准备。其次,如果为了支付存款和兑换银行券,在任何情况下都必须保持最低限额的金属贮藏,那么,这种现象就会以独特的方式对金的流出或流入的结果发生影响;它会对银行在任何情况下都必须保持的那部分贮藏,或对银行在另外时期作为无用的东西打算脱手的那部分贮藏发生影响。在纯粹是金属流通和银行业集中的情况下,银行还会把它的金属贮藏看做支付存款的保证,而在金属流出时,就可能发生像1857年在汉堡所发生的那样的恐慌。

第六,除了1837年也许是个例外,现实的危机总是在汇兑率发生逆转以后,就是说,在贵金属的输入又超过它的输出时爆发。[643—644]

第七,一旦普遍的危机结束,金和银——撇开新开采的贵金属从产地流入的现象不说——就会按金银在平衡状态下在各国形成特别贮藏的比例再行分配。在其他条件不变时,每个国家的相对储藏量,是由该国在世界市场上所起的作用决定的。贵金属会从存额超过正常水平的国家流到别的国家去;这种流出和流入的运动,不过是恢复金属贮藏在各国之间原来的分配。[645]

第八,金属的流出,在大多数情况下总是对外贸易状况变化的象征,而这种变化又是情况再次逐步接近危机的预兆。[15]

第九,支付差额对亚洲来说可能是顺差,而对欧洲和美洲来说都是逆差。[16]

———

贵金属的输入主要发生在两个时期。首先是在利息率低微的第一阶段,这个阶段尾随危机之后,并且反映生产的缩小;然后是在利息率提高但尚未达到平均水平的第二阶段。在这个阶段上,资本回流容易实现,商业信用的规模很大,因而对借贷资本的需求的增长赶不上生产的扩大。在借贷资本相对地说是富裕的这两个阶段,处于金银形式,即处于首先只能作为借贷资本执行职能的形式的过剩资本的回流,必然大大影响利息率,因而影响全部营业的状况。

另一方面,只要回流不畅,市场商品过剩,虚假的繁荣单靠信用来维持,就是说,只要对借贷资本已有极为强烈的需求,利息率因此至少已达到它的平均水平,流出,即贵金属不断的大量输出就会发生。在这些正是通过贵金属的流出反映出来的情况下,资本在直接作为借贷货币资本存在的形式上的不断提取所产生的影

———

(15)　在纽马奇看来,金流出可以有三个原因。1. 由于纯贸易上的原因,即由于输入超过输出,1836 年到 1844 年间的情形,以及 1847 年的情形就是这样,当时主要是由于大量谷物的输入;2. 为了筹集资金,以便把英国资本投到国外,例如 1857 年,对印度铁路的投资;3. 用于国外的绝对支出,如1853 年和 1854 年用于东方战争**33**的支出。

(16)　(第 1918 号)纽马奇:"如果您把印度和中国合在一起,如果您考虑到印度和澳大利亚之间的交易,考虑到更为重要的中国和美国之间的交易,——而在这种情况下,营业是三角贸易,结算是通过我们的中介进行的,——……那么,说贸易差额不仅对英国是逆差,并且对法国和美国也是逆差,是正确的。"——(《银行法》,1857 年)

响,就会显著加强。这必然会直接影响利息率。但利息率的提高不会限制信用业务,而会使它扩大,使它的一切辅助手段过分膨胀。因此,这个时期发生在崩溃之前。[646—647]

此外,只要银行在比较危险的情况下提高它的贴现率,——同时,银行很可能会限制它所贴现的票据的有效期,——那就会产生普遍的担心,担心这种情况会变得越来越厉害。因此,每一个人,首先是信用冒险家,都企图把未来的东西拿去贴现,并且要在一定的时刻,支配尽可能多的信用手段。因此,根据以上所叙述的各种理由,可以得出:不论输入的还是输出的贵金属的量,都不单纯是作为量本身发生作用;而是第一,它发生作用,是由于贵金属作为货币形式的资本,有它的特殊性质,第二,它的作用,像加到天平秤盘上的一根羽毛的作用一样,足以决定这个上下摆动的天平最后向哪一方面下坠;它发生作用,是由于它处在这样一种情况下,这时加在这边或那边的任何一点东西,都会具有决定性意义。[647]

中央银行是信用制度的枢纽。而金属准备又是银行的枢纽。[18]我在第一册第三章论述支付手段时已经指出,信用主义转变为货币主义[123]是必然的现象。[260]图克和劳埃德-奥弗斯顿都承认,必须让现实财富作出最大的牺牲,以便在危机时期维持住这个金属的基础。争论的中心,只是数量多一些或少一些的问题,以及

---

(18) 纽马奇(《银行法》,1857年):(第1364号)"英格兰银行的金属准备,实际上……是中央准备金或中央金属贮藏,国家的全部营业都是在这个基础上进行的。可以说,它是国家全部营业的枢纽;国内所有其他银行,都把英格兰银行看做中央的贮藏库或它们取得硬币准备的蓄水池;外汇率总是恰好对这个贮藏库和蓄水池发生影响。"

怎样更合理地对付不可避免的事情的问题。[19]一定的、和总生产相比为数很小的金属量，竟被认为是制度的枢纽。因此，即使把金属在危机时期作为枢纽的这种特性的惊人例证撇开不说，这里也产生了美妙的理论上的二元论。当启蒙经济学专门考察"资本"时，它是极为轻视金和银的，把它们看做资本的事实上最无关紧要和最无用处的形式。一旦它讨论到银行制度，一切就倒转过来了，金和银成了真正的资本；为了维持这个资本，必须牺牲所有其他形式的资本和劳动。但是，金和银同别的财富形态的区别何在呢？不在于价值量大小，因为价值量是由其中对象化的劳动量决定的。相反，在于它们是财富的**社会**性质的独立体现和表现。〔社会的财富，只是作为私有者的个人的财富存在的。它之所以表现为社会的财富，只是因为这些个人为了满足自己的需要，而互相交换不同质的使用价值。在资本主义生产中，他们只有用货币作中介，才能做到这点。所以，只是由于用货币作中介，个人的财富才实现为社会的财富。这个财富的社会性质，就体现在货币这个东西上。——弗·恩·〕因此，财富的这个社会存在，就表现为彼岸的东西，表现为社会财富的现实要素之旁和之外的东西，物品，商品。只要生产顺畅地进行，这一点就会被人忘记。同样作为财富的社会形式的信用，排挤货币，并篡夺它的位置。正是由于对生产社会性质的信任，才使得产品的货币形式表现为某种转瞬即逝的和观念的东西，表现为单纯想象的东西。但是，一当信用发生动摇——

---

(19) "因此，实际上，图克和劳埃德两人都主张用提高利息率，减少资本贷放，及早限制信用的办法，来对付对金的过度需求。不过劳埃德凭他的幻想，作出了烦琐的甚至危险的〔法律的〕限制和规定。"（《经济学家》**253**1847年〔12月11日〕第1418页）

而这个阶段总是必然地在现代产业周期中出现——，一切现实的财富就都会要求现实地、突然地转化为货币，转化为金和银。这是一种荒谬的要求，但是它必然会由这个制度本身产生出来。而应当能够满足这种巨大要求的全部金银，不过是银行地库里的几百万镑。[20] 因此，在金流出的影响下，生产作为社会生产而实际上不受社会监督这一事实，将在下述形式中尖锐地表现出来：财富的社会形式，作为一种**物品**而存在于财富之外。事实上，资本主义体系和以前的以商品交易和私人交换为基础的生产体系，在这一点上是共同的。但是，这种情况之所以在资本主义体系内表现得最为尖锐，并且以矛盾百出、荒唐可笑的形式表现出来，是因为1. 在资本主义体系中，为直接的使用价值，为生产者本人的需要而进行的生产，已经完全废止，因此，财富只是作为社会过程而存在，这个社会过程表现为生产和流通的错综交织；2. 随着信用制度的发展，资本主义生产不断地企图突破对财富及其运动的这个金属的限制，突破这个物质的同时又是幻想的限制，但又不断地在这个限制面前碰破头。

在危机中，会出现这样的要求：所有的票据、有价证券和商品应该能立即同时兑换成银行货币，而所有的银行货币又应该能立即同时再兑换成金。[648—651]

（20）　"您完全同意，除了提高利息率，就没有别的途径可以缓和对金的需求吗？"——查普曼〔一家大票据经纪人商行奥弗伦—葛尼公司的股东〕说："这是我的意见。如果我们的金下降到一定点，那么，我们最好是立即把警钟敲起来，并且说：我们是在走下坡路，凡是把金弄到外国去的，都必须由他自己承担风险。"（《银行法》，1857年证词第5057号）

II. 汇兑率

〔众所周知,汇兑率是货币金属的国际运动的晴雨计。如果英国对德国的支付多于德国对英国的支付,马克的价格,以英镑表示,就会在伦敦上涨;英镑的价格,以马克表示,就会在汉堡和柏林下跌。如果英国多于德国的这个支付义务,比如说,不能由德国在英国的超额购买来恢复平衡,向德国签发的马克汇票的英镑价格,就必然会上涨到这样一点,那时不是用汇票来支付,而是由英国向德国输出金属——金币或金块——来支付就变得合算了。这就是典型的过程。

如果贵金属的这种输出的规模比较大,持续时间比较长,英国的银行准备金就会被动用,以英格兰银行为首的英国货币市场就必然会采取保护措施。我们已经看到,这种保护措施,主要就是提高利息率。在金大量流出时,货币市场通常会出现困难,就是说,对货币形式的借贷资本的需求会大大超过它的供给,因此,较高的利息率就会自然而然地形成;英格兰银行所定的贴现率会适应于这种情况,并在市场上通行。但是也有这样的情形:金属的流出不是由于普通的商贸关系,而是由于其他的原因(例如借款给外国,向国外投资等等)引起的,伦敦的货币市场本身,没有任何理由要实际提高利息率;于是,英格兰银行就会通过在"公开市场"上大量借款,如通常所说,首先"使货币短缺",以便人为地造成这样一种状况:好像利息的提高是有理由的,或者必要的。这种手法对英格兰银行来说,一年比一年更难实行了。——弗·恩·〕[651—652]

外汇率可以由于以下原因而发生变化:

1. 一时的支付差额。不管造成这种差额的是什么原因——纯粹商业的原因,国外投资,或国家在战争等等场合所做的支出,只要由此会引起对外的现金支付。

2. 一国货币的贬值。不管是金属货币还是纸币都一样。在这里汇兑率的变化纯粹是名义上的。如果现在 1 镑只代表从前代表的货币的一半,那它就自然不会算做 25 法郎,而只算做 12.5 法郎了。

3. 如果一国用银,一国用金作"货币",那么,在谈到这两国之间的汇兑率时,这种汇兑率就取决于这两种金属价值的相对变动,因为这种变动显然影响这两种金属的平价。例如 1850 年的汇兑率就是这样:它对英国来说是不利的,虽然那时英国的输出大大增加了。不过当时并没有发生金的外流。这是银价值和金价值相比暂时提高的结果。(见 1850 年 11 月 30 日《经济学家》[253])

1 英镑的汇兑率平价,对巴黎为 25 法郎 20 生丁;对汉堡为 13 银行马克 10$\frac{1}{2}$先令;对阿姆斯特丹为 11 佛罗伦 97 分。只要对巴黎的汇兑率超过 25.20,它就会相应地有利于对法国欠债的英国人,或有利于购买法国商品的人。在这两种情况下,英国人都可以用较少的英镑来达到自己的目的。对那些遥远的不易获得贵金属的国家来说,如果汇票短缺,不够应付汇回英国的汇款,那么,自然的结果就是提高各种通常向英国输出的产品的价格,因为对这些用来代替汇票送往英国的产品,产生了更大的需求。在印度,情况往往就是这样。[669—670]

第 六 篇
超额利润转化为地租[261]

第三十七章
导　论

　　对土地所有权的各种历史形式的分析，不属于本书的范围。我们只是在资本所产生的剩余价值的一部分归土地所有者所有的范围内，研究土地所有权的问题。因此，我们假定，农业和制造业完全一样受资本主义生产方式的统治，也就是说，农业是由资本家经营；这种资本家和其他资本家的区别，首先只在于他们的资本和这种资本推动的雇佣劳动所投入的部门不同。对我们来说，租地农场主生产小麦等等，和工厂主生产棉纱或机器是一样的。资本主义生产方式已经支配农业这样一个假定，包含着这样的意思：资本主义生产方式已经统治生产的和资产阶级社会的一切部门，因此它的下列条件，如资本的自由竞争、资本由一个生产部门向另一个生产部门转移的可能性、同等水平的平均利润等等，都已经完全成熟。我们所考察的土地所有权形式，是土地所有权的一个独特的历史形式，是封建的土地所有权或小农维持生计的农业（在后一场合，土地的**占有**是直接生产者的生产条件之一，而他对土地的**所有权**是**他**的生产方式的最有利的条件，即**他**的生产方式得以繁荣的条件)受资本和资本主义生产方式的影响而**转化成的**形式。如果说资本主义生产方式总的说来是以劳动者被剥夺劳动条件为前提,那么,在农业中,它是以农业劳动者被剥夺土地并从属于一个为利润而经营农业的资本家为前提。[693—694]

对我们来说,考察现代的土地所有权形式所以是必要的,是因为我们要考察资本投入农业而产生的一定的生产关系和交往关系。不作这种考察,对资本的分析就是不完全的。[694]

土地所有权的前提是,一些人垄断一定量的土地,把它当做排斥其他一切人的、只服从自己私人意志的领域。在这个前提下,问题就在于说明这种垄断在资本主义生产基础上的经济价值,即这种垄断在资本主义生产基础上的实现。[……]在论述原始积累的那一部分(第一册第二十四章),我们已经看到,这个生产方式的前提一方面是直接生产者从土地的单纯附属物(在依附农、农奴、奴隶等形式上)的地位中解放出来,另一方面是人民群众的土地被剥夺。在这个意义上,土地所有权的垄断是资本主义生产方式的一个历史前提,并且始终是它的基础,正像这种垄断曾是所有以前的、建立在对群众的这一或那一剥削形式上的生产方式的历史前提和基础一样。不过,资本主义生产方式产生时遇到的土地所有权形式,是同它不相适应的。同它相适应的形式,是它自己使农业从属于资本之后才创造出来的;因此,封建的土地所有权,克兰[204]的所有权,同马尔克公社[262]并存的小农所有权,不管它们的法律形式如何不同,都转化为同这种生产方式相适应的经济形式。资本主义生产方式的巨大成果之一是,它一方面使农业由社会最不发达部分的单凭经验的和刻板沿袭下来的经营方法,在私有制条件下一般能够做到的范围内,转化为农艺学的自觉的科学的应用;它一方面使土地所有权从统治和从属的关系下完全解脱出来,另一方面又使作为劳动条件的土地同土地所有权和土地所有者完全分离,土地对土地所有者来说只代表一定的货币税,这是他凭他的垄断权,从产业资本家即租地农场主那里征收来的;［它］使这种联系发生如此严重的解体,以致在苏格兰拥有土地所有权的土地所有者,可以在君士坦丁堡度过他的一生。这样,土地所有权就取得了纯粹经济的形式,因为它摆脱了它以前的一切政治的和社会的装饰物和混杂物,简单地说,就是摆脱了一切传统的附属物,而这种附属物,像我们以后将要看到的那样,在产业资本家自己及其理论代言人同土地所有权进行斗争的热潮中,曾被斥责为无用的和荒谬的赘瘤。一方面使农业合理化,从而才使农业有可能按社会化的方式经营,另一方面,把土地所有权变成荒谬的东西,——这是资本主义生产方式的巨大功绩。资本主义生产方式的这种进步,同它的所有其他历史进步一样,首先也是以直接生产者的完全贫困化为代价而取得的。［695—697］

资本主义生产方式的前提是:实际的耕作者是雇佣工人,他们受雇于一个只是把农业作为资本的特殊开发场所,作为对一个特殊生产部门的投资来经营的资本家即租地农场主。这个作为租地农场主的资本家,为了得到在这个特殊生产场所使用自己资本的许可,要在一定期限内(例如每年)按契约规定支付给土地所有者即他所开发的土地的所有者一个货币额(和货币资本的借入者要支付一定利息完全一样)。这个货币额,不管是为耕地、建筑地段、矿山、渔场还是为森林等等支付的,统称为地租。这个货币额,在土地所有者按契约把土地租借给租地农场主的整个时期内,都要进行支付。因此,在这里地租是土地所有权在经济上借以实现即增殖价值的形式。其次,在这里我们看到了构成现代社会骨架的三个并存的而又互相对立的阶级——雇佣工人、产业资本家、土地所有者。

资本能够固定在土地上,即投入土地,其中有的是比较短期的,如化学性质的改良、施肥等等,有的是比较长期的,如修排水渠、建设灌溉工程、平整土地、建造经营建筑物等等。我在别的地方,曾把这样投入土地的资本,称为土地资本[28]。它属于固定资本的范畴。为投入土地的资本以及为土地作为生产工具由此得到的改良而支付的利息,可能形成租地农场主支付给土地所有者的地租的一部分[29],但这种地租不构成真正的地租。真正的地租是为了使用土地本身而支付的,不管这种土地是处于自然状态,还是已被开垦。如果系统地论述土地所有权——这不在我们的计划以内——,土地所有者收入的这个部分是应该详加说明的。在这里,稍微谈一谈就够了。在农业的通常的生产过程中,比较短期的投资,毫无例外地由租地农场主来进行。这种投资,和一般单纯的耕作一样——只要这种耕作在某种程度上合理地进行,也就是说,不像以前美国奴隶主那样对土地进行野蛮的掠夺(不过为了防止这一点,土地所有者先生们得到契约的保证)——会改良土地[30],增加土地产量,并使土地由单纯的物质变为土地资本。一块已耕土地,和一块具有同样自然性质的未耕土地相比,有较大的

---

(28)　《哲学的贫困》第 165 页**263**。我在那里曾把土地物质和土地资本区别开来。"人们只要对已经变成生产资料的土地进行新的投资,就可以在不增加土地物质即土地面积的情况下增加土地资本……　土地资本也同其他任何资本一样不是永恒的……　土地资本是固定资本,但是固定资本同流动资本一样也有损耗。"

(29)　我说"可能",因为这种利息在一定条件下由地租的规律来调节,因而,例如在自然肥力较高的新土地加入竞争时,这种利息就可能消失。

(30)　见詹姆斯·安德森和凯里的著作**264**。

价值。投入土地的较长期的,即经过较长时间才损耗尽的固定资本,也大部分是,而在某些领域往往完全是由租地农场主投入的。但是,契约规定的租期一满,在土地上实行的各种改良,就要作为实体的即土地的不可分离的偶性,变为土地所有者的财产。这就是为什么随着资本主义生产的发展,土地所有者力图尽可能地缩短租期的原因之一。在签订新租约时,土地所有者把投入土地的资本的利息,加到真正的地租上,而不论他是把土地租给那个曾实行改良的租地农场主,还是租给另一个租地农场主。因此,他的地租就要上涨;或者,如果他要出卖土地——我们马上会看到,土地价格是怎样决定的——,土地的价值现在就要增加。他不单是出卖土地,而且是出卖经过改良的土地,出卖不费他分文的投入土地的资本。把真正地租的变动完全撇开不说,这就是随着经济发展的进程,土地所有者日益富裕,他们的地租不断上涨,他们土地的货币价值不断增大的秘密之一。这样,他们就把不费他们一点气力的社会发展的成果,装进他们的私人腰包——他们是为享受果实而生[265]的。但这同时是合理农业的最大障碍之一,因为租地农场主避免进行一切不能期望在自己的租期内完全收回的改良和支出。[698—700]

地租表现为土地所有者出租一块土地而每年得到的一定的货币额。我们已经知道,任何一定的货币收入都可以资本化,也就是说,都可以看做一个想象资本的利息。[266]例如,假定平均利息率是5%,那么一个每年200镑的地租就可以看做一个4 000镑的资本的利息。这样资本化的地租形成土地的购买价格或价值,一看就知道,它和劳动的价格完全一样,是一个不合理的范畴,因为土地不是劳动的产品,从而没有任何价值。可是,另一方面,在这个不合理的形式的背后,却隐藏着一种现实的生产关系。如果一个资本家用 4 000 镑购买的土地每年提供 200 镑地租,那么,他从这 4 000 镑得到 5% 的年平均利息,这和他把这个资本投在有息证券上,或按 5% 的利息直接借出去完全一样。这是一个 4 000 镑的资本按 5% 增殖。在这个假定下,他就会在 20 年内用他的地产的收入,补偿这一地产的购买价格。因此,在英国,土地的购买价格,是按年收益若干倍来计算的[267],这不过是地租资本化的另一种表现。实际上,这个购买价格不是土地的购买价格,而是土地所提供的地租的购买价格,它是按普通利息率计算的。但是,地租的这种资本化是以地租为前提,地租却不能反过来由它本身的资本化而导出和说明。在这里,不如说,和出售无关的地租的存在,是出发的前提。

由此可见,假定地租是一个不变量,土地价格的涨落就同利息率的涨落成反比。如果普通利息率由 5% 下降到 4%,那么一个 200 镑的年地租就不是代表一个 4 000 镑的资本的年增殖额,而是代表一个 5 000 镑的资本的年增殖额,并且同一块土地的价格因此也由 4 000 镑上涨到 5 000 镑,或由年收益的 20 倍上涨到年收益的 25 倍。在相反的情况下,结果也就相反。这是和地租本身变动无关而只由利息率决定的土地价格的变动。但是,因为我们已经知道,在社会发展的进程中利润率有下降的趋势,所以,从利息率由利润率决定来说,利息率也有下降的趋势;此外,即使撇开利润率不说,由于借贷货币资本的增大,利息率也有下降的趋势,所以可以得出结论,土地价格,即使撇开地租的变动以及土地产品价格(地租构成它的一个部分)的变动来看,也有上涨的趋势。 [702—703]

在租金里面还可能有一个部分,在一定场合可能是所有部分(也就是在完全没有真正地租的时候,因而在土地实际上没有价值的时候),都是来自平均利润中的扣除,或来自正常工资中的扣除,或同时是来自这二者中的扣除。利润或工资的这个部分在这里以地租形式出现,因为它不像平常那样归产业资本家或雇佣工人所有,而是以租金形式付给土地所有者。从经济学上来说,无论上述利润部分或工资部分都不形成地租;但实际上它们都形成土地所有者的收入,是他的垄断权在经济上的实现,和真正的地租完全一样。并且,和真正的地租一样,对于土地的价格也有决定的作用。[705]

最后,在考察地租的表现形式,即为取得土地的使用权(无论是为生产的目的还是为消费的目的)而以地租名义支付给土地所有者的租金时,必须牢牢记住,那些本身没有任何价值,即不是劳动产品的东西(如土地),或者至少不能由劳动再生产的东西(如古董,某些名家的艺术品等等)的价格,可以由一些结合在一起的非常偶然的情况来决定。要出售一件东西,唯一的条件是,它可以被独占,并且可以让渡。

———

在研究地租时,有三个妨害分析的主要错误应当避免。

1. 把适应于社会生产过程不同发展阶段的不同地租形式混同起来。

不论地租的特殊形式是怎样的,它的一切类型有一个共同点:地租的占有是土地所有权借以实现的经济形式,而地租又是以土地所有权,以某些个人对某些地块的所有权为前提。土地所有者可以是代表共同体的个人,如在亚洲、埃及等地那样;这种土地所有权也可以只是某些人对直接生产者人格的所有权的附属品,如在奴隶制度或农奴制度下那样;它又可以是非生产者对自然的单纯私有权,是单纯的土地所有权;最后,它还可以是这样一种对土地的关系,这种关系,就像在殖民地移民和小农土地所有者的场合那样,在劳动孤立地进行和劳动的社会性不发展的情况下,直接表现为直接生产者对一定土地的产品的占有和生产。

不同地租形式的这种**共同性**——地租是土地所有权在经济上的实现,即不同的人借以独占一定部分土地的法律虚构在经济上的实现,——使人们忽略了区别。

2. 一切地租都是剩余价值,是剩余劳动的产物。地租在它的不发达的形式即实物地租的形式上,还直接是剩余产品。由此产生了一种错误看法,认为只要把剩余价值本身和利润本身的一般存在条件解释清楚,和资本主义生产方式相适应的地租,——它始终是超过利润的余额,即超过商品价值中本身也由剩余价值(剩余劳动)构成的那个部分的余额,——剩余价值的这个特殊的独特的组成部分也就解释清楚了。这些条件是:直接生产者的劳动时间,必须超过再生产他们自己的劳动力即再生产他们本身所需要的时间。他们总是必须完成剩余劳动。这是主观的条件。而客观的条件是:他们也**能够**完成剩余劳动;自然条件是,他们的可供支配的劳动时间的一**部分**,就足以使他们自己作为生产者再生产出来和自我维持下去,他们的必要生活资料的生产,不会耗费掉他们的全部劳动力。在这里自然的肥力是一个界限,一个出发点,一个基础。另一方面,他们劳动的社会生产力的发展,则是另一个界限,出发点,基础。更进一步考察就是,因为食物的生产是直接生产者的生存和一切生产的首要的条件,所以在这种生产中使用的劳动,即经济学上最广义的农业劳动,必须有足够的生产率,使可供支配的劳动时间不致全被直接生产者的食物生产占去;也就是使农业剩余劳动,从而农业剩余产品成为可能。进一步说,社会上的一部分人用在农业上的全部劳动——必要劳动和剩余劳动——

必须足以为整个社会,从而也为非农业劳动者生产必要的食物;也就是使从事农业的人和从事工业的人有实行这种巨大分工的可能,并且也使生产食物的农民和生产原料的农民有实行分工的可能。虽然食物直接生产者的劳动,对他们自己来说也分为必要劳动和剩余劳动,但对社会来说,它所代表的只是生产食物所需的必要劳动。并且,不同于一个工场内部分工的整个社会内部的全部分工也是如此。这是生产特殊物品,满足社会对特殊物品的一种特殊需要所必要的劳动。如果这种分工是合乎比例的,那么,不同类产品就按照它们的价值(进一步说,按照它们的生产价格)出售,或按照这样一种价格出售,这种价格是这些价值或生产价格的由一般规律决定的变形。事实上价值规律所影响的不是个别商品或物品,而总是各个特殊的因分工而互相独立的社会生产领域的总产品;因此,不仅在每个商品上只使用必要的劳动时间,而且在社会总劳动时间中,也只把必要的比例量使用在不同类的商品上。这是因为条件仍然是使用价值。但是,如果说个别商品的使用价值取决于该商品是否满足一种需要,那么,社会产品量的使用价值就取决于这个量是否符合社会对每种特殊产品的量上一定的需要,从而劳动是否根据这种量上一定的社会需要按比例地分配在不同的生产领域。(我们在论述资本在不同的生产领域的分配时,必须考虑到这一点。)在这里,社会需要,即社会规模的使用价值,对于社会总劳动时间分别用在各个特殊生产领域的份额来说,是有决定意义的。但这不过是已经在单个商品上表现出来的同一规律,也就是:商品的使用价值是商品的交换价值的前提,从而也是商品的价值的前提。这一点只有在这种比例的破坏使商品的价值,从而使其中包含的剩余价值不能实现的时候,才会影响到必要劳动和剩余劳动之比。例如,假定棉织品按比例来说生产过多了,尽管在这个棉织品总产品中实现的只是既定条件下生产这个总产品的必要劳动时间。但是,总的来说,这个特殊部门消耗的社会劳动是过多了;就是说,产品的一部分已经没有用处。可见,只有当全部产品是按必要的比例生产时,它们才能卖出去。社会劳动时间可分别用在各个特殊生产领域的份额的这个数量界限,不过是价值规律本身进一步展开的表现,虽然必要劳动时间在这里包含着另一种意义。为了满足社会需要,只有如此多的劳动时间才是必要的。在这里界限是由于使用价值才产生的。社会在既定生产条件下,只能把它的总劳动时间中如此多的劳动时间用在这样一种产品上。但是,剩余劳动和剩余价值本身的主观条件和客观条件,和一定的形式(不管是利润形式或地租形式)无关。这些条件对剩余价值本身起作用,而不管它采取什么特殊的形式。因此它们不能说明地租。

3. 正是在土地所有权在经济上的实现中,在地租的发展中,有一点表现得特别突出,这就是:地租的量完全不是由地租获得者的参与所决定的,而是由他没有参与、和他无关的社会劳动的发展决定的。因此,很容易把一切生产部门及其一切产品在商品生产基础上,确切地说,在资本主义生产(这种生产在它的整个范围内都是商品生产)基础上共有的现象,当做地租的(和农产品一般的)特征来理解。

在社会发展的进程中,地租的量(从而土地的价值)作为社会总劳动的结果而增长起来。一方面,随着社会的发展,土地产品的市场和需求会增大;另一方面,对土地本身的直接需求也会增大,因为土地本身对一切可能的,甚至非农业的生产部门来说,都是进行竞争的生产条件。确切地说,只是就真正的农业地租来说,地租以及土地价值会随着土地产品市场的扩大,从而随着非农业人口的增加,随着他们对食物和原料的需要和需求的增加而增长。资本主义生产方式由于它的本性,使农业人口同非农业人口比起来不断减少,因为在工业(狭义的工业)中,不变资本比可变资本的相对增加,是同可变资本的绝对增加结合在一起的,虽然可变资本相对减少了;而在农业中,经营一定土地所需的可变资本则绝对减少,因此,只有在耕种新的土地时,可变资本才会增加,但这又以非农业人口的更大增加为前提。

其实,这并不是农业及其产品所特有的现象。不如说,在商品生产及其绝对形式即资本主义生产的基础上,这对其他一切生产部门和产品来说都是适用的。[714—718]

只有在商品生产的基础上,确切地说,只有在资本主义生产的基础上,地租才能作为货币地租发展起来,并且按照农业生产变为商品生产的程度而发展起来;也就是,按照和农业生产相独立的非农业生产的发展程度而发展起来;因为农产品就是按照这个程度变成商品,变成交换价值和价值的。当商品生产,从而价值生产随着资本主义生产发展时,剩余价值和剩余产品的生产也按照相同的程度发展起来。但随着后者的发展,土地所有权依靠它对土地的垄断权,也按照相同的程度越来越能够攫取这个剩余价值中一个不断增大的部分,从而提高自己地租的价值和土地本身的价格。资本家在这个剩余价值和剩余产品的发展上还是一个能动的执行职能者。土地所有者只是坐享剩余产品和剩余价值中一个这样无须他参与而不断增大的份额。这就是他所处地位的特征;至于土地产品的价值,从而土地的价值总是随着它们的市场的扩大,需求的增加,以及同土地产品相对立的商品世界的扩大,换句话说,也就是随着非农业的商品生产者人数和非农业的商品生产量的扩大,按相同的程度增加,这却不是他所处地位的特征。但是,因为这个结果是没有土地所有者的参与就发生的,所以下面这种情况在他那里就表现为某种特有的东西:价值量,剩余价值量,以及这个剩余价值的一部分向地租的转化,都取决于社会生产过程,取决于商品生产一般的发展。[718—719]

因此,农产品发展成为价值,并且作为价值而发展的现象,也就是说,农产品作为商品和其他商品相对立,而非农产品和作为商品的农产品相对立的现象,或者说,它们作为社会劳动的特殊表现而发展的现象,并不是地租的特征。地租的特征是:随着农产品作为价值(商品)而发展的条件和它们的价值的实现条件的发展,土地所有权在这个未经它参与就创造出来的价值中占有不断增大部分的权力也发展起来,剩余价值中一个不断增大的部分也就转化为地租。[720]

第三十八章

级差地租:概论

在分析地租时,我们首先要从下面这个前提出发:支付这种地租的产品,也就是其剩余价值的一部分、因而其总价格的一部分转化为地租的产品——对于我们的目的来说,想到农产品或者甚至矿产品也就够了——,也就是说,土地和矿山的产品像一切其他商品一样,是按照它们的生产价格出售的。就是说,它们的出售价格,等于它们的成本要素(已耗费的不变资本和可变资本的价值)加上一个由一般利润率决定的、按照预付总资本(包括已经消耗的和没有消耗的)计算的利润。因此,我们假定,这些产品的平均出售价格,等于它们的生产价格。现在要问,在这个前提下,地租怎么能够发展起来,就是说,利润的一部分怎么能够转化为地租,因而商品价格的一部分怎么能够落到土地所有者手中。

为了表明地租这个形式的一般性质,我们假定,一个国家的工厂绝大多数是用蒸汽机推动的,少数是用自然瀑布推动的。我们假定,在这些工业部门,一个耗费资本 100 的商品量的生产价格是 115。15% 的利润,不是仅仅按已经耗费的资本 100 计算的,而是按这个商品价值生产上曾经使用的总资本计算的。前面已经指出[268],这个生产价格不是由每个从事生产的工业家的个别成本价格决定的,而是由整个生产部门的资本在平均条件下生产这种商品平均耗费的成本价格决定的。这实际上是市场生产价格,是和它的各种波动相区别的平均市场价格。商品价值的性质,——即价值不是由某个生产者个人生产一定量商品或某个商品所必要的劳动时间决定,而是由社会必要的劳动时间,由当时社会平均生产条件下生产市场上这种商品的社会必需总量所必要的劳动时间决定,——正是通过市场价格的形式,进一步说,正是通过起调节作用的市场价格或市场生产价格的形式而表现出来。

因为所确定的数字比例在这里完全是无关紧要的,所以我们要再假定,用水力推动的工厂的成本价格只是 90,而不是 100。因为这个商品量的调节市场的生产价格=115,其中有利润 15%,所以靠水力来推动机器的工厂主,同样会按 115,也就是按调节市场价格的平均价格出售。因此,他们的利润是 25,而不是 15;起调节作用的生产价格所以会允许他们赚到 10% 的超额利润,并不是因为他们高于生产价格出售他们的商品,而是因为他们按照生产价格出售他们的商品,因为他们的商品是在特别有利的条件下,即在优于这个部门占统治地位的平均水平的条件下生产出来的,或者说,因为他们的资本是在这种特别有利的条件下执行职能的。

这里立即表明两点:

第一,用自然瀑布作为动力的生产者的超额利润,和一切不是由流通过程中的交易偶然引起,也不是由市场价格的偶然波动引起的超额利润(我们在谈到生产价格时[269],已经对这个范畴作了说明)首先是性质相同的。因此,这种超额利润,同样也就等于这个处于有利地位的生产者的个别生产价格和这整个生产部门的一般的、社会的、调节市场的生产价格之间的差额。这个差额,等于商品的一般生产价格超过它的个别生产价格的余额。对这个余额起调节作用的有两个界限:一方面是个别的成本价格,因而也就是个别的生产价格;另一方面是一般的生产价格。[721—723]

第二,到目前为止,那个用自然瀑布而不用蒸汽作动力的工厂主的超额利润,同一切其他的超额利润没有任何区别。一切正常的,也就是并非由于偶然的出售行为或市场价格波动而产生的超额利润,都是由这个特殊资本的商品的个别生产价格和一般生产价格(它调节着这整个生产部门的资本的商品的市场价格,或者说这个生产部门所投总资本的商品的市场价格)之间的差额决定的。

但是,现在就出现了区别。

在当前考察的场合,工厂主能够取得超额利润,即由一般利润率来调节的生产价格对他个人提供的余额,应该归功于什么呢?

首先应该归功于一种自然力,瀑布的推动力。瀑布是自然存在的,它和把水变成蒸汽的煤不同。煤本身是劳动的产品,所以具有价值,必须用一个等价物来支付,需要一定的费用。瀑布却是一种自然的生产要素,它的产生不需要任何劳动。

但是,不仅如此。利用蒸汽机进行生产的工厂主,也利用那些不费他分文就会增加劳动生产率的自然力,而且,只要这样会使工人必需的生活资料的生产变便宜,这些自然力就会增加剩余价值,从而增加利润;因此,这些自然力,和由协作、分工等引起的劳动的社会自然力完全一样,是被资本垄断的。工厂主要对煤炭进行支付,但是对于水改变物态,变成蒸汽的能力,对于蒸汽的压力等等,却没有进行支付。对自然力的这种垄断,也就是对这种由自然力促成的劳动生产力的提高实行的垄断,是一切用蒸汽机进行生产的资本的共同特点。这种垄断可以增加代表剩余价值的劳动产品部分,而相对减少转化为工资的劳动产品部分。只要它发生这样的作用,它就会提高一般利润率,可是没有创造超额利润,因为超额利润正好是个别利润超过平均利润的余额。因此,如果说一种自然力如瀑布的利用,在这里创造出超额利润,那么,这不可能只是由于这样一个事实:在这里一种自然力的利用引起了劳动生产力的提高。这里还必须有其他一些引起变化的情况。

恰恰相反。自然力在工业上的单纯利用所以会影响一般利润率的水平,是因为它会影响生产必要生活资料所需要的劳动量。但它本身并不会造成同一般利润率的偏离,而这里所涉及的问题,却正好是这种偏离。此外,个别资本通常在某一特殊生产部门中所实现的超额利润——因为各特殊生产部门之间利润率的偏离会不断地平均化为平均利润率——,如果把纯粹偶然的偏离撇开不说,总是来自成本价格即生产费用的减少。这种减少,或者是由于这一情况:资本的应用量大于平均量,以致生产上的杂费减少了,而提高劳动生产力的一般性原因(协作、分工等),也由于劳动场所比较宽广,而能够在更高的程度上,以更大的强度发生作用;或者是由于这一情况:把执行职能的资本的规模撇开不说,由于采用更好的工作方法、新的发明、改良的机器、化学的制造秘方等等,一句话,由于采用新的、改良的、超过平均水平的生产资料和生产方法。成本价格的减少以及由此而来的超额利润,在这里,是执行职

能的资本的投入方式造成的。[724—726]

因此,在这里,超额利润来源于资本本身(包括它所推动的劳动):或者是所用资本的量的差别,或者是这种资本的更适当的应用。本来没有什么事情会妨碍同一生产部门的全部资本按同样的方式来使用。相反地,资本之间的竞争,使这种差别越来越趋于平衡;价值由社会必要劳动时间决定这一点,是通过商品变便宜和迫使商品按同样有利的条件进行生产的压力而为自己开辟道路的。但是,那个利用瀑布的工厂主的超额利润,却不是这样。他所用劳动的已经提高的生产力,既不是来自资本和劳动本身,也不是来自某种不同于资本和劳动、但已并入资本的自然力的单纯利用。它来自和一种自然力的利用结合在一起的劳动的较大的自然生产力,但这种自然力不像蒸汽的压力那样,在同一生产部门可供一切资本自由支配,所以并不是凡有资本投入这个部门,这种自然力的利用就会成为不言而喻的事情。这种自然力是一种可以垄断的自然力,就像瀑布那样,只有那些支配着特殊地段及其附属物的人才能够支配它。但要像每个资本都能把水变成蒸汽那样,创造出这种使劳动有较大生产力的自然条件,就完全不取决于资本了。这种自然条件在自然界只存在于某些地方。在它不存在的地方,它是不能由一定的投资创造出来的。它不是同能够由劳动创造的产品如机器、煤炭等等结合在一起,而是同一部分土地的一定的自然条件结合在一起。占有瀑布的那一部分工厂主,不允许不占有瀑布的那一部分工厂主利用这种自然力,因为土地是有限的,而有水力资源的土地更是有限的。这并不排除:虽然一个国家自然瀑布的数量是有限的,但工业上可利用的水力的数量是能够增加的。为了充分利用瀑布的动力,可以对瀑布进行人工引流。有了瀑布,就可以改良水车,以便尽可能多地利用水力。在水流的状况不便于使用普通水车的地方,可以使用涡轮机等等。这种自然力的占有,在它的占有者手中形成一种垄断,成为所投资本有较高生产力的条件,这种条件是不能由资本本身的生产过程创造的;能够这样被人垄断的这种自然力,总是和土地分不开的。这样的自然力,既不是相关生产部门的一般条件,也不是该生产部门一般都能创造的条件。

现在,我们假定瀑布连同它所在的土地,属于那些被认为是这一部分土地的所有者的人,即土地所有者所有。他们不许别人把资本投在瀑布上,不许别人通过资本利用它。他们可以允许或拒绝别人去利用它。但资本自己不能创造出瀑布。因此,利用瀑布而产生的超额利润,不是产生于资本,而是产生于资本对一种能够被人垄断并且已经被人垄断的自然力的利用。在这种情况下,超额利润就转化为地租,也就是说,它落入瀑布的所有者手中。如果工厂主每年要为瀑布而付给瀑布的所有者10镑,工厂主的利润就是15镑;是当前场合他的生产费用100镑的15%;所以,他的情况会和本生产部门用蒸汽进行生产的所有其他资本家的情况一样好,甚至可能更好。如果资本家自己就拥有瀑布,那情况也不会有什么改变。他会照旧以瀑布所有者的身份,而不是以资本家的身份,占有这10镑超额利润。并且,正是因为这个余额不是由于他的资本本身而产生,而是由于支配一种可以和他的资本分离、可以垄断并且数量有限的自然力而产生,所以这个余额就转化为地租。

第一,很明显,这种地租总是级差地租,因为它并不作为决定要素加入商品的一般生产价格,而是以这种生产价格为前提。它总是产生于支配着一种被垄断的自然力的个别资本的个别生产价格和投入该生产部门的一般资本的一般生产价格之间的差额。

第二,这种地租不是产生于所用资本或这个资本所占有的劳动的生产力的绝对提高。一般说来,这种提高只会减少商品的价值。这种地租的产生,是由于一定的投入一个生产部门的个别资本,同那些没有可能利用这种例外的、有利于提高生产力的自然条件的投资相比,相对来说具有较高的生产率。例如,尽管煤炭有价值,水力没有价值,但如果利用蒸汽能提供利用水力所达不到的巨大利益,而这种利益已足以补偿费用而有余,那么,水力就不会有人使用,就不会产生任何超额利润,因而也不会产生任何地租。

第三,自然力不是超额利润的源泉,而只是超额利润的一种自然基础,因为它是特别高的劳动生产力的自然基础。这就像使用价值总是交换价值的承担者,但不是它的原因一样。如果一个使用价值不用劳动也能创造出来,它就不会有交换价值,但作为使用价值,它仍然具有它的自然的效用。但是,另一方面,如果一物没有使用价值,也就是没有劳动的这样一个自然的承担者,它也就没有交换价值。如果不同的价值不平均化为生产价格,不同的个别生产价格不平均化为一般的调节市场的生产价格,那么,通过使用瀑布而引起的劳动生产力的单纯的提高,就只会减低那些利用瀑布生产的商品的价格,而不会增加这些商品中包含的利润部分,从另一方面说,这同下述情况完全一样:如果资本不把它所用劳动的生产力(自然的和社会的),当做它自有的生产力来占有,那么,劳动的这种已经提高的生产力,就根本不会转化为剩余价值。

第四,瀑布的土地所有权本身,同剩余价值(利润)部分的创造,从而同借助瀑布生产的商品的价格的创造,没有任何关系。即使没有土地所有权,例如,即使瀑布所在的土地是作为无主的土地由工厂主来利用,这种超额利润也会存在。所以,土地所有权并不创造那个转化为超额利润的价值部分,而只是使土地所有者,即瀑布的所有者,能够把这个超额利润从工厂主的口袋里拿过来装进自己的口袋。它不是使这个超额利润创造出来的原因,而是使它转化为地租形式的原因,也就是使这一部分利润或这一部分商品价格被土地或瀑布的所有者占有的原因。

第五,很明显,瀑布的价格,也就是土地所有者把瀑布卖给第三者或卖给工厂主本人时所得的价格,首先,虽然会加到工厂主的个别成本价格上,但不会加到商品的生产价格上,因为在这里,地租产生于用蒸汽机生产的同种商品的生产价格,这种价格的调节和瀑布没有关系。其次,瀑布的这个价格完全是一个不合理的表现,在它背后却隐藏着一种现实的经济关系。瀑布和土地一样,和一切自然力一样,没有价值,因为它本身中没有任何对象化劳动,因而也没有价格,价格通常不外是用货币来表现的价值。在没有价值的地方,也就没有什么东西可以用货币来表现。这种价格不外是资本化的地租。土地所有权使所有者能够把个别利润和平均利润之间的差额占为己有。这样获得的逐年更新的利润能够资本化,并表现为自然力本身的价格。如果瀑布的利用对工厂主提供的超额利润是每年 10 镑,平均利息为 5%,那么,这 10 镑每年就代表 200 镑资本的利息;瀑布使它的所有者每年能够从工厂主那里占有的 10 镑的这种资本化,也就表现为瀑布本身的资本价值。瀑布本身没有价值,它的价格只是被占有的超额利润在资本家的计算上的一种反映,这一点立即表现为这样:200 镑的价格只是 10 镑超额利润乘以 20 年的积,尽管在其他条件不变的情况下,同一瀑布使它的所有者能够在一个不定的时期内,比如说,30 年内,100 年内,或 x 年内,每年获得这 10 镑;另一方面,如果有一种新的不用水力的生产方法,使那些用蒸汽机生产的商品的成本价格由 100 镑减低到 90 镑,那么,超额利润,从而地租,从而瀑布的价格就会消失。

我们在这样确定级差地租的一般概念之后,现在就要进而考

察真正农业中的级差地租了。关于农业所要说的,大体上也适用于采矿业。[726—730]

第三十九章
级差地租的第一形式
(级差地租Ⅰ)

我们首先考察等量资本在等面积的不同土地上使用时所产生的不相等的结果;或者,在面积不等时,考察按等量土地面积计算的结果。

这些不相等的结果,是由下面两个和资本无关的一般原因造成的:1. **肥力**。(关于这第1点,应当说明一下,土地的自然肥力的全部内容是什么,其中又包括哪些不同的要素。)2. 土地的**位置**。这一点对殖民地来说是一个决定性的因素,并且一般说来,各级土地耕种的序列就是由此决定的。其次,很明显,级差地租的这两个不同的原因,肥力和位置,其作用可以是彼此相反的。一块土地可能位置很好,但肥力很差;或者情况相反。这种情况很重要,因为它可以向我们说明,一国土地的开垦为什么既可以由较好土地推向较坏土地,也可以相反。最后,很明显,整个社会生产的进步,一方面,由于它创造了地方市场,并且通过建立交通运输手段而使位置变得便利,所以对形成级差地租的位置会发生拉平的作用;另一方面,由于农业和工业的分离,由于一方面大的生产中心的形成,以及由于另一方面农村的相对孤立化,土地的地区位置的差别又会扩大。

但是,我们先不考察位置这一点,只考察自然肥力。撇开气候等要素不说,自然肥力的差别是由表层土壤的化学成分的差别,也就是由表层土壤所含植物养分的差别形成的。不过,具有相同的化学成分,并且在这个意义上具有相等的自然肥力的两块土地,其现实的有效的肥力还会由于这种植物养分所处的形态而有所不同,因为在有的形态下这些养分容易被同化为、被直接吸收为植物养分,在有的形态下则不容易。因此,在自然肥力相同的各块土地上,同样的自然肥力能被利用到什么程度,一方面取决于农业中化学的发展,一方面取决于农业中机械的发展。这就是说,肥力虽然是土地的客体属性,但从经济方面说,总是同农业中化学和机械的发展水平有关系,因而也随着这种发展水平的变化而变化。可以用化学的方法(例如对硬黏土施加某种流质肥料,对重黏土进行熏烧)或用机械的方法(例如对重土壤采用特殊的耕犁),来排除那些使同样肥沃的土地实际收成较少的障碍(排水也属于这一类)。[……]对土壤结构进行人工改造,或者只是改变耕作方法,都会产生这种效果。最后,当下层土壤也被纳入耕作范围,变成耕作层时,由于下层土壤状况的不同,土地等级便会发生变化,从而产生同样的效果。这一方面取决于应用新耕作方法(如饲草的种植),一方面取决于应用各种机械方法,即或者把下层土壤翻成表层土壤,或者使下层土壤和表层土壤混合,或者耕作下层土壤但不把它翻上来。

所有这些对不同土地的不同肥力施加的影响,都归结为一点:从经济肥力的角度来看,劳动生产力的状态,这里指的是农业可以立即利用土地自然肥力的能力——这种能力在不同的发展阶段上是不同的——和土地的化学成分及其他自然属性一样,也是土地的所谓自然肥力的要素。

因此,我们假定农业处于一定的发展阶段。其次,我们假定,土地的等级是按照这种发展阶段评定的,对不同土地上同时进行的各个投资来说,情况当然也总是这样。这时,级差地租就可以用一个上升的或下降的序列来表现,因为,尽管就实际耕种的土地总体来说序列已经确定,但总是发生了一个形成这种序列的连续的运动。

假定有四级土地 A、B、C、D。再假定小麦 1 夸特的价格＝3 镑或 60 先令。因为这里地租还只是级差地租,所以这个每夸特 60 先令的价格,对最坏土地来说,就等于生产费用[270],也就是等于资本加上平均利润。

假定 A 是这种最坏土地。它由 50 先令的支出,生产了 1 夸特＝60 先令;因此利润是 10 先令,或 20%。

假定 B 由等额的支出,生产了 2 夸特＝120 先令。这就提供了 70 先令的利润,或者说,60 先令的超额利润。

假定 C 由等额的支出,生产了 3 夸特＝180 先令;总利润＝130 先令,超额利润＝120 先令。

假定 D 生产了 4 夸特＝240 先令,超额利润就是 180 先令。

这样,我们就有了如下的序列:

表　Ⅰ

土地等级	产量		预付资本	利润		地租	
	夸特	先令		夸特	先令	夸特	先令
A	1	60	50	$\frac{1}{6}$	10	—	—
B	2	120	50	$1\frac{1}{6}$	70	1	60
C	3	180	50	$2\frac{1}{6}$	130	2	120
D	4	240	50	$3\frac{1}{6}$	190	3	180
合计	10	600	—	—	—	6	360

各自的地租:对 D 来说=190 先令–10 先令,即 D 和 A 之间的差额;对 C 来说=130 先令–10 先令,即 C 和 A 之间的差额;对 B 来说=70 先令–10 先令,即 B 和 A 之间的差额。而对 B、C、D 来说,总地租=6 夸特=360 先令,等于 D 和 A、C 和 A、B 和 A 之间的差额的总和。[732—735]

结论:

1. 序列在完成时(不管它的形成过程如何)总好像是一个下降的序列,因为人们在考察地租时,总是先从提供最高地租的土地出发,最后才谈到不提供地租的土地。

2. 不提供地租的最坏土地的生产价格,总是起调节作用的市场价格,虽然在构成上升序列的第 I 表中,只是因为耕种越来越好的土地,起调节作用的市场价格才保持不变。在这种情况下,就 A 级土地保持调节作用的程度要取决于最好土地的产量这一点而言,最好土地所生产的谷物的价格是起调节作用的。如果 B、C、D 的产量超过需要,A 就会失去调节的作用。[742]

3. 级差地租是由于农耕发展各个阶段的各级土地自然肥力的差别而产生的(这里还是把土地的位置撇开不说),就是说,它的产生是由于最好土地面积有限,是由于等量资本必须投在对等量资本提供不等量产品的不同的各级土地上。

4. 级差地租和已划为某一等级的级差地租的存在,可以按下降的序列,即由较好土地到较坏土地的序列形成,也可以反过来,按上升的序列,即由较坏土地到较好土地的序列形成;还可以按两个方向相互交叉的序列形成(第 I 序列可以由 D 到 A,也可以由 A 到 D 而形成。第 II 序列包括这两种运动)。

5. 按照级差地租的形成方式,级差地租在土地产品价格不变、上涨和下降时都可以形成。[742]

　　关于级差地租,一般应当指出:市场价值始终超过产品总量的总生产价格。例如,拿第 I 表来说,总产量 10 夸特会卖到 600 先令,因为市场价格是由 A 的生产价格决定的,每夸特等于 60 先令。但实际的生产价格是:

A 1 夸特 = 60 先令	1 夸特 = 60 先令
B 2 夸特 = 60 先令	1 夸特 = 30 先令
C 3 夸特 = 60 先令	1 夸特 = 20 先令
D 4 夸特 = 60 先令	1 夸特 = 15 先令
10 夸特 = 240 先令	平均 1 夸特 = 24 先令

　　10 夸特的实际生产价格是 240 先令;但它们要按 600 先令的价格出售,贵 250%。实际平均价格是每夸特 24 先令;但市场价格是 60 先令,也贵 250%。

　　这是由在资本主义生产方式基础上通过竞争而实现的市场价值所决定的;这种决定产生了一个虚假的社会价值。这种情况是由市场价值规律造成的,土地产品受这个规律支配。产品(也包括土地产品)市场价值的决定,是一种社会行为,虽然这是一种不自觉的、无意的行为。这种行为必然是以产品的交换价值为依据,而不是以土地及其肥力的差别为依据。如果我们设想社会的资本主义形式已被扬弃,社会已被组成为一个自觉的、有计划的联合体,10 夸特就会只代表一定量的独立的劳动时间,而和 240 先令内所包含的劳动时间相等。因此,社会就不会按产品内所包含的实际劳动时间的二倍半来购买这种土地产品;这样,土地所有者阶级存在的基础就会消失。这样一来,结果就像从国外进口产品使产品价格便宜了同一数额完全一样。因此,如果说,维持现在的生产方式,但假定级差地租转归国家,土地产品的价格在其他条件相同时会保持不变,当然是正确的;但如果说,在资本主义生产由联合体代替以后,产品的价值还依旧不变,却是错误的。同种商品的市场价格的等同性,是价值的社会性质在资本主义生产方式的基础上,以及一般说来在一种以**个人**之间的商品交换为基础的生产基础上借以实现的方式。被当做消费者来看的社会在土地产品上过多支付的东西,社会劳动时间实现在农业生产上时形成负数的东西,现在对社会上的一部分人即土地所有者来说却成了正数。[744—745]

第四十章
级差地租的第二形式
(级差地租 II)

以上我们只是把级差地租看做投在面积相等而肥力不同的土地上的等量资本所具有的不同生产率的结果,所以,级差地租是由投在最坏的无租土地上的资本的收益和投在较好土地上的资本的收益之间的差额决定的。在那里,我们假定若干资本同时投在不同的地块上,所以,每投入一笔新的资本,土地的耕作范围就会相应扩展,耕地面积就会相应扩大。但是,级差地租实质上终究只是投在土地上的等量资本所具有的不同生产率的结果。那么,生产率不同的各资本量连续投在同一地块上和同时投在不同地块上,假定结果相同,这是否会有什么差别呢?

首先,不能否认,就超额利润的形成来说,这两种场合是毫无差别的:在一种场合下,投在 A 级一英亩土地上的 3 镑生产费用生产 1 夸特,从而 3 镑成为 1 夸特的生产价格和起调节作用的市场价格,投在 B 级一英亩土地上的 3 镑生产费用生产 2 夸特,并提供一个 3 镑的超额利润,而投在 C 级一英亩土地上的 3 镑生产费用生产 3 夸特,并提供 6 镑的超额利润,最后,投在 D 级一英亩土地上的 3 镑生产费用生产 4 夸特,并提供 9 镑的超额利润;在另一场合下,这 12 镑生产费用或 10 镑资本,以同样的收益按同一顺序投在同一英亩上,从而取得同样的结果。在这两种场合下,都是一个 10 镑的资本,其依次投入的价值部分各为 $2\frac{1}{2}$ 镑,不管它们是同时投在肥力不同的四英亩上,还是相继投在同一英亩上。由于它们的产量不同,其中一部分不会提供超额利润,而其他各部分会按照它们的收益和不提供地租的投资的收益之间的差额提供超额利润。

资本各价值部分的超额利润和不同的超额利润率,在这两种场合都是按同样的方式形成的。地租无非是这个形成地租实体的超额利润的一种形式。但是,无论如何,在第二个方法上,超额利润到地租的转化,也就是使超额利润由资本主义租地农场主手里转到土地所有者手里的这种形式变化,会遇到各种困难。英国租地农场主所以顽强抗拒政府的农业统计,其原因就在于此。他们在确定他们投资的实际成果方面所以和土地所有者进行斗争,其原因也在于此(摩尔顿[271])。地租是在土地出租时确定的,此后,在租约有效期间,由连续投资所产生的超额利润落入租地农场主的腰包。正因为这样,租地农场主总是力争签订长期租约;但另一方面,由于地主占优势,每年都可解除的租约增加了。

因此,从一开始就很清楚:带来不同结果的各个等量资本,不管是同时投在同样大的各块土地上,还是相继投在同一块土地上,都不会影响超额利润的形成规律,但是,这对于超额利润转化为地租来说,却有重大的差别。后一个方法会把这种转化限制在一方面更为狭小,另一方面更不稳定的界限内。[759—760]

在考察级差地租 II 时,还要强调指出如下几点:

第一,级差地租 II 的基础和出发点,不仅从历史上来说,而且就级差地租 II 在任何一定时期内的运动来说,都是级差地租 I,就是说,是肥力和位置不同的各级土地的同时并行的耕种,也就是农业总资本的不同组成部分在不同质的地块上同时并行的使用。[761]

第二,在级差地租的第 II 形式上,除了肥力的差别,还有资本(以及获得信用的能力)在租地农场主之间的分配上的差别。在真正的工业中,对每个生产部门来说,都会迅速形成各自的经营规模上的最低限额和与此相应的资本的最低限额,资本达不到这个限额,单个的经营便不能顺利进行。同样,在每个生产部门中又会形成多数生产者所必须拥有并且实际也拥有的、高于这个最低限额的标准的平均资本量。大于平均资本量的资本会提供额外利润,而小于平均资本量的资本就得不到平均利润。资本主义生产方式只是缓慢地、非均衡地侵入农业,这是我们在英国这个农业的资本主义生产方式的典型国家中可以看到的。如果没有谷物的自由进口,或者因自由进口的数量很小,影响有限,那么,市场价格就要由耕种较坏的土地的生产者来决定,就是说,要由在低于平均生产条件的较不利条件下进行经营的生产者来决定。[762—763]

这种情况使实际的资本主义租地农场主能够把超额利润的一部分占为己有;如果资本主义生产方式在农业中,也同在工业中一样均衡地发展,那么,至少就上述这点来说,这种情况就不会发生。

让我们首先只考察级差地租 II 中的超额利润的形成,暂且不考虑这种超额利润能够转化为地租的条件。

这里很明显,级差地租 II 只是级差地租 I 的不同的表现,而实质上二者是一致的。在级差地租 I 中,各级土地的不同肥力所以会发生影响,只是因为不同的肥力使投在土地上的各个资本在资本量相等时或就资本的比例量考察时,会产生出不同的结果,不同的产量。不论这种不同的结果是由相继投在同一块土地上的各个资本产生的,还是由投在好几块等级不同的土地上的各个资本产生的,都不会使肥力的差别或它们的产量的差别发生变化,因此也不会使生产率较高的投资部分的级差地租的形成发生变化。在投资相等的情况下,土地仍然显示出不同的肥力,不过,在这里一个资本分成几个部分相继投在同一土地上所完成的事情,也就是级差地租 I 的场合下社会资本各等量部分投在各级土地上所完成的事情。

　　如果表 I[272]中由各个租地农场主以四个独立资本的形式(每个 $2\frac{1}{2}$ 镑)分别投在四级土地 A、B、C、D 各一英亩上的这 10 镑资本,现在不投在原来的土地上,而相继投在 D 级土地的同一英亩上,结果第一次投资提供了 4 夸特,第二次投资提供了 3 夸特,第三次投资提供了 2 夸特,最后一次投资提供了 1 夸特(或者把这个序列反过来也行),那么,收益最小的资本部分所提供的 1 夸特的价格=3 镑,就不会提供级差地租,但是只要生产价格为 3 镑的小麦的供给仍有必要,它就会决定生产价格。既然按照假定生产是以资本主义方式进行的,因而在 3 镑价格中已经包含着资本 $2\frac{1}{2}$ 镑一般都会提供的平均利润,那么,其他三个各 $2\frac{1}{2}$ 镑的资本部分,都会依产品的差额而产生超额利润,因为它们的产品都不是按照自己的生产价格出售的,而是按照那个收益最小的 $2\frac{1}{2}$ 镑的投资的生产价格出售的;这个收益最小的投资不提供地租,而且它的产品的价格是按照生产价格的一般规律决定的。超额利润的形成,将和表 I 相同。[763—764]

第四十五章
绝 对 地 租

在分析级差地租时,我们是从最坏的土地不支付地租这一前提出发的。[846]

但是,即使假定租地农场主不能支付地租,现在只能够按资本增殖的平均条件在 A 级土地上进行投资,从这个前提出发也决不能得出结论说:这个属于 A 级的土地,现在会立即让租地农场主去支配。租地农场主不支付地租而能按普通利润来增殖他的资本这一事实,对土地所有者来说,决不是把土地白白借给租地农场主并如此慈善地给这位营业伙伴以无息信贷的理由。这样一个前提,意味着土地所有权被抽象掉,土地所有权被废除。而土地所有权的存在,正好是对投资的一个限制,正好是对资本在土地上任意增殖的一个限制。[849]

级差地租有这样一个特点:土地所有权在这里仅仅取去超额利润,否则这种超额利润就会被租地农场主据为己有,而在一定情况下,在租约未满期间,实际上也是被租地农场主据为己有。在这里,土地所有权只是商品价格中一个未经它本身参与就产生(确切些说,是由于调节市场价格的生产价格决定于竞争这一点产生的)并转化为超额利润的部分发生转移的原因,即价格的这个部分由一个人手里转移到另一个人手里,由资本家手里转移到土地所有者手里的原因。但在这里,土地所有权并不是**创造**这个价格组成部分的原因,也不是作为这个组成部分的前提的价格上涨的原因。然而,如果最坏土地 A——虽然它的耕种会提供生产价格——不提供一个超过生产价格的余额,即地租,就不可能被耕种,那么,土地所有权就是引起**这个价格**上涨的原因。**土地所有权本身已经产生地租**。[……]因为,起调节作用的市场价格如不上涨到足以使 A 级土地也提供一个地租,A 级土地就不可能被耕种,这一事实而且只有这一事实,才是市场价格在这里所以会提高到这样一种程度的原因,在这种程度上,旧租地上的最后投资固然只收回自己的生产价格,不过这是这样一种生产价格,它同时还提供 A 级土地的地租。[854]

现在产生了这样的问题:由于最坏土地也提供地租,即这种不可能来自于肥力差别的地租,是不是就得出结论说,土地产品的价格必然是普通意义上的垄断价格,或者说,必然是一种使地租像在赋税那样的形式上被包含在内的价格,只不过这种赋税由土地所有者征收,而不是由国家征收呢?[……]最坏土地支付的地租,是否像税金加到课税商品的价格中去一样,加到这种土地的产品的价格(按照假定,它调节着一般的市场价格)中去,也就是说,是否作为一个和商品价值无关的要素加到这种土地的产品的价格中去。

这决不是必然的结论,而所以会作出这样的论断,只是因为商品的价值和商品的生产价格之间的区别一直没有被人理解。我们已经知道,一个商品的生产价格和它的价值决不是一回事,虽然商品的生产价格,就商品的总和来看,只是由商品的总价值来调节,虽然不同种商品的生产价格的变动,在其他一切情况不变时,完全是由这些商品的价值的变动决定的。我们已经指出,一个商品的生产价格可以高于它的价值,或低于它的价值,只有在例外的情况下才和它的价值相一致。所以,土地产品高于它们的生产价格出售这一事实,决不证明它们也高于它们的价值出售,正如工业品平均按它们的生产价格出售这一事实,决不证明它们是按它们的价值出售一样。农产品高于它们的生产价格但低于它们的价值出售的现象是可能的；另一方面同样可能的是，许多工业品只是因为高于它们的价值出售，才提供生产价格。

一个商品的生产价格和它的价值的比率，完全是由生产它所用的资本的可变部分和不变部分的比率，即由生产它所用的资本的有机构成决定的。如果一个生产部门中的资本构成低于社会平均资本的构成，也就是说，如果该资本中投在工资上的可变部分，和投在物质劳动条件上的不变部分的比率，大于社会平均资本中可变部分和不变部分的比率，那么，它的产品的价值就必然会高于它的生产价格。这就是说，一个这样的资本，因为使用了更多的活劳动，所以在对劳动的剥削程度相等的情况下，将会比社会平均资本的一个同样大的部分生产出更多的剩余价值，从而生产出更多的利润。因此，它的产品的价值，就会高于它的生产价格，因为这个生产价格等于资本的补偿加上平均利润，而平均利润则小于这个商品上生产的利润。社会平均资本所生产的剩余价值，比这种有机构成低的资本所生产的剩余价值要小。如果投在一定生产部门的资本的构成，高于社会平均资本，情形就会相反。它所生产的商品的价值，就会低于这些商品的生产价格；一般来说，最发达的工业部门的产品的情况就是这样。[857—859]

真正农业上的资本构成如果低于社会平均资本的构成，那么，这首先表示，在生产发达的各国，农业的发展程度没有达到加工工业的水平。撇开其他一切经济状况，并且一部分有决定作用的经济状况不说，这个事实已经由下述情况得到说明：力学各科，特别是它们的应用，同化学、地质学和生理学，特别是它们在农业上的应用的较晚的，并且部分地还十分幼稚的发展比较起来，发展得比较早，而且比较快。此外，一个不容置疑并早已为人所共知的事实是,农业本身的进步,总是表现在不变资本部分同可变资本部分相比的相对的增长上。在一个进入资本主义生产的国家,例如英国,农业资本的构成是否低于社会平均资本的构成,这是一个只能用统计来确定的问题,并且,就我们的目的来说,对此也没有必要进行详细的探讨。无论如何,在理论上已经确定的是:农产品的价值只有在这个前提下才能高于它们的生产价格;也就是说,农业上一定量的资本,与同等数量的有社会平均构成的资本相比,会生产较多的剩余价值,或同样也可以说,会推动和支配较多的剩余劳动(因此,也就是使用较多的活劳动一般)。

因此,这个假定,对我们这里所研究的并且只有在这个假定下才会出现的地租形式来说,是足够了。在这个假说不成立的地方,和这个假说相适应的地租形式也就不成立。

但是,单是农产品的价值超过它们的生产价格这样一个事实本身,无论如何不足以说明一种同各级土地的不同肥力或同一土地上各连续投资的不同生产率无关的地租的存在,一句话,即在概念上不同于级差地租,因而可以称为**绝对地租**的那种地租的存在。许多工业品具有这样的特性:它们的价值高于它们的生产价格,但它们不会因此就提供一个可以转化为地租的超过平均利润的余额或超额利润。恰好相反。生产价格以及它所包含的一般利润率的存在和概念,是建立在单个商品不是按照它们的价值出售这样一个基础上的。生产价格是由商品价值的平均化产生的。这种平均化在不同生产部门各自耗费的资本价值得到补偿以后,使全部剩余价值不是按各个生产部门所生产的、从而包含在其产品中的剩余价值所占的比例来进行分配,而是按各个预付资本的量所占的比例来进行分配。只有这样,平均利润和以平均利润为特征要素的商品生产价格才会产生。资本的不断趋势是,通过竞争来实现总资本所生产的剩余价值的分配的这种平均化,并克服这种平均化的一切阻碍。所以,资本的趋势是,只容许这样一种超额利润,这种超额利润在一切情况下都不是来自于商品的价值和生产价格之间的差额,而是来自于调节市场的一般生产价格和与它相区别的个别生产价格之间的差额;所以超额利润不是发生在两个不同生产部门之间,而是发生在每个生产部门之内;因此,它不会影响不同生产部门的一般生产价格,也就是说,不会影响一般利润率,反而以价值转化为生产价格和以一般利润率为前提。但是,正如前面已经指出的,这个前提是建立在社会总资本在不同生产部门之间的不断变动的成比例的分配上,建立在资本的不断流入和流出上,建立在资本由一个部门转移到另一个部门的可能性上,总之,建立在资本在这些不同生产部门(对社会总资本各独立部分来说,就是同样多的可使用的投资场所)之间的自由运动上。在这里,我们假定,例如,在商品的价值高于其生产价格或所生产的剩余价值超过平均利润的某一生产部门中,没有任何限制,或者只有偶然的暂时的限制,会妨碍资本的竞争把价值化为生产价格,从而把这个生产部门的超额剩余价值成比例地分配于资本所开发的一切部门。但是,如果发生了相反的情形,如果资本遇到了一种外力,对这种外力,资本只能局部地克服或完全不能克服,这种外力限制资本投入一些特殊生产部门,只有在完全排斥或部分地排斥剩余价值一般平均化为平均利润的条件下才允许资本投入这种特殊生产部门,那么很明显,在这种生产部门中,由于商品的价值超过其生产价格,就会产生超额利润,这个超额利润将会转化为地租,并且作为地租能够与利润相对立而独立起来。当资本投在土地上时,土地所有权或者说土地所有者,就作为这样一种外力和限制,出现在资本或资本家面前。

在这里,土地所有权就是障碍。因此,不纳税,也就是说,不交地租,就不能对从前未耕种或未出租的土地投入任何新的资本,虽然新耕种的土地是一种不会提供任何级差地租的土地,并且如果没有土地所有权,只要市场价格略微上涨,它就已被耕种,以致起调节作用的市场价格使这种最坏土地的耕种者只能得到他的生产价格。但是,因为有了土地所有权的限制,市场价格必须上涨到一定的程度,才使土地除了生产价格外,还能支付一个余额,也就是说,支付地租。但是,因为按照假定,农业资本所生产的商品的价值高于它们的生产价格,所以,这个地租(除了我们立即就要研究的一种情形外)就是价值超过生产价格而形成的余额或这个余额中的一部分。[……]由此可以得出结论说,农产品的价格可以在达不到它们的价值的情况下,高于它们的生产价格。其次,可以得出结论说,农产品的价格,在达到它们的价值以前,可以持续上涨,直到一定点为止。还可以得出结论说,农产品的价值超过它们的生产价格而形成的余额,所以能成为它们的一般市场价格的决定要素,只是因为有土地所有权的垄断。最后,可以得出结论说,在这种情况下,产品价格上涨不是地租的原因,相反地地租倒是产品价格上涨的原因。如果最坏土地单位面积产品的价格 = P+r,①一切级差地租就都会按 r 的相应倍数增加,因为按照假定,P+r 成了起调节作用的市场价格。[859—863]

虽然土地所有权能使土地产品的价格超过它们的生产价格,但市场价格将在多大程度上高于生产价格,接近于价值,因而农业上生产的超过既定平均利润的剩余价值,将在多大程度上转化为

---

① 按照马克思在本章开始时的说明,P 代表调节市场的生产价格,r 代表地租。——编者注

地租,或在多大程度上参与剩余价值到平均利润的一般平均化,这都不取决于土地所有权,而取决于一般的市场状况。在任何情况下,这个来自于价值超过生产价格的余额的绝对地租,都只是农业剩余价值的一部分,都只是这个剩余价值到地租的转化,都只是土地所有者对这个剩余价值的攫取;正像级差地租来自于超额利润到地租的转化,来自于土地所有权在起调节作用的一般生产价格下对这个超额利润的攫取一样。这两个地租形式,是唯一正常的地租形式。除此以外,地租只能以真正的垄断价格为基础,这种垄断价格既不是由商品的生产价格决定,也不是由商品的价值决定,而是由购买者的需要和支付能力决定。[864]

第四十六章

建筑地段的地租。
矿山地租。土地价格

　　凡是存在地租的地方,都有级差地租,而且这种级差地租都遵循着和农业级差地租相同的规律。凡是自然力能被垄断并保证使用它的产业家得到超额利润的地方(不论是瀑布,是富饶的矿山,是盛产鱼类的水域,还是位置有利的建筑地段),那些因对一部分土地享有权利而成为这种自然物所有者的人,就会以地租形式,从执行职能的资本那里把这种超额利润夺走。至于建筑上使用的土地,亚·斯密已经说明,它的地租的基础,和一切非农业土地的地租的基础一样,是由真正的农业地租调节的(《国民财富的性质和原因的研究》第1卷第1篇第11章第2、3节)。这种地租的特征在于:首先,位置在这里对级差地租具有决定性的影响(例如,这对葡萄种植业和大城市的建筑地段来说,是十分重要的);其次,所有者显然具有完全的被动性,他的主动性(特别是在采矿业)只在于利用社会发展的进步,而对于这种进步,他并不像产业资本家那样有过什么贡献,冒过什么风险;最后,在许多情况下垄断价格占有优势,特别在对贫穷进行最无耻的榨取方面是这样(因为贫穷对于房租,是一个比波托西银矿²⁷³对于西班牙更为富饶的源泉⁽³⁸⁾),并且这种土地所有权一旦和产业资本结合在一个人手里,便会产生巨大的权力,使得产业资本可以把为工资而进行斗争的工人从他们的容身之所地球上实际排除出去⁽³⁹⁾。在这里,社会上一部分人向另一部分人要求一种贡赋,作为后者在地球上居住的权利的代价,因为土地所有权本来就包含土地所有者剥削地球的躯体、内脏、空气,从而剥削生命的维持和发展的权利。不仅人口的增加,以及随之而来的住房需要的增大,而且固定资本的发展(这种固定资本或者合并在土地中,或者扎根在土地中,建立在土地上,如所有工业建筑物、铁路、货栈、工厂建筑物、船坞等等),都必然会提高建筑地段的地租。[……]在这里,我们要考察两个要素:一方面,土地为了再生产或采掘的目的而被利用;另一方面,空间是一切生产和一切人类活动的要素。从这两个方面,土地所有权都要求得到它的贡赋。对建筑地段的需求,会提高作为空间和地基的土地的价值,而对土地的各种可用做建筑材料的要素的需求,同时也会因此增加⁽⁴⁰⁾。

---

(38)　兰格;纽曼。²⁷⁴

(39)　克劳林顿的罢工。恩格斯《英国工人阶级状况》第307页。²⁷⁵

(40)　"伦敦街道铺砌石头路面,使苏格兰海滨一些不毛岩石的所有者,可以从一向没有用的石头地得到地租。"(亚·斯密,第1篇第11章第2节²⁷⁶)

在迅速发展的城市内,特别是在像伦敦那样按工厂大规模生产方式从事建筑的地方,建筑投机的真正主要对象是地租,而不是房屋。[874—876]

真正的矿山地租的决定方法,和农业地租是完全一样的。[876]

我们必须加以区别,究竟是因为产品或土地本身有一个与地租无关的垄断价格,所以地租才由垄断价格产生,还是因为有地租存在,所以产品才按垄断价格出售。当我们说垄断价格时,一般是指那种只决定于购买者的购买欲和支付能力的价格,它既与一般生产价格所决定的价格,也与产品价值所决定的价格无关。一个葡萄园在它所产的葡萄酒特别好时(这种葡萄酒一般说来只能进行比较小量的生产),就会提供一个垄断价格。由于这个垄断价格(它超过产品价值的余额,只决定于高贵的饮酒者的财富和嗜好),葡萄种植者将实现一个相当大的超额利润。这种在这里由垄断价格产生的超额利润,由于土地所有者对这块具有独特性质的土地的所有权而转化为地租,并以这种形式落入土地所有者手中。因此,在这里,是垄断价格造成地租。反过来,如果由于土地所有权对在未耕地上进行不付地租的投资造成限制,以致谷物不仅要高于它的生产价格出售,而且还要高于它的价值出售,那么,地租就会造成垄断价格。一些人所以能把社会的一部分剩余劳动作为贡赋来占有,并且随着生产的发展,占有得越来越多,只是由于他们拥有土地所有权,而这个事实却被以下的情况掩盖了:资本化的地租,也就是说,正是这个资本化的贡赋,表现为土地价格,因此土地也像任何其他交易品一样可以出售。因此对购买者来说,他对地租的索取权,好像不是白白得到的,不是不付出劳动,不冒风险,不具有资本的企业精神,就白白得到的,而是支付了它的等价物才得到的。像以前已经指出的那样[277]，在购买者看来，地租不过表现为他用以购买土地以及地租索取权的那个资本的利息。对已经购买黑人的奴隶主来说也完全是这样，他对黑人的所有权，好像不是靠奴隶制度本身，而是通过商品的买卖而获得的。不过，这个权利本身并不是由出售产生，而只是由出售转移。这个权利在它能被出售以前，必须已经存在；不论是一次出售，还是一系列这样的出售，不断反复的出售，都不能创造这种权利。总之，创造这种权利的，是生产关系。一旦生产关系达到必须蜕皮的地步，这种权利的和一切以它为依据的交易的物质的、在经济上和历史上有存在理由的、从社会生活的生产过程中产生的源泉，就会消失。从一个较高级的经济的社会形态的角度来看，个别人对土地的私有权，和一个人对另一个人的私有权一样，是十分荒谬的。甚至整个社会，一个民族，以至一切同时存在的社会加在一起，都不是土地的所有者。他们只是土地的占有者，土地的受益者，并且他们应当作为好家长把经过改良的土地传给后代。

————

在以下有关土地价格的研究中，我们要撇开一切竞争波动，一切土地投机，甚至小土地所有制（在这里，土地是生产者的主要工具，因此生产者不管按什么价格都必须购买它）。

I. 土地价格可以在地租不增加的情况下提高；即：

1. 单纯由于利息率的下降，结果，地租按更贵的价格出售，因此，资本化的地租，土地价格，就增长了；

2. 因为投入土地的资本的利息增长了。

II. 土地价格可以因地租增加而提高。[876—878]

III. 这些使地租提高，从而使一般土地价格或各类别土地价格提高的不同条件，可以部分地发生竞争，部分地互相排斥，并且只能交替地发生作用。但是,根据以上所述可以看出,不能从土地价格的增加直接得出地租增加的结论,也不能从地租的增加(这种增加总会引起土地价格的增加)直接得出土地产品增加的结论。[882]

第　七　篇

各种收入及其源泉

第四十八章

三位一体的公式

I

资本—利润（企业主收入加上利息），土地—地租，劳动—工资，这就是把社会生产过程的一切秘密都包括在内的三位一体的形式。

其次，因为正如以前已经指出的那样[278]，利息表现为资本所固有的、独特的产物，与此相反，企业主收入则表现为不以资本为转移的工资，所以，上述三位一体的形式可以进一步归结为：

资本—利息，土地—地租，劳动—工资；在这个形式中，利润，这个体现资本主义生产方式的独特特征的剩余价值形式，就幸运地被排除了。

如果我们现在更仔细地考察一下这个经济上的三位一体，我们就会发现：

第一，每年可供支配的财富的各种所谓源泉，属于完全不同的领域,彼此之间毫无相同之处。它们互相之间的关系,就像公证人的手续费、甜菜和音乐之间的关系一样。

资本,土地,劳动!但资本不是物,而是一定的、社会的、属于一定历史社会形态的生产关系,后者体现在一个物上,并赋予这个物以独特的社会性质。资本不是物质的和生产出来的生产资料的总和。资本是已经转化为资本的生产资料,这种生产资料本身不是资本,就像金或银本身不是货币一样。社会某一部分人所垄断的生产资料,同活劳动力相对立而独立化的这种劳动力的产品和活动条件,通过这种对立在资本上人格化了。不仅工人的已经转化为独立权力的产品,作为其生产者的统治者和购买者的产品,而且这种劳动的社会力量及未来的……〔?这里字迹不清〕形式①,也作为生产者的产品的属性而与生产者相对立。因此,在这里,对于历史地形成的社会生产过程的因素之一,我们有了一个确定的、乍一看来极为神秘的社会形式。

现在,与此并列,又有土地,这个无机的自然界本身,这个完全处在原始状态中的"粗糙的混沌一团的天然物"²⁷⁹。价值是劳动,因此,剩余价值不可能是土地。土地的绝对肥力所起的作用,不过是使一定量的劳动提供一定的、受土地的自然肥力所制约的产品。土地肥力的差别所造成的结果是:同量劳动和资本,也就是同一价值,表现在不等量的土地产品上;因此,这些产品具有不同的个别价值。这些个别价值平均化为市场价值,促使

"肥沃土地同较坏的土地相比所提供的利益……从耕种者或消费者手里转移到土地所有者手里"。(李嘉图《原理》第62页)

---

① 根据辨认,这里可能是"这种劳动的社会力量及有关形式"。——编者注

最后,作为其中的第三个同盟者**280**的,只是一个幽灵——劳动,这只不过是一个抽象,就它本身来说,是根本不存在的;或者,如果我们……〔这里字迹不清〕来说①,只是指人借以实现人和自然之间的物质变换的人类一般的生产活动,它不仅已经脱掉一切社会形式和性质规定,而且甚至在它的单纯的自然存在上,不以社会为转移,超越一切社会之上,并且作为生命的表现和证实,是尚属非社会的人和已经有某种社会规定的人所共同具有的。[921—923]

III

土地所有权、资本和雇佣劳动,就从下述意义上的收入源泉,即资本使资本家以利润的形式吸取他从劳动中榨取的剩余价值的一部分,土地的垄断使土地所有者以地租的形式吸取剩余价值的另一部分,劳动使工人以工资的形式取得最后一个可供支配的价值部分这种意义上的源泉,也就是从这种作为中介使价值的一部分转化为利润形式,使第二部分转化为地租形式,使第三部分转化为工资形式的源泉,转化成了真正的源泉,这个源泉本身产生出这几个价值部分和这几个价值部分借以存在或可以转化成的各相关产品部分,因而是产生出产品价值本身的最后源泉(50)。[936]

---

(50)　"工资、利润和地租,是一切收入的三个原始源泉,也是一切交换价值的三个原始源泉。"(亚当·斯密**281**)——"因此,物质生产的原因,同时就是现有各种原始收入的源泉"。(施托尔希[《政治经济学教程》1815年圣彼得堡版]第1卷第259页)

---

①　根据辨认,这里的大意是"如果我们就它在这里所表示的意思来说"。——编者注

在资本—利润(或者,更恰当地说是资本—利息),土地—地租,劳动—工资中,在这个表示价值和财富一般的各个组成部分同其各种源泉的联系的经济三位一体中,资本主义生产方式的神秘化,社会关系的物化,物质的生产关系和它们的历史社会规定性的直接融合已经完成:这是一个着了魔的、颠倒的、倒立着的世界。在这个世界里,资本先生和土地太太,作为社会的人物,同时又直接作为单纯的物,在兴妖作怪。古典经济学把利息归结为利润的一部分,把地租归结为超过平均利润的余额,使这二者以剩余价值的形式一致起来;此外,把流通过程当做单纯的形式变化来说明;最后,在直接生产过程中把商品的价值和剩余价值归结为劳动;这样,它就把上面那些虚伪的假象和错觉,把财富的不同社会要素互相间的这种独立化和硬化,把这种物的人格化和生产关系的物化,把日常生活中的这个宗教揭穿了。这是古典经济学的伟大功绩。然而,甚至古典经济学的最优秀的代表——从资产阶级的观点出发,只能是这样——也还或多或少地被束缚在他们曾批判地予以揭穿的假象世界里,因而,都或多或少地陷入不彻底性、半途而废状态和没有解决的矛盾之中。另一方面,实际的生产当事人对资本—利息,土地—地租,劳动—工资这些异化的不合理的形式,感到很自在,这也同样是自然的事情,因为他们就是在这些假象的形态中活动的,他们每天都要和这些形态打交道。庸俗经济学无非是对实际的生产当事人的日常观念进行教学式的、或多或少教义式的翻译,把这些观念安排在某种有条理的秩序中。因此,它会在这个消灭了整个内部联系的三位一体中,为自己的浅薄的妄自尊大,找到自然的不容怀疑的基础,这也同样是自然的事情。同时,这个公式也是符合统治阶级的利益的,因为它宣布统治阶级的收入源泉具有自然的必然性和永恒的合理性,并把这个观点推崇为

教条。［940—941］

第五十一章
分配关系和生产关系

可见，由每年新追加的劳动新加进的价值——从而，年产品中体现这个价值并且能够从总收益中取出和分离出来的部分——，分成三个部分，它们采取三种不同的收入形式，这些形式表明，这个价值的一部分属于或归于劳动力的所有者，另一部分属于或归于资本的所有者，第三部分属于或归于地产的所有者。因此，这就是分配的关系或形式，因为它们表示出新生产的总价值在不同生产要素的所有者中间进行分配的关系。

按照通常的看法，这些分配关系被认为是自然的关系，是从一切社会生产的性质，从人类生产本身的各种规律中产生出来的关系。诚然，不能否认，资本主义以前的社会出现过其他的分配方式，但是，人们把那些方式说成是这种自然分配关系的未发展的、未完成的、被伪装了的、没有被还原为最纯粹表现和最高形态的、具有异样色彩的方式。

这种见解中唯一正确的一点是：在任何一种社会生产（例如，自然发生的印度公社[89]的社会生产，或秘鲁人的多半是人为发展起来的共产主义的社会生产）中，总是能够区分出劳动的两个部分，一个部分的产品直接由生产者及其家属用于个人的消费，另一个部分即始终是剩余劳动的那个部分的产品，总是用来满足一般的社会需要，而不问这种剩余产品怎样分配，也不问谁执行这种社会需要的代表的职能。在这里我们撇开用于生产消费的部分不说。这样，不同分配方式的同一性就归结到一点：如果我们把它们的区别和特殊形式抽掉,只抓住同它们的区别相对立的一致,它们就是同一的。

更有学识、更有批判意识的人们,虽然承认分配关系的历史发展性质,但同时却更加固执地认为,生产关系本身具有不变的、从人类本性产生出来的,因而与一切历史发展无关的性质。

相反,对资本主义生产方式的科学分析却证明:资本主义生产方式是一种特殊的、具有独特历史规定性的生产方式;它和任何其他一定的生产方式一样,把社会生产力及其发展形式的一个既定的阶段作为自己的历史条件,而这个条件又是一个先行过程的历史结果和产物,并且是新的生产方式由以产生的既定基础;同这种独特的、历史地规定的生产方式相适应的生产关系——即人们在他们的社会生活过程中、在他们的社会生活的生产中所处的各种关系——,具有一种独特的、历史的和暂时的性质;最后,分配关系本质上和这些生产关系是同一的,是生产关系的反面,所以二者共有同样的历史的暂时的性质。

在考察分配关系时,人们首先是从年产品分为工资、利润和地租这种所谓的事实出发。但是,把事实说成这样是错误的。产品一方面分为资本,另一方面分为各种收入。其中一种收入,工资,总是先以**资本形式**同工人相对立,然后才取得收入的形式,即工人的收入的形式。生产出来的劳动条件和劳动产品总是作为资本同直接生产者相对立这个事实,从一开始就意味着:物质劳动条件和工人相对立而具有一定的社会性质,因而在生产本身中,工人同劳动条件的所有者之间,并且工人彼此之间,是处在一定的关系中。这些劳动条件转化为资本这个事实,又意味着直接生产者被剥夺了土地,因而存在着一定的土地所有权形式。

如果产品的一部分不转化为资本,它的另一部分就不会采取工资、利润和地租的形式。

另一方面，如果说资本主义生产方式以生产条件的这种一定的社会形式为前提，那么，它会不断地把这种形式再生产出来。它不仅生产出物质的产品，而且不断地再生产出产品在其中生产出来的那种生产关系，因而也不断地再生产出相应的分配关系。

当然，可以说，资本（以及资本作为自身的对立物而包括进来的土地所有权）本身已经以这样一种分配为前提：劳动者被剥夺了劳动条件，这些条件集中在少数个人手中，另外一些个人对土地拥有排他的所有权，总之，就是存在着论原始积累的那一部分（第一册第二十四章）已经说明过的全部关系。但是，这种分配完全不同于人们把分配关系看做与生产关系相对立而赋予它以一种历史性质时所理解的那种东西。人们谈到这种分配关系，指的是对产品中归个人消费的部分的各种索取权。相反，前面所说的分配关系，却是在生产关系本身内部由生产关系的一定当事人在同直接生产者的对立中所执行的那些特殊社会职能的基础。这种分配关系赋予生产条件本身及其代表以特殊的社会的质。它们决定着生产的全部性质和全部运动。

资本主义生产方式一开始就有两个特征。

第一，它生产的产品是商品。使它和其他生产方式相区别的，不在于生产商品，而在于，成为商品是它的产品的占统治地位的、决定的性质。这首先意味着，工人自己也只是表现为商品的出售者，因而表现为自由的雇佣工人，这样，劳动就表现为雇佣劳动。有了以上说明，已无须重新论证资本和雇佣劳动的关系怎样决定着这种生产方式的全部性质。这种生产方式的主要当事人，资本家和雇佣工人，本身不过是资本和雇佣劳动的体现者，人格化，是由社会生产过程加在个人身上的一定的社会性质，是这些一定的社会生产关系的产物。

这种性质,即1.产品作为商品和2.商品作为资本产品的性质,已经包含着一切流通关系,即产品必须通过并在其中取得一定社会性质的一定的社会过程;同样,这种性质也包含着生产当事人之间的一定的关系,这种关系决定着他们的产品的价值实现和产品到生活资料或生产资料的再转化。但是,即使撇开这点不说,从上述两种性质,即产品作为商品的性质,或商品作为按资本主义方式生产出来的商品的性质,就会得出全部价值决定和价值对全部生产的调节作用。在这个十分独特的价值形式上,一方面,劳动只作为社会劳动起作用;另一方面,这个社会劳动的分配,它的产品的互相补充,它的产品的物质变换,它从属于和被纳入社会的传动机构,这一切却听任资本主义生产者个人偶然的、互相抵消的冲动去摆布。因为这些人不过作为商品占有者互相对立,每个人都企图尽可能以高价出售商品(甚至生产本身似乎也只是由他们任意调节的),所以,内在规律只有通过他们之间的竞争,他们互相施加的压力来实现,正是通过这种竞争和压力,各种偏离得以互相抵消。在这里,价值规律不过作为内在规律,对单个当事人作为盲目的自然规律起作用,并且是在生产的偶然波动中,实现着生产的社会平衡。

其次,在商品中,特别是在作为资本产品的商品中,已经包含着作为整个资本主义生产方式的特征的社会生产规定的物化和生产的物质基础的主体化。

资本主义生产方式的**第二个**特征是,剩余价值的生产是生产的直接目的和决定动机。资本本质上是生产资本的,但只有生产剩余价值,它才生产资本。在考察相对剩余价值时,进而在考察剩余价值转化为利润时,我们已经看到,在这上面怎样建立起资本主义时期所特有的一种生产方式,这是劳动社会生产力发展的一种特殊形式,不过,这种劳动社会生产力是作为与工人相对立的资本的独立力量而发展的,并因而直接与工人本身的发展相对立。这种为了价值和剩余价值而进行的生产,像较为详细的说明所已经指出的那样,包含着一种不断发生作用的趋势,就是要把生产商品所必需的劳动时间,即把商品的价值,缩减到当时的社会平均水平以下。力求将成本价格缩减到它的最低限度的努力,成了提高劳动社会生产力的最有力的杠杆,不过在这里,劳动社会生产力的提高只是表现为资本生产力的不断提高。

资本家作为资本的人格化在直接生产过程中取得的权威,他作为生产的领导者和统治者而担任的社会职能,同建立在奴隶生产、农奴生产等等基础上的权威,有重大的区别。

尽管在资本主义生产的基础上,对于直接生产者大众来说,他们的生产的社会性质是以实行严格管理的权威的形式,并且是以劳动过程的完全按等级组织的社会机制的形式出现的,——这种权威的承担者,只是作为同劳动相对立的劳动条件的人格化,而不是像在以前的各种生产形式中那样,是作为政治的统治者或神权政体的统治者得到这种权威的,——但是,在这种权威的承担者中间,在只是作为商品占有者互相对立的资本家本身中间,占统治地位的却是极端无政府状态,在这种状态中,生产的社会联系只是表现为对于个人随意性起压倒作用的自然规律。

只是由于劳动采取雇佣劳动的形式,生产资料采取资本的形式这样的前提——也就是说,只是由于这两个基本的生产要素采取这种独特的社会形式——,价值(产品)的一部分才表现为剩余价值,这个剩余价值才表现为利润(地租),表现为资本家的赢利,表现为可供支配的、归他所有的追加的财富。但也只是由于一部分价值这样表现为**他的利润**,用来扩大再生产并构成一部分利润的追加生产资料,才表现为新的追加资本,并且整个再生产过程的扩大,才表现为资本主义的积累过程。

尽管劳动作为雇佣劳动的形式对整个过程的面貌和生产本身的特殊方式有决定的作用,雇佣劳动却并不决定价值。在价值的决定上所涉及的,只是社会一般劳动时间,只是社会一般可以支配的劳动量,而不同的产品在这个劳动量中所吸收的相对量,又在一定程度上决定着这些产品的各自的社会比重。当然,社会劳动时间在商品价值上作为决定要素起作用的一定形式,从下述意义上说是同劳动作为雇佣劳动的形式,以及生产资料作为资本这一相应形式联系在一起的,就是说,只有在这个基础上,商品生产才成为生产的一般形式。

我们再来考察一下这种所谓的分配关系本身。工资以雇佣劳动为前提,利润以资本为前提。因此,这些一定的分配形式是以生产条件的一定的社会性质和生产当事人之间的一定的社会关系为前提的。因此,一定的分配关系只是历史地规定的生产关系的表现。

现在我们来谈利润。剩余价值的这种一定的形式,是在资本主义生产形式中新形成生产资料的前提;因而是一种支配再生产的关系,虽然在资本家个人看来,好像他真正能够把全部利润当做收入来消费掉。但他会在这方面碰到限制,这些限制以保险基金和准备金的形式,以竞争规律等形式出现在他面前,并且在实践中向他证明,利润并不只是个人消费品的分配范畴。其次,整个资本主义生产过程,是由产品的价格来调节的。可是起调节作用的生产价格本身,又是由利润率的平均化和与之相适应的资本在不同社会生产部门之间的分配来调节的。因此,在这里,利润不是表现为产品分配的主要因素,而是表现为产品生产本身的主要因素,即资本和劳动本身在不同生产部门之间分配的因素。利润分割为企业主收入和利息,这表现为同一收入的分配。但这种分割的发生,首先是由于资本作为自行增殖的、生产剩余价值的价值的发展,由于占统治地位的生产过程的这种一定的社会形式的发展。这种分割从它本身发展出了信用和信用制度,因而也发展出了生产的形式。在利息上等等,所谓的分配形式是作为决定的生产要素加入价格的。

至于地租,它能够表现为只是分配的形式,因为土地所有权本身在生产过程本身中不执行职能,至少不执行正常的职能。但是1.地租只限于超过平均利润的余额;2.土地所有者从生产过程和整个社会生活过程的操纵者和统治者降为单纯土地出租人,单纯用土地放高利贷的人,单纯收租人,——这些事实却是资本主义生产方式的独特的历史产物。土地取得土地所有权的形式,是资本主义生产方式的历史前提。土地所有权取得允许农业实行资本主义经营方式的形式,是这个生产方式的特殊性质的产物。人们尽可以把其他社会形式中土地所有者的收入也称为地租。但那种地租和这个生产方式中出现的地租有本质的区别。

可见,所谓的分配关系,是同生产过程的历史地规定的特殊社会形式,以及人们在他们的人类生活的再生产过程中相互所处的关系相适应的,并且是由这些形式和关系产生的。这些分配关系的历史性质就是生产关系的历史性质,分配关系不过表现生产关系的一个方面。资本主义的分配不同于各种由其他生产方式产生的分配形式,而每一种分配形式,都会随着它由以产生并且与之相适应的一定的生产形式的消失而消失。

只把分配关系看做历史的东西而不把生产关系看做历史的东

西的见解,一方面,只是资产阶级经济学刚开始进行还带有局限性的批判时的见解。[282]另一方面,这种见解建立在一种混同上面,这就是,把社会的生产过程,同反常的孤立的人在没有任何社会帮助的情况下也必须完成的简单劳动过程相混同。就劳动过程只是人和自然之间的单纯过程来说,劳动过程的简单要素是这个过程的一切社会发展形式所共有的。但劳动过程的每个一定的历史形式,都会进一步发展这个过程的物质基础和社会形式。这个一定的历史形式达到一定的成熟阶段就会被抛弃,并让位给较高级的形式。分配关系,从而与之相适应的生产关系的一定的历史形式,同生产力,即生产能力及其要素的发展这两个方面之间的矛盾和对立一旦有了广度和深度,就表明这样的危机时刻已经到来。这时,在生产的物质发展和它的社会形式之间就发生冲突。[993—1000]

第五十二章
阶　级

单纯劳动力的所有者、资本的所有者和土地的所有者——他们各自的收入源泉是工资、利润和地租——,也就是说,雇佣工人、资本家和土地所有者,形成建立在资本主义生产方式基础上的现代社会的三大阶级。

在英国,现代社会的经济结构无疑已经达到最高度的、最典型的发展。但甚至在这里,这种阶级结构也还没有以纯粹的形式表现出来。在这里,一些中间的和过渡的阶层也到处使界限规定模糊起来(虽然这种情况在农村比在城市少得多)。不过,这种情况对我们的考察来说是无关紧要的。我们已经看到,资本主义生产方式的经常趋势和发展规律,是使生产资料越来越同劳动分离,使分散的生产资料越来越大量积聚在一起,从而,使劳动转化为雇佣劳动,使生产资料转化为资本。另一方面,适应于这种趋势,土地所有权同资本和劳动相分离而独立,换句话说,一切土地所有权都转化为同资本主义生产方式相适应的土地所有权形式。

首先要解答的一个问题是:是什么形成阶级?这个问题自然会由另外一个问题的解答而得到解答:是什么使雇佣工人、资本家、土地所有者成为社会三大阶级的成员?

乍一看来,好像就是收入和收入源泉的同一性。正是这三大社会集团,其成员,形成这些集团的个人,分别靠工资、利润和地租来生活,也就是分别靠他们的劳动力、他们的资本和他们的土地所有权来生活。

不过从这个观点来看,例如,医生和官吏似乎也形成两个阶级,因为他们属于两个不同的社会集团,其中每个集团的成员的收入都来自同一源泉。对于社会分工在工人、资本家和土地所有者中间造成的利益和地位的无止境的划分,——例如,土地所有者分成葡萄园所有者,耕地所有者,森林所有者,矿山所有者,渔场所有者,——似乎同样也可以这样说。[1001—1002]

弗·恩格斯

《资本论》第三册增补[283]

《资本论》第三册自从交给公众评判以来,已经遇到许多不同的解释。这并没有出乎意料。在编辑出版时,我最关心的是要编成一个尽可能真实的文本,即尽可能用马克思自己的话来表述马克思新得出的各种成果。只是在绝对不可避免的地方,并且在读者一点也不会怀疑是谁在向他说话的地方,我才加进自己的话。这样做曾经遭到指责。人们认为,我应该把摆在我面前的材料变成一本系统地整理好的书,像法国人所说的,en faire un livre,换句话说,就是为了读者的方便而牺牲原文的真实性。但是,我不是这样来理解我的任务的。我没有任何权力作这样的改写。像马克思这样的人有权要求人们听到他的原话,让他的科学发现原原本本按照他自己的叙述传给后世。其次,我也丝毫不愿意擅自侵犯这样一位卓越的人的遗著;那样做对我来说就是失信。第三,那样做也根本没有用处。对于那些不会读或不愿意读的人来说,对于那些在读第一册时就已经不是花费必要的力气去正确理解它,而是花费更多的力气去曲解它的人来说,无论你下多少功夫都是徒劳无益的。而对于那些希望真正理解它的人来说,最重要的却正好是原著本身;对于这些人来说,我的改写顶多只有解说的价值,而且是对某种没有出版的和没有机会见到的东西进行的解说。但是,在初次争论时,就必然要查对原著;在一而再、再而三进行争论时,全部出版原著就是不可避免的了。

这样的争论,对于一部包含着这样多新东西,但却只有一个匆忙写成的、有的地方还留有缺口的初稿的著作来说,是很自然的。在这里,为了排除理解上的困难,为了把一些重要的、其意义在原文中没有充分强调的观点提到更重要的地位,并且为了根据1895年的形势对1865年写成的原文作个别较为重要的补充,我插进来说几句当然会有用处。事实上已经有两点,在我看来需要作一简短的说明。

I. 价值规律和利润率

这两个因素之间的表面矛盾的解决,在马克思的原文发表之后会和发表之前一样引起争论,本来是预料中的事。有些人曾经期待出现真正的奇迹,因此,当他们看到面前出现的不是所期待的戏法,而是对于对立的一种简单合理的、平淡无奇的解决时,就感到失望了。当然,最乐于感到失望的,是那位大名鼎鼎的洛里亚。他终于发现了一个阿基米德的支点[284],凭借这个支点,像他这样一个小妖居然能把马克思建立的坚固大厦举到空中,摔得粉碎。他愤怒地叫道:什么,这就是解决办法吗? 简直是故弄玄虚! 经济学家们谈论价值,指的是那种实际上在交换中确定的价值。

"但是,任何一个稍有点理智的经济学家都不会,而且将来也不会去研究这样一种价值,商品既不按照它来出售,**也不能按照它来出售**(nè possono vendersi mai)…… 当马克思主张,**从未**充当商品出售依据的价值,是比例于商品中包含的劳动来决定的时候,难道他不是以相反的形式重复正统派经济学家的下述论点:充当商品出售依据的价值,**不是**比例于商品中耗费的劳动?…… 马克思说,虽然个别价格会偏离个别价值,但全部商品的总价格始终和它们的总价值一致,或者说始终和商品总量中包含的劳动量一致,这样说也无济于事。因为价值既然不外是一个商品和另一个商品相交换的比例,所以单是总价值这个观念,就已经是荒谬的,是胡说……是形容语的矛盾。"

洛里亚还说什么,马克思在这部著作开头就说过,交换所以能使两种商品相等,只是因为它们里面包含有一个同种的并且同样大的要素,这就是同样大的劳动量;现在马克思又极其庄重地否定了自己的主张,断言商品不是按照它们里面包含的劳动量的比例,而是按照完全另外一种比例进行交换。

"什么时候见过这样十足的谬论,这样重大的理论上的破产?什么时候见过这样大吹大擂的、这样庄重的科学上的自杀行为?"(《最新集萃》1895年2月1日第477、478和479页)[285]

请看,我们的洛里亚真是大喜过望了。他不是有理由把马克思当做和他一样的人,当做下流的骗子吗?请看,马克思完全像洛里亚一样在愚弄他的读者,完全像这位渺小到极点的意大利经济学教授一样靠故弄玄虚来过活。不过,这位杜尔卡马腊尽可以这样做,因为他精通此道。而笨拙的北方人马克思却完全陷入了窘境,说了一些胡言乱语和荒谬的话,最后只落得一个庄重的自杀。

我们暂且把商品从未按照也不能按照由劳动决定的价值来出售这个武断的说法留到以后再谈。在这里,我们只看一看洛里亚先生的这个论断,

"价值不外是一个商品和另一个商品相交换的比例,所以单是商品的总价值这个观念,就已经是荒谬的,是胡说……"

要是这样,两个商品互相交换的比例,它们的价值,就纯粹是一种偶然的,从外部飞到商品上面来的东西,可能今天是这样,明天又是那样。一公担小麦是和一克金交换还是和一公斤金交换,丝毫不取决于小麦或金所固有的条件,而是取决于一些和它们二者全然无关的情况。因为不然的话,这些条件也必然在交换中发生作用,大体上支配着交换,并且还无视交换而独立存在,这样才能谈得上商品的总价值。但是,大名鼎鼎的洛里亚却认为这是胡说。不管两个商品按什么比例互相交换,这个比例就是它们的价值,这就是一切。因此,价值和价格是同一的。每一个商品有多少种价格,就有多少种价值。而价格是由需求和供给决定的。如果有人还要进一步提出问题,并期望得到答案,那他就是一个傻瓜。

不过事情终究还有一点小小的麻烦。在正常情况下,需求和供给是平衡的。因此我们把世界上现有的全部商品分成两半,一类代表需求,同样大的另一类代表供给。假定每一类商品所代表的价格都是 10 000 亿马克、法郎、镑或任何其他货币单位。按照亚当·里斯的算法把它们加起来,就是 20 000 亿的价格或价值。但是洛里亚先生却说:胡说,荒谬。这两类商品加在一起,可以代表 20 000 亿的价格。但是,说到价值,情况就不同了。如果我们说的是价格,那就是 10 000+10 000 = 20 000。但是,如果我们说的是价值,那就是 10 000+10 000 = 0。至少在这里谈到商品总体时情形是这样。因为在这里,双方中每一方的商品之所以值10 000 亿,是由于双方中每一方都愿意并且能够对另一方的商品给予这个数额。但是,如果我们把双方的商品全部集中在第三者手里,那么第一个人手里就不再有价值了,第二个人也不再有价值了,第三个人更没有了——结果是谁也没有。在这里,我们看到我们的南方人卡利奥斯特罗如此这般把价值概念化为乌有的拿手好

戏,不禁要再一次惊叹起来。这就是庸俗经济学的完成![(1)]

---

　　(1)　这位"因为有名声所以被人知道"的先生(用海涅的话来说)后来也觉得,对于我为第三卷所作的序言,——在这篇序言已经在 1895 年《评论》[286]第 1 期上用意大利文发表之后,——非作出答复不可。答复登载在 1895 年 2 月 25 日的《社会改革》[287]上。他先对我奉承了一番,这在他来说是必不可少的,但正因为如此,也就加倍令人讨厌。然后他声明说,他从来没有想要把马克思在唯物史观方面的功劳据为己有。他说他早在 1885 年就承认了这些功劳,那是在一篇杂志论文中附带地提了一下。但是,正是在应当表示承认的地方,即在他的那本涉及这个问题的著作中,他却更加顽固地闭口不谈这些功劳。在这本书中,直到第 129 页才提到马克思的名字,而且只是在说到法国的小土地所有制时才提到。而现在他却大胆宣布,马克思根本不是这个理论的创始人;如果说这个理论不是由亚里士多德早就大体上提了出来,那么至少哈林顿在 1656 年已经明确无误地宣布了它,并且在马克思之前很久,已经有一连串历史学家、政治家、法学家和经济学家对这个理论作了阐述。这就是在洛里亚著作的法文版中可以读到的一切。总之,马克思是一个十足的剽窃者。在我使他不可能再从马克思那里剽窃什么来大吹大擂之后,他就厚起脸皮说,马克思完全和他一样,也是用别人的羽毛来装饰自己。——关于我在其他方面对他的抨击,洛里亚只提到这样一点,即他原来曾以为,马克思根本没有打算写《资本论》第二卷,更谈不上第三卷。"现在恩格斯得意扬扬地把第二卷和第三卷扔在我面前作为答复……妙极了! 这两卷书使我感到这么大的愉快,我由此得到了这么多精神上的享受,以致从来没有一个胜利像今天的失败——如果这真是失败的话——这样使我觉得如此可喜。但是,这真是失败吗? 马克思真的为了发表而写下这么一大堆不连贯的笔记,好让恩格斯怀着虔敬的友谊把它们编在一起吗? 真的可以设想,马克思……以为这些文稿会成为他的著作和他的体系的王冠吗? 真的可以相信,马克思会发表关于平均利润率的那一章吗? 在这一章里,好多年前就答应要提出的解决,被归结为最无聊的故弄玄虚和最庸俗的文字游戏。这至少是可以怀疑的……　在我看来,这证明马克思在发表他的光辉(splendido)著作以后就没有打算写什么续卷。说不定,他原来就是想把他的巨著交给他的继承人去完成,而自己不担负什么责任。"

　　在第 267 页上就是这样写的。海涅关于他的庸俗的德国读者说过一句在布劳恩的《社会立法文库》第七卷第四期上,韦尔纳·桑巴特对于马克思体系的轮廓,总的说来作了出色的描述。[290]第一次由一位德国大学教授,做到了在马克思的著作中大体上看出马克思真正说的是什么,声称对马克思体系的评论不应当是反驳——"让政治野心家去这样干吧"——,而只应当是进一步的发展。当然,桑巴特也在研究我们现在的题目。他研究了价值在马克思体系中具有什么意义的问题,并且得出了如下结论:价值在按资本主义方式生产出来的商品的交换关系中不会表现出来;价值在资本主义生产当事人的意识中是不存在的;它不是经验上的事实,而是思想上、逻辑上的事实;在马克思那里,价值概念按其物质规定性来说,不外是劳动的社会生产力构成经济存在的基础这样一个事实的经济表现;价值规律最终支配着资本主义经济制度下的经济过程,并且对这种经济制度来说普遍具有这样的内容:商品价值是最终支配着一切经济过程的劳动生产力借以发挥决定性作用的一种特有的历史形式。——以上就是桑巴特的说法。这样理解价值规律对资本主义生产形式的意义,不能说不正确。但是,在我看来,这样理解未免太空泛了,还可以提出一个比较严密、比较确切的说法;我认为,这样的理解并没有包括价值规律对于那些受这个规律支配的社会经济发展阶段的全部意义。

最轻蔑不过的话:"作者终于和他的读者搞熟了,好像读者是有理性的生物了。"[288]大名鼎鼎的洛里亚又要把他的读者看成什么呢?

最后,又向我这个倒霉的人倾注了一大堆新的恭维话。在这样做时,我们的斯加纳列尔很像巴兰,他本来是去诅咒人的,但是他的嘴却不听使唤,竟说出了"祝福和爱戴的话"。善良的巴兰与众不同之处正在于,他骑着一头比主人还要聪明伶俐的驴。可是这一回,巴兰显然把他的驴留在家里了。[289]

在布劳恩的《社会政治中央导报》(1895 年 2 月 25 日第 22
期)上,也有一篇关于《资本论》第三卷的精辟论文,作者是康拉
德·施米特。[291]特别要指出的是,这篇文章中论证了,马克思怎样
从剩余价值中引出平均利润,从而第一次回答了到现在为止的经
济学从来没有提出过的问题:这个平均利润率的水平是怎样决定
的,比如说为什么是 10% 或 15%,而不是 50% 或 100% 。自从我
们知道,首先由产业资本家占有的剩余价值是产业利润和地租的
唯一源泉以来,这个问题就自然而然地解决了。施米特的论文的
这一部分可以看做是直接为洛里亚之流的经济学家写的,如果使
那些什么也不愿意看的人睁开眼睛并不是白费力气的话。

关于价值规律,施米特也有他的一些形式方面的思考。他把
价值规律叫做为说明实际交换过程而提出的一种科学**假说**;这个
假说甚至在表面上同它完全矛盾的竞争价格现象面前,也被说成
是必要的理论上的出发点,是说明这些现象所必不可少的东西。
他认为,没有价值规律,就不可能有对于资本主义现实的经济活
动的任何理论认识。而在一封他同意我引用的私人信件中,施
米特直接宣称资本主义生产形式内的价值规律是一种虚构,即
使是理论上必要的虚构。[292]但是我认为,这种理解是完全不正确
的。价值规律对于资本主义生产来说远比单纯的假说——更不用
说比虚构,即使是必要的虚构——,具有更重大得多、更确定得多
的意义。

无论桑巴特还是施米特——至于那位大名鼎鼎的洛里亚,我
在这里顺便提到他,只是把他当做逗人笑的庸俗经济学的陪
衬——都没有充分注意到:这里所涉及的,不仅是纯粹的逻辑过
程,而且是历史过程和对这个过程加以说明的思想反映,是对这个
过程的内部联系的逻辑研究。

　　具有决定意义的是马克思《资本论》第三卷（上）第154页①上的一段话："全部困难是由这样一个事实产生的：商品不只是当做**商品**来交换，而是当做**资本的产品**来交换。这些资本要求从剩余价值的总量中，分到和它们各自的量成比例的一份，或者在它们的量相等时，要求分到相等的一份。"为了说明这种区别，我们现在假定，工人占有自己的生产资料，他们平均劳动时间一样长，劳动强度一样大，并且互相直接交换他们的商品。这样，两个工人在一天内通过他们的劳动加到他们的产品上的新价值就一样多，但是，每个人的产品却会由于以前已经体现在生产资料中的劳动不等而具有不同的价值。已经体现在生产资料中的价值部分代表资本主义经济的不变资本；新追加的价值中用在工人生活资料上的部分代表可变资本；新价值中余下的部分代表剩余价值，这部分价值在这里属于工人。因此，两个工人在扣除只是由他们预付的"不变"价值部分的补偿以后，会得到相等的价值；但代表剩余价值的部分同生产资料价值的比率——它相当于资本主义的利润率——对二者来说却是不同的。不过，因为他们每个人在交换时都使生产资料的价值得到了补偿，所以这件事情也就完全无关紧要了。"因此，商品按照它们的价值或接近于它们的价值进行的交换，比那种按照它们的生产价格进行的交换，所要求的发展阶段要**低得多**。按照它们的生产价格进行的交换，则需要资本主义的发展达到一定的高度……　因此，撇开价格和价格变动受价值规律支配不说，把商品价值看做不仅**在理论上**，而且**在历史上**先于生产价格，是完全恰当的。这适用于**生产资料归劳动者所有**的那种状态；这种状态，无论在古代世界还是近代世界，都可以在自耕农

---

① 见本卷第477页。——编者注

和手工业者那里看到。这也符合我们以前所说的见解，即产品发展成为商品，是由不同共同体之间的交换，而不是由同一公社各个成员之间的交换引起的。这一点，正像它适用于这种原始状态一样，也适用于后来以奴隶制和农奴制为基础的状态，同时也适用于手工业行会组织，只要它处于这样一种情况：固定在每个生产部门中的生产资料很不容易从一个部门转移到另一个部门，因而不同部门的互相关系就好像不同的国家或不同的共产主义共同体之间的关系一样。"（马克思《资本论》第三卷（上）第155、156页[293]）

如果马克思来得及把这个第三册再整理一遍，他毫无疑问会把这段话大大加以发挥。现在这段话，不过是关于这个问题所要说的内容的一个大概轮廓。因此，我们要较为详细地谈谈这一点。

我们都知道，在社会的初期，产品是由生产者自己消费的，这些生产者自发地组织在或多或少是按共产主义方式组织起来的公社中；用这些产品的余额和外人进行交换，从而引起产品到商品的转化，是以后的事，这种交换起先只是发生在各个不同的氏族公社之间，但后来在公社内部也实行起来，于是大大地促进公社分解为大小不等的家庭集团。但即使在这种解体发生之后，进行交换的家长也仍旧是劳动的农民；他们靠自己家庭的帮助，在自己的田地上生产他们所需要的几乎一切物品，只有一小部分必需品是用自己的剩余产品同外界交换来的。一个家庭不仅从事农业和畜牧业，而且还把农牧业产品加工成现成的消费品，有些地方甚至还用手磨磨粉，烤面包，把亚麻和羊毛纺成纱，染上色并织成织物，鞣皮，建造并修缮木头房子，制造工具和器具，不少地方还从事木工活和铁工活，以致家庭或家庭集团基本上可以自给自足。

一个这样的家庭要向其他家庭交换或购买的少数物品，在德国，甚至直到19世纪初，还主要是手工业生产的物品。农民并不是不会生产这些物品,他所以自己不生产这些物品,只是因为得不到原料,或者因为买到的物品要好得多或便宜得多。因此,中世纪的农民相当准确地知道,要制造他换来的物品,需要多少劳动时间。村里的铁匠和车匠就在他眼前干活;裁缝和鞋匠也是这样,在我少年时代,裁缝和鞋匠们还挨家挨户地来到我们莱茵地区的农民家里,把各家自备的原料做成衣服和鞋子。农民和卖东西给他的人本身都是劳动者,交换的物品也是他们各人自己的产品。他们在生产这些产品时耗费了什么呢?劳动,并且只是劳动。他们为补偿工具、为生产和加工原料而花费的,只是他们自己的劳动力。因此,如果不按照花费在他们这些产品上的劳动的比例,他们又能怎样用这些产品同其他从事劳动的生产者的产品进行交换呢?在这里,花在这些产品上的劳动时间不仅对于互相交换的产品量的数量规定来说是唯一合适的尺度;在这里,也根本不可能有别的尺度。不然的话,难道可以设想,农民和手工业者竟如此愚蠢,以致有人会拿10小时劳动的产品来和另一个人1小时劳动的产品交换吗?在农民自然经济的整个时期内,只可能有这样一种交换,即互相交换的商品量趋向于越来越用它们所体现的劳动量来计量。自从货币进入这种经济方式的时候起,一方面,适应价值规律(注意,指马克思所表述的价值规律!)的趋势变得更明显了,但另一方面,这种趋势又由于高利贷资本和苛捐杂税的干扰而受到了破坏;价格平均起来达到几乎完全接近价值的程度就需要更长的期间了。

以上所说,也适用于农民的产品和城市手工业者的产品之间的交换。起初,这种交换是在没有商人作中介的情况下,在城市的集日里直接进行的。农民就在集市上卖出买进。在那里,不仅农民知道手工业者的劳动条件,而且手工业者也知道农民的劳动条件。因为手工业者自己在某种程度上也还是一个农民，他不仅有菜园和果园，而且往往还有一小块土地，一两头母牛、猪、家禽等等。因此，中世纪的人能够按照原料、辅助材料、劳动时间而相当精确地互相计算出生产费用——至少就日常用品来说是这样。

但是，在这种以劳动量为尺度的交换中，对于那些需要较长劳动时间、劳动又为不规则的间歇所中断、劳动的成果也不确定的产品来说，例如对于谷物或牲畜来说，这个劳动量又怎样——即使只是间接地、相对地——计算呢？而且不会算的人又怎么办呢？显然，只有通过一个漫长的、往往是在暗中不断摸索、经过曲折才逐渐接近的过程，而且在这个过程中也像在别处一样，人们只有吃一堑才能够长一智。但是，每个人必须大体上收回成本这一点又总是会帮助找出正确的方向，而且，进入交易的物品的种类不多，这些物品的生产方法往往几百年都没有什么变化，这一切又使得上述目的比较容易达到。其实要使这些产品的相对价值量相当近似地确定下来，决不需要很长的时间，这一点，单是由下面这样一个事实就可以得到证明：像牲畜这样的商品，由于每头牲畜的生产时间很长，它的相对价值似乎是最难确定的，但它却成了最早的、几乎得到普遍承认的货币商品。要使牲畜成为货币商品，牲畜的价值，它对一系列其他商品的交换比率，必须已经具有比较不寻常的、在包含有许多部落的区域内已经得到一致承认的确定性。当时的人——不管是牲畜饲养者还是他们的买主——肯定都已相当精明，他们不会在交换中得不到等价物而把所耗费的劳动时间白白送给别人。相反，人们越是接近商品生产的原始状态——例如俄国人和东方人——，甚至在今天，他们就越是把更多的时间浪费在持久的、互不相让的讨价还价上，去为他们花费在产品上的劳动时间争得充分的代价。

从价值由劳动时间决定这一点出发,全部商品生产,以及价值规律的各个方面借以发生作用的多种多样的关系发展起来了,这在《资本论》第一册第一篇中已作了叙述;也就是说,特别是那些使劳动成为形成价值的唯一因素的条件发展起来了。而且,这些条件是在当事人并未意识到的情况下起作用的,只有通过辛勤的理论研究才能从日常实践中把它们抽象出来,也就是说,它们是按自然规律的方式起作用,而马克思也已证明,这一切都是从商品生产的本性中必然发生的。最重要和最关键的进步,是向金属货币的过渡。但是这种过渡也造成了如下的后果:价值由劳动时间决定这一事实,从此在商品交换的表面上再也看不出来了。从实践的观点来看,货币已经成了决定性的价值尺度;而且,进入交易的商品种类越是繁多,越是来自遥远的地方,因而生产这些商品所必需的劳动时间越是难以掌握,情况就越是这样。此外,货币本身最初多半来自外地;即使本地出产贵金属,农民和手工业者一方面仍然无法近似地估计出花费在贵金属上的劳动,另一方面,对他们来说,由于习惯于用货币进行计算,关于劳动是价值尺度这种属性的意识已经变得十分模糊;货币在人民大众的观念中开始代表绝对价值了。

总之,只要经济规律发生作用,马克思的价值规律对于整个简单商品生产时期来说便是普遍适用的,也就是说,直到简单商品生产由于资本主义生产形式的出现而发生变形之前是普遍适用的。在此之前,价格都以马克思的规律所决定的价值为重心,并且围绕着这种价值而波动,以致简单商品生产发展得越是充分,一个不为外部的暴力干扰所中断的较长时期内的平均价格就越是与价值趋于一致,直至量的差额小到可以忽略不计的程度。因此,马克思的价值规律,从开始出现使产品转化为商品的那种交换时起,直到公元15世纪止这个时期内,在经济上是普遍适用的。但是,商品交换在有文字记载的历史之前就开始了。在埃及,至少可以追溯到公元前3500年,也许是5000年;在巴比伦,可以追溯到公元前4000年,也许是6000年;因此,价值规律已经在长达5000年至7000年的时期内起支配作用。现在,我们可以来欣赏一下洛里亚先生的彻底的深思精神了。洛里亚先生竟然把这个时期内普遍和直接适用的价值叫做这样一种价值,商品从未按照它来出售,也不能按照它来出售,并且说任何一个稍有点健全理智的经济学家都不会去研究它!

到目前为止,我们一直没有谈商人。直到现在,在我们进而考察简单商品生产向资本主义商品生产转化之前,我们可以不考虑商人的介入。商人对于从前一切停滞不变、可以说由于世袭而停滞不变的社会来说,是一个革命的要素。在这样的社会中,农民不仅把他的份地,而且也把他作为自由的私有者、自由的或依附的佃农或农奴的地位,世袭地和几乎不可转让地继承下来,城市手工业者则把他的手工业和他的行会特权,世袭地和几乎不可转让地继承下来,而且他们每一个人还会把他的买主、他的销售市场以及他自幼作为祖传职业学到的技能继承下来。现在商人来到了这个世界,他应当是这个世界发生变革的起点。但是,他并不是自觉的革命者;相反,他与这个世界骨肉相连。中世纪的商人决不是个人主义者;他像他的所有同时代人一样,本质上是共同体的成员。在农村,占统治地位的是从原始共产主义中生长起来的马尔克公社[262]。起初,每个农民都有同样大小的份地,其中包括面积相等的每种质量的土地,并且每个人在公共马尔克中也相应地享有同样大小的权利。自从马尔克公社变为闭关自守的组织,没有新的份地可以分配以来,份地由于继承遗产等等原因而发生了再分割,与此相适应,马尔克的权利也发生了再分割;但是,由于仍旧以每份份地作为一个单位,结果产生了二分之一、四分之一、八分之一的份地,以及相应地在公共马尔克中分享二分之一、四分之一、八分之一的权利。以后的一切同业公会,都是按照马尔克公社的样子建立起来的,首先就是城市的行会,它的规章制度不过是马尔克的规章制度在享有特权的手工业上而不是在一个有限的土地面积上的应用。整个组织的中心点,是每个成员都同等地分享那些对全体来说都有保证的特权和利益。这一点还非常清楚地表现在1527年的埃尔伯费尔德和巴门的"纺纱业"特权上。(图恩《下莱茵的工业》[294]第2卷第164页及以下几页)以上所说也适用于矿业劳动组合。在那里,每个股份都享有同等的一份利益,并且像马尔克成员的份地一样,每个股份的权利和义务也可以一道分割。以上所说也完全适用于经营海外贸易的商人公会。亚历山大里亚港或君士坦丁堡港的威尼斯人和热那亚人,他们每一个"民族"都在各自的商馆(Fondaco,除中心办事处之外,还包括宿舍、餐馆、仓库、展览厅和售货厅)建立了完整的商业公会;它们的成立是为了对付竞争者和顾客;它们按照内部确定的价格来出售商品;它们的商品都有一定的质量,要经过公开的检验并且往往盖上印记作为保证;它们还共同规定了向当地居民购买产品时许可支付的价格等等。汉撒同盟的人在挪威卑尔根的德意志桥上就是这样做的,他们的荷兰和英国的竞争者也是这样做的。凡是低于价格出售或高于价格购买的人都要倒霉!这种人受到的联合抵制在当时意味着必然的毁灭,更不用说商会对违反规章的人所直接给予的惩罚了。此外,还有为一定目的而建立起来的更狭窄的商业团体,例如,在14世纪和15世纪,多年控制着小亚细亚的福西亚明矾矿和希俄斯岛的明矾矿的热那亚的"摩阿那"。又如,从14世纪末就同意大利和西班牙做生意并在那里设立了分支机构的巨大的拉文斯贝格贸易公司；又如奥格斯堡的富格尔、韦尔泽、弗林、赫希斯泰特尔等和纽伦堡的希尔施福格尔等创立的德国公司，曾以 66 000 杜卡特的资本和三艘船，参加 1505 年至 1506 年葡萄牙对印度的远征，获得了 150%（根据另一种材料，是 175%）的纯利润。（海德《黎凡特①贸易史》²⁹⁵第 2 卷第 524 页）此外，还有一系列别的"垄断"公司，对于它们，路德曾经表示了极大的愤怒。

在这里，我们第一次遇到了利润和利润率。而且是商人有意识地和自觉地力图使这个利润率对所有参加者都均等。威尼斯人在黎凡特各国，汉撒同盟的人在北方各国，购买商品时每人所支付的价格都和邻人一样，商品花费的运费也一样。他们出售商品得到的价格以及购买回头货时支付的价格，都和本"民族"的所有其他商人一样。因此，利润率对所有的人来说都是均等的。对大贸易公司来说，利润要按照投资份额的比例来分配是理所当然的事情，就像马尔克的权利要按照含权份地所占比例来分配，或者矿业的利润要按照股份所占比例来分配一样。因此，相等的利润率，在其充分发展的情况下本来是资本主义生产的最后结果之一，而这里在其最简单的形式上却表明是资本的历史出发点之一，甚至是马尔克公社直接生出的幼枝，而马尔克公社又是原始共产主义直接生出的幼枝。

这个原始的利润率必然是很高的。经商所冒的风险非常大，这不仅因为海盗异常猖獗；而且因为各竞争民族一有机会，往往会采取各种各样的暴力行为；最后，销售和销售条件要依靠外国君主的特许，而违背或撤销特许的事情又经常发生。因此，利润中必须

---

① 地中海东岸诸国的旧称。——编者注

包含一笔很高的保险金。此外,周转是迟滞的,营业的进行是缓慢的,而在情况最好的时候(当然,这种时候很少是长久的),营业又是获得垄断利润的垄断贸易。当时通行的利息率很高,这也证明利润率平均是很高的,因为利息率整个说来总是要低于普通商业的利润率的。

但是,这种由商会的共同行动造成的、对一切参加者来说都相等的高利润率,只是在本商会的范围内,在这里也就是在一个"民族"的范围内才有效。威尼斯人、热那亚人、汉撒同盟的人、荷兰人——每个民族都各有特殊的利润率,甚至每个销售区域当初都或多或少各有特殊的利润率。这些不同的团体利润率的平均化,是通过相反的道路,即通过竞争来实现的。首先,同一个民族在不同市场上的利润率得到平均化。如果威尼斯的商品在亚历山大里亚得到的利润大于在塞浦路斯、君士坦丁堡或特拉佩宗特得到的利润,那么,威尼斯人就会把更多的资本投入对亚历山大里亚的贸易,而把相应的资本从其他市场的贸易中抽出。然后,在向同一些市场输出同种商品或类似商品的各民族之间,也必然会逐渐发生利润率的平均化,其中有些民族往往会被压垮,从而退出舞台。但是,这个过程不断为政治事件所中断,例如,整个黎凡特贸易由于蒙古人和土耳其人的入侵便因而归于衰落。1492 年以来地理和商业上的大发现[203],只是加速并最后完成了这个衰落过程。

接着而来的销售区域的突然扩大,以及与此相连的交通线的巨大改变,起初并没有引起商业经营方式的任何重大的变化。起初,同印度和美洲进行贸易的也仍然主要是这些商会。不过,首先,站在这些商会背后的是一些较大的民族。经营美洲贸易的整个大联合的西班牙代替了经营黎凡特贸易的卡泰罗尼亚人;除西班牙外,还有英国和法国这样两个大国;甚至最小的荷兰和葡萄牙,也至少像前一个时期最强大的商业民族威尼斯一样强大。这种情况对 16 世纪和 17 世纪的行商、商业冒险家提供的支持,使那种对自己的成员实行武装保护的商会越来越成为多余的了,从而使商会的费用直接成为多余的负担。其次,财富在个人手里的积累现在已经显著加快,以致单个商人很快就能够在一个企业中投下像以前整个公司所投的那样多的资金。商业公司在它们还继续存在的地方多半都变成了武装的团体,它们在祖国的保护和庇护下,对新发现的整块土地实行征服,并进行垄断的剥削。但是,在新的地区主要也是以国家名义建立的殖民地越多,商会贸易就越会让位于单个商人的贸易,从而利润率的平均化就会越来越成为只是竞争的事情。

到现在为止,我们只了解了商业资本的利润率。因为,到现在为止还只有商业资本和高利贷资本;产业资本只是在这以后才发展起来。生产主要还是掌握在自有生产资料的劳动者手里,因而他们的劳动不为任何资本提供剩余价值。如果说他们必须无代价地把一部分产品交给第三者,那就是以贡赋的形式交给封建主。因此,商人资本至少在开始的时候只能从本国产品的外国购买者那里,或者从外国产品的本国购买者那里赚取利润;只是到了这个时期的最后,对意大利来说,也就是随着黎凡特贸易的衰落,外国的竞争和销路的困难才迫使制造出口商品的手工业生产者把商品低于价值卖给出口商人。因此,我们在这里看到了这样一种现象:在国内单个生产者之间进行的零售贸易中,商品平均说来是按照价值出售的,但是在国际贸易中,由于上面所说的理由,通常都不是如此。这种情况完全和现在的世界相反。现在,生产价格适用于国际贸易和批发商业,但在城市零售贸易中,价格的形成则是由完全不同的利润率来调节的。例如,现在牛肉从伦敦批发商人转到伦敦消费者个人手中时增加的价格,要大于从芝加哥批发商人转到伦敦批发商人手中时增加的价格(包括运费在内)。

在价格的形成上逐渐引起这种变革的工具是产业资本。产业资本的萌芽早在中世纪就已形成,它存在于以下三个领域:航运业、采矿业、纺织业。意大利和汉撒同盟各沿海共和国所经营的那种规模的航运业,没有水手即雇佣工人(他们的雇佣关系,可能被实行分红的组合形式所掩盖)是不行的,而且当时的大桡船,没有摇桨工即雇佣工人或奴隶也是不行的。原来由合伙的劳动者构成的矿业组合,几乎到处都变成了靠雇佣工人进行开采作业的股份公司。在纺织业中,商人已经开始让小织造工匠直接为自己服务,他供给他们纱,并且付给他们固定的工资,让他们把纱织成织物;总之,他已经由一个单纯的购买者变成所谓的**包买商**了。

在这里,我们看到了资本主义剩余价值形成的开端。矿业组合作为闭关自守的垄断团体,我们可以把它撇开不说。就航运业主来说,很明显,他们的利润至少应等于本国的普通利润加上保险费、船舶损耗费等等额外费用。而至于纺织业的包买商,他们最先把那种直接为资本家生产的商品拿到市场上来,并同手工业者自己生产的同类商品进行竞争,他们的情况又怎样呢?

商业资本的利润率早已存在。它也已经平均化为近似的平均率,至少对当地来说是这样。那么,是什么原因推动商人去承担包买商这一特别的业务呢?唯一的原因是:在出售价格与别人相等的情况下可望获得更大的利润。他已经有了这种前景。当他雇用小织造工匠来为自己服务时,他就打破了生产者只能出售自己制成的产品而不能出售别的东西这样一种传统的生产限制。商人资本家购买了暂时还占有生产工具但已经不再有原料的劳动力。这样,他就保障了织工经常有活干,却因此也就能够压低织工的工资,使他们完成的劳动时间的一部分得不到报酬。因此,包买商就成了超过他原来的商业利润以上的剩余价值的占有者。当然,他为了达到这个目的,还必须使用追加资本,去购买纱等物品并让它们留在织工手里,直到织成织物为止。而在以前,他只是在采购织物的时候才支付全部价格。但是第一,在大多数情况下,他还必须把一笔额外资本预付给织工,因为织工通常只有在无力偿债而陷于农奴地位的条件下才会屈从于新的生产条件。第二,即使撇开这点不说,计算总是采取如下的形式:

假定我们这个商人用资本 30 000 杜卡特、策欣、镑或任何其他货币单位来经营他的出口业务。其中 10 000 用来采购国内商品,20 000 用在海外销售市场上。资本每两年周转一次。年周转额=15 000。现在假定我们这个商人要自己经营织造业,成为包买商。为此他必须追加多少资本呢?我们假定他所出售的那批织物的生产时间平均为两个月(这段时间当然是很长的)。我们再假定一切都要用现金支付。因此,他必须追加足够的资本,以便为他的织工提供两个月的纱。因为他的年周转额是 15 000,所以他在两个月内用来购买织物的是 2 500。假定其中 2 000 代表纱的价值,500 代表织工的工资。这样,我们这位商人就需要有追加资本 2 000。我们假定他用新方法从织工那里占有的剩余价值只等于织物价值的 5%,这当然只是一个很低的剩余价值率 25%($2\,000c+500v+125m; m'=\dfrac{125}{500}=25\%, p'=\dfrac{125}{2\,500}=5\%$)。这样一来,我们这位商人从他的年周转额 15 000 中会赚到额外利润 750,因此,只要 $2\dfrac{2}{3}$ 年他就可以把他的追加资本捞回来了。

但是,为了加快销售和周转,从而使同一资本可以在较短的时间内赚到同样多的利润,也就是说,在同一时间内比以前赚到更多的利润,他会把他的剩余价值的一小部分赠给买者,也就是说,会比他的竞争者卖得便宜一些。这些竞争者也会逐渐变成包买商，这时，额外利润对所有的人都会变为普通利润，甚至对于所有人的已经增加的资本来说，还会变为更低的利润。利润率的均等再一次形成了，虽然所形成的利润率的水平可能不一样了，因为国内生产的剩余价值已经有一部分让给国外的买者了。

产业从属于资本的下一步，是工场手工业的出现。工场手工业使得在17世纪和18世纪还多半是自己充当自己的出口商人的工场手工业者（在德国直到1850年几乎普遍都是这样，甚至到今天有些地方也还是这样），有可能比他的落后的竞争者即手工业者按比较便宜的方法从事生产。同一个过程又发生了。工场手工业资本家占有的剩余价值使得他或者同他分享剩余价值的出口商人，能够比自己的竞争者卖得便宜一些，直到新的生产方式得到普遍推广为止，这时平均化就又重新出现。已有的商业利润率，即使它只是在局部地区实现了平均化，仍然是一张普罗克拉斯提斯的床，以它为标准，超额的产业剩余价值都会被毫不留情地砍掉。

如果说工场手工业由于产品变得便宜而迅速发展起来，那么大工业就更加如此。大工业通过它的不断更新的生产革命，使商品的生产费用越降越低，并且无情地排挤掉以往的一切生产方式。它还由此为资本最终地征服了国内市场，使自给自足的农民家庭的小生产和自然经济陷于绝境，把小生产者间的直接交换排挤掉，使整个民族为资本服务。它还使不同商业部门和工业部门的利润率平均化为**一个**一般的利润率，最后，它在这个平均化过程中保证工业取得应有的支配地位，因为它把一向阻碍资本从一个部门转移到另一个部门的绝大部分障碍清除掉。这样，对整个交换来说，价值转化为生产价格的过程就大致完成了。可见这种转化是在当事人的意识或意图之外，依照客观规律进行的。至于竞争会使超过一般利润率的利润降为一般水平,因而会从最初的产业家占有者手里把超过平均水平的剩余价值重新夺走,这在理论上完全没有困难。而在实践上却很困难,因为占有超额剩余价值的各生产部门,也就是说,可变资本较多而不变资本较少,因而资本构成较低的各生产部门,按照它们的性质来说,从属于资本主义的经营恰恰是最晚的,而且是最不充分的;首先是农业。相反,至于把生产价格提高到商品价值以上,——而这是为了把资本构成较高的部门的产品中所包含的不足的剩余价值提高到平均利润率水平所必需的,——这在理论上看来好像是非常困难的,而在实践上正如我们所看到的那样,却是最容易和最先办到的。因为,这类商品在刚开始按照资本主义方式生产并加入资本主义商业中去的时候,会同那些按照资本主义以前的方法生产的、因而比较贵的同类商品进行竞争。这样,资本主义的生产者即使放弃一部分剩余价值,也仍然能够获得当地通行的利润率。这种利润率本来和剩余价值没有直接关系,因为在按照资本主义方式生产之前,也就是在产业利润率成为可能之前,这种利润率早已从商业资本中产生了。

II. 交易所

1. 从第三卷第五篇,特别是第[二十七]章可以看出,交易所在整个资本主义生产中占有怎样的地位。但是,自从1865年写作本书以来,情况已经发生了变化,这种变化使今天交易所的作用大大增加了,并且还在不断增加。这种变化在其进一步的发展中有一种趋势,要把全部生产,工业生产和农业生产,以及全部交往,交通工具和交换职能,都集中在交易所经纪人手里,这样,交易所就成为资本主义生产本身的最突出的代表。

2. 1865年交易所在资本主义体系中还是一个**次要的**要素。国债券代表着交易所证券的主要部分,它们的数量也还比较少。此外,股份银行在大陆和美国虽已盛行,但它们在英国却刚刚在着手并吞贵族的私人银行。它们的数量还比较少。第三,铁路股票和现在相比也还比较少。直接生产事业还很少采取股份形式。这种形式像银行一样,大多数出现在一些**比较贫穷的**国家,如德国、奥地利、美国等等。当时,"老板的监督"还是一种不可克服的迷信。

因此,当时交易所还是资本家们互相夺取他们积累的资本的地方,它同工人所以直接有关,不过在于它是资本主义经济的普遍的败坏道德的影响的新证据,并且是下述加尔文教义的证实:在这个世间,福与祸,富与贫,即享乐和权力与穷困和受奴役,都是上帝预先决定的,或者说是碰运气。

3. 现在情况不同了。自1866年危机以来,积累以不断加快的速度进行,以致在所有的工业国,至少在英国,生产的扩展赶不上积累的增长,单个资本家的积累已经不能在扩大自身营业方面全部用掉;英国的棉纺织业在1845年就已如此,还有铁路投机。但是随着这种积累的增长,食利者的人数也增加了。这种人对营业上经常出现的紧张已感到厌烦,只想悠闲自在,或者只揽一点像公司董事或监事之类的闲差事。第三,为了便于这样流来流去的大量货币资本得到使用,现在又在以前没有设立过有限公司的地方,到处都设立了合法的新式有限公司。以前负无限责任的股东的责任,也或多或少地减轻了(1890年德国的股份公司。认股额的40%!)。

4. 此后,工业逐渐转变为股份企业。一个部门接着一个部门遭到这种命运。首先是现在需要巨额投资的铁业(在此以前是采矿业,不过还没有矿业股票)。然后是化学工业,以及机器制造厂。在大陆,有纺织业,在英国,还只有兰开夏郡的少数几个地方(奥尔德姆的纺纱业,伯恩利的织布业等等,缝衣合作社,但后者只是准备阶段,在下一次危机到来时,又会落到老板手里),啤酒厂(数年前,有几家美国啤酒厂卖给了英国资本,然后有基尼斯、巴斯、奥尔索普等公司)。然后有托拉斯。这种托拉斯创立了实行共同管理的巨大企业(例如联合制碱托拉斯)。普通的独家商号只不过越来越成为使营业扩大到足以"建立股份公司"地步的准备阶段。

商业也是这样。里夫公司、帕森斯公司、莫利公司、莫里逊公司、狄龙公司,全都建立股份公司了。现在,甚至零售商店都已如此,而且不单是徒具"百货商店"之类的合作商店的虚名。

在英国,银行和其他信用机构也是这样。——大批新设的,都是股份有限公司。甚至像格林银行等一些老银行,也从原来只有七个私人股东变成有限公司了。

5. 在农业方面也有同样的情形。大大扩充的银行,特别是在德国(在各式各样的官僚名义下),日益成为抵押土地的持有者;连同这些银行的股票一起,地产的实际的最高所有权被转移到了交易所手中;而在田庄落入债权人手里的时候,情形就更是如此。在这里,开垦草原所引起的农业革命,产生了强烈影响;长此以往,总有一天,英国和法国的土地也都会控制在交易所手中。

6. 现在,一切国外投资都已采取股份形式。如果只讲英国:美国的铁路、北与南(参看证券行情表)、戈尔德贝格等等。

7. 然后是开拓殖民地。现在,这纯粹是交易所的附属物。欧洲列强为了交易所的利益在几年前就把非洲瓜分了。法国人征服了突尼斯和东京①。非洲已被直接租给各个公司(尼日尔,南非,德属西南非和德属东非)。马绍纳兰和纳塔尔也为了交易所的利益而被罗得斯占领了。

① 越南北部的旧称。——编者注

马克思经济学手稿摘选

《政治经济学批判》导言[296]

I. 生产、消费、分配、交换(流通)[297]

1. 生　产

[M—1](α)摆在面前的对象,首先是**物质生产**。

在社会中进行生产的个人,——因而,这些个人的一定社会性质的生产,当然是出发点。被斯密和李嘉图当做出发点的单个的孤立的猎人和渔夫,[298]属于 18 世纪的缺乏想象力的虚构。这是鲁滨逊一类的故事,这类故事决不像文化史家想象的那样,仅仅表示对过度文明的反动和要回到被误解了的自然生活中去。同样,卢梭的通过契约来建立天生独立的主体之间的关系和联系的"社会契约"[299],也不是以这种自然主义为基础的。这是假象,只是大大小小的鲁滨逊一类故事所造成的美学上的假象。其实,这是对于 16 世纪以来就作了准备、而在 18 世纪大踏步走向成熟的"市民社会"[8]的预感。在这个自由竞争的社会里,单个的人表现为摆脱了自然联系等等,而在过去的历史时代,自然联系等等使他成为一定的狭隘人群的附属物。这种 18 世纪的个人,一方面是封建社会形式解体的产物,另一方面是 16 世纪以来新兴生产力的产物,而在 18 世纪的预言家看来（斯密和李嘉图还完全以这些预言家为依据），这种个人是曾在过去存在过的理想；在他们看来，这种个人不是历史的结果，而是历史的起点。因为按照他们关于人性的观念，这种合乎自然的个人并不是从历史中产生的，而是由自然造成的。这样的错觉是到现在为止的每个新时代所具有的。斯图亚特在许多方面同 18 世纪对立并作为贵族比较多地站在历史基础上，从而避免了这种局限性。

我们越往前追溯历史，个人，从而也是进行生产的个人，就越表现为不独立，从属于一个较大的整体：最初还是十分自然地在家庭和扩大成为氏族**300**的家庭中；后来是在由氏族间的冲突和融合而产生的各种形式的公社中。只有到 18 世纪，在"市民社会"中，社会联系的各种形式，对个人说来，才表现为只是达到他私人目的的手段，才表现为外在的必然性。但是，产生这种孤立个人的观点的时代，正是具有迄今为止最发达的社会关系（从这种观点看来是一般关系）的时代。人是最名副其实的政治动物**301**，不仅是一种合群的动物，而且是只有在社会中［M—2］才能独立的动物。孤立的一个人在社会之外进行生产——这是罕见的事，在已经内在地具有社会力量的文明人偶然落到荒野时，可能会发生这种事情——就像许多个人不在**一起**生活和彼此交谈而竟有语言发展一样，是不可思议的。在这方面无须多说。18 世纪的人们有这种荒诞无稽的看法是可以理解的，如果不是巴师夏、凯里和蒲鲁东**302**等人又把这种看法郑重其事地引进最新的经济学中来，这一点本来可以完全不提。蒲鲁东等人自然乐于用编造神话的办法，来对一种他不知道历史来源的经济关系的起源作历史哲学的说明，说什么亚当或普罗米修斯已经有了现成的想法，后来这种想法就被实行了等等。再没有比这类想入非非的陈词滥调更加枯燥乏味的了。

因此，说到生产，总是指在一定社会发展阶段上的生产——社会个人的生产。因而，好像只要一说到生产，我们或者就要把历史发展过程在它的各个阶段上——加以研究，或者一开始就要声明，我们指的是某个一定的历史时代，例如，是现代资产阶级生产——这种生产事实上是我们研究的本题。可是，生产的一切时代有某些共同标志，共同规定。**生产一般**是一个抽象，但是只要它真正把共同点提出来，定下来，免得我们重复，它就是一个合理的抽象。不过，这个**一般**，或者说，经过比较而抽出来的共同点，本身就是有许多组成部分的、分为不同规定的东西。其中有些属于一切时代，另一些是几个时代共有的。[有些]规定是最新时代和最古时代共有的。没有它们，任何生产都无从设想；但是，如果说最发达的语言和最不发达的语言共同具有一些规律和规定，那么，构成语言发展的恰恰是有别于这个一般和共同点的差别。对生产一般适用的种种规定所以要抽出来，也正是为了不致因为有了统一（主体是人，客体是自然，这总是一样的，这里已经出现了统一）而忘记本质的差别。那些证明现存社会关系永存与和谐的现代经济学家的全部智慧，就在于忘记这种差别。例如，没有生产工具，哪怕这种生产工具不过是手，任何生产都不可能。没有过去的、积累的劳动，哪怕这种劳动不过是由于反复[M—3]操作而积聚在野蛮人手上的技巧，任何生产都不可能。资本，别的不说，也是生产工具，也是过去的、客体化了的劳动。可见资本是一种一般的、永存的自然关系；这样说是因为恰好抛开了正是使"生产工具"、"积累的劳动"成为资本的那个特殊。因此，生产关系的全部历史，例如在凯里看来，是历代政府的恶意篡改。

如果没有生产一般，也就没有一般的生产。生产总是一个个

特殊的生产部门——如农业、畜牧业、制造业等，或者生产是**总体**。可是，政治经济学不是工艺学。生产的一般规定在一定社会阶段上对特殊生产形式的关系，留待别处（后面）再说。

最后，生产也不只是特殊的生产，而始终是一定的社会体即社会的主体在或广或窄的由各生产部门组成的总体中活动着。科学的叙述对现实运动的关系，也还不是这里所要说的。生产一般。特殊生产部门。生产的总体。

现在时髦的做法，是在经济学的开头摆上一个总论部分——就是标题为《生产》的那部分（参看约·斯·穆勒的著作[303]），用来论述一切生产的**一般条件**。

这个总论部分包括或者据说应当包括：

（1）进行生产所必不可缺少的条件。因此，这实际上不过是摆出一切生产的基本要素。可是，我们将会知道，这些要素实际上归纳起来不过是几个十分简单的规定，而这些规定却扩展成浅薄的同义反复。

（2）或多或少促进生产的条件，如像亚当·斯密所说的前进的和停滞的社会状态[304]。要把这些在亚·斯密那里作为提示而具有价值的东西提到科学意义上来，就得研究在各个民族的发展过程中各个时期的**生产率程度**——这种研究超出本题的范围，而这种研究同本题有关的方面，应在叙述竞争、积累等等时来谈。照一般的提法，答案总是这样一个一般的说法：一个工业民族，当它一般地达到它的历史高峰的时候，也就达到它的生产高峰。实际上，一个民族的工业高峰是在这个民族的主要任务还不是维护利润，而是谋取利润的时候达到的。就这一点来说，美国人胜过英国人。或者是这样的说法：例如，某些种族素质，气候，自然环境如离海的远近，土地肥沃程度等等，比另外一些更有利于生产。这又是同义反复，即财富的主客观因素越是在更高的程度上具备，财富就越容易创造。

[M—4]但是，这一切并不是经济学家在这个总论部分所真正要说的。相反，他们所要说的是，生产不同于分配等等（参看穆勒的著作[305]），应当被描写成局限在与历史无关的永恒自然规律之内的事情，于是**资产阶级**关系就被乘机当做社会一般的颠扑不破的自然规律偷偷地塞了进来。这是整套手法的多少有意识的目的。在分配上，他们则相反地认为，人们事实上可以随心所欲。即使根本不谈生产和分配的这种粗暴割裂以及生产和分配的现实关系，总应该从一开始就清楚地看到：无论在不同社会阶段上分配方式如何不同，总是可以像在生产中那样提出一些共同的规定来，可以把一切历史差别混合或融化在**一般人类**规律之中。例如，奴隶、农奴、雇佣工人都得到一定量的食物，使他们能够作为奴隶、农奴和雇佣工人来生存。靠贡赋生活的征服者，靠税收生活的官吏，靠地租生活的土地所有者，靠施舍生活的僧侣，靠什一税生活的教士，都得到一份社会产品，而决定这一份产品的规律不同于决定奴隶等等的那一份产品的规律。一切经济学家在这个项目下提出的两个要点是：（1）财产，（2）司法、警察等等对财产的保护。对此要极简短地答复一下：

关于第一点。一切生产都是个人在一定社会形式中并借这种社会形式而进行的对自然的占有。在这个意义上，说财产（占有）是生产的一个条件，那是同义反复。但是，可笑的是从这里一步就跳到财产的一定形式，如私有财产。（而且还以对立的形式即**无财产**作为前提条件。）历史却表明，共同财产（如印度人、斯拉夫人、古凯尔特人等等那里的共同财产）是原始形式，这种形式还以公社财产形式长期起着显著的作用。至于财富在这种还是那种财产形式下能更好地发展的问题，还根本不是这里所要谈的。可是，如果说在任何财产形式都不存在的地方，就谈不到任何生产，因此也就谈不到任何社会，那么，这是同义反复。什么也不占有的占有，是自相矛盾。

关于第二点。对既得物的保护等等。如果把这些滥调还原为它们的实际内容，它们所表示的就比它们的说教者所知道的还多。就是说，每种生产形式都产生出它所特有的法的关系、统治形式等等。粗率和无知之处正在于把有机地［M—5］联系着的东西看成是彼此偶然发生关系的、纯粹反思联系中的东西。资产阶级经济学家只是感到，在现代警察制度下，比在例如强权下能更好地进行生产。他们只是忘记了，强权也是一种法，而且强者的权利也以另一种形式继续存在于他们的"法治国家"中。

当与生产的一定阶段相应的社会状态刚刚产生或者已经衰亡的时候，自然会出现生产上的紊乱，虽然程度和影响有所不同。

总之，一切生产阶段所共有的、被思维当做一般规定而确定下来的规定，是存在的，但是所谓一切生产的**一般条件**，不过是这些抽象要素，用这些要素不可能理解任何一个现实的历史的生产阶段。

2. 生产与分配、交换、消费的一般关系

在进一步分析生产之前，必须考察一下经济学家拿来与生产并列的几个项目。

肤浅的表象是：在生产中，社会成员占有（开发、改造）自然产品供人类需要；分配决定个人分取这些产品的比例；交换给个人带来他想用分配给他的一份去换取的那些特殊产品；最后，在消费中，产品变成享受的对象，个人占有的对象。生产制造出适合需要的对象；分配依照社会规律把它们分配；交换依照个人需要把已经

分配的东西再分配;最后,在消费中,产品脱离这种社会运动,直接变成个人需要的对象和仆役,供个人享受而满足个人需要。因而,生产表现为起点,消费表现为终点,分配和交换表现为中间环节,这中间环节又是二重的,分配被规定为从社会出发的要素,交换被规定为从个人出发的要素。在生产中,人客体化,在消费①中,物主体化;在分配中,社会以一般的、占统治地位的规定的形式,担任生产和消费之间的中介;在交换中,生产和消费由个人的偶然的规定性来中介。

分配决定产品归个人的比例(数量);交换决定个人拿分配给自己的一份[M—6]所要求的产品。

生产、分配、交换、消费因此形成一个正规的三段论法:生产是一般,分配和交换是特殊,消费是个别,全体由此结合在一起。这当然是一种联系,然而是一种肤浅的联系。生产决定于一般的自然规律;分配决定于社会的偶然情况,因此它能够或多或少地对生产起促进作用;交换作为形式上的社会运动介于两者之间;而消费这个不仅被看成终点而且被看成最后目的的结束行为,除了它又会反过来作用于起点并重新引起整个过程之外,本来不属于经济学的范围。

反对政治经济学家的人们——不论这些反对者是不是他们的同行——责备他们把联系着的东西粗野地割裂了,这些反对者或者同他们处于同一水平,或者低于他们。最庸俗不过的责备就是,说政治经济学家过于重视生产,把它当做目的本身。说分配也是同样重要的。这种责备的立足点恰恰是这样一种经济观点,即把分配当做与生产并列的独立自主的领域。或者是这样的责备,说

---

① 原手稿中是"人"。——编者注

没有把这些要素放在其统一中来考察。好像这种割裂不是从现实进到教科书中去的,而相反地是从教科书进到现实中去的,好像这里的问题是要对概念作辩证的平衡,而不是解释现实的关系!

(a)[生产和消费]

生产直接也是消费。双重的消费,主体的和客体的。[第一,]个人在生产过程中发展自己的能力,也在生产行为中支出、消耗这种能力,这同自然的生殖是生命力的一种消费完全一样。第二,生产资料的消费,生产资料被使用、被消耗、一部分(如在燃烧中)重新分解为一般元素。原料的消费也是这样,原料不再保持自己的自然形状和自然特性,而是丧失了这种形状和特性。因此,生产行为本身就它的一切要素来说也是消费行为。不过,这一点是经济学家所承认的。他们把直接与消费同一的生产,直接与生产合一的消费,称做**生产的消费**。生产和消费的这种同一性,归结为斯宾诺莎的命题:"规定就是否定"[306]。

[M—7]但是,提出生产的消费这个规定,只是为了把与生产同一的消费跟原来意义上的消费区别开来,后面这种消费被理解为起消灭作用的与生产相对的对立面。现在我们来考察一下这个原来意义上的消费。

消费直接也是生产,正如在自然界中元素和化学物质的消费是植物的生产一样。例如,在吃喝这一种消费形式中,人生产自己的身体,这是明显的事。而对于以这种或那种方式从某一方面来生产人的其他任何消费方式也都可以这样说。消费的生产。可是,经济学却说,这种与消费同一的生产是第二种生产,是靠消灭第一种生产的产品引起的。在第一种生产中,生产者物化,在第二种生产中,生产者所创造的物人化。因此,这种消费的生产——虽然它是生产和消费的直接统一——是与原来意义上的生产根本不同的。生产同消费合一和消费同生产合一的这种直接统一,并不排斥它们直接是两个东西。

可见,生产直接是消费,消费直接是生产。每一方直接是它的对方。可是同时在两者之间存在着一种中介运动。生产中介着消费,它创造出消费的材料,没有生产,消费就没有对象。但是消费也中介着生产,因为正是消费替产品创造了主体,产品对这个主体才是产品。产品在消费中才得到最后完成。一条铁路,如果没有通车、不被磨损、不被消费,它只是可能性的铁路,不是现实的铁路。没有生产,就没有消费;但是,没有消费,也就没有生产,因为如果没有消费,生产就没有目的。消费从两方面生产着生产:

(1)因为产品只是在消费中才成为现实的产品,例如,一件衣服由于穿的行为才现实地成为衣服;一间房屋无人居住,事实上就不成其为现实的房屋;因此,产品不同于单纯的自然对象,它在消费中才证实自己是产品,才**成为**产品。消费是在把产品消灭的时候才使产品最后完成,因为产品之所以是产品,不在于它是物化了的活动,而只是在于它是活动着的主体的对象。

(2)因为消费创造出**新的**生产的需要,也就是创造出生产的观念上的内在动机,后者是生产的前提。消费创造出生产的动力;它也创造出在生产中作为决定目的的东西而发生作用的对象。如果说,生产在外部提供消费的对象是显而易见的,那么,[M—8]同样显而易见的是,消费**在观念上提出**生产的对象,把它作为内心的图像、作为需要、作为动力和目的提出来。消费创造出还是在主观形式上的生产对象。没有需要,就没有生产。而消费则把需要再生产出来。

与此相应,就生产方面来说:

(1)它为消费提供材料,对象。消费而无对象,不成其为消费;因而在这方面生产创造出、生产出消费。

(2)但是,生产为消费创造的不只是对象。它也给予消费以消费的规定性、消费的性质,使消费得以完成。正如消费使产品得以完成其为产品一样,生产使消费得以完成。**首先**,对象不是一般的对象,而是一定的对象,是必须用一定的而又是由生产本身所中介的方式来消费的。饥饿总是饥饿,但是用刀叉吃熟肉来解除的饥饿不同于用手、指甲和牙齿啃生肉来解除的饥饿。因此,不仅消费的对象,而且消费的方式,不仅在客体方面,而且在主体方面,都是生产所生产的。所以,生产创造消费者。

(3)生产不仅为需要提供材料,而且它也为材料提供需要。一旦消费脱离了它最初的自然粗野状态和直接状态——如果消费停留在这种状态,那也是生产停滞在自然粗野状态的结果——,那么消费本身作为动力就靠对象来作中介。消费对于对象所感到的需要,是对于对象的知觉所创造的。艺术对象创造出懂得艺术和具有审美能力的大众,——任何其他产品也都是这样。因此,生产不仅为主体生产对象,而且也为对象生产主体。

因此,生产生产着消费:(1)是由于生产为消费创造材料;(2)是由于生产决定消费的方式;(3)是由于生产通过它起初当做对象生产出来的产品在消费者身上引起需要。因而,它生产出消费的对象,消费的方式,消费的动力。同样,消费生产出生产者的**素质**,因为它在生产者身上引起追求一定目的的需要。

因此,消费和生产之间的同一性表现在三方面:

(1)**直接的同一性**:生产是消费;消费是生产。消费的生产。生产的消费。国民经济学家把两者都称为[M—9]生产的消费,可是还作了一个区别。前者表现为再生产；后者表现为生产的消费。关于前者的一切研究是关于生产的劳动或非生产的劳动的研究；关于后者的研究是关于生产的消费或非生产的消费的研究。

（2）每一方表现为对方的手段；以对方为中介；这表现为它们的相互依存；这是一个运动，它们通过这个运动彼此发生关系，表现为互不可缺，但又各自处于对方之外。生产为消费创造作为外在对象的材料；消费为生产创造作为内在对象，作为目的的需要。没有生产就没有消费；没有消费就没有生产。这一点在经济学中是以多种形式出现的。

（3）生产不仅直接是消费，消费不仅直接是生产；生产也不仅是消费的手段，消费也不仅是生产的目的，就是说，每一方都为对方提供对象，生产为消费提供外在的对象，消费为生产提供想象的对象；两者的每一方不仅直接就是对方，不仅中介着对方，而且，两者的每一方由于自己的实现才创造对方；每一方是把自己当做对方创造出来。消费完成生产行为，只是由于消费使产品最后完成其为产品，只是由于消费把它消灭，把它的独立的物体形式消耗掉；只是由于消费使得在最初生产行为中发展起来的素质通过反复的需要上升为熟练技巧；所以，消费不仅是使产品成为产品的终结行为，而且也是使生产者成为生产者的终结行为。另一方面，生产生产出消费，是由于生产创造出消费的一定方式，其次是由于生产把消费的动力，消费能力本身当做需要创造出来。这第三项所说的这个最后的同一性，在经济学中常常是以需求和供给、对象和需要、社会创造的需要和自然需要的关系来说明的。

这样看来，对于一个黑格尔主义者来说，把生产和消费等同起来，是最简单不过的事。不仅社会主义美文学家这样做过[307]，而且平庸的经济学家也这样做过。例如，萨伊说，就一个民族来说，它的生产也就是它的消费。或者就人类一般来说也是如此。施托尔希指出过萨伊的错误,他说,例如一个民族不是把自己的产品全部消费掉,而是还要创造生产资料等等,固定资本等等。**308**此外,把社会当做一个单一的主体来考察,是对它作了不正确的考察;思辨式的考察。就一个主体来说,生产和消费表现为一个行为的两个要素。这里要强调的主要之点[M—9′]**309**是:无论我们把生产和消费看做一个主体的活动或者许多个人的活动,它们总是表现为一个过程的两个要素,在这个过程中,生产是实际的起点,因而也是起支配作用的要素。消费,作为必需,作为需要,本身就是生产活动的一个内在要素。但是生产活动是实现的起点,因而也是实现的起支配作用的要素,是整个过程借以重新进行的行为。个人生产出一个对象和通过消费这个对象返回自身,然而,他是作为生产的个人和自我再生产的个人。所以,消费表现为生产的要素。

但是,在社会中,产品一经完成,生产者对产品的关系就是一种外在的关系,产品回到主体,取决于主体对其他个人的关系。他不是直接获得产品。如果说他是在社会中生产,那么直接占有产品也不是他的目的。在生产者和产品之间出现了**分配**,分配借社会规律决定生产者在产品世界中的份额,因而出现在生产和消费之间。

那么,分配是否作为独立的领域,和生产并列,处于生产之外呢?

(b)[生产和分配]

如果看看普通的经济学著作,首先令人注目的是,在这些著作里什么都被提出两次。举例来说,在分配上出现的是地租、工资、利息和利润,而在生产上作为生产要素出现的是土地、劳动、资本。说到资本,一开始就清楚,它被提出了两次:(1)作为生产要素;(2)作为收入源泉,作为决定一定的分配形式的东西。因此,利息和利润本身,就它们作为资本增长和扩大的形式,因而作为资本生产本身的要素来说,也出现在生产中。利息和利润作为分配形式,是以资本作为生产要素为前提的。它们是以资本作为生产要素为前提的分配方式。它们又是资本的再生产方式。

同样,工资是在另一个项目中被考察的雇佣劳动:在雇佣劳动的场合劳动作为生产要素所具有的规定性,在工资的场合表现为分配的规定。如果劳动不是规定为雇佣劳动,那么,劳动参与产品分配的方式,也就不表现为工资,如在奴隶制度下就是这样。最后,地租——我们直接来看地产参与产品分配的最发达的分配形式[M—10]——的前提,是作为生产要素的大地产(其实是大农业),而不是土地一般,就像工资的前提不是劳动一般一样。所以,分配关系和分配方式只是表现为生产要素的背面。个人以雇佣劳动的形式参与生产,就以工资形式参与产品、生产成果的分配。分配的结构完全决定于生产的结构。分配本身是生产的产物,不仅就对象说是如此,而且就形式说也是如此。就对象说,能分配的只是生产的成果,就形式说,参与生产的一定方式决定分配的特殊形式,决定参与分配的形式。把土地放在生产上来谈,把地租放在分配上来谈,等等,这完全是幻觉。

因此,像李嘉图那样一些经常被人责备为只看到生产的经济学家,却专门把分配规定为经济学的对象,[310]因为他们直觉地把分配形式看成是一定社会中的生产各要素借以得到确定的最确切的表现。

在单个的个人面前,分配自然表现为一种社会规律,这种规律决定他在生产中的地位,他在这个地位上生产,因而分配先于生产。这个个人一开始就没有资本，没有地产。他一出生就由社会分配指定从事雇佣劳动。但是这种指定本身是资本、地产作为独立的生产要素存在的结果。

就整个社会来看，分配似乎还从一方面先于生产，并且决定生产；似乎是先于经济的事实。一个征服民族在征服者之间分配土地，因而造成了地产的一定的分配和形式；由此决定了生产。或者，它使被征服的民族成为奴隶，于是使奴隶劳动成为生产的基础。或者，一个民族经过革命把大地产分割成小块土地，从而通过这种新的分配使生产有了一种新的性质。或者，立法使地产永久属于一定的家庭，或者，把劳动[当做]世袭的特权来分配，因而把劳动像社会等级一样地固定下来。在所有这些历史上有过的情况下，似乎不是生产安排和决定分配，而相反地是分配安排和决定生产。

[M—11]照最浅薄的理解，分配表现为产品的分配，因此它离开生产很远，似乎对生产是独立的。但是，在分配是产品的分配之前，它是(1)生产工具的分配，(2)社会成员在各类生产之间的分配（个人从属于一定的生产关系）——这是同一关系的进一步规定。这种分配包含在生产过程本身中并且决定生产的结构，产品的分配显然只是这种分配的结果。如果在考察生产时把包含在其中的这种分配撇开，生产显然是一个空洞的抽象；相反，有了这种本来构成生产的一个要素的分配，产品的分配自然也就确定了。正因为如此，力求在一定的社会结构中来理解现代生产并且主要是研究生产的经济学家李嘉图，不是把生产而是把分配说成现代经济学的本题。从这里，又一次显出了那些把生产当做永恒真理来论述而把历史限制在分配范围之内的经济学家是多么荒诞无稽。

这种决定生产本身的分配究竟和生产处于怎样的关系，这显然是属于生产本身内部的问题。如果有人说，既然生产必须从生产工具的一定的分配出发，至少在这个意义上分配先于生产，成为生产的前提，那么就应该答复他说，生产实际上有它的条件和前提，这些条件和前提构成生产的要素。这些要素最初可能表现为自然发生的东西。通过生产过程本身，它们就从自然发生的东西变成历史的东西，并且对于这一个时期表现为生产的自然前提，对于前一个时期就是生产的历史结果。它们在生产本身内部被不断地改变。例如，机器的应用既改变了生产工具的分配，也改变了产品的分配。现代大地产本身既是现代商业和现代工业的结果，也是现代工业在农业上应用的结果。

上面提出的一些问题，归根到底就是：一般历史条件在生产上是怎样起作用的，生产和一般历史运动的关系又是怎样的。这个问题显然属于对生产本身的讨论和阐述。

[M—12]然而，这些问题即使照上面那样平庸的提法，同样也可以给予简短的回答。所有的征服有三种可能。征服民族把自己的生产方式强加于被征服的民族（例如，英国人本世纪在爱尔兰所做的，部分地在印度所做的）；或者是征服民族让旧生产方式维持下去，自己满足于征收贡赋（如土耳其人和罗马人）；或者是发生一种相互作用，产生一种新的、综合的东西（日耳曼人的征服中一部分就是这样）。在所有的情况下，生产方式，不论是征服民族的，被征服民族的，还是两者混合形成的，总是决定新出现的分配。因此，虽然这种分配对于新的生产时期表现为前提，但它本身又是生产的产物，不仅是一般历史生产的产物，而且是一定历史生产的产物。

例如，蒙古人根据他们生产即放牧的特点把俄罗斯弄成一片荒凉，因为大片无人居住的地带是放牧的主要条件。在日耳曼蛮族，用农奴耕作是传统的生产，过的是乡村的孤独生活，他们能够非常容易地让罗马各行省服从这些条件,因为那里发生的地产的积聚已经完全推翻了旧的农业关系。

有一种传统的看法,认为在某些时期人们只靠掠夺生活。但是要能够掠夺,就要有可以掠夺的东西,因此就要有生产。而掠夺的方式本身又决定于生产的方式。例如,掠夺一个从事证券投机的民族就不能同掠夺一个游牧民族一样。

在奴隶的场合,生产工具直接被掠夺。但在这种情况下,掠夺奴隶的国家的生产必须安排得容许使用奴隶劳动,或者必须建立一种适于使用奴隶的生产方式(如在南美等[311])。

法律可以使一种生产资料,例如土地,永远属于一定家庭。这些法律,只有当大地产同社会生产处于和谐中的时候,如像在英国那样,才有经济意义。在法国,尽管有大地产,但经营的是小规模农业,因而大地产就被革命打碎了。但是,土地分成小块的状态是否例如通过法律永远固定下来了呢?尽管有这种法律,财产却又积聚起来了。法律在巩固分配关系方面的影响和它们由此对生产发生的作用,要专门加以规定。

[M—13](c)最后,交换和流通

流通本身只是交换的一定要素,或者也是从交换总体上看的交换。

既然**交换**只是生产和由生产决定的分配一方同消费一方之间的中介要素,而消费本身又表现为生产的一个要素,交换显然也就作为生产的要素包含在生产之内。

第一,很明显,在生产本身中发生的各种活动和各种能力的交换,直接属于生产,并且从本质上组成生产。第二,这同样适用于

产品交换,只要产品交换是用来制造供直接消费的成品的手段。在这个限度内,交换本身是包含在生产之中的行为。第三,所谓实业家之间的交换[312],不仅从它的组织方面看完全决定于生产,而且本身也是生产活动。只有在最后阶段上,当产品直接为了消费而交换的时候,交换才表现为独立于生产之旁,与生产漠不相干。但是,(1)如果没有分工,不论这种分工是自然发生的或者本身已经是历史的结果,也就没有交换;(2)私人交换以私人生产为前提;(3)交换的深度、广度和方式都是由生产的发展和结构决定的。例如,城乡之间的交换,乡村中的交换,城市中的交换等等。可见,交换就其一切要素来说,或者是直接包含在生产之中,或者是由生产决定。

我们得到的结论并不是说,生产、分配、交换、消费是同一的东西,而是说,它们构成一个总体的各个环节,一个统一体内部的差别。生产既支配着与其他要素相对而言的生产自身,也支配着其他要素。过程总是从生产重新开始。交换和消费不能是起支配作用的东西,这是不言而喻的。分配,作为产品的分配,也是这样。而作为生产要素的分配,它本身就是生产的一个要素。因此,一定的生产决定一定的消费、分配、交换和**这些不同要素相互间的一定关系**。当然,生产**就其单方面形式来说**也决定于其他要素。例如,当市场扩大,即交换范围扩大时,生产的规模也就增大,生产也就分得更细。随着分配的变动,例如,随着资本的积聚,随着城乡人口的不同的分配等等,生产也就发生变动。最后,消费的需要决定着生产。不同要素之间存在着相互作用。每一个有机整体都是这样。

[M—14]3. 政治经济学的方法

当我们从政治经济学的角度考察某一国家的时候,我们从该国的人口,人口的阶级划分,人口在城乡、海洋、在不同生产部门的分布,输出和输入,全年的生产和消费,商品价格等等开始。

从实在和具体开始,从现实的前提开始,因而,例如在经济学上从作为全部社会生产行为的基础和主体的人口开始,似乎是正确的。但是,更仔细地考察起来,这是错误的。如果我,例如,抛开构成人口的阶级,人口就是一个抽象。如果我不知道这些阶级所依据的因素,如雇佣劳动、资本等等,阶级又是一句空话。而这些因素是以交换、分工、价格等等为前提的。比如资本,如果没有雇佣劳动、价值、货币、价格等等,它就什么也不是。因此,如果我从人口着手,那么,这就是关于整体的一个混沌的表象,并且通过更切近的规定我就会在分析中达到越来越简单的概念;从表象中的具体达到越来越稀薄的抽象,直到我达到一些最简单的规定。于是行程又得从那里回过头来,直到我最后又回到人口,但是这回人口已不是关于整体的一个混沌的表象,而是一个具有许多规定和关系的丰富的总体了。

第一条道路是经济学在它产生时期在历史上走过的道路。例如,17世纪的经济学家总是从生动的整体,从人口、民族、国家、若干国家等等开始;但是他们最后总是从分析中找出一些有决定意义的抽象的一般的关系,如分工、货币、价值等等。这些个别要素一旦多少确定下来和抽象出来,从劳动、分工、需要、交换价值等等这些简单的东西上升到国家、国际交换和世界市场的各种经济学体系就开始出现了。

后一种方法显然是科学上正确的方法。具体之所以具体,因为它是许多规定的综合,因而是多样性的统一。因此它在思维中表现为综合的过程,表现为结果,而不是表现为起点,虽然它是现实的起点,因而也是直观和表象的起点。在第一条道路上,完整的表象蒸发为抽象的规定;在第二条道路上,抽象的规定在思维行程中导致具体的再现。

因此,黑格尔陷入幻觉,把实在理解为自我综合、自我深化和自我运动的思维的结果,其实,从抽象上升到具体的方法,只是思维用来掌握具体、把它当做一个精神上的具体再现出来的方式。但决不是具体本身的产生过程。举例来说,最简单的经济范畴,如交换价值,是以人口即在一定关系中进行生产的人口为前提的;也是以[M—15]某种家庭、公社或国家等为前提的。交换价值只能作为一个具体的、生动的既定整体的抽象的单方面的关系而存在。相反,作为范畴,交换价值却有一种洪水期前的存在。因此,在意识看来(而哲学意识就是被这样规定的:在它看来,正在理解着的思维是现实的人,而被理解了的世界本身才是现实的世界),范畴的运动表现为现实的生产行为(只可惜它从外界取得一种推动),而世界是这种生产行为的结果;这——不过又是一个同义反复——只有在下面这个限度内才是正确的:具体总体作为思想总体、作为思想具体,事实上是思维的、理解的产物;但是,决不是处于直观和表象之外或驾于其上而思维着的、自我产生着的概念的产物,而是把直观和表象加工成概念这一过程的产物。整体,当它在头脑中作为思想整体而出现时,是思维着的头脑的产物,这个头脑用它所专有的方式掌握世界,而这种方式是不同于对于世界的艺术精神的,宗教精神的,实践精神的掌握的。实在主体仍然是在头脑之外保持着它的独立性;只要这个头脑还仅仅是思辨地、理论地活动着。因此,就是在理论方法上,主体,即社会,也必须始终作为前提浮现在表象面前。

但是,这些简单的范畴在比较具体的范畴以前是否也有一种独立的历史存在或自然存在呢?要看情况而定。例如,黑格尔论法哲学,是从占有开始,把占有看做主体的最简单的法的关系,[313]这是对的。但是,在家庭或主奴关系这些具体得多的关系之前,占有并不存在。相反,如果说存在着还只是**占有**,而没有**所有权**的家庭和部落整体,这倒是对的。所以,同所有权相比,这种比较简单的范畴,表现为比较简单的家庭团体或部落团体的关系。它在比较高级的社会中表现为一个发达的组织的比较简单的关系。但是那个以占有为关系的比较具体的基础总是前提。可以设想有一个孤独的野人占有东西。但是在这种情况下,占有并不是法的关系。说占有在历史上发展为家庭,是错误的。占有倒总是以这个"比较具体的法的范畴"为前提的。但是,不管怎样总可以说,简单范畴是这样一些关系的表现,在这些关系中,较不发展的具体可以已经实现,而那些通过较具体的范畴在精神上表现出来的较多方面的联系或关系还没有产生;而比较发展的具体则把这个范畴当做一种从属关系保存下来。在资本存在之前,银行存在之前,雇佣劳动等等存在之前,货币能够存在,而且在历史上存在过。因此,从这一方面看来,可以说,比较简单的范畴可以表现一个比较不发展的整体的处于支配地位的关系或者一个比较发展的整体的从属关系,这些关系在整体向着以一个比较具体的范畴表现出来的方面发展之前,在历史上已经存在。在这个限度内,从最简单上升到复杂这个抽象思维的进程符合现实的[M—16]历史过程。

另一方面,可以说,有一些十分发展的、但在历史上还不成熟的社会形式,其中有最高级的经济形式,如协作、发达的分工等等,却不存在任何货币,秘鲁就是一个例子[314]。就在斯拉夫公社中,货币以及作为货币的条件的交换,也不是或者很少是出现在各个公社内部,而是出现在它们的边界上,出现在与其他公社的交往中,因此,把同一公社内部的交换当做原始构成因素,是完全错误的。相反地,与其说它起初发生在同一公社内部的成员间,不如说它发生在不同公社的相互关系中。其次,虽然货币很早就全面地发生作用,但是在古代它只是在片面发展的民族即商业民族中才是处于支配地位的因素。甚至在最文明的古代,在希腊人和罗马人那里,货币的充分发展——在现代的资产阶级社会中这是前提——只是出现在他们解体的时期。因此,这个十分简单的范畴,在历史上只有在最发达的社会状态下才表现出它的充分的力量。它决没有历尽一切经济关系。例如,在罗马帝国,在它最发达的时期,实物税和实物租仍然是基础。那里,货币制度原来只是在军队中得到充分发展。[315]它也从来没有掌握劳动的整个领域。

可见,比较简单的范畴,虽然在历史上可以在比较具体的范畴之前存在,但是,它在深度和广度上的充分发展恰恰只能属于一个复杂的社会形式,而比较具体的范畴在一个比较不发展的社会形式中有过比较充分的发展。

劳动似乎是一个十分简单的范畴。它在这种一般性上——作为劳动一般——的表象也是古老的。但是,在经济学上从这种简单性上来把握的"劳动",和产生这个简单抽象的那些关系一样,是现代的范畴。例如,货币主义[123]把财富看成还是完全客观的东西,看成自身之外的物,存在于货币中。同这个观点相比,重工主义或重商主义[126]把财富的源泉从对象转到主体的活动——商业劳动和工业劳动,已经是很大的进步,但是,他们仍然只是把这种活动本身理解为局限于取得货币的活动。同这个主义相对立的重农主义[38]把劳动的一定形式——农业——看做创造财富的劳动，不再把对象本身看做裹在货币的外衣之中，而是看做产品一般，看做劳动的一般成果了。这种产品还与活动的局限性相应而仍然被看做自然规定的产品——农业的产品，主要是土地的产品。

[M—17]亚当·斯密大大地前进了一步，他抛开了创造财富的活动的一切规定性，——干脆就是劳动，既不是工业劳动，又不是商业劳动，也不是农业劳动，而既是这种劳动，又是那种劳动。有了创造财富的活动的抽象一般性，也就有了被规定为财富的对象的一般性，这就是产品一般，或者说又是劳动一般，然而是作为过去的、对象化的劳动。这一步跨得多么艰难，多么巨大，只要看看连亚当·斯密本人还时时要回到重农主义，就可想见了。这也许会造成一种看法，好像由此只是替人——不论在哪种社会形式下——作为生产者在其中出现的那种最简单、最原始的关系找到了一个抽象表现。从一方面看来这是对的。从另一方面看来就不是这样。

对任何种类劳动的同样看待，以各种现实劳动组成的一个十分发达的总体为前提，在这些劳动中，任何一种劳动都不再是支配一切的劳动。所以，最一般的抽象总只是产生在最丰富的具体发展的场合，在那里，一种东西为许多东西所共有，为一切所共有。这样一来，它就不再只是在特殊形式上才能加以思考了。另一方面，劳动一般这个抽象，不仅仅是各种劳动组成的一个具体总体的精神结果。对任何种类劳动的同样看待，适合于这样一种社会形式，在这种社会形式中，个人很容易从一种劳动转到另一种劳动，一定种类的劳动对他们说来是偶然的，因而是无差别的。这里，劳动不仅在范畴上，而且在现实中都成了创造财富一般的手段，它不再是同具有某种特殊性的个人结合在一起的规定了。在资产阶级社会的最现代的存在形式——美国，这种情况最为发达。所以，在这里，"劳动"、"劳动一般"、直截了当的劳动这个范畴的抽象，这个现代经济学的起点，才成为实际上真实的东西。所以，这个被现代经济学提到首位的、表现出一种古老而适用于一切社会形式的关系的最简单的抽象，只有作为最现代的社会的范畴，才在这种抽象中表现为实际上真实的东西。人们也许会说，在美国表现为历史产物的东西——对任何劳动同样看待——，例如在俄罗斯人那里，就表现为天生的素质。但是，首先，是野蛮人具有能被使用于一切的素质，还是文明人自动去从事一切，是大有区别的。其次，在俄罗斯人那里，实际上同对任何种类劳动同样看待这一点相适应的，是传统地固定在一种十分确定的劳动上，他们只是由于外来的影响才从这种状态中解脱出来。

[M—18]劳动这个例子令人信服地表明，哪怕是最抽象的范畴，虽然正是由于它们的抽象而适用于一切时代，但是就这个抽象的规定性本身来说，同样是历史条件的产物，而且只有对于这些条件并在这些条件之内才具有充分的适用性。

资产阶级社会是最发达的和最多样性的历史的生产组织。因此，那些表现它的各种关系的范畴以及对于它的结构的理解，同时也能使我们透视一切已经覆灭的社会形式的结构和生产关系。资产阶级社会借这些社会形式的残片和因素建立起来，其中一部分是还未克服的遗物，继续在这里存留着，一部分原来只是征兆的东西，发展到具有充分意义，等等。人体解剖对于猴体解剖是一把钥匙。反过来说，低等动物身上表露的高等动物的征兆，只有在高等动物本身已被认识之后才能理解。因此，资产阶级经济为古代经济等等提供了钥匙。但是，决不是像那些抹杀一切历史差别、把一切社会形式都看成资产阶级社会形式的经济学家所理解的那样。

人们认识了地租,就能理解代役租、什一税等等。但是不应当把它们等同起来。

其次,因为资产阶级社会本身只是发展的一种对立的形式,所以,那些早期形式的各种关系,在它里面常常只以十分萎缩的或者完全歪曲的形式出现。公社所有制就是个例子。因此,如果说资产阶级经济的范畴适用于一切其他社会形式这种说法是对的,那么,这也只能在一定意义上来理解。这些范畴可以在发展了的、萎缩了的、漫画式的种种形式上,总是在有本质区别的形式上,包含着这些社会形式。所说的历史发展总是建立在这样的基础上的:最后的形式总是把过去的形式看成是向着自己发展的各个阶段,并且因为它很少而且只是在特定条件下才能够进行自我批判——这里当然不是指作为崩溃时期出现的那样的历史时期——,所以总是对过去的形式作片面的理解。基督教只有在它的自我批判在一定程度上,可说是在可能范围内完成时,才有助于对早期神话作客观的理解。同样,资产阶级经济学只有在资产阶级社会的自我批判已经开始时,才能理解封建的、古代的和东方的经济。在资产阶级经济学没有用编造神话的办法把自己同过去的经济完全等同起来时,它对于以前的经济,特别是它曾经还不得不与之直接斗争的封建经济的批判,是与基督教对异教的批判或者新教对旧教的批判相似的。

[M—19]在研究经济范畴的发展时,正如在研究任何历史科学、社会科学时一样,应当时刻把握住:无论在现实中或在头脑中,主体——这里是现代资产阶级社会——都是既定的;因而范畴表现这个一定社会即这个主体的存在形式、存在规定、常常只是个别的侧面;因此,这个一定社会**在科学上**也决不是在把它**当做这样一个社会**来谈论的时候才开始存在的。这必须把握住,因为这对于

分篇直接具有决定的意义。

例如,从地租开始,从土地所有制开始,似乎是再自然不过的了,因为它是同土地,即同一切生产和一切存在的源泉结合着的,并且它又是同一切多少固定的社会的最初的生产形式即同农业结合着的。但是,这是最错误不过的了。在一切社会形式中都有一种一定的生产决定其他一切生产的地位和影响,因而它的关系也决定其他一切关系的地位和影响。这是一种普照的光,它掩盖了一切其他色彩,改变着它们的特点。这是一种特殊的以太,它决定着它里面显露出来的一切存在的比重。

以游牧民族为例(纯粹的渔猎民族还没有达到真正发展的起点)。他们偶尔从事某种形式的耕作。这样就规定了土地所有制。它是共同的,这种形式按照这些民族保持传统的程度而或多或少地保留下来,斯拉夫人中的公社所有制就是个例子。在从事定居耕作(这种定居已是一大进步),而且这种耕作像在古代社会和封建社会中那样处于支配地位的民族那里,连工业、工业的组织以及与工业相应的所有制形式都多少带着土地所有制的性质;或者像在古代罗马人中那样工业完全附属于耕作;或者像在中世纪那样工业在城市中和在城市的各种关系上模仿着乡村的组织。在中世纪,甚至资本——不是指纯粹的货币资本——作为传统的手工工具等等,也具有这种土地所有制的性质。

在资产阶级社会中情况则相反。农业越来越变成仅仅是一个工业部门,完全由资本支配。地租也是如此。在土地所有制处于支配地位的一切社会形式中,自然联系还占优势。在资本处于支配地位的社会形式中,社会、历史所创造的因素占优势。不懂资本便不能懂地租。不懂地租却完全可以懂资本。资本是资产阶级社会的支配一切的经济权力。它必须成为起点又成为终点,必须放在土地所有制之前来说明。分别考察了两者之后,必须考察它们的相互关系。

[M—20]因此,把经济范畴按它们在历史上起决定作用的先后次序来排列是不行的,错误的。它们的次序倒是由它们在现代资产阶级社会中的相互关系决定的,这种关系同表现出来的它们的自然次序或者符合历史发展的次序恰好相反。问题不在于各种经济关系在不同社会形式的相继更替的序列中在历史上占有什么地位。更不在于它们在"观念上"(蒲鲁东[316])(在关于历史运动的一个模糊的表象中)的顺序。而在于它们在现代资产阶级社会内部的结构。

古代世界中商业民族——腓尼基人、迦太基人——表现的单纯性(抽象规定性),正是由农业民族占优势这种情况本身决定的。作为商业资本和货币资本的资本,在资本还没有成为社会的支配因素的地方,正是在这种抽象中表现出来。伦巴第人和犹太人对于经营农业的中世纪社会,也是处于这种地位。

还有一个例子,说明同一些范畴在不同的社会阶段有不同的地位,这就是资产阶级社会的最新形式之一:**股份公司**。但是,它还在资产阶级社会初期就以拥有特权和垄断权的大商业公司的形式出现。

17世纪经济学家无形中是这样接受国民财富这个概念的,即认为财富的创造仅仅是为了国家,而国家的实力是与这种财富成比例的,——这种观念在18世纪的经济学家中还部分地保留着。这是一种还不自觉的伪善形式,通过这种形式,财富本身和财富的生产被宣布为现代国家的目的,而现代国家被看成只是生产财富的手段。

显然,应当这样来分篇:(1)一般的抽象的规定,因此它们或多或少属于一切社会形式,不过是在上面所阐述的意义上。(2)形成资产阶级社会内部结构并且成为基本阶级的依据的范畴。资本、雇佣劳动、土地所有制。它们的相互关系。城市和乡村。三大社会阶级。它们之间的交换。流通。信用事业(私人的)。(3)资产阶级社会在国家形式上的概括。就它本身来考察。"非生产"阶级。税。国债。公共信用。人口。殖民地。向国外移民。(4)生产的国际关系。国际分工。国际交换。输出和输入。汇率。(5)世界市场和危机。

[M—21]4. 生产。

　　生产资料和生产关系。

　　生产关系和交往关系。

　　国家形式和意识形式

　　同生产关系和交往关系的关系。

　　法的关系。家庭关系

注意:应该在这里提到而不该忘记的各点:

(1)**战争**比和平发达得早;某些经济关系,如雇佣劳动、机器等等,怎样在战争和军队等等中比在资产阶级社会内部发展得早。生产力和交往关系的关系在军队中也特别显著。

(2)**历来的观念的历史叙述同现实的历史叙述的关系。特别是所谓的文化史**[317],这所谓的文化史全部是宗教史和政治史[318]。(顺便也可以说一下历来的历史叙述的各种不同方式。所谓客观的。主观的(伦理的等等)。哲学的。)

(3)**第二级的和第三级的东西,总之,派生的、转移来的、非原生的生产关系。国际关系在这里的影响。

（4）**对这种见解中的唯物主义的种种非难。同自然主义的唯物主义的关系。**

（5）**生产力（生产资料）的概念和生产关系的概念的辩证法**，这样一种辩证法，它的界限应当确定，它不抹杀现实差别。

（6）**物质生产的发展例如同艺术发展的不平衡关系。** 进步这个概念决不能在通常的抽象意义上去理解。就艺术等等而言，理解这种不平衡还不像理解实际社会关系本身内部的不平衡那样重要和那样困难。例如教育。**美国同欧洲的关系。** 可是，这里要说明的真正困难之点是：生产关系作为法的关系怎样进入了不平衡的发展。例如罗马私法（在刑法和公法中这种情形较少）同现代生产的关系。

（7）**这种见解表现为必然的发展。** 但承认偶然。怎样。（对自由等也是如此。）（交通工具的影响。世界史不是过去一直存在的；作为世界史的历史是结果。）

（8）**出发点当然是自然规定性；** 主观地和客观地。部落、种族等。

（1）[319]关于艺术，大家知道，它的一定的繁盛时期决不是同社会的一般发展成比例的，因而也决不是同仿佛是社会组织的骨骼的物质基础的一般发展成比例的。例如，拿希腊人或莎士比亚同现代人相比。就某些艺术形式，例如史诗来说，甚至谁都承认：当艺术生产一旦作为艺术生产出现，它们就再不能以那种在世界史上划时代的、古典的形式创造出来；因此，在艺术本身的领域内，某些有重大意义的艺术形式只有在艺术发展的不发达阶段上才是可能的。如果说在艺术本身的领域内部的不同艺术种类的关系中有这种情形，那么，在整个艺术领域同社会一般发展的关系上有这种情形，就不足为奇了。困难只在于对这些矛盾作一般的表述。一且它们的特殊性被确定了,它们也就被解释明白了。

[M—22]我们例如先说希腊艺术同现代的关系,再说莎士比亚同现代的关系。大家知道,希腊神话不只是希腊艺术的武库,而且是它的土壤。成为希腊人的幻想的基础、从而成为希腊[艺术]的基础的那种对自然的观点和对社会关系的观点,能够同走锭精纺机、铁道、机车和电报并存吗? 在罗伯茨公司[320]面前,武尔坎又在哪里? 在避雷针面前,丘必特又在哪里? 在动产信用公司[321]面前,海尔梅斯又在哪里? 任何神话都是用想象和借助想象以征服自然力,支配自然力,把自然力加以形象化;因而,随着这些自然力实际上被支配,神话也就消失了。在印刷所广场[322]旁边,法玛还成什么? 希腊艺术的前提是希腊神话,也就是已经通过人民的幻想用一种不自觉的艺术方式加工过的自然和社会形式本身。这是希腊艺术的素材。不是随便一种神话,就是说,不是对自然(这里指一切对象的东西,包括社会在内)的随便一种不自觉的艺术加工。埃及神话决不能成为希腊艺术的土壤或母胎。但是无论如何总得是**一种**神话。因此,决不是这样一种社会发展,这种发展排斥一切对自然的神话态度,一切把自然神话化的态度;因而要求艺术家具备一种与神话无关的幻想。

从另一方面看:阿基里斯能够同火药和铅弹并存吗? 或者,《伊利亚特》[323]能够同活字盘甚至印刷机并存吗? 随着印刷机的出现,歌谣、传说和诗神缪斯岂不是必然要绝迹,因而史诗的必要条件岂不是要消失吗?

但是,困难不在于理解希腊艺术和史诗同一定社会发展形式结合在一起。困难的是,它们何以仍然能够给我们以艺术享受,而且就某方面说还是一种规范和高不可及的范本。

一个成人不能再变成儿童,否则就变得稚气了。但是,儿童的天真不使成人感到愉快吗？他自己不该努力在一个更高的阶梯上把儿童的真实再现出来吗？在每一个时代，它固有的性格不是以其纯真性又活跃在儿童的天性中吗？为什么历史上的人类童年时代，在它发展得最完美的地方，不该作为永不复返的阶段而显示出永久的魅力呢？有粗野的儿童和早熟的儿童。古代民族中有许多是属于这一类的。希腊人是正常的儿童。他们的艺术对我们所产生的魅力，同这种艺术在其中生长的那个不发达的社会阶段并不矛盾。这种艺术倒是这个社会阶段的结果，并且是同这种艺术在其中产生而且只能在其中产生的那些未成熟的社会条件永远不能复返这一点分不开的。

卡·马克思写于 1857 年 8 月下旬

第一次用德文发表于 1902—1903 年《新时代》第 21 年卷第 1 册第 23—25 期

原文是德文

选自《马克思恩格斯文集》第 8 卷第 5—36 页

《政治经济学批判
（1857—1858 年手稿）》摘选[324]

［资本主义生产的作用及其界限][325]

资本创造**绝对剩余价值**——更多的对象化劳动——要有一个条件，即流通范围要扩大，而且要不断扩大。在一个地点创造出的**剩余价值**要求在**另一个**地点创造出它与之交换的剩余价值；要求首先哪怕只是生产出更多的金银，更多的货币。这样，即使剩余价值不能直接再变为资本，它也可以在货币的形式上作为新资本的可能性而存在。因此，以资本为基础的生产，其条件是**创造一个不断扩大的流通范围**，不管是直接扩大这个范围，**还是在这个范围内把更多的地点创造为生产地点**。

如果说流通最初表现为既定的量，那么它在这里却表现为变动的量，并且是通过生产本身而不断扩大的量。就这一点来说，流通本身已经表现为生产的要素。因此，资本一方面具有创造越来越多的剩余劳动的趋势，同样，它也具有创造越来越多的交换地点的补充趋势；在这里从**绝对**剩余价值或**绝对**剩余劳动的角度来看，这也就是造成越来越多的剩余劳动作为自身的补充；从本质上来说，就是推广以资本为基础的生产或与资本相适应的生产方式。创造**世界市场**的趋势已经直接包含在资本的概念本身中。任何界限都表现为必须克服的限制。首先,要使生产本身的每一个要素都从属于交换,要消灭直接的、不进入交换的使用价值的生产,也就是说,要用以资本为基础的生产来代替以前的、从资本的观点来看是原始的生产方式。**商业**在这里不再表现为在各个独立生产部门之间交换它们的多余产品的活动,而是表现为生产本身的实质上包罗一切的前提和要素。

当然,一切以直接使用价值为目的的生产,既会减少交换者的人数,也会减少投入流通的交换价值总额,而首先是减少剩余价值的生产。因此,资本的趋势是(1)不断扩大流通范围;(2)在一切地点把生产变成由资本推动的生产。

另一方面,生产**相对剩余价值**,即以提高和发展生产力为基础来生产剩余价值,要求生产出新的消费;要求在流通内部扩大消费范围,就像以前[在生产绝对剩余价值时]扩大生产范围一样。**第一**,要求在量上扩大现有的消费;**第二**,要求把现有的消费推广到更大的范围来造成新的需要;**第三**,要求生产出**新的**需要,发现和创造出新的使用价值。换句话说这种情况就是:获得的剩余劳动不单纯仍然是量上的剩余,同时劳动(从而剩余劳动)的质的差别的范围不断扩大,越来越多样化,本身越来越分化。

例如,由于生产力提高一倍,以前需要使用100资本的地方,现在只需要使用50资本,于是就有50资本和相应的必要劳动游离出来;因此[Ⅳ—19]必须为游离出来的资本和劳动创造出一个在质上不同的新的生产部门,这个生产部门会满足并引起新的需要。旧产业部门的价值由于为新产业部门创造了基金而保存下来,而在新产业部门中资本和劳动的比例又以**新的**形式确立起来。

于是,就要探索整个自然界,以便发现物的新的有用属性;普遍地交换各种不同气候条件下的产品和各种不同国家的产品;采用新的方式（人工的）加工自然物，以便赋予它们以新的使用价值。〔**奢侈品**在古代所起的作用和在现代所起的作用不同，这以后再谈。〕要从一切方面去探索地球，以便发现新的有用物体和原有物体的新的使用属性，如原有物体作为原料等等的新的属性；因此，要把自然科学发展到它的最高点；同样要发现、创造和满足由社会本身产生的新的需要。培养社会的人的一切属性，并且把他作为具有尽可能丰富的属性和联系的人，因而具有尽可能广泛需要的人生产出来——把他作为尽可能完整的和全面的社会产品生产出来（因为要多方面享受，他就必须有享受的能力，因此他必须是具有高度文明的人）——，这同样是以资本为基础的生产的一个条件。新生产部门的这种创造，即从质上说新的剩余时间的这种创造，不仅是一种分工，而且是一定的生产作为具有新使用价值的劳动从自身中分离出来；是发展各种劳动即各种生产的一个不断扩大和日益广泛的体系，与之相适应的是需要的一个不断扩大和日益丰富的体系。

因此，如果说以资本为基础的生产，一方面创造出普遍的产业，即剩余劳动，创造价值的劳动，那么，另一方面也创造出一个普遍利用自然属性和人的属性的体系，创造出一个普遍有用性的体系，甚至科学也同一切物质的和精神的属性一样，表现为这个普遍有用性体系的体现者，而在这个社会生产和交换的范围之外，再也没有什么东西表现为**自在的更高的东西**，表现为自为的合理的东西。因此，只有资本才创造出资产阶级社会，并创造出社会成员对自然界和社会联系本身的普遍占有。由此产生了资本的伟大的文明作用；它创造了这样一个社会阶段，与这个社会阶段相比，一切以前的社会阶段都只表现为人类的**地方性发展**和**对自然的崇拜**。只有在资本主义制度下自然界才真正是人的对象，真正是有用物；

它不再被认为是自为的力量;而对自然界的独立规律的理论认识本身不过表现为狡猾①,其目的是使自然界(不管是作为消费品,还是作为生产资料)服从于人的需要。资本按照自己的这种趋势,既要克服把自然神化的现象,克服流传下来的、在一定界限内闭关自守地满足于现有需要和重复旧生活方式的状况,又要克服民族界限和民族偏见。资本破坏这一切并使之不断革命化,摧毁一切阻碍发展生产力、扩大需要、使生产多样化、利用和交换自然力量和精神力量的限制。

但是,决不能因为资本把每一个这样的界限都当做限制,因而**在观念上超越它**,所以就得出结论说,资本已在**实际上**克服了它,并且,因为每一个这样的限制都是同资本的使命相矛盾的,所以资本的生产是在矛盾中运动的,这些矛盾不断地被克服,但又不断地产生出来。不仅如此。资本不可遏止地追求的普遍性,在资本本身的性质上遇到了限制,这些限制在资本发展到一定阶段时,会使人们认识到资本本身就是这种趋势的最大限制,因而驱使人们利用资本本身来消灭资本。

像李嘉图这样一些经济学家,把生产和资本的自行增殖直接看成一回事,因而他们既不关心消费的限制,也不关心流通本身由于在一切点上都必须表现对等价值而存在着的限制,而只注意生产力的发展和产业人口的增长,只注意供给而不管需求,因此,他们对资本的积极本质的理解,比西斯蒙第这样一些强调消费限制和对等价值现有范围限制的经济学家更正确和更深刻,虽然西斯蒙第对以资本为基础的生产的局限性,对它的消极的片面性的理解比较深刻。李嘉图比较理解资本的普遍的趋势,西斯蒙第比较

---

① 参看本卷第171页脚注(2)。——编者注

理解资本的特殊的局限性。

从资本的角度来看**生产过剩**是不是可能的和必然的,这个问题的整个争论焦点在于:资本在生产中的价值增殖过程是否直接决定资本在流通中的价值实现;资本[IV—20]在**生产过程**中实现的价值增殖是否就是资本的**现实的**价值增殖。当然,李嘉图也曾猜想,**交换价值**没有交换就不是价值,只有通过交换,才能证明它是价值;但是,他认为生产由此而遇到的限制是偶然的,是可以克服的。因此,他认为资本的本质就包含着克服这些限制的可能性,不过他的阐述往往是荒谬的;而**西斯蒙第**则相反,他不但强调生产会遇到限制,而且强调这个限制是由资本本身产生的,于是资本陷入矛盾之中,他由此预言,这些矛盾必然导致资本的毁灭。因此,他想通过习惯、法律等等从外部给生产设置限制,但是,正因为这些限制只是外部的和人为的,所以必然会被资本推翻。另一方面,李嘉图及其整个学派始终不了解现实的**现代危机**,在这种危机中,资本的这种矛盾暴风雨般地突然爆发出来,越来越威胁到作为社会基础和生产本身基础的资本本身。

从正统的经济学观点来否认一定时期内会发生**普遍的生产过剩**,这种企图实际上是很幼稚的。或者,例如请看麦克库洛赫的著作[326],为了挽救**以资本为基础的**生产,而把这种生产的一切特有属性、它的概念规定全都抛开,相反地把它看成是提供**直接使用价值**的简单生产。本质的关系完全被抽象掉了。事实上,为了清除这种生产所具有的矛盾,干脆把这种生产抛弃和否定了。或者,例如像**穆勒**那样[327](庸俗的萨伊就是模仿他的),做得更机灵了:说什么**供给**和**需求**是同一的,因而必然是一致的;也就是说,供给就是由供给本身的量来计量的需求。

这里存在着很大的混乱:(1)供给的这种同一性,从而供给就是由供给本身的量来计量的需求,这只有在供给是**交换价值**,即等于一定量对象化劳动时,才是真实的。只有如此,供给才是自身的需求的尺度——这是就**价值**来说的。但是作为这样的价值,供给只有同**货币**相交换才能实现,而作为同货币交换的对象,供给取决于(2)自己的**使用价值**;但是作为使用价值,供给取决于对它的现有需求量,取决于对它的需要程度。但是作为使用价值,供给决不是由对象化在它本身中的劳动时间来计量的,而是用一种和它作为交换价值的性质毫无关系的尺度来计量的。

或者,进一步的说法是,**供给本身就是对具有一定价值的一定产品的需求**(这个价值就表现在所需要的产品量上)。因此,如果供给的产品卖不出去,那就证明,供给的商品太多,而供给者所需要的商品生产得太少了。因此,不会存在普遍的生产过剩,只会存在一种或几种商品的生产过剩,而另一些商品则会生产不足。可是在这里人们又忘记了,从事生产的资本所要求的,不是某种特定的使用价值,而是自为存在的**价值**,即货币——不是在流通手段这个规定上的货币,而是作为财富的一般形式的货币,或者说,它一方面是作为资本的实现形式,另一方面是作为资本复归到它原来的休眠状态的形式。

至于断言**货币**生产得**太少**,实际上这不过是断言生产同价值实现不一致,因而是**生产过剩**,或者同样可以说,这是产品不能转化为货币的、不能转化为**价值**的生产;是不能在流通中得到证实的生产。由此就产生了货币魔术师们(蒲鲁东等等也包括在内)的幻想:由于货币昂贵而**流通手段**短缺,因此必须人为地创造更多的货币。(并见伯明翰派,例如《双子座书简》[328]。)

或者,人们说,**从社会的观点来看**,生产和消费是一回事,因此绝对不会出现过剩,或两者之间发生不协调。在这里,社会的观点是指这样一种抽象,它恰恰**抽掉了**一定的社会结构和社会关系,因而也**抽掉了**由它们所产生的各种矛盾。例如,**施托尔希**当时在反驳萨伊时就很正确地指出,很大一部分消费不是供人们直接使用的消费,而是生产过程中的消费,例如机器、煤、油、必要的建筑物等等的消费。[308]这种消费[IV—21]同这里所说的消费决不是一回事。**马尔萨斯**和**西斯蒙第**也正确地指出,例如工人的消费本身对于资本家来说决不是**充分的**消费。[329]在把生产和消费说成一回事的情况下,是把价值增殖这个要素完全抛弃了,并把生产和消费简单地加以对比,也就是说,把直接以**使用价值**而不是以资本为基础的生产当做前提了。

或者,按照**社会主义的**说法:劳动以及劳动的交换,即生产以及产品的交换(流通),这就是全部过程;既然如此,除非是由于错误,由于结算不正确,否则怎么会出现不协调呢?在这里,劳动没有被看做雇佣劳动,资本也没有被看做资本。一方面承认以资本为基础的生产的结果;另一方面却否认这种结果的前提和条件——必要劳动是通过剩余劳动并且为了剩余劳动而存在的劳动。

或者,例如**李嘉图**[330]断言,因为生产本身由生产费用调节,所以生产会自行调节,如果一个生产部门不增殖价值,那么就会有一定量的资本从这个部门被抽出,投入另一个需要资本的地方。但是,即使撇开这种平衡的必然性本身就是以不平衡、不协调为前提,因而是以矛盾**为前提**不谈,在生产过剩的普遍危机中,矛盾并不是出现在各种生产资本之间,而是出现在产业资本和借贷资本之间,即出现在直接包含在生产过程中的资本和在生产过程以外(相对)独立地作为货币出现的资本之间。

最后,**按比例的生产**[331](这一点李嘉图等人早已提到过)只不过表示,如果说资本有按照正确比例来分配自己的趋势,那么,由于资本无限度地追求超额劳动、超额生产率、超额消费等等,它同样有超越这种比例的必然趋势。

（在**竞争**中,资本的这种内在趋势表现为一种由**他人的**资本对它施加的强制,这种强制驱使它越过正确的比例而不断地**前进**,**前进！** 正如**韦克菲尔德**先生在他为斯密的著作所加的注释**332**中正确地指出的那样,经济学家们大肆空谈过自由竞争,但**从来还没**有阐明过,尽管自由竞争是建立在资本上的整个资产阶级生产的基础。自由竞争只是被否定地理解,即被理解为对垄断、行会、法律调节等等的否定,被理解为对封建生产的否定。但是,它总还必须是某种**自为**存在的东西,因为单纯的零是空洞的否定,是抽象掉界限,这种界限例如在垄断,自然垄断等等的形式下会立即重新恢复起来。从概念来说,**竞争**不过是**资本的内在本性**,是作为许多资本彼此间的相互作用而表现出来并得到实现的资本的本质规定,不过是作为外在必然性表现出来的内在趋势。）（资本是而且只能是作为许多资本而存在,因而它的自我规定表现为许多资本彼此间的相互作用。）

资本既是**按比例的生产**的不断确立,又是这种生产的不断扬弃。现在比例必然会由于剩余价值的创造和生产力的提高而不断被扬弃。但是,要求生产同时**一齐按同一比例**扩大,这就是向资本提出外部的要求,这种要求决不是由资本本身产生的;同时,一个生产部门超出现有的比例,就会促使所有生产部门都超出这种比例,而且超出的比例又各不相同。到目前为止（因为我们还没有谈到资本作为**流动资本**的规定,我们还在一方面研究流通,另一方面研究资本,也就是说,我们还把生产看做流通的前提,或产生流通的根据）,就是从生产的角度来看,流通已经同消费和生产都有关系,换句话说,剩余劳动表现为对等价值,而且劳动的专业化的形式越来越丰富。

在资本的简单概念中必然**自在地**包含着资本的文明化趋势等等,这种趋势并非像迄今为止的经济学著作中所说的那样,只表现为外部的结果。同样必须指出,在资本的简单概念中已经潜在地包含着以后才暴露出来的那些矛盾。

到目前为止,我们在价值增殖过程中只是指出了各个要素互不相关的情形;它们在内部是互相制约的,在外部是互相寻求的;但是可能寻求得到也可能寻求不到,可能互相一致也可能不一致,可能互相适应也可能不适应。联系在一起的一个整体的内在必然性,和这个整体作为各种互不相关的独立要素而存在,这已经是[IV—22]种种矛盾的基础。

但是,这还决不是问题的全部。生产和价值增殖之间的矛盾——资本按其概念来说就是这两者的统一——还必须从更加内在的方面去理解,而不应单纯看做一个过程的或者不如说各个过程的总体的各个要素互不相关的、表面上互相独立的现象。

更进一步考察问题,首先**就会看到一个限制,这不是一般生产的限制,而是以资本为基础的生产的限制**。这种限制是二重的,或者更确切些说,是从两个方向来看的同一个限制。这里只要指出资本包含着一种**特殊的**对生产的限制——这种限制同资本要超越生产的任何界限的一般趋势相矛盾——就足以揭示出**生产过剩**的基础,揭示出发达的资本的基本矛盾;就足以完全揭示出,资本并不像经济学家们认为的那样,是生产力发展的**绝对**形式,资本既不是生产力发展的绝对形式,也不是与生产力发展绝对一致的财富形式。

从资本的观点来看,资本以前的各个生产阶段都同样表现为生产力的桎梏。而资本本身,如果理解得正确,只有当生产力需要外部的刺激而这种刺激同时又表现为对生产力的控制的时候,才表现为生产力发展的条件。使生产力守纪律,在生产力发展的一定阶段上,会完全像行会等等那样成为多余和累赘。这些内在的界限必然和资本的性质,和资本的本质的概念规定本身相一致。这些必然的限制是:

(1)**必要劳动**是活劳动能力的交换价值的界限,或产业人口的工资的界限;

(2)**剩余价值**是剩余劳动时间的界限;就相对剩余劳动时间来说,是生产力发展的界限;

(3)同样可以说,**向货币的转化**,交换价值本身,是生产的界限;换句话说,以价值为基础的交换,或以交换为基础的价值是生产的界限。这就是说:

(4)同样又可以说,无非是**使用价值的生产**受交换价值的**限制**;换句话说,现实的财富必须采取**一定的**、与自身不同的形式,即不是绝对和自身同一的形式,才能成为生产的对象。

另一方面,**资本的一般趋势**造成的结果就是(这在简单流通中表现为:货币作为流通手段不过是转瞬即逝的东西,没有独立的必然性,因而不是表现为[生产过程的]界限和限制),资本忘记和不顾下列各点:

(1)必要劳动是活劳动能力的交换价值的界限;(2)剩余价值是剩余劳动和生产力发展的界限;(3)货币是生产的界限;(4)使用价值的生产受交换价值的限制。

由此造成生产过剩,也就是使人突然**想起**以资本为基础的生产的所有这些必然要素;结果是,由于忘记这些必然要素而造成普遍的价值丧失。与此同时,向资本提出了这样的任务:在生产力的更高发展程度上等等一再重新开始它［突破本身限制］的尝试，而它**作为资本**却遭到一次比一次更大的崩溃。因此很明显，资本的发展程度越高，它就越是成为生产的界限，从而也越是成为消费的界限，至于使资本成为生产和交往的棘手的界限的其他矛盾就不用谈了。

［资本主义生产以前的各种形式］³³³

　　雇佣劳动的前提和资本的历史条件之一,是自由劳动以及这种自由劳动同货币相交换,以便再生产货币并增殖其价值,也就是说,以便这种自由劳动不是作为用于享受的使用价值,而是作为用于获取货币的使用价值,被货币所消耗;而另一个前提就是自由劳动同实现自由劳动的客观条件相分离,即同劳动资料和劳动材料相分离。可见,首要的是,劳动者同他的天然的实验场即土地相脱离,从而自由的小土地所有制解体,以及以东方公社为基础的公共土地所有制①解体。

　　在这两种形式中,劳动者把自己劳动的客观条件当做自己的财产;这是劳动同劳动的物质前提的天然统一。因此,劳动者不依赖劳动就具有对象的存在。个人把自己当做所有者,当做自身现实性的条件［Ⅳ—51］的主人。个人看待其他个人也是这样,并且,根据这个**前提**是从共同体出发,还是从组成公社的各个家庭出发,个人或是把其他个人当做财产共有者即公共财产的体现者,或是把其他个人当做同自己并存的独立的所有者即独立的私有者,而在这些独立的私有者之外,原来囊括一切和包罗所有人的公共

---

① "所有制"原文是"Eigentum",在本节中,按上下文分别译为"财产"、"所有"、"所有权"、"所有制";与土地相联时,则分别译为"土地所有权"、"土地所有制"、"土地财产"、"地产"。——编者注

财产本身,则作为特殊的**公有地**①与这些为数众多的土地私有者并存。

在这两种形式中,各个个人都不是把自己当做劳动者,而是把自己当做所有者和同时也进行劳动的共同体成员。这种劳动的目的不是为了**创造价值**——虽然他们也可能从事剩余劳动,以便为自己换取**他人的**产品,即剩余产品——,相反,他们劳动的目的是为了维持各个所有者及其家庭以及整个共同体的生存。个人变为上述一无所有的**工人**,这本身是**历史**的产物。

［亚细亚的所有制形式］

在这种土地所有制的第一种形式中,第一个前提首先是自然形成的共同体。家庭和扩大成为部落**300**的家庭,或通过家庭之间互相通婚［而组成的部落］,或部落的联合。因为我们可以设想,**游牧**,总而言之**迁徙**,是生存方式的最初的形式,部落不是定居在一定的地方,而是哪里有牧草就往哪里放牧(人类不是生来就定居的;除非在特别富饶的自然环境里,人才有可能像猿猴那样栖息在某一棵树上,否则总是像野兽那样到处游荡),所以,**部落共同体**,即天然的共同体,并不是**共同占有**(暂时的)和**利用土地**的结果,而是**其前提**。

一旦人类终于定居下来,这种原始共同体就将随种种外界的,即气候的、地理的、物理的等等条件,以及他们的特殊的自然性质——他们的部落性质——等等,而或多或少地发生变化。自然

---

① "公有地"原文是"ager publicus",指古罗马的国有土地。——编者注

形成的部落共同体,或者也可以说群体——血缘、语言、习惯等等的共同性,是人类**占有**他们生活的**客观条件**,占有那种再生产自身和使自身对象化的活动(牧人、猎人、农人等的活动)的**客观条件**的第一个前提。

土地是一个大实验场,是一个武库,既提供劳动资料,又提供劳动材料,还提供共同体居住的地方,即共同体的**基础**。人类素朴天真地把土地当做**共同体的财产**,而且是在活劳动中生产并再生产自身的共同体的**财产**。每一个单个的人,只有作为这个共同体的一个肢体,作为这个共同体的成员,才能把自己看成**所有者**或**占有者**。

通过劳动过程而实现的实际**占有**是在这样一些**前提**下进行的,这些**前提**本身并不是劳动的**产物**,而是表现为劳动的自然的或**神授的**前提。这种以同一基本关系为基础的形式,本身可以以十分不同的方式实现。例如,跟这种形式完全不矛盾的是,在大多数**亚细亚的**基本形式中,凌驾于所有这一切小的共同体之上的**总合的统一体**表现为**更高的所有者或唯一的所有者**,因而实际的公社只不过表现为**世袭的**占有者。因为这种**统一体**是实际的所有者,并且是公共财产的实际前提,所以统一体本身能够表现为一种凌驾于这许多实际的单个共同体之上的**特殊东西**,而在这些单个的共同体中,各个个别的人事实上失去了财产,或者说,财产——即单个的人把劳动和再生产的**自然条件**看做属于他的条件,看做他的主体的以无机自然形式存在的客观躯体这样一种关系——对这个别的人来说是间接的财产,因为这种财产,是由作为这许多共同体之父的专制君主所体现的总的统一体,以这些特殊的公社为中介而赐予他的。因此,剩余产品——其实,这在立法上被规定为通过劳动而实际占有的成果——不言而喻地属于这个最高的统一体。

因此,在东方专制制度下以及那里从法律上看似乎并不存在财产的情况下,这种部落的或公社的财产事实上是作为基础而存在的,这种财产大部分是在小公社范围内通过手工业和农业相结合而创造出来的,因此,这种公社完全能够自给自足,而且在自身中包含着再生产和扩大生产的一切条件。公社的一部分剩余劳动属于最终作为一个**个人**而存在的更高的共同体,而这种剩余劳动既表现在贡赋等等的形式上,也表现在为了颂扬统一体——部分地是为了颂扬现实的专制君主,部分地为了颂扬想象的部落体即神——而共同完成的工程上。

这类公社财产,只要它在这里确实是在劳动中实现的,就或是可能这样表现出来:各个小公社彼此独立地勉强度日,而在公社内部,单个的人则同自己的家庭一起,独立地在分配给他的份地上从事劳动(必须有一定量的劳动,一方面用于**公共储备**,可以说是为了**保险**,另一方面,用于**支付共同体本身的费用**,即用于战争、祭祀等等;正是在这种情况下,例如在斯拉夫公社、罗马尼亚公社等等地方,才第一次出现最原始意义上的领主的财产支配权。在这里奠定了向徭役制过渡的基础等等);或是可能这样表现出来:统一体能够使劳动过程本身具有共同性,这种共同性能够成为整套制度,例如在墨西哥,特别是在秘鲁,在古代凯尔特人那里,在印度的某些部落中就是这样。

其次,部落体内部的共同性还可能这样表现出来:统一体或是由部落中一个家庭的首领来代表,或是表现为各个家长彼此间的联系。与此相应,这种共同体的形式就或是较为专制的,或是较为民主的。在这种情况下,那些通过劳动而实际占有的共同的条件,如在亚细亚各民族中起过非常重要作用的**灌溉渠道**,还有交通工具等等,就表现为更高的统一体,即凌驾于各小公社之上的专制政府的事业。在这里,与这些乡村并存,真正的城市只是在特别适宜于对外贸易的地方才形成起来,或者只是在国家首脑及其地方总督把自己的收入(剩余产品)同劳动相交换,把收入作为劳动基金来花费的地方才形成起来。

[古代的所有制形式]

[IV—52][所有制的]第二种形式——它也像第一种形式一样,曾经在地域上、历史上等等发生一些重大的变化——是原始部落更为动荡的历史生活、各种遭遇以及变化的产物,它也要以**共同体**作为第一个前提,但不像在第一种情况下那样:共同体是实体,而个人则只不过是实体的偶然因素,或者是实体的纯粹自然形成的组成部分。这第二种形式不是以土地作为自己的基础,而是以城市作为农民(土地所有者)的已经建立的居住地。耕地表现为城市的领土;而不是[像在第一种形式中那样]村庄表现为土地的单纯附属物。

土地本身,无论它的耕作、它的实际占有会有多大障碍,也并不妨碍把它当做活的个体的无机自然,当做他的工作场所,当做主体的劳动资料、劳动对象和生活资料。一个共同体所遭遇的困难,只能是由其他共同体引起的,后者或是先已占领了土地,或是到这个共同体已占领的土地上来骚扰。因此,战争就或是为了占领生存的客观条件,或是为了保护并永久保持这种占领所要求的巨大的共同任务,巨大的共同工作。因此,这种由家庭组成的公社首先是按军事方式组织起来的,是军事组织和军队组织,而这是公社以所有者的资格而存在的条件之一。住处集中于城市,是这种军事组织的基础。

部落体本身导致区分为高级的和低级的氏族，这种区别又由于［胜利者］与被征服部落相混合等等而更加发展起来。

公社财产——作为国有财产——即公有地，在这里是和私有财产分开的。在这里，单个人的财产不像在第一种情况下那样，本身直接就是公社财产，在第一种情况下，单个人的财产并不是同公社分开的个人的财产，相反，个人只不过是公社财产的占有者。

单个人的财产在事实上只靠共同劳动来利用——例如像东方的灌溉渠道那样——的可能性越少，部落的纯粹自然形成的性质由于历史的运动、迁徙而受到的破坏越大，部落越是远离自己的原来住地而占领**异乡的**土地，因而进入全新的劳动条件并使个人的能力得到更大的发展——部落的共同性质越是对外界表现为并且必然表现为消极的统一体——，那么，单个人变成归他和他的家庭单独耕作的那小块土地——单独的小块土地——的**私有者**的条件就越是具备。

公社（作为国家），一方面是这些自由的和平等的私有者间的相互关系，是他们对抗外界的联合，同时也是他们的保障。在这里，公社组织的基础，既在于它的成员是由劳动的土地所有者即拥有小块土地的农民所组成的，也在于拥有小块土地的农民的独立性是由他们作为公社成员的相互关系来维持的，是由确保公有地以满足共同的需要和共同的荣誉等等来维持的。公社成员的身份在这里依旧是占有土地的前提，但作为公社成员，单个的人又是私有者。他把自己的私有财产看做就是土地，同时又看做就是他自己作为公社成员的身份；而保持他自己作为公社成员的身份，也正是保持公社的存在，反过来也一样，等等。虽然公社（在这里它已经是**历史的产物**，不仅在事实上，而且在人们的意识里也是如此，因而是一个**产生出来的**东西)在这里表现为土地**财产**的前提,也就是说,表现为劳动主体把劳动的自然前提看做属于他所有这种关系的前提,但是,这种"属于"是由他作为国家成员的存在作中介的,是由国家的存在,因而也是由那被看做神授之类的**前提**作中介的。

集中于城市而以周围土地作为领土;为直接消费而从事劳动的小农业;作为妻女家庭副业的那种手工业(纺和织),或仅在个别生产部门才独立起来的手工业(fabri[334]等等)。

这种共同体继续存在的前提,是组成共同体的那些自由而自给自足的农民之间保持平等,以及作为他们的财产继续存在的条件的本人劳动。他们把自己看做劳动的自然条件的所有者;但这些条件还必须不断地通过个人本人的劳动才真正成为个人人格的、即个人本人劳动的条件和客观因素。

另一方面,这个小的军事的共同体的趋向,又促使它越出这些限制等等(罗马、希腊、犹太人等等)。

尼布尔说:"当占卜官的预言使努玛相信神认可了他的当选的时候,这位虔诚的国王首先关心的不是神庙的礼拜,而是人。他把罗慕洛在战争中获得的并交给他占领的土地分配了,制定了特尔米努斯的祭礼。所有古代的立法者,首先是摩西,他们维持善行、公正和美德的法规所以取得成就,其基础就是让尽可能多的公民取得土地所有权,或者,至少要保证尽可能多的公民有世袭的土地占有权。"([尼布尔]《罗马史》[1827 年柏林]第 2 版第 1 卷第 245 页)

个人被置于这样一种谋生的条件下,其目的不是发财致富,而是自给自足,把自己作为公社成员再生产出来,把自己作为小块土地的所有者并以此资格作为公社成员再生产出来。

公社的继续存在,便是作为自给自足的农民的全体公社成员的再生产,他们的剩余时间正是属于公社,属于战争事业等等。对自己劳动的所有权,是由对劳动条件的所有权即对一块耕地的所有权来作中介的,而对劳动条件的所有权则是由公社的存在而得到保障的,公社又是由公社成员的服兵役等等形式的剩余劳动而得到保障的。公社成员不是通过创造财富的劳动协作来再生产自己,而是通过为了在对内对外方面保持联合体这种共同利益(想象的和现实的共同利益)所进行的劳动协作来再生产自己。财产是魁里特[335]的财产,是罗马人的财产;土地私有者只有作为罗马人才是土地私有者,而作为罗马人,他就是土地私有者。

［日耳曼的所有制形式］

[IV—53]劳动的个人,即自给自足的公社成员,对他们劳动的自然条件的所有制的第三种形式,是**日耳曼的**所有制。在这种所有制形式下,公社成员本身既不像在东方特有的形式下那样是共同财产的共有者(在财产**仅仅**作为公社财产而存在的地方,单个成员本身只是一块特定土地的**占有者**,或是继承的,或不是继承的,因为财产的每一小部分都不属于任何单独的成员,而属于作为公社的直接成员的人,也就是说,属于同公社直接统一而不是同公社有别的人。因此,这种单个的人只是占有者。只有**公共财产**,只有**私人占有**。对**公共财产**的这种占有方式可以发生十分不同的历史的、地域的等等变化,这要看劳动本身是由每一个私人占有者孤立地进行,还是由公社来规定或由凌驾于各个公社之上的统一体来规定);也不像罗马的、希腊的(简言之,古典古代的)形式下那样,土地为公社所占领,是罗马的土地;一部分土地留给公社本身支配,而不是由公社成员支配,这就是各种不同形式的公有地;另一部分则被分割,而每一小块土地由于是一个罗马人的私有财产,

是他的领地,是实验场中属于他的一份,因而都是罗马的土地;但他之所以是罗马人,也只是因为他在一部分罗马的土地上享有这样的主权。

〔"在古代,城市的手工业和商业受蔑视,而农业则受尊敬;在中世纪则相反。"[(尼布尔,同上,第418页)]〕

〔"通过占有公社土地而使用公社土地的权利,最初属于贵族,以后贵族把这种公社土地授予自己的被保护民[336];从公有地中分给财产只适用于平民;一切财产的配与都有利于平民,并且是对某一份公社土地的补偿。除了城墙周围的地带之外,真正的土地财产最初只在平民手里"[(同上,第435—436页)](后来有被接受[加入罗马籍]的农村公社)。〕

〔"罗马平民的本质就在于,像在他们的魁里特所有制中所表现的那样,它是农民的总体。古代人一致认为农业是自由民的本业,是训练士兵的学校。在农业中保存着民族的古老部落,而在外地商人和手工业者定居的城市里这个民族则起了变化,同样,土著居民也被吸引到有利可图的地方去。凡有奴隶制的地方,被释放的奴隶都力图从事这一类职业来谋生,后来往往积蓄大量财富。所以在古代,这些行业总是在他们手里,因而便被认为是不适合公民身份的事情;于是,人们认为允许手工业者获得全权公民的身份是危险的(在更早时期的希腊人那里,手工业者通常被排斥在全权公民之外)。'任何罗马人都不许作为商人或手工业者谋生'[337]。像中世纪城市史中那种受人尊敬的行会,古代人是根本不懂的;而且在中世纪城市史中,随着行会逐渐压倒氏族,甚至作战精神也趋于消沉,最后竟完全消失了;与此同时,各城市在外界所享有的尊崇以及它们的自由,也消失了。"[(同上,第614—615页)]〕

〔"古代各国的部落是按两种方式建立的:或按氏族,或按地区…… 氏族部落比地区部落古老,而且几乎到处都被后者排挤。它们的最极端的、最严格的形式是种姓制度,一个种姓同另一个种姓互相隔离,没有通婚的权利,各个种姓按其地位来说完全不同;每一个种姓有自己专一的、不变的职业……

地区部落最初是同地方划分为区和村相适应的,所以,在实行这种划分时,在克利斯提尼时代的阿提卡地区,凡已经是一个村的居民的人,都以该村的德莫特[338]的资格而编入该村所在地区的部落[339]之内。德莫特的子孙,不问其居住地何在,照例仍旧属于同一个部落和同一个德莫,这样,这种划分就

具有按家世划分的外表……[（同上，第 317、318 页）]

这种罗马的**氏族**并不是由血缘的亲族组成的。在共同的姓氏之外，西塞罗还要把他们的祖先是自由民作为特殊的标志。罗马的氏族成员有共同的圣地，它后来〈早在西塞罗时代〉就没有了。保存得最久的是对那些既无近亲又无遗嘱的已故同氏族人的财产的继承。在最古时代，帮助遭到非常事故的贫困的同氏族人，是氏族成员应尽的义务。（这最初在日耳曼人中广为流行，而在迪特马申人[340]中保留得最久。）[（同上，第 326、328、329、331 页）]氏族是联合团体。在古代世界，比氏族更普遍的组织是没有的……　例如，在盖尔人[341]中，名门望族的坎伯尔家族便和自己的家臣组成一个克兰[204] 。"[（同上，第 333、335 页）]]

因为贵族在较高的程度上代表共同体，所以他们是公有地的**占有者**，并且通过自己的被保护民等等来利用公有地（后来便逐渐地据为己有）。

日耳曼的公社并不集中在城市中；而单是由于这种集中——即集中在作为乡村生活的中心、作为农民的居住地、同样也作为军事指挥中心的城市中——，公社本身便具有同单个人的存在不同的外部存在。古典古代的历史是城市的历史，不过这是以土地所有制和农业为基础的城市；亚细亚的历史是城市和乡村的一种无差别的统一（真正的大城市在这里只能看做王公的营垒，看做真正的经济结构上的赘疣）；中世纪（日耳曼时代）是从乡村这个历史的舞台出发的，然后，它的进一步发展是在城市和乡村的对立中进行的；现代的[历史]是乡村城市化，而不像在古代那样，是城市乡村化。

[V—1][342]当联合在城市中的时候，公社本身就具有了某种经济存在；城市本身的单纯**存在**与仅仅是众多的独立家庭不同。在这里，整体并不是由它的各个部分组成。它是一种独立的有机体。在日耳曼人那里，各个家长住在森林之中，彼此相隔很远的距离，即使从**外表**来看，公社也只有通过公社成员的每次集会才存

在,虽然他们的**自在的**统一体包含在他们的亲缘关系、语言、共同的过去和历史等等之中。

因此,**公社**便表现为一种**联合**而不是**联合体**,表现为以土地所有者为独立主体的一种统一,而不是表现为统一体。因此公社事实上不是像在古代民族那里那样,作为**国家**、作为**国家组织**而存在,因为它不是作为**城市**而存在的。为了使公社具有现实的存在,自由的土地所有者必须举行**集会**,而例如在罗马,除了这些集会之外,公社还**存在**于**城市本身**和掌管城市的官吏等等的存在中。

诚然,在日耳曼人那里,也有一种不同于单个人的财产的**公有地**,公社土地或人民土地。这种公有地,是猎场、牧场、采樵地等等,这部分土地,当它必须充当这类特定形式的生产资料时,是不能加以分割的。可是,这种**公有地**却又不像例如在罗马人那里那样,表现为与私有者并列的国家的特殊经济存在,以致这些私有者只有当他们像平民那样**被取消**即被剥夺公有地的使用权时,才会成为真正的**私有者**。

相反,在日耳曼人那里,公有地只是个人财产的补充,并且只有当它被当做一个部落的共同占有物来保卫,以不受敌对部落的侵袭时,它才表现为财产。不是单个人的财产表现为以公社为中介,恰好相反,是公社的存在和公社财产的存在表现为以他物为中介,也就是说,表现为独立主体互相之间的关系。实质上,每一单个家庭就是一个经济整体,它本身单独地构成一个独立的生产中心(手工业只是妇女的家庭副业等等)。

在古代世界,城市连同属于它的土地是一个经济整体;而在日耳曼世界,单个的住地就是一个经济整体,这种住地本身仅仅是属于它的土地上的一个点,并不是许多所有者的集中,而只是作为独立单位的家庭。在亚细亚的(至少是占优势的)形式中,不存在个人所有,只有个人占有;公社是真正的实际所有者;所以,财产只是作为**公共的**土地**财产**而存在。

在古代民族那里(罗马人是最典型的例子,表现的形式最纯粹,最突出),存在着国有土地财产和私人土地财产相对立的形式,结果是后者以前者为中介,或者说,国有土地财产本身存在于这种双重的形式中。因此,土地私有者同时也就是城市的市民。从经济上说,国家公民身份就表现在农民是一个城市的居民这样一个简单的形式上。

在日耳曼的形式中,农民并不是国家公民,也就是说,不是城市居民;相反地,这种形式的基础是孤立的、独立的家庭住宅,这一基础通过同本部落其他类似的家庭住宅结成联盟,以及通过在发生战争、举行宗教活动、解决诉讼等等时为取得相互保证而举行的临时集会来得到保障。在这里,个人土地财产既不表现为同公社土地财产相对立的形式,也不表现为以公社为中介,而是相反,公社只存在于这些个人土地所有者本身的相互关系中。公社财产本身只表现为各个个人的部落住地和所占有土地的公共附属物。

[日耳曼的]公社既不是使单个的人只表现为偶然因素的那种实体[像在东方公社中那样];也不是[像在古代公社中]那样的一般物,那种一般物本身,无论是在单个人的观念中,还是从城市的存在和公社的城市需要不同于单个人的存在和需要来说,或者从公社的城市土地这种公社特殊存在不同于公社成员的特殊经济存在来说,都是一个**存在着的统一体**。与此相反,[日耳曼]的公社本身,一方面,作为语言、血统等等的共同体,是个人所有者存在的前提;但另一方面,这种公社只存在于公社为着共同目的而举行的**实际集会**中,而就公社具有一种特殊的经济存在(表现为共同使用猎场、牧场等等)而言,它是被每一个个人所有者以个人所有

者的身份来使用,而不是以国家代表的身份(像在罗马那样)来使用的。这实际上是个人所有者的共同财产,而不是在城市中另有其特殊存在而与单个人相区别的那种个人所有者联合体的共同财产。

[公社制的生产关系的局限性]

这里问题的关键其实在于:在所有这些形式中,土地财产和农业构成经济制度的基础,因而经济的目的是生产使用价值,是在个人对公社(个人构成公社的基础)的一定关系中**把个人再生产**出来——在所有这些形式中,都存在着以下的特点:

(1)对劳动的自然条件的占有,即对**土地**这种最初的劳动工具、实验场和原料贮藏所的占有,不是通过劳动进行的,而是劳动的前提。个人把劳动的客观条件简单地看做是自己的东西,看做是使自己的主体性得到自我实现的无机自然。劳动的主要客观条件本身并不是劳动的**产物**,而是已经存在的**自然**。[V—2]一方面,是活的个人,另一方面,是作为个人再生产的客观条件的土地。

(2)但是,这种把土地,把大地当做劳动的个人的财产来看待的**关系**——因此,个人从一开始就不表现为单纯劳动的个人,不表现在这种抽象形式中,而是拥有土地财产作为**客观的存在方式**,这种客观的存在方式是他的活动的**前提**,并不是他的活动的简单结果,这就和他的皮肤或他的感官一样是他的活动的前提,这些东西在他的生命过程中虽然也被他再生产并加以发展等等,但毕竟作为前提存在于再生产过程本身之前——,直接要以个人作为**某一公社成员**的自然形成的、或多或少历史地发展了的和变化了的存在,要以他作为部落等等成员的自然形成的存在为中介。

孤立的个人是完全不可能有土地财产的,就像他不可能会说话一样。诚然,他能够像动物一样,把土地作为实体来维持自己的生存。把土地当做财产,这种关系总是要以处在或多或少自然形成的或历史地发展了的形式中的部落或公社占领土地(和平地或暴力地)为中介。在这里,个人决不可能像单纯的自由工人那样表现为单个的点。如果说,个人劳动的客观条件是作为属于他所有的东西而成为前提,那么,在主观方面,个人本身作为某一公社的成员就成为前提,因为他对土地的关系是以公社为中介的。他对劳动的客观条件的关系是以他作为公社成员的身份为中介的;另一方面,公社的现实存在,又由个人对劳动的客观条件的所有制的一定形式来决定。不管这种以公社成员身份为中介的所有制,究竟是表现为**公共所有制**(在这种情况下,单个人只是占有者,不存在土地的私有制);还是这种所有制表现为国家所有同私人所有相并列的双重形式(不过在这种情况下,后者决定于前者,因而只有国家公民才是并且必定是私有者,但另一方面,作为国家公民,他的所有制又同时具有特殊的存在);最后,还是这种公社所有制仅仅表现为个人所有制的补充(在这种情况下,个人所有制表现为公社所有制的基础,而公社本身,除了存在于公社成员的**集会**中和他们为共同目的的联合中以外,完全不存在),——不管怎样,公社成员或部落成员对部落土地的关系,即对部落所定居的土地的关系的这种种不同的形式,部分地取决于部落的自然性质,部分地取决于部落现在实际上在怎样的经济条件下以所有者的身份对待土地,就是说,通过劳动来获取土地的果实;而这一点本身又取决于气候,土壤的自然特性,由自然条件决定的土壤利用方式,同敌对部落或四邻部落的关系,以及由迁移、历史事件等等引起的变动。

要使公社本身照老样子继续存在下去,公社成员的再生产就必须在被作为前提的客观条件下进行。生产本身,人口的增长(这也属于生产),必然要逐渐扬弃这些条件,破坏这些条件,而不是加以再生产等等,这样,共同体就同作为其基础的所有制关系一起瓦解了。

亚细亚形式必然保持得最顽强也最长久。这取决于亚细亚形式的前提:单个人对公社来说不是独立的,生产的范围限于自给自足,农业和手工业结合在一起,等等。

如果单个人改变自己对公社的关系,他也就在改变公社,破坏公社,同样也破坏公社的经济前提;另一方面,这种经济前提也发生变化——由于本身的辩证法而发生变化,贫穷化等等。尤其是由于战争和征服的影响,例如在罗马,这本质上属于公社本身的经济条件——,作为公社基础的实际纽带遭到破坏。

在所有这些形式中,发展的基础都是单个人对公社的**被作为前提的**关系——或多或少是自然地或又是历史地形成的但已变成传统的关系——的**再生产**,以及他对劳动条件和对劳动同伴、对同部落人等等的关系上的**一定的**、对他来说是**前定的**、**客观的**存在。因此,这种基础从一开始就是有**局限的**,而随着这种局限的消除,基础就崩溃和灭亡了。在罗马人那里,奴隶制的发展、土地占有的集中、交换、货币关系、征服等等,正是起着这样的作用,虽然所有这些因素在达到某一定点以前似乎还和基础相容,部分地似乎只是无害地扩大着这个基础,部分地似乎只是从这个基础中生长出来的恶习。这里,在一定范围内可能有很大的发展。个人可能表现为伟大的人物。但是,在这里,无论个人还是社会,都不能想象会有自由而充分的发展,因为这样的发展是同原始关系相矛盾的。

[V—3]哪一种土地所有制等等的形式最有生产效能,能创造

最大财富呢？我们在古代人当中不曾见到有谁研究过这个问题。
［在古代人那里，］财富不表现为生产的目的，尽管卡托能够很好
地研究哪一种土地耕作法最有利，布鲁土斯甚至能够按最高的利
率放债。人们研究的问题总是，哪一种所有制方式会造就最好的
国家公民。财富表现为目的本身，这只是少数商业民族——转运
贸易的垄断者——中才有的情形，这些商业民族生活在古代世界
的缝隙中，正像犹太人生活在中世纪社会中的情形一样。问题在
于，一方面，财富是物，它体现在人作为主体与之相对立的那种物
即物质产品中；另一方面，财富作为价值，是对他人劳动的单纯支
配权，不过不是以统治为目的，而是以私人享受等等为目的。在所
有这一切形式中，财富都以物的形态出现，不管它是物也好，还是
以存在于个人之外并偶然地同他并存的物为中介的关系也好。

　　因此，古代的观点和现代世界相比，就显得崇高得多，根据古
代的观点，人，不管是处在怎样狭隘的民族的、宗教的、政治的规定
上，总是表现为生产的目的，在现代世界，生产表现为人的目的，而
财富则表现为生产的目的。事实上，如果抛掉狭隘的资产阶级形
式，那么，财富不就是在普遍交换中产生的个人的需要、才能、享
用、生产力等等的普遍性吗？财富不就是人对自然力——既是通
常所谓的"自然"力，又是人本身的自然力——的统治的充分发展
吗？财富不就是人的创造天赋的绝对发挥吗？这种发挥，除了先
前的历史发展之外没有任何其他前提，而先前的历史发展使这种
全面的发展，即不以**旧有的**尺度来衡量的人类全部力量的全面发
展成为目的本身。在这里，人不是在某一种规定性上再生产自己，
而是生产出他的全面性；不是力求停留在某种已经变成的东西上，
而是处在变易的绝对运动之中。

　　在资产阶级经济以及与之相适应的生产时代中，人的内在本

质的这种充分发挥,表现为完全的空虚化;这种普遍的对象化过程,表现为全面的异化,而一切既定的片面目的的废弃,则表现为为了某种纯粹外在的目的而牺牲自己的目的本身。因此,一方面,稚气的古代世界显得较为崇高。另一方面,古代世界在人们力图寻求闭锁的形态、形式以及寻求既定的限制的一切方面,确实较为崇高。古代世界是从狭隘的观点来看的满足,而现代则不给予满足;换句话说,凡是现代表现为自我满足的地方,它就是**鄙俗的**。

[蒲鲁东对财产的起源问题的错误看法]

蒲鲁东先生称之为财产——他所理解的财产正是指土地财产——的**非经济**起源的那种东西[343],就是个人对劳动的客观条件的,首先是对劳动的**自然客观条件**的**资产阶级以前的**关系,因为,正像劳动的主体是自然的个人,是自然存在一样,他的劳动的第一个客观条件表现为自然,土地,表现为他的无机体;他本身不但是有机体,而且还是这种作为主体的无机自然。这种条件不是他的产物,而是预先存在的;作为他身外的自然存在,是他的前提。

在我们进一步分析这个问题之前,还要指出下面一点:好样的蒲鲁东不但能够,而且一定会同样振振有词地给作为财产形式的**资本和雇佣劳动**扣上**非经济**起源的罪名。因为,劳动的客观条件在工人方面作为跟他相分离的东西、作为**资本**出现,和**工人**在资本家方面作为无财产者、作为抽象工人出现,——价值同活劳动之间发生的交换,是以一个**历史过程**为前提的(虽然资本和雇佣劳动这两者本身再生产着这种关系,并且在其客观的广度上以及深度上都发展着这种关系),这种历史过程正如我们所看到的,就是资本与雇佣劳动的起源史。

换句话说:财产的**非经济起源**,无非就是资产阶级经济的**历史起源**,即在政治经济学各种范畴中得到理论或观念表现的那些生产形式的**历史起源**。可是,资产阶级以前的历史及其每一阶段也有自己的**经济**和运动的**经济基础**这一事实,归根到底不过是这样一个同义反复,即人们的生活自古以来就建立在生产上面,建立在这种或那种**社会**生产上面,这种社会生产的关系,我们恰恰就称之为经济关系。

生产的原始条件(或者同样也可以说:由于两性间的自然过程而增多的人的再生产的原始条件;因为这种再生产,一方面表现为主体对客体的占有,另一方面,同样也表现为客体的塑形,客体从属于主体的目的,客体转化为主体活动的结果和容器)最初**本身不可能是生产出来的**,不可能是生产的结果。需要说明的,或者成为某一[Ⅴ—4]历史过程的结果的,不是活的和活动的人同他们与自然界进行物质变换的自然无机条件之间的**统一**,以及他们因此对自然界的占有;而是人类存在的这些无机条件同这种活动的存在之间的**分离**,这种分离只是在雇佣劳动与资本的关系中才得到完全的发展。

在奴隶制关系和农奴制关系中,没有这种分离;而是社会的一部分被社会的另一部分当做只是自身再生产的**无机自然**条件来对待。奴隶同他的劳动的客观条件没有任何关系;而**劳动**本身,无论是奴隶形式的,还是农奴形式的,都被**作为**生产的**无机条件**与其他自然物列为一类,即与牲畜并列,或者是土地的附属物。

换句话说:生产的原始条件表现为自然前提,即**生产者的自然生存条件**,正如他的活的躯体一样,尽管他再生产并发展这种躯体,但最初不是由他本身创造的,而是他本身的**前提**;他本身的存在(肉体存在),是一种并非由他创造的自然前提。被他当做属于他所有的无机体来看待的这些**自然生存条件**,本身具有双重的性质:(1)是主体的自然,(2)是客体的自然。生产者作为家庭、部落、特里布斯[344]等等——它们后来和别的家庭、部落、特里布斯等等相混合、相对立,而在历史上采取各种不同的形态——的一个成员而存在,并且作为这样一个成员,他把一定的自然(这里说的还是土地)当做是自身的无机存在,当做是自身的生产和再生产的条件。作为共同体的一个天然的成员,他分享公共的财产,并占有自己单独的一份;正如他生来是罗马公民,对公有地有(至少是)观念上的要求权,而对于若干罗马亩的土地则有实际上的要求权一样,等等。

他的**财产**,即他把他的生产的自然前提看做属于他的,看做他**自己的东西**这样一种关系,是以他本身是共同体的天然成员为中介的。(共同体的抽象,即其成员除语言等等而外几乎毫无共同的东西,甚至语言也不一定是共同的,这显然是晚得多的历史状况的产物。)例如,就单个的人来说,很清楚,他只是作为某一人类共同体的天然成员,才把语言看做是**自己的**。把语言看做单个人的产物,这是荒谬绝伦的。同样,财产也是如此。

语言本身是一定共同体的产物,同样从另一方面说,语言本身就是这个共同体的存在,而且是它的不言而喻的存在。

〔像人们在秘鲁所看到的那种共同生产和公有制,显然是一种**派生**形式,它们是由一些征服者部落所引入的和传输进来的,这些部落在其故乡所熟悉的是一种古老的更简单的——如在印度和斯拉夫人那里所存在的——公有制和共同生产。同样,例如在威尔士的凯尔特人那里我们所遇到的那种形式,看来是传输到他们那里去的,也是**派生**的,是由征服者引入处于较低发展阶段的被征服部落的。这些制度是由一个**最高中心**加以完善并系统地造成

的,这证明它们的形成较晚。正如引入英格兰的封建主义,按其形式来说,比在法兰西自然形成的封建主义较为完备一样。〕

〔在游牧的畜牧部落——所有畜牧民族最初都是游牧的——那里,土地和其他自然条件一样,是以原始的无穷无尽的形式出现的,例如亚洲的草原和亚洲高原的情形就是这样。土地被用做牧场等等,在土地上放牧畜群,畜牧民族则靠畜群生存。他们把土地当做自己的财产,虽然他们从来没有把这种财产固定下来。在美洲蒙昧的印第安部落中,狩猎地区便是这一类财产;部落把某一地区认做自己的狩猎地盘,并用强力保护它免受其他部落侵犯,或者是设法把其他部落从他们所占有的地盘上赶走。在游牧的畜牧部落中,公社事实上总是聚集在一起的;这是旅行团体,是结队旅行者,是游牧群,而上下级从属关系的形式便由这种生活方式的条件中发展出来。在这里,**被占有和再生产的**,事实上只是畜群,而不是土地,在每一处停留地上土地都是被暂时**共同使用**的。〕

某一个共同体,在它把生产的自然条件——土地(如果我们立即来考察定居的民族)——当做**自己的**东西来对待时,会碰到的唯一障碍,就是业已把这些条件当做自己的无机体而加以占据的**另一共同体**。因此**战争**就是每一个这种自然形成的共同体的最原始的工作之一,既用以保卫财产,又用以获得财产。

(在这里,事实上我们可以仅限于论述原始的土地所有制,因为在畜牧民族那里,对天然的土地产品——例如绵羊——的所有,同时也就是对他们所游牧的草地的所有。一般说来,土地财产也包括土地上的有机产物财产在内。)

〔如果把人本身[Ⅴ—5]也作为土地的有机附属物而同土地一起加以夺取,那么,这也就是把他作为生产条件之一而一并加以夺取,这样便产生奴隶制和农奴制,而奴隶制和农奴制很快就败坏和

改变一切共同体的原始形式,并使自己成为它们的基础。简单的组织因此便取得了否定的规定。〕

所以,**财产**最初无非意味着这样一种关系:人把他的生产的自然条件看做是属于他的、看做是自己的、看做是**与他自身的存在一起产生的前提**;把它们看做是他本身的**自然前提**,这种前提可以说仅仅是他身体的延伸。其实,人不是同自己的生产条件发生关系,而是人双重地存在着:从主体上说作为他自身而存在着,从客体上说又存在于自己生存的这些自然无机条件之中。

这些**自然生产条件**的形式是双重的:(1)人作为某个共同体的成员而存在;因而,也就是这个共同体的存在,其原始形式是**部落体**,是或多或少发生变化的**部落体**;(2)以共同体为中介,把**土地看做自己的土地**,公共的土地财产对个人来说同时又是**个人占有物**;或者是这样:只有[土地的]果实实行分配,而土地本身及其耕作仍然是共同的。(但**住所**等等,哪怕是西徐亚人的四轮车,也总是由个人占有。)对活的个体来说,生产的自然条件之一,就是他属于某一**自然形成的社会**,部落等等。这一点就已经是例如他的语言等等的条件了。他自身的生产存在,只有在这个条件下才是可能的。他的主体存在本身要以此为条件,正如他的这种存在同样要以他把土地看做是自己的实验场为条件一样。

(诚然,财产最初是**动产**,因为人起先占有的是土地的现成果实,其中也包括动物,特别是可驯养的动物。但是,甚至这样的情况,狩猎、捕鱼、游牧、以采集树木果实为生等等,也总是以占有土地为前提,或者是把土地作为固定住地,或者是供往来游动,或者是用做动物的牧场等等。)

可见,**财产意味着**:个人属于某一部落(共同体)(意味着在其中有着主客体的存在),并以这个共同体把土地看做是它的无机体这种关系为中介,个人把土地,把外在的原始生产条件(因为土地同时既是原料,又是工具,又是果实)看做是属于他的个体的前提,看做是他的个体的存在方式。**我们把这种财产归结为对生产条件的关系**。为什么不是对消费条件的关系呢?个人的生产行为最初难道不是限于占有现成的、自然界本身业已为消费准备好的东西来再生产他自身的躯体吗?即使在那些只须**找到**、**发现**这些东西的地方,也很快就要求个人做出努力、付出劳动(如狩猎、捕鱼、游牧),要求主体生产出(也就是发展)某些能力。再说,人们可以取用现有的东西,而无须使用任何工具(工具本身已经是预定供生产之用的劳动产品),无须改变现有东西的形式(这种改变甚至在游牧中就已发生了)等等的这样一种状态,是非常短暂的,在任何地方也不能被认为是事物的正常状态,甚至也不能被认为是正常的原始状态。此外,原始的生产条件当然包括不经劳动而直接可以消费的物品,如果实、动物等等;所以说消费储备本身就是**原始生产储备**的一个组成部分。

以部落体(共同体最初就归结为部落体)为基础的财产的基本条件就是:必须是部落的一个成员。这就使被这个部落所征服或制服的其他部落**丧失财产**,而且使它沦为这个部落的再生产的**无机条件**之一,共同体把这些条件看做是自己的东西。所以奴隶制和农奴制只是这种以部落体为基础的财产的继续发展。它们必然改变部落体的一切形式。在亚细亚形式下,它们所能改变的最少。这种财产形式是建立在自给自足的工农业统一之上的,在这种情况下,和在**土地财产**、**农业**独占统治的地方不同,征服[其他共同体]并不是必要条件。另一方面,因为在这种形式下,单个的人从来不能成为所有者,而只不过是占有者,所以他本身实质上就是作为公社统一体的体现者的那个人的财产,即奴隶。而奴隶制在这里既不破坏劳动的条件,也不改变本质的关系。

[公社和以公社为基础的所有制解体的原因]

[V—6]其次,很清楚:

既然财产仅仅是有意识地把生产条件看做是**自己的东西**这样一种关系(对于单个的人来说,这种关系是由共同体造成、并宣布为法律和加以保证的),也就是说,既然生产者的存在表现为一种在**属于他所有的**客观条件中的存在,那么,财产就只是通过生产本身才实现的。实际的占有,从一开始就不是发生在对这些条件的想象的关系中,而是发生在对这些条件的能动的、现实的关系中,也就是这些条件实际上成为的主体活动的条件。

可是同时也很清楚:**这些条件是改变着的。**一块地方只是由于部落在那里打猎才成为狩猎地区;土地只是由于耕作才成为个人身体的延伸。在**罗马城**建起来而其周围的土地被罗马公民耕种之后,共同体的条件便和以前不同了。所有这些共同体的目的就是把形成共同体的个人作为所有者保持下来,即**再生产出来,也就是说,在这样一种客观存在方式中把他们再生产出来,这种客观存在方式既形成公社成员之间的关系,同时又因而形成公社本身。但是,这种再生产必然既是旧形式的重新生产,同时又是旧形式的破坏。**例如,在每一个人均应占有若干亩土地的地方,人口的增长就给这样做造成了障碍。要想消除这种障碍,就得向外殖民,要实行殖民就必须进行征服战争。这样就有奴隶等等。还有,例如,公有地扩大了,这样代表共同体的贵族就增加了等等。

可见,旧共同体的保持包含着被它当做基础的那些条件的破坏,这种保持会转向对立面。例如,如果设想,原有土地面积上的生产率能够通过发展生产力等等（在旧的传统的耕作方式下，这种发展恰好是最缓慢的）而提高，那么，这就意味着会有新的劳动方式，新的劳动结合，每天会有很大一部分时间用在农业上等等，而这又会破坏共同体的旧有的经济条件。在再生产的行为本身中，不但客观条件改变着，例如乡村变为城市，荒野变为开垦地等等，而且生产者也改变着，他炼出新的品质，通过生产而发展和改造着自身，造成新的力量和新的观念，造成新的交往方式，新的需要和新的语言。

生产方式本身越是保持旧的传统——而这种传统方式在农业中保持得很久，在东方的那种农业与工业的结合中，保持得更久——，也就是说，占有的**实际过程**越是保持不变，那么，旧的所有制形式，从而共同体本身，也就越是稳固。

凡是公社成员作为私有者已经同作为城市公社以及作为城市领土所有者的自身分开的地方，那里也就出现了单个的人可能**丧失**自己的财产的条件，也就是丧失使他既成为平等公民即共同体成员，又成为**所有者**的那种双重关系。在东方的形式中，如果不是由于纯粹外界的影响，这样的**丧失**几乎是不可能的，因为公社的单个成员对公社从来不处于可能会使他丧失他同公社的联系（客观的、经济的联系）的那种自由的关系之中。他是同公社牢牢地长在一起的。其原因也在于工业和农业的结合，城市（乡村）和土地的结合。

在古代人［希腊人和罗马人］那里，工业已被认为是有害的职业（是释放的奴隶、被保护民[336]、外地人干的事情）等等。生产劳动的这种发展（这种劳动作为只是为农业和战争服务的自由人的家庭劳动，或者作为为宗教仪式和共同体服务的工业，如建造房屋、修筑道路、兴建庙宇等等，而从单纯从属于农业的状况中摆脱出来),是必然会有的,这是由于同外地人交往,由于有奴隶,由于要交换剩余产品等等;这种发展使那种成为共同体的基础的、因而也成为每一个**客体的个人**(即作为罗马人、希腊人等等的个人)的基础的生产方式发生解体。交换也起同样的作用;还有债务等等。

共同体(部落体)的特殊形式和与它相联系的对自然界的所有权这二者的原始统一,或者说,把生产的客观条件当做自然存在,当做以公社为中介的单个人的客观存在这样一种关系——这种统一一方面表现为一种特殊的所有制形式——,在一定的**生产方式**本身中具有其活生生的现实性;这种生产方式既表现为个人之间的相互关系,又表现为他们对无机自然的一定的能动的关系,[V—7]表现为一定的劳动方式(这种劳动方式总是表现为家庭劳动,常常是表现为公社劳动)。作为第一个伟大的生产力出现的是共同体本身;特殊的生产条件(例如畜牧业、农业)发展起特殊的生产方式和特殊的生产力,既包括表现为个人特性的主体的生产力,也包括客体的生产力。

劳动主体所组成的共同体,以及以此共同体为基础的所有制,归根到底归结为劳动主体的生产力发展的一定阶段,而和该阶段相适应的是劳动主体相互间的一定关系和他们对自然的一定关系。直到某一点为止,是再生产。然后,便转入解体。

因此,**财产**最初(在它的亚细亚的、斯拉夫的、古代的、日耳曼的形式中)意味着,劳动的(进行生产的)主体(或再生产自身的主体)把自己的生产或再生产的条件看做是自己的东西这样一种关系。因此,它也将依照这种生产的条件而具有种种不同的形式。生产本身的目的是在生产者的这些客观存在条件中并连同这些客观存在条件一起把生产者再生产出来。个人把劳动条件看做是自己的财产(这不是劳动即生产的结果,而是其前提),是以个人作为某一部落体或共同体的成员的一定的存在为前提的(他本身直到某一点为止是共同体的财产)。

在奴隶制、农奴制等等之下,劳动者本身表现为服务于某一第三者个人或共同体的自然生产条件之一(这**不**适用于例如东方的普遍奴隶制;这**只**是从欧洲的观点来看的);因而,财产就不再是亲身劳动的个人对劳动客观条件的关系了。奴隶制、农奴制等等总是派生的形式,而决不是原始的形式,尽管它们是以共同体和以共同体中的劳动为基础的那种所有制的必然的和合乎逻辑的结果。

当然,可以非常简单地设想一下,有个体力超群的大力士,起先捉野兽,后来便捉人,迫使人去捉野兽,总之,像利用自然界中任何其他生物一样,也把人当做自然界中现有的条件之一,用于自己的再生产(这时他自己的劳动就归结为统治等等)。可是,这样的看法是荒谬的——尽管它就某一个部落体或共同体来看是很对的——,因为它是从**孤立的**人的发展出发的。

人只是在历史过程中才孤立化的。人最初表现为**类存在物,部落体,群居动物**——虽然决不是政治意义上的政治动物[301]。交换本身就是造成这种孤立化的一种主要手段。它使群的存在成为不必要,并使之解体。然而,一旦事情变成这样,即人作为孤立的个人只和自己发生关系,那么使自己确立为一个孤立的个人所需要的手段,就又变成使自己普遍化和共同化的东西。在这种共同体里,单个的人作为所有者(比如说作为土地所有者)的客观存在就是前提,而且这又是发生在一定的条件之下,这些条件把单个的人锁在这个共同体上,或者更确切些说,使之成为共同体锁链上的一环。例如在资产阶级社会里,工人完全丧失了客体条件,他只是在主体上存在着;而和他**对立**的东西,现在却变成**真正的共同体**,

工人力图吞食它,但它却吞食着工人。

共同体以主体与其生产条件有着一定的客观统一为前提的,或者说,主体的一定的存在以作为生产条件的共同体本身为前提的所有一切形式(它们或多或少是自然形成的,但同时也都是历史过程的结果),必然地只和有限的而且是原则上有限的生产力的发展相适应。生产力的发展使这些形式解体,而它们的解体本身又是人类生产力的发展。人们先是在一定的基础上——起先是自然形成的基础,然后是历史的前提——从事劳动的。可是到后来,这个基础或前提本身就被扬弃,或者说成为对于不断前进的人群的发展来说过于狭隘的、正在消灭的前提。

至于古代的土地所有制在现代小块土地所有制中再现的问题,这本身属于政治经济学的范围,我们将在关于土地所有制的一篇中加以论述。

[V—8](这一切还要回头来进行更深入和更详细的分析。)

[资本主义关系的原始形成]

在这里我们首先要谈的是:劳动对资本的关系,或者说,劳动对作为资本的劳动客观条件的关系,是以一个历史过程为前提的,这个历史过程曾促使劳动者是所有者,或者说所有者本身从事劳动的各种不同形式发生了解体。

因此,首先指的是:

(1)劳动者把土地当做生产的自然条件的那种关系的**解体**,即他把这种条件看做是自身的无机存在,看做是自己力量的实验场和自己意志所支配的领域的那种关系的**解体**。这种所有制所表现出来的一切形式,都是以这样一种**共同体**为前提的,这种共同体的成员彼此间虽然可能有形式上的差异,但作为共同体的成员,他们都是**所有者**。所以,这种所有制的原始形式本身就是**直接的共同所有制**(**东方形式**,这种形式在斯拉夫人那里有所变形;在古代的和日耳曼的所有制中它发展成为对立物,但仍然是隐蔽的——尽管是对立的——基础)。

(2)劳动者是**工具所有者**的那种**关系的解体**。正如上述的土地所有制形式以**现实的共同体**为前提一样,劳动者对他的工具的这种所有制,是以**手工业劳动**这一工业劳动发展的特殊形式为前提的;同这种劳动形式相联系的是行会同业公会制度等等。(古代东方的工业在考察上述第一点时就可以加以分析。)在这里,劳动本身一半还是技艺,一半则是目的本身等等。师傅制。资本家自己还是师傅。特殊的劳动技能也保障着劳动工具的占有等等。劳动方式以及劳动组织和劳动工具在某种程度上是继承的。中世纪的城市。劳动还是劳动者自己的劳动;片面能力的一定的自足的发展等等。

(3)在以上两种情况下,劳动者在生产开始以前都具有作为生产者来生活——也就是在生产期间即在完成生产**以前**维持生活——所必需的消费品。作为土地所有者,他直接拥有必要的消费储备。作为行会师傅,他继承、赚得、积蓄这种消费储备,而作为徒弟,他不过是一个**学徒**,还完全不是真正的、独立的劳动者,而是按照家长制寄食于师傅。作为(真正的)帮工,他在一定程度上分享师傅所有的消费储备。这种储备即使不是帮工的**财产**,按照行会的法规和习惯等等,至少是他的共同占有物等等。(这个问题将进一步论述。)

(4)另一方面,还有一种关系也同样发生**解体**,在这种关系中,**劳动者本身**、**活的劳动能力本身**,还**直接属于生产的客观条件**,

而且作为这种生产的客观条件被人占有，因而是奴隶或农奴。对资本来说，工人不是生产条件，而只有劳动才是生产条件。如果资本能够让机器，或者甚至让水、空气去从事劳动，那就更好。而且资本占有的不是工人，而是他的劳动，不是直接地占有，而是通过交换来占有。

一方面，要找到劳动者作为自由工人，作为丧失客体条件的、纯粹主体的劳动能力，来同作为**他的非财产**，作为**他人的财产**，作为自为存在的**价值**，作为资本的生产的客观条件相对立，所需要的历史前提便是这些。另一方面，要问：工人要找到同自己相对立的**资本**，需要什么样的条件呢？

〔在资本的公式中，活劳动对于原料、对于工具、对于劳动过程中所必需的生活资料的关系，都是从否定的意义上即把这一切都当做非财产来发生关系，——这种资本的公式，首先**包括非土地财产**，或者说，否定这样一种状态，在这种状态中，劳动的个人把土地看做自己的东西，也就是说，他是作为土地所有者而劳动、而生产的。在最好的情况下，他不仅是作为劳动者同土地发生关系，而且是作为土地所有者同作为劳动主体的自身发生关系。土地财产潜在地包含着对原料，对原始的工具即土地本身，以及对土地上自然生长出来的果实的所有权。在最原始的形式中，这意味着把土地当做自己的财产，在土地中找到原料、工具以及不是由劳动所创造而是由土地本身所提供的生活资料。只要这种关系再生产出来，那么，派生的工具以及由劳动本身所创造的土地的果实，就显得是包含在原始形式的土地财产中的东西。因此，这种历史状态作为较完全的财产关系，也就在工人同作为资本的劳动条件的关系中首先被否定了。这是第一种历史状态，它在工人同资本的关系中被否定了，或者说作为历史上已经解体的东西而成为前提。

第二，［Ｖ—9］只要存在着**对工具的所有权**，或者说劳动者把工具看做是他自己的东西，只要劳动者作为工具所有者来进行劳动（这同时意味着工具包括在他个人的劳动之内，也就是意味着劳动生产力处在特殊的有限的发展阶段上），只要**劳动者表现为所有者**或表现为**从事劳动的所有者**的这种形式，已经成为一种与**土地财产**并存并且存在于**土地财产**之外的独立形式——这就是劳动在手工业中和城市中的发展，这种发展已不像在第一种情况下那样，是土地财产的附属品，包括在土地财产之内；因此，原料和生活资料成为手工业者的财产，只是以他的手工业，以他对劳动工具的所有权**为中介**——凡是在这样的地方，就已经有了与第一个历史阶段并存并且存在于第一个历史阶段之外的第二个历史阶段；而第一个历史阶段本身，由于**上述第二类财产**或**第二类从事劳动的所有者独立出来**，就必然以大大改变了的面貌出现。

因为工具本身已经是劳动的产物，也就是说，构成财产的要素已经是由劳动创造的要素，所以在这里，共同体（指这个第二类财产借以建立的共同体），就不能再像第一种情况下那样以一种自然形成的形式出现了，共同体本身已经是被生产出来的、产生出来的、派生出来的、由劳动者本身生产出来的共同体。显然，凡是在工具的所有权表现为把劳动的生产条件看做财产这样一种关系的地方，工具在实际的劳动中**仅仅**表现为个人劳动的**手段**；那种使他实际上占有工具并把工具作为劳动资料来使用的技艺，表现为劳动者的特殊技能，这种特殊技能使他成为工具所有者。总之，行会同业公会制度（即把劳动主体确立为所有者的那种手工业劳动）的基本性质，应该归结为把生产工具（劳动工具）看做是财产这样一种关系，这与把土地（原料本身）看做归自己所有是不同的。这种对生产条件的这一个要素的关系，把劳动的主体确立为所有者，使他成为从事劳动的所有者,这是第二种历史状态,它按其本性只有作为第一种状态的对立物,或者可以说,同时作为已经改变的第一种状态的补充物,才能存在。这第二种历史状态,在资本的第一个公式中也同样被否定了。

第三种**可能的形式**,就是劳动者只是生活资料的所有者,生活资料表现为劳动主体的自然条件,而无论是土地,还是工具,甚至劳动本身,都不归自己所有。这种形式实质上是奴隶制和农奴制的公式,在工人同作为资本的生产条件的关系中,它也同样被否定了,表现为在历史上已经解体的状态。

所有制的各种原始形式,必然归结为把各种制约着生产的客观因素看做是自己的东西这样一种关系;这些原始形式构成各种形式的共同体的经济基础,同样它们又以一定形式的共同体作为前提。这些形式由于劳动本身被列入**生产的客观条件**(农奴制和奴隶制)之内而在本质上发生变化,于是属于第一种状态的一切财产形式的单纯肯定性质便丧失了,发生变化了。它们全都包含着奴隶制这种可能性,因而包含着这种对自身的扬弃。至于第二种状态,特殊种类的劳动,其中的师傅制,以及与之相适应的对工具的所有=对生产条件的所有,这种状态虽然不包含奴隶制和农奴制,但可以在种姓制度的形式中得到类似的否定的发展。〕

〔对生活资料的所有权的第三种形式——如果不是归结为奴隶制和农奴制——不可能包含**劳动的**个人对生产条件,因而对生存条件的关系。因此,它只能是以土地财产为基础的原始共同体的这样一些成员的关系,他们失去了自己的土地财产,但还没有达到第二种财产形式;面包和娱乐时代[345]的罗马平民的情形就是这样。〕

〔侍从对他们的领主的关系,或者说个人服务的关系,有本质的不同。因为个人服务实质上仅仅构成土地所有者本身的生存方式，这种土地所有者已经不再从事劳动，而他的财产则把劳动者本身作为农奴等等包括在生产条件之内。在这里，**统治关系**表现为本质的占有关系。对于动物、土地等等，实质上不可能通过占有而发生任何统治的关系，虽然动物服劳役。占有他人的**意志**是统治关系的前提。因此，没有意志的东西，例如动物，虽然能服劳役，但这并不使所有者成为**领主**。可是我们在这里看到，**统治关系和隶属关系**也属于生产工具占有的这种公式之内；而这些统治关系和隶属关系构成所有原始的财产关系和生产关系发展和灭亡的必要酵母，同时它们又表现出这些关系的局限性。诚然，在资本中，它们被再生产出来（以间接的形式），因而也构成资本解体的酵母，同时也是资本的局限性的标记。〕

［Ⅴ—10］〔"在贫困时出卖自己和自己近亲，这种权限不幸曾是人们普遍的权利；这在北方各地，在希腊人中，在亚洲都很流行；债主有权把不还债的负债人充当自己的奴仆，而且有权用负债人的劳动或通过出卖其人身（只要这是可能的）来抵偿债务，这种权利也是几乎到处流行的。"（尼布尔［《罗马史》］第1卷第600页）〕

〔尼布尔在一个地方说：贵族和平民之间的关系对于在奥古斯都时代写作的希腊作家是难以了解的，他们错误地理解这种关系，并把这种关系同保护人和被保护民[336]之间的关系混淆起来；这是由于他们

"写作的那个时代，富者与贫者都是唯一真正的公民阶级；那时贫穷的人，无论出身怎样显贵，也需要有保护人，而百万富翁，即使曾是一个被释放的奴隶，也成了受欢迎的保护人。在他们那里，世袭的从属关系，几乎没有留下一点痕迹"（同上，第1卷第620页）。〕

〔"在两个阶级——麦特克[346]和被释放的奴隶及其后裔——中，有手工业者，他们的公民权利受到限制，而抛弃了农业的平民则享有这种公民权利。

《政治经济学批判(1857—1858年手稿)》摘选

但手工业者也没有丧失拥有自己合法的联合团体的荣誉;他们的行会受到很大的尊敬,以致人们称努玛为这些行会的创立者;行会有九个:笛师、金匠、木匠、染匠、马具匠、制革匠、铜匠、制陶匠以及包括其他一切手工业的第九种行会……他们之中有些是独立的城关市民[347],是不受任何保护人庇护的享有平等权利的公民(在有这种权利的情况下);也有的是农奴的后裔,他们的从属关系由于他们的保护人的氏族灭绝而中断了;当然,他们对于旧的公民与公社间的纠纷,一直是漠不关心的,正如佛罗伦萨的行会对于奎耳夫和吉贝林两派[348]间的争斗漠不关心一样;可能农奴仍然完全处于贵族的支配之下。"(同上,第1卷第623页)〕

一方面,前提是这样一些历史过程,这些历史过程使一个民族等等的大批个人,处于一种即使最初不是真正的自由工人的地位,无论如何也是可能的自由工人的地位,他们唯一的财产是他们的劳动能力,和把劳动能力与现有价值交换的可能性;另一方面,所有生产的客观条件作为**他人财产**,作为这些个人的**非财产**,和这些个人相对立,但同时这些客观条件作为**价值**是可以交换的,因而在一定程度上可以由活劳动占有。这种历史上的解体过程,既是把劳动者束缚于土地和地主而实际又以劳动者对生活资料的所有权为前提的农奴制关系的解体,因而这实质上是劳动者与土地相分离的过程;也是使劳动者成为自耕农[44]、成为自由劳动的小土地所有者或佃农(隶农[349])、成为自由的农民的土地所有制关系的解体〔公共所有制和现实共同体的更古老形式的解体,就不用说了〕;也是以劳动者对劳动工具的所有权为前提的、并且把作为一定手工业技能的劳动本身当做财产(而不仅仅是当做财产的来源)的那种行会关系的解体;同样也是各种不同形式的保护关系的解体,在这些关系中,**非所有者**作为自己主人的仆从表现为剩余产品的共同消费者,并且以此为代价,穿着自己主人的仆役的制服,参加主人的争斗,从事想象的或实际的个人服务等等。

在所有这些解体的过程中,只要更详尽地考察便可发现:在发生解体的生产关系中占优势的是使用价值,即以直接使用为目的的生产;交换价值及其生产,是以另一种形式占优势为前提的;因此,在所有这些关系中,实物贡赋和劳役比货币支付和货币税占优势。但这只是顺便提一下而已。只要更仔细地考察,同样可以发现,所有这些关系的解体,只有在物质的(因而还有精神的)生产力发展到一定水平时才有可能。

这里首先与我们有关的是:使一个民族等等的大批个人变为可能的自由雇佣工人(只是由于没有财产而被迫劳动,并出卖自己劳动的个人)这一解体的过程,在另一方面所要求的,**不是**这些个人先前的收入来源和部分财产条件的**消失**,相反地,只是它们的使用有所不同,它们的存在方式改变了,它们作为**自由基金**转入他人手里,或者部分地仍然保留在**这些个人**手里。但同样明显的是,使大批个人脱离他们先前的(以这种或那种形式)对**劳动的客观条件**的肯定关系,把这些关系加以否定,从而把这些个人变为**自由工人**,这一过程又可能使这些**劳动的客观条件**(土地、原料、生活资料、劳动工具、货币或这一切的总和)从它们同这些个人(他们现在已同这些条件分离)**先前的联系**中游离出来。这些劳动的客观条件现在仍然**存在**,但却以另一种形式,作为**自由基金**而存在,在这种形式上一切原有的政治等等的关系都已经消失,这些劳动的客观条件已经只是以**价值**的形式,以独立的价值的形式,与那些已同这些条件分离的、丧失了财产的个人相对立。

正是这种使大众作为自由工人来同**劳动的客观条件**相对立的过程,也使这些条件作为[V—11]**资本**同自由工人相对立。历史的过程使在此以前联系着的因素分离开;因此,这个过程的结果,并不是这些因素中有一个消失了,而是其中的每一个因素都跟另一个因素处在否定关系中：一方面，是自由的工人（可能性上的），另一方面，是资本（可能性上的）。客观条件与这些变为自由工人的阶级的分离，必定同样会在相反的一极表现为这些条件本身的独立化。

如果不把资本和雇佣劳动的关系看做已经成为决定性的、支配整个生产的关系，〔因为在这种情况下，作为雇佣劳动的条件而预先存在的资本，就是雇佣劳动自身的产物，并作为雇佣劳动的条件被雇佣劳动本身当做前提，它作为雇佣劳动本身的前提是由雇佣劳动本身创造出来的。〕而是看做正在历史地形成的关系，也就是说，如果是考察货币向资本的最初转化，考察一方面只是在可能性上存在的资本与另一方面只是在可能性上存在的自由工人之间的交换过程，那么，自然会得出为经济学家们所津津乐道的简单结论：作为资本而出现的一方，必定拥有原料、劳动工具以及使工人在生产期间直到生产完成以前能够维持生活的生活资料。

而且，事情仿佛是这样：在资本家那里，必定已经有了一种积累——出现在劳动之前并且不是来自劳动的积累——，它使资本家能够驱使工人劳动，维持他们的活动能力，把他们作为活的劳动能力维持下去。〔一旦资本和雇佣劳动成为它们自身的前提，即成为先于生产本身而存在的基础，事情首先就会是这样：资本家除了拥有工人用来再生产自身、创造必要的生活资料即实现**必要劳动**所必需的原料和劳动资料的基金以外，他还拥有使工人实现剩余劳动，即实现资本家的利润所必需的原料和劳动资料的基金。进一步分析会表明，工人不断地为资本家创造出，或者说以资本的形式创造出双重的基金，这种基金的一部分不断地补充工人本身存在的条件，另一部分不断地补充资本存在的条件。我们已经看到，在剩余资本——同资本对劳动的原始关系相比的剩余资本——中,所有**现实的**、**现有的资本**,它的每一要素,都同样是对象化的、被资本占有的**他人劳动**,是不经交换、不付给等价物而**被占有的。**〕然后,这种不依赖于劳动的、不是由劳动完成的资本的行为,就从资本的形成史中被搬到现代来,变成资本的现实性和它的作用、它的自我形成的一个要素。最后,就由此得出资本对他人劳动的果实有永恒权利的结论,或者不如说,从简单而"公正的"等价物交换规律中引申出资本的赢利方式。

存在于货币形式上的财富,只是由于而且只有劳动的客观条件同劳动本身相分离,才可能用来交换劳动的客观条件。我们已经看到,一部分货币可以单纯通过等价物交换而积累起来;但这是在历史上不值一提的一种微不足道的来源(即假定货币是通过本人的劳动而换得的)。其实,正是由高利贷(特别是对土地财产贷放的高利贷)和由商人的利润所积累起来的动产,即货币财富,才转化为本来意义的资本,即产业资本。这两种形式,就它们不是表现为资本的形式,而是表现为较早的财富形式即资本的前提来说,我们在后面还有机会更详细地谈到。

正如我们已经看到的,资本的概念,资本的形成,包含着这样的意思:资本是以**货币**,从而以货币形式存在的财富为起点的。这里还包含着这样的意思:资本是从流通中来的,是作为流通的**产物**出现的。因此,资本的形成不是来自土地财产(在这种场合,至多是来自**租地农民**,只要他是农产品商人),也不是来自行会(虽然在这种场合有这种可能性),而是来自商人的和高利贷者的财富。可是,只有当自由劳动通过历史过程而与自己存在的客观条件相分离的时候,这种财富才找到购买这种自由劳动的条件。也只有这时候,这种财富才有可能购买这些**条件**本身。例如,在行会条件下,单纯的货币,如果它本身不是行会的、不是行会师傅的货币,就不可能买到织机,用来织布;一个人可以使用多少织机等等,是预先规定好的。总之,工具本身还同活劳动本身连在一起,还表现为活劳动所支配的领域,以致工具还没有真正进入流通。

要使货币财富有可能转化为资本,一方面,就要能找到自由的工人,另一方面,就要能找到这样的生活资料和材料等等,这些生活资料和材料原先在这种或那种形式下是那些现已丧失自己客观条件的人们的**财产**,现在同样也变成**自由的**、可以出卖的了。

而另一种劳动条件——一定的技能、作为劳动资料的工具等等——是货币财富在资本的这个准备时期或最初时期**发现的现成的东西**,它们部分地表现为城市行会制度的结果,部分地表现为家庭工业即作为农业的附属物的工业的结果。这个历史过程不是资本的结果,而是资本的前提。经过这个历史过程,资本家才在土地财产或一般财产同劳动之间作为中间人(历史地)插了进来。历史根本不知道什么资本家和工人结成联盟[Ⅴ—12]等等的美妙幻想,在资本概念的发展中也没有这种迹象。在某些地方,在依然完全属于另一个时期的范围内,偶尔会有**手工工场**发展起来,例如在意大利的各城市中,手工工场曾经同行会**并存**。但是要成为整个时代普遍的占统治地位的形式,资本的条件就必须不仅局部地,而且是大规模地发展起来。(当行会解体时,或许有个别的行会师傅转化为工业资本家,但这样的情形按事物的本性来说是很少的。整个来说,哪里出现了资本家和工人,哪里的行会制度、师傅和帮工就消失了。)

不言而喻——而且在更详细考察这里所谈到的历史时代时,就可以看到——,以前的生产方式以及劳动者对劳动客观条件的关系的以前方式的**解体时期**,无疑同时就是这样一个时期,这时一方面**货币财富已经**发展到一定的广度,另一方面,由于有加速这种解体的同一环境,货币财富迅速地增长和扩大起来。货币财富本身同时就是这种解体的动因之一,而这种解体又是货币财富转化为资本的条件。可是,**仅仅有了货币财富**,甚至它取得某种统治地位,还不足以使它**转化为资本**。否则,古代罗马、拜占庭等等的历史就会以自由劳动和资本而告终了,或者确切些说,从此就会开始新的历史史了。在那里,旧的所有制关系的解体,也是与货币财富——商业等等——的发展相联系的。但是,这种解体事实上不是导致工业的发展,而是导致乡村对城市的统治。

资本的原始形成,完全不是像人们所想象的那样,似乎是资本**积累了**生活资料、劳动工具和原料,一句话,**积累了**同土地相分离的、而且本身早已将人类劳动吸收在内的劳动的**客观**条件。

〔一看就可以明白,下述说法是很荒谬的循环论证:一方面,**工人**,即资本必须使之劳动才能使它自己确立为资本的那些工人,首先必须通过**资本**的积累**创造出来**,产生出来,等待着资本的呼唤:"**变出来**"!另一方面,资本本身如无他人劳动,便不能**积累**,或最多只能积累**它自身的劳动**,也就是说,它本身只能以**非资本**和**非货币**的形式存在,因为在资本存在之前,劳动只能实现在手工业劳动、小农业等等的形式中;简言之,这是完全**不可能积累**或者只能有很少**积累**的形式;这种形式只容许有少量剩余产品,而且其中很大一部分要**被消费掉**。这种积累的概念,我们还必须作更详尽的研究。〕

决不是资本创造出劳动的客观条件。相反,**资本的原始形成**只不过是这样发生的:作为**货币财富**而存在的价值,由于旧的生产方式解体的历史过程,一方面能**买到**劳动的客观条件,另一方面也能用货币从已经自由的工人那里换到**活劳动**本身。

所有这一切因素都已具备了。它们的分离本身是一个历史过程,解体过程,正是**这一个过程**使货币能够转化为**资本**。就货币在历史上也起促进作用来说,只有当货币本身作为最有力的分离手段加入这个过程的时候,而且只有当货币促使**被剥夺光的**、丧失客观条件的**自由工人**形成的时候,货币才起这种促进作用。但是,这当然不是由于货币为这些工人**创造**他们生存的客观条件,而是由于货币加速这些工人同这些条件的分离,——使工人丧失财产。

例如,英国的大土地所有者遣散了那些曾经与他们共同消费剩余农产品的侍从;其次,他们的租佃者赶走了小屋贫农等等,这样一来,首先有大量的活劳动力被抛到**劳动市场**上,他们在双重意义上是自由的:摆脱旧的保护关系或农奴依附关系以及徭役关系而自由了,其次是丧失一切财物和任何客观的物质存在形式而自由了,**自由得一无所有**;他们唯一的活路,或是出卖自己的劳动能力,或是行乞、流浪和抢劫。他们最初力图走后一条路,但是被绞架、耻辱柱和鞭子从这一条路上赶到通往劳动市场的狭路上去;由此可见,**政府**,如亨利七世、亨利八世等等的**政府**,[350] 是作为历史上解体过程的条件而出现的,并且是作为资本存在条件的创造者而出现的——这已为历史所证明。

另一方面,从前被土地所有者及其侍从所消费的生活资料等等,现在由货币支配,货币要买到它们,以便用它们来购买劳动。货币既未**创造**、也未**积累**这些生活资料;它们本来就已存在,在它们以货币为中介而被消费和再生产之前,它们已经被消费和再生产了。发生变化的只不过是:这些生活资料现在被抛到**交换市场**上了,同那些侍从等等的嘴脱离了直接的联系,并由使用价值变为交换价值,因而落入货币财富的势力范围[V—13]和统治之下。

劳动工具的情况也是一样。货币财富既没有发明、也没有制造纺车和织机。但是,纺工和织工一旦同自己的土地相分离,他们就连同自己的纺车和织机一起落入货币财富等等的统治之下了。**资本只不过是把它找到的大量人手和大量工具结合起来。资本把它们聚集在自己的统治之下。**这是资本的**实在的积累**；就是在各个点上把工人连同他们的工具积累起来。关于这个问题，将在考察所谓资本的积累问题时再详细谈。

货币财富——作为商人财富——当然促使旧的生产关系的推进和解体，并使土地所有者有可能例如像亚·斯密[351]已经出色地指出的那样，拿自己的谷物、牲畜等等去交换来自异乡的使用价值，而不是跟他的侍从一起把他自己所生产的使用价值挥霍掉，也不是把自己的财富在很大程度上表现在同他分享消费的侍从的人数上。在他心目中，货币财富把他的收入的**交换价值**的意义提高了。在他的那些已成为半资本家（但仍处在非常隐蔽的形式下）的租佃者那里也存在着同样的情况。

交换价值的发展——以商人等级的形式存在的**货币**促进了这种发展——瓦解着主要是以直接使用价值为目的的生产以及与这种生产相适应的所有制形式——劳动对它的客观条件的关系——，因而导致**劳动市场**的形成（当然要同奴隶市场区别开）。但是，就是货币的这种作用，也只有在那种**不是**建立在资本与雇佣劳动之上，而是建立在行会的劳动组织等等之上的**城市工商业**的前提下，才有可能。城市劳动本身创造了这样一些生产资料，对于这些生产资料来说，行会变成了障碍，就像旧的土地所有制关系对于改良了的农业成为障碍一样，这种改良了的农业本身部分地又是农产品在城市里的销路扩大等等的结果。其他的情况，例如16世纪时使流通的商品量和货币量增多，造成新的需要，因而提高了本地产品的交换价值等等，抬高了价格等等的情况，——所有这一切，一方面促进了旧的生产关系的解体，加速了劳动者或有劳动能力的非劳动者与其再生产的客观条件的分离,这样就促进了货币转化为资本。

可见,如果把资本的这种**原始形成**理解为似乎是资本积累了并创造了**生产的客观条件**——生活资料、原料、工具——并且替那些已经**被剥夺掉**这些条件的劳动者提供了这些条件,那就再荒谬不过了。相反,货币财富部分地助长了那些具有劳动能力的个人劳动力**被剥夺掉**这些条件;这种分离过程部分地又是在没有货币财富参与的情况下进行的。当资本的原始形成已经达到一定的程度时,货币财富便能够作为中介出现在这样变成自由的客观生活条件与变成自由的但**已是一贫如洗的**活劳动力二者之间,并且能够借助于一方去购买另一方。至于**货币财富**本身在转化为资本之前的**形成**问题,那是属于资产阶级经济的史前时期的问题。高利贷、商业、城市以及与这一切同时兴起的国库,在这方面起了主要作用。租佃者、农民等的**积蓄**也起过作用,不过作用程度较小。

这里同时又可以看到,交换和交换价值的发展——这种交换价值到处以商业为中介,或者说它的中介可以称为商业;货币在商人等级中保持独立的存在,同样,流通在商业中保持独立的存在——,一方面导致**劳动**对其生存条件的**所有权关系**的解体,另一方面又导致**劳动**本身属于**生产客观条件**的这些关系的解体;而所有这些关系既表明使用价值和以直接消费为目的的生产占优势,也表明那种本身还直接作为生产前提而存在的现实的共同体占优势。

以交换价值为基础的生产和以这种交换价值的交换为基础的共同体——尽管像我们在论货币的上一章中所看到的那样,它们会造成一种外观,仿佛财产仅仅是**劳动**的结果,对自己劳动产品的私有是[劳动的]条件——,以及作为财富的一般条件的劳动,都是以劳动与其客观条件相分离为前提的,并且产生出这种分离。这种等价物的交换是存在的,不过,它仅仅是这样一种生产的表层而已,这种生产建立在**不通过交换**却又在**交换的假象**下占有他人劳动的基础上。这种交换制度是以**资本**为基础的,而且,如果把它同资本分开来考察,像它在表面上所表现的那样,把它看做**独立的**制度,那么,这只是一种假象,不过这是**必然的假象**。

因此,现在已经毫不奇怪的是,交换价值制度,以劳动为尺度的等价物的交换,会转化为**不通过交换而对他人劳动的占有**,转化为劳动与财产的完全分离,或者更确切地说,会把这种情况当做这一制度的隐蔽背景而显示出来。因为,交换价值本身和生产交换价值的生产占统治地位**的前提**是:[V—14]他人的劳动能力本身是交换价值,也就是说,活的劳动能力与其客观条件相分离;对客观条件的关系——或劳动能力对自己的客体性的关系——成了对他人的财产的关系;一句话,对客观条件的关系,成了对**资本**的关系。只有在封建制度衰亡但还进行着内部斗争的时期,例如14世纪和15世纪上半叶的英国,才是劳动自我解放的黄金时代。为了使劳动重新把劳动的客观条件当做自己的财产,就必须有另一种制度来取代私人交换制度,这种私人交换制度,像我们已经看到的,造成对象化劳动同劳动能力的交换,因而导致不通过交换而占有活劳动。

货币转化为资本的方式,在历史上往往非常明显地表现成这样:例如商人让许多以前以农村副业的形式从事纺织的织工和纺工为他劳动,把他们的副业变成他们的本业。这样,商人就掌握了他们,并把他们变成受他支配的雇佣工人。后来他们又必须离开家乡,联合在一个作坊里——这是第二步。很明显,在这个简单的过程中,商人既没有为织工和纺工预备原料,也没有为他们预备工具、生活资料。商人所做的一切,只是逐渐把他们限制在这样一种劳动之内,这种劳动使他们依赖于出售,依赖于**买者**,依赖于**商人**,最终他们就只是**为他**而生产,并**通过他**而生产。最初,商人只是通过购买他们的产品来购买他们的劳动;一旦他们只限于生产这种交换价值,从而必须直接生产**交换价值**,必须把自己的劳动全部用来换取货币,才有可能继续生存,这时他们便落入商人的支配之下,最后就连他们好像是把产品**出卖**给商人的那种假象也消失了。商人购买他们的劳动,并且先是剥夺他们对产品的所有权,很快又剥夺对劳动工具的所有权,或者是为了减低商人自己的生产费用而把劳动工具留给他们作为**徒有其名的财产**。

在原始的历史形式中,资本起初零散地或在**个别地方**出现,与旧的生产方式**并存**,但逐渐地到处破坏旧的生产方式。属于这种原始的历史形式的,一方面,是本来意义上的**手工工场**(还不是工厂)。手工工场产生在为出口、为国外市场而大批生产的地方,也就是说以**大宗海陆贸易为基础**,产生在贸易中心地,例如,意大利的城市、君士坦丁堡、弗兰德和荷兰的城市、西班牙的某些城市如巴塞罗那等等。工场手工业最初并没有侵入所谓**城市工商业**,而是侵入**农村副业**,如纺和织,即最少需要行会技巧、技艺训练的那种劳动。除那些大的贸易中心地以外——在这些地方,工场手工业的基础是**国外**市场,因而可以说生产**自然而然**以交换价值为目标,也就是说,是直接与航海有关的手工工场、造船业本身等等——除这些大的贸易中心地以外,工场手工业起先不是建立在城市中,而是建立在乡村中,建立在没有行会等等的农村中。农村副业包含着工场手工业的广阔基础,而城市工商业为了能够按照工厂方式经营,则要求生产的高度发展。包含着这种基础的,还有这样一些生产部门,如玻璃厂、金属加工厂、锯木厂等等,它们一开始就都要求劳动力更加集中、更多地利用自然力、大量生产以及劳动资料等等的集中。造纸厂等等也是一样。

另一方面,又有租地农场主的出现和农业人口向自由短工的转化。虽然这种转化在农村中彻底完成并达到它的最纯粹形式为期最晚,但它在那里开始的时间是最早的。

古代人从来不曾超出道地的城市手工艺的范围,因此从未能达到大工业。大工业的首要前提,是把农村整个地纳入不是使用价值而是交换价值的生产。玻璃厂、造纸厂、炼铁厂等等,是不能以行会的方式经营的。它们要求大规模的生产、广泛市场的销路、操在企业家手中的**货币财富**——这并不是说,企业家创造了条件,他既不创造主观条件,也不创造客观条件,但在旧的所有制关系和生产关系之下,要把这些条件结合起来是不可能的。

然后,农奴制依附关系的解体,以及工场手工业的产生,逐渐地使一切劳动部门转变为资本经营的部门。当然,城市本身也在非行会的短工和粗工等等形式上包含着形成本来意义的雇佣劳动的一个要素。

[V—15]如果说我们看到,货币转化为资本,是以劳动的客观条件与劳动者相分离、相独立的那个历史过程为前提的,那么,从另一方面说,资本一旦产生出来并发展下去,其结果就是使全部生产服从自己,并到处发展和实现劳动与财产之间,劳动与劳动的客观条件之间的分离。在以后的叙述中可以看到,资本是怎样消灭手工业劳动、从事劳动的小土地所有制等等,甚至也消灭了那种处在**不**与劳动相对立的形式上的资本本身,即**小资本**和介于旧生产方式(或在资本的基础上更新的旧生产方式)同典型的名副其实的资本生产方式之间的中间类型、混合类型。

在资本产生时作为前提的唯一积累,是**货币财富**的积累,这种货币财富从本身来看完全是非生产的,它仅仅从流通中产生出来而且仅仅属于流通。资本迅速为自己创造国内市场,是通过消灭所有的农村副业,从而为一切人纺织,为一切人供应衣服等等,一句话,使以前作为直接使用价值而生产的商品具有交换价值的形式,这是一个由于劳动者与土地以及与生产条件的所有权(甚至也许是依附者的所有权)相分离而自然产生的过程。

城市手工业在实质上虽然是以交换和创造交换价值为基础的,但在这里生产的直接的主要的目的,是**保证手工业者、手工业师傅的生存**,因而是使用价值,不是**发财致富**,不是**作为交换价值的交换价值**。所以,生产处处从属于作为前提的消费,供给从属于需求,而且只是缓慢地扩大着。

可见,资本家和雇佣工人的产生,是资本价值增殖过程的主要产物。普通经济学只看到生产出来的物品,而把这一点完全忽略了。因为在这个过程中,对象化的劳动同时又表现为工人的**非对象性**,表现为与工人对立的一个主体的对象性,表现为工人之外的异己意志的**财产**,所以资本就必然地同时是**资本家**,而有些社会主义者认为,我们需要资本,但不需要资本家,[352]——这是完全错误的。在资本的概念中包含着这样一点:劳动的客观条件(而这种客观条件是劳动本身的产物)对劳动来说**人格化了**,或者同样可以说,客观条件表现为对工人来说是异己的人格的财产。资本的概念中包含着资本家。

但是,这种错误丝毫不比谈论古代的**资本**,谈论罗马、希腊的资本家的那些语言学家所犯的错误大。这只不过是以另一种说法表明在罗马和希腊劳动曾是**自由的**,不过这一点是这些先生们未必想说出的。我们现在不但称美国的种植园主为资本家,而且他们也确实**是**这样的人,这是由于,他们是作为以自由劳动为基础的世界市场范围内的畸形物而存在的。

如果谈到在古代人那里还没有出现的"**资本**"这个词(虽然在希腊人那里,不加息的原始资本[ἀρχαῖα]一词相当于拉丁语的借贷的本金[principalis summa rei creditae][353]),那么至今还带着自己的牲畜群在亚洲高原的草原上放牧的游牧民,就是最大的资本家了,因为资本最初的含义是牲畜,所以至今在法国南部,往往由于缺乏资本而订立的分成租佃制契约恰恰例外地被称为:**牲畜租赁契约**[Bail de bestes à cheptel]。假如用说得很蹩脚的拉丁语来表达,那么,我们的资本家或**首脑人物**[Capitales Homines]便成了应**交纳人头税**的人[qui debent censum de capite][354]。

当规定资本的概念时,会遇到在规定货币概念时所没有遇到的困难。资本实质上就是**资本家**;但是,它同时又是作为一种与资本家不同的资本家存在要素,或者说生产本身就是**资本**。我们还将看到,人们给**资本**一词加进了许多就资本概念来说看来并不包含的含义。例如人们说,把资本借出去,把资本积累起来等等。在所有这些说法中,资本不过是物,同构成它的物质完全是一回事。但这个问题以及其他问题,将在论述过程中得到解释。

(顺便当做笑话说一下:勇敢的亚当·弥勒以极其神秘的眼光看待一切比喻,他也听说日常生活中的**活资本**是与**死资本**相对立的,并用神智学来加以解释。[355]在这方面,阿瑟尔斯坦王的说法倒可以开导他:我把我的财产的十分之一,既包括**活的牲畜**,也包括**死的土地果实**,献给神。)[356]

货币始终具有同一形式,同一基质;因此很容易认为货币只是一种物。但是,同样的东西,商品、货币等等,或者可以代表资本,或者可以代表收入等等。甚至经济学家们也明白:货币是不可捉摸的东西;同样的物,有时可以包括在资本的规定中,有时可以包括在另外的、对立的规定中，因此，它或者**是**资本，或者**不是**资本。可见，资本显然是**关系**，而且**只能是生产关系**。

［机器体系和科学发展以及资本主义劳动过程的变化］[357]

"机器分为：（1）生产动力的机器；（2）单纯传送动力和完成工作的机器。"（拜比吉［《论机器和工厂的节约》1833年巴黎版第20—21页］，［B.］10）

"工厂的标志是各种工人即成年工人和未成年工人的协作，这些工人熟练地勤勉地看管着由一个中心动力不断推动的、进行生产的机器体系，一切工厂，只要它的机械不形成连续不断的体系，或不受同一个发动机推动，都不包括在这一概念之中。属于后一类工厂的例子，有染坊、铸铜厂等。——这个术语的准确的意思使人想到一个由无数机械的和有自我意识的器官组成的庞大的自动机，这些器官为了生产同一个物品而协调地不间断地活动，并且它们都受一个自行发动的动力的支配。"（尤尔［《工厂哲学》1836年布鲁塞尔版第1卷第18—19页］，［B.］13）

在生产过程本身中逐渐消费的资本，或者说固定资本，从严格意义上说，是**生产资料**。从更广泛的意义上说，整个生产过程和它的每一个要素，以及流通的每一个要素——从物质方面来看——只是资本的生产资料，对资本来说，只有价值才作为目的本身而存在。从物质本身方面来看，原料也是产品的生产资料，等等。

但是，固定资本作为在生产过程本身中逐渐耗尽的资本，其使用价值的规定就是：固定资本在这个过程中只是作为手段被使用，并且它本身只是作为使原料变为产品的作用物而存在。作为这样的生产资料，它的使用价值可以归结为：它只是生产过程运行的工艺条件（生产过程运行的场所），例如建筑物等等，或者，它是真正的生产资料发挥作用的直接条件,例如一切辅助材料。无论建筑物还是辅助材料,又只是进行整个生产过程的物质前提,或者只是使用和保存劳动资料的物质前提。而本来意义上的劳动资料只是在生产范围内并为了生产才被使用的,它没有任何其他的使用价值。

最初,当我们考察价值向资本的过渡时,劳动过程不过包括在资本里,而资本,按其物质条件,按其物质存在来看,表现为这个过程的各种条件的总和,并和这个过程相应,分为一定的、质上不同的各个部分,即**劳动材料**(正确的概念是劳动材料,而不是原材料),**劳动资料和活劳动**①。一方面,资本按其物质组成来看,分成这三种要素;另一方面,这些要素的运动的统一是**劳动过程**(或者说这些要素共同加入这一过程),它们的静止的统一是产品。在这种形式中,物质要素——劳动材料、劳动资料和活劳动——只表现为资本所占有的劳动过程本身的基本要素。而这个物质方面——或资本作为使用价值和现实过程的规定——同资本的形式规定完全不相符合。在资本的形式规定自身中,

(1)在资本同劳动能力交换以前,在实际的过程以前,这三个要素只是表现为资本本身在量上的不同的部分,表现为价值量,而作为总和的资本本身则构成这些部分的统一体。这些不同的部分借以存在的那种物质形式,使用价值,丝毫没有改变这一规定的同质性。从形式规定方面看,它们只是这样表现的:资本在量上分为几个部分。

(2)在过程本身内部,从形式来看,劳动这个要素和另外两个要素相互区别的地方只是:后两个要素是不变的价值,而劳动是创

---

① 见《马克思恩格斯全集》中文第 2 版第 30 卷第 256—257 页。——编者注

造价值的东西。但就使用价值上的差别来说,就物质方面来说,这种差别完全不属于资本的形式规定之内。但是现在,在流动资本(原材料和产品)［Ⅵ—44］和**固定资本**(劳动资料)之间的差别上,作为使用价值的各要素之间的差别,同时表现为作为资本的资本在形式规定上的差别。各要素之间的关系过去只是量的关系,现在则表现为资本本身的质的差别,表现为决定资本的总运动(周转)的东西。劳动材料和劳动产品——劳动过程的这个中和的沉淀物——作为**原材料**和**产品**,从物质方面来看,也已经不再是劳动的材料和产品,而是资本本身在各个阶段上的使用价值。

只要劳动资料仍然是本来意义上的劳动资料,像它在历史上直接地被资本纳入资本价值增殖过程时的情形那样,它所经受的就只是形式上的变化,也就是说,现在它不仅从物质方面来看表现为劳动的资料,同时还表现为由资本的总过程决定的特殊的资本存在方式——表现为**固定资本**。

但是,加入资本的生产过程以后,劳动资料经历了各种不同的形态变化,它的最后的形态是**机器**,或者更确切些说,是**自动的机器体系**(即机器体系;**自动的机器体系**不过是最完善、最适当的机器体系形式,只有它才使机器成为体系),它是由自动机,由一种自行运转的动力推动的。这种自动机是由许多机械器官和智能器官组成的,因此,工人自己只是被当做自动的机器体系的有意识的肢体。在机器中,尤其是在作为自动体系的机器装置中,劳动资料就其使用价值来说,也就是就其物质存在来说,转化为一种与固定资本和资本一般相适合的存在,而劳动资料作为直接的劳动资料加入资本生产过程时所具有的那种形式消失了,变成了由资本本身规定的并与资本相适应的形式。

机器无论在哪一方面都不表现为单个工人的劳动资料。机器的特征决不是像［单个工人的］劳动资料那样,在工人的活动作用于［劳动］对象方面起中介作用;相反地,工人的活动表现为:它只是在机器的运转,机器作用于原材料方面起中介作用——看管机器,防止它发生故障,这和对待工具的情形不一样。工人把工具当做器官,通过自己的技能和活动赋予它以灵魂,因此,掌握工具的能力取决于工人的技艺。相反,机器则代替工人而具有技能和力量,它本身就是能工巧匠,它通过在自身中发生作用的力学规律而具有自己的灵魂,它为了自身不断运转而消费煤炭、机油等等(辅助材料),就像工人消费食物一样。只限于一种单纯的抽象活动的工人活动,从一切方面来说都是由机器的运转来决定和调节的,而不是相反。科学通过机器的构造驱使那些没有生命的机器肢体有目的地作为自动机来运转,这种科学并不存在于工人的意识中,而是作为异己的力量,作为机器本身的力量,通过机器对工人发生作用。

活劳动被对象化劳动所占有——创造价值的力量或活动被自为存在的价值所占有——,这种包含在资本概念中的占有,在以机器为基础的生产中,也从生产的物质要素和生产的物质运动上被确立为生产过程本身的性质。从劳动作为支配生产过程的统一体而囊括生产过程这种意义来说,生产过程已不再是这种意义上的劳动过程了。相反,劳动现在仅仅表现为有意识的机件,它以单个的有生命的工人的形式分布在机械体系的许多点上,被包括在机器体系本身的总过程中,劳动自身仅仅是这个体系里的一个环节,这个体系的统一不是存在于活的工人中,而是存在于活的(能动的)机器体系中,这种机器体系同工人的单个的无足轻重的动作相比,在工人面前表现为一个强大的机体。在机器体系中,对象化劳动在劳动过程本身中与活劳动相对立而成为支配活劳动的力量,占有活劳动的资本就其形式来说就是这样的力量。由于劳动资料转变为机器体系,由于活劳动转变为这个机器体系的单纯的活的附件,转变为机器运转的手段,劳动过程便只是作为资本价值增殖过程的一个环节而被包括进来,这一点从物质方面来看,也被肯定了。

提高劳动生产力和最大限度否定必要劳动,正如我们已经看到的①,是资本的必然趋势。劳动资料转变为机器体系,就是这一趋势的实现。在机器体系中,对象化劳动在物质上与活劳动相对立而成为支配活劳动的力量,并主动地使活劳动从属于自己,这不仅是通过对活劳动的占有,而且是在现实的生产过程本身中实现的。在作为机器体系存在的固定资本中,资本作为把创造价值的活动占为己有的价值这样一种关系,同时表现为资本的使用价值与劳动能力的使用价值的关系。

其次,对象化在机器体系中的价值表现为这样一个前提,同它相比,单个劳动能力创造价值的力量作为无限小的量而趋于消失。由于机器体系所造成的规模巨大的生产,产品同生产者的直接需要的任何联系也都消失了,从而同直接使用价值的任何联系也都消失了。产品生产的形式和产品生产的关系已经意味着:产品只是作为价值的承担者被生产出来,而它的使用价值只是实现这一目的的条件。在机器[体系]中,对象化劳动本身不仅直接以产品的形式或者以当做劳动资料来使用的产品的形式出现,而且以生产力本身的形式出现。劳动资料发展为机器体系,对资本来说并不是偶然的,而是使传统的继承下来的劳动资料适合于资本要求的历史性变革。因此,知识和技能的积累,社会智力的一般生产力的积累,就同劳动相对立而被吸收在资本当中,从而表现为资本的属性,更明确些说,表现为**固定资本**的属性,只要后者是作为真正

---

① 见《马克思恩格斯全集》中文第2版第30卷第406页。——编者注

的生产资料加入生产过程。

因此，**机器体系**表现为**固定资本**的最适当的形式，而固定资本——就资本对自身的关系来看——则表现为**资本一般的最适当的形式**。另一方面，就固定资本被束缚在自己一定的使用价值的存在中这一点来看，它是不符合资本的概念的，因为作为价值来说，资本采取任何特定的使用价值形式都是无所谓的，它可以把任何一种使用价值形式作为自己一视同仁的化身来加以采用或者抛弃。从这方面来看，从资本对外部的关系来看，**流动资本**同固定资本相比表现为资本的适当形式。

其次，从机器体系随着社会知识的积累、整个生产力的积累而发展来说，代表一般社会劳动的不是劳动，而是资本。社会的生产力是用**固定资本**来衡量的，它以物的形式存在于固定资本中，另一方面，资本的生产力又随着被资本无偿占有的这种普遍的进步而得到发展。这里无须详细地研究机器体系的发展；而只要求从一般的方面考察；只要**劳动资料**变为**固定资本**，就从自己的物质方面失去了自己的直接形式，并且在物质上作为**资本**同工人相对立。在机器体系中，对工人来说，知识表现为外在的异己的东西，而活劳动则从属于独立发生作用的对象化劳动。只要工人的活动不是[资本的]①需要所要求的，工人便成为多余的了。

[VII—1]②因此，只有当劳动资料不仅在形式上被规定为**固定资本**，而且扬弃了自己的直接形式，从而，**固定资本**在生产过程内部作为机器来同劳动相对立的时候，而整个生产过程不是从属

---

① 手稿此处缺损。——编者注
② 马克思在手稿的此处注明："本笔记本从1858年2月底开始使用。"——编者注

于工人的直接技巧,而是表现为科学在工艺上的应用的时候,只有到这个时候,资本才获得了充分的发展,或者说,资本才造成了与自己相适合的生产方式。可见,资本的趋势是赋予生产以科学的性质,而直接劳动则被贬低为只是生产过程的一个要素。同价值转化为资本时的情形一样,在资本的进一步发展中,我们看到:一方面,资本是以生产力的一定的现有的历史发展为前提的——在这些生产力中也包括科学——,另一方面,资本又推动和促进生产力向前发展。

因此,资本作为固定资本来发展时所达到的数量和效能(强度),一般说来,表明资本作为资本,作为支配活劳动的力量的发展程度和资本支配整个生产过程的程度。从固定资本表现对象化生产力和对象化劳动的积累这方面来说,情况也是如此。但是,如果说资本只有在机器体系中以及固定资本的其他物质存在形式如铁路等等中(关于这一方面我们以后再谈),才取得自己在生产过程内部作为使用价值的适当的形式,那么这决不是说,这种使用价值,这种机器体系本身就是资本,或者说它作为机器体系的存在同它作为资本的存在是一回事。正像黄金不再是**货币**时,它不会丧失黄金的使用价值一样,机器体系不再是资本时,它也不会失去自己的使用价值。决不能从机器体系是固定资本的使用价值的最适合的形式这一点得出结论说:从属于资本的社会关系,对于机器体系的应用来说,是最适合的和最好的社会生产关系。

劳动时间——单纯的劳动量——在怎样的程度上被资本确立为唯一的决定要素,直接劳动及其数量作为生产即创造使用价值的决定要素就在怎样的程度上失去作用;而且,如果说直接劳动在量的方面降到微不足道的比例,那么它在质的方面,虽然也是不可缺少的,但一方面同一般科学劳动相比,同自然科学在工艺上的应用相比,另一方面同产生于总生产中的社会组织的、并表现为社会劳动的自然赐予(虽然是历史的产物)的一般生产力相比,却变成一种从属的要素。于是,资本也就促使自身这一统治生产的形式发生解体。

因此,如果说,一方面生产过程从简单的劳动过程向科学过程的转化,也就是向驱使自然力为自己服务并使它为人类的需要服务的过程的转化,表现为同活劳动相对立的**固定资本**的属性,如果说,单个劳动本身不再是生产的,相反,它只有在征服自然力的共同劳动中才是生产的,而直接劳动到社会劳动的这种上升,表现为单个劳动在资本所代表、所集中的共同性面前被贬低到无能为力的地步,那么,另一方面,一个生产部门的劳动由另一个生产部门的**并存劳动**[358]来维持,则表现为**流动资本**的属性。

在小流通[359]中,资本把工资预付给工人,工人用工资交换他的消费所必需的产品。工人得到的货币所以具有这种力量,仅仅是因为在他以外同时还有人在劳动;而且,仅仅因为资本占有这个工人的劳动,资本才会以货币形式付给他支取他人劳动的凭证。本人劳动和他人劳动的这种交换,在这里不是以他人同时并存的劳动为中介和条件,而是以资本所作的预付为中介和条件。工人在生产期间能够实现他的消费所必需的物质变换这件事,表现为转到工人手里的那一部分**流动资本**的属性,并表现为流动资本一般的属性。这一情况不是表现为同时并存的劳动力之间的物质变换,而是表现为资本的物质变换,表现为流动资本的存在。

于是,劳动的一切力量都转化为资本的力量。在固定资本中体现着劳动的生产力(这种生产力存在于劳动之外,并且(在物质上)不以劳动为转移而存在着)。而在流动资本中,一方面,工人本身有重复自己劳动的前提条件,另一方面,工人的这种劳动的交换以其他工人的并存劳动为中介,——这种情况表现为,资本对工人实行预付,另一方面资本又造成各个劳动部门的同时并存。(后面这两个规定其实属于积累。)在流动资本的形式中,资本表现为不同工人之间的中介。

固定资本在它作为生产资料(机器体系是生产资料的最适合的形式)的规定中,只是从两方面生产价值,即增加产品的价值:(1)由于固定资本具有**价值**,就是说,它本身就是劳动产品,是对象化形式上的一定的劳动量;(2)由于固定资本通过提高劳动的生产力,使劳动能在较短的时间内创造出更大量的维持活劳动能力所必需的产品,从而提高剩余劳动对必要劳动的比例。可见,说什么由于资本家利用固定资本(况且,固定资本本身就是劳动的产品,并且不过是被资本占有的**他人劳动**的产品)使工人的劳动减轻了(相反,资本家利用机器使工人的劳动失去了一切独立性和吸引力),或者使工人劳动的时间缩短了,所以工人就和资本家分享劳动产品了,这种说法是极其荒谬的资产阶级滥调。

相反,只有在机器使工人能够把自己的更大部分时间用来替资本劳动,把自己的更大部分时间当做不属于自己的时间,用更长的时间来替别人劳动的情况下,资本才采用机器。的确,通过这个过程,生产某种物品的必要劳动量会缩减到最低限度,但只是为了在最大限度的这类物品中使最大限度的劳动价值增殖。第一个方面所以重要,是因为资本在这里——完全是无意地——使人的劳动,使力量的支出缩减到最低限度。这将有利于解放了的劳动,也是使劳动获得解放的条件。

由此可见,罗德戴尔把固定资本说成是和劳动时间无关的、独立的价值源泉,是何等荒谬。[360]固定资本只有从它本身是对象化劳动时间来说,并且从它创造剩余劳动时间来说,才是这样的源泉。机器体系本身[Ⅶ—2]的采用——见前面莱文斯顿的论述①——在历史上要以多余的人手为前提。只是在劳动力过剩的地方,机器体系才出现,以便代替劳动。只有在经济学家的想象中,机器体系才对单个工人有帮助。只有使用大量工人,机器体系才能发生作用,而对资本来说,工人的积聚,正如我们看到的②,是资本的历史前提之一。机器体系的出现,不是为了弥补劳动力的不足,而是为了把现有的大量劳动力压缩到必要的限度。只有在劳动能力大量存在的地方,机器体系才会出现。(关于这个问题,以后还要返回来谈。)

罗德戴尔断言,机器体系不增加劳动的生产力,因为它不过是代替了劳动,或者说做那种劳动本身用自己的力量不能做的工作,他认为这是他的伟大发现。而属于资本概念的东西却是:增长了的劳动生产力表现为劳动之外的力量的增长和劳动本身的力量的削弱。劳动资料使工人独立——使他变成所有者。机器体系——作为固定资本——则使工人不独立,使他成为被占有者。机器体系所以发生这种作用,只是由于它变成固定资本,而机器体系所以变成固定资本,只是由于工人是以雇佣工人的身份,而且总的说来,从事活动的个人只是以工人的身份同它发生关系。

如果说,在此以前固定资本和流动资本仅仅表现为资本的不同的暂时的规定,那么,现在它们却硬化为资本的特殊存在方式,并且在固定资本之旁出现流动资本。现在有了资本的两个特殊种

---

① 见《马克思恩格斯全集》中文第2版第30卷第375—376页,第31卷第87—88页。——编者注

② 见《马克思恩格斯全集》中文第2版第30卷第587—593页。——编者注

类。如果就一定生产部门的一笔资本来看,这笔资本就分成这两个部分,或者说按一定比例分成资本的这两个种类。

生产过程内部的区别,最初本来是劳动资料和劳动材料,最后是劳动产品,现在则表现为流动资本(劳动材料和劳动产品)和固定资本[劳动资料]。资本单纯按其物质方面所作的划分,现在被包括在资本的形式本身中,并且表现为使资本分化的东西。

罗德戴尔之流认为资本本身离开劳动可以创造**价值**,因而也可以创造**剩余价值**(或利润),对这种观点来说,固定资本——特别是以机器体系为其物质存在或使用价值的资本——是最能使他们的肤浅谬论貌似有理的形式。同他们相反,例如,在《保护劳动》[361]中指出,是道路的修建者,而不是"道路"本身,可以分享道路的使用者所得到的利益。

至于流动资本,既然要以它确实经过不同的阶段为前提,那么即使流通不中断,流通时间的增减,长短,经过不同流通阶段的难易,也会使一定时间内所能创造的剩余价值减少,——这或是**因为再生产**[周期]**的次数减少了**,或是因为**生产过程中经常使用的资本**量缩减了。在两种情况下,预先存在的价值都没有减少,而是价值增长的速度减慢了。但是,一旦固定资本发展到了一定的规模——正如过去所指出的,固定资本的这种规模是一般大工业发展的尺度,因而也就随大工业的生产力(固定资本本身是这些生产力的对象化,它就是作为预先存在的产品的这种生产力本身)按相同的程度增长——,从这时起,生产过程的任何中断所起的作用都直接使资本本身减少,使资本的预先存在的价值减少。

固定资本的价值只有在生产过程中被消费,才再生产出来。固定资本不被利用,就丧失它的使用价值,没有把它的价值转移到产品上去。因此,在我们这里所考察的意义上,固定资本发展的程度越高，**生产过程的连续性**或再生产过程的不断进行，就越成为以资本为基础的生产方式的外在的强制性条件。

在机器体系中，资本对活劳动的占有从下面这一方面来看也具有直接的现实性：一方面，直接从科学中得出的对力学规律和化学规律的分解和应用，使机器能够完成以前工人完成的同样的劳动。然而，只有在大工业已经达到较高的阶段，一切科学都被用来为资本服务的时候，机器体系才开始在这条道路上发展；另一方面，现有的机器体系本身已经提供大量的手段。在这种情况下，发明就将成为一种职业，而科学在直接生产上的应用本身就成为对科学具有决定性的和推动作用的着眼点。

但是，这并不是机器体系在整体上产生时所经过的道路，更不是机器体系在细节上不断进展时所走过的道路。机器体系的这种道路是分解——通过分工来实现，这种分工把工人的操作逐渐变成机械的操作，而达到一定地步，机器就会代替工人。(关于**力的节省**。)因此，在这里直接表现出来的是一定的劳动方式从工人身上转移到机器形式的资本上，由于这种转移，工人自己的劳动能力就贬值了。由此产生了工人反对机器体系的斗争。过去是活的工人的活动，现在成了机器的活动。所以，带着粗暴情欲同工人对立的是资本对劳动的占有，是"好像害了相思病"**362**似地吞噬活劳动的资本。

活劳动同对象化劳动的交换，即社会劳动确立为资本和雇佣劳动这二者对立的形式，是**价值关系**和以价值为基础的生产的最后发展。这种发展的前提现在是而且始终是：直接劳动时间的量，作为财富生产决定因素的已耗费的劳动量。但是，随着大工业的发展，现实财富的创造较少地取决于劳动时间和已耗费的劳动量，较多地取决于在劳动时间内所运用的作用物的力量，而这种作用物自身——它们的巨大效率——又和生产它们所花费的直接劳动时间不成比例,而是取决于科学的一般水平和技术进步,或者说取决于这种科学在生产上的应用。(这种科学,特别是自然科学以及和它有关的其他一切科学的发展,本身又和物质生产的发展相适应。)例如,农业将不过成为一种物质变换的科学的应用,这种物质变换能加以最有利的调节以造福于整个社会体。

现实财富倒不如说是表现在——这一点也由大工业所揭明——已耗费的劳动时间和劳动产品之间惊人的不成比例上,同样也表现在被贬低为单纯抽象物的劳动和由这种劳动看管的生产过程的威力之间在质上的不成比例上。劳动表现为不再像以前那样被包括在生产过程中,相反地,表现为人以生产过程的监督者和调节者的身份同生产过程本身发生关系。(关于机器体系所说的这些情况,同样适用于人们活动的结合和人们交往的发展。)这里已经不再是工人把改变了形态的自然物作为中间环节放在自己和对象之间;而是工人把[VII—3]由他改变为工业过程的自然过程作为中介放在自己和被他支配的无机自然界之间。工人不再是生产过程的主要作用者,而是站在生产过程的旁边。

在这个转变中,表现为生产和财富的宏大基石的,既不是人本身完成的直接劳动,也不是人从事劳动的时间,而是对人本身的一般生产力的占有,是人对自然界的了解和通过人作为社会体的存在来对自然界的统治,总之,是社会个人的发展。**现今财富的基础是盗窃他人的劳动时间**,这同新发展起来的由大工业本身创造的基础相比,显得太可怜了。一旦直接形式的劳动不再是财富的巨大源泉,劳动时间就不再是,而且必然不再是财富的尺度,因而交换价值也不再是使用价值的尺度。**群众的剩余劳动**不再是一般财富发展的条件,同样,**少数人的非劳动**不再是人类头脑的一般能力发展的条件。于是,以交换价值为基础的生产便会崩溃,直接的物质生产过程本身也就摆脱了贫困和对立的形式。个性得到自由发展,因此,并不是为了获得剩余劳动而缩减必要劳动时间,而是直接把社会必要劳动缩减到最低限度,那时,与此相适应,由于给所有的人腾出了时间和创造了手段,个人会在艺术、科学等等方面得到发展。

资本本身是处于过程中的矛盾,因为它竭力把劳动时间缩减到最低限度,另一方面又使劳动时间成为财富的唯一尺度和源泉。因此,资本缩减必要劳动时间形式的劳动时间,以便增加剩余劳动时间形式的劳动时间;因此,越来越使剩余劳动时间成为必要劳动时间的条件——生死攸关的问题。一方面,资本唤起科学和自然界的一切力量,同样也唤起社会结合和社会交往的一切力量,以便使财富的创造不取决于(相对地)耗费在这种创造上的劳动时间。另一方面,资本想用劳动时间去衡量这样造出来的巨大的社会力量,并把这些力量限制在为了把已经创造的价值作为价值来保存所需要的限度之内。生产力和社会关系——这二者是社会个人的发展的不同方面——对于资本来说仅仅表现为手段,仅仅是资本用来从它的有限的基础出发进行生产的手段。但是,实际上它们是炸毁这个基础的物质条件。

> "一个国家只有在劳动 6 小时而不是劳动 12 小时的时候,才是真正富裕的。**财富**〈现实的财富〉不是对剩余劳动时间的支配,而是除了耗费在直接生产上面的时间以外,**每一个个人和整个社会可以自由支配的时间**。"[查·迪尔克《国民困难的原因及其解决办法》1821 年伦敦版第 6 页]**363**

自然界没有造出任何机器,没有造出机车、铁路、电报、自动走锭精纺机等等。它们是人的产业劳动的产物,是转化为人的意志驾驭自然界的器官或者说在自然界实现人的意志的器官的自然物质。它们是**人的手创造出来的人脑的器官**;是对象化的知识力量。固定资本的发展表明,一般社会知识,已经在多么大的程度上变成了**直接的生产力**,从而社会生活过程的条件本身在多么大的程度上受到一般智力的控制并按照这种智力得到改造。它表明,社会生产力已经在多么大的程度上,不仅以知识的形式,而且作为社会实践的直接器官,作为实际生活过程的直接器官被生产出来。

再从另一方面看,固定资本的发展也表明财富一般发展的程度,或者说资本发展的程度。直接以使用价值为目的的生产,以及直接以交换价值为目的的生产,其对象都是供消费用的产品本身。生产固定资本的那部分生产既不生产直接的消费品,也不生产直接的交换价值,至少不生产可以直接实现的交换价值。**因此,越来越大的一部分生产时间耗费在生产资料的生产上,这种情况取决于已经达到的生产率水平,取决于用一部分生产时间就足以满足直接生产的需要。**

这就要求社会能够等待;能够把相当大一部分已经创造出来的财富从直接的享受中,也从以直接享受为目的的生产中抽出来,以便(在物质生产过程本身内部)把这一部分财富用到**非直接生产的劳动上去。**这就要求已经达到的生产率和相对的富裕程度都有高度水平,而且这种高度水平是同流动资本转变为固定资本成正比的。正如**相对剩余劳动的大小取决于必要劳动的生产率**一样,用于**生产固定资本的劳动时间——**活劳动时间和对象化劳动时间——**的大小取决于用于直接生产产品的劳动时间的生产率。**

过剩人口(从这个观点来看),以及**过剩生产**,是达到这种情况的条件。这就是说,用在直接生产上的时间所取得的成果必定相对说来很大,超出了这些生产部门所使用的资本的再生产的直接需要。**固定资本**直接带来的成果**越少**,越少参与**直接生产过程**,

这种相对的**过剩人口和过剩生产**就必定越多;因而,修建铁路、运河、自来水、电报等等场合,同制造直接用于直接生产过程的机器的场合相比,过剩人口和过剩生产就必定多些。由此(我们以后将回过来谈这一点)就产生出——通过现代工业经常生产过剩和经常生产不足的形式——这样一种状态:流动资本向固定资本的转化有时过多有时过少,这种不平衡状态经常波动和痉挛。

〔在必要劳动时间之外,为整个社会和社会的每个成员**创造大量可以自由支配的时间**(即为个人生产力的充分发展,因而也为社会生产力的充分发展创造广阔余地),这样创造的非劳动时间,从资本的立场来看,和过去的一切阶段一样,表现为少数人的非劳动时间,自由时间。资本还添加了这样一点:它采用技艺和科学的一切手段,来增加群众的剩余劳动时间,因为它的财富直接在于占有剩余劳动时间;因为它的**直接目的**是**价值**,而不是使用价值。

于是,资本就违背自己的意志,成了为社会可以自由支配的时间创造条件的工具,使整个社会的劳动时间缩减到不断下降的最低限度,从而为全体〔社会成员〕本身的发展腾出时间。但是,资本的趋势始终是:一方面**创造可以自由支配的时间**,**另一方面把这些可以自由支配的时间变为剩余劳动**。如果它在第一个方面太成功了,那么,它就要吃到生产过剩的苦头,这时必要劳动就会中断,因为**资本无法实现剩余劳动**。

这个矛盾越发展,下述情况就越明显:生产力的增长再也不能被占有他人的剩余劳动所束缚了,工人群众自己应当占有自己的剩余劳动。当他们已经这样做的时候——这样一来,**可以自由支配的时间就不再是对立的存在物了**——那时,一方面,社会的个人的需要将成为必要劳动时间的尺度,另一方面,社会生产力的发展将如此迅速，以致尽管生产将以所有的人富裕为目的，所有的人的**可以自由支配的时间**还是会增加。因为真正的财富就是所有个人的发达的生产力。那时，财富的尺度［VII—4］决不再是劳动时间，而是可以自由支配的时间。以**劳动时间作为财富的尺度**，这表明财富本身是建立在贫困的基础上的，而可以自由支配的时间只是**在同剩余劳动时间的对立中并且是由于这种对立而存在的**，或者说，个人的全部时间都成为劳动时间，从而使个人降到仅仅是工人的地位，使他从属于劳动。**因此，最发达的机器体系现在迫使工人比野蛮人劳动的时间还要长，或者比他自己过去用最简单、最粗笨的工具时劳动的时间还要长。**〕

"假定一个国家的全部劳动所生产的只够维持全部人口的生活，那就不会有**剩余劳动**，因而也就没有什么东西可以作为资本积累起来。假定人们在一年中所生产的足够维持他们两年的生活，那就或者是一年的消费资料必须毁掉，或者是人们必须停止一年的生产劳动。但是，**剩余产品——或者说资本——**的所有者……会把人们用于**某种不是直接生产的工作**，例如用来装配机器等等。如此反复不已。"（《国民困难的原因及其解决办法》1821 年伦敦版第 4—5 页）

〔正如随着大工业的发展，大工业所依据的基础——占有他人的劳动时间——不再构成或创造财富一样，随着大工业的这种发展，**直接劳动**本身不再是生产的基础，一方面因为直接劳动变成主要是看管和调节的活动，其次也是因为，产品不再是单个直接劳动的产品，相反地，作为生产者出现的，是社会活动的**结合**。

"当分工发达的时候，几乎每个人的劳动都是整体的一部分，**它本身没有任何价值或用处。因此工人不能指任何东西说：这是我的产品，我要留给我自己。**"（［托·霍吉斯金］《保护劳动［反对资本的要求］》［1825 年伦敦版第 25 页］，［L.］XI，1、2）

在直接的交换中，单个的直接劳动实现在某个特殊的产品或产品的一部分中,而它[单个的直接劳动]的共同的、社会的性质——劳动作为一般劳动的对象化和作为满足一般需要的[手段的]性质——只有通过交换才被肯定。相反,在大工业的生产过程中,一方面,发展为自动化过程的劳动资料的生产力要以自然力服从于社会智力为前提,**另一方面,单个人的劳动在它的直接存在中已成为被扬弃的个别劳动,即成为社会劳动。于是,这种生产方式的另一个基础也消失了。**]

在资本的生产过程本身内部,用于生产固定资本的劳动时间和用于生产流动资本的时间的关系,就像**剩余劳动时间和必要劳动时间的关系**一样。为满足直接需要的生产越是具有生产率,就越能有更大的一部分生产用来满足生产的需要本身,换句话说,用来生产生产资料。既然**固定资本**的生产,甚至从物质方面来看,其直接目的不是为了生产直接的使用价值,也不是为了生产资本的直接再生产所需要的价值,即在创造价值的过程中又相对地代表使用价值的价值;相反地,固定资本的生产是为了生产创造价值的手段,就是说,它不是为了取得作为直接对象的价值,而是为了创造价值,为了取得价值增殖的手段这一生产的直接对象——从物质上看,价值的生产以生产对象本身的形式表现为生产的目的,也就是资本的生产力对象化这一目的,资本生产价值的能力对象化这一目的——,既然如此,那么,正是在**固定资本**的生产中,和**在流动资本的生产中相比,资本在更高程度上使自己成为目的本身**并作为**资本**发挥作用。因此,从这方面来看,固定资本的规模和固定资本的生产在整个生产中所占的规模,也是以资本的生产方式为基础的财富**发展的尺度**。

"工人人数取决于允许工人消费的**并存劳动的产品**的量,从这个意义上来说,工人人数取决于**流动资本**[的量]。"([托·霍吉斯金]《保护劳动[反

对资本的要求］》［1825 年伦敦版第 20 页］）

上面从一些不同的经济学家的著作中摘录的引文①，都把固定资本看做是固着在生产过程中的那部分资本。

"在巨大的生产过程中，流动资本是被消费的；而固定资本只是被使用。"（［1847 年 11 月 6 日］《经济学家》²⁵³［第 219 期第 1271 页］，［L.］VI，1）

这是错误的，这仅仅适用于本身被固定资本消费的那部分流动资本——辅助材料。如果把"巨大的生产过程"当做直接生产过程来看，那么，在这个过程中被消费的仅仅是**固定资本**。但是生产过程内的消费，事实上就是**使用，磨损**。

其次，**固定资本的较大的耐久性**也不应单纯从物质上来理解。制造我睡觉的床所用的铁和木材，或者建造我居住的房屋所用的石头，或者装饰宫殿用的大理石雕像，这一切都像用来制造机器的铁和木材等等一样耐久。但是**耐久性**所以是工具、生产资料的条件，这不仅是由于技术上的原因，即金属等等是一切机器的主要材料，而且是由于工具要在不断重复的生产过程中反复地起同一种作用。作为生产资料，它的耐久性，是它的使用价值的直接要求。生产资料越是需要时常更新，费用就越大，就越是需要把更大一部分资本无益地花费在它上面。它的耐久性就是它作为生产资料而存在。它的耐久性就是它的生产力的提高。相反地，流动资本如果不变为固定资本，它的耐久性就同生产行为本身毫无关系，因而就不是概念上所包含的要素。在投入消费储备的各种物品当中，有些物品由于是很缓慢地被消费的，并且能被许多个人轮流消费，

---

① 见《马克思恩格斯全集》中文第 2 版第 31 卷第 85—88 页。——编者注

因而被规定为**固定资本**,这种情况涉及到一些进一步的规定(租赁代替出售,利息等等),关于这些规定,我们在这里还没有谈到。

[VII—5]①"自从在不列颠的制造业中普遍运用无生命的机器以来,除了少数的例外,人都被当做次要的和附属的机器,人们对于改善木材和金属等原料远比对于改善人的身体和精神要重视得多。"(罗·欧文《论人性的形成》1840年伦敦版第31页)

[真正的经济——节约——是劳动时间的节约(生产费用**364**的最低限度——和降到最低限度)。而这种节约就等于发展生产力。可见,决不是**禁欲**,而是发展生产力,发展生产的能力,因而既是发展消费的能力,又是发展消费的资料。消费的能力是消费的条件,因而是消费的首要手段,而这种能力是一种个人才能的发展,生产力的发展。

节约劳动时间等于增加自由时间,即增加使个人得到充分发展的时间,而个人的充分发展又作为最大的生产力反作用于劳动生产力。从直接生产过程的角度来看,节约劳动时间可以看做生产**固定资本**,这种固定资本就是人本身。

此外,直接的劳动时间本身不可能像从资产阶级经济学的观点出发所看到的那样永远同自由时间处于抽象对立中,这是不言而喻的。劳动不可能像傅立叶所希望的那样成为游戏,——不过,他能宣布最终目的不是把分配,而是把生产方式本身提到更高的形式,这依然是他的一大功绩。自由时间——不论是闲暇时间还是从事较高级活动的时间——自然要把占有它的人变为另一主体,于是他作为这另一主体又加入直接生产过程。对于正在成长

---

① 在这一页手稿的开头,马克思亲笔注明了日期"1858年3月"。——编者注

的人来说,这个直接生产过程同时就是训练,而对于头脑里具有积累起来的社会知识的成年人来说,这个过程就是[知识的]运用,实验科学,有物质创造力的和对象化中的科学。对于这两种人来说,只要劳动像在农业中那样要求实际动手和自由活动,这个过程同时就是身体锻炼。

正如资产阶级经济学体系在我们面前逐步展开那样,它的自我否定也是如此,而这种否定便是它的最终结果。我们现在研究的还是直接的生产过程。如果我们从整体上来考察资产阶级社会,那么社会本身,即处于社会关系中的人本身,总是表现为社会生产过程的最终结果。具有固定形式的一切东西,例如产品等等,在这个运动中只是作为要素,作为转瞬即逝的要素出现。直接的生产过程本身在这里只是作为要素出现。生产过程的条件和对象化本身也同样是它的要素,而作为它的主体出现的只是个人,不过是处于相互关系中的个人,他们既再生产这种相互关系,又新生产这种相互关系。这是他们本身不停顿的运动过程,他们在这个过程中更新他们所创造的财富世界,同样地也更新他们自身。]

[……]

我们在上面已经指出,生产力(固定资本)所以能把价值转给[生产出来的产品],只是因为它具有价值,因为它本身是被生产出来的,本身是一定量的对象化劳动时间。但是,这里还要加上自然作用物,例如水、土地(特别是这土地)、矿藏等等,它们被占有,从而具有交换价值,因此作为价值列入生产费用。总之,这就是要加上土地所有制(包括土地、矿藏、水)。本身不是劳动产品的那些生产资料,它们的价值还不属于这里讨论的范围,因为这些生产资料不是从考察资本本身得出来的。对于资本来说,它们首先表现为现成的历史的前提。作为这种前提,我们这里把它们撒开不谈。只有与资本相适应而变化了的土地所有制形式——或者作为决定价值的量的自然作用物——,才属于资产阶级经济学体系考察的范围。在我们目前的分析阶段上,对于考察资本来说,把土地等看做固定资本的形式丝毫不会使问题发生变化。

因为在已经生产出来的生产力这个意义上的**固定资本**,作为生产的作用物,会增加一定时间内创造的使用价值的量,所以,如果它加工的原料不增加,它本身就不可能增加(在加工工业中就是这样。在采掘工业中,例如渔业和采矿业,劳动只是为了克服获取和占有原产品或原始产品所遇到的障碍。这里的生产不是加工原料,而只是占有现存的原产品。相反地在农业中,原料就是土地本身;流动资本就是种子等等)。可见,在更大的规模上使用固定资本,是以扩大由原料构成的那部分流动资本为前提的;因而总的说来,是以资本的增加为前提的。同样,是以减少(相对减少)同活劳动相交换的那部分资本为前提的。

在**固定资本**中,资本不仅也在物质上作为充当新劳动的手段的对象化劳动而存在,而且作为这样一种价值而存在,这种价值的使用价值就是新价值的创造。可见,固定资本的存在主要地是它作为生产资本的存在。因此,以资本为基础的生产方式的已经达到的发展程度——换句话说,资本本身已经在多大的程度上成为它自己的生产的前提条件,即以自身为前提——,是以固定资本的现有规模来衡量的;不仅是以固定资本的量,而且是以固定资本的质来衡量的。

最后,在**固定资本**中,劳动的社会生产力表现为资本固有的属性;**它既包括科学的力量,又包括生产过程中社会力量的结合,最后还包括从直接劳动转移到机器即死的生产力上的技巧**。相反地,在**流动资本**中,劳动的交换,不同劳动部门的交换,它们的交错连结和形成体系,生产劳动的并存,表现为**资本的属性**。

卡·马克思大约写于 1857 年
10 月中—1858 年 5 月底

1939—1941 年第一次用德文
以单行本形式在莫斯科出版,
书名是:《政治经济学批判大
纲(草稿)(1857—1858)》

原文是德文

选自《马克思恩格斯文集》
第 8 卷第 88—97、122—168
和 182—206 页

《政治经济学批判
（1861—1863 年手稿）》摘选[365]

［危 机 问 题］[366]

在进一步考察之前,我们要指出:

在单纯的商品形态变化中[367]已经显露出来的危机**可能性**,通过(直接的)生产过程和流通过程的彼此分离再次并且以更发展了的形式表现出来。一旦两个过程不能顺利地互相转化[XIII—713]而彼此独立,就发生危机。

在商品的形态变化中,危机的可能性表现为:

首先,实际上作为使用价值存在而在观念上以价格形式作为交换价值存在的商品,必须转化为货币:W—G。如果这个困难已经解决,已经出卖,那么,购买,G—W,就再没有什么困难了,因为货币可以同一切东西直接交换。必要的前提就是,商品具有使用价值,商品所包含的劳动是有用的,否则它就根本不是商品。其次,假定商品的个别价值=它的社会价值,就是说,物化在商品中的劳动时间=生产该商品的社会**必要**劳动时间。因此,危机的可能性,就其在形态变化的简单形式中的表现来说,仅仅来自以下情况,即商品形态变化在其运动中经历的形式差别——阶段——第一,必须是相互补充的形式和阶段,第二,尽管有这种内在的必然

794

的相互联系,却是过程的互不相干地存在着的、在时间和空间上彼此分开的、彼此可以分离并且已经分离的、互相独立的部分和形式。因此,危机的可能性只在于卖和买的分离。只是在商品的形式上商品必须经受这里所遇到的困难。一旦它具有货币形式,就渡过了这种困难。但是,往前走,又是卖和买的分离。如果商品不会以货币形式退出流通,或者说,不会推迟自身到商品的再转化,如果——在直接的物物交换中就是这样——买和卖相重合,那么,上述假定下的危机的**可能性**就会消失。因为已经假定商品对别的商品占有者来说是使用价值了。在直接的物物交换的形式中,商品只有当它不是使用价值,或者在对方没有别的使用价值可以同它交换的时候,才不能进行交换。因此,只有在两个条件下才不可能进行交换:或者是一方生产了**无用之物**,或者是对方没有**有用之物**可以作为等价物同前者的使用价值交换。不过,在这两种情况下根本不会发生交换。**然而只要发生交换**,它的因素就不是彼此分离的。买者就是卖者,卖者就是买者。所以,既然交换就是流通,从交换形式产生的**危机**因素就消失了,如果我们说形态变化的简单形式包含着危机的可能性,那只不过是说,在这种形式本身包含着本质上相互补充的因素彼此割裂和分离的可能性。

但是,这也涉及到内容。在进行直接的物物交换的时候,从生产者方面来说,产品的主要部分,是为了满足他自己的需要,或者,到分工有了一些发展以后,是为了满足他所知道的他的协作生产者的需要。作为商品拿来交换的是剩余品,而这个剩余品是否进行交换,一直是不重要的。在**商品生产**的情况下,产品转化为货币,出卖,就成了必不可少的条件。为满足自己需要而进行的直接生产已成为过去。如果商品卖不出去,就会发生危机。**商品**(个人劳动的特殊产品)转化为它的对立物**货币**,即转化为抽象一般的社会劳动的困难,在于**货币**不是作为个人劳动的特殊产品出现,在于已经卖掉了商品而现在持有货币形式的商品的人并不是非要立刻重新买进、重新把货币转化为个人劳动的特殊产品不可。在物物交换中不存在这种对立。在那里不是买者就不能是卖者,不是卖者就不能是买者。卖者——假定他的商品具有使用价值——的困难仅仅来自于买者可以轻易地推迟货币再转化为商品的时间。商品转化为货币即出卖商品的这种困难,仅仅来自于商品必须转化为货币,货币却不必立即转化为商品,因此**卖**和**买**可能彼此脱离。我们说过,这个**形式**包含着**危机的可能性**,也就是包含着这样的可能性:相互联系和不可分离的因素彼此脱离,因此它们的统一要以暴力的方式实现,它们的相互联系要通过对它们彼此的独立性发生作用的暴力来实现。[XIII—714]此外,**危机**无非是生产过程中已经彼此独立的阶段以暴力方式实现统一。

危机的一般的、抽象的可能性,无非就是危机的**最抽象的形式**,它没有内容,没有危机的内容丰富的动因。卖和买可能彼此脱离。因此它们是潜在的**危机**。它们的一致对商品来说始终是生命攸关的因素。但是它们也可能顺利地相互转化。所以,**危机的最抽象的形式**(因而危机的形式上的可能性)始终是**商品的形态变化本身**,在商品形态变化中,包含在商品的统一中的交换价值和使用价值的矛盾以至货币和商品的矛盾,仅仅作为展开的运动而存在。但是,使危机的这种可能性变成危机的起因,并不包含在这个形式本身之中;这个形式本身所包含的只是:危机的**形式**已经存在。

这对于考察资产阶级经济是重要的。世界市场危机必须看做是资产阶级经济一切矛盾的现实的综合和暴力方式的平衡。因此,在这些危机中综合起来的各个因素,必然在资产阶级经济的每一个领域中出现并得以展开。我们越是深入地研究这种经济，一方面，这个矛盾的各个新的规定就必然被阐明，另一方面，这个矛盾的比较抽象的形式会再现在并包含在比较具体的形式中这一点，也必然得到证明。

总之，可以说：危机的第一种形式是商品形态变化本身，即买和卖的分离。

危机的第二种形式是货币作为支付手段的职能，这里货币在两个不同的、时间上彼此分开的时刻执行两种不同的职能。

这两种形式都还是十分抽象的，虽然第二种形式比第一种形式具体些。

因此，在考察资本的**再生产过程**（它同资本的流通是一致的）时，首先要指出，上述两种形式在这里是简单地再现，或者更确切地说，在这里第一次获得了内容，获得了它们可以表现出来的基础。

现在我们就来考察资本从那一时刻起，即从它作为商品离开生产过程以便重新作为商品从生产过程中产生出来的那一时刻起所经历的运动。如果我们这里把所有对内容的进一步的规定撇开不谈，那么，总商品资本和它包含的每一单个商品都要经历 W—G—W 过程，都要完成商品的形态变化。因此，只要资本**也**是商品并且只是商品，那么包含在这个形式中的危机的一般可能性，即买和卖的分离，也就包含在资本的运动中。此外，从各种商品的形态变化的相互联系可以得出，一种商品转化为货币是因为另一种商品从货币形式再转化为商品。因此，买和卖的分离在这里进一步表现为：一笔资本从商品形式转化为货币形式，相应地另一笔资本就必须从货币形式再转化为商品形式，一笔资本发生第一形态变化，相应地另一笔资本就必须发生第二形态变化，一笔资本离开生产过程,相应地另一笔资本就必须回到生产过程。不同资本的再生产过程或流通过程的这种相互联结和彼此交叉,一方面,由于分工而成为必然的,另一方面,又是偶然的,因此,危机的内容规定已经扩大了。

但是,第二,至于由作为**支付手段**的货币形式产生的危机的可能性,那么,在资本的场合,这种可能性转化为现实性的更现实得多的基础已经显露出来了。例如,织布厂主必须支付全部不变资本,这种不变资本的要素是由纺纱厂主、亚麻种植业者、机器制造厂主、制铁厂主、木材业者和煤炭业者等提供的。只要后面这些人生产的不变资本,只加入不变资本的生产而不加入最后商品——布,他们就是通过资本同资本的交换互相补偿各自的生产条件。现在假定[XIII—715]织布厂主把布卖给**商人**,作价1 000镑,但用的是一张票据,所以货币是作为**支付手段**出现。这个织布厂主又把这张票据卖给**银行家**,用它比如说偿付对银行家的一笔什么债务,或者银行家给他办理了票据贴现。同样,亚麻种植业者凭票据卖给纺纱厂主,而纺纱厂主又凭票据卖给织布厂主,同样,机器制造厂主凭票据卖给织布厂主,制铁厂主和木材业者凭票据卖给机器制造厂主,煤炭业者凭票据卖给纺纱厂主、织布厂主、机器制造厂主、制铁厂主和木材业者。此外,制铁厂主、煤炭业者、木材业者和亚麻种植业者之间也用票据互相支付。现在,如果商人支付不出,织布厂主就不能用自己的票据向银行家进行支付。

亚麻种植业者开出了由纺纱厂主支付的票据,机器制造厂主开出了由织布厂主和纺纱厂主支付的票据。纺纱厂主不能支付,因为织布厂主不能支付,他们两人都不能向机器制造厂主支付,而机器制造厂主则不能向制铁厂主、木材业者和煤炭业者支付。他们由于都没有实现自己商品的价值,就全都不能使补偿不变资本的那部分价值得到补偿。这样就要发生普遍的危机。这不过是在货币作为支付手段的场合所展现的**危机的可能性**,但是,在这里,在资本主义生产中,我们已经看到了使可能性可能发展成为现实性的相互债权和债务之间、买和卖之间的联系。

在所有**情况**下:

如果买和卖不是使彼此的对立固定起来,因而没有必要以暴力方式加以平衡,另一方面,如果货币作为支付手段发挥作用的结果是使彼此的债权互相抵消,也就是说作为支付手段的货币中潜在地包含着的矛盾没有成为现实;因此,如果危机的这两种抽象形式本身并没有实际地表现出来,那就不会有危机。只要买和卖不彼此脱离,不发生矛盾,或者只要作为支付手段的货币中所包含的矛盾不表现出来,因而,只要危机不是同时在简单的形式即买和卖的矛盾中,在作为支付手段的货币的矛盾中表现出来,那就不可能发生危机。但是,这终究是危机的单纯**形式**,危机的一般可能性,因而也是现实危机的形式,现实危机的抽象形式。危机的存在以这些形式表现出来,这是危机的最简单的形式,并且是危机的最简单的内容,因为这种形式本身就是危机的最简单的内容。但是,这还不是**有了根据的**内容。简单的货币流通,甚至作为支付手段的货币流通——这两者早在资本主义生产**以前**很久就出现了,却没有引起危机——在没有危机的情况下是可能存在的,并且是这样现实存在的。因此,单单用这些形式不能说明,为什么这些形式会把它们的危机的方面表现出来,为什么这些形式潜在地包含着的矛盾会实际地作为矛盾表现出来。

从这里可以看出有些经济学家的极端的庸俗,他们在再也不能用推理来否定生产过剩和危机的现象时,就安慰自己说,上述形式包含着发生**危机**的可能性,所以,是否发生危机是**偶然的**,因而危机的发生本身表现为纯粹**偶然**的事：

在商品流通中，接着又在货币流通中发展起来的矛盾——因而还有危机的可能性——，自然会在资本中再现出来，因为实际上只是在资本的基础上才有发达的商品流通和货币流通。

但是，现在的问题是要追踪考察潜在的危机的进一步发展（现实危机只能从资本主义生产的现实运动、竞争和信用中来说明），要就危机来自资本作为资本所**特有**的，而不是包含在资本作为商品和货币的单纯存在中的那些资本形式规定，来进行这种考察。

[XIII—716]资本的单纯的（直接的）**生产过程**本身在这里不能增添什么新的东西。为了使资本的生产过程存在，就得假定存在着这一过程的条件。因此，在论资本的第一篇——在论**直接**生产过程的那一篇，并未增添危机的任何新的要素。这里**潜在地**包含着危机的要素，因为生产过程就是剩余价值的占有，因而也是剩余价值的生产。但是在生产过程本身，这一点是表现不出来的，因为这里不仅谈不上再生产出来的价值的**实现**，也谈不上剩余价值的**实现**。

只有在本身同时就是**再生产过程**的**流通过程**中，这一点才能显露出来。

这里还要指出，我们必须**在**叙述完成的资本——**资本和利润**——之前叙述流通过程或再生产过程，因为我们不仅要叙述资本如何进行生产，而且要叙述资本如何被生产出来。但是，实际运动——这里说的是以发达的、从自身开始并以自身为前提的资本主义生产为基础的实际运动——是从现有资本出发的。因此，关于再生产过程以及在这个过程中得到进一步发展的危机的萌芽，在[论述再生产的]本部分中甚至只能作不充分的叙述，需要在

《资本和利润》一章**368**中加以补充。

资本的总流通过程或总再生产过程是资本的生产阶段和资本的流通阶段的统一，是把上述两个过程作为自身的不同阶段来经历的过程。这里已包含危机的进一步发展了的可能性或危机的抽象形式。因此，否认危机的经济学家们只坚持这两个阶段的统一。如果这两个阶段仅仅彼此分离而不成为某种统一的东西，那就不可能有它们的统一的暴力恢复，就不可能有危机。如果它们仅仅是统一的而彼此不会分离，那就不可能有暴力的分离，而这还是危机。危机就是以暴力方式恢复已经独立化的因素之间的统一，并且是以暴力方式使实质上统一的因素独立化。

[XIII—770a]**369**因此：

（1）危机的一般**可能性**在**资本的形态变化**过程本身中就存在，并且是双重的：如果货币执行**流通手段**的职能，就是**买**和**卖**的分离；如果货币执行**支付手段**的职能，货币在两个不同的时刻分别起**价值尺度**和**价值实现**的作用。这两个时刻互相分离。如果价值**在**这两个时刻**之间**有了变动，如果商品在它卖出的时刻的**价值**低于它以前在货币执行价值尺度的职能，因而也执行相互债务尺度的职能的时刻的**价值**，那么，用**出卖商品的进款**就不能清偿债务，因而，再往上推，以这笔债务为转移的一系列交易，都不能结算。即使商品的价值没有变动，只要商品在**一定时期**内不能卖出去，**货币**就不能执行**支付手段**的职能，因为货币必须**在一定的、事先规定的期限**内执行支付手段的职能。但是，因为同一笔货币在这里是对一系列的相互交易和相互债务执行这种职能，所以**无力支付的情况**就不止在一点上而是在许多点上出现，由此就发生**危机**。

这就是危机的两种**形式上的可能性**。在没有第二种可能性的情况下，第一种可能性也可能出现，就是说，在没有信用的情况下，在没有货币执行支付手段的职能的情况下,也可能发生危机。但是,在**没有第一种**可能性的情况下,即在没有买和卖彼此分离的情况下,却不可能出现第二种可能性。但是,在第二种场合所以发生危机,不仅是因为商品卖不出去,而且是因为商品不能在**一定期限**内卖出去,在这里危机所以发生,危机所以具有这样的性质,不仅由于商品**卖不出去**,而且由于以这一定商品在这一定期限内卖出为基础的**一系列支付都不能实现**。这就是**本来意义上**的货币危机形式。

因此,如果说**危机**的发生是由于买和卖的彼此分离,那么,一旦货币发展成为**支付手段**,危机就会发展为**货币危机**,在这种情况下,只要出现了危机的**第一种**形式,危机的这**第二种**形式就是不言而喻的事情。因此,在研究为什么**危机**的一般**可能性**会变为**现实性**时,在研究危机的**条件**时,过分注意从货币作为**支付手段**的发展中产生的危机**形式**,是完全多余的。正因为这个缘故,经济学家们乐于举出这个**不言而喻**的形式作为危机的**原因**。(就货币作为支付手段的发展是同信用和信用**过剩**的发展相联系而言,当然应该说明这些现象的原因,但是这里还不是这样说明的地方。)

(2)只要危机是由同商品的**价值变动**不一致的**价格变动**和**价格革命**引起的,它当然就不能在考察资本一般的时候得到说明,因为在考察资本一般时假定价格同商品的**价值是一致的**。

(3)危机的**一般可能性**就是资本的形式上的**形态变化**本身,就是买和卖在时间上和空间上的彼此分离。但是这决不是危机的**原因**。因为这无非是**危机的最一般的形式**,即危机本身的**最一般的表现**。但是,不能说**危机的抽象形式**就是**危机的原因**。如果有人要问危机的原因,那么他想知道的就是,为什么**危机的抽象形式**,危机的可能性的形式会从可能性变为**现实性**。

(4)危机的**一般条件**,只要不取决于和价值波动不同的**价格**

波动(不论这种波动同信用有无关系),就必须用资本主义生产的一般条件来说明。

第一个因素。**货币再转化为资本**。前提是**生产或再生产**达到一定阶段。这里,可以把固定资本看成既定的、不变的,它不加入**价值增殖过程**。既然原料的再生产不仅取决于花费在其中的劳动,而且取决于这一劳动的同**自然条件**有关的生产率,那么,甚至[ⅩⅣ—771a][369]同一劳动量的产品量也可能减少(在**歉收**时)。于是**原料的价值增加**,原料的**量**则减少。为了以原有规模继续生产,货币必须再转化为资本的**不同组成部分**的**比例**被破坏了。用于**原料**的部分必须增加,剩下用于**劳动**的部分就减少,因此就不能吸收和以前相同的劳动量。第一是**物质上不可能**,因为原料不足;第二是因为**产品价值**中必须有比原来更大的**一部分**用于原料,因而只能有较小一部分转化为**可变资本**。再生产不能按原有规模**重新进行**。一部分**固定资本**要闲置起来,一部分工人会被抛到街头。**利润率**会下降,因为不变资本的价值同可变资本相比增加了,使用的可变资本减少了。以利润率和劳动剥削率**不变**为前提而预先规定的固定缴款——利息、地租——仍旧不变,有一部分**不能支付**。于是发生**危机**。劳动危机和资本危机。可见,这就是由于要靠产品价值来补偿的一部分不变资本的价值提高而引起的**再生产过程的破坏**。其次,虽然**利润率**下降,**产品**却会**涨价**。如果这种产品作为生产资料加入其他生产领域,那么这种产品的涨价在这里会使**再生产**发生同样的混乱。如果这种产品作为生活资料加入一般消费,那么,它或者也加入**工人的消费**,或者**不加入工人的消费**。如果是前者,它的后果同后面要讲的**可变资本**发生混乱时产生的后果一样。但是,在这种产品加入**一般消费**的情况下,由于这种产品涨价(如果这种产品的消费不减少),对其他产品的**需求**就会减少,因而**其他产品就不能再转化**为相当于其价值的货币额,这样,其他产品的再生产的**另一方面**——不是**货币再转化**为生产资本,而是商品**再转化**为货币——就会遭到破坏。无论如何,这个部门的**利润量**和**工资量**会减少,从而其他生产部门出卖商品所得的**一部分必要收入**也会减少。

但是,即使**不受季节的影响**,或者说,即使不受提供这种原料的劳动的**受自然制约的生产率**的影响,这种**原料不足**的情况也可能发生。就是说,如果某个生产部门花费在机器等等上的**那部分剩余价值**,**那部分追加资本过多**,那么,虽然按原来的**生产规模**原料是够的,但按新的生产规模就不够了。因此,这种情况是由于追加资本**不按比例地**转化为它的不同要素而产生的。这是**固定资本生产过剩**的情况,它所产生的现象正好同第一种情况[即原料歉收时]所产生的现象完全一样。(见前一页)

[XIV—861a]**[369]**[……]封页①。

[……]由可变资本的**价值革命**,**必要生活资料的涨价**

[……]可变资本推动的**价值量**。同时,这种涨价

---

① 在手稿中,这一页的左上角缺损。结果原文前九行只留下六行的右半截,全文不可能完全恢复,但是可以猜测,马克思在这里谈的是"由可变资本的**价值革命**"而产生的危机。由比如说歉收引起的"**必要生活资料的涨价**",会导致用于"可变资本所推动的"工人的支出增加。"同时,也会导致对**其他一切商品**、即一切不加入"工人的"消费的商品"的需求"减少"。因此"这些商品按其价值出卖"就成为不可能,"它们的再生产的**第一阶段**",即商品向货币的"转化"就遭到破坏。于是,生活资料的涨价"导致其他生产部门发生危机"。

这一页缺损的部分的最后两行中包含着总结这全段议论的思想:"不论这种原料是作为材料加入不变资本还是作为生活资料"加入工人的消费,由于原料涨价都可能发生危机。——编者注

[……]**其他一切商品**,一切不进入消费的商品……减少

[……]这些商品按其价值出卖,它们的再生产的**第一阶段**

[……]带来的报酬,**第一阶段**其他部门的危机。转化

[……]不论这种原料是作为材料加入不变资本还是作为生活资料

[……]。

或者,它们[危机]是以**固定资本的生产过剩**,因而,是以流动资本的相对的生产不足为基础的。

因为**固定资本**同流动资本一样,都是由商品组成的,所以,没有什么比那些承认**固定资本生产过剩**的经济学家否认**商品生产过剩**更为可笑了。

(5)由于**再生产的第一阶段遭到破坏**,也就是由于商品向货币的转化发生障碍,或者说由于**出卖发生障碍而产生的危机**。在发生第一种[由于原料涨价而引起的]危机的情况下,危机是由于生产资本的要素的**回流**发生障碍而产生的。

[XIII—716]在开始考察危机的新形式之前,我们再回过头来看看李嘉图的著作**370**和前面举过的例子①。

(**危机可能发生在下述场合**:第一,[货币]**再转化为生产资本**;[第二,]生产资本的要素特别是**原料**发生**价值变动**,如棉花收成减少。它的**价值**由此增加。我们这里涉及的还不是价格,而是**价值**。)

只要棉织厂主进行再生产和积累,他的工人也就是他的一部分产品的买者,他们把自己的一部分工资花费在棉布上。正因为棉织厂主进行生产,所以,工人们就有购买他的一部分产品的钱,

---

① 见本卷第 794 页及以下几页。——编者注

就是说,工人们部分地给他提供了出卖产品的可能性。工人作为需求的代表所能购买的,只是加入个人消费的商品,因为他不是自己使用自己的劳动,因而也不是自己占有实现自己劳动的条件——劳动资料和劳动材料。所以,这一点已经把生产者的最大部分(在资本主义生产发达的地方就是工人本身)排除在消费者、买者之外了。他们不购买原料和劳动资料,他们只购买生活资料(直接加入个人消费的商品)。因此,说生产者和消费者是一回事,那是最可笑不过的了,因为对于很大数量的生产部门——所有不生产直接消费品的部门——来说,大多数参加生产的人是绝对被排斥于**购买**他们自己的产品之外的。他们决不是自己的这很大一部分产品的**直接**消费者或买者,虽然他们支付包含在他们购买的消费品中的自己产品的一部分价值。这里也可以看出,"消费者"这个词是模糊不清的,把"消费者"这个词同"买者"这个词等同起来是错误的。从生产消费的意义来说,恰恰是工人消费机器和原料,在劳动过程中使用它们。但是工人并不是为了自己而使用机器和原料,因此,也就不是机器和原料的**买者**。对于工人来说,机器和原料不是使用价值,不是商品,而是一个过程的客体条件,而工人本身则是这个过程的主体条件。

[XIII—717]可是有人会说,工人的雇主在购买劳动资料和劳动材料时是工人的代表。但是,雇主代表工人的条件与工人自己代表自己的条件是不同的。也就是说,雇主是在市场上代表。雇主必须出卖体现剩余价值即无酬劳动的商品量。要是工人的话,就只须出卖把生产中预付的价值——以劳动资料、劳动材料和工资的价值的形式——再生产出来的商品量。因此,雇主需要的市场会比工人需要的市场大。而且,雇主认为市场条件对于着手再生产是否充分有利,这取决于雇主而不是工人。

因此,对于一切不是必须用于个人消费而是必须用于生产消费的物品来说,即使再生产过程不遭到破坏,工人也是生产者而不是消费者。

因此,为了否定危机而断言资本主义生产中的消费者(买者)和生产者(卖者)是一回事,这是再荒谬不过的了。这两者是完全不一样的。在再生产过程继续进行的情况下,只是就 3 000 个生产者之中的一个,即对资本家来说,才谈得上是一回事。反过来,说消费者也就是生产者,这同样是错误的。地主(收取地租的人)不生产,可是他消费。所有货币资本的代表也是这种情况。

否认危机的各种辩护论言论所证明的东西,总是和它们想要证明的相反,就这一点说,它们是重要的。它们为了否认危机,在有对立和矛盾的地方大谈统一。因此,说它们是重要的,只是因为可以说:它们证明,如果它们在想象中排除的矛盾实际上不存在,那就不会存在任何危机。但是,因为这些矛盾存在着,所以实际上存在着危机。辩护论者为否定危机存在而提出来的每个根据,都是他们在想象中排除的矛盾,所以是现实的矛盾,所以是危机的根据。在想象中排除矛盾的愿望同时就是实际上存在着的矛盾的宣示,这些矛盾按照善良的愿望是**不应该**存在的。

工人实际上生产的是剩余价值。只要他们生产剩余价值,他们就有东西消费。一旦剩余价值的生产停止了,他们的消费也就因他们的生产停止而停止。但是,他们有东西消费,决不是因为他们为自己的消费生产了等价物。相反,当他们仅仅生产这样的等价物时,他们的消费就会停止,他们就没有等价物可供消费。或者他们的劳动会停止,或者他们的劳动会缩减,或者,他们的工资无论如何会降低。在后一种情况下——如果生产水平不变——他们消费的就不是他们生产的等价物。但是,这时他们之所以缺少钱,不是因为他们生产得不够,而是因为他们从他们所生产的产品中得到的太少。

因此,如果把关系简单地归结为消费者和生产者的关系,那就忘记了从事生产的雇佣劳动[者]和从事生产的资本家是两类完全不同的生产者,更不用说那些根本不从事生产活动的消费者了。这里又是用把生产中实际存在的对立撇开的办法来否定**对立**。单单雇佣工人和资本家的关系就包含着:

(1)生产者的最大部分(工人),是他们的很大一部分产品,即劳动资料和劳动材料的非消费者(非买者);

(2)生产者的最大部分,即工人,只有在他们生产的产品大于他们所消费的产品的等价物时,即在他们生产剩余价值,或者说,剩余产品时,才可能消费这个等价物。他们始终必须是**剩余生产者**,他们生产的东西必须超过自己的[有支付能力的]需要,才能在[XIII—718]自己的这些需要的范围内成为消费者或买者。①

因此,就这个生产者阶级来说,说生产和消费是统一的这种论调,无论如何一看就知道是错误的。

如果李嘉图说,**需求**的唯一界限是生产本身,而生产只受资本的限制,**372**那么,如果剥去错误假定的外衣,实际上这只不过是说,资本主义生产只以资本作为自己的尺度,同时这里所说的资本也包括作为资本的生产条件之一并入资本(为资本所购买)的劳动能力。可是,问题恰恰在于资本本身是否也是消费的界限。无

---

① 马克思在这里插了一段话:"(李嘉图把货币仅仅[看成]**流通手段**,这同他的下述看法是一回事:他把**交换价值**仅仅看成转瞬即逝的形式,看成是资产阶级生产或资本主义生产中仅仅形式上的东西;因此,在李嘉图看来,资本主义生产不是特定的生产方式,而是**唯一的**生产方式。)**371**"——编者注

论如何从消极意义上说它是消费的界限,就是说,消费的东西不可能多于生产的东西。但问题是,从积极意义上说它是不是消费的界限,是不是——在资本主义生产的基础上——生产多少,就能够或者必须消费多少。如果对李嘉图的论点作正确的分析,那么,这个论点所说的恰恰同李嘉图想说的相反,——就是说,进行生产是不考虑消费的现有界限的,生产只受资本本身的限制。而这一点确实是这种生产方式的特点。

因此,根据假定,市场上比如说棉织品充斥,以致一部分或者全部都卖不出去,或者要大大低于它的价格才卖得出去。(我们暂且说**价值**,因为在考察流通或再生产过程时,涉及的还是价值,而不是费用价格,更不是市场价格。)

此外,在整个这一考察中,不言而喻的是:不可否认,有些部门可能生产过多,**因此**另一些部门则可能生产过少;所以,局部危机可能由于**生产比例失调**而发生(但是,生产的合乎比例始终只是在竞争基础上生产比例失调的结果),这种生产比例失调的一个一般形式可能是固定资本的生产过剩,或者另一方面,也可能是流动资本的生产过剩。正如商品按其价值出卖的条件是商品只包含社会必要劳动时间一样,对于资本的某一整个生产领域来说,这种条件就是,花费在这个特殊领域中的只是社会总劳动时间中的必要部分,只是为满足社会需要(需求)所必要的劳动时间。如果在这个领域中花费多了,即使每个单个商品所包含的只是必要劳动时间,这些单个商品的总量所包含的却会多于社会必要劳动时间,正如单个商品虽然具有使用价值,这些单个商品的总量在既定的前提下却会丧失它的一部分使用价值。

可是我们这里谈的,不是以生产的比例失调为基础的危机,就是说,不是以社会劳动在各生产领域之间的分配比例失调为基础的危机。这一点只有在谈到资本竞争的时候才能谈到。前面已经说过①,由于这种比例失调而引起的市场价值的提高或降低,造成资本从一个生产领域抽出并转入另一个生产领域,造成资本从一个领域向另一个领域的转移。可是,这种平衡本身已经包含着:它是以平衡的对立面为前提的,因此它可能包含**危机**,危机本身可能是平衡的一种形式。但是,这种危机是李嘉图等人所承认的。

我们在考察生产过程时**373**已经看到,资本主义生产竭力追求的只是攫取尽可能多的剩余劳动,就是靠一定的资本物化尽可能多的直接劳动时间,其方法或是延长劳动时间,或是缩短必要劳动时间,发展劳动生产力,采用协作、分工、机器等,总之,进行大规模生产即大量生产。因此,在资本主义生产的本质中就包含着不顾市场的限制而生产。

在考察再生产时,首先假定生产方式不变,并且在生产扩大时生产方式在一段时间内保持不变。这里生产出来的商品量所以增加,是由于使用了更多的资本,而不是由于更有生产成效地使用了资本。但是单单资本的量的增加[XIII—719]同时也就包含了资本的生产力的增加。如果说资本的量的增加是生产力发展的结果,那么生产力的发展反过来又以一个更广阔的、扩大了的资本主义基础为前提。这里存在着相互作用。因此,在更加广阔的基础上进行的再生产即积累,即使它最初只表现为生产在量上的扩大(在同样的生产条件下投入更多的资本),但在某一点上也总会在质上表现出来,即表现为进行再生产的条件具有更大的效率。因此,产品量的增加不是单纯地同扩大再生产即积累中资本的增长

---

① 见《马克思恩格斯全集》中文第2版第34卷第228—233页。——编者注

成比例。

现在再回过头来看看我们那个棉布的例子。

由于棉布充斥而造成的市场停滞,会使织布厂主的再生产遭到破坏。这种破坏首先会影响到他的工人。于是,工人对于织布厂主的商品棉布和原来加入他们消费的其他商品来说,现在只在更小的程度上是消费者,或者根本不再是消费者了。当然,他们对棉布有需要,但是他们买不起,因为他们没有钱,而他们之所以没有钱,是因为他们不能继续生产,而他们之所以不能继续生产,是因为已经生产的太多了,棉布充斥市场。李嘉图的忠告,不论是"增加他们的生产"也好,"生产别的东西"[374]也好,都不能帮他们的忙。他们现在代表着暂时的人口过剩的一部分,代表着工人的生产过剩的一部分,在这种场合,就是棉布生产者的生产过剩的一部分,因为市场上出现的是棉布的生产过剩。

但是,除了投入织布生产的资本所直接雇用的工人以外,棉布再生产的这种停滞还影响一批别的生产者:纺纱者、棉花商人(或棉花种植业者)、机器制造业者(纱锭和织机等的生产者)、铁和煤的生产者等等。所有这些人的再生产同样都要遭到破坏,因为棉布的再生产是他们进行再生产的条件。即使在他们自己的生产领域里没有**生产过剩**,就是说,即使那里生产的数量没有超过生意顺遂的棉布工业所要求的和证明是合理的数量,这种情况也会发生。所有这些生产部门有一个共同点,就是它们不是把自己的收入(工资和利润,只要利润是作为收入来消费,而不是用于积累)用在它们自己的产品上,而是用在那些生产消费品,其中包括生产棉布的生产领域的产品上。这样,正因为市场上棉布过多,对于棉布的消费和需求就会减少。但是,对于棉布的这些**间接**生产者花费收入来购买的作为消费品的其他一切商品的需求也会减少。棉布的这些间接生产者用来购买棉布和其他消费品的钱所以会受到限制和减少,就是因为市场上棉布过多。这也影响到其他商品(消费品)。它们现在突然发生**相对的**生产过剩,因为用来购买它们的钱减少了,从而对于它们的需求减少了。即使这些生产领域生产的东西并没有过多,现在也要发生生产过剩。

如果不仅棉布,而且麻布、丝绸和呢绒都发生生产过剩,那么就可以看到,这些为数不多但居主导地位的物品的生产过剩怎样引起整个市场上的多少带普遍性的(**相对的**)生产过剩。一方面,出现在市场上的是数量过多的再生产的各种条件和卖不出去的各种商品;另一方面,资本家遭到破产,工人群众忍饥挨饿,一贫如洗。

可是,这一论证是两面的。如果说,一些主导消费品的生产过剩怎样必然引起多少带普遍性的生产过剩——生产过剩的现象,这是容易理解的,那么这决不是说就已经明白,这些消费品的生产过剩会是怎样发生的。因为,普遍生产过剩的现象不仅仅是从这些工业部门直接雇用的工人的相互依存中得出来的,而且也是从为这些部门的产品生产各种先行要素,即生产这些部门的不同阶段的不变资本的一切生产部门的相互依存中得出来的。就后面这些部门来说,生产过剩是结果。但是,在前面那些部门中,生产过剩是从哪里产生的呢?因为,只要前面那些部门继续生产,后面这些部门也就会继续生产,而随着生产的这种继续进行,收入的普遍增长,从而这些部门本身的消费的普遍增长似乎也就有了保证。

[XIII—720](当发明了纺纱机的时候,同织布业比较,曾经出现纱的生产过剩。一旦织布业采取机械织机,这种比例失调就消除了。)

如果我们说,不断扩大的生产〔生产逐年扩大是由于两个原因:第一,由于投入生产的资本不断增长;第二,由于使用资本的效率不断提高;在再生产和积累期间,小的改良日积月累,最终就使生产的整个规模完全改观。各种改良在积累着,生产力日积月累地发展着]需要一个不断扩大的市场,而生产比市场扩大得快,那么,这不过是把要说明的现象用另一种说法说出,不是在其抽象形式上,而是在其现实形式上说出而已。市场比生产扩大得慢;换句话说,在资本进行再生产时所经历的周期中——在这个周期中,资本不是进行简单再生产,而是进行扩大再生产,不是画一个圆圈,而是画一个螺旋形——,会出现市场对于生产显得过于狭窄的时刻。这会发生在周期的末尾。但这也仅仅是说:市场商品充斥了。生产过剩现在变得明显了。假如市场的扩大与生产的扩大步伐一致,就不会有市场商品充斥,不会有生产过剩。

但是,只要承认市场必须同生产一起扩大,在另一方面也就是承认有生产过剩的可能性,因为市场有一个外部的地理界限,一个国内市场同一个既是国内的又是国外的市场相比是有限的,而后者和世界市场相比也是有限的,世界市场在每一定时刻也是有限的,但是潜在地有扩大的能力。因此,如果承认为了不发生生产过剩,市场必须扩大,那也就是承认生产过剩是可能发生的,因为市场和生产是两个彼此独立的因素,所以一个扩大同另一个扩大就可能**不相适应**。市场的界限对于生产来说可能扩大得不够快,或者说,新的市场——市场的新的扩大——可能很快被生产超过,因而扩大了的市场现在表现为一个界限,正如原来比较狭窄的市场曾经表现为一个界限一样。

因此,李嘉图一贯否定**市场**随着生产的扩大和资本的增长而**扩大**的必要性。照李嘉图看来,一个国家现有的全部资本,也可以在这个国家里有利地加以使用。因此李嘉图反驳亚·斯密,因为亚·斯密一方面提出过**同他**(李嘉图)一样的观点,另一方面以自己惯有的理性本能也反对过这个观点。斯密还不知道生产过剩的现象以及从生产过剩产生的危机。他所知道的仅仅是同信用制度和银行制度一起自然发生的信用危机和货币危机。实际上,他把资本积累看做普遍的国民财富和福利的绝对增加。另一方面,他认为,单单从国内市场发展为国外市场、殖民地市场和世界市场,就证明国内市场上存在着所谓相对的(潜在的)生产过剩。

值得把李嘉图反驳斯密的话引在这里:

"商人把他们的资本投入对外贸易或运输业时,他们总是出于自由选择而不是迫不得已;他们这样做是因为在这些部门中他们的利润比在国内贸易中要大一些。

亚当·斯密曾正确地指出:'每一个人对于食物的欲望都要受人胃的有限容量的限制

〔亚·斯密这里是大错特错了,因为他不把农业中生产的奢侈品包括在食物内〕,

但对于住宅、衣服、车马和家具方面的舒适品和装饰品的欲望似乎是没有限制或确定的界限的'。"

李嘉图继续说:"因此,自然界对于一定时间内可以有利地用在农业上的资本的量,必然作了限制。"

〔不是因此而有出口农产品的民族吗? 好像人们不会不顾自然而把一切可能的资本投入农业,以致例如会在英国去生产甜瓜、无花果、葡萄之类、花卉、飞禽走兽之类? 难道工业的原料似乎不是农业资本生产的吗?〕

"但是,自然界对于能用来生产生活上的'舒适品和装饰品'的资本的量却没有规定什么界限〈好像自然界真是同这件事有什么关系似的!〉。人们所考虑的目的就是最大限度地得到这些物品。只是由于对外贸易或运输业可以更好地达到这个目的,人们才宁愿从事对外贸易或运输业,而不愿自己在国内生产所需要的商品或其代用品。但是,如果由于特殊情况,我们不能投资于对外贸易或运输业,那么,虽然获利较少,我们也会投资于国内;既然对于'住宅、衣服、车马和[XIII—721]家具方面的舒适品和装饰品的欲望'是没有界限的,那么除了使我们维持生产这些物品的工人的能力受到限制的界限以外,用来生产这些物品的资本是不可能有任何界限的。

但是,亚当·斯密却说成好像从事运输业不是出于自由选择,而是迫不得已;好像投入这一部门的资本如果不这样使用就会闲置起来;好像国内贸易中的资本不限制在一定量之内就会过剩。他说:'当任何一个国家的资本增加到**已经无法全部用来供应本国的消费并维持本国的生产劳动**时〈此处引文李嘉图本人使用了黑体〉,资本的剩余部分就自然流入运输业,被用来为其他国家执行同样的职能'…… 但是,大不列颠的这部分生产劳动难道不能用来生产其他种类的商品并用以购买国内有更大需求的物品吗?如果不能这样,那么,虽然获利较少,难道我们不能用这种生产劳动在国内生产这些有需求的商品或者至少生产其代用品吗?如果我们需要天鹅绒,难道我们不能自己试制吗?如果试制不成,难道就不能生产更多的呢绒或我们需要的某种其他物品吗?

我们制造商品并用来在国外购买其他商品,是因为这样做比在国内生产能获得数量更多的商品〔没有质量的差别!〕。如果我们进行这种贸易的可能性被剥夺,我们马上就会重新开始为自己制造这些商品。但是,亚当·斯密的这种看法和他关于这一问题的所有一般论点是矛盾的。'如果某个外国〈李嘉图引用斯密的话〉供应我们某种商品,比我们自己生产这种商品便宜,那就不如把我们自己的劳动用于我们有某种优越性的部门,而用我们自己的劳动的一部分产品向这个国家购买这种商品。**国家的劳动总量由于总是与使用它的资本成比例**〔极不相同的比例〕〈上面这句引文李嘉图本人也使用了黑体〉,它就不会因此而减少,只不过需要找到能够最有利地使用它的部门而已。'

他又说:'所以,那些拥有的食物多于其消费量的人,总是愿意拿这部分多余的食物,或者可以说,这部分食物的价格,去交换其他种类的能满足需要的物品。在满足了这种有限的欲望以后剩下的一切,就被用来满足那些永远不能得到满足并且看来根本没有止境的欲望。穷人为了获得食物,就尽力满足富人的嗜好,为了更有把握获得食物,他们就互相在自己报酬的低廉和工作的熟练方面竞争。工人人数随着食物数量的增加或者随着农业的改良和耕地的扩大而增加。由于他们的工作性质允许实行极细的分工,他们能够加工的材料数量比他们的人数增加得快得多。因此,对于任何一种材料,凡是人类的发明能够把它用来改善或装饰住宅、衣服、车马或家具的,都产生了需求;对于地下蕴藏的化石和矿物,对于贵金属和宝石,也都产生了需求.'

从上述各点可以看出,需求是无限的,只要资本还能带来某种利润,资本的使用也是无限的,无论资本怎样多,除了工资提高以外,没有其他充分原因足以使利润降低。此外还可以补充一句:使工资提高的唯一充分而经常的原因,就是为越来越多的工人提供食品和必需品的困难越来越大。"(同上,第344—348页)**370**

生产过剩这个词本身会引起误解。只要社会上相当大一部分人的最迫切的需要,或者哪怕**只是**他们最直接的需要还没有得到满足,自然绝对谈不上**产品的生产过剩**(在产品量超过对产品的需要这个意义上讲)。相反,应当说,在这个意义上,在资本主义生产的基础上经常是**生产不足**。生产的界限是资本家的利润,决不是生产者的需要。但是,产品的生产过剩和**商品**的生产过剩是完全不同的两回事。李嘉图认为,**商品**形式对于产品是无关紧要的,其次,**商品流通**只是在形式上不同于物物交换,交换价值在这里只是物质变换的转瞬即逝的形式,因而货币只是形式上的流通手段;这一切实际上都是来源于他的这样一个前提:资产阶级生产方式是绝对的生产方式,也就是没有更确切的特殊规定的生产方式,因此,这种生产方式的规定的东西只是形式上的东西。因此,李嘉图也就不能承认资产阶级生产方式包含着生产力自由发展的界限,即在危机中,特别是在**生产过剩**——危机的基本现象——中暴露出来的界限。

[XIII—722]李嘉图从他引用、赞同并因而复述的斯密论点中看到,追求各种各样使用价值的无限"欲望",总是在这样一种[社会]状态的基础上得到满足,在这种状态中,广大的生产者仍然或多或少局限于获得"食品"和"必需品",局限于必要的东西。因

此,只要财富超出必需品的范围,绝大多数生产者就或多或少被排斥于财富的消费之外。

当然,后一种情况在古代以奴隶制为基础的生产中也是存在的,并且更加如此。但是古代人连想也没有想到把剩余产品变为资本。至少只是小规模地这样做过。(古代人盛行本来意义上的财宝贮藏,这说明他们有许多剩余产品闲置不用。)他们把很大一部分剩余产品用于非生产性支出——用于艺术品,用于宗教的和公共的建筑。他们的生产更难说是以解放和发展物质生产力(即分工、机器、将自然力和科学应用于私人生产)为方向。总的说来,他们实际上没有超出手工业劳动。因此,他们为私人消费而创造的财富相对来说是少的,只是因为集中在少数人手中,而且这少数人不知道拿它做什么用,才显得很多。如果说因此在古代人那里没有发生**生产过剩**,那么,那时有富人的**消费过度**,这种消费过度,到罗马和希腊的末期就成为疯狂的浪费。古代人中间的少数商业民族,部分地就是靠所有这些实质上贫穷的民族养活的。而构成现代生产过剩的基础的,正是生产力的无限制的发展和由此产生的大规模的生产,这种大规模的生产的基础是:一方面,广大的生产者的消费只限于必需品的范围,另一方面,资本家的利润成为生产的界限。

李嘉图和其他人为反对生产过剩等而提出的全部难题的基础是,他们把资产阶级生产或者看做不存在买和卖的区别而实行直接的物物交换的生产方式,或者看做**社会的**生产,在这种生产中,社会好像按照计划,以满足社会的各种需要所必需的程度和限度,来分配社会的生产资料和生产力,因此每个生产领域都能分到为满足相关的需要所必需的那**一份**社会资本。这种虚构,一般说来,来自于不懂得资产阶级生产这一特殊的形式,而所以不懂,又是由于沉湎于资产阶级生产,把它看成一般生产。正像一个信仰某一宗教的人把这种宗教看成一般宗教,认为除此以外都是**邪教**。

相反,倒是应该问一问:在资本主义生产的基础上,每个人都为自己而劳动,而特殊劳动必须同时表现为自己的对立面即抽象的一般劳动,并以这种形式表现为社会劳动,——在这样的资本主义生产的基础上,不同生产领域之间的必要的平衡和相互联系,它们之间的限度和比例的建立,除了通过经常地消除经常的不协调之外,用别的办法又怎么能够实现呢? 这一点在人们谈到竞争的平衡作用时就已经得到承认,因为这种平衡总是以有什么东西要平衡为前提,就是说,协调始终只是消除现存不协调的那个运动的结果。

因此,李嘉图也承认个别商品有可能充斥市场。他认为,**不可能**的只是同时的普遍的市场商品充斥。因此,他并不否认任何特殊生产领域有生产过剩的可能性。他认为,[普遍的]生产过剩和由此而来的普遍的市场商品充斥所以不可能,是因为这种现象不可能在**一切**生产领域**同时发生**。("普遍的市场商品充斥"这个词总是应该有保留地来理解,因为在发生普遍生产过剩的时候,有些领域的生产过剩始终只是主导的交易品生产过剩的**结果**、**后果**,始终只是**相对的**,只是因为其他领域存在着生产过剩才成为生产过剩。)

辩护论恰好把这一点颠倒过来了。按照这些辩护论者的说法,只有主导的交易品(一般说这是只能大规模地和用工厂方式进行生产的物品,在农业上也一样)才表现出主动的生产过剩,而主导的交易品所以成为生产过剩,是因为那些表现出相对的,或者说,被动的生产过剩的物品存在着生产过剩。按照这种看法,生产过剩之所以存在,仅仅因为生产过剩不是普遍的。生产过剩的**相**

对性,即一些领域中现实的生产过剩引起另一些领域的生产过剩这个事实,被表述如下:**普遍的**生产过剩并不存在,因为,如果生产过剩是普遍的,一切生产领域相互之间的比例就会保持不变;就是说,**普遍的生产过剩=按比例生产**,而按比例生产是排除生产过剩的。据说,这就驳倒了普遍的生产过剩。〔XIII—723〕就是说,因为绝对意义上的**普遍生产过剩**并不是生产过剩,而只是一切生产领域的生产力的发展都超过了通常的水平,所以,据说,**现实的生产过剩**(它恰恰不是这种不存在的、自我扬弃的生产过剩)**并不存在**。虽然现实的生产过剩所以存在,只因为它不是这样的生产过剩。

这种可怜的诡辩如果更详细地加以考察,可以归结如下:

假定铁、棉布、麻布、丝绸、呢绒等等发生生产过剩,那么不能说,例如煤生产得太少,因而造成了上述生产过剩;因为铁等等的生产过剩也就包含着煤的生产过剩,正如棉布的生产过剩也就包含着棉纱的生产过剩一样。〔和棉布相比,棉纱可能生产过剩,和机器等相比,铁可能生产过剩。这种生产过剩总是不变资本的相对生产过剩。〕因此,就下述物品来说谈不上生产不足,这些物品的生产过剩所以被包含进来,是因为它们作为组成要素即原料、辅助材料或生产资料加入另一些物品(加入这样一些商品,这些"商品可能生产过多,可能在市场上过剩,以致不能补偿它所花费的资本"375),而这另一些物品的主动的生产过剩正是需要加以说明的事实。因此,谈得上生产不足的是其他一些物品,它们直接归属的生产领域,既不属于根据假定要发生生产过剩的主导交易品的生产领域,也不属于这样一些领域,这些领域由于为主导交易品进行**中间生产**,其生产规模必须至少同产品最后阶段的规模一样,——不过没有什么东西会妨碍这些领域的生产本身扩大,因此在生产过剩内部又发生生产过剩。例如,虽然煤生产的数量必须使一切以煤作为必要生产条件的工业部门都能进行生产,因而铁、棉纱等等的**生产过剩**已经包含了煤的**生产过剩**(即使煤生产的数量只与铁和棉纱的生产成比例),但是,生产出来的煤**也**可能比铁、棉纱等的生产过剩所要求的还多。这种情况不仅是可能的,而且是非常可能的。因为,**煤和棉纱的生产**,以及其他所有仅仅为那些必须在别的领域完成的产品提供条件或充当准备阶段的领域的生产,都不是依据直接的需求,不是依据直接的生产或再生产,而是依据它们自身不断扩大的**程度**、**限度**、**比例**来进行的。不言而喻的事情是,在这种考虑中目标可能被超过。由此可见,生产不充分,**生产不足**的[不是上述那些产品,而]是其他物品,例如钢琴、宝石等。〔当然,也会发生这样的生产过剩,在那里,非主导物品的生产过剩不是结果,相反,**生产不足**倒是生产过剩的原因,例如在谷物歉收或棉花歉收等的情况下。〕

当这种[关于生产不足的]说法被应用到国际范围——就像萨伊[376]和继萨伊之后的其他经济学家所做的那样——的时候,就更加暴露其荒谬了。例如,说英国没有**生产过剩**,而说意大利**生产不足**。如果,第一,意大利有足够的资本来补偿以商品形式输出到意大利的英国资本;第二,意大利用自己这笔资本生产英国资本所需要的固有物品,后者需要这些物品部分地是为了自我补偿,部分地是为了补偿它所带来的收入,这样,也就不会发生任何生产过剩。因此,实际地——对意大利的**实际生产**来说——存在着的**英国的生产过剩**这个事实就不存在了,存在的只是**想象的意大利的生产不足**这个事实;其所以说是想象的,是因为它假定在意大利存在着那里并不存在的[XIII—724]资本以及生产力的发展,其次,是因为它还作了同样空想的假定,就是这笔在意大利**并不存在的**

资本用得恰好符合需要,使英国的供给和意大利的需求、英国的生产和意大利的生产能互相补充。换句话说,这无非是意味着:如果需求和供给彼此相符,如果资本在一切生产领域之间进行分配的比例,恰好使得一种物品的生产就包含着另一种物品的消费,因而也就包含着它自身的消费,那就不会发生生产过剩。如果[一方]不发生生产过剩,那么生产过剩就不会[在另一方]发生。但是,因为资本主义生产只能在某些领域、在一定的条件下无限制地自由发展,所以,如果资本主义生产必须在一切领域**同时地、均匀地**发展,那就根本不可能有任何资本主义生产。因为在这些领域生产过剩绝对存在,所以在没有[绝对的]生产过剩的那些领域,也就相对地存在着生产过剩。

因此,一方面,这种用一方面的生产不足来说明另一方面的生产过剩的观点无非是说:如果生产按比例进行,那就不会发生生产过剩。也就是说,如果需求和供给彼此相符,也就不会发生生产过剩。也就是说,如果一切领域具有进行并扩大资本主义生产的同样的可能性,如分工、机器、向遥远的市场输出等等、大规模生产,如果互相贸易的一切国家具有进行生产(而且是彼此各不相同又互为补充的生产)的同样的能力,也就不会有生产过剩。因此,如果发生生产过剩,那是因为所有这些虔诚的愿望没有实现。或者更抽象地说:如果到处都均匀地发生生产过剩,那就不会在一处发生生产过剩。但是,现在资本没有大到足以使生产过剩成为普遍的,因此就[不会]发生普遍的生产过剩。

如果更仔细地考察这个幻想:

承认每一个**特殊的生产部门**都可能发生生产过剩。根据前面的解释,唯一能够同时防止在**一切**部门发生生产过剩的情况,是商品同商品的交换,就是说,求助于假定存在的是物物交换的条件。

但是通向这种遁词的道路恰好被切断了:商品流通不是物物交换,因此一种商品的卖者不必同时又是另一种商品的买者。可见,这整个遁词的基础是撇开**货币**,并且撇开这样一点:这里的问题不是产品交换,而是商品流通,而对于商品流通来说,买和卖的分离具有重大的意义。

〔资本流通本身包含着破坏的**可能性**。例如,在货币再转化为资本的生产条件时,问题不仅在于货币重新转化为同样的(按种类来说)使用价值,而且,为了使再生产过程重复进行,十分重要的是能够按原来的价值(或者按更低的价值,那当然更好)得到这些使用价值。但是,这些再生产要素有很大一部分是由原料组成,它们可能由于下述两个原因涨价:第一,如果生产工具的数量增加的比例高于既定时间内能够得到的原料数量增加的比例。**第二**,由于季节具有易变性。因此,正如图克正确地指出过的[377],气候在现代工业中起着如此重大的作用。(这同样适用于与工资有关的生活资料。)因此,货币再转化为商品,完全同商品转化为货币一样,也可能遇到困难,也可能造成危机的可能性。如果考察的是简单流通而不是资本流通,那就不会发生这些困难。〕(还有许多因素即危机的条件、危机的可能性,只有在分析更加具体的关系,特别是分析资本的竞争和信用时,才能加以考察[378]。)

[XIII—725]否认**商品的生产过剩**,却承认**资本的生产过剩**。可是资本本身就是由商品组成的,或者说,如果资本由货币组成,它就必须再转化为这种或那种商品,才能执行资本的职能。因此,什么叫做**资本的生产过剩**呢? 就是预定用来生产剩余价值的那些价值量的生产过剩(或者,从物质内容方面来考察,就是预定用来进行再生产的那些商品的生产过剩),——因此,就是**再生产的规模太大**,这同直截了当地说生产过剩是一个意思。

更加明确地说,资本的生产过剩无非是,为了**发财**而生产的东西过多了,或者说,不是预定用做收入加以消费,而是预定用来**赚取货币**(进行积累)的那部分产品太多了;这部分产品不是预定用来满足它的所有者的私人需要,而是预定用来为它的所有者创造抽象的社会财富即货币,创造更大的支配他人劳动的权力——资本,或者说,扩大这个权力。这是一方的说法。(李嘉图否认这一点。①)而另一方用什么来解释商品的生产过剩呢?就用生产不够多种多样,某些消费品生产规模不够大来解释。很清楚,这里不可能涉及生产消费的问题;因为工厂主生产过多的麻布,他对纱、机器和劳动等的需求必然因而增加。因此,这里涉及的是私人消费的问题。麻布生产得太多了,但是橙子也许就生产得太少了。起初否定货币,是为了把买和卖的彼此分离说成是[并不存在的]。现在否定资本,是为了把资本家说成是完成 W—G—W 这个简单操作并且为了个人消费而进行生产的人,而不是把他**看做**以发财为目的、以把一部分剩余价值再转化为资本为目的而进行生产的资本家。但是,**资本太多**这句话无非是说,作为**收入**被消费并且在既定的条件下可能被消费的产品太少。(**西斯蒙第**[379]。)那么,为什么麻布生产者要求谷物生产者消费更多的麻布,或者谷物生产者要求麻布生产者消费更多的谷物呢?为什么麻布生产者自己不把他的更大一部分收入(剩余价值)实现在麻布上,而租地农场主自己不把他的更大一部分收入实现在谷物上呢?就每一个人单独来说,人们承认,他们的资本化的需要妨碍这样做(且不说需要有一定的限度),但是就全体总起来说,人们就不承认这一点了。

(这里,我们完全撇开了由于商品的再生产比原来商品的生

---

① 见《马克思恩格斯全集》中文第 2 版第 34 卷第 563—564 页。——编者注

产便宜而产生的危机因素。而市场上的现有商品的贬值就是由此
而来的。)

资产阶级生产的一切矛盾,在普遍的世界市场危机中集中地
爆发,而在特殊的(按内容和范围来说是**特殊的**)危机中只是分散
地、孤立地、片面地爆发。

至于**生产过剩**,它只是以资本的一般生产规律为条件:以生产
力为尺度(也就是按照用一定量资本剥削最大量劳动的可能性)
进行生产,而不考虑市场的现有界限或有支付能力的需要的现有
界限。而这是通过再生产和积累的不断扩大,因而通过收入不断
再转化为资本来进行的,另一方面,[XIII—726]广大生产者[的需
求]却总是被限制在平均的需要水平上,而且根据资本主义生产
的性质,必须总是限制在平均的需要水平上。

［劳动对资本的形式上的从属和
实际上的从属］³⁸⁰

［XXI—1301］①我们已经分别考察了绝对剩余价值和相对剩
余价值这两种形式,同时还指出了它们两者的相互联系,以及随着
相对剩余价值的发展,绝对剩余价值达到了极限。我们已经看到,
两种形式的划分造成了工资和剩余价值之间比例上的不同。³⁸¹在
生产力的发展已定的情况下,剩余价值总是表现为绝对剩余价值,
就是说,只有通过总工作日的变化,它才可能发生变化。在工作日
是已定的前提下,剩余价值就只能作为相对剩余价值来发展,即只
有通过发展生产力才能发展。

但是,**绝对剩余价值**的单纯**存在**,无非以那样一种自然生产力
为前提,以那样一种**自然产生的**劳动生产率为前提,即一个人无须
把全部(可能的)(每日的)劳动时间都用来维持他自己的生存,或
用来再生产他自己的劳动能力³⁸²。其次,对这件事还只应当再
补充一点,即他被迫——对他来说存在着外部强制——超过必
要劳动时间进行劳动,强制进行剩余劳动。但是,对象化着剩余
劳动的**剩余产品**的那种身体上的可能性,明显地取决于两种情
况:如果需要很少,那么即便劳动的自然生产力低,只要一部分

---

① 在第 XXI 笔记本的封面上,马克思亲笔写下"1863 年 5 月"。——编
者注

劳动时间就能够满足需要,其他部分就可以留做剩余劳动,从而形成剩余产品。另一方面,如果劳动的自然生产力很高,也就是说,如果土地、水等等的自然生产力只需使用不多的劳动就能获得生存所必需的生活资料,那么——如果考察的**只是必要劳动时间的长度**——劳动的这种自然生产力,或者也可以说,这种自然产生的劳动生产率所起的作用自然和劳动的社会生产力的发展完全一样。自然产生的高度的劳动生产力是和人口即劳动能力的迅速增加,从而是和作为剩余价值来源的那种材料的迅速增加联系在一起的。相反,如果自然产生的劳动生产力低,因而连满足简单需要所必需的劳动时间也很长,那么剩余产品(或剩余劳动)的发展,大体上说,只有在一个人同时剥削很多人的情况下,才可能造成**他人的财富**。[XXI—1302]假定必要劳动时间等于 $11\frac{1}{2}$ 小时,工作日等于 12 小时,那么一个工人提供的剩余价值等于 $\frac{1}{2}$ 小时。但是,由于维持一个工人的生活就需要 $\frac{23}{2}$ 小时,于是便得出如下的计算:

1 个工人提供 $\frac{1}{2}$ 小时剩余劳动

23 个工人提供 $\frac{23}{2}$ 小时剩余劳动。

因此,在这种情况下,仅养活一个不劳动而只过工人生活的人,就需要 23 个工人。如果要使他的生活好三四倍,此外还能够有一部分剩余价值再转化为资本,那就可能需要有 $23\times8=184$ 个工人为他一个人劳动。而且在这种情况下,这一个人拥有的实际财富还是很少的。劳动生产力越高,非工人和工人相比数量就越多,不从事必要生活资料生产或完全不从事物质生产的工人的数量就越多,或者最后,直接构成**剩余产品**所有者的人数的那些人,或者甚至构成既不从事体力劳动也不从事脑力劳动,而是提供"服务",由剩余产品占有者将剩余产品的一部分付给他们作为报酬的那些人的数量就越多。

无论如何,和两种剩余价值形式——绝对剩余价值和相对剩余价值,如果就其本身单独来考察,绝对剩余价值总是先于相对剩余价值——相适应的,是**劳动从属于资本的两种单独的形式**,或者说**资本主义生产的两种单独的形式**,其中第一种形式总是第二种形式的先驱,尽管第二种更发达的形式又可能成为在新的生产部门中采取第一种形式的基础。

［(a)劳动对资本的形式上的从属］

我把以绝对剩余价值为基础的形式叫做**劳动对资本的形式上的从属**。它同如下这些其他生产方式,即实际的生产者提供剩余产品,提供剩余价值,也就是超过必要劳动时间进行劳动,不过不是为自己,而是为其他人进行劳动的这些生产方式,只有**形式上**的区别。

施行强制的方式,即用来产生剩余价值,剩余产品或剩余劳动的那种方法,是另一类方式。我们只有在下一节,在关于积累的一节[383]中,才考察确定的**区别**。在这种**劳动对资本的形式上的从属**中,本质的东西是:

(1)工人作为他自己的人身的所有者,从而作为他自己的劳动能力的所有者,以暂时被使用的这种劳动能力的卖者的身份,同拥有货币的资本家相对立;因此,他们双方作为商品占有者,作为卖者和买者而互相对立,这样,他们双方在形式上是自由人,他们之间除买者和卖者的关系外,实际上不存在任何其他关系;不再存在任何政治上或社会上固定的统治和从属的关系。

(2)在这第一种关系里包含着如下内容——因为在相反的情况下工人无须出卖自己的劳动能力——,工人的**客观劳动条件**(原料,劳动工具,从而还有劳动时的生活资料)[384]完全地或者至少部分地不属于工人,而属于工人劳动的买主和消费者,因而作为**资本**和工人自身相对立。这些**劳动条件**作为他人的财产越是和工人充分对立,**资本和雇佣劳动之间的关系**在形式上也就越是充分,从而劳动对资本的形式上的从属也就越是充分。

这里,在**生产方式**本身中还没有区别。劳动过程从工艺来看完全和过去一样进行,只是现在它成了**从属于**资本的劳动过程。不过,正如先前指出的那样〔先前关于这点所说的一切,只有在这里才适用〕[①],在生产过程本身中,**第一**,由于发生了资本家对劳动能力的消费,因而是在资本家的监督和管理之下进行这种消费,所以统治和从属的关系发展起来了;**第二**,劳动的更大的连续性发展起来了。

如果说这种统治和从属关系的产生代替了奴隶制、农奴制、臣仆制、家长制的从属关系,那么所发生的只是**形式上的转化**。从属的形式变得更自由些,因为从属只是**物质性的**,在形式上是自愿的,涉及的只是工人和资本家在生产过程本身中的地位。这也正是过去农奴或奴隶一经变为自由雇佣工人时在农业中所发生的那种**形式变换**。

[XXI—1303][385]或者,生产过程中的**统治和从属关系**代替了生产过程中的从前的**独立性**,例如在只给国家或地主交纳实物地

---

① 见《马克思恩格斯全集》中文第2版第32卷第103—108页。——编
　者注

租的一切自给自足的农民、农场主的场合,在农村家庭副业或**独立手工业**的场合。因此,在这里生产过程中的从前的**独立性**丧失了,统治和从属关系本身是实行资本主义生产方式的产物。

最后,资本家和雇佣工人的关系能够代替**行会师傅、帮工和学徒**的关系,这是城市工场手工业在其产生时部分地经过的一种过渡。**中世纪的行会关系**——它在雅典和罗马也以类似的形式在狭隘的范围内得到了发展,它在欧洲一方面对于资本家的形成,另一方面对于自由工人阶层的形成,都有决定的重要性——是资本和雇佣劳动关系的一种**狭窄的**、尚不适合的形式。在这里,一方面存在着买者与卖者的关系。被支付的是工资,师傅、帮工和学徒作为自由人互相对立。这种关系的工艺基础是**手工业生产**;在这种生产中掌握**劳动工具**的技巧的高低,是生产的决定性要素;独立的个人劳动,从而这种劳动要经过较长或较短学习时间而达到的职业提高,在这里都决定着劳动的结果。在这里,师傅当然占有生产条件,手工工具,劳动材料〔尽管手工工具也可以属于帮工〕,因而产品是属于师傅的。在这个意义上师傅就是**资本家**。但是作为资本家他不是**师傅**。第一,他本人首先是**手工业者**,并且他在他自己的手工业中应是师傅,这一点是前提。在生产过程本身中,他像自己的帮工一样表现为手工业者,他只是把手工业的秘密传授给他的学徒。他对自己学徒的关系完全跟教授对自己学生的关系相同。因此,他对学徒和帮工的关系,并不是资本家本身的关系,而是手工业**师傅**的关系,他作为手工业师傅在同业工会中,从而在对帮工和学徒的关系上,处于较高的等级地位,这种地位是以他自身的手工业**技艺**为基础的。所以,他的资本无论就**物质**形态来说,还是就**价值量**来说,都是被束缚的资本,它还完全没有取得资本的自由形态。它不是这样一种**一定量对象化劳动**,不是价值一般:这种对象化劳动或价值在资本为了占有剩余劳动而任意同这种或那种活劳动形式相交换时,能够采取并且会任意采取这种或那种劳动条件形式。只有当师傅通过了事先规定的学徒阶段、帮工阶段,等等,自己提供出了本行的典范作品以后,他才能在**这个一定的**劳动部门中,即在自己所在的手工业中,把货币部分地转化为手工业的客观条件,部分地用来雇用帮工和维持学徒。只有在自己的手工业中,他才能把自己的货币转化为资本,就是说,不仅把这些货币用做他自身劳动的手段,而且把它用做剥削他人劳动的手段。他的资本被束缚在**使用价值**的一定形式上,因而不作为**资本**与他的工人相对立。他所使用的劳动方法,不仅是单凭经验,而且是行会所规定的,这种劳动方法被认为是必然的,因而从这方面来看,表现为最终目的的也不是劳动的交换价值,而是劳动的使用价值。提供这种质量或那种质量的劳动,并不取决于他的意愿,整个行会经营就是为了提供**特定的质量**。正像劳动的方法不取决于他的意愿一样,劳动的价格也不取决于他的意愿。其次,阻碍他的财产作为**资本**执行职能的狭隘形式表现在:实际上为他的资本的价值规定了**最高限额**。他不能拥有超过**一定数目**的帮工,因为行会必须保证所有的师傅都能从自己的手工业得到一定份额的收益。最后是作为同一行会成员的这个师傅同其他师傅之间的关系;师傅作为这种成员,是属于一个具有一定的共同生产条件(行规[386]等)、政治权利、参与市政管理等等的同业工会的。他是按照订货工作——除去为商人工作以外——,是为了生产直接的使用价值,与此相应,师傅的人数也是被规定了的。他并不是作为**纯粹的商人**同自己的工人相对立。商人更不可能把自己的货币转化为生产资本;商人只能"转移"商品,不能亲自生产商品。在这里,表现为剥削他人劳动的目的和结果的,是**与他的地位相当的生活**，而不是交换价值本身，不是发财致富本身。在这里，决定性的东西是**工具**。在很多劳动部门（例如缝纫业）中，原料是师傅的顾客供给师傅的。把生产限制在整个现有的消费之内，在这里是一条规律。因此，生产决不是由资本本身的界限所调节的。在资本主义关系中，这种界限随着政治的、社会的束缚的消失而消失了，而在这里，资本还是在这些束缚中运动着，因此还不表现为**资本**。

［XXI—1304］**387**［……］在迦太基和罗马，它受民族的限制，其中迦太基人［……］发展了商业资本形式上的资本，因而甚至使交换价值本身成为生产的直接目的［……］，或者，如像在罗马人那里，通过把财富特别是地产集中在少数人手里，生产必然已经不是被用来满足本身的需要，而是用来创造交换价值，从而掌握了资本主义生产的这一方面。因为，富有的罗马人的目的是挥霍，是花费尽量多的使用价值，他只有增加出售产品的交换价值才能达到这一目的；所以，生产的目的是交换价值，关键在于从奴隶那里榨取尽可能多的货币，也就是榨取尽可能多的劳动。

同那些为偶然的买主而工作的独立手工业者相比，为资本家工作的工人［劳动的］连续性，当然会增加；因此，这种工人的劳动不受推动这种劳动的偶然需要及其大小的限制；相反，工人经常地多少正规地逐日为资本所雇用。和奴隶相比，这种工人的劳动由于强度更高和更不间断而生产率更高，因为奴隶只有在外界威胁的鞭策下才劳动，而不是为了**自身生存**而劳动，这种生存并不属于他；反之，自由工人倒是受自身需要的驱使而劳动。自由地自己决定自己这种意识**388**即自由的意识，以及责任感，使这种工人成为比奴隶好得多的劳动者；因为，如果他不想被同种商品的另一些卖者所排挤，他就得像每个商品卖者一样要对自己提供的商品负责，并且必须提供一定质量的商品。奴隶和奴隶主之间的关系的**连续性**,是通过直接强制来保持奴隶的一种关系。反之,自由工人必须自己保持自己的关系,因为他作为工人而存在,取决于他不断重复地把自身的劳动能力出卖给资本家。工人和奴隶不同,也和徭役农民不同,他得到自己劳动的**等价物**,因为我们已经看到[389],**工资**——虽然事实上工资所支付的只是必要劳动,实际上工人的剩余劳动也像徭役或者像奴隶超过再生产他的生活费所必需的时间而从事的那些劳动一样,没有得到报酬——表现为**工作日的价值,价格**。差别在这里可能只在于无酬劳动时间的量,虽然这种**量的差别**不是必然的,倒不如说取决于**劳动能力**日常**价值**的高度。但是,无论自由工人提供的剩余劳动是多还是少,无论平均工资是高还是低,无论他的总工作日和他的必要劳动时间每次的比例如何,——对于他来说,事情总是采取这样的**形式**:他为了他的工资,为了**货币**而劳动,如果他劳动 12 小时而只得到 8 小时劳动的等价物,那么劳动这 12 小时只是为了赎回 8 小时劳动的等价物。奴隶的情况不是这样。甚至他为自己完成的那部分劳动,即用来补偿他自己的生活费的那部分劳动,在他面前也表现为他为奴隶主完成的劳动,而在自由工人那里,即便是他完成的剩余劳动,也表现为他为自己的利益完成的劳动,即表现为购买自己工资的手段。资本家和工人之间的——买和卖的——**货币关系掩盖着无酬劳动**,而在奴隶劳动的情况下,奴隶属于其主人所有的那种所有权关系掩盖着**为自己的劳动**。如果工作日等于 12 小时,那么必要的、从而工资所代表的劳动时间可能等于 6、7、8、9、10、11 小时,而剩余劳动即无酬劳动相应地等于 6、5、4、3、2、1 小时,这种比例使工人经常认为,似乎他为了一定的、虽然是变化不定的价格而出卖12 小时的劳动,因此,似乎他仍然只是为自己劳动,完全不是为自己的主人劳动。

［XXI—1305］［……］这种劳动能力的较高价值必须支付给工人本人并表现为较高的工资。因此在这里，按照特殊劳动是否要求发展得比较高的、需要较多生产费用的劳动能力这样一些不同情况，工资普遍发生了很大的差别，从而一方面给个人差别开辟了活动余地，另一方面给劳动能力本身的发展提供了刺激。毫无疑问，大量的劳动必定由或多或少的非熟练劳动组成，从而大量的工资也必定由**简单的劳动能力的价值**来决定；然而单个的工人借助于特殊的能力、天才等，仍然可能上升到较高的劳动领域，这正像某个工人本身有成为资本家和他人劳动的剥削者的抽象可能性完全一样。奴隶属于某个一定的**主人**；工人固然一定要把自己卖给资本，但并不是卖给某个一定的资本家，他可以在一定的范围内选择把自己卖给谁，他可以换主人。所有这些已经改变的关系，都使自由工人的活动比奴隶的活动强度更高、更有连续性、更灵活、更熟练；至于这些关系使自由工人本身能够完成完全不同的历史行动，那就不必说了。奴隶以**实物形式**（它无论在形式上或在数量上都是固定的），以**使用价值**的形式来获得维持自己生存所必需的生活资料。自由工人则是以**货币**的形式，以**交换价值**的形式，以财富的抽象社会形式取得维持自己生存所必需的生活资料。虽然工资在实际上无非是必要生活资料的**银化的、金化的、铜化的或纸币化的**形式，工资必须不断地化为必要生活资料——**货币**在这里只是作为交换价值的转瞬即逝的形式，作为单纯的**流通手段**执行职能——，但是，在观念中，工人劳动的目的与结果仍然是**抽象的财富**，是**交换价值**，而不是特定的、受到传统和地方限制的使用价值。工人本人把货币转变为任意的使用价值，用货币购买任意的商品；他作为**货币占有者**，作为商品买者，像所有其他的买者一样，

同商品卖者处于完全同样的关系中。不言而喻,工人生存的条件——同工人所挣的货币的价值量完全一样——迫使工人把货币花在十分有限的生活资料范围内。但是在这里可能存在一些变化,例如,报纸就包括在英国城市工人的必要生活资料之内。他可以稍微节省一些、积蓄一些。他也可以把自己的工资挥霍在饮酒上等等。但是,他作为自由人这样行动时,他本人是必须付出代价的,他必须为他花费自己工资的方式负责。他和需要一个主人的**奴隶不同,他要学会自己管自己。**当然,这一点只有当考察农奴或奴隶转化为自由雇佣工人时才有意义。资本主义关系在这里表现为提高到较高的社会阶段。在独立农民或手工业者转化为雇佣工人的地方,情况正好相反。在莎士比亚所描写的"骄傲的英国自耕农"**44**和英国农业短工之间存在着多么大的差别呀!因为雇佣工人劳动的目的只是工资、货币、一定量交换价值,而在交换价值中,使用价值的任何特殊性都消失了,所以雇佣工人对于自己劳动的**内容**,从而对自己活动的特殊方式都是无所谓的;但是这种活动在行会制度和种姓制度中却认为是合乎天职的活动,而对于奴隶来说,就像对于役畜一样,却只是某种特定的、强加给他的、传统的活动方式,即他的劳动能力的实现方式。因此,只要分工没有使劳动能力完全片面化,自由工人对于自身劳动能力和自己劳动活动的预示着较好工资的任何改变,在**原则上**[XXI—1306]都是可以接受的,都是有准备的(正像经常流入城市的农村过剩人口所表现出来的情况那样)。如果说成年工人在某种程度上不能适应这种改变,那么他认为新的一代总是能适应这种变化的,新的正在成长的一代工人往往是可以参加到新的劳动部门或特别繁荣的劳动部门中去并得到使用的。在雇佣劳动不受旧行会制度等残余的束缚而得到最自由发展的北美,这种**变动性,**对劳动的特定内容和从一个部门转移到另一个部门所持的完全无所谓的态度,也表现得特别明显①。因此,一切美国著作家也都把这种**变动性**与**奴隶劳动**的单调的、传统的性质的对立,强调为北方自由雇佣劳动不同于南方奴隶劳动的最大特征,因为奴隶劳动不是按照生产的需要而发生变化的,恰恰相反,它要求生产适应于一经形成即因袭不变的劳动方式(见**凯尔恩斯**[390])。劳动的**新方式**的不断形成,这种经常的变化——与此相应的是使用价值的多样化,因而也是交换价值的现实发展——,从而**整个社会**中不断发展的分工,只有在资本主义生产方式下才是可能的。这种分工开始于这样一种自由的手工业方式的行会企业,在这种企业里,分工不会因任何特定经营部门本身的固定化而受到限制。

在只存在**劳动对资本的形式上从属**的情况下,对剩余劳动的强制,从而一方面,对创造需要和满足这些需要的手段的强制,以及对创造超过工人传统需要的产品量的强制——也是创造不以物质生产为转移的用于发展的**自由时间**——,和以往的生产方式下相比,**只是**具有另一种形式,不过这种形式提高劳动的连续性和强度,增加生产,促进**劳动能力品种**的发展,从而促进劳动种类和谋生方式的多样化,最后,把劳动条件的占有者和工人本身之间的关系变成新的**买卖关系**,并使剥削关系摆脱一切家长制的和政治的混合物。当然,在生产关系本身中,包含着来自资本对并入资本的劳动拥有所有权和来自劳动过程本身性质的**统治和从属关系**。资本主义生产超出这种形式关系越少,这种关系便越不发展,因为这种关系仅以小资本家为前提,这些小资本家在构成方式和职业方式上和工人本身只有很小的差别。

---

① 见本卷第704—705页。——编者注

从工艺上讲——在这种较早的生产方式转变为资本主义生产方式,和这种转变起初只表现为**劳动在形式上从属于资本**,从而表现为劳动条件的占有者和劳动能力的占有者之间的买卖关系的地方——,实际的劳动过程不变,而它发挥职能的性质取决于它从中发展出来的那种关系。农业仍然未变,虽然短工代替了雇农;在手工业生产从行会的生产方式转变为资本主义生产方式的地方,手工业生产也发生同样的情况。**统治和从属关系上的**差别,还没有涉及到生产方式本身,最明显地表现在**这样**的地方:**农业,或一切家庭副业,或仅为家庭需要而经营的副业劳动,转变为特有的资本主义经营的劳动部门**。

形式上**从属于资本**的劳动和过去使用劳动的方式不同的地方,在这里表现在这一点上:一个资本家使用的**资本量**的规模本身增加了,从而一个资本家**同时**雇用的工人的数目增加了。只有当拥有某一最低限额的资本时,资本家本人才不再是工人,他留给自己的只是领导工作,并且用已生产出来的商品做买卖。另一方面,现在要考察的真正的资本主义生产形式也可能只表现在下述场合:一定量的资本直接掌握了生产,这或是由于商人成了生产者,或是由于在真正生产的内部逐渐形成了较大的资本。

"自由工人通常可以自由地更换自己的主人;这种自由把奴隶和自由工人区别开来,正像把英国军舰上的水手跟商船上的水手区别开来一样……工人的地位高于奴隶的地位,因为工人认为自己是自由的;不管这个信念多么错误,它对居民的性格……是有不少影响的。"(托·娄·埃德蒙兹《实践的、精神的和政治的经济学》1828年伦敦版第[56—]57页)"推动自由人去劳动的动机比推动奴隶去劳动的动机要强烈得多:自由人要在[为自己和家庭进行]沉重的劳动[和饥饿之间,而奴隶要在沉重的劳动][XXI—1307]和一顿饱打之间进行选择。"(同上,第56页)"在货币制度下,奴隶的状况和工人的状况之间的差别是很微小的……奴隶的主人很懂得他自己的利益,所以他不会用少给奴隶食物的办法来使奴隶衰弱;而自由人的主人则给自由人尽

可能少的食物,因为对工人的这种损害不是落在这个主人自己的头上,而是落在整个主人阶级的头上。"(同上)

"在古代,只有靠奴隶制才能迫使人们超过自己的需要进行劳动,迫使一国的一部分人白白地为养活另一部分人而工作;因此曾经普遍地实行过奴隶制。奴隶制在当时曾经是发展生产所必要的,正如奴隶制在目前必然是对生产的破坏一样。道理是明明白白的。如果**不强制人们进行劳动**,他们就会只为自己劳动;如果他们的需要少,他们的劳动也会少。但是当国家形成并需要空闲人手来保卫自己不受自己敌人的暴力时,无论如何也必须给那些不劳动的人取得食物;因为,按照假定,劳动者的需要是小的,所以必须找出一种方法把他们的劳动增加到他们的需要量以上。奴隶制就是为了达到这个目的而建立的……或者像在斯巴达那样强迫奴隶耕种土地以养活奴隶和空闲的自由人双方;或者由奴隶来充任现在自由人所充任的一切卑贱职务并像在希腊和罗马一样用奴隶来向从事国家所需要的职业的人提供工业品。因此,在这里为迫使人们为获得食物而劳动,使用了暴力的方法……　那时人们被迫从事劳动,因为他们是别人的奴隶;而现在,人们被迫从事劳动,因为他们是自己需要的奴隶。"(詹·斯图亚特[《政治经济学原理研究》1770年]都柏林版第1卷第38—40页)[Zh.4]

〔在农业中,特别是随着资本主义生产,即一方面以交换价值为目的,另一方面以购买劳动为目的的生产的发展,劳动**强度**增加,而工人的人数却大大减少,工资在任何情况下都不能随着**劳动强度**的这种增长而相应地提高。

"在16世纪,一方面领主辞退自己的家臣",已经转化为工业资本家的"农场主也辞退空闲的人口"。

农业从谋生的手段变成了一种营业。其后果正如**斯图亚特**所说:

"一定数量的劳动者从小农中……被排挤出来,因此,农民不得不提高劳动强度而在小块土地上用重劳动取得了与大面积土地上轻劳动相同的效果"(同上,第105页)。

〔甚至在城市手工业中,虽然那里产品向来是直接作为商品生产的,因为它必须先转化为货币,才能使它转化为生活资料,尽管这样,生产依然主要是**生存资料**。〕(致富本身并不是它的直接目的。)〕

[(b)]劳动对资本的实际上的从属

〔(因为生产劳动的目的不是为了工人的生存,而是剩余价值的生产,所以一切不生产剩余劳动的必要劳动,对资本主义生产来说,都是多余的和没有价值的。这一点也适用于资本家的国家。这个观点还可以这样表述:只补偿工人的生存资料(生活资料基金)而不生产**纯产品**的那全部**总产品**,都是多余的,正如不生产纯产品或剩余价值的工人本身的生存是多余的一样,换句话说,如果工人在工业发展的一定阶段上是生产剩余价值所必要的,那么在进一步发展阶段上对生产这种剩余价值就变成多余的。或者说,只有能给资本带来利润的人数是必要的。这一点也适用于资本家的国家。

"一个国家的实际利益难道不也是这样吗〈从一个私人资本家的利益来看,只要他的20 000镑资本的利润"在任何情况下都不降低到2 000镑以下",那么他的资本无论"推动100人还是1 000人"都无关紧要〉,只要这个国家的纯收入和实际收入不变,它的地租和利润不变,那么不管它是由100万人组成,还是由1 200万人组成,[XXI—1308]**391**不也是无关紧要吗? …… 如果500万人能够生产1 000万人的食物和衣着,那么这500万人的食物和衣着便是纯收入。如果生产同样多的纯收入需要700万人,就是说,如果生产1 200万人的食物和衣着需要使用700万人的劳动,那么国家还能得到什么利润呢?纯收入将仍然是500万人的食物和衣着。"[大·李嘉图《政治经济学和赋税原理》1821年伦敦第3版第416—417页]

 甚至连慈善事业也不能对李嘉图的这个观点提出什么异议。因为在 1 000 万人中只有 50% 的人充当 500 万人的单纯生产机器,总比在 1 200 万人中有 700 万人或 $58\frac{1}{3}$% 的人充当 500 万人的生产机器要好些。)

 "在一个现代王国里〔如果像古罗马初期那样把整个省区的〔土地〕分给独立的小农耕种〕,即使他们耕种得很好,又有什么用呢? 除了繁殖人口别无其他目的,而人口繁殖本身是最没有用处的。"(阿瑟·杨格《政治算术》1774 年伦敦版第 47 页)

 〔**工厂中的劳动**:

 "一个人每天看管机器的划一运动15 小时,比他从事同样长时间的体力劳动还要衰老得快。这种**看管机器的劳动**,如果时间不太长,也许可以成为一种有益于智力的体操,但是现在由于这种劳动过度,对智力和身体都有损害。"(古·德·莫利纳里《经济学概论》1846 年巴黎版〔第 49 页〕))〕

 劳动对资本的实际上的从属是在创造与绝对剩余价值不同的相对剩余价值的一切形式中发展起来的,我们已经看到,这决不排斥这些形式在增加相对剩余价值的同时增加绝对剩余价值。

 "**维持生活的农业**……转变为**交易的农业**……国土的改良……跟这种变化是成比例的。"(阿·杨格《政治算术》1774 年伦敦版第 49 页注)〕

 〔**工资的最低额**:

 "拥有财产和对财产的某种追求,是保证普通非熟练工人不陷入一个按**最低**市场价格买入的机器部件地位所必需的,这是可以生产出这一机器部件的价格,就是说,这是工人可以生存并繁殖自己的族类的价格;**当资本与劳动的利益完全不同**而仍然由供求规律的唯一作用来调节这种利益的时候,工人迟早**必然**要被降低到这个最低市场价格。"(赛米尔·兰格《国家的贫困,〔贫困的原因及其防止办法]》1844 年伦敦版第 45—46 页)〔Zh.19〕〕

 在劳动对资本的实际上的从属下,在工艺过程,劳动过程中发生了我们已经叙述过的一切变化,与这些变化同时,工人对自己的生产和对资本的关系也发生了变化;最后,劳动的生产力发展了,因为社会劳动的生产力发展了,并且只有随着这些变化一起,才有可能在直接生产中大规模应用自然力、科学和机器。因此,在这里不仅是形式上的关系发生了变化,而且劳动过程本身也发生了变化。一方面,只是现在才表现为特殊生产方式的资本主义生产方式,创造出一种已经改变了的物质生产形态。另一方面,物质形态的这种改变构成了资本关系发展的基础,因此与资本关系完全适合的形态只是与物质生产力的一定发展阶段相适应的。上面我们已经考察过,工人在生产本身中的从属关系怎样因此而采取新的形态。这是应当强调的第一点。劳动生产率的这种提高和生产规模的这种扩大,部分地是资本关系发展的结果,部分地是资本关系发展的基础。

第二点,这就是资本主义生产现在完全抛掉了为生活而生产的形式,变成了为贸易而生产,而且无论是自己的消费,无论是已有的买者们的直接需要,都不再是生产的界限;只有资本本身的量才是这种界限。另一方面,因为一切产品都变成了商品(甚至例如在农业中,产品部分地以实物形式重新加入生产,也是如此),所以产品的一切要素都作为商品从流通转入生产活动。

[XXI—1309]最后,资本主义生产的所有这些形式的共同点是:要按照资本主义方式进行生产,便要求交换价值的最低额,货币的最低额,即不变资本和可变资本的最低额不断增加,以便使取得产品所必需的劳动成为**社会必要**劳动,也就是说,使生产单个商品所必需的劳动等于在平均条件下必要劳动的最低额。为了使对象化劳动——货币——能够作为资本发挥作用,在这里单个资本家手里必须拥有这一对象化劳动的某种最低额,——这个最低额

大大超过劳动只是在形式上从属于资本时所要求的最高额。资本家必须是某一**社会规模**的生产资料的所有者或占有者,由一个人集中占有的这个价值量同个人或单个家庭世世代代通过私人**货币贮藏**尚能积累起来的那个价值量越来越不能相提并论。由此可见,所要求的劳动条件的规模再也不能和个别工人在顺利的时候通过节约等等办法所能占有的相比。一个经营部门在资本主义方面越发达,这个部门中劳动生产率,劳动的社会生产率或社会劳动的生产率发展得越高,这种**资本的最低额**也就越高。在规模相同的情况下,资本的价值量必须增加,必须采取可进行社会生产的生产资料规模,因此,资本必然会丧失一切个人的性质。正是生产率,从而这种生产方式所增加的产量、人口量以及过剩人口量,同游离出来的资本和游离出来的劳动一道,不断造成新的经营部门,在这些部门中,资本又能够以小的规模活动,并且重新经过不同的发展阶段,直至在这些新的经营部门中,随着资本主义生产的发展,劳动将以社会规模得到使用,与此相适应,资本将表现为大量社会生产资料在一些人手中的集中。这一过程是始终不断的。

随着劳动在实际上从属于资本,在生产方式本身中,在劳动生产率中,在资本家和工人之间——在生产内部——的关系中,以及在双方彼此的社会关系中,都发生完全的革命。

只有最简单的形式,简单协作的形式,才可能也存在于较早的生产关系下(见早期的埃及等等)〔在那里,这种简单协作不是在修建铁路时使用,而是在建筑金字塔等等时使用〕[392],也存在于奴隶制关系下(关于这点参看后面[390])。在这里,通过使用妇女和儿童劳动,从属关系几乎又被贬低到奴隶制关系(参看**斯图亚特**的著作[393])。

对于所有这些生产形式来说,除生产所需要的**不断增长的资**

本最低额外,共同之处是:许多联合起来的工人劳动的**共同条件**保证这些共同条件得到**节约**,这同小规模生产情况下这些条件的分散情况正好相反,因为这些**共同生产条件**的效力看来与通过协作、分工、机器等等来提高劳动本身的生产率直接无关,它不要求同样增加这些生产条件的数量和它们的价值。**共同地同时**使用生产条件使它们的**相对价值**降低,虽然它们所体现的绝对价值量提高了。

〔这里的**积极结果**是:为生产已增加的生活资料的量所需要的劳动时间减少了;这一结果是由劳动的社会形式获得的;个别人占有生产条件不仅表现为不必要的事情,而且表现为和这种大规模生产不相容的事情。诚然,在资本主义生产方式下出现的情况是,资本家即**非工人**是这种社会大量生产资料的所有者。实际上,在对工人的关系方面,他决不代表他们的联合,不代表他们的社会团结。因此,这一对立形式[XXI—1310]一旦消除,结果就会是他们**社会地**占有而不是作为各个私的个人占有这些生产资料。资本主义所有制只是生产资料的这种社会所有制的对立的表现,即被否定的单个人对生产条件的所有制(从而对产品的所有制,因为产品不断转化为生产条件)的对立的表现。同时可以看出,这种转化要求物质生产力达到一定的发展阶段。例如对于小农来说,他所耕种的那一小块土地就是**他的**。对这块地的所有权也像对他的生产工具的所有权一样是他的劳动的必要刺激和条件。手工业中的情况也是这样。在大农业中,也像在大工业中一样,这种劳动和对生产条件的所有权**不需要事先分离**,它们已经**在事实上分离**了;西斯蒙第[394]为之痛哭的所有权和劳动的这种分离,是生产条件的所有制转化为**社会所有制**的必要的经过点。如果单个工人作为**单独的人**要再恢复对生产条件的所有制,那只有将生产力和大规模劳动发展分离开来才有可能。资本家对这种劳动的**异己的所有制**,只有通过他的所有制改造为非孤立的单个人的所有制,也就是改造为**联合起来的、社会的个人**的所有制,才可能被消灭。自然,认为产品是生产者的所有者的那种拜物教,也就同时结束,并且在资本主义生产内部发展起来的劳动的一切社会形式,也就摆脱把它们全都加以歪曲并表现在对立形式上的那种对立,——例如,劳动时间的缩短不是表现为所有的人都劳动 6 小时,而是表现为 6 个人各劳动 15 小时就足以养活 15 个人①。]**395**

为生产而生产,即不顾任何事先决定的和事先被决定的需要界限来发展人类劳动生产力。以后将更详细地说明,即使是在资本主义生产的内部,这件事虽然作为一种趋势也竭力追求达到目的**396**,但还是和它自己的界限相矛盾的。因为,即使资本主义生产是迄今为止一切生产方式中最有生产效力的,但它由于自身的**对立性质**而包含着生产的界限,它总是力求超出这些界限,由此就产生危机,生产过剩等等。另一方面,**为生产而生产**因而表现为它的直接对立物。生产不是作为人的生产率的发展,而是作为与人的个性的生产发展相对立的**物质财富**的生产。

在最抽象的形式上,用来发展相对剩余价值、从而发展特殊的资本主义生产方式的一切方法,可以归结为,这种生产方式力图把**单个商品的价值降低到它的最低限度**,因而,在既定的劳动时间里生产尽可能多的商品,或者在最短的劳动时间里以尽可能少的劳动量把劳动对象转化为产品。劳动生产率总的来说无非是用最少的劳动生产出最多的产品,或者把最少的劳动时间实现在最多的产品中,也就是把单个产品的价值降到它的最低限度。

---

① 在手稿中,马克思写的是"20 个人"。——编者注

在这种情况下,需要指出两点:

第一,下面这一点看起来是矛盾的:以交换价值为目的和受交换价值支配的生产竭力追求单个产品的最小价值。但是产品的价值本身对资本主义生产来说是无关紧要的。它的目的是要尽可能多地生产剩余价值。而剩余价值不是由单个产品的价值,单个商品的价值决定的,而是由剩余价值率决定的,由商品中代表可变资本的部分同这一部分的变化量,即同产品中包含的超过可变资本价值的剩余劳动的比例决定的。资本主义生产的目的,并不在于单个产品从而产品总量包含尽可能多的劳动,而是在于它们包含尽可能多的无酬劳动。**这种矛盾重农学派**[38]**已经感觉到了。见魁奈**[397]。补充笔记本 C(第29(下半页)、31页)。

[XXI—1311] 第二:

商品的价值降低到它的最低限度,也就是使商品尽可能便宜,只有在下述情况下才直接创造相对剩余价值:这些商品作为必要生活资料进入工人的消费,因而它们的变便宜和劳动能力的变便宜是一样的,也就是和必要劳动时间的缩短,从而和有酬劳动时间的缩短是一样的,如果考察整个工作日,这一点像我们已经看到的[398],又表现为**劳动**价值或**劳动价格**的下跌。

但是这一规律不仅对于资本主义生产这一特定的领域有效,而且对于资本主义生产竭力逐渐支配和使之从属于自己的生产方式的那一切生产领域都有效。我们已经看到①,对单个资本家来说,他生产的单个商品的生产更便宜并不直接使劳动能力变便宜(至少,他的产品这样变便宜不会使劳动能力变便宜),并且,当做到这一步时,并不是给这一个别资本家带来好处,而是给整个资

---

① 见《马克思恩格斯全集》中文第2版第32卷第363—364页。——编者注

本——资本家阶级——带来好处,因为这造成劳动能力普遍便宜。

但是,因为商品的价值是由该生产阶段上生产商品的平均**必要劳动时间**决定的,所以用超过该生产阶段平均水平的更有生产效率的劳动方法**作为例外**生产出来的那个商品的**个别价值,低于**这个商品的一般的或社会的价值。因此,如果它以**低于**同类商品的社会价值而**高于**它的个别价值出售,也就是说,按一种不把它的个别价值和它的普遍价值之间的差别**拉平**的价值出售,那么它便是**高于**自己的价值出售,或者说,包含在其中的劳动和通常生产它的平均劳动相比成了当时**较高级的劳动**。但是在生产它时所使用的工人的劳动能力并没有得到较高的报酬。这一**差额**因而落入资本家的腰包并形成他的剩余价值。这种建立在生产方式的变化所引起的商品的**个别价值和社会价值之间的差额**上的剩余价值是一个暂时的量,一旦新的生产方式成为普遍的并且本身变成平均的生产方式时,这种剩余价值便等于零。但是,这一暂时的剩余价值是生产方式变化的**直接**结果。因此它成了资本家的**直接动机**,因此这一动机在资本所掌握的一切生产领域中同样地占统治地位,而不以它们生产的使用价值为转移,从而不以该种产品是否进入工人的必要生活资料或劳动能力的再生产为转移。不过这种剩余价值形式是暂时的;它只能同个别资本家有关,而与总资本无关,它虽然在个别部门造成劳动能力的相对贬值或劳动价格下降,但不是**因为这种价格下降**,而是**因为它没有提高**。这种形式因此并不涉及整个的剩余价值,因为它既没有引起它自己的部门的劳动价格的**持久的**(相对)下降,也没有引起劳动能力普遍变便宜,从而缩短必要劳动时间,因为它的产品不进入工人的必要生活资料。

但是其次,因为在这些生产部门中,由于上述动机的作用,逐渐采用资本主义生产方式,所以在这里也像在生产必要生活资料的部门里一样,所使用的劳动被还原为简单平均劳动,与此同时联系在一起的是延长绝对工作日的趋势。因此,在这里也像在其他部门中一样,劳动能力发生完全相同的贬值,这种贬值并不是由于生活资料变便宜,而是由于劳动变简单,还原为简单平均劳动。

如果工人劳动12小时,例如10小时为自己,2小时为资本家,不管这10小时是较高级的或较低级的劳动,**剩余价值**和可变**资本之比**不变。可变资本的价值和劳动[复杂性的]程度一起提高或降低,因为剩余劳动和必要劳动具有同样的性质,所以剩余价值和可变资本之比不变。

采用机器劳动等等,为延长绝对劳动时间提供了新的刺激,同时使这种延长变得容易起来,因为这使劳动丧失了它所固有的所谓独特性。采用机器劳动所产生的这种作用完全不取决于采用机器的生产部门的特殊性质,也不取决于[XXI—1312]这一部门的产品是否进入工人的消费。

一旦资本主义生产方式(即劳动对资本的实际上的从属)控制了农业,矿业,主要衣着布匹的生产,以及运输,交通工具,它便随着资本的发展,或是逐渐征服只是形式上从属于资本主义经营的其他部门,或是逐渐征服还由独立手工业者经营的其他部门。这就是资本的趋势。在考察机器问题时[399]已经指出,一个部门采用机器会造成其他部门采用机器,同时造成同一部门的其他种生产采用机器。例如,机器纺纱造成了机器织布,棉纺织业的机器纺纱造成了毛、麻、丝业的机器纺纱等等。由于矿井、棉纺织厂等等使用机器增加,就有必要在机器制造业本身实行大生产。至于这种生产方式大规模需要的交通工具的增加就不用说了,只是由于机器制造业本身中采用机器——特别是大功率的原动机等等——,才使轮船,蒸汽机车和铁路成为可能(特别是彻底改变了整个造船业）。大工业的采用把大量的人投入尚未从属于它的那些部门，或者在这些部门中引起相对过剩人口，这些大量的人或相对过剩人口是手工业或小的形式上的资本主义企业转化为大工业所需要的，而大工业也经过不同的阶段，并且不断游离出资本来。所有这一切实质上并不是属于这里要谈的。[400]但是像在这里所做的，应当用几句话来指出大工业的传播和它逐步征服一切生产领域。（在修建铁路的时候，——我们指的是建筑**铁路线**，——只是一方面表现出资本积聚的形式，另一方面表现出工人的协作。机器本身的采用在这里是很不重要的。）

[资本的生产性。生产劳动和非生产劳动]³⁸⁰

[(a)资本的生产力是社会劳动生产力的资本主义表现]

[XXI—1317]我们不仅看到了资本是怎样进行生产的,而且看到了资本本身是怎样被生产出来的,资本作为一种发生了本质变化的关系,是怎样从生产过程中产生并在生产过程中发展起来的。⁴⁰¹一方面,资本改变生产方式的形态,另一方面,生产方式的这种被改变了的形态和物质生产力的这种特殊发展阶段,是资本本身形成的基础和条件,是资本本身形成的前提。

因为活劳动——由于资本同工人之间的交换——被并入资本,从劳动过程一开始就表现为属于资本的活动,所以社会劳动的一切生产力都表现为资本的生产力,就和劳动的一般社会形式在货币上表现为一种物的属性的情况完全一样。同样,现在社会劳动的生产力和社会劳动的特殊形式,表现为资本的生产力和形式,即**对象化**劳动的,物的劳动条件(它们作为这种独立的要素,人格化为资本家,同活劳动相对立)的生产力和形式。这里,我们又遇到关系的颠倒,我们在考察货币时,已经把这种关系颠倒的表现称为**拜物教**。⁴⁰²

资本家本身只有作为**资本的人格化**才是统治者。(在意大利式簿记中,他作为**资本家**,作为人格化资本的这一作用,总是同他作为单纯的个人相对立,而他作为单纯的个人就是仅仅表现为私人消费者,作为他自己的资本的债务人。)

资本的**生产性**——即使是仅仅考察劳动对资本的**形式上的从属**——,首先在于**强迫进行剩余劳动**,强迫进行超过直接需要的劳动。这种强迫,是资本主义生产方式和以前的生产方式所共有的,但是,资本主义生产方式是以更加有利于生产的方式实行和采用这种强迫的。

即使是考察这种单纯形式上的关系,考察较不发达的资本主义生产方式和较为发达的资本主义生产方式所共有的**一般**形式,那么**生产资料,物的劳动条件**——劳动材料、劳动资料(以及生活资料)——也不表现为从属于工人,相反,是工人从属于它们。不是工人使用它们,而是它们使用工人。正因为这样,它们才是资本。资本**使用**劳动。[403]对工人来说,它们不是生产产品的手段,不论这些产品采取直接生存资料的形式,还是采取交换手段,商品的形式。相反,工人对它们来说倒是一个手段,它们依靠这个手段,一方面保存自己的价值,另一方面使自己的价值增殖,也就是说,使价值增大,吸收剩余劳动。

这种关系在它的简单形式中就已经是一种颠倒,是物的人格化和人格的物化;因为这个形式和以前一切形式不同的地方就在于,资本家不是作为这种或那种个人属性的体现者来统治工人,而只是作为"资本"的体现者来统治工人;他的统治只不过是对象化劳动对活劳动的统治,工人的产品对工人本身的统治。

但是,这种关系所以变得更加复杂,显得更加神秘,是因为随着特殊资本主义生产方式的发展,不仅这些直接物质的东西——它们都是劳动产品;从使用价值来看,它们是劳动产品,是劳动的物的条件和劳动产品;从交换价值来看,它们是对象化的一般劳动时间或货币——起来反对工人,作为"资本"同工人相对立,而且连社会地发展了的劳动的形式——协作、工场手工业(作为分工的形式)、工厂(作为以机器体系为自己的物质基础的社会劳动形式)——都表现为资本的**发展形式**,因此,从这些社会劳动形式发展起来的劳动生产力,从而还有科学和自然力,也表现为**资本的生产力**。事实上,协作中的统一,分工中的结合,自然力和科学的应用,以及作为机器的劳动产品的应用,所有这一切,都作为某种**异己的**、**物的**东西,单纯作为不依赖于工人而支配着工人的劳动资料的存在形式,同单个工人相对立,正如劳动资料本身在它们作为材料、工具等简单可见的形式上,作为**资本的职能,因而作为资本家的职能**,同单个工人相对立一样。

工人自己的劳动的社会形式,或者说,工人自己的[XXI—1318]**404**社会劳动的形式,是完全不以单个工人为转移而形成的关系;工人从属于资本,变成这些社会构成的要素,但是这些社会构成并不属于工人。因而,这些社会构成,作为资本本身的**形态**,作为不同于每个工人的单个劳动能力的、属于资本的、从资本中产生并被并入资本的结合,同工人相对立。并且这一点随着下述情况的发展越来越具有实在的形式。这些情况是:一方面,工人的劳动能力本身由于上述社会形式而发生了形态变化,以致它在独立存在时,也就是说,**处在**这种资本主义联系**之外**时,就变得无能为力,它的独立的生产能力被破坏了;另一方面,随着机器的发展,劳动条件在工艺方面也表现为统治劳动的力量,同时又代替劳动,压迫劳动,使独立形式的劳动成为多余的东西。

工人的劳动的**社会性质**作为从某种意义上说**资本化**的东西同工人相对立(例如,在机器上,劳动的可见产品表现为劳动的统治者），在这个过程中，各种自然力和科学——一般历史发展过程的产物，它抽象地表现了这一发展过程的精华——自然也发生同样的情况：它们作为资本的**力量**同工人相对立。它们事实上同单个工人的技能和知识分离了，虽然它们——从它们的源泉来看——又是劳动的产品，然而在它们进入劳动过程的一切地方，它们都表现为**被并入**资本的东西。使用机器的资本家不必懂得机器（见尤尔的著作**405**）。但是，**在机器上实现了的科学**，作为**资本**同工人相对立。而事实上，以**社会劳动**为基础的所有这些对科学、自然力和大量劳动产品的应用本身，只表现为劳动的**剥削手段**，表现为占有剩余劳动的手段，因而，表现为属于资本而同劳动对立的**力量**。资本使用这一切手段，当然只是为了剥削劳动，但是为了剥削劳动，资本必然要在生产过程中使用这些手段。所以，劳动的**社会生产力**的发展和这个发展的条件就表现为**资本的行为**，在这种行为面前不仅单个工人是被动的，而且这种行为的进行是与单个工人对立的。

因为资本是由商品组成的，所以资本本身具有二重性：

（1）**交换价值**（货币）；但是，它是**自行增殖的价值**，是——因为它是**价值**——创造价值、**作为价值而增大**、取得一个增量的价值。这归结为一定量对象化劳动同较大量活劳动的交换。

（2）**使用价值**；这里，资本是按照它在劳动过程中所具有的一定关系出现的。但是，正是在这里，资本不仅仅是**劳动**所归属的、把劳动并入自身的劳动材料和劳动资料；资本还把劳动的**社会结合**以及与这些社会结合相适应的劳动资料的发展，连同劳动一起并入它自身。资本主义生产第一次大规模地发展了劳动过程的物的条件和主观条件，把这些条件同单个的独立的劳动者分割开来，但是资本是把这些条件作为统治**单个工人**的、对单个工人来说是**异己的**力量来发展的。

这一切使**资本**变成一种非常神秘的东西。

[……]

[XXI—1320]可见,资本所以是生产的,因为它

(1)作为进行剩余劳动的**强迫力量**,

(2)作为社会劳动生产力和一般社会生产力(如科学)的吸收者和占有者。

试问:既然劳动的生产力已经转给了资本,而同一生产力不能计算两次,一次作为劳动的生产力,另一次作为资本的生产力,那么,同资本相对立的劳动,怎样或为什么表现为生产的,或者说表现为**生产劳动**呢?〔劳动的生产力=资本的生产力。而**劳动能力**所以是生产的,是由于它的**价值**和**它的价值增殖**之间有**差别**。〕

[(b)资本主义生产体系中的生产劳动]

只有把生产的资本主义形式当做生产的绝对形式、因而当做生产的永恒的自然形式的资产阶级狭隘眼界,才会把从资本的观点来看什么是**生产劳动**的问题,同一般说来哪一种劳动是生产的或一般说来什么是生产劳动的问题混为一谈,并且因此自作聪明地回答说,凡是生产某种东西、取得某种结果的劳动,都是生产劳动。

[**第一,**]只有**直接转化为资本**的劳动,也就是说,只有使可变资本成为可变的量,因而使[整个资本C]等于C+Δ①的劳动,才是

---

① 马克思用希腊字母 Δ 表示剩余价值,在后面正文中用拉丁字母 h 表示同一意义。——编者注

生产的。如果可变资本在同劳动交换之前等于 x, 这样, 我们得到等式 y=x, 那么, 把 x 变为 x+h、把等式 y=x 变为等式 y′=x+h 的那种劳动, 就是生产劳动。这是需要说明的一点。这里谈的是创造剩余价值的劳动, 或者说, 是作为使资本能够形成剩余价值, 因而能够表现为资本, 表现为自行增殖的价值的因素来为资本服务的劳动。

第二, 劳动的社会的和一般的生产力, 是资本的生产力; 但是, 这种生产力只同劳动过程有关, 或者说, 只涉及使用价值。它表现为作为物的资本所具有的属性, 表现为资本的使用价值。它不直接涉及**交换价值**。无论是 100 个工人一起劳动, 还是他们各自单独劳动, 他们的产品的价值都等于 100 个工作日, 不管这些工作日表现为许多产品或很少产品; 也就是说, 与劳动生产率无关。

［XXI—1321］劳动生产率的差别只在一个方面涉及交换价值。

举例来说, 如果劳动生产率在某一个劳动部门有了发展, 例如用动力织机代替手工织机来生产布, 已经不是例外的情况, 用动力织机织 1 码布所需的劳动时间, 只是用手工织机织 1 码布所需的劳动时间的一半, 那么, 一个手工织工的 12 小时就不再表现为 12 小时的价值, 而只是表现为 6 小时的价值, 因为**必要**劳动时间现在缩短为 6 小时了。手工织工虽然同以前一样劳动 12 小时, 但他的 12 小时现在只等于 6 小时的社会劳动时间。

但是, 这里谈的不是这一点。相反, 如果我们拿另一个生产部门例如排字来看, 在这里还没有使用机器, 那么这个部门中的 12 小时创造的价值, 同机器等等最发达的生产部门中的 12 小时创造的**价值**完全一样多。因此, 作为**价值**的创造者, 劳动总是**单个工人**的劳动, 不过表现为**一般劳动**。因此, 生产劳动, 作为生产价值的劳动, 总是作为单个劳动能力的劳动、**单个工人**的劳动同资本相对立,而不管这些工人在生产过程中参加什么样的社会结合。所以,同工人相对立的资本,代表劳动的社会生产力,而同资本相对立的工人的生产劳动,始终只代表**单个工人**的劳动。

第三,如果说榨取工人的剩余劳动和占有劳动的社会生产力,看来是资本的自然属性,因而表现为从资本的使用价值中产生的属性,那么,反过来说,把劳动自己的社会生产力表现为资本的生产力,把劳动自己的剩余产品表现为资本的剩余价值、资本的自行增殖,看来就是劳动的自然属性。

这三点现在要详细探讨一下,并从中得出生产劳动和非生产劳动的差别。

关于第一点。资本的生产性在于劳动作为雇佣劳动同资本相对立,而劳动的生产性在于劳动资料作为资本同劳动相对立。

我们已经看到,货币转化为资本,就是说,一定的交换价值转化为自行增殖的交换价值,转化为价值加剩余价值,是由于这个交换价值有一部分转化为在劳动中用做劳动资料的商品(原料、工具,总之,劳动的物的条件),而另一部分则用于购买劳动能力。但是使货币转化为资本的,不是货币和劳动能力的这种最初的交换,或者说,不是单纯购买劳动能力这一事实。这种购买把被使用的劳动能力在一定时间内并入资本;换句话说,使一定量的活劳动成为资本本身的存在方式之一,可以说,成为资本本身的隐德来希①。

在实际生产过程中,活劳动转化为资本,是由于活劳动一方面把工资再生产出来,也就是把可变资本的价值再生产出来,另一方

---

① 古希腊哲学家亚里士多德的用语,含义是:将潜能变为现实的能动本源。——编者注

面又创造一个剩余价值;由于这个转化过程,整个[预付的]货币额就都转化为资本,虽然这个货币额中直接发生变化的部分,只是投在工资上的那一部分。如果原先价值等于 c+v,那么它现在等于 $c+\overbrace{(v+x)}$,或者同样可以说,$\overbrace{(c+v)}+x$ ①;换句话说,原来的货币额,原来的价值量,已经增殖,表现为既保存自己同时又增大自己的价值。

(必须指出:只有资本的**可变部分**才带来资本的增量,这种情况丝毫也不改变以下事实,即通过这个过程,全部原有价值发生了价值增殖,增加了一个剩余价值量;因此,仍然是全部原有的货币额都转化为资本。因为原有价值等于 c+v(不变资本和可变资本)。在过程中,这个价值转化为 $c+\overbrace{(v+x)}$;v+x 是再生产出来的部分,是通过活劳动转化为对象化劳动产生的,而这个转化是由 v 同劳动能力的交换,或者说,由可变资本转化为工资所决定和引起的。但是,$c+\overbrace{(v+x)}=\overbrace{(c+v)}$(原有资本)+x。此外,v 所以能转化为 v+x,也就是说,(c+v)所以能转化为(c+v)+x,只是由于货币的一部分已转化为 c。一部分货币所以能转化为**可变资本**,只是由于另一部分货币转化为不变**资本**。)

劳动在实际生产过程中**实际上转化**为资本,但是,这个转化是由货币同劳动能力的最初交换决定的。只是由于劳动**直接转化**为不属于工人而属于资本家的**对象化**劳动,货币才转化为资本,就连已经取得生产资料即劳动条件的形式的那一部分货币也是这样。在此以前,货币不论以它本身的形式存在,或者以那种可以充当生产新商品所必需的生产资料的商品(产品)的形态存在,都只不过**从可能性来说**是资本。

---

① 马克思在这里和后面用 x 代表剩余价值。——编者注

[XXI—1322]只有这种对劳动的一定**关系**才使货币或商品转化为资本,只有由于自己对生产条件的上述关系(在实际生产过程中有一定的行为同这个关系相适应)使货币或商品转化为资本的劳动,也就是说,只有使那种同劳动能力相对立的、独立化了的**对象化劳动**的价值保存并增殖的劳动,才是**生产劳动**。生产劳动不过是对劳动能力出现在资本主义生产过程中所具有的整个关系和方式的简称。但是,把生产劳动同**其他**种类的劳动区分开来是十分重要的,因为这种区分恰恰表现了那种作为整个资本主义生产方式以及资本本身的基础的劳动的形式规定性。

由此可见,在资本主义生产体系中,**生产劳动**是给使用劳动的人生产**剩余价值**的劳动,或者说,是把客观劳动条件转化为资本、把客观劳动条件的占有者转化为资本家的劳动,所以,这是把自己的产品作为资本生产出来的劳动。

因此,我们所说的**生产劳动**,是指社会地规定了的劳动,这种劳动包含着劳动的买者和卖者之间的一个完全特定的关系。

虽然劳动能力的买者手中的货币或商品(生产资料和工人的生活资料),只有经过上述过程才成为资本,只有在上述过程中才转化为资本,因而这些东西在进入过程之前并不是资本,而只是必将变成资本,但是,它们**从可能性来说**是资本。它们所以是资本,是由于它们在独立形态上同劳动能力相对立,而劳动能力也在独立形态上同它们相对立,这是一种关系,它决定着并保证着它们同劳动能力的交换以及随后发生的劳动实际上转化为资本的过程。在这里,生产资料和生活资料从一开始就具有与工人相对立的**社会规定性**,这种社会规定性使它们变成资本,给它们以支配劳动的权力。因此,它们作为同劳动相对立的资本是**前提**。

因此,**生产劳动**可以说是直接同作为**资本的货币**交换的劳动,或者说,是直接同**资本**交换的劳动(这不过是前一说法的简化),也就是直接同这样的货币交换的劳动,这种货币从可能性来说就是资本,预定要执行资本的职能,换句话说,作为**资本**同劳动能力相对立。**直接**同**资本**交换的劳动,这句话的意思是指劳动同作为**资本**的货币交换,并使这些货币在实际上转化为资本。从**直接性**这一规定产生什么后果,现在就要作更详细的说明。

因此,生产劳动是这样的劳动,它为工人仅仅再生产出事先已经确定了的他的劳动能力的价值,反过来,它作为创造价值的活动却增殖资本的价值,换句话说,它把它所创造的价值作为资本同工人本身相对立。

[(c)在资本同劳动的交换中
两个本质上不同的环节]

我们在考察生产过程时[406]已经看到,在资本同劳动的交换中,应该区别两个互相制约但本质上不同的环节。

第一,劳动同资本的最初交换是一个**形式上的过程**,其中资本作为**货币**出现,劳动能力作为**商品**出现。在这第一个过程中,劳动能力的出卖是观念上或法律上的出卖,尽管劳动要等到完成之后,也就是要在一日、一周等等末了才**支付报酬**。这种情况丝毫不改变**出卖**劳动能力的交易。这里**直接**被出卖的,不是劳动已经实现在其中的商品,而是**劳动能力**本身的**使用**,因此,实际上是**劳动本身**,因为劳动能力的使用就是它的活动——劳动。也就是说,这里不是以商品交换为中介的劳动交换。如果 A 把靴子卖给 B,那么他们两人交换的是劳动,一个换出的是实现在靴子中的劳动,另一个换出的是实现在货币中的劳动。但这里拿来交换的,在一方,是一般社会形式的,即作为**货币**的**对象化劳动**,另一方,是**还只是作为能力而存在的劳动**;在这里,虽然被出卖的商品的**价值**不是劳动的价值(一个不合理的用语),而是劳动能力的**价值**,但是,被买卖的对象却是这个劳动能力的使用,也就是劳动本身。因此,这里发生的是**对象化劳动**同实际上化为活劳动的**劳动能力**的直接交换,也就是对象化劳动同活劳动的交换。因此,工资——劳动能力的价值——如前所说①,就表现为劳动的直接的购买价格,表现为**劳动的价格**。

在这第一个环节中,工人和资本家的关系是商品的卖者和买者的关系。资本家支付劳动能力的**价值**,即他所购买的商品的**价值**。

但是,同时,劳动能力所以被购买,只是因为这个劳动能力能够完成和有义务完成的劳动比再生产劳动能力所需要的劳动更大;因此,这个劳动能力所完成的劳动,表现为一个比劳动能力的价值大的价值。

[XXI—1323]**第二**,资本同劳动的**交换**的第二个环节,实际上同第一个环节毫无关系,严格地说,这个环节根本不是**交换**。

在第一个环节中是货币同商品相交换——等价物相交换;在这里,工人和资本家仅仅作为商品占有者彼此对立。交换的是等价物(就是说,交换实际上**在什么时候**发生,并不会使这个关系有丝毫改变;劳动的价格究竟**高于**或**低于**劳动能力的**价值**,还是**等于**劳动能力的**价值**,并不会使这个交易有丝毫改变。因此,这个交易**可以按照商品交换的一般规律来进行**)。

在第二个环节中根本不发生任何交换。货币占有者不再是商

---

① 见《马克思恩格斯全集》中文第2版第32卷第46—59页。——编者注

品的买者,而工人也不再是商品的卖者。货币占有者现在执行资本家的职能。他消费他所购买的商品;工人则提供这个商品,因为他的劳动能力的使用就是他的劳动本身。通过前一个交易,**劳动**本身变成了物质财富的一部分。工人完成这个劳动,但是他的这个劳动是**属于**资本的,只不过是资本的一种职能而已。因此,这个劳动是在资本的直接监督和管理之下完成的;而这个劳动对象化而成的产品,是资本借以表现的新形态,或者更确切地说,是资本实际上借以**实现**为资本的新形式。因此,劳动通过第一个交易已经**在形式上**被并入资本之后,在这个过程中,就直接**对象化**,**直接**转化为资本。在这里,转化为资本的劳动,比以前投入购买劳动能力的资本数量要大。在这个过程中,一定量的无酬劳动被占有了,只是因为这个缘故,货币才转化为资本。

虽然这里事实上没有发生交换,可是,如果撇开中介不谈,那么,结果就是,在这个过程中——把两个环节合在一起来看——一定量的对象化劳动同较大量的活劳动相交换。整个过程的结果表现为:在自己产品中增大了的劳动,大于对象化在劳动能力中的劳动,因而大于作为工资支付给工人的对象化劳动;换句话说,在实际过程中,资本家不仅收回了他投在工资上的那部分资本,而且得到了一个完全是无偿占有的剩余价值。劳动同资本的**直接**交换在这里意味着:(1)劳动直接转化为资本,变成生产过程中资本的物质组成部分;(2)一定量的对象化劳动跟等量的活劳动加上一个**不经过交换**而占有的活劳动追加量相交换。

生产劳动是**直接**同**资本**交换的劳动这个说法,包括上述所有环节,它不过是从下面这个论点派生出来的提法:生产劳动是这样的**劳动**,它把货币转化为资本,它同作为**资本**的生产条件相交换;因而,它也决不是简单地作为不带特殊社会规定性的**劳动**同作为单纯生产条件的生产条件发生关系。

这里包含着:(1)货币和作为商品的劳动能力彼此对立的关系,货币占有者和劳动能力占有者之间的买和卖;(2)劳动直接从属于资本;(3)劳动在生产过程中实际转化为资本,或者同样可以说,为资本创造剩余价值。这里发生了**劳动和资本之间的双重的交换**。第一种交换只表示对劳动能力的购买,所以,实际上就是对劳动的购买,因而也是对劳动产品的购买。第二种交换是**活劳动**直接转化为资本,或者说,作为资本的实现的活劳动的对象化。

[(d)生产劳动对资本的特殊使用价值]

资本主义生产过程的结果,既不是单纯的产品(使用价值),也不是**商品**,即具有一定交换价值的使用价值。它的结果,它的产品,是为资本创造**剩余价值**,因而,是货币或商品实际**转化**为资本;而在生产过程之前,货币或商品仅仅从自己的目的来说,从可能性来说,从自己的使命来说,才是资本。生产过程吸收的劳动比购买的劳动数量大。在生产过程中完成的这种对他人无酬劳动的吸收、[XXI—1324]**占有**,是资本主义生产过程的**直接目的**;因为资本作为资本(从而资本家作为资本家)所要生产的,既不是直接供自己消费的使用价值,也不是用来转化为货币、进而转化为使用价值的商品。资本主义生产的目的是**发财致富**,是**价值的增殖**,是价值的**增大**,因而是保存原有价值并创造剩余价值。资本所以得到资本主义生产过程的这种**独特的产品**,只是由于同劳动交换,因此这种劳动被称为**生产劳动**。

用来生产**商品**的劳动必须是有用劳动,必须生产某种**使用价值**,必须表现为某种**使用价值**。所以,只有表现为**商品**、也就是表现为使用价值的劳动,才是同资本交换的劳动。这是不言而喻的前提。但是,不是劳动的这种具体性质,不是劳动的使用价值本身,因而,不是由于劳动是例如裁缝的劳动、鞋匠的劳动、纺纱、织布等等——不是这一点构成劳动对资本的特有使用价值,不是这一点使劳动在资本主义生产体系中打上**生产劳动**的印记。构成劳动对资本的**特有使用价值**的,不是劳动的一定的有用性质,也不是劳动借以对象化的产品的特殊有用性质。劳动对资本的特有使用价值,是这种劳动作为创造交换价值的要素的性质,是这种劳动作为抽象劳动的性质;但是,问题不在于劳动一般地代表着这种一般劳动的一定量,而在于劳动代表着一个比劳动价格即**劳动能力的价值所包含**的劳动量**更大**的量。

对资本来说,劳动能力的使用价值,在于劳动能力提供的劳动量超过对象化在劳动能力本身、因而为再生产劳动能力所需要的劳动量以上的余额。劳动当然是在它作为特殊的有用劳动(如纺纱劳动、织布劳动等等)所固有的**一定形式上**来提供这些量的。但是,劳动的这种使自己能表现为商品的具体性质,不是劳动对资本的**特有使用价值**。对资本来说,劳动的这种特有使用价值,在于劳动作为劳动一般的质,并且在于它所提供的劳动量**超过**构成劳动费用的劳动量所形成的余额。

一定的货币额 x 变成资本,是由于它在它的产品中表现为x+h,也就是由于它作为产品所包含的劳动量,大于它原来包含的劳动量。而这是货币同生产劳动相交换的结果,换句话说,只有那种在同对象化劳动交换时能使对象化劳动表现为一个增大了的对象化劳动量的劳动,才是**生产劳动**。

因此,资本主义生产过程并不单纯是商品生产。它是一个吸收无酬劳动的过程,是一个使生产资料(材料和劳动资料)变为吸收无酬劳动的手段的过程。

从上述一切可以看出，**生产劳动**是劳动的这样一种规定，这种规定首先同劳动的**一定内容**，同劳动的特殊效用或劳动所借以表现的特殊使用价值绝对没有关系。

同一种劳动可以是**生产劳动**，也可以是**非生产劳动**。

例如，弥尔顿创作《失乐园》得到5镑，他是**非生产劳动者**。相反，为书商提供工厂式劳动的作家，则是**生产劳动者**。弥尔顿出于同春蚕吐丝一样的原因而创作《失乐园》。那是**他的**天性的表现。后来，他把作品卖了5镑。但是，在书商指示下编写书籍(例如经济学大纲)的莱比锡的一位无产者作家却是**生产劳动者**，因为他的产品从一开始就从属于资本，只是为了使资本增殖价值才进行的。一个自行卖唱的歌女是**非生产劳动者**。但是，同一个歌女，被剧院老板雇用，老板为了赚钱而让她去唱歌，她就是**生产劳动者**，因为她生产资本。①

[(e)非生产劳动是提供服务的劳动。资本主义条件下对服务的购买。把资本和劳动的关系看成服务的交换的庸俗观点]

[XXI—1325]这里应当把不同的问题加以区别。

我是买一条现成的裤子呢，还是买布请一个裁缝到家里来做一条裤子，我对他的**服务**(即他的缝纫劳动)支付报酬，——这对我是完全没有差别的，因为对我来说重要的是裤子本身。我不请裁缝到家里来，而是到成衣商那里去买裤子，是因为前一种方式花

---

① 见《马克思恩格斯文集》第8卷第526—527页。——编者注

费大,而缝纫业资本家生产的裤子,比裁缝在我家做的裤子,花费的劳动少,也就便宜。但是在这两种情况下,我都不是把我买裤子的货币变成资本,而是变成裤子;在这两种情况下,对我来说,都是把货币单纯用做流通手段,即把货币转化为一定的使用价值。因此,虽然在一种情况下,货币同**商品**交换,在另一种情况下,货币购买作为**商品**的**劳动**本身,但是,货币在这里都不是执行资本的职能。它只是执行货币的职能,确切些说,执行流通手段的职能。

另一方面,这个裁缝不是**生产劳动者**,虽然他的劳动给我提供产品——裤子,而给他自己提供他的劳动的价格——货币。可能,这个裁缝提供的劳动量,大于他从我这里得到的价格中包含的劳动量;这甚至是完全可能的,因为他的劳动的价格,是由作为**生产劳动者**的裁缝所取得的价格决定的。但是,这对我是完全无关紧要的。价格一经确定之后,他劳动 8 小时还是劳动 10 小时,对我都一样。对我来说,有意义的只是**使用价值**——裤子,并且,不论我用前一种方式或后一种方式购买裤子,我所关心的当然是尽量少支付;但是,一种情况下比另一种情况下支付得应当不多也不少,换句话说,**只应当支付它们的正常价格**。这是用于我的消费的一笔**支出**,这不是我的货币的增加,倒是我的货币的减少。这决不是发财致富的手段,正如用于我**个人消费**的任何一笔货币支出,都不是发财致富的手段一样。

保尔·德·科克小说中的一位**学者**[407]会对我说,如果没有这种购买,就像不购买面包一样,我就不能生活,因而也就不能**发财致富**;因此,这种购买是我发财致富的一个间接手段,或者说,至少是一个条件。根据同样的理由,可以认为我的血液循环和我的呼吸过程也是我发财致富的条件。但是,无论我的血液循环还是我的呼吸过程,就其本身而论,都决不能使我发财致富,相反,两者都是以代价昂贵的新陈代谢为前提的,如果完全不需要这种新陈代谢,世界上也就没有穷人了。因此,货币和劳动之间的单纯的、**直接的**交换,既不会使货币转化为资本,也不会使劳动转化为生产劳动。

什么是这种交换的特征呢? 这种交换与货币和生产劳动之间的交换有什么不同呢? 不同之处在于,一方面,这里**货币**是**作为货币**,作为交换价值的独立形式支出的,这个交换价值应该转化为某种**使用价值**,生活资料,个人消费品。因此,货币不变成资本,相反,为了作为使用价值来消费,它不再作为交换价值而存在。另一方面,劳动只是作为使用价值,作为把布做成裤子的**服务**,作为依靠它的一定有用性质给我提供的服务,才使我感到兴趣。

相反,成衣商雇用的同一个裁缝向他这个资本家提供的服务,决不在于他把布做成裤子,而在于对象化在裤子中的必要劳动时间等于12小时,而裁缝所得的工资只等于6小时。因此,裁缝向资本家提供的服务,在于他无偿地劳动了6小时。这件事以缝制裤子的形式出现,只是**掩盖**了实际的关系。因此,成衣商一有可能就设法把裤子再转化为货币,就是说,转化为这样一种形式,在这种形式中,缝纫劳动的一定性质完全消失,而已经提供的服务就不是表现为[XXI—1326]由一定货币额代表的6小时劳动时间,而是表现为由加倍的货币额代表的12小时劳动时间。

我购买缝纫劳动,是为了取得它作为**缝纫劳动**所提供的服务,来满足我穿衣的需要,也就是为我的一种**需要**服务。成衣商购买缝纫劳动,是把它当做使一个塔勒变成两个塔勒的手段。我购买缝纫劳动,是因为它生产一定的使用价值,提供一定的服务。资本家购买缝纫劳动,是因为它提供的交换价值额大于花在它上面的费用,是一个用较少劳动交换较多劳动的单纯手段。

凡是货币直接同不生产资本的劳动即**非生产**劳动相交换的地方,这种劳动都是作为**服务**被购买的。服务这个词,一般地说,不过是指这种劳动所提供的特殊使用价值,就像其他一切商品也提供自己的特殊使用价值一样;但是,这种劳动的特殊使用价值在这里取得了"服务"这个特殊名称,是因为劳动不是作为**物**,而是作为**活动**提供服务的,可是,这一点并不使它例如同某种机器(如钟表)有什么区别。我给,为了你做;我做,为了你做;我做,为了你给;我给,为了你给;[408]在这里是同一关系的、意义完全相同的几种形式,而在资本主义生产中,我给为了你做这个形式所表示的,是被付出的对象化价值同被占有的活的活动之间极为独特的关系。因此,既然对**服务**的这种购买中完全不包含劳动和资本的独特关系——在这里,这个关系或者完全消失了,或者根本不存在——,那么,对服务的购买,自然成为萨伊和巴师夏之流最喜欢用来表现**资本和劳动之间的关系**的形式。[409]

这些服务的**价值**如何确定,这个**价值**本身如何由工资规律决定,这是同我们当前研究的关系完全无关的问题,这个问题要在工资那一章考察。[182]

由此可见,单是货币同劳动的交换,还不能使劳动转化为**生产劳动**,另一方面,这种劳动的**内容**最初是无关紧要的。

工人自己可以购买劳动,就是购买以服务形式提供的商品,他的工资花在这些服务上,同他的工资花在购买其他任何商品上,是没有什么不同的。他购买的服务,可以是相当必要的,也可以是不太必要的:例如,他可以购买医生的服务,也可以购买牧师的服务,就像他可以购买面包,也可以购买烧酒一样。工人作为买者,即作为同商品对立的货币的代表,同仅仅作为买者出现,即仅仅把货币换成商品形式的资本家,完全属于同一个范畴。这些服务的价格怎样决定,这种价格同真正的工资有什么关系,它在什么程度上受工资规律的调节,在什么程度上不受工资规律的调节,这些问题,应当在研究工资时加以考察,同当前的研究完全无关。

可见,如果说单是货币同劳动的交换还不能使劳动转化为**生产劳动**,或者同样可以说,还不能使货币转化为资本,那么,劳动的**内容**、它的具体性质、它的特殊效用,看来最初也是无关紧要的:我们前面已经看到,同一个裁缝的同样的劳动,在一种情况下表现为生产劳动,在另一种情况下却表现为非生产劳动。

某些**服务**,或者说,作为某些活动或劳动的结果的**使用价值**,体现为**商品**,相反,另外一些服务却不留下任何可以捉摸的、同提供这些服务的人**分开存在的**结果,或者说,这些服务的结果不是**可以出卖的商品**。例如,一个歌唱家为我提供的服务,满足了我的审美的需要;但是,我所享受的,只是同歌唱家本身分不开的活动,他的劳动即歌唱一停止,我的享受也就结束;我所享受的是活动本身,是它引起的我的听觉的反应。这些服务本身,同我买的商品一样,可以是确实必要的,或者仅仅看来是必要的,例如士兵、医生和律师的服务,——或者它们可以是给我提供享受的服务。但是,这丝毫不改变它们的经济规定性。如果我身体健康,用不着医生,或者我有幸不必去打官司,那我就会像避开瘟疫一样,避免把货币花在医生或律师的服务上。

[XXI—1328]**410** **服务**也可以是强加于人的,如**官吏的服务**等等。

如果我自己购买,或者别人为我购买一个教师的服务,其目的不是发展我的才智,而是让我学会赚钱的本领,而我又真的学到了一些东西(这件事就它本身来说,完全同对于教师的服务支付报酬无关),那么,这笔学费同我的生活费完全一样,应归入我的劳动能力的生产费用。但是，这种服务的特殊效用丝毫不**改变现有的经济关系**；这不是我把货币转化为资本的关系，换句话说，这个提供服务的人即教师，并没有把我变成**资本家**，变成他的主人。因此，医生是否把我的病治好了，教师的教导是否有成效，律师是否使我打赢了官司，对于这种关系的**经济规定性**来说，也完全是无关紧要的。在这里，被支付报酬的是服务本身，而就服务的性质来说，其结果是不能由提供服务的人保证的。很大一部分**服务**，属于商品的**消费费用**，如女厨师、女佣人等等的服务。

一切**非生产劳动**的特点是，支配多少非生产劳动——像购买其他一切供消费的商品的情况一样——是同我剥削多少**生产工人**成比例的。因此，在所有的人中，**生产工人**支配非生产劳动者的**服务**最少，虽然他们对**强加于**他们的服务（国家、赋税）支付报酬最多。相反，我使用**生产工人**的可能性，同我使用**非生产劳动者**决不是成比例地增长；相反，这里是成反比例。

对我来说，甚至**生产工人**也可以是**非生产劳动者**。例如，如果我请人来把我的房子裱糊一下，而这些裱糊工人是承揽我的这项任务的那个老板所雇的雇佣工人，那么，这个情况对我来说，就好比是我买了一所裱糊好的房子，好比是我把货币花费在一个供我消费的商品上。可是，对于叫这些工人来裱糊的那位老板来说，他们是生产工人，因为他们为他生产剩余价值。

――――

[XXI—1333] 如果一个工人虽然生产了可以出卖的商品，但是，他生产的数额仅仅相当于他自己的劳动能力的价值，因而没有为资本生产出剩余价值，那么，从资本主义生产的观点看来，这种工人**不是生产的**，这一点，从李嘉图的话里已经可以看出来，他认为，这种人的存在本身就是一个累赘。[411] 这就是资本的理论和

《政治经济学批判(1861—1863年手稿)》摘选

实践：

"关于资本的理论，以及使劳动停在除工人生活费用之外还能为资本家生产利润的那个点上的实践，看来，都是同调节生产的自然法相违背的。"（托·霍吉斯金《通俗政治经济学》1827年伦敦版第238页）

————

[XXI—1336]**资本的生产过程**。我们已经看到，这种生产过程不仅是**商品**的生产过程，而且是**剩余价值**的生产过程，是剩余劳动的吸收，因而是资本的生产过程。货币和劳动之间或者说资本和劳动之间的最初的、形式上的交换行为，仅仅**从可能性来说**是通过对象化劳动对他人的活劳动的占有。实际的占有过程只是在实际的生产过程中才完成的，对这个生产过程说来，资本家和工人**单纯作为商品占有者**相互对立、作为买者和卖者彼此发生关系的那种最初的、形式上的交易，已经是过去的阶段了。因此，一切庸俗经济学家，例如巴师夏，都只停留在这种最初的、形式上的交易上，其目的正是要用欺骗手法摆脱独特的[资本主义]关系。在货币同非生产劳动的交换中，这个区别就十分清楚地表现出来了。这里，货币和劳动**只作为商品**相互交换。因此，这种交换不形成资本，这种交换是**收入的支出**。

[(f)资本主义社会中手工业者和农民的劳动]

[XXI—1328]那些不雇用工人因而不是作为资本家来进行生产的独立的手工业者或农民的情况又怎样呢？他们——在农民的场合经常是这样的情况〔但是，比方说，我在家里雇用的园丁却不是这样〕——可以是**商品生产者**，而我向他们购买**商品**，至于手工业者按订货供应商品，农民按自己资金的多少供应商品，这些情况

并不会使问题有丝毫改变。在这种场合,他们是作为商品的卖者,而不是作为劳动的卖者同我发生关系,所以,这种关系与资本和劳动之间的交换毫无共同之处,因此,在这里也就用不上**生产劳动**和**非生产劳动**的区分——这种区分的基础在于,劳动是同作为货币的货币相交换,还是同作为资本的货币相交换。因此,农民和手工业者虽然也是商品生产者,却既不属于**生产劳动者**的范畴,又不属于**非生产劳动者**的范畴。但是,他们的生产不从属于资本主义生产方式。

可能,这些用自己的生产资料进行劳动的生产者,不仅再生产了自己的劳动能力,而且创造了剩余价值,并且,他们的地位容许他们占有自己的剩余劳动或剩余劳动的一部分(因为其余部分以税收等形式从他们那里拿走了)。这里我们遇到的是这样一个社会所具有的特点,在这个社会中,一定的生产方式占支配地位,但是还不是这个社会的一切生产关系都从属于它。例如,在封建社会中,连那些同封建主义的实质相距很远的关系,也具有封建的外貌(这一点我们在英国可以看得最清楚,因为封建制度是现成地从诺曼底移进英国的,而它的形式给英国固有的、许多方面都和它不同的社会制度打上了印记)。例如,同领主和陪臣相互间的亲身服务毫无关系的单纯货币关系,也具有了封建的外貌。例如,小农把自己的土地作为封地来占有,也是这样一种虚构。

在资本主义生产方式下,情况也完全一样。独立农民或手工业者分裂为两重身份。

"在小企业中……企业主常常是他自己的工人。"(施托尔希[《政治经济学教程》1815 年圣]彼得堡版第 1 卷第 242 页)

作为生产资料的占有者,他是资本家;作为劳动者,他是他自己的雇佣工人。因此,他作为资本家,自己给自己支付工资,从自己的资本中取得利润,就是说,他剥削他自己这个雇佣工人,他以剩余价值的形式向自己支付那应由劳动向资本交付的贡物。同样,也许他还向作为土地占有者的自己支付第三个部分(地租),就像我们后面要看到的那样[412],工业资本家在自己企业中使用自己的[XXI—1329]资本,向自己支付利息,并且把这种利息看成他不是作为工业资本家而是单纯作为资本家本身所应得的东西。

在资本主义生产中,生产资料(它们表现一定的**生产关系**)所具有的**社会规定性**同这些生产资料本身的物质存在是这样地结合在一起,而在资产阶级社会的观念中,这种社会规定性同这种物质存在是这样地不可分离,以致这种规定性(范畴的规定性)甚至也被用到同它直接矛盾的那些关系上去。生产资料只有当它独立化,作为独立的力量来与劳动相对立的时候,才成为资本。而在我们所考察的场合,生产者——劳动者——是自己的生产资料的占有者、所有者。因此,这些生产资料不是资本,而劳动者也不是同这些生产资料相对立的雇佣工人。然而,这些生产资料被看做资本,而劳动者自己分裂为两重身份,结果就是**他**作为资本家来使用他自己这个工人。

这种表现方式,初看起来虽然很不合理,可是从下述意义来看,实际上还是表现了某种正确的东西。在我们考察的场合,生产者的确创造他自己的剩余价值〔假定生产者按商品的价值出卖他的商品〕,或者说,对象化在全部产品中的,只是他自己的劳动。但是,他能够**自己**占有他自己劳动的全部产品,他的产品价值超过他的比如说一天劳动的平均价格[413]的余额没有被第三者即**老板**占有,这并不是靠他的劳动(就这方面来说,他同其他工人毫无区别),而是仅仅靠他占有生产资料。因此,仅仅由于对生产资料的所有权,他自己的剩余劳动才归他所有,从这个意义上说,他作为他自己的资本家同他自己这个雇佣工人发生关系。

在现在这个社会中,**分离**表现为正常的关系。因此,在实际上没有发生分离的地方,也假定有分离,并且像刚才已经指出的,这在一定意义上是正确的;因为(例如,和古罗马或挪威的状况不同)(也和美国西北部的状况不同)在这里,**结合**表现为偶然的东西,**分离**却表现为正常的东西,因此,即使在各种不同的职能结合在一个人身上的地方,分离还是被作为一定的关系来坚持。这里表现得非常明显:资本家本身不过是资本的职能,工人本身不过是劳动能力的职能。并且这是一条规律:经济的发展把这些职能分配在不同的人身上,而且用自己的生产资料进行生产的手工业者或农民,不是逐渐变成剥削他人劳动的小资本家,就是丧失自己的生产资料〔起初出现的可能是这后一种情况,即使他仍然是生产资料的**名义上的**所有者,例如在用土地进行抵押借款的场合就是这样〕,变成雇佣工人。这是资本主义生产方式占支配地位的社会形式中的趋势。

[(g)关于生产劳动的补充规定:
生产劳动是实现在物质财富中的劳动]

因此,在考察资本主义生产的本质关系时,可以假定〔因为资本主义生产越来越接近这个情况;这是过程的基本方向,而且只有在这种情况下,劳动生产力的发展才达到最高点〕,整个商品世界,物质生产即物质财富生产的一切领域,都(在形式上或者实际上)从属于资本主义生产方式。这个假定表现出极限,并且越来越接近于精确性。按照这个假定,一切从事商品生产的工人都是雇佣工人,而生产资料在所有这些生产领域中,都作为资本同他们相对立。在这种情况下,可以认为,**生产工人**即生产资本的工人的特点,是他们的劳动实现在**商品**中,实现在物质财富中。这样一来,**生产劳动**,除了它那个与**劳动内容**完全无关、不以劳动内容为转移的具有决定意义的特征之外,又得到了与这个特征不同的第二个规定,补充的规定。

[(h)非物质生产领域中的资本主义表现]

在非物质生产中,甚至当这种生产纯粹为交换而进行,因而纯粹生产**商品**的时候,也可能有两种情况:

(1)生产的结果是**商品**,是使用价值,它们具有离开生产者和消费者而独立的形态,因而能在生产和消费之间的一段时间内存在,能在这段时间内作为**可以出卖的商品**而流通,如书、画,总之,所有与艺术家所进行的艺术活动相分离的艺术品。在这里,资本主义生产只能非常有限地被运用,例如,一个作家在编一部多人的共同著作百科全书时,把其他许多作家当做助手来剥削。[XXI—1330]这里的大多数情况,都还是向资本主义生产**过渡的形式**,就是说,从事各种科学或艺术的生产者,工匠或专家,为共同的商人资本即书商而劳动,这种关系同真正的资本主义生产方式无关,甚至在形式上也还没有从属于它。在这些过渡形式中,恰恰对劳动的剥削最大,但这一点并不会使事情发生变化。

(2)产品同生产行为不可分离,如一切表演艺术家、演说家、演员、教师、医生、牧师等等的情况。在这里,资本主义生产方式也只是在很小的范围内进行,而且按照事物的性质只能在某些部门内发生。例如,在学校中,教师对于学校老板,可以是纯粹的雇佣劳动者,这种教育工厂在英国数量很多。这些教师对学生来说虽然不是**生产工人**,但是对雇用他们的老板来说却是生产工人。老板用他的资本交换教师的劳动能力,通过这个过程使自己发财。戏院、娱乐场所等等的老板也是如此。在这里,演员对观众说来,是艺术家,但是对自己的企业主说来,是**生产工人**。资本主义生产在这个领域中的所有这些表现,同整个生产比起来是微不足道的,因此可以完全置之不理。

[(i)从物质生产总过程的角度看生产劳动问题]

在特殊的资本主义生产方式中,许多工人共同生产同一个商品;随着这种生产方式的发展,这些工人的劳动同生产对象之间直接存在的关系,自然是各种各样的。例如,前面提到过的那些在工厂中打下手的辅助工人[414],同原料的加工毫无直接关系;监督直接进行原料加工的工人的那些监工,就更远一步;工程师又具有另一种关系,他主要只用自己的头脑劳动,如此等等。但是,**所有这些**具有不同价值的劳动能力(虽然使用的劳动数量大致保持在同一水平上)的**劳动者的总体**进行生产的结果——从单纯的劳动过程的**结果**来看——表现为**商品**或一个**物质产品**。所有这些劳动者合在一起,作为一个生产集体,是生产这种**产品**的活机器,就像从整个生产过程来看,他们用自己的劳动同资本交换,把资本家的货币作为资本再生产出来,就是说,作为自行增殖的价值,自行增大的价值再生产出来。

资本主义生产方式的特点,恰恰在于它把各种不同的劳动,因而也把脑力劳动和体力劳动,或者说,把以脑力劳动为主或者以体力劳动为主的各种劳动分离开来,分配给不同的人。但是,这一点并不妨碍物质产品是所有这些人的**共同劳动的产品**,或者说,并不妨碍他们的共同产品对象化在物质财富中;另一方面,这一分离也丝毫不妨碍:这些人中的每一个人对资本的关系是雇佣劳动者的关系,是在这个特定意义上的**生产工人**的关系。所有这些人不仅**直接**从事物质财富的生产,并且用自己的劳动**直接**同作为资本的货币交换,因而不仅把自己的工资再生产出来,并且还直接为资本家创造剩余价值。他们的劳动是由有酬劳动加无酬的剩余劳动组成的。

[(k)运输业是一个物质生产领域。运输业中的生产劳动]

除了采掘工业、农业和加工工业以外,还存在着第四个物质生产领域,这个领域在自己的发展中,也经历了几个不同的生产阶段:手工业生产阶段、工场手工业生产阶段、机器生产阶段。这就是**运输业**,不论它是客运还是货运。在这里,**生产劳动者**对资本家的关系,也就是说,雇佣工人对资本家的关系,同其他物质生产领域是完全一样的。其次,在这里,劳动对象发生某种物质变化——**空间的**、位置的变化。至于客运,这种位置变化只不过表现为企业主向乘客提供的**服务**。但是,这种**服务**的买者和卖者的关系,就像纱的卖者和买者的关系一样,同生产工人对资本的关系是毫无共同之处的。

如果我们就商品来考察这个过程,那么[XXI—1331]这里在劳动过程中,劳动对象,**商品**,确实发生了某种变化。它的位置改变了,从而它的使用价值也起了变化,因为这个使用价值的位置改变了。商品的交换价值增加了,增加的数量等于使商品的使用价值发生这种变化所需要的劳动量。这个劳动量,一部分决定于不变资本的损耗,即加入商品的对象化劳动量,另一部分决定于活劳动量,这同其他一切商品的价值增殖过程的情况是一样的。

商品一到达目的地,它的使用价值所发生的这个变化也就消失,这个变化只表现为商品的交换价值提高了,商品变贵了。虽然在这里,实在劳动在使用价值上没有留下一点痕迹,可是这个劳动已经实现在这个物质产品的交换价值中。可见,凡是适用于其他一切物质生产领域的,同样适用于运输业:在这个领域里,劳动也体现在**商品**中,虽然它在商品的使用价值上并不留下任何可见的痕迹。

我们在这里研究的还只是**生产资本**,就是说,还只是用于**直接生产过程**中的资本。后面我们还要谈到**流通过程**中的资本。只有到后面研究资本作为**商业资本**所采取的特殊形态时,才能答复这样的问题:商业资本所雇用的工人在什么范围内是生产的,在什么范围内是非生产的。**415**

卡·马克思写于 1861 年 8 月—
1863 年 7 月

第一次用俄文发表于《马克思恩
格斯全集》俄文第 2 版第 26 卷
第 I、II、III 册和第 47、48 卷

原文是德文

选自《马克思恩格斯文集》
第 8 卷第 245—275、369—
391 和 392—420 页

注　释

1　《〈政治经济学批判〉序言》是马克思为他在 1858 年 11 月—1859 年 1
月写成的《政治经济学批判。第一分册》所写的序言。在这篇序言中，
马克思回顾了自己研究政治经济学和发现唯物史观的过程，对唯物史
观作了经典表述，科学地阐明了生产力决定生产关系、经济基础决定上
层建筑、人们的社会存在决定人们的社会意识等历史唯物主义的基本
原理，通过对生产力和生产关系、经济基础和上层建筑的矛盾运动的分
析，揭示了人类社会发展的一般规律和经济的社会形态演进的一般进
程，论证了旧的社会形态为新的更高的社会形态所取代的历史必然性，
同时指出："无论哪一个社会形态，在它所能容纳的全部生产力发挥出
来之前，是决不会灭亡的；而新的更高的生产关系，在它的物质存在条
件在旧社会的胎胞里成熟以前，是决不会出现的。"（见本卷第 3 页）

　　《政治经济学批判。第一分册》（见《马克思恩格斯全集》中文第 2
版第 31 卷）的出版是马克思主义政治经济学创立过程中的一个重要阶
段。马克思在写这部著作之前，进行了 15 年的经济学研究，研读和分
析了大量经济文献和社会文献，奠定了自己的经济学说的基础。《政
治经济学批判。第一分册》于 1859 年 6 月出版，马克思生前没有再版。
这篇序言曾于 1859 年 6 月 4 日发表在伦敦的德文报纸《人民报》第 5
期，发表时作了某些删节。

　　这篇序言最早由范寿康译成中文，1921 年 1 月发表在上海《东方
杂志》第 18 卷第 1 号。——1。

2　这里所说的全部材料，是指马克思的《政治经济学批判（1857—1858 年
手稿）》（见《马克思恩格斯全集》中文第 2 版第 30、31 卷）和一些准备
材料、大纲及摘录笔记等。——1。

3　指马克思为自己计划撰写的经济学巨著《政治经济学批判》写的《导
言》（见本卷）。——1。

4 指《莱茵政治、商业和工业日报》(Rheinische Zeitung für Politik, Handel und Gewerbe)。该报是德国的一家日报,青年黑格尔派的喉舌,1842 年 1 月 1 日—1843 年 3 月 31 日在莱茵地区资产阶级自由派的支持下在科隆出版。创办人是伯·腊韦,编辑是伯·腊韦和阿·鲁滕堡,发行负责人是路·舒尔茨和格·荣克。曾吸收了几个青年黑格尔分子撰稿。1842 年 4 月马克思开始为该报撰稿,同年 10 月起成为该报编辑。《莱茵报》也发表过许多恩格斯的文章。在马克思担任编辑期间,该报日益具有明显的革命民主主义性质并成为德国最重要的反对派报纸之一。普鲁士政府对《莱茵报》进行了特别严格的检查,1843 年 4 月 1 日将其查封。——1。

5 指马克思的著作《第六届莱茵省议会的辩论(第三篇论文)。关于林木盗窃法的辩论》和《摩泽尔记者的辩护》(见《马克思恩格斯全集》中文第 2 版第 1 卷)。——2。

6 《总汇报》(Allgemeine Zeitung)是德国的一家日报,1798 年由约·弗·科塔创办,由科塔出版社先后在蒂宾根、乌尔姆和斯图加特出版,1810—1882 年在奥格斯堡出版;基本上持保守派的观点,但温和的自由派的观点也常见于报端;特别是三月革命以前,报纸是大资产阶级自由派的主要喉舌;19 世纪 50—60 年代支持在奥地利霸权下统一德国的计划。——2。

7 《德法年鉴》(Deutsch-Französische Jahrbücher)是由马克思和阿·卢格在巴黎编辑出版的德文刊物,仅在 1844 年 2 月出版过第 1—2 期合刊。其中刊载有马克思的著作《论犹太人问题》(见《马克思恩格斯文集》第 1 卷)和《〈黑格尔法哲学批判〉导言》(见本选集第 1 卷),以及恩格斯的著作《国民经济学批判大纲》(见本选集第 1 卷)和《英国状况。评托马斯·卡莱尔的〈过去和现在〉》(见《马克思恩格斯全集》中文第 2 版第 3 卷)。这些著作标志着马克思和恩格斯完成了从唯心主义向唯物主义、从革命民主主义向共产主义的转变。该杂志由于马克思和资产阶级激进分子卢格之间存在原则分歧而停刊。——2、126。

8 市民社会(bürgerliche Gesellschaft)这一术语出自黑格尔《法哲学原理》第 182 节(见《黑格尔全集》1833 年柏林版第 8 卷)。在马克思的早期著作中,这一术语有两重含义。广义地说,是指社会发展各历史时期的经济制度,即决定政治制度和意识形态的物质关系总和;狭义地说,是指资产阶级社会的物质关系。因此,应按照上下文作不同的理解。——2、683。

9　把马克思和巴黎《前进报》其他撰稿人驱逐出巴黎的命令是法国内务
　　大臣杜沙特尔于1845年1月11日签发的。由巴黎警察局长德莱塞尔签
　　发的驱逐令于1月25日送交马克思,限其在一周内离开巴黎。——2。

10　德意志工人协会全称是布鲁塞尔德意志工人教育协会,是马克思和恩
　　格斯1847年8月底在布鲁塞尔建立的德国工人团体,旨在对侨居比利
　　时的德国工人进行政治教育并向他们宣传科学社会主义思想。在马克
　　思和恩格斯及其战友的领导下,协会成了团结侨居比利时的德国革命
　　无产者的合法中心,并同佛兰德和瓦隆的工人俱乐部保持着直接的联
　　系。协会中的优秀分子加入了共产主义者同盟的布鲁塞尔支部。协会
　　在布鲁塞尔民主协会成立过程中发挥了出色的作用。1848年法国资
　　产阶级二月革命后不久,由于协会成员被比利时警察当局逮捕或驱逐
　　出境,协会在布鲁塞尔的活动即告停止。——4、260。

11　二月革命指1848年2月爆发的法国资产阶级民主革命。代表金融资
　　产阶级利益的"七月王朝"推行极端反动的政策,反对任何政治改革和
　　经济改革,阻碍资本主义发展,加剧对无产阶级和农民的剥削,引起全
　　国人民的不满;农业歉收和经济危机进一步加深了国内矛盾。1848年
　　2月22—24日巴黎爆发革命,推翻了"七月王朝",建立了资产阶级共
　　和派的临时政府,宣布成立法兰西第二共和国。二月革命为欧洲
　　1848—1849年革命拉开了序幕。无产阶级和小资产阶级积极参加了
　　这次革命,但革命果实却落到了资产阶级手里。——4、9、194、260、
　　577。

12　指《新莱茵报。民主派机关报》(Neue Rheinische Zeitung. Organ der De-
　　mokratie)。该报是德国1848—1849年革命时期民主派中无产阶级一
　　翼的战斗机关报,1848年6月1日—1849年5月19日每日在科隆出
　　版,马克思任主编;参加编辑部工作的有恩格斯、威·沃尔弗、格·维尔
　　特、斐·沃尔弗、恩·德朗克、斐·弗莱里格拉特和亨·毕尔格尔斯。
　　　　《新莱茵报》起到了教育和鼓舞人民群众的作用。报纸发表的有
　　关德国和欧洲革命重要观点的社论,通常都是由马克思和恩格斯执笔。
　　尽管遭到当局的种种迫害和阻挠,《新莱茵报》始终英勇地捍卫了革命
　　民主主义运动和无产阶级的利益。1849年5月,在反革命势力全面进
　　攻的形势下,普鲁士政府借口马克思没有普鲁士国籍而把他驱逐出境,
　　同时又加紧迫害《新莱茵报》的其他编辑,致使该报被迫停刊。1849年

5 月 19 日,《新莱茵报》用红色油墨印出了最后一号即第 301 号。报纸的编辑在致科隆工人的告别书中说:"无论何时何地,他们的最后一句话将始终是:工人阶级的解放!"(参看《马克思恩格斯全集》中文第 1 版第 6 卷第 619 页)——4、260。

13 《纽约每日论坛报》(New-York Daily Tribune)是美国的一家日报,由著名的美国新闻工作者和政治活动家霍·格里利和托·麦克尔拉思等人创办,1841 年 4 月 10 日—1924 年在纽约出版。19 世纪 50 年代中期以前是美国辉格党左翼的机关报,后来是共和党的机关报。40—50 年代,该报站在进步的立场上反对奴隶制。参加该报工作的有许多著名的美国作家和新闻工作者,受空想社会主义思想影响的查·德纳从 40 年代末起是该报的编辑之一。马克思从 1851 年 8 月开始为该报供稿,一直到 1862 年 3 月,持续了十余年。马克思为《纽约每日论坛报》提供的文章,很大一部分是他约请恩格斯写的。恩格斯的文章多半写于曼彻斯特,许多文章注明的日期并不是写作日期,因为马克思通常标明的是寄往纽约的日期。有些文章写于伦敦,而马克思注明的却是巴黎、维也纳或柏林。马克思和恩格斯在《纽约每日论坛报》发表的文章,涉及国际政治、工人运动、欧洲各国的经济发展、殖民地扩张、被压迫国家和附属国家的民族解放运动等极其重要的问题。在欧洲反动时期,马克思和恩格斯利用这个发行很广的美国报纸,以具体材料揭露了资本主义社会的种种弊端及其固有的各种不可调和的矛盾,并说明资产阶级民主的局限性。

《纽约每日论坛报》编辑部对马克思和恩格斯的文章常常随意处理,有些文章不署作者名字而作为编辑部的社论刊登出去。自 1855 年年中起,马克思和恩格斯的所有文章在发表时都被删去了署名。编辑部有时甚至未经作者本人同意便随意改动文章的内容和日期,这种做法一再引起马克思的抗议。从 1857 年秋天起,由于美国发生经济危机,报纸的财政状况受到影响,编辑部让马克思减少他给《纽约每日论坛报》撰写通讯的数量。美国内战爆发后,编辑部内主张同各蓄奴州妥协的势力加强,报纸离开进步立场,马克思和恩格斯遂停止撰稿并与报纸断绝关系。——5。

14 《卡尔·马克思〈政治经济学批判。第一分册〉》是恩格斯为马克思《政治经济学批判。第一分册》(见《马克思恩格斯全集》中文第 2 版第 31 卷)写的书评。这篇书评批判了资产阶级政治经济学的局限性,阐述了马克思创立唯物史观和唯物辩证法的伟大贡献。恩格斯指出:德国无产阶级政党的"全部理论来自对政治经济学的研究"(见本卷第 8 页);马克思的政治经济学"本质上是建立在唯物主义历史观的基础上的"(见本卷第 8 页);马克思在《〈政治经济学批判〉序言》中所扼要阐述的唯物主义历史观的基本原理,"不仅对于经济学,而且对于一切历史科学(凡不是自然科学的科学都是历史科学)都是一个具有革命意义的发现"(见本卷第 8 页),只要进一步阐发唯物主义历史观并把它应用于现代,一个伟大的革命远景就会立即展现在人们面前。恩格斯高度评价马克思在吸收黑格尔哲学合理内核的基础上创立的唯物辩证法的意义,指出这个方法的制定"是一个其意义不亚于唯物主义基本观点的成果"(见本卷第 13 页),并且阐明了马克思政治经济学研究中逻辑方法和历史方法的辩证统一。恩格斯还概要介绍了马克思的商品、价值和货币学说,强调政治经济学从分析商品开始,但"经济学研究的不是物,而是人和人之间的关系,归根到底是阶级和阶级之间的关系"(见本卷第 14—15 页)。

恩格斯的这篇书评是应马克思的要求写的。马克思在 1859 年 7 月 19 日给恩格斯的信中建议书评应该"简短地谈一下方法问题和内容上的新东西";后来又在 7 月 22 日的信中要求恩格斯在书评中阐明:在马克思的《政治经济学批判》中,"(1)蒲鲁东主义被连根铲除了,(2)通过最简单的形式,即商品形式,阐明了资产阶级生产的特殊社会的,而决不是绝对的性质。"(见《马克思恩格斯全集》中文第 1 版第 29 卷第 442、445 页)1859 年 8 月 3 日,恩格斯完成了书评的第一部分,并把它寄给在伦敦的马克思,请他修改。

书评的前两部分发表在 1859 年 8 月 6、20 日《人民报》第 14、16 期,随后被多家报纸转载。恩格斯还写了分析该书经济学内容的第三部分,但因报纸停刊没有发表,手稿也没有找到。

这篇文章由彭嘉生译成中文,曾收入 1929 年上海南强书局出版的《费尔巴哈论》;还收入 1939 年延安解放社出版的由王学文、何锡麟、王石巍翻译的《政治经济学论丛》一书。——6。

15　宗教改革战争指 16 世纪德国马丁·路德领导的宗教改革运动。农民战争指 1524—1525 年的德国农民战争。——6。

16　三十年战争(1618—1648 年)是一次全欧洲范围的战争,由新教徒和天主教徒之间的斗争引起,是欧洲国家集团之间矛盾尖锐化的结果。德国是战争的主要场所,是战争参加者进行军事掠夺和侵略的对象。

三十年战争分为四个时期:捷克时期(1618—1624 年)、丹麦时期(1625—1629 年)、瑞典时期(1630—1635 年)以及法国瑞典时期(1635—1648 年)。

三十年战争以 1648 年缔结威斯特伐利亚和约而告结束,和约的签订加深了德国政治上的分裂。——6。

17 荷兰在 1477—1555 年是德意志民族神圣罗马帝国的组成部分,1555 年10 月帝国被分割后,处于西班牙的管辖之下。16 世纪资产阶级革命末期,荷兰摆脱了西班牙的统治而成为独立的资产阶级共和国。

由于荷兰脱离神圣罗马帝国,德国丧失了最重要的海上贸易通道,依赖于荷兰人的转运贸易,这对德国的经济发展产生了消极的影响。——6。

18 关税同盟是 1834 年 1 月 1 日在普鲁士领导下最后形成的。在此之前,1818 年的保护关税条例废除了普鲁士境内的国内税,1819 年开始,普鲁士同德意志的一些小邦(其中最大的是黑森-达姆施塔特)签订了关税协定,后来发展成确定共同税界的关税同盟,该同盟逐渐包括了德意志几乎所有的邦;在同盟之外的只有奥地利、汉撒的自由市(吕贝克、汉堡、不来梅)和北德意志的一些小邦。1848—1849 年革命时期以及这次革命被镇压以后,关税同盟事实上已名存实亡。普鲁士在 1853 年恢复了关税同盟。关税同盟的成立促进了于 1871 年完成的德国政治上的统一。——7。

19 大陆体系或大陆封锁是法国皇帝拿破仑第一在拿破仑战争期间为反对英国而采取的一项重要的经济政治措施。1805 年法国舰队被英国舰队消灭后,拿破仑于 1806 年 11 月 21 日颁布了《柏林敕令》,禁止欧洲大陆各国同英国进行贸易。参加大陆体系的有西班牙、那不勒斯、荷兰、普鲁士、丹麦和奥地利。根据 1807 年的蒂尔西特条约的秘密条款,俄国加入了大陆体系。1812 年拿破仑在俄国遭到失败后,所谓的大陆体系便瓦解了。——7。

20 1844 年,马克思和恩格斯打算写一本批判德国经济学家弗·李斯特保护关税观点的小册子,为此马克思在巴黎研究和摘录了李斯特的著作《政治经济学的国民体系》(1841 年斯图加特—蒂宾根版第 1 卷)。1845 年春,马克思还摘录了弗·费里埃的著作《论政府和贸易的相互关系》(1805 年巴黎版)。马克思对李斯特著作的摘录保存下来了,然而他计划写的小册子未能面世。——7。

21　自由贸易派也称曼彻斯特学派,是19世纪上半叶英国出现的资产阶级政治经济学的一个派别,其主要代表人物是曼彻斯特的两个纺织厂主理·科布顿和约·布莱特。19世纪20—50年代,曼彻斯特是自由贸易派的宣传中心。该学派提倡自由贸易,要求国家不干涉经济生活,反对贸易保护主义原则,要求减免关税并奖励出口,废除有利于土地贵族的、规定高额谷物进口关税的谷物法。1838年,曼彻斯特的自由贸易派建立了反谷物法同盟。19世纪40—50年代,该派组成了一个单独的政治集团,后来成为自由党的左翼。——7、246。

22　官房学是16—18世纪德国有关行政、财政、经济和其他学科组成的统一的课程,是当时德国官僚候补人员所必须通过的训练科目。许多欧洲国家的中世纪大学以及后来的资产阶级大学都曾讲授这门课程。——7、87。

23　《人民报》(Das Volk)是在伦敦出版的一家德文周报,伦敦德意志工人共产主义教育协会和其他在伦敦的德国工人团体的机关报;1859年5月7日—8月20日由埃·比斯康普在伦敦创办和出版;马克思和恩格斯曾为报纸撰稿,从6月初起马克思实际上成为报纸的编辑,并于7月初接任该报的负责人;编辑部成员有比斯康普、威·李卜克内西和弗·列斯纳等。——8。

24　这是讽刺右派黑格尔分子。19世纪30—40年代,他们在德国大学开设很多讲座,并利用自己的地位来攻击哲学上较激进派别的代表人物;右派黑格尔分子以反动的精神解释黑格尔学说。

　　狄亚多希是马其顿亚历山大大帝的将领们,他们在亚历山大大帝死后为争夺权力而彼此进行残酷的厮杀。在这场争斗中(公元前4世纪末至公元前3世纪初),亚历山大的帝国分裂成许多单独的国家。——11。

25　指黑格尔的著作《精神现象学》1807年班贝格—维尔茨堡版;《美学讲演录》第1—3卷,《黑格尔全集》1835、1837—1838年柏林版第10卷;《哲学史讲演录》第1—3卷,《黑格尔全集》1833、1836年柏林版第13—15卷。——12。

26　《工资、价格和利润》是马克思的一部重要的政治经济学论著。马克思在这部著作中扼要而通俗地阐述了《资本论》中的一些重要原理,说明了剩余价值的形成过程和工资的实质,揭示了资本家对工人进行剥削的秘密。他指出,资本家的本质是追求最大限度的利润,工人阶级必须不断为提高工资和缩短工作日而斗争,才能对资本家的贪欲有所抑制,才能防止自己的地位不断恶化。在深刻论证工人阶级开展经济斗争的必要性和重要性的同时,马克思也指出了经济斗争的局限性,强调要把经济斗争和政治斗争结合起来。他指出,单纯的经济斗争反对的只是结果,而不是产生这种结果的原因,工人"应当摒弃'做一天公平的工作,得一天公平的工资!'这种保守的格言,要在自己的旗帜上写上革命的口号:'消灭雇佣劳动制度!'"(见本卷第69页)

本文是马克思于1865年6月20日和27日在国际工人协会中央委员会会议上用英语作的报告。中央委员会委员约·韦斯顿在5月2日和23日的发言中企图证明,货币工资水平的普遍提高对工人没有好处。马克思于1865年5月20日—6月24日写成这篇报告稿,批驳了这个错误观点。

目前保存下来的报告稿是马克思的手稿,没有标题,开头写有:"1865年6月20日星期二向中央委员会宣读。"全文由作者分为十四节。1898年,报告由马克思的女儿爱·马克思-艾威林以《价值、价格和利润》为标题在伦敦发表,并附有爱·艾威林写的序言。引言和前六节在手稿中没有标题,由艾威林加上了标题。本卷除总标题以外,保留了这些小标题。这篇报告的德译文发表在1897—1898年《新时代》第16年卷第2册,译者是爱·伯恩施坦,采用的标题是《工资、价格和利润》。

1922年上海商务印书馆出版了由李季译、陶孟和校的该著作的中译本,书名为《价值价格及利润》;1929年上海泰东书局出版了朱应祺、朱应会的中译本,书名为《工资、价格及利润》;1939年延安解放社出版的王学文、何锡麟、王石巍翻译的《政治经济学论丛》收这篇著作的中译文。——17。

27 关于通过协会的帮助在一些国家实现劳资斗争中的统一行动问题、缩短工作日以及女工和童工等问题,已列入1865年9月召开的国际工人协会伦敦代表会议的议事日程。——17。

28 阿格利巴的比喻源于罗马历史传说:罗马贵族梅涅尼·阿格利巴为了劝说公元前494年举行起义并上圣山反抗贵族压迫的平民,向他们讲了一则人体四肢反抗胃的寓言,使平民同意和解。阿格利巴把当时的社会比做有生命的机体,把平民比做机体的手,把贵族比做供养这个机体的胃。手和胃分离开来,就要引起生命机体的必然死亡,同样,平民拒绝履行他们的义务,就等于古罗马国家的灭亡。——21。

29　英国工人阶级从 18 世纪末开始争取用立法手段限制工作日,从 19 世纪 30 年代起,广大无产阶级群众投入争取十小时工作日的斗争。十小时工作日法案是英国议会在 1847 年 6 月 8 日通过的,作为法律于 1848 年 5 月 1 日起生效。该法律将妇女和少年的日劳动时间限制为 10 小时。但是,许多英国工厂主并不遵守这项法律,他们寻找种种借口把工作日从早晨 5 时半延续到晚上 8 时半。工厂视察员伦·霍纳的报告就是很好的证明(参看《马克思恩格斯文集》第 5 卷第 335 页)。

恩格斯在《十小时工作日问题》和《英国的十小时工作日法》(见《马克思恩格斯全集》中文第 2 版第 10 卷)中对该法案作了详细分析。关于英国工人阶级争取正常工作日的斗争,马克思在《资本论》第一卷第八章(见本卷第 189—195 页,《马克思恩格斯文集》第 5 卷第 267—350 页)中作了详细考察。——24、195。

30　罗伯斯比尔的最大限度法令指法国国民公会于 1793 年 5 月 4 日、9 月 11 日和 29 日以及 1794 年 3 月 20 日通过的各项法令,这些法令规定了固定的最高工资,同时也规定了谷物、面粉和其他日用品固定的最高价格。——25。

31　马克思在这里错把威·纽马奇写成威·纽曼。1861 年 9 月,不列颠科学促进协会在曼彻斯特举行第三十一届年会,当时正在恩格斯那里做客的马克思参加了这次会议。协会经济部主席纽马奇曾在会上发言,他还主持了经济部的会议,并作了题为《联合王国的立法在多大程度上体现了健全的征税原则》的报告。见《不列颠科学促进协会第三十一届年会报告。1861 年 9 月于曼彻斯特》1862 年伦敦版。——25。

32　指英国经济学家托·图克关于工业、贸易和财政的历史的六卷本著作,这部著作曾以下列书名出过单行本:《价格和流通状况的历史。1793—1837 年》1838 年伦敦版第 1—2 卷、《价格和流通状况的历史。1838—1839 年》1840 年伦敦版、《价格和流通状况的历史。1839—1847 年》1848 年伦敦版,以及托·图克和威·纽马奇合著《价格和流通状况的历史。1848—1856 年》1857 年伦敦版,该版为两卷本,是《价格史》的第 5—6 卷。——25、44。

33 对俄战争即克里木战争,是 1853—1856 年俄国对英国、法国、土耳其和撒丁的联盟进行的战争。这场战争是由于这些国家在近东的经济和政治利益发生冲突而引起的,故又称东方战争。克里木战争中俄国的惨败重挫了沙皇俄国独占黑海海峡和巴尔干半岛的野心,同时加剧了俄国国内封建制度的危机。这场战争以签订巴黎和约而告结束。——27、598。

34 19 世纪中叶,在资本主义工业迅猛发展,伴随着相对的农村人口过剩而按资本主义原则进行农业改组的情况下,发生了大批拆毁英国农业工人住宅的事件。当时土地所有者缴纳济贫税的数额在很大程度上取决于居住在其土地上的贫民人数的多少,这种情况使得大批拆毁农村住宅的现象大大加剧。土地所有者自动拆毁那些他们自己用不着、然而却可以供"过剩的"农村居民居住的处所。在《资本论》第一卷第二十三章第 5 节(e)(《马克思恩格斯文集》第 5 卷第 774—802 页)中也有关于农业工人住宅被毁的描述。——27。

35 技艺协会即技艺和手工业协会,是一个于 1754 年在伦敦成立的资产阶级慈善性质的教育团体。19 世纪 50 年代,协会的领导人是阿尔伯特亲王。协会宣称,它的宗旨是"促进技艺、手工业和商业的发展"并酬劳那些"在解决穷人就业,扩大商业贸易,以及对国家财富增长等方面作出贡献的人"。1853 年,该协会为了阻挠英国群众性罢工运动的发展和宪章派酝酿成立工人议会,企图充当工人和企业主之间的调停人。马克思称该协会为"艺术和骗术协会"(见《马克思恩格斯全集》中文第 2 版第 13 卷第 68 页)。——27。

36 谷物法是 1815 年以来英国历届托利党内阁为维护大土地占有者的利益而实施的法令,旨在限制或禁止从国外输入谷物。谷物法规定,当英国本国的谷物价格低于每夸特 80 先令时,禁止输入谷物。1822 年对这项法律作了某些修改,1828 年实行了滑动比率制,即国内市场谷物价格下跌时提高谷物进口关税,谷物价格上涨时降低谷物进口关税。谷物法的实施严重影响了贫民阶层的生活,同时也不利于工业资产阶级,因为它导致劳动力涨价,妨碍国内贸易的发展。谷物法的实施引起了工业资产阶级和土地贵族之间的斗争。这场斗争是由曼彻斯特的两个纺织厂主理·科布顿和约·布莱特于 1838 年创立的反谷物法同盟领导,在自由贸易的口号下进行的。1846 年 6 月英国议会通过了《关于修改进口谷物法的法令》和《关于调整某些关税的法令》,从而废除了谷物法。——27、59、89。

37　指美国内战,即 1861—1865 年美国南北战争。19 世纪中叶,美国南部种植园主奴隶制与北部资产阶级雇佣劳动制的矛盾日益尖锐。1860年 11 月,主张限制奴隶制的共和党候选人林肯当选为总统,美国南部的奴隶主发动了维护奴隶制的叛乱。1861 年 2 月,南部先后宣布脱离联邦的各州在蒙哥马利大会上成立南部同盟,公开分裂国家,并于当年4 月 12 日炮轰萨姆特要塞(南卡罗来纳州),挑起内战。1865 年 4 月,南部同盟的首都里士满被攻克,南部同盟的联军投降,战争结束。北部各州在南北战争中取得了胜利,维护了国家的统一,并为资本主义的发展扫清了道路。——28、31、83、194、219、226、246。

38　重农学派是 18 世纪法国古典政治经济学的一个学派,主要代表人物是弗·魁奈和雅·杜尔哥。当时在农业占优势的法国,因实行牺牲农业而发展工商业的政策,使农业遭到破坏而陷于极度衰落。重农学派反对重商主义,主张经济自由,重视农业,认为只有农业才能创造"纯产品",即总产量超过生产费用的剩余,即剩余价值,因而认为只有农业生产者才是生产阶级。这一学派从生产领域寻求剩余价值的源泉,研究社会总资本的再生产和流通,是对资本主义生产进行系统理解的第一个学派。但是,它没有认识到价值的实体是人类的一般劳动,混同了价值和使用价值,因而看不到一切资本主义生产中都有剩余劳动和剩余价值,以致把地租看成是剩余价值的唯一形式,把资本主义的生产形态看成是生产的永久的自然形态。——43、103、161、171、416、704、844。

39　反雅各宾战争是 1792—1815 年英国、普鲁士、奥地利和俄国等参加的欧洲国家同盟为反对资产阶级革命时期的法兰西共和国和拿破仑法国而进行的长达 23 年的战争,也称二十三年战争。英国于 1793 年初加入反法同盟的联军,公开参战。战争期间,为对付劳动群众,英国政府在国内建立了残酷的恐怖制度,镇压了多起人民起义,并颁布了禁止工人结社的法令。资产阶级在这一时期要求把工作日从 10 小时延长到12、14 和 18 小时。——60、65、296。

40　习艺所是根据英国的《济贫法》设置的救济贫民的机构。1601 年《济贫法》规定以教区为单位解决贫民的救济问题。1723 年颁布的《济贫法》进一步作出规定,设立习艺所,受救济者必须入所接受救济。1782 年又改为只对年老和丧失劳动能力的人采取集中救济的方法。1834 年英国颁布的新济贫法对以前实施的《济贫法》作了修订,规定不得向有劳动能力的人及其家属提供任何金钱和食品的救济,受救济者必须在习艺所里从事强制性劳动。习艺所里生产条件恶劣,劳动强度大,生产效率低,那里实行的制度与强迫囚徒从事苦役的牢狱制度不相上下,因此被贫民称为"济贫法巴士底狱"(见《马克思恩格斯文集》第 1 卷第 487 页),马克思则称它为"无产者的巴士底狱"(见本选集第 1 卷第 361 页)。——60。

41 1832 年 2—3 月,英国议会对 1831 年提出的关于把童工和少年工的工作日限制到十小时的法案进行辩论时,资本家、政治经济学家和内阁大臣们认为童工的工作日应为 12 小时。——60。

42 札格纳特是印度教的主神之一毗湿奴的化身。崇拜札格纳特的教派的特点是宗教仪式十分豪华,充满极端的宗教狂热,这种狂热表现为教徒的自我折磨和自我残害。在举行大祭的日子里,某些教徒往往投身于载着毗湿奴神像的车轮下将自己轧死。——61、289。

43 济贫法是英国 1601 年颁布的,它规定每个教区必须缴纳救济贫民的特别税,教区中无法维持本人及其家庭生活的居民皆可通过济贫会获得救济。该济贫法曾经过多次修改。

1834 年通过的新济贫法只允许用一种办法来救济贫民,那就是把他们安置到习艺所(见注 40)从事强制性劳动。——65。

44 自耕农是拥有人身自由、但在地主土地上垦殖的农民。英国的自耕农是英国独立的(自由的)农民,由于资本原始积累的过程,特别是由于所谓圈用公有地,土地被大地主强行没收,这些农民大约于 1750 年消失。自耕农被小农场主——租佃者所取代。自耕农曾是熟练的弓箭手,直到枪炮广泛使用之前,他们通常是英国军队的基本力量;他们以自己在战斗中坚定勇敢而著称。马克思曾经写道,在 17 世纪英国资产阶级革命时期,他们是资产阶级和资产阶级化贵族的领袖奥·克伦威尔的主力。在英国的文艺作品和科学文献中都反映了自耕农个人的勇敢精神、他们的作战艺术以及他们作为"英国民族"独立的真正支柱和捍卫者的作用。

"骄傲的英国自耕农"(proud yeomenry of England)看来是莎士比亚"好农民"(good yeomen),"战吧,英国人! 勇敢战吧,农民们!"(fight gentlemen of England, fight boldly yeomen)的同义语(见莎士比亚《亨利五世》第 3 幕第 1 场;莎士比亚《理查三世》第 5 幕第 3 场)。——65、295、756、834。

45　《卡·马克思〈资本论〉第一卷书评——为〈民主周报〉作》是恩格斯向
工人推荐和介绍《资本论》第一卷的文章。在这篇书评中,恩格斯高度
评价了《资本论》的理论成就和崭新的研究方法,指出"资本和劳动的
关系,是我们全部现代社会体系所围绕旋转的轴心,这种关系在这里第
一次得到了科学的说明";马克思"把现代社会关系的全部领域看得明
白而清楚,就像一个观察者站在高山之巅俯视下面的山景一样"(见本
卷第 70 页)。恩格斯在文中以通俗易懂的方式阐述了马克思经济学说
的基本原理,特别是剩余价值理论。他强调指出,资本主义的生产方式
"不但继续不断地重新生产出资本家的资本,而且同时还继续不断地
再生产出工人的穷困";这种生产方式第一次为"社会全体成员的平等
的、合乎人的尊严的发展"创造出"所必需的财富和生产力,但是它同
时又创造出一个社会阶级,那就是被压迫的工人大众。他们越来越被
迫起来要求利用这种财富和生产力来为全社会服务,以代替现在为一
个垄断者阶级服务的状况"(见本卷第 76、77、78 页)。

　　1867 年 9 月《资本论》第一卷问世以后,资产阶级学术界和舆论界
对这一著作保持沉默。为了冲破这种沉默,广泛宣传《资本论》,恩格
斯在报刊上发表了一系列书评。这篇书评是专门为德国工人报纸《民
主周报》写的。书评写于 1868 年 3 月 1—13 日,发表在 1868 年 3 月
21、28 日《民主周报》第 12、13 期,没有署名,后来在 1871 年 4 月 5、8 日
《人民国家报》第 28、29 号上转载。书评的法译文刊登在 1870 年 6 月
6、9 日《自由报》第 47、50 号。

　　1939 年 1 月上海读书生活出版社出版的章汉夫、许涤新合译的
《恩格斯论〈资本论〉》一书中收有该文,篇名为《载在〈民主周刊〉中底
〈资本论〉述评》;1939 年 11 月延安解放社出版的何锡麟译的《〈资本
论〉提纲》一书中也收有该文,篇名为《马克思的〈资本论〉》。

　　《民主周报》(Demokratisches Wochenblatt)是德国人民党的机关
报,1868 年 1 月 4 日—1869 年 9 月 29 日在莱比锡出版,1869 年 8 月 28
日起每周出两次,由威·李卜克内西主编;1868 年 12 月 5 日起同时为
奥·倍倍尔领导的德国工人协会联合会的机关报;周报最初受人民
党小资产阶级思想的一定影响,但很快由于马克思和恩格斯的努力,开
始与拉萨尔主义进行斗争,宣传国际的思想,刊登国际的重要文件以及
马克思和恩格斯的一些文章,在德国社会民主工党的创建中起重要
作用;1869 年 8 月在爱森纳赫代表大会上报纸被宣布为德国社会
民主工党中央机关报,并于 10 月改名为《人民国家报》(Der Volks-

staat）。——70。

46 北德意志联邦是1867年建立的以普鲁士为首的德意志联邦国家,它取代了已经解体的德意志联邦。加入北德意志联邦的有19个德意志邦和3个自由市,它们在形式上都被承认有自治权。北德意志联邦的宪法保证普鲁士在联邦中居统治地位;普鲁士国王被宣布为联邦元首和联邦武装部队总司令,并被授予指导对外政策的权力。原来在联邦以外的巴伐利亚、巴登、符腾堡和黑森-达姆施塔特在1870年加入了联邦。北德意志联邦的建立在德意志国家统一的道路上向前迈进了一步。1871年1月,随着德意志帝国的建立,北德意志联邦不复存在。——76。

47 《资本论。政治经济学批判》是马克思的一部具有划时代意义的巨著。马克思在这部著作中运用辩证唯物主义和历史唯物主义的世界观和方法论揭示了资本主义社会的经济运动规律,阐述了资本主义产生、发展和灭亡的规律,根据对资本主义内在矛盾的分析,论证了资本主义为共产主义取代的历史必然性,为科学社会主义奠定了牢固的理论基础。这部著作在政治经济学领域实现了革命性的变革,创立了马克思主义的政治经济学。它把高度的科学性和革命性结合在一起,为工人阶级和劳动人民的解放事业提供了强大理论武器。

《资本论》第一卷研究资本的生产过程,第二卷研究资本的流通过程,第三卷研究资本主义生产的总过程。马克思在第一卷中系统地阐述了劳动价值理论和剩余价值理论,揭示了资本主义剥削的实质;深入研究了资本积累即剩余价值转化为资本的问题,揭示了资本主义积累的一般规律,指出资本积累的发展必然导致资本主义内在矛盾加深与无产阶级和资产阶级之间矛盾激化,最后导致资本主义制度走向灭亡。"生产资料的集中和劳动的社会化,达到了同它们的资本主义外壳不能相容的地步。这个外壳就要炸毁了。资本主义私有制的丧钟就要响了。剥夺者就要被剥夺了。"(见本卷第299页)马克思在第二卷中全面考察了资本循环、资本周转和社会总资本的再生产,把社会生产分为生产资料的生产(第Ⅰ部类)和消费资料的生产(第Ⅱ部类),分析了两大部类之间的比例关系和矛盾,并揭示了资本主义制度下生产无政府状态的不可避免性。马克思在第三卷中分析了剩余价值的不同表现形式以及全部剩余价值在产业资本家、商业资本家、信贷资本家和土地所有者之间的分配,指出在资本主义制度下,工人不仅受直接雇用他的资本家的剥削,而且受整个资本家阶级的剥削,工人要摆脱被剥削被奴役的地位,就必须推翻整个资本主义制度。马克思在《资本论》中还根据对资本主义社会化大生产的特点及其矛盾的分析,科学地预言了未来社会即共产主义社会的一些基本特征:未来的新社会是"一个自由人联合体";生产资料为社会所有;社会生产由计划来调节和控制;阶级差别、城乡差别、脑体劳动差别将消失;个人将获得全面自由的发展,等等。

　　《资本论》的内容极其丰富。除了经济学内容,这部著作还包含马克思主义哲学和科学社会主义的内容,同时包含有关政治、法律、历史、教育、道德、宗教、科学技术、文学艺术等等的精辟思想,是马克思主义的理论宝库。整部著作贯穿着唯物辩证法,正像列宁所说,"虽然马克思没有遗留下'逻辑'(大写字母的),但他遗留下《资本论》的逻辑"(见《列宁全集》中文第 2 版第 55 卷第 290 页)。

　　马克思为这部著作付出了毕生精力。早在 19 世纪 40 年代初担任《莱茵报》编辑的时候,他就开始注意经济问题。40 年代中期在巴黎和布鲁塞尔期间,他系统地研读资产阶级经济学家的著作,并作了大量笔记。他的研究成果体现在《1844 年经济学哲学手稿》、《哲学的贫困》、《雇佣劳动与资本》(见本选集第 1 卷)等著作中。欧洲 1848 年革命爆发后,他因回国参加革命而中断了经济学的研究。革命失败后他侨居伦敦,从 50 年代初起,重新钻研经济学,阅读了大量资产阶级经济学家的著作、官方文件和各种刊物。1857 年 7 月—1858 年 6 月,他写了 50 印张手稿,这是《资本论》的最初稿本,标题为《政治经济学批判》。在写作这部手稿的过程中,马克思同时制定了他的《政治经济学批判》写作计划。这一计划经过不断修改和完善,最后定为六册:(1)资本(包括一些绪论性章节);(2)土地所有制;(3)雇佣劳动;(4)国家;(5)国际贸易;(6)世界市场。第一册《资本》分为四篇:资本一般;竞争;信用;股份资本。而第一篇"资本一般"又分为三部分:资本的生产过程;资本的流通过程;两者的统一,或资本和利润、利息。这一篇的划分成为后来《资本论》三卷的雏形。从 1858 年下半年开始,他在1857—1858 年手稿的基础上开始写作《政治经济学批判》一书,打算分册出版,但只在 1859 年出版了第一分册。1861 年 8 月—1863 年 7 月,他又写了 23 个笔记本的手稿,共 200 印张。这部手稿涉及《资本论》三卷内容的一系列问题,还深入地阐述了剩余价值理论的历史。这是继1857—1858 年手稿之后整个《资本论》的第二个稿本。

1862年马克思决定以《资本论》为标题,以《政治经济学批判》为副标题发表自己的著作。他计划把《资本论》写成四册:第一册是资本的生产过程;第二册是资本的流通过程;第三册是总过程的各种形态;第四册是理论史。1863—1865年他又写了第一、二、三册的手稿,并从1866年开始着手第一册即第一卷的付排工作,于次年4月付印。1867年9月,《资本论》第一卷由汉堡迈斯纳出版社出版。

《资本论》第一卷出版以后,马克思本想很快完成第二、三卷,但这一愿望没有实现。马克思逝世后,恩格斯根据马克思留下的大量手稿对《资本论》第二、三卷进行编辑整理,并于1885年和1894年先后出版了这两卷著作。恩格斯还曾打算整理马克思计划的理论史部分,即《剩余价值理论》,也就是《资本论》第四卷,但未能完成这一计划。《剩余价值理论》后来由卡·考茨基于1905—1910年整理出版。1954—1961年苏共中央马列主义研究院按马克思的手稿次序重新编辑出版了此书。

1867年9月出版的《资本论》第一卷第一版只包括第一册的内容,共六章,卷末附有一篇通俗讲述"价值形式"的附录。马克思原定《资本论》分为三卷四册,第一卷包括第一、二册,第二卷为第三册,第三卷为第四册(理论史)。第一卷出版时,马克思把卷次作了调整,第一卷只收入第一册,第二卷预计包括第二、三册,第三卷为第四册。第一卷第一版出版后,马克思对第一版的内容和篇章结构进行了修订,在1872年7月—1873年4月期间,以分册形式出版了第二版。第二版分为七篇共二十五章,第一版卷末的附录也被并入正文。马克思还亲自校订并修改了1872—1875年间出版的第一卷法文版,为使法国读者便于理解,对文字、内容作了修改和补充,对篇章作了新的安排。马克思本来想参考法文版重编德文第三版,但计划未能实现。马克思逝世后,恩格斯对马克思留下的《资本论》手稿进行编辑整理,并调整了马克思原定的《资本论》卷次,将第二册编为第二卷,将第三册编为第三卷。1883年恩格斯出版了第一卷德文第三版,后来又对第三版作了编辑加工,于1890年出版了第四版,这一版成为现在通用的版本。

《资本论》最早的中译本是1930年3月上海昆仑书店出版的《资本论》第一卷第一分册,译者是陈启修;《资本论》第一卷的第一个中文全译本,于1936年6月以世界名著译社名义出版,译者是侯外庐、王思华;《资本论》三卷的第一个中文全译本于1938年8、9月由上海读书生活出版社出版,译者是郭大力、王亚南。

本卷节选的《资本论》第一卷选自《马克思恩格斯文集》第 5 卷第
1—875 页。——81。

48　《资本论》1867 年德文第一版第一卷第一章的标题是《商品和货币》,其
中概述了《政治经济学批判。第一分册》1859 年柏林版的内容。马克
思在 1866 年 10 月 13 日给路·库格曼的信中谈到了作这一概述的原
因(见本选集第 4 卷第 465 页)。后来,在准备《资本论》德文第二版
时,马克思修订了自己的著作,对它的结构也作了很大的改动。他把原
先的第一章和附录改为独立的三章,这三章构成第一篇。关于这些修
改的具体情况,见《1872 年第二版跋》(本卷第 86 页)。——81。

49　完全删去的是《政治经济学批判。第一分册》中《关于商品分析的历
史》、《关于货币计量单位的学说》和《关于流通手段和货币的学说》这
三节(见《马克思恩格斯全集》中文第 2 版第 31 卷第 445—457、470—
481、552—582 页)。马克思在撰写 1863—1865 年经济学手稿时放弃了
他最初的打算,即在每一章理论部分的后面加上理论史的部分,而计划
在《资本论》第四册中来叙述理论史,这部分后来以《剩余价值理论》为
书名发表。——81。

50　见《马克思恩格斯文集》第 5 卷第 74—75 页。——82。

51　"只要换一个名字,这正是说的阁下的事情"(Mutato nomine de te fabula
narratur),这句话引自贺拉斯《讽刺诗集》第 1 卷第 1 首。——82。

52　英国应用社会统计比德国早得多。1662 年伦敦市的官员约·格朗特
首次把统计具体地运用于人口统计。但政治算术(统计)的真正创始
人是威·配第,他在 1676 年写成的《政治算术》这一著作中用算术方
法来分析社会经济问题。——83。

53　美国独立战争即 1775—1783 年北美独立战争,是 13 个英属北美殖民
地推翻英国殖民统治,争取民族独立的战争。七年战争后英国加强对
北美殖民地的压迫和剥削,激起当地新兴资产阶级和人民群众的反抗。
1774 年北美殖民地代表召开第一届大陆会议,通过呈交英王的请愿书
和抵制英货的法案。1775 年 4 月 19 日,战争在列克星敦爆发,5 月 10
日在费城召开的第二届大陆会议决定组织大陆军,任命华盛顿为总司
令。1776 年 7 月 4 日在进行反英战争中的大陆会议通过《独立宣言》,
宣告美利坚合众国成立。1781 年 10 月,英军主力被击溃后,在约克镇
被迫投降,交战双方最终于 1783 年 9 月签订了巴黎和约。在条约中英

国正式承认美国独立,取得胜利的北美人民建立了美洲第一个资产阶级共和国。——83。

54 高教会派是英国国教会中的一派,产生于 19 世纪。高教会信徒主要是土地贵族和金融贵族。他们主张保持古老的豪华仪式,强调与天主教徒的传统的联系。英国国教会中与高教会相对立的另一派为低教会派,其信徒主要是资产阶级和下层教士,具有新教倾向。——84。

55 三十九条信纲是英国国教会的信仰纲要,由女王伊丽莎白一世主持制定。1562 年女王审定批准克兰默起草的四十二条款,后压缩为三十九条。1563 年起,所有神职人员就职时必须宣誓恪守这些信纲。1571 年英国国会通过法案,三十九条信纲正式成为英国国教会的信纲。——84。

56 蓝皮书是英国议会或政府的(包括政府向议会提交的)文件或报告书的通称,因封皮为蓝色而得名。英国从 17 世纪开始发表蓝皮书,它是英国经济史和外交史方面主要的官方资料。——84。

57 马克思未能实现他的计划。在他逝世后,《资本论》第二册和第三册作为该著作的第二卷和第三卷先后于 1885 年和 1894 年由恩格斯编辑出版。恩格斯没有能出版《资本论》第四册。——84。

58 "走你的路,让人们去说罢!"(Segui il tuo corso, e lascia dir le genti!)是套用但丁《神曲》中《炼狱篇》第 5 首中的一句(Vien dietro a me, e lascia dir le genti)。——85。

59 《资本论》第一卷的法文版分九辑(44 个分册)于 1872—1875 年出版发行。1872 年 2 月初,约·鲁瓦开始进行法文版的翻译工作。为此,自 1871 年 12 月底起,他从马克思那里收到德文第二版的手稿。1872 年 2 月,马克思开始校订法译文;5 月,他收到头几个印张。在这一年,马克思在从事各种工作的同时,也忙于《资本论》的法文版。在他写作德文第二版的《跋》前,法文版第一辑问世,第二辑于 1873 年 2 月初出版。《资本论》第一卷法文版的中译文将收入《马克思恩格斯全集》中文第 2 版第 41 卷。——86。

60 普法战争是 1870—1871 年法国和普鲁士为争夺欧洲大陆的霸权而进行的战争。法国为阻止德国统一并夺取莱茵河左岸地区,于 1870 年 7 月 19 日对普鲁士宣战。战争过程中,法军接连败北。1870 年 9 月 2 日拿破仑第三在色当投降,法兰西第二帝国崩溃;普军长驱直入占领大片法国领土,巴黎无产阶级举行起义,夺取政权建立巴黎公社。法国资产阶级政府在普鲁士帮助下镇压了公社。1871 年 5 月 10 日双方签订了法兰克福和约,普鲁士获得阿尔萨斯和洛林及 50 亿法郎的赔款,通过普法战争,普鲁士完成了德意志的统一,建立了德意志帝国。——87。

61　西·迈尔《维也纳的社会问题。一个"劳动给予者"著》1871 年维也纳版。——87。

62　这篇跋中的开头四段文字在《资本论》第一卷德文第三版(1883 年)和第四版(1890 年)中被删掉了。——87。

63　见《马克思恩格斯全集》中文第 2 版第 31 卷第 455 页。——88。

64　见马克思《政治经济学批判(1861—1863 年手稿)》第 XIV 笔记本第 782—850a 页,即《李嘉图学派的解体》中《(1)罗·托伦斯》、《(2)詹姆斯·穆勒》、《(3)论战著作》、《(4)麦克库洛赫》四节。——88。

65　见马克思《政治经济学批判(1861—1863 年手稿)》第 XIV 笔记本第 852—890 页,即《以李嘉图理论为依据反对政治经济学的无产阶级反对派》中《(1)小册子〈国民困难的原因及其解决办法〉》、《(2)莱文斯顿》、《(3)霍吉斯金》三节以及第 XVIII 笔记本第 1084—1086 页。——88。

66　神圣同盟是欧洲各专制君主镇压欧洲各国进步运动和维护封建君主制度的反动联盟。该同盟是战胜拿破仑第一以后,由俄国沙皇亚历山大一世和奥地利首相梅特涅倡议,于 1815 年 9 月 26 日在巴黎建立的,同时还缔结了神圣同盟条约。几乎所有欧洲君主国家都参加了同盟。这些国家的君主负有相互提供经济、军事和其他方面援助的义务,以维持维也纳会议上重新划定的边界和镇压各国革命。神圣同盟为了镇压欧洲各国资产阶级革命和民族解放运动,先后召开过几次会议。由于欧洲诸国间的矛盾以及民族革命运动的发展,1830 年法国七月革命后神圣同盟实际上已经瓦解。——88。

67　反谷物法同盟是英国工业资产阶级的组织,由曼彻斯特的两个纺织厂主理·科布顿和约·布莱特于 1838 年创立。谷物法是英国政府为维护大土地占有者的利益,从 1815 年起实施的旨在限制或禁止从国外输入谷物的法令(见注 36)。同盟要求贸易完全自由,废除谷物法,其目的是为了降低国内谷物价格,从而降低工人工资,削弱土地贵族的经济和政治地位。同盟在反对大土地占有者的斗争中曾经企图利用工人群众,宣称工人和工厂主的利益是一致的。但是,就在这个时候,英国的先进工人展开了独立的、政治性的宪章运动。1846 年谷物法废除以后,反谷物法同盟宣布解散。实际上,同盟的一些分支一直存在到 1849 年。——89。

68 指首相罗·皮尔在 1842 和 1844 年实行的财政改革。他废除或降低了所有的出口税以及对原料和半成品征收的关税。为了补偿国家财政收入的减少,实施了所得税。后来在 1853 年,对原料和半成品征收的所有关税都取消了。——89。

69 关于以约·斯·穆勒为代表的混合主义的产生,见马克思《政治经济学批判(1861—1863 年手稿)》第 VII 笔记本第 318—331 页和第 VIII 笔记本第 332—345 页(《马克思恩格斯全集》中文第 2 版第 33 卷第 167—217 页)。——89。

70 关于约·斯·穆勒的较详细的评述,见《马克思恩格斯文集》第 5 卷第 590—592 页。——90。

71 马克思在这里是指他的 1859 年出版的著作《政治经济学批判。第一分册》(见《马克思恩格斯全集》中文第 2 版第 31 卷)。只有某些德国报纸发表了有关这一著作出版的简讯。——90。

72 《人民国家报》(Der Volksstaat)是德国社会民主工党(爱森纳赫派)的中央机关报,其前身是《民主周报》(见注 45),1869 年 10 月 2 日—1876 年 9 月 29 日在莱比锡出版,起初每周出两次,1873 年 7 月起每周出三次;创刊时的副标题是"社会民主工党和工会联合会机关报"(Organ der sozial-demokratischen Arbeiterpartei und der Gewerksgenossenschaften),1870 年 7 月 2 日起改名为"社会民主工党和国际工会联合会机关报"(Organ der sozial-demokratischen Arbeiterpartei und der Internationalen Gewerks-genossenschaften),1875 年 6 月 11 日起又改名为"德国社会主义工人党机关报"(Organ der Sozialistischen Arbeiterpartei Deutschlands);报纸编辑部领导人是威·李卜克内西,出版社社长是奥·倍倍尔;报纸反映德国工人运动中革命派的观点;马克思和恩格斯从报纸创刊之日起就为之撰稿,经常给编辑部提供帮助和指导,使这家报纸成了 19 世纪 70 年代优秀的工人报刊之一。——90。

73　指约·狄慈根的文章《评卡尔·马克思〈资本论。政治经济学批判〉1867 年汉堡版》，载于 1868 年《民主周报》（见注 45）第 31、34、35 和 36 号。1869—1876 年该报以《人民国家报》的新名称出版。从 1870 年初至 1872 年底，《人民国家报》发表了狄慈根的下列文章:《国民经济学问题》（1870 年第 1、2、24、25 和 26 号）;《社会民主的宗教》（1870 年第 65、66 和 67 号，1871 年第 37、38、62 和 63 号）;《致亨利希·冯·济贝耳的公开信》（1872 年第 31 号）;《资产阶级社会》（1872 年第 75 和 77 号）。——90。

74　《星期六评论》是英国的一家保守派周刊《政治、文学、科学和技艺星期六评论》（The Saturday Review of Politics, Literature, Science, and Art）的简称,1855—1938 年在伦敦出版。——90。

75　《圣彼得堡消息报》是俄国日报《圣彼得堡消息报。政治和文学报》（С. -Петербургскія Вѣдомости. Газета политическая и литературная）的简称,1728—1914 年用这个名称出版,后来改名为《彼得格勒消息报》（Петроградскія Вѣдомости）,1917 年停刊;19 世纪 50 年代每周出两次,由科学院出版,1875 年起由国民教育部出版。——90。

76　指 1867—1883 年在巴黎出版的杂志《实证哲学。评论》。该杂志在 1868 年 11—12 月的第 3 期上发表了一篇关于《资本论》第一卷的短评,作者是实证主义哲学家奥·孔德的信徒叶·瓦·德罗贝尔蒂。

　　《实证哲学。评论》（La Philosophie Positive. Revue）是法国的一家哲学杂志,1867 年 7 月 1 日—1883 年由埃·利特雷和格·尼·威卢博夫在巴黎出版。——91。

77　尼·季别尔《李嘉图的价值和资本理论的最新补充和解释》1871 年基辅版第 170 页。

　　关于季别尔的这本书,马克思在 1872 年 12 月 12 日给尼·弗·丹尼尔逊的信中曾谈到,他很想看到它,在 1873 年 1 月 18 日给丹尼尔逊的信中提到他收到了这本书。（见《马克思恩格斯全集》中文第 1 版第 33 卷第 549、560 页）——91。

78　《经济学家杂志》是法国资产阶级月刊《经济学家杂志。政治经济、农业、工业和商业每月评论》（Journal des Économistes. Revue mensuelle d'économie politique et des questions agricoles, manufacturières et commerciales）的简称,1841—1943 年在巴黎出版。——91。

79 暗指尤·孚赫发表在《国民经济和文化史季刊》(柏林)1868 年第 5 年卷第 20 卷第 216 页和欧·杜林发表在《现代知识补充材料》(希尔德堡豪森)1867 年第 3 卷第 3 册第 182 页上的有关《资本论》的短评。——91。

80 伊·伊·考夫曼写的《卡尔·马克思的政治经济学批判的观点》一文,发表在《欧洲通报》1872 年第 3 卷上。

《欧洲通报》是俄国资产阶级自由派月刊《欧洲通报。历史、政治和文学杂志》(Вестникъ Европы. Журналъ исторіи, политики, литературы)的简称,1866—1908 年由米·马·斯塔秀列维奇在圣彼得堡创办和出版,1909—1918 年夏由马·马·柯瓦列夫斯基编辑;19 世纪 90 年代初期该杂志经常刊登反对马克思主义的文章。——91。

81 马克思在 1868 年 3 月 6 日给路·库格曼的信中也说过他的辩证方法不同于黑格尔的辩证方法(见本选集第 4 卷第 468 页)。——93。

82 指德国资产阶级哲学家路·毕希纳、弗·阿·朗格、欧·杜林、古·泰·费希纳等人。——94。

83 见乔·威·弗·黑格尔《哲学全书纲要》第 1 部《逻辑学》1840 年柏林版第 XIX 页(《黑格尔全集》第 6 卷)。——94。

84 见《马克思恩格斯全集》中文第 2 版第 31 卷第 419 页。——95。

85 法律拟制(fictio juris)本是法律上一个原则,即把现实中不存在的事实在法律上当做存在的事实来处理。正文中的意思是指一种与现实相矛盾的假定。——97、258。

86 1785 年,埃·卡特赖特发明了机械织布机。在 19 世纪 20—30 年代,蒸汽织布机得到较广泛的使用。——99。

87 见《马克思恩格斯全集》中文第 2 版第 31 卷第 422 页。"作为价值"在那里是"作为交换价值"。——100。

88 见《马克思恩格斯全集》中文第 2 版第 31 卷第 427 页及以下几页。——101。

89 古代印度公社是古印度社会典型的劳动组织形式,形成于原始社会瓦解、阶级社会关系产生的时期。作为生产者集体的村社由当地的农民和其他以某种方式与农业相联系的人组成。它相当独立地组织几乎所有地区的以人工灌溉和排水为基础的生产。由于受气候和地理位置的限制,村社形成了一种特殊的制度,即把手工业纳入农业生产中。村社的原始形式的特点保持了很久。虽然在大约公元前 1 世纪中期出现了财产差异(村社中开始形成阶级),但村社成员的土地优先权继续存在(种姓制度形成以及手工业继续受农业的约束)阻止了村社最后的瓦解。马克思在《不列颠在印度的统治》(见本选集第 1 卷)以及 1857—1858 年经济学手稿中(见《马克思恩格斯全集》中文第 2 版第 30 卷第467、476—478 页)对古代印度公社作了详细阐述。——102、131、647。

90 威·配第所说"劳动是财富之父,土地是财富之母",见他的《赋税论》1667 年伦敦版第 47 页。马克思在 1857—1858 年经济学手稿中引用了配第的这句话(见《马克思恩格斯全集》中文第 2 版第 31 卷第 333、428页);他在 1875 年 4—5 月写的《德国工人党纲领批注》(见本选集第 3卷)中,批评了劳动是一切财富的源泉的论点。——103。

91 见本卷第 242—246 页,《马克思恩格斯文集》第 5 卷第 613—622 页。——104。

92 关于反思规定,见黑格尔《逻辑学》第 1 部《客观逻辑》第 2 编《本质论》1834 年柏林版(《黑格尔全集》第 4 卷)。——112。

93 见荷马《伊利亚特》第 7 章。——115。

94 马克思和恩格斯所说的李嘉图学派是指以罗·托伦斯、詹·穆勒和约·斯·穆勒为代表的资产阶级经济学家,他们在大·李嘉图的主要著作《政治经济学和赋税原理》1817 年在伦敦出版之后用庸俗经济学取代了古典资产阶级经济学,试图用资产阶级的方式来解决李嘉图理论中的基本对立。其结果正如马克思所说的那样,李嘉图学派的解体是由于它无法解决两个问题:"(1)资本和劳动之间按照价值规律交换。(2)一般利润率的形成。把剩余价值和利润等同起来。不理解价值和费用价格的关系"(见马克思《政治经济学批判(1861—1863 年手稿)》第 XIV 笔记本第 851 页)。对这一学派的详细分析,见马克思《政治经济学批判(1861—1863 年手稿)》第 VII 笔记本第 319 页—第 VIII笔记本第 347 页(《马克思恩格斯全集》中文第 2 版第 33 卷第 168—221 页)。——116、303。

95 《威斯敏斯特评论》(The Westminster Review)是英国的一家政治、国民经济、宗教和文学的自由派刊物,1824 年由耶·边沁和约·包令在伦敦创办,1824—1887 年为季刊,1887—1914 年为月刊;后由詹·穆勒和约·斯·穆勒主持。——116。

96 在马克思 1843 年底写的《〈黑格尔法哲学批判〉导言》(见本选集第 1 卷)中已包含了这一思想。——127。

97 朗迪是巴黎近郊的一个地方,12—19 世纪每年都在这里举办一次大集市。——128。

98 教父是公元 2—6 世纪基督教界最早的希腊语和拉丁语作家的泛称,意为教会父老。他们的著作大都对后世基督教教义和神学有较深影响。教父的最根本的观点是贬低知识和智力,颂扬无条件的信仰,敌视“异教”即非基督教的宗教和哲学,特别是古代的唯物主义。——128。

99 歌德《浮士德》第 1 部第 3 场《书斋》。——129。

100 见《马克思恩格斯全集》中文第 2 版第 31 卷第 480 页及以下几页,另见马克思对蒲鲁东主义者路·阿·达里蒙的批判(《马克思恩格斯全集》中文第 2 版第 30 卷第 59—88 页)。——130。

101 印加国是南美洲西南部的古国。其君主称印加,国民称印加人。11 世纪以后,艾马拉和克丘亚西两大部落在秘鲁库斯科谷地陆续兼并邻近地区,15 世纪中叶形成强大的奴隶制国家。印加国保存了很多原始社会残余。印加社会有严密的行政制度,分为三个阶级:贵族、平民和奴隶。社会基本单位是有共同祖先的一些家庭组成的氏族公社或村社(Aylla),共同占有土地和牲畜。16 世纪,印加国最盛时期曾扩展到现在的秘鲁、厄瓜多尔、玻利维亚和智利北部,1533 年被西班牙殖民者消灭。——131、336。

102 见《马克思恩格斯全集》中文第 2 版第 31 卷第 550 页。——132。

103 见《马克思恩格斯全集》中文第 2 版第 31 卷第 548—552 页。——132。

104 见《马克思恩格斯全集》中文第 2 版第 31 卷第 478—481 页。——133。

105 罗·欧文认为,在未来的新社会中,以银行券形式表现劳动价值的纸币是用于满足国内需要和货物交换的,它的发行必须同现有的储备相适应,它只有同实际的价值产品相交换时才可得到。——133。

106 关于马克思对斐·拉萨尔的这一著作,尤其是对相关注解的解释,见马克思 1858 年 2 月 1 日和 1859 年 2 月 25 日给恩格斯的信(《马克思恩格斯全集》中文第 1 版第 29 卷第 262—264、384—388 页）。——136。

107 关于商品的惊险的跳跃,马克思在《政治经济学批判。第一分册》中已经
谈过,见《马克思恩格斯全集》中文第 2 版第 31 卷第 483 页。——137。

108 "接受赠马,不看岁口"是罗马古代成语。意思是接受礼物,不会计较
好坏。圣哲罗姆在其对《以弗所人书》所作注释的序言中使用了这一
成语。——138。

109 马克思在 1878 年 11 月 28 日给《资本论》俄译者尼·弗·丹尼尔逊的
信中,提出把这句话改为:"事实上,每一码的价值也只是耗费在麻布
总量上的社会劳动量的一部分的物质化身。"(参看《马克思恩格斯全
集》中文第 1 版第 34 卷第 336 页)在马克思《资本论》第一卷德文第二
版的自用本中也作了同样的修改,不过是别人的手笔。但是,《资本
论》第一卷德文第三版和第四版都未作改动。——138。

110 "真爱情的道路决不是平坦的"(the course of true love never does run
smooth),见莎士比亚《仲夏夜之梦》第 1 幕第 1 场。——138。

111 "诗人的分散的肢体"(disjecta membra poetae),见贺拉斯《讽刺诗集》
第 1 卷第 4 首。——138。

112 见《马克思恩格斯全集》中文第 2 版第 31 卷第 490—493 页。——141。

113 见让·巴·萨伊《论政治经济学》1817 年巴黎第 3 版第 2 卷第 33—52
页,在那里他谈到了危机。在紧接第 2 卷第 3 册的《政治经济学基本原
理概要》第 459 页上他写道:"商品:为卖而买的产品。"——141。

114 黑格尔关于一切限度都消失了的观点,见他的《逻辑学》第 1 部《客观
逻辑》第 1 编《存在论》1833 年柏林版第 421—455 页(《黑格尔全集》第
3 卷)。——145。

115 见本卷第 144—145 页,《马克思恩格斯文集》第 5 卷第 147—149 页。
——146。

116 皮·布阿吉尔贝尔《法国详情》,见《18 世纪的财政经济学家》1843 年
巴黎版第 213 页。参看马克思《〈政治经济学批判。第一分册〉初稿片
断》(《马克思恩格斯全集》中文第 2 版第 31 卷第 337 页)。——147。

117 "物的神经"(nexus rerum),意思是各种物的联系。此处指货币。
——147。

118 马克思把货币称为"抵押品"或"社会的抵押品",一方面是指亚里士多德的用语(见《尼科马赫伦理学》第 5 卷第 8 章第 14 节),另一方面是指英国经济学家约·贝勒斯对货币下的定义(见约·贝勒斯《论贫民、工业、贸易、殖民地和道德堕落》1699 年伦敦版第 13 页)。马克思在《七个笔记本的索引》(见《马克思恩格斯全集》中文第 2 版第 31 卷第 311 页)中引用了亚里士多德的话,在当页脚注(88)中引用了贝勒斯的话。

马克思在他 1851 年写作的《伦敦笔记》(见注 314)的《完成的货币体系》第 LX 节(《马克思恩格斯全集》历史考证版第 4 部分第 8 卷第 48 页)中简短地概括了约·格·毕希的论点:"货币是资产阶级社会的普遍抵押品。"(见约·格·毕希《从国家经济和商业来看的货币流通》1800 年汉堡—基尔增订第 2 版第 1 卷第 298—299 页),马克思在《伦敦笔记》第 VI 笔记本中还摘录了约·洛克 1691 年的著作《略论降低利息和提高货币价值的后果》中关于"货币是抵押品"的说法(见《洛克著作集》(四卷集)1768 年伦敦版第 2 卷第 15 页)。并见《马克思恩格斯文集》第 8 卷第 54—55 页。——147。

119 "让我们成为富人或外表像富人吧。"引自德·狄德罗《1767 年的沙龙》。——148。

120 见本卷第 141—144 页,《马克思恩格斯文集》第 5 卷第 138—146 页。——148。

121 东印度公司是存在于 1600—1858 年的英国贸易公司,是英国在印度、中国和亚洲其他国家经营垄断贸易,推行殖民主义掠夺政策的工具。从 18 世纪中叶起,公司拥有军队和舰队,成为巨大的军事力量。在公司的名义下,英国殖民主义者完成了对印度的占领。该公司长期控制着同印度进行贸易的垄断权和印度最主要的行政权。1857—1859 年印度的民族解放起义迫使英国人改变其殖民统治的形式。于是,公司被撤销,印度被宣布为英王的领地。——149。

122 《东印度(金银条块)。答可尊敬的下院 1864 年 2 月 8 日的质询》第 3 页。——149。

123 货币主义或货币体系(Monetarsystem)是重商主义(见注 126)的早期形式,15—16 世纪流行于欧洲各国,其代表人物认为财富等同于货币,主张采取措施在对外贸易上实现出超,使货币流入本国,对进口则实行保护关税政策。关于认为贵金属是唯一真正财富的货币主义,见《马克思恩格斯全集》中文第 2 版第 31 卷第 552—554 页,《马克思恩格斯文集》第 5 卷第 101 页。——151、599、703。

124　见《马克思恩格斯全集》中文第 2 版第 31 卷第 541 页。——151。

125　《观察家报》(The Observer)是英国保守派的周报,英国最老的一家星期日刊;1791 年在伦敦创刊。——152。

126　重商主义是 15—16 世纪流行于欧洲各国的一个经济学派,反映了那个时期商业资本的利益和要求。重商主义者认为货币是财富的基本形式,主张国家干预经济生活,采取措施在对外贸易上实现出超,使货币流入本国,并严禁货币输出国外,对进口实行保护关税政策。

　　早期重商主义的形式是货币主义(见注 123),主张货币差额论,即禁止货币输出,增加金银收入。晚期重商主义盛行于 17 世纪,主张贸易差额论,即发展工业,扩大对外贸易出超,保证大量货币的输入。——154、703。

127　见《马克思恩格斯全集》中文第 2 版第 31 卷第 563 页及以下几页。——154。

128　见大·李嘉图《金银条块价格高昂是银行券贬值的证明》1811 年伦敦修订第 4 版。——154。

129　"通货原理"(currency principle)或"通货理论"(currency theory)是 19 世纪广泛流行于英国的一种货币理论,是资产阶级经济学家对 1825 年开始资本主义周期性发展所作出的一种反应。它以大·李嘉图的货币数量论为出发点,认为商品的价值和价格决定于流通领域中的货币数量。他们的目的是要保持稳定的货币流通,并认为银行券的必需的黄金保证和根据贵金属进出口情况调整银行券的发行量是达到这一目的的唯一手段。从这些错误的理论前提出发,"通货理论"认为生产过剩的经济危机的决定性原因,是由于他们所宣布的货币流通规律遭到破坏。这一理论的代表人物有赛·琼·劳埃德(1850 年起为奥弗斯顿男爵)、罗·托伦斯、乔·沃·诺曼、威·克莱、乔·阿巴思诺特等人。他们主张把金属货币流通的抽象规律推广到银行券的发行上。除了金属货币以外,他们还把银行券称做"通货"(即流通手段)。他们相信,用贵金属为银行券建立充足的准备金,可以实现稳定的货币流通,认为银行券的发行应按照贵金属的输出、输入来调整。英国政府依据这个理论所进行的尝试(包括 1844 年和 1845 年银行法)没有收到任何成效,从而证明了这一理论在科学上缺乏根据,在实践上也不能解决问题(见《马克思恩格斯全集》中文第 2 版第 31 卷第 577—580 页)。——154。

130 见约·拉·麦克库洛赫《政治经济学文献。这门科学的分类书目》1845 年伦敦版第 181 页。——154。

131 马克思在这里引用的是威·配第的著作《爱尔兰的政治解剖。1672 年》1691 年伦敦版的附录《献给英明人士》。——155。

132 见《马克思恩格斯文集》第 5 卷第 184—185 页。——163。

133 "这里是罗陀斯,就在这里跳跃吧!"(Hic Rhodus, hic salta!)这句话出自伊索寓言《说大话的人》。一个说大话的人自吹在罗陀斯岛上跳得很远很远。别人就用这句话反驳他。其转义是:这里就是最主要的,你就在这里证明吧!——163。

134 威·配第《爱尔兰的政治解剖》1691 年伦敦版第 64 页。并参看《马克思恩格斯文集》第 5 卷第 364 页脚注(1)。——166。

135 关于伊甸园,见《旧约全书·创世记》第 2 章第 8 节。——168。

136 耶·边沁是所谓的有用哲学即功利主义的代表人物之一。对他来说,个人的利益是一切行动的动力。然而,一切利益,如果正确加以理解,又处于内在的和谐状态中。各个人的正确理解的利益也就是社会的利益。——168。

137 "前定和谐"(prästabilierte Harmonie)是哥·威·莱布尼茨的用语,根据他的哲学,特别是他的单子论,每个单子与其他所有单子和整个宇宙的发展是一致的,这种和谐秩序是由上帝事先确定的。——168。

138 《新约全书·马太福音》第 6 章第 23 节和《新约全书·路加福音》第 12 章第 25 节。——171。

139 雅·杜尔哥的这一著作写于 1766 年。马克思把这一年当做本书的发表年。其实该书是 1769—1770 年由杜邦·德奈穆尔第一次发表的。马克思引用的是 1844 年欧·德尔在巴黎编辑出版的版本。——171。

140 "*a toolmaking animal*"(制造工具的动物)这一说法,引自托·本特利的著作《关于使用机器缩短工时的益处和政策的书信》1780 年伦敦版。

马克思在1859—1863年于伦敦所作的第Ⅶ笔记本第155页中,摘录了这一著作第2—3页上的一段话:"人们用许多方式对人下定义……a toolmaking animal 或 engineer〈富兰克林〉已被一些人当做人的最好的、最有特点的定义而加以采纳。"——172、207。

141 "这正是他发笑的原因"是套用歌德《浮士德》第1部第3场《书斋》中的诗句。——178。

142 见本卷第101—106、176页,《马克思恩格斯文集》第5卷第54—60、220—221页。——179。

143 见本卷第174—178页,《马克思恩格斯文集》第5卷第217—226页。——183。

144 见本卷第183—184页,《马克思恩格斯文集》第5卷第242—243页。——186。

145 见《马克思恩格斯文集》第5卷第202页。——187。

146 修昔的底斯是古希腊历史学家,马克思把威廉·罗雪尔讽刺地叫做威廉·修昔的底斯·罗雪尔,因为这个庸俗经济学家在他的著作《国民经济学原理》第一版序言中,如马克思所说,"谦虚地宣称自己是政治经济学的修昔的底斯"。罗雪尔在引用修昔的底斯的著作时表示:"像那位我特别地奉为老师的古代历史学家一样,我也希望我的著作有益于这样一些人,他们希望准确地了解过去的事情,了解由于人性的缘故有朝一日会以这样或那样的方式再次发生的事情。"见马克思《政治经济学批判(1861—1863年手稿)》第ⅩⅤ笔记本第922页。——188。

147 德国作家和文学批评家约·克·哥特舍德在文学上曾起一定的积极作用,但同时他又对新的文学潮流表现出异常的偏执。因此,他的名字成了文学上傲慢与迟钝的同义语。——188。

148 见《马克思恩格斯全集》中文第2版第10卷第299—310页。

　　《新莱茵报.政治经济评论》(Neue Rheinische Zeitung. Politisch-ökonomische Revue)是马克思和恩格斯创办的杂志,共产主义者同盟的理论刊物;1850年3—11月底总共出了六期,其中有一期是合刊(第5—6期合刊);杂志在伦敦编辑,在汉堡印刷。——195。

149 "折磨他们的毒蛇"是套用海涅《亨利希》(诗集《时代的诗》)中的诗句。——195。

150 黑格尔关于量变到质变的观点,见他的《逻辑学》第 1 部《客观逻辑》第 1 编《存在论》1833 年柏林版(《黑格尔全集》第 3 卷)。马克思在 1867 年 6 月 22 日给恩格斯的信中谈到他在这里引用黑格尔的观点描述手工业师傅变成资本家的情况(见《马克思恩格斯文集》第 10 卷第 264 页)。

恩格斯在当页脚注(205a)以及后来的《反杜林论》(见本选集第 3 卷)中根据化学过程阐述了量变到质变的辩证发展。——197。

151 马丁·路德《论商业与高利贷》,见《可尊敬的马丁·路德博士先生著作集》1589 年维滕贝格版第 6 部第 296 页。——198。

152 见本卷第 174 页,《马克思恩格斯文集》第 5 卷第 216—217 页。——198。

153 见本卷第 197—198 页,《马克思恩格斯文集》第 5 卷第 356—358 页。——206。

154 威·罗雪尔《国民经济体系》第 1 卷《国民经济学原理》1858 年斯图加特—奥格斯堡增订第 3 版第 88—89 页。——207。

155 亚里士多德在《尼科马赫伦理学》中把人定义为城市的市民(zoon politicon)。"politicon"既有"国家的"涵义,也有"城市的"涵义,因为在古希腊,城市和国家是一回事,它们用同一字(polis)来表示。关于人的定义,马克思在 1857—1858 年经济学手稿的《导言》部分也有论述,见本卷第 684 页。——207。

156 恩格斯这里援引的是马克思《路易斯·亨·摩尔根〈古代社会〉一书摘要》。——214。

157 马克思这里依据的是安·尤尔《技术词典》1843 年布拉格版第 1 卷第 423—430 页上的论述。见马克思《政治经济学批判(1861—1863 年手稿)》第 XIX 笔记本第 1203 页。——217。

158 让·巴·萨伊在与亚·斯密关于价值和财富的观点的论战中说机器提供的服务创造了构成利润部分的价值。见让·巴·萨伊《论政治经济学》1817 年巴黎版第 1 卷第 4 章。——218。

159 戈弗雷强心剂是一种用鸦片制剂制成的有害于健康的镇静药。恩格斯在《英国工人阶级状况》中的《结果》一节(见《马克思恩格斯文集》第 1 卷第 408—447 页)中描述了戈弗雷对工人健康和生命的危害。——219。

160　"*初恋时期*"是席勒《钟之歌》中的诗句。——222。

161　见本卷第 217 页,《马克思恩格斯文集》第 5 卷第 429、435—436
页。——224。

162　见本卷第219页,《马克思恩格斯文集》第5卷第453—454页。——224。

163　安·尤尔《工厂哲学:或论大不列颠工厂制度的科学、道德和商业的经
济》1835 年伦敦版第 22 页。——225。

164　见《马克思恩格斯文集》第 5 卷第 322—337 页。——225。

165　1844 年英国政府为了克服银行券兑换黄金的困难,根据罗·皮尔的创
议,实施了英格兰银行改革法,把英格兰银行分为两个独立部门,即银
行部和发行部,并规定银行券应有一定数量的黄金作保证。没有黄金
保证的银行券的发行限额为 1 400 万英镑。但是 1844 年银行法没有取
得成效,实际上流通中的银行券的数量不是取决于抵补基金,而是取决
于流通领域内对银行券的需求量。在经济危机时期,因货币需求量特
别大,英国政府暂时停止实行 1844 年的法令,增加了没有黄金保证的
银行券的总额。马克思在《资本论》第三卷第三十四章(见《马克思恩
格斯文集》第 7 卷第 619—639 页)对 1844 年银行法的内容和意义作了
专门评论。

　　关于马克思仔细研究英国银行制度的发展和 1844 年皮尔银行法
的情况,见他的 1850—1853 年《伦敦笔记》的有关部分(《马克思恩格
斯全集》历史考证版第 4 部分第 7 卷第 89—94、108—109 页;历史考证
版第 4 部分第 8 卷 111—113、251 和 269 页)以及《马克思恩格斯全
集》中文第 2 版第 31 卷第 569、579 页。——226、591。

166　见恩格斯《英国工人阶级状况》中《各别的劳动部门　狭义的工厂工
人》一节(《马克思恩格斯全集》中文第 1 版第 2 卷第 420—474
页)。——227、228。

167　见《马克思恩格斯文集》第 5 卷第 418 页。——227。

168　见本卷第 208—209 页,《马克思恩格斯文集》第 5 卷第 383—386
页。——228。

169　分权制是沙·孟德斯鸠在其《论法的精神》一书中提出的关于国家权
力分成立法、行政、司法三种权力的学说。这三种权力互相独立地发挥
作用,互相保持平衡和监督。这一学说的目的是限制在法国处于绝对

统治地位的专制制度的权力。——228。

170 指英国各郡的治安法官,见《马克思恩格斯文集》第 5 卷第 334 页。——229。

171 见马克思和恩格斯《共产党宣言》第一节《资产者和无产者》(本选集第 1 卷第 403—404、412—413、410—411 页)。——231、300。

172 "你们夺去了我活命的资料,就是要了我的命。"见莎士比亚《威尼斯商人》第 4 幕第 1 场。——231。

173 见《马克思恩格斯文集》第 5 卷第 492—528 页。——231。

174 见本卷第 169—174 页,《马克思恩格斯文集》第 5 卷第 207—217 页。——235。

175 见本卷第 220—223 页,《马克思恩格斯文集》第 5 卷第 463—470 页。——237。

176 "使人离不开自然的手,就像小孩子离不开引带一样",是套用了 18 世纪末德国诗人弗·莱·施托尔贝格《致自然》一诗中的诗句。——240。

177 见本卷第 163—168 页,《马克思恩格斯文集》第 5 卷第 194—204 页。——243。

178 关于社会契约的观点最先由古希腊伊壁鸠鲁提出,后来逐渐形成一种认为国家与法都源于人们订立的契约的政治学说。它以天赋人权为基础,反对封建专制主义的君权神授的教条,指出封建君主损害了人民达成的契约,人民有权进行革命,推翻政府,以恢复天赋人权。这一学说在资产阶级革命中起过进步作用,但是否认国家是阶级矛盾不可调和的产物,掩盖了国家的阶级性。17—18 世纪,这一观点和学说曾由欧洲自然法学派广泛传播。——244。

179 见本卷第 164—167 页,《马克思恩格斯文集》第 5 卷第 198—201 页。——244。

180 见《马克思恩格斯全集》中文第 2 版第 31 卷第 456 页。——245。

181 《晨星报》(The Morning Star)是英国的一家日报,自由贸易派的机关报,1856—1869 年在伦敦出版。报纸还出版定期晚刊《晚星报》(The Evening Star)。——246。

182 马克思曾计划将其经济学著作写成六册，见他于 1859 年写的《〈政治经济学批判〉序言》(本卷第 1 页)。计划的第三册是《雇佣劳动》，其中也将研究工资的各种特殊形式。虽然《资本论》包含关于工资及其基本形式的论述，但应该包括工资各种特殊形式的《雇佣劳动》这一册马克思没有写。——246、865。

183 见本卷第 178—179 页，《马克思恩格斯文集》第 5 卷第 201—202、216—217、226—227 页。——246。

184 见《马克思恩格斯文集》第 5 卷第 536—540 页。——249。

185 见《马克思恩格斯文集》第 5 卷第 626—630 页。——250。

186 见《马克思恩格斯文集》第 5 卷第 623 页。——250。

187 见本卷第 160—168、174—179 页，《马克思恩格斯文集》第 5 卷第 182—205、217—227 页。——260。

188 西斯蒙第关于简单再生产的循环变成螺旋形的观点，见他的《政治经济学新原理》1827 年巴黎版第 1 卷第 119 页。——262。

189 关于犹太人的祖先亚伯拉罕的后代最终产生了整个犹太民族的情况，见《新约全书·马太福音》第 1 章。——262。

190 见《马克思恩格斯文集》第 5 卷第 181 页。——263。

191 见本卷第 254—260 页，《马克思恩格斯文集》第 5 卷第 653—667 页。——266。

192 见本卷第 254—258 页，《马克思恩格斯文集》第 5 卷第 653—661 页。——266。

193 见本卷第 196—197 页，《马克思恩格斯文集》第 5 卷第 352—354 页。——269。

194 见《马克思恩格斯文集》第 5 卷第 594—598 页。——271。

195 见本卷第 217—218 页，《马克思恩格斯文集》第 5 卷第 443—445 页。——272。

196 见本卷第 269—272 页，《马克思恩格斯文集》第 5 卷第 691—701 页。——275。

197 特有财产(Peculium)是古罗马法中家长能够分给一个自由民或分给一

个奴隶经营或管理的一部分财产。实际上,拥有特有财产并没有使奴隶摆脱对主人的从属关系,特有财产在法律上仍然归主人所有。例如,拥有特有财产的奴隶可以同第三者交易,但只能在赢利总额不足以完全赎身的限度内进行。特别有利的交易和其他能大大增加特有财产的办法,通常都由家长一手包办。——276。

198 见本卷第 244—246 页,《马克思恩格斯文集》第 5 卷第 617—622 页。——276。

199 见《马克思恩格斯文集》第 5 卷第 497 页。——285。

200 见《马克思恩格斯文集》第 5 卷第 309—312 页。——288。

201 见本卷第 219—228 页,《马克思恩格斯文集》第 5 卷第 453—489 页。——289。

202 亚当偷吃禁果的传说,见《旧约全书·创世记》第 3 章。——290。

203 指 15 世纪末地理上的大发现所造成的经济后果。由于发现了通往印度的海路,发现了西印度群岛和美洲大陆,商路发生了变化。意大利北部的贸易城市热那亚、威尼斯等失去了它们在过境贸易中的统治地位。相反,葡萄牙、荷兰、西班牙和英国由于位于大西洋海岸而受益,开始在世界贸易中起重要作用。——292、296、671。

204 克兰即氏族,在凯尔特民族中,除指氏族外偶尔也指部落;在氏族关系解体时期,则指一群血缘相近且具有想象中的共同祖先的人们。克兰内部保存着土地公有制和氏族制度的古老习俗。在苏格兰和威尔士的个别地区,克兰一直存在到 19 世纪。——292、605、733。

205 见《马克思恩格斯文集》第 5 卷第 823—833 页。——294。

206 尼德兰脱离西班牙是尼德兰资产阶级革命(1566—1609 年)的结果。尼德兰的革命是世界历史上第一次取得胜利的资产阶级革命。16 世纪中叶,尼德兰城乡资本主义有了相当发展,但受到其宗主国西班牙专制主义及其支柱天主教会的严重阻碍,阶级矛盾和民族矛盾日益尖锐。1566 年爆发了矛头直指天主教会的圣像破坏运动。1567 年春,运动遭镇压。1572 年北方各省举行大规模起义,并推举奥伦治的威廉为北方各省执政。南方革命形势也日益高涨,1576 年布鲁塞尔起义推翻了西班牙在尼德兰的统治。西南几省的贵族慑于革命不断深入,于 1579 年1 月 6 日结成阿拉斯同盟,与西班牙当局妥协。同年 1 月 23 日,信奉新教的北方七省成立乌得勒支同盟，为建立联省共和国奠定了基础。1581 年由北方各省组成的三级会议宣布脱离西班牙而独立，正式成立资产阶级联省共和国。由于荷兰省的经济和政治地位最重要，亦称荷兰共和国。

1609 年，西班牙被迫与荷兰签订十二年停战协定，事实上承认了荷兰的独立。——296。

207　"需要经受这种苦难"（Tantae molis erat）引自维吉尔《亚尼雅士之歌》第 1 卷第 33 行。——297。

208　"下令实行普遍的中庸"见康·贝魁尔《社会经济和政治经济的新理论，或关于社会组织的探讨》1842 年巴黎版第 435 页。——298。

209　《资本论》第二卷系统地阐述了资本的流通过程，对资本的循环、资本的周转、社会总资本的再生产问题，进行了深入分析，论述了社会生产中生产资料生产和生活资料生产两大部类之间按比例生产的客观规律性和资本主义条件下生产无政府状态的不可避免性。本卷论述的资本流通过程是《资本论》第一卷论述的资本生产过程的继续和补充，资本的整个运动过程是资本生产过程和资本流通过程的统一。

早在《资本论》的第一个手稿即 1857—1858 年手稿中，马克思在论述"资本的生产过程"之后，接着写了"资本的流通过程"的内容。马克思结合资本积累理论，初步探讨了各生产部门的产品实现问题，研究了资本周转问题以及周转时间和周转速度对剩余价值的影响，并着重对固定资本和流动资本作出了科学的规定。在《资本论》的第二个手稿即 1861—1863 年手稿中，马克思结合对亚·斯密观点的批判，吸收弗·魁奈"经济表"的思想精华，第一次提出并初步论述了社会资本再生产理论的基本原理。但是，在这两部手稿中，关于资本流通过程的各个理论要素还没有系统化。在 1863—1865 年《资本论》的第三个手稿中，马克思才形成了关于资本流通过程的系统论述和第二册的正式结构。

在 1863—1865 年期间，马克思分别写了《资本论》三册的手稿。马克思先写的是第一册的手稿，接着写的是第三册的手稿，第三册手稿只写到前半部分，就转入了第二册（第 I 稿）手稿的写作，第二册第 I 稿写完后才补写了第三册的后半部分。因此第二册第 I 稿和第三册手稿是交叉着写的。第二册第 I 稿写于 1865 年上半年，标题为《第二册。资本的流通过程》，"第 I 稿"是马克思的编号，这个稿本包含了后来《资本论》第二卷的所有三个部分。1868 年初—1870 年中，马克思写了第二册的第 II 稿，理论论述比第 I 稿更加完善。恩格斯称它"是第二册的唯一相当完整的文稿"（见《马克思恩格斯文集》第 6 卷第 7 页）。马克思生前也提示，在以后编辑出版《资本论》第二册时，"第二个文稿必须作为基础"（同上）。除了这两个全卷手稿之外，马克思还写有一些片断稿，主要有：第 III 稿（1868 年）、第 IV 稿（1868 年）、第 V 稿（1876 年 10 月底或 11 月初—1877 年 1 月底，1877 年 4 月 23 日—7 月底）、第 VI 稿（1877 年 10 月 26 日—11 月中）、第 VII 稿（1878 年 7 月初—1880 年初或年中）和第 VIII 稿（1877 年 2 月—1881 年初）。马克思在生前最后两年没有再从事第二册的手稿写作。马克思逝世后，编辑出版第二册和第三册的任务落到恩格斯的肩上。

马克思原来设想，《资本论》将以三卷四册的形式出版。他在《资本论》第一卷《序言》中曾预告，《资本论》第一卷是第一册，第二卷包括第二、三册，第三卷是第四册（理论史）。恩格斯在研究了马克思留下的手稿的内容并考虑手稿的篇幅后，决定改变马克思原来的设想，把第二册编成第二卷，第三册编成第三卷。恩格斯在编辑工作中极其慎重地对待马克思的手稿。他遵照马克思的提示，以第二册第 II 稿为基础并吸收其他片断稿的成果，经过两年多的辛勤劳动，最后编成了《资本论》第二卷，第二册第 I 稿未被采用。恩格斯编辑的《资本论》第二卷共分三篇二十一章，于 1885 年 7 月在汉堡出版。恩格斯为第二卷写了《序言》，对编辑工作和各个手稿的采用情况作了说明，并驳斥了资产阶级对马克思的指责。1893 年出版了《资本论》第二卷第二版。

本卷节选的《资本论》第二卷选自《马克思恩格斯文集》第 6 卷第 1—588 页。——301。

210 见《马克思恩格斯文集》第 5 卷第 696—697 页。——311。

211 马克思曾对托·柯贝特的《个人致富的原因和方法的研究》作过摘录。见《伦敦笔记》（1850—1853 年）第 VII 笔记本（《马克思恩格斯全集》历史考证版第 4 部分第 8 卷）。——329。

212 见本卷第 278—283 页，《马克思恩格斯文集》第 5 卷第 717—724 页。——331。

213 让·巴·萨伊《论政治经济学》1817 年巴黎第 3 版第 2 卷第 433 页。马克思的私人藏书中不仅有萨伊的这一著作，而且还有李嘉图的《政治经济学和赋税原理》1821 年伦敦版。马克思对萨伊《论政治经济学》

作的摘录见 1844 年的《巴黎笔记》(《马克思恩格斯全集》历史考证版第 4 部分第 2 卷第 301—327 页)。——337。

214 见《马克思恩格斯文集》第 5 卷第 236 页。——339。

215 关于乔·拉姆赛的错误观点,见他的《论财富的分配》1836 年爱丁堡版。马克思对该书作的摘录,见《伦敦笔记》(1850—1853 年)第 IX 和第 X 笔记本(《马克思恩格斯全集》历史考证版第 4 部分第 8 卷);以及马克思《政治经济学批判(1861—1863 年手稿)》第 XVIII 笔记本第 1086 页。——342。

216 见《马克思恩格斯文集》第 5 卷第 212—213 页。——342。

217 见本卷第 163—168 页,《马克思恩格斯文集》第 5 卷第 194—205 页。——347。

218 见马克思《资本论》第 1 卷第 8 章第 4 节《日工和夜工。换班制度》(《马克思恩格斯文集》第 5 卷 297—304 页)。——363。

219 "未来的音乐"一语出自 1850 年出版的德国作曲家理·瓦格纳《未来的艺术作品》一书;反对瓦格纳的音乐创作观点的人赋予这个用语以讽刺的含义。——413。

220 见《马克思恩格斯文集》第 5 卷第 704 页脚注(64)。——423。

221 在《资本论》第二卷第一版(1885 年)和第二版(1893 年)中,这段话是这样的:"在四年规模扩大的再生产期间,第 I 部类和第 II 部类的总资本,已经由 $5\,400c+1\,750v=7\,250$ 增加到 $8\,784c+2\,782v=11\,566$,也就是按 100∶160 之比增加了。总剩余价值原来是 1 750,现在是 2 782。已经消费的剩余价值,原来在第 I 部类是 500,在第 II 部类是 535,合计 $=1\,035$;但是在最后一年,在第 I 部类是 732,在第 II 部类是 958,合计 $=1\,690$。因此,是按 100∶163 之比增加了。"——428。

222 《资本论》第三卷系统地阐述了资本主义生产的总过程,分析了剩余价值转化为利润和利润转化为平均利润,商品价值转化为生产价格,揭示了工人创造的剩余价值的不同表现形式,以及全部剩余价值在产业资本家、商业资本家、借贷资本家和土地所有者之间的分配,说明在资本主义制度下,工人不仅受直接雇用他的资本家的剥削,而且受整个资本家阶级的剥削。本卷是《资本论》理论部分的终结,恩格斯说这一卷"是光彩夺目的,它将给人以雷鸣电闪般的印象"(见《马克思恩格斯全集》中文第 1 版第 36 卷第 336 页)。

第三卷的理论是逐步形成的。在 1857—1858 年写的《资本论》第一个手稿中,马克思开始找到了解决第三卷一些重要理论问题的钥匙。他论述了剩余价值与它的转化形式利润之间的关系,研究了利润和利润率形成的机制,还第一次科学地说明了利润率下降趋势这一资本主义生产的重要规律。在 1861—1863 年的手稿中,第三卷的理论内容得到进一步的充实和完善。马克思提出和解决了涉及第三卷理论的重大问题,包括成本价格、生产价格和平均利润、商业资本和货币资本、地租、收入及其源泉等问题。这些成果为第三卷的理论内容和结构打下了基础。

在 1863—1865 年期间,马克思分别撰写了《资本论》三册的手稿。马克思在写完第一册手稿之后,从 1864 年下半年开始到 1865 年底,交叉着写了第三册和第二册(第 I 稿)的手稿。据考证,第三册前半部分手稿(剩余价值转化为利润;利润转化为平均利润;利润率趋向下降的规律)写于 1864 年下半年,1865 年上半年写的是第二册手稿(第 I 稿),1865 年下半年写成了第三册后半部分手稿(商业资本、货币资本、地租等)。这部第三册手稿是马克思生前留下的《资本论》第三册的唯一完整的手稿,编号为第 I 稿,成为恩格斯后来编辑出版《资本论》第三卷的基础。

1867 年 9 月《资本论》第一卷出版后,马克思继续从事第二册和第三册手稿的写作。马克思逝世前,他主要写了第二册的各个手稿,属于第三册的手稿只有该册第一章的两个修改稿的开头部分,编号为第 II 稿和第 III 稿,还有一个用方程式来说明剩余价值率和利润率关系的手稿。马克思晚年还为他的地租理论收集了美国和俄国土地关系的新材料,准备加工以后补充到手稿中,但计划未能实现。

马克思逝世后,恩格斯承担了《资本论》后两卷的编辑出版工作,把第二册编成第二卷,第三册编成第三卷。1885 年 2 月恩格斯完成第二卷的编辑工作后,立即着手辨认和口授第三卷的手稿,到 7 月底形成了一部"誊清稿"。他以第三册第 I 稿为基础,吸收第 II、III 稿的成果,并请人整理和简化了方程式手稿,吸收到正文中。他还结合马克思逝世后出现的经济现象补写了某些片断。原手稿分为七章,恩格斯将它编成七篇五十二章,并在卷末写了两个增补:《价值规律和利润率》和《交易所》。关于恩格斯对各篇章内容的具体编辑工作,他自己在第三卷《序言》中作了较详细的说明。恩格斯本想尽早完成第三卷的编辑出版工作,但领导国际工人运动的重担、各种学术和著述活动以及健康状况的恶化,使这项工作历时十年才完成,1894 年 11 月《资本论》第三卷在汉堡出版。

本卷节选的《资本论》第三卷选自《马克思恩格斯文集》第 7 卷第 1—1002 页。——436。

223 见《马克思恩格斯文集》第 5 卷第 630—632 页。——442。

224 见《马克思恩格斯文集》第 6 卷第 326 页及以下几页。——447。

225 见《马克思恩格斯文集》第 6 卷第 280—281 页。——447。

226 见本卷第 374—377 页,《马克思恩格斯文集》第 6 卷第 326—341 页。——449。

227 见《马克思恩格斯文集》第 5 卷第 376—377 页。——450。

228 见本卷第 189—195 页,《马克思恩格斯文集》第 5 卷第 267—350 页。——454。

229 安·舍尔比埃《富或贫。社会财富当前分配的因果》1841 年巴黎版。舍尔比埃关于一般利润率的形成的观点,马克思在《剩余价值理论》中作了专门的考察,见马克思《政治经济学批判(1861—1863 年手稿)》第 XVIII 笔记本第 1109—1110 页。——470。

230 见《马克思恩格斯全集》中文第 2 版第 31 卷第 424、438 页。——481。

231 见《马克思恩格斯全集》中文第 2 版第 31 卷第 419—431 页。——482。

232 见本卷第 500—505 页,《马克思恩格斯文集》第 7 卷第 258—268 页。——497。

233 关于剩余价值的生产是资本主义生产的直接目的和决定性动机,见马克思《政治经济学批判(1861—1863 年手稿)》第 XIII 笔记本第 705 页(《马克思恩格斯全集》中文第 2 版第 34 卷第 562 页)。——506。

234 参看本卷第 715—716 页,马克思《政治经济学批判(1861—1863 年手稿)》第 XXI 笔记本第 1310 页。——509。

235 见马克思《政治经济学批判(1861—1863 年手稿)》第 XVI 笔记本第 1005 页。——509。

236 见马克思《政治经济学批判(1861—1863 年手稿)》第 XIII 笔记本第

706—708 页(《马克思恩格斯全集》中文第 2 版第 34 卷第 562—567 页),第 XVI 笔记本第 1006 页。——510、581。

237 马克思这里显然是指大·李嘉图《政治经济学和赋税原理》1821 年伦敦版第 341—342 页。见马克思《政治经济学批判(1861—1863 年手稿)》第 XIII 笔记本第 711—712、722 页(《马克思恩格斯全集》中文第 2 版第 34 卷第 571—575、598—600 页)。——510。

238 关于马克思对大·李嘉图这种观点的评价,见马克思《政治经济学批判(1861—1863 年手稿)》第 XI 笔记本第 497 页(《马克思恩格斯全集》中文第 2 版第 34 卷第 126—128 页)。——511。

239 见本卷第 317—318 页,《马克思恩格斯文集》第 6 卷第 101—115 页。——513。

240 见本卷第 318—322 页,《马克思恩格斯文集》第 6 卷第 116—137 页。——514。

241 本段和以下两段的论述,参看马克思《政治经济学批判(1861—1863 年手稿)》第 XV 笔记本第 965—967 页。——517。

242 从本段起至本章结束的论述,参看马克思《政治经济学批判(1861—1863 年手稿)》第 XV 笔记本第 968—971 页。——519。

243 关于商人资本怎样从生产资本所生产的剩余价值或利润中获得它自己的那一份,参看马克思《政治经济学批判(1861—1863 年手稿)》第 XV 笔记本第 973 页。——521。

244 指约·贝勒斯《论贫民、工业、贸易、殖民地和道德堕落》1699 年伦敦版。——524。

245 参看马克思《政治经济学批判(1861—1863 年手稿)》第 XVII 笔记本第 1030、1035 页。——529。

246 本段论述,参看马克思《政治经济学批判(1861—1863 年手稿)》第 XV 笔记本第 964 页,第 XVII 笔记本第 1034、1035 页。——530。

247 关于货币的两种贷放形式,参看马克思《政治经济学批判(1861—1863 年手稿)》第 XV 笔记本第 933 页。——544。

248 参看马克思《政治经济学批判(1861—1863 年手稿)》第 XV 笔记本第 893—894 页。——546。

249　见本卷第 604—608、615—623 页,《马克思恩格斯文集》第 7 卷第 693—700、721—730 页。——556。

250　见亚·斯密《国民财富的性质和原因的研究》第 1 篇第 6 章。并见马克思《政治经济学批判(1861—1863 年手稿)》第 XV 笔记本第 918 页。——559。

251　马克思在《国际工人协会成立宣言》(1864 年 10 月)中对工人的合作工厂给予很高的评价,称其为"伟大的社会试验"(见本选集第 3 卷第 8 页)。——561、571。

252　关于庸俗经济学家的这种观点,参看马克思《政治经济学批判(1861—1863 年手稿)》第 XV 笔记本第 918、923 页。——561。

253　《经济学家》的全称为《经济学家。每周商业时报,银行家的报纸,铁路监控:政治文学总汇报》(The Economist. Weekly Commercial Times, Bankers' Gazette, and Railway Monitor:a political, literary, and general newspaper),是英国的一家周刊,1843 年由詹·威尔逊在伦敦创办,大工业资产阶级的喉舌。——566、600、603、789。

254　《泰晤士报》(The Times)是英国的一家资产阶级报纸,保守党的机关报,1785 年 1 月 1 日在伦敦创刊,报名为《环球纪事日报》(Daily Universal Register),1788 年 1 月 1 日起改名为《泰晤士报》,每日出版;创办人和主要所有人为约·沃尔特,1812 年起主要所有人为约·沃尔特第二,约·沃尔特第三继其后为主要所有人;19 世纪先后任编辑的有:主编托·巴恩斯(1817—1841)、约·塔·德莱恩(1841—1877)、托·切纳里(1877—1884)、乔·厄·巴克尔(1884—1912),助理编辑乔·韦·达森特(1845—1870)等,50—60 年代的撰稿人有罗·娄、亨·里夫、兰邦等人。莫·莫里斯为财务和政务经理(40 年代末起),威·弗·奥·德莱恩为财务经理之一(1858 年前);报纸与政府、教会和垄断组织关系密切,是专业性和营业性的报纸;1866—1873 年间曾报道国际的活动和刊登国际的文件。——569。

255　关于 1857 年 8 月的危机,参看马克思和恩格斯 1857 年 12 月的通信。——569。

256　巴拿马骗局又称巴拿马丑闻,指巴拿马运河股份公司通过收买法国国务活动家、官员和报刊而制造的一场骗局。为了给开凿经过巴拿马地峡的运河筹措资金,工程师和实业家斐·莱塞普斯于1879年在法国成立了一家股份公司。1888年底,这家公司垮台,引起了大批小股东的破产和无数企业的倒闭。后来,到1892年才发现,该公司为了掩盖它真实的财政状况和滥用所筹集的资金的行为,曾广泛采用收买和贿赂手段,法国前内阁总理弗雷西内、鲁维埃、弗洛凯和其他身居要职的官员都接受过贿赂。1893年,巴拿马运河公司的案件被资产阶级司法机关悄悄了结,被判罪的仅限于公司的领导人莱塞普斯和一些次要人物。"巴拿马"一词在一段时间内成为大骗局的代名词。恩格斯在1892年12月31日给弗·阿·左尔格的信中曾经谈到这一事件(见本选集第4卷第632页)。——570。

257 1847年危机的原因是由于19世纪40年代中期谷物歉收,英国的生活资料进口价格上涨,英格兰银行黄金大量外流。1847年4月,货币市场发生恐慌,与此同时,谷物市场商品充斥,要求大量的货币和信贷。1847年10月危机达到最高峰。由于停止实行1844年皮尔银行法(见《马克思恩格斯文集》第7卷第34章),英格兰银行获得了新的手段,迅速克服了货币危机,但经济危机的根本原因即生产过剩仍然存在。——586。

258 见本卷第142—143、151—152页,《马克思恩格斯文集》第5卷第141—142、162—163页。——590。

259 见本卷第386—410页,《马克思恩格斯文集》第6卷第435—549页。——594。

260 见本卷第151页,《马克思恩格斯全集》中文第2版第31卷第541页。——599。

261 关于本篇的写作和编辑工作情况,见马克思1866年2月13日给恩格斯的信(《马克思恩格斯文集》第10卷第234—235页)、1870年1月24日给塞·德巴普的信、恩格斯1886年11月9日给尼·弗·丹尼尔逊的信(《马克思恩格斯全集》中文第1版第32卷第629—630页和第36卷第555页)。——604。

262 马尔克公社是在原始共产主义基础上形成的农村公社组织,是古代日耳曼人从氏族公社向土地私有制过渡的一种社会组织形式。4—6世纪日耳曼人进入罗马帝国后,曾在各地按照公社组织形式定居。此外,马尔克还存在于法兰西的北部、英格兰、瑞典、挪威和丹麦一带。参看恩格斯1882年写的《马尔克》(《马克思恩格斯全集》中文第2版第25卷)。——605、668。

263　见马克思《哲学的贫困》第2章第4节《所有权或租》(本选集第1卷第258—268页)。——607。

264　见詹·安德森《关于导致不列颠目前粮荒的情况的冷静考察》1801年伦敦第2版第35—36、38页,马克思《政治经济学批判(1861—1863年手稿)》第XI笔记本第512—513页摘录了安德森的有关文字(见《马克思恩格斯全集》中文第2版第34卷第159页);亨·查·凯里《过去、现在和将来》1848年费城版第129页的观点,见马克思《政治经济学批判(1861—1863年手稿)》第XI笔记本第490a页(同上,第659页)。——607。

265　"为享受果实而生"(fruges consumere nati),见贺拉斯《书信集》第1卷第2、27封信。——608。

266　见本卷第260—266页,《马克思恩格斯文集》第5卷第668—678页。——608。

267　约·肯宁安在《论手工业和商业。兼评赋税对我国工厂中的劳动价格的影响》1770年伦敦版第102页曾谈到,在1600年,土地购买价格相当于"12年的租金",而在1688年相当于"18年的租金"。爱·斯密斯在《把纯租当做永恒收入的错误观点》1850年伦敦版中指出,土地价格当时在60年间一直维持在"28年租金到30年租金"之间。——609。

268　见本卷第476—494页,《马克思恩格斯文集》第7卷第193—221页。——616。

269　见本卷第493—494页,《马克思恩格斯文集》第7卷第219—221页。——617。

270　马克思在这里以及在后面一些场合使用"生产费用"这一术语,指的是生产价格。——625。

271　指约·洛·摩尔顿《地产的资源。论农业的改进和地产的综合经营》1858年伦敦版。有关税务员的工作的论述,见该书第13章《地产的估价》即第209—242页。——629。

272　见《马克思恩格斯文集》第7卷第746页。——631。

273 波托西银矿位于玻利维亚西南部的波托西省,蕴藏量丰富,于 1545 年被发现,17 世纪成为最重要的银矿中心,它提供的银产量约占当时世界总产量的一半。——639。

274 指赛·兰格《国家的贫困;贫困的原因及其防止办法》1844 年伦敦版。兰格在该书第 150 页写道:"任何情况都不像工人阶级的居住条件这样露骨这样无耻地使人权成为产权的牺牲品。每个大城市都是使人成为牺牲品的场所,都是一个祭坛,每年要屠杀成千上万的人来祭祀贪婪的摩洛赫。"

弗·威·纽曼《政治经济学讲演集》1851 年伦敦版第 129—130 页也有关于贫民和房租等情况的描写。——639。

275 见恩格斯《英国工人阶级状况》中《矿业无产阶级》一节(《马克思恩格斯全集》中文第 1 版第 2 卷第 530—548 页)。——639。

276 见亚·斯密《国民财富的性质和原因的研究》1776 年伦敦版第 1 卷第 204—205 页。——639。

277 见本卷第 608—609 页,《马克思恩格斯文集》第 7 卷第 702—704 页。——641。

278 见本卷第 558—562 页,《马克思恩格斯文集》第 7 卷第 415—439 页。——643。

279 "粗糙的混沌一团的天然物"(rudis indigestaque moles)是奥维狄乌斯《变形记》第 1 章第 7 行的诗句。——644。

280 "第三个同盟者",出自席勒的叙事诗《人质》,是暴君狄奥尼修斯要求加入两个忠实朋友的同盟时说的话。——645。

281 见亚·斯密《国民财富的性质和原因的研究》1776 年伦敦版第 1 卷第 63 页。马克思对斯密关于工资、利润和地租的观点以及关于价值源泉的观点的详细分析,见他的《政治经济学批判(1861—1863 年手稿)》第 VI 笔记本第 251—265 页(《马克思恩格斯全集》中文第 2 版第 33 卷第 55—76 页),并见《马克思恩格斯文集》第 6 卷第 19 章第 II 节《亚当·斯密》。——645。

282 关于分配关系的这种见解,参看马克思《政治经济学批判(1861—1863 年手稿)》第 II 笔记本第 76—78 页(《马克思恩格斯全集》中文第 2 版第 32 卷第 164—169 页),第 XIV 笔记本第 775、790 页,第 XV 笔记本第

920 页,并见《马克思恩格斯文集》第 5 卷第 96—97 页。——654。

283　《〈资本论〉第三册增补》是恩格斯在编辑整理《资本论》第三卷期间和该卷出版之后围绕价值规律和利润率问题以及交易所问题撰写的两篇论文。1895 年 5 月 21 日,恩格斯在致卡·考茨基的信中说:"我打算给你一篇使你高兴的著作在《新时代》上刊登,这就是《资本论》第三卷增补:I.《价值规律和利润率》,答桑巴特和康·施米特的疑问。随后就是 II. 从 1865 年马克思著文论述交易所以后交易所作用的巨大变化。"(见《马克思恩格斯全集》中文第 1 版第 39 卷第 461 页)恩格斯在信中提到的《价值规律和利润率》一文写于 1895 年 4 月初—6 月初。在这篇论文中,恩格斯批驳了资产阶级经济学家提出的关于《资本论》第一卷中的劳动价格理论与第三卷中的生产价格理论"相互矛盾"的观点,阐述了价值规律对于那些受这个规律支配的社会经济发展阶段的意义,强调对价值规律的研究实质上是对历史过程的内部联系的逻辑研究;恩格斯还根据经济史的事实,对价值随着简单商品经济和资本主义的发展而转化为生产价格的过程作了科学的说明。这篇论文在恩格斯逝世后不久发表在德国社会民主党理论刊物《新时代》1895—1896 年第 14 年卷第 1 册第 1、2 期。关于第二篇论文,即阐述 1865 年以后交易所作用发生巨大变化的文章,恩格斯只留下了一个提纲。这个提纲写于 1891 年 11—12 月,至迟写于 1892 年 10—11 月,标题是《交易所。〈资本论〉第三卷补充说明》。恩格斯在提纲中列出了论文的七个要点,概述了 19 世纪 60 年代中期至 90 年代初资本主义经济发生的重大变化,指出交易所已经成为"资本主义生产本身的最突出的代表"(见本卷第 677 页),并根据资本主义的全部生产和交往的发展趋势,揭示了交易所作用扩大的原因。这个提纲的俄译文第一次发表在《布尔什维克。联共(布)中央政治经济双周刊》1932 年第 23—24 期。苏联的哲学和社会经济杂志《在马克思主义旗帜下》1933 年第 7 年卷第 3 期首次用德文原文发表了这个提纲。

　　本卷收录的《〈资本论〉第三册增补》选自《马克思恩格斯文集》第 7 卷第 1003—1030 页。——656。

284　指古希腊数学家阿基米德的名言:"给我一个坚实的支点,我将把地球彻底翻转过来。"——657。

285　见阿·洛里亚《卡尔·马克思的遗著》,载于 1895 年 2 月 1 日《科学、文学和艺术最新集萃》(罗马)第 3 辑第 55 卷第 3 期。

《最新集萃》的全称为《科学、文学和艺术最新集萃》(Nuova Antologia. Rivista di Scienze, Lettere ed Arti)，是意大利自由派的文学、艺术和科学杂志；1866—1877 年在佛罗伦萨出版，每月一期，1878—1943 年在罗马出版，每月两期。——658。

286 《评论》的全称为《农业、工业、商业、文学、政治、艺术评论》(La Rassegna Agraria, Industriale, Commerciale, Litteraria, Politica, Artistica)，是意大利的一家双周刊，1892—1895 年在那不勒斯出版。——660。

287 《社会改革》(La Riforma Sociale)是意大利的一家自由派月刊，1894 年起在都灵和罗马出版。——660。

288 见海涅诗集《〈罗曼采罗〉后记》。——661。

289 关于圣经传说中巴兰的故事，见《旧约全书·民数记》第 22—24 章。——661。

290 指韦·桑巴特《卡尔·马克思经济学体系批判》一文，载于 1894 年《社会立法和统计学文库》(柏林)第 7 卷第 4 期。

《社会立法文库》的全称为《社会立法和统计学文库》(Archiv für soziale Gesetzgebung und Statistik)，是德国一家进步的政治经济杂志，1888—1903 年在蒂宾根和柏林以季刊的形式出版，出版者是亨·布劳恩。——661。

291 指康·施米特《〈资本论〉第三卷》一文，载于 1895 年 2 月 25 日《社会政治中央导报》(柏林)第 4 年卷第 22 期。

《社会政治中央导报》(Sozialpolitisches Centralblatt)是德国社会民主党的周报，1892—1895 年用这个名称由亨·布劳恩在柏林出版；1895 年同《社会实践报》(Blätter für Soziale Praxis)合并后改名为《社会实践》(Soziale Praxis)。——662。

292 康·施米特关于资本主义生产形式内的价值规律是一种虚构的观点，见他于 1895 年 3 月 1 日写给恩格斯的信。恩格斯在 1895 年 3 月 12 日给施米特的信中对这种错误观点作了批判性分析(见本选集第 4 卷第 665—669 页)。——662。

293 见本卷第 477 页，《马克思恩格斯文集》第 7 卷第 197—198 页。——664。

294 指阿·图恩《下莱茵的工业及工人》(两卷合订本)1879 年莱比锡版。——669。

295　指威·海德《中世纪黎凡特贸易史》(两卷集)1879 年斯图加特版。——670。

296　《导言》是马克思为他计划中的经济学巨著《政治经济学批判》写的"总的导言"。这是一篇未完成的手稿。这篇《导言》附在 1857—1858 年手稿中。马克思在《导言》中详细地论述了政治经济学的对象和方法。他指出,资产阶级经济学家割裂生产、分配、交换、消费的内在联系并把它们并列起来,认为发生变化的只是分配方式,往往把分配提到首位,当做政治经济学的首要研究对象。同资产阶级经济学家相反,马克思认为生产不是某种抽象的永恒不变的东西,它是由特定的社会历史条件决定的,生产是一定社会性质的生产。他把一定社会发展阶段上的生产、一定生产关系下的生产,当做自己的研究对象。他指出他研究的是现代资本主义生产。他阐明了生产、分配、交换、消费的辩证统一和相互作用,指出它们是一个总体的各个环节,生产是出发点和决定因素,而分配形式不过是生产形式的另一种表现。马克思还仔细地考察了经济学史上经济学家们建立理论体系的方法,批判地吸收了他们的积极成果,对黑格尔辩证法进行了唯物主义改造,创立了自己构建经济学体系的逻辑方法——从抽象上升到具体。这种方法以现实为依据,从简单的抽象规定开始,逐步上升到越来越具体的规定,从而在理论上使客观事物的发展过程和内部联系得到科学的说明和再现。马克思说,只有这种方法是科学上正确的方法,从简单到复杂的逻辑发展进程总的说来是同现实的历史过程相一致的。马克思还说明了关于意识形态上层建筑和经济基础之间、文学艺术和物质生产之间的关系的一系列重要思想。

《导言》写于 1857 年 8 月下旬,在稿本上标明字母"M",并附有日期:"1857 年 8 月 23 日"。马克思在 8 月底中断了写作。他在 1859 年 1 月写的《政治经济学批判。第一分册》的序言中关于《导言》写道:"我把已经起草的一篇总的导言压下了,因为仔细想来,我觉得预先说出正要证明的结论总是有妨害的,读者如果真想跟着我走,就要下定决心,从个别上升到一般。"(见本卷第 1 页)

在稿本"M"的封面上,马克思除了注明日期和"写于伦敦"之外,还写明了《导言》的标题目录。在这个目录上,《导言》的分节标题与《导言》正文中相应的标题略有不同。写在稿本"M"封面上的目录(见《马克思恩格斯全集》中文第 2 版第 30 卷第 21 页)如下:

"A. 导言

    1. 生产一般
    2. 生产、分配、交换和消费的一般关系
    3. 政治经济学的方法
    4. 生产资料(生产力)和生产关系,生产关系和交往关系等等。"

《导言》的这些标题比《导言》正文中某些节的标题更确切地反映出《导言》的逻辑结构,可以设想,这是马克思在起草了《导言》正文以后才写上的。《导言》最早的中译文是李一氓翻译的,收在1930年2月上海社会科学研究会出版的《马克思论文选译》中。——683。

297 标题《I. 生产、消费、分配、交换(流通)》,在马克思写在稿本"M"封面上的目录中是没有的,这个标题严格地说只包括《导言》的前两节,即《生产》一节(在稿本"M"的封面上,这一节有一个更确切的标题《生产一般》)和《生产与分配、交换、消费的一般关系》一节。马克思在《生产、消费、分配、交换(流通)》这一节前面标明的罗马数字"I",在《导言》往后的正文中再也没有相应的罗马数字和它相连接。——683。

298 把单个的孤立的猎人和渔夫当做出发点的观点,见亚·斯密《国民财富的性质和原因的研究》(附《英国和美国》的作者爱·吉·韦克菲尔德的评注,1835—1839年伦敦版)一书的序论和大·李嘉图《政治经济学和赋税原理》1821年伦敦第3版第1章第3节。——683。

299 社会契约是让·雅·卢梭提出的政治理论。按照这一理论,人们最初生活在自然状态下,人人都享有平等的权利。私有财产的形成和不平等的占有关系的发展决定了人们从自然状态向市民状态的过渡,并导致以社会契约为合法基础的国家的形成。社会契约的目的是达到每个结合者的平等和自由。政治上的不平等的进一步发展破坏了这种社会契约,导致某种新的自然状态的形成。为了消除这一自然状态,必须建立以某种新的社会契约为基础的理性国家。

卢梭在1755年阿姆斯特丹版的《论人间不平等的起源和原因》和1762年阿姆斯特丹版的《社会契约论,或政治权利的原则》这两部著作中详细阐述了这一理论。——683。

300 氏族(或部落)的原文是"Stamm",这一术语在19世纪中叶的历史研究中含义比现在要宽泛,它表示渊源于同一祖先的人们的共同体,包括近代所谓的"氏族"(Gens)和"部落"(Stamm)两个概念。马克思关于原始社会和早期部落制中家庭关系的观点,即认为人们最初先是形成为"家庭",然后从家庭发展和扩大而成为"氏族",也是沿用当时历史研究中的观点。美国的著名民族学家路·亨·摩尔根在《古代社会》（1877年）中第一次把"氏族"和"部落"区分开来，并下了准确的定义，第一次阐明了氏族是原始公社制度的基层单位，而部落则是由若干血缘相近的氏族结合而成的集体，从而为研究原始社会的全部历史奠定了科学的基础。瑞士历史学家约·雅·巴霍芬的《母权论》（1861年）也在古代社会和民族学的研究方面作出了新贡献。马克思和恩格斯后来吸收了这些新研究成果，从马克思对摩尔根著作的摘录中可以看出他关于氏族和家庭之间关系的新观点，即氏族是以血缘为基础的人类社会的原始形式，随着氏族纽带的解体，才发展起各种形式的家庭。恩格斯在1884年写的《家庭、私有制和国家的起源》（见本选集第4卷）中全面阐述了这些新见解。恩格斯还为《资本论》第一卷第十二章加了关于氏族和家庭的关系的脚注（50a）（见本卷第214页）。——684、725。

301　政治动物原文是"ζῶον πολιτικόν"，这是亚里士多德在他的《政治学》第一篇开头给人下的定义。马克思在《资本论》第一卷第十一章中指出："人即使不像亚里士多德所说的那样，天生是政治动物，无论如何也天生是社会动物。"他在该章脚注（13）中还写道："确切地说，亚里士多德所下的定义是：人天生是城市的市民。"（见本卷第207页）——684、749。

302　法国经济学家弗·巴师夏和美国经济学家亨·查·凯里都是庸俗经济学家，他们尽管在许多方面有所区别，但都主张"和谐论"，对经济关系的分析都是反历史的，说什么生产最初都是由孤立的个人进行的，然后才有分工、交换等，从而形成为社会。马克思在1857年写了一篇未完成的手稿《巴师夏和凯里》，对他们的观点进行了批判（见《马克思恩格斯全集》中文第2版第30卷第3—18页）。

　　至于皮·约·蒲鲁东，他在自己的著作《经济矛盾的体系，或贫困的哲学》（1846年巴黎版）中也坚持与巴师夏和凯里类似的错误哲学理论和历史理论，对蒲鲁东的这些错误理论，马克思在1847年写的《哲学的贫困》（《马克思恩格斯文集》第1卷）一书中曾专门进行了分析批判，特别是在第一章第一节开头，分析了蒲鲁东如何编造从孤立的个人开始进行交换等等，在第三节末尾则分析了蒲鲁东关于普罗米修斯的谬论。——684。

303　约·斯·穆勒《政治经济学原理及其对社会哲学的某些应用》（两卷

集)1848 年伦敦版第 1 卷第 1 篇《生产》第 1 章,所加的标题就是《生产的要素》。——686。

304 前进的和停滞的社会状态,见亚·斯密《国民财富的性质和原因的研究》1776 年伦敦版第 1 篇第 8 章和第 11 章结束语。——686。

305 关于生产不同于分配的内容,见约·斯·穆勒《政治经济学原理及其对社会哲学的某些应用》(两卷集)1848 年伦敦版第 1 卷第 25—26 页。——687。

306 "规定就是否定"(determinatio est negatio)是巴·斯宾诺莎的一个命题,他在 1674 年 6 月 2 日给雅·耶勒斯的信(见斯宾诺莎《通信集》第 50 封信)中用这一命题来表示"限定就是否定"。马克思此处是按黑格尔的有名的解释来援引的,强调任何一个有规定的存在,即任何"某物",内部都固有否定的要素。见《哲学全书纲要》第 1 部《逻辑学》1840 年柏林版第 180 页(《黑格尔全集》第 6 卷);《逻辑学》第 1 部《客观逻辑》第 1 编《存在论》1833 年柏林版第 117 页(《黑格尔全集》第 3 卷);《哲学史讲演录》第 1 卷 1833 年柏林版第 294 页(《黑格尔全集》第 13 卷)。——690。

307 社会主义美文学家指的是这样一些庸俗社会主义者,如德国"真正的"社会主义者,特别是卡·格律恩,以及法国的小资产阶级社会主义者蒲鲁东。有关的内容,马克思和恩格斯曾经在《德意志意识形态》和《哲学的贫困》中作过论述(参看《马克思恩格斯全集》中文第 1 版第 3 卷第 602—603、610、614 页,第 4 卷第 133—134 页)。——693。

308 对让·巴·萨伊和安·卡·施托尔希关于生产和消费之间的关系的观点,马克思在《政治经济学批判(1861—1863 年手稿)》第 VI 笔记本第 270—272 页上作了专门的评价(见《马克思恩格斯全集》中文第 2 版第 33 卷第 81—85 页)。——694、719。

309 在这一页上,马克思标重了页码,结果出现了两个[M—9]。——694。

310 大·李嘉图在《政治经济学和赋税原理》的序言中专门把分配规定为经济学的对象。——695。

311 这里除了指南美洲之外,可能还包括美国南部各州。——698。

312 马克思所说的"所谓实业家之间(zwischen dealers und dealers)的交换",指的是亚·斯密把整个流通划分为两个不同的领域,一个领域是只在实业家之间的流通,另一个领域是实业家和消费者个人之间的流通。马克思在《政治经济学批判(1861—1863 年手稿)》第 VII 笔记本第 283b 页上直接摘录了斯密的这一论点(见《马克思恩格斯全集》中文第 2 版第 33 卷第 106—107 页)。——699。

313 关于黑格尔把占有看做主体的最简单的法的关系,见他的《法哲学原理》第 40、45、49—52 节。——702。

314 关于秘鲁被西班牙征服以前不存在任何货币的材料,马克思采自美国历史学家威·希·普雷斯科特的著作《秘鲁征服史。附印加文化概述》(三卷集)1850 年伦敦第 4 版第 1 卷第 147 页。马克思从这一著作第 1 卷所作的摘录,包含在马克思 1850—1853 年期间在伦敦写的经济学摘录笔记(简称《伦敦笔记》,下同)的第 XIV 笔记本中。

《伦敦笔记》是 1848 年革命后马克思侨居伦敦重新研究经济学时在英国博物馆图书馆里作的经济学摘录笔记,写于 1850 年 9 月至 1853 年 8 月期间,共 24 个笔记本,总共 1250 页(超过 100 印张),其中共摘录了 300 多部著作和众多的报刊资料。这些资料后来经过进一步加工,被应用到马克思的经济学手稿和《资本论》的写作中。——703。

315 马克思在 1857 年 9 月 25 日给恩格斯的信中,较多地谈到了军队在经济发展中所起的重要作用,其中也涉及了货币在军队中的发展(见本选集第 4 卷第 428—429 页)。——703。

316 皮·约·蒲鲁东的观念顺序的历史,见他的《经济矛盾的体系,或贫困的哲学》1846 年巴黎版,特别是第 1 卷第 145—146 页,马克思曾摘录并批判了蒲鲁东的这种观点,见马克思《哲学的贫困》第 2 章第 1 节《方法》中的《第一个说明》(本选集第 1 卷第 217—222 页)。还可看《政治经济学批判(1861—1863 年手稿)》第 VI 笔记本第 239 页(《马克思恩格斯全集》中文第 2 版第 33 卷第 39 页)。——708。

317 从马克思的《伦敦笔记》(见注 314)来看,他在 1852—1853 年期间阅读并在他的第 XIX、XX 和 XXI 笔记本中作了摘录的至少有三部文化史:(1)威·瓦克斯穆特《文化通史》1850 年莱比锡版第 1 部,1851 年莱比锡版第 2 部;(2)威·德鲁曼《文化史大纲》1847 年柯尼斯堡版;(3)古·克列姆《人类文化通史》1847 年莱比锡版第 6 卷,1849 年莱比锡版第 7 卷。——709。

318 这里指以德国历史学家莱·冯·兰克为代表的学派,他们首先感兴趣的是政治史和外交史,声称对外政策高于国内政策,忽视社会关系的历史,夸大杰出人物的作用。

兰克(1795—1886)的观点是在哲学唯心主义和新教的影响下形成的。按照兰克的观点,宗教在国家生活中起着关键作用,另一个重要因素则是体现在国家中的政治思想。他的历史观是带有沙文主义色彩的欧洲中心论。——709。

319 这个(1)的内容没有写完,马克思还打算在其中谈论莎士比亚同现代的关系,但未能实现。在写完对希腊艺术的评论以后,马克思随即中断了《导言》的写作,因而也没有写以后各点。——710。

320 曼彻斯特的罗伯茨公司,是英国发明家理·罗伯茨从1843年起主持生产各种工具、机器和机车的公司。罗伯茨是19世纪机械方面的发明家之一,自动走锭纺纱机就是他发明的。——711。

321 动产信用公司是法国的一家大股份银行,由埃·贝列拉和伊·贝列拉兄弟俩于1852年创办并为1852年11月18日法令所批准。动产信用公司的主要目的是充当信贷的中介及参与工业企业和其他企业的创立。该公司广泛地参与了法国、奥地利、匈牙利、瑞士、西班牙和俄国的铁路建设。公司的收入主要来源于自己所开办的股份公司在交易所进行的有价证券投机买卖。动产信用公司用发行本公司的股票得来的资金收买各种公司的股票,它自己的股票只是以它持有的其他企业的有价证券作担保,而其他各公司的股票则是以它们本身的财产价值作担保。因此,同一项实际财产产生了双倍的虚拟资本。一种形式是该企业的股票,另一种形式是拨款给该企业并收买其股票的动产信用公司的股票。该公司同拿破仑第三政府的关系密切,并在其庇护下进行投机活动。1867年该公司破产,1871年清算完毕。动产信用公司在19世纪50年代作为新型金融企业出现,是当时这一反动时期特有的产物。在这个时期,交易所买空卖空、投机倒把活动异常猖獗。中欧的其他国家也效仿动产信用公司纷纷建立类似的机构。——711。

322 印刷所广场是伦敦一个不大的广场,英国最大的日报《泰晤士报》编辑部和印刷所所在地,因此印刷所广场也就成了以优秀报业组织闻名于19世纪中叶的该报编辑部和印刷所的代名词。——711。

323 《伊利亚特》是著名的古希腊史诗,相传为古希腊诗人荷马所写。——711。

324 《政治经济学批判(1857—1858年手稿)》是《资本论》的最初草稿,被称为《资本论》第一稿。这部手稿篇幅巨大,总计 50 印张以上,在《资本论》创作史和马克思主义发展史上占有非常重要的地位,被认为是第一个里程碑。马克思在 1858 年 11 月 12 日给斐·拉萨尔的信中说:"它是 15 年的即我一生中的黄金时代的研究成果。"(见《马克思恩格斯文集》第 10 卷第 167 页)在这部手稿中,马克思第一次提出了劳动二重性理论,创立了剩余价值理论,从而实现了他一生中的第二个伟大发现。手稿的内容十分丰富,从中不仅可以看到《资本论》中许多基本原理的制定过程和对一些原理的详细阐释,还可以看到《资本论》中没有包括的许多精辟思想。

这部手稿包含在马克思用罗马数字注明 I—VII 的七个手稿笔记本中。在最后的一个笔记本即第 VII 本的封面上,马克思亲笔写了《政治经济学批判》的标题。《政治经济学批判》可以认为是全部手稿的总标题,标题后面圆括号中的"1857—1858 年手稿",是后来出版这部手稿时编者加的,以便与其他年代写的同一标题的手稿相区别。手稿没有注明写作日期,据考证,很可能写于 1857 年 10 月中—1858 年 5 月底。

这部手稿不是为出版而写的,它的结构是在写作过程中逐步形成的,思想进程往往为各种插论所打断。手稿一开始是第二章《货币章》,内容是针对蒲鲁东主义者路·达里蒙的银行改革理论论述了生产商品的劳动二重性和货币的本质问题。接着是篇幅很大的第三章《资本章》,包括《资本的生产过程》、《资本的流通过程》和《资本作为结果实的东西。利息。利润》三大部分。在手稿的最后一页上,马克思起草了第一章的开头,虽然这一章以《价值》为标题,但内容是分析商品问题的。

在马克思和恩格斯生前,这部手稿一直没有发表,1939—1941 年才在莫斯科第一次用德文原文出版,编者加的标题是《政治经济学批判大纲(草稿)(1857—1858)》,从此这部手稿就以《政治经济学批判大纲》闻名于世。

本卷从这部手稿中摘选了三个片断作为对《资本论》理论的补充和阐发,这三个片断分别是:(一)资本主义生产的作用及其界限;(二)资本主义生产以前的各种形式;(三)机器体系和科学发展以及资本主义劳动过程的变化。——713。

325　本片断写在手稿第 IV 笔记本第 18—22 页上,属于《资本章》中《资本的流通过程》的内容。本片断摘自《马克思恩格斯文集》第 8 卷第 88—

97 页,标题是编者加的。——713。

326 约·拉·麦克库洛赫在《政治经济学原理》1825 年爱丁堡版第 190 页上说:"如果想要丝绸的人得不到丝绸,不能用它们来交换布匹或其他不同于他们拥有的或能够生产的物品,那么他们手中就有大量的物品。他们可以放弃他们不需要的物品的生产,去从事他们所需要的物品的生产。"关于包括麦克库洛赫在内的庸俗经济学家力图抹杀资本主义生产的矛盾的倾向,马克思在《政治经济学批判(1861—1863 年手稿)》中作了详细的论述。见《政治经济学批判(1861—1863 年手稿)》第 XIII 笔记本第 704—706、716—719、721—726 页(《马克思恩格斯全集》中文第 2 版第 34 卷第 556—564、581—594、596—607 页),第 XIV 笔记本第 810—814、840—844 页,第 XV 笔记本第 919—932 页。——717。

327 詹·穆勒关于生产和消费之间、供给和需求之间、购买量和销售量之间的经常和必要的平衡的论述,见他的《政治经济学原理》1821 年伦敦版第 186—195 页。马克思在《政治经济学批判。第一分册》和《政治经济学批判(1861—1863 年手稿)》中,对穆勒最早在 1808 年伦敦出版的《为商业辩护》这本小册子里提出的这个观点作了更详细的分析。见《政治经济学批判。第一分册》第 2 章第 2 节(a)末尾(《马克思恩格斯全集》中文第 2 版第 31 卷第 491—492 页);《政治经济学批判(1861—1863 年手稿)》第 XIII 笔记本第 704—706、708—712、721—726 页(同上,第 34 卷第 556—564、566—575、596—607 页);第 XIV 笔记本第 791—799、800—802、810—814 页。——717。

328 伯明翰派亦称小先令派,是 19 世纪上半叶在英国伯明翰产生的一个经济学学派。他们宣扬观念的货币计量单位理论,把货币仅仅看做"计算名称",否认货币的计算名称(例如镑、先令)与一定量的贵金属相联系。这一学派的代表人物是托·阿特伍德和马·阿特伍德兄弟以及理·斯普纳等人。他们提出了一个降低英国货币计量单位含金量的方案,这一方案被称为"小先令方案"。这一学派的别名由此而来。同时,"小先令派"还反对政府旨在减少流通中的货币量的措施。他们认为运用他们的理论就可以通过人为地提高价格使工业振兴,保证国家普遍繁荣。然而,他们提出的使货币贬值的办法,实际上只是为以贬值的货币来清偿国家和私人的债务创造条件,从而为各种贷款的获得者即国库和大企业主带来一定的利益。马克思在他的《政治经济学批判。第一分册》和《资本论》第一卷第八章脚注(36)和第三卷第三十

三、三十四章,谈到了这一学派(见《马克思恩格斯全集》中文第 2 版第
31 卷第 476—477 页;《马克思恩格斯文集》第 5 卷第 269 页和第 7 卷第
610、634 页)。

　　《双子座书简》是指托·莱特和约·哈娄二人以"双子座"
(Gemini)这一笔名发表的著作《通货问题。双子座书简》(1844 年伦敦
版)。作者赞成托·阿特伍德及其伯明翰派的观点。——718。

329 见托·罗·马尔萨斯《政治经济学原理的实际应用》1836 年伦敦第 2
版第 405 页(编者注)、《政治经济学定义》1827 年伦敦版第 258—259
页和西斯蒙第的著作《政治经济学概论》1837 年布鲁塞尔版第 1 卷第
61 页。——719。

330 指大·李嘉图《政治经济学和赋税原理》1821 年伦敦第 3 版第 80—85
页。马克思在《政治经济学批判(1861—1863 年手稿)》中对李嘉图关
于资本生产过剩的观点作了详细的分析批判,见马克思《政治经济学
批判(1861—1863 年手稿)》第 XIII 笔记本第 689—694、704—712、
721—726 页(《马克思恩格斯全集》中文第 2 版第 34 卷第 524—
535、556—575、596—607 页)。——719。

331 按比例的生产是约·格雷在他的著作《关于货币的本质和用途的讲
义》(1848 年爱丁堡版)中喜欢用的表达方式,见该书第 67、108、
123、142—148 页。——719。

332 爱·吉·韦克菲尔德为亚·斯密《国民财富的性质和原因的研究》所
加的注释,见该书 1835 年伦敦版第 1 卷第 244—246 页。——720。

333 这是马克思在《原始积累》之后写的独立的一节,写在手稿第 IV 笔
记本第 50—53 页和第 V 笔记本第 1—15 页上。标题采自马克思在《我自
己的笔记本的提要》中为手稿第 IV 笔记本第 50—53 页及其后续部分
所加的提示。在这个《提要》中,马克思还为手稿第 V 笔记本第 1—15
页加了另一标题:《资本关系形成以前或原始积累以前的过程》。本片
断摘自《马克思恩格斯文集》第 8 卷第 122—168 页,标题是编者加
的。——724。

334 fabri(古罗马的匠人),指加工硬质材料的木工、锻工等。——730。

335 魁里特(quiritarium)是古罗马全权公民的正式名称,它是从古罗马平民
(Quirites)这个词派生出来的。——731。

336 被保护民是依附于古罗马贵族的受保护的贫民,按其阶级性来说,处于自由民与被解放的奴隶之间。——732、747、755。

337 "任何罗马人都不许作为商人或手工业者谋生",这句话出自哈利卡纳苏的狄奥尼修斯《古代罗马史》第 9 册第 25 页。马克思转引自巴·格·尼布尔《罗马史》1827 年柏林第 2 版(全部改写的)第 1 卷第 615 页注 390。——732。

338 在古希腊居住在德莫(自治区)内、享有充分权利的全体公民都被称做德莫特(意即希腊人民),他们与奴隶和异邦人不同。在公元前 508 年克利斯提尼改革后,德莫是阿提卡的最小行政单位,它在农村中包括一两个村庄,在雅典则包括一个城区。——732。

339 部落(Phyle,指地区部落)是希腊人在氏族制度中对各氏族联合体的称谓,它由好几个氏族分支组成,形成一个宗教团体,拥有自己的祭司和官员。在阿提卡,克利斯提尼实行改革时,把 4 个老的部落改为 10 个区域选区,即地区部落,这些地区部落各由 10 个德莫组成(参看注 338)。这种部落和过去的血缘部落不同,它们不仅是一种自治的政治组织,而且也是一种军事组织。见恩格斯《家庭、私有制和国家的起源》中的《五 雅典国家的产生》(本选集第 4 卷第 123—134 页)。——732。

340 迪特马申人是指迪特马申的居民。迪特马申是德国北部的一个地区,曾是自由民的一个要塞。自由民曾长期保留公社制度,反抗德国和丹麦封建主的征服。到 14 世纪,迪特马申的最高权力属于全体土地自由占有者大会,后来转归三个由选举产生的委员会。1559 年丹麦国王征服迪特马申,但是,公社制度和部分自治一直保存到 19 世纪下半叶。——733。

341 盖尔人是苏格兰北部山区和西部山区的土著居民,古代凯尔特人后裔。——733。

342 从这里开始为手稿笔记本的第 V 本,第一页上注明:"笔记本 V(资本章。续)"。扉页上写着:"笔记本 V。1858 年 1 月。伦敦。(1 月 22 日开始。)"——733。

343 皮·约·蒲鲁东关于财富的起源问题的看法,见他的《经济矛盾的体系,或贫困的哲学》1846 年巴黎版第 2 卷第 269 页。马克思在《哲学的贫困》第二章第四节(见本选集第 1 卷第 258—268 页)中引用并批判了这种看法。——740。

344 特里布斯是古罗马的行政区单位。从塞尔维乌斯·土利乌斯王实施改革的时期(公元前 6 世纪)起,罗马的城区划分为四个特里布斯。同时,还有几个郊区的特里布斯。每个特里布斯中凡占有土地的自由民都列入该特里布斯的户籍簿。在按地区划分特里布斯之前,更古老的方法是按部落和氏族划分,每一特里布斯包括 100 个氏族。这种划分方法是原始公社制度的残余。——742。

345 "面包和娱乐"(panes et circenses),出自尤维纳利斯《讽刺诗集》第 10 节第 81 行。马克思说的面包和娱乐时代,指的是罗马奴隶制国家的繁荣时期,那时丧失社会地位的平民被排除于生产领域之外,主要靠国家和富有的奴隶主的施舍来生活。发放钱粮和大搞竞技比赛,是公元前 1 世纪以来罗马官吏为防止平民闹事而采取的一种重要手段。——754。

346 麦特克即在古希腊城邦定居的外来移民。他们虽有人身自由,但没有雅典的公民权利。他们不能参加人民大会,不能担任公职和占有不动产,不许和雅典公民通婚等,他们可以从事手工业、商业等职业并参加祭祀庆祝活动,他们必须交纳特别的捐税和服兵役,必须有全权的公民作为自己的保护人,在法庭上也只能由全权公民代为辩护。公元前 5—4 世纪,麦特克成为阿提卡城市人口中的重要部分,在阿提卡的经济生活,尤其是贸易方面起了重要作用。——755。

347 城关市民是指中世纪居住在原城区界桩以外的居民,城市往往为提高防御能力而给他们以公民权。——756。

348 奎耳夫和吉贝林两派是中世纪德意志皇帝和罗马教皇斗争中的两个派别,奎耳夫派拥护教皇,吉贝林派拥护施陶芬皇帝,意大利北部各城中这两派之间的激烈斗争,在霍亨施陶芬王朝之后仍在进行,并完全失去了它原来的意义。——756。

349 隶农是古罗马大庄园中半自由的小租地农民或世袭的佃农。——756。

350 关于亨利七世、亨利八世及其他英国国王和女王的立法的作用,见《资本论》第 1 卷第 24 章第 3 节(《马克思恩格斯文集》第 5 卷第 843—851 页)。——762。

351 亚·斯密关于土地所有者不再把产品作为使用价值挥霍掉的叙述,见他的《国民财富的性质和原因的研究》第 3 篇第 4 章。——763。

352 马克思在 1861—1863 年经济学手稿的《剩余价值理论》中,在论述英国社会主义者托·霍吉斯金的那一节中,概括地评述了英国社会主义者的这一观点(见《政治经济学批判(1861—1863 年手稿)》第 XV 笔记本第 875—879 页)。在未写完的关于英国社会主义者约·布雷的那一节中,马克思从布雷的著作《劳动的不公正现象及其解决办法》1839 年利兹版第 59 页上引用了他的这样一段话:"对生产者的操作具有重大意义的不是资本家,而是资本。资本和资本家之间的区别就像船上装的货物和提货单之间的区别一样大。"(参看《马克思恩格斯全集》中文第 2 版第 33 卷第 425 页)——768。

353 借贷的本金(principalis summa rei creditae)在希腊曾被称为不加息的原始资本(ἀρχαία)。沙·迪·迪康热在他的《中世纪和近代拉丁语词典》中曾对资本这个词的语源进行研究,见该书 1842 年巴黎版第 2 卷第 139—141 页。——769。

354 首脑人物(Capitales Homines)便成了应交纳人头税的人(qui debent censum de capite),这句话马克思引自沙·迪·迪康热的《中世纪和近代拉丁语词典》第 2 卷第 141 页。迪康热在那里进一步解释说:这些人当时并不是完全地而是有条件地获得自由,他们承担劳役、提供服务或负有交纳年税的义务。——769。

355 见亚·亨·弥勒《治国艺术原理》1809 年柏林版第 1 册第 226—241 页。——769。

356 "我把我的财产的十分之一,既包括活的牲畜,也包括死的土地果实,献给神",这句话马克思引自沙·迪·迪康热的《中世纪和近代拉丁语词典》第 2 卷第 140 页,迪康热在那里举出盎格鲁撒克逊国王阿瑟尔斯坦的一段法律条文作为例证,说明"活的财产"这个词是在"活的牲畜"这一含义上使用的。——769。

357 这部分关于机器体系和科学应用的发展的论述写在手稿第 VI 笔记本第 43 页—第 VII 笔记本第 6 页上。马克思在《资本论》第一卷《资本的生产过程》中分析相对剩余价值的生产时,也论述了机器体系和科学应用的发展问题。和《资本论》不同的是,本手稿是在论述《资本的流通过程》中分析固定资本时论述这个问题的。手稿中的这部分比《资本论》中的相关论述内容更为广泛。这部分摘自《马克思恩格斯文集》第 8 卷第 182—206 页,标题是编者加的。——771。

358 马克思在 1861—1863 年经济学手稿的《剩余价值理论》部分分析托·霍吉斯金的观点时,对并存劳动的概念做过类似的分析。马克思指出:"从某种意义上说,分工无非是并存劳动,即表现在不同种类的产品(或者更确切地说,商品)中的不同种类的劳动的并存。"(见马克思《政治经济学批判(1861—1863 年手稿)》第 XV 笔记本第 868 页)——778。

359 在手稿中,马克思把小流通和大流通区分开。大流通是指包括生产过程和流通过程在内的整个流通过程;小流通则是指与生产过程并列的单纯的流通过程。参看《马克思恩格斯全集》中文第 2 版第 31 卷第 68—74 页。——778。

360 马克思在《政治经济学批判(1861—1863 年手稿)》第 VI 笔记本第 262—265 页和第 IX 笔记本第 398—399 页(见《马克思恩格斯全集》中文第 2 版第 33 卷第 70—75、322—324 页),也曾对詹·罗德戴尔关于利润的观点加以考察,相关内容还可参看《马克思恩格斯全集》中文第 2 版第 31 卷第 86—88 页。——779。

361 指托·霍吉斯金《保护劳动反对资本的要求》1825 年伦敦版。这本小册子第 16 页上说:"很容易理解,为什么……道路修建者应当得到一部分只有道路使用者才能从道路得到的利益;但是我不理解,为什么所有这些利益都应当属于道路本身,并且由那些既不修建道路也不使用道路的人以他们的资本的利润为名据为己有。"马克思在《政治经济学批判(1861—1863 年手稿)》第 XIII 笔记本第 670a 页(见《马克思恩格斯全集》中文第 2 版第 34 卷第 662—663 页)、第 XV 笔记本第 863—890 页和第 XVIII 笔记本第 1084—1086 页对托·霍吉斯金的观点作了更详细的评价。——781。

362 "好像害了相思病",见歌德《浮士德》第 1 部第 5 场《莱比锡的欧北和酒寮》,马克思在《资本论》第一卷第五章第 2 节《价值增殖过程》中曾谈到资本是自行增殖的价值,它以"好像害了相思病"的劲头开始"劳动"(见《马克思恩格斯文集》第 5 卷第 227 页)。——782。

363 马克思认为查·迪尔克的《国民困难的原因及其解决办法》这本小册子"包含一个超过大·李嘉图的本质上的进步",这是马克思在《政治经济学批判(1861—1863 年手稿)》第 XIV 笔记本第 852 页中对小册子的作者关于剩余价值源泉等问题的观点所作的评价。马克思在这里引用的小册子中的引文是带解释性的意译,是用马克思的术语对作者的思想所做的转述。——784。

364 生产费用这一术语，马克思在这里是在"商品的内在的生产费用等于商品的价值"，也就是"等于商品生产所必需的劳动时间总量"（见马克思《政治经济学批判（1861—1863 年手稿）》第 XIV 笔记本第 788 页）这一意义上使用的，而不是指只支付商品中包含的一部分劳动时间的资本家所耗费的生产费用。——790。

365 《政治经济学批判（1861—1863 年手稿）》是马克思继 1857—1858 年手稿之后写的第二个经济学手稿，被称为《资本论》第二稿。这部手稿是《资本论》创作史和马克思主义经济思想史上的第二个里程碑。它在理论部分对《资本论》的基本原理作了更加深刻而全面的阐发，在理论史部分即《剩余价值理论》部分对资产阶级政治经济学作了系统批判并在批判中提出了许多科学创见。有关剩余价值理论的手稿成了《资本论》第四卷（理论史）的唯一稿本。

这部篇幅巨大的手稿，写于 1861 年 8 月—1863 年 7 月，共计 23 个笔记本。最初是作为《政治经济学批判》第二分册而写的。1859 年 6 月，《政治经济学批判。第一分册》在柏林出版，其中只包含《商品》和《货币》两章，是"绪论性章节"。马克思接着准备写第二分册，按照计划，第二分册应包括第三章即"资本一般"。马克思在 1859 年 11 月 7 日给恩格斯的信中说："我认为这个分册具有决定性的重要意义。实际上，这是全部资产阶级污垢的核心。"（见《马克思恩格斯文集》第 10 卷第 178 页）

1861 年夏天，马克思开始写作第二分册《资本一般》。他先拟定了一个《资本章计划草稿》，把资本章分为四大部分：I. 资本的生产过程；II. 资本的流通过程；III. 资本和利润；IV. 其他。然后，马克思把自己以前的手稿的内容分别列入这四大部分的各项之中。这样，《资本论》各卷的结构就有了一个轮廓。马克思在写 1861—1863 年手稿的最初阶段就是以这个计划草稿为依据的。

这部手稿的写作大体上可以分为三个阶段。第一个阶段是 1861 年 8 月—1862 年春，这一阶段所写的手稿内容相当于《资本论》第一卷前半部（到机器为止）和《资本论》第三卷前三篇，即剩余价值转化为利润，利润转化为平均利润，利润率趋向下降的规律。第二个阶段是 1862 年春—12 月，这一阶段所写的手稿是《剩余价值理论》以及《资本论》第三卷后半部分的内容，如商业资本和货币资本、地租等，此外还有《资本论》第二卷的一些理论片断。马克思在 1862 年 12 月底产生了新的想法，他在 12 月 28 日给路·库格曼的信中说，他将先把"资本一般"这一部分写成一部独立著作出版，书名为《资本论》，"政治经济学批判"只作为副标题（见《马克思恩格斯文集》第 10 卷第 196 页）。第三个阶段是 1863 年 1—7 月，马克思写成了主要涉及《资本论》第一卷后半部分内容和再生产问题的手稿。

这部手稿理论部分的中译文收入《马克思恩格斯全集》中文第 1 版第 47、48 卷（1979、1985 年版）。理论史部分即《剩余价值理论》最早的中译本是郭大力根据考茨基编的德文单行本翻译的，于 1949 年 5 月由上海实践出版社出版，书名《剩余价值学说史》。

本卷从这部手稿中摘选了三个片断：（一）经济危机问题；（二）劳动对资本的形式上的从属和实际上的从属；（三）关于生产劳动和非生产劳动的论述。——794。

366　这个片断是马克思在 1861—1863 年经济学手稿的《剩余价值理论》部分中分析批判大·李嘉图的理论时写的。其中对经济危机从可能性到现实的发展作了系统的论述。本片断摘自《马克思恩格斯文集》第 8 卷第 245—275 页，标题是编者加的。——794。

367　见马克思《政治经济学批判。第一分册》第 2 章第 2 节中的（a）《商品的形态变化》（《马克思恩格斯全集》中文第 2 版第 31 卷第 482—493 页）。——794。

368　指关于《资本一般》研究的第三部分，在马克思有可能是 1861 年夏天起草的《资本章计划草稿》（见《马克思恩格斯全集》中文第 2 版第 31 卷第 583—593 页）中，它的标题是《Ⅲ. 资本和利润》。稍后，马克思不再称"第三章"（Drittes Kapitel），而称"第三篇"（Dritter Abschnitt）（见《马克思恩格斯全集》中文第 2 版第 33 卷第 322 页）。后来又把它称做第三册（见《马克思恩格斯文集》第 10 卷第 230—231 页）。

这一章的开头部分写在《政治经济学批判（1861—1863 年手稿）》第 ⅩⅥ 笔记本第 973—1021 页和第 ⅩⅦ 笔记本第 1022—1028 页。从《资本论》第三部分或第三篇的计划（见马克思《政治经济学批判（1861—1863 年手稿）》第 ⅩⅧ 笔记本第 1139 页）来看，马克思原本计划在这一章里写两篇关于利润理论的历史补充材料。其实，在本手稿的《剩余价值理论》部分，马克思已经详细地批判分析了各种资产阶级经济学家对利润的看法，揭示了那种把剩余价值和利润相混淆而产生的理论谬误。——801。

369 在写完关于危机问题的片断之后不久,马克思在《政治经济学批判(1861—1863 年手稿)》第 XIII 笔记本第 770a 页和第 XIV 笔记本第 771a 和 861a 页上写了关于危机形式的短评,并注明"对第 716 页的补充"。根据马克思的这一提示,这几页文字被收入这里。——801、803、804。

370 大·李嘉图《政治经济学和赋税原理》1821 年伦敦第 3 版。——805、816。

371 这段话涉及大·李嘉图对货币和交换价值的观点。马克思把这段插话放在括号中,并注明:这段话对叙述的直接联系有妨碍,应该移到别处去。——808。

372 大·李嘉图《政治经济学和赋税原理》1821 年伦敦第 3 版第 339 页上有关的论点,马克思在 1861—1863 年手稿第 XIII 笔记本第 705 页上已经引用过(见《马克思恩格斯全集》中文第 2 版第 34 卷第 560 页)。李嘉图在该书第 347 页上有关"需求是无限的…… 资本的使用也是无限的"论点,马克思在手稿第 XIII 笔记本第 706—707 页上也引用过(同上,第 564 页)。——808。

373 指马克思《政治经济学批判(1861—1863 年手稿)》第三章《资本一般》中的《资本的生产过程》,见该手稿第 I—V 笔记本第 1—219 页(《马克思恩格斯全集》中文第 2 版第 32 卷第 7—407 页),特别是关于绝对剩余价值的生产和相对剩余价值的生产那两节。——810。

374 大·李嘉图《政治经济学和赋税原理》1821 年伦敦第 3 版第 342 页上有关于要得到钱,只有增加生产的论点,马克思在 1861—1863 年手稿第 XIII 笔记本第 712 页上已经引用过(见《马克思恩格斯全集》中文第 2 版第 34 卷第 573—575 页)。李嘉图在该书第 339—340 页上有关于"他不可能继续不断地生产没有需求的商品"的论点,马克思在 1861—1863 年手稿第 XIII 笔记本第 710 页上也引用过(同上,第 570 页)。——811。

375 大·李嘉图《政治经济学和赋税原理》1821 年伦敦第 3 版第 341—342 页上有关于商品生产过多以致不能补偿它所花费的资本的观点,马克思在 1861—1863 年手稿第 XIII 笔记本第 708、711、712 页上曾多次引用过(见《马克思恩格斯全集》中文第 2 版第 34 卷第 567、572、573 页)。——819。

376 指让·萨伊在他的《给马尔萨斯先生的信》1820 年巴黎版第 15 页的下述论断:如果英国商品充斥意大利市场,那么,原因就在于能够同英国商品交换的意大利商品生产不足。萨伊的这一论断见其匿名著作《论马尔萨斯先生近来提倡的关于需求的性质和消费的必要性的原理》1821 年伦敦版第 15 页,马克思在《政治经济学批判(1861—1863 年手稿)》第 IX 笔记本第 381 页和第 X 笔记本第 400 页也分析了萨伊的如下论点:"某些产品的滞销,是由另一些产品太少引起的。"(见《马克思恩格斯全集》中文第 2 版第 33 卷第 286 和 326 页)——820。

377 见托·图克《价格和流通状况的历史》1838—1857 年伦敦版第 1—6 卷,特别是第 4 卷第 1 部分第 3—35 页,谈到气候条件对价格的影响。——822。

378 马克思在 1857—1859 年写作经济学手稿期间,逐步形成了他的《政治经济学批判》的六册结构计划:第一册考察"资本";第二册——"土地所有制";第三册——"雇佣劳动";第四册——"国家";第五册——"对外贸易";第六册——"世界市场"。第一册"资本"是最基本的一册,它又分为四篇,分别考察"资本一般"、"竞争"、"信用"、"股份资本"。对竞争的专门研究属于第一册"资本"第二篇的内容,即《竞争或许多资本的相互作用》,它应在第一篇"资本一般"之后论述。见马克思 1858 年 4 月 2 日给恩格斯的信(《马克思恩格斯文集》第 10 卷第 157—162 页)。

　　后来,当马克思写《资本论》第三卷手稿时,他把与竞争有关的某些一般性论述放在了平均利润和生产价格的那一篇,即第二篇《利润转化为平均利润》(见本卷第 460—494 页,《马克思恩格斯文集》第 7 卷第 159—233 页)。——822。

379 西斯蒙第用"生产和消费之间日益不成比例"来解释危机(西斯蒙第《政治经济学新原理》1827 年巴黎第 2 版第 1 卷第 371 页)。马克思在《政治经济学批判(1861—1863 年手稿)》第 XIV 笔记本第 775 页又回过头来谈到西斯蒙第关于危机的观点,既指出西斯蒙第概念中积极的因素,又指出它所固有的根本缺点。

　　后来,恩格斯在《反杜林论》第三编第三节《生产》中指出,"用消费不足来解释危机,起源于西斯蒙第,在他那里,这种解释还有一定的意义"(见本选集第 3 卷第 674 页),在《资本论》第二卷序言中,恩格斯从西斯蒙第《政治经济学新原理》中引了下面一段话作为西斯蒙第观点的例证:"可见,由于财富集中在少数所有者手中,国内市场就越来越缩小,工业就越来越需要到国外市场去寻找销路,但是在那里,它会受到更大的变革的威胁。"(见《马克思恩格斯文集》第 6 卷第 23 页脚注(3))——823。

380 在《政治经济学批判(1861—1863 年手稿)》中,这一部分属于第一册《资本的生产过程》后半部分的内容。从 1861 年 8 月到 1862 年春天,马克思写了《资本的生产过程》的前半部分,即第 I—V 笔记本,分别是《资本论》第一册的前三章。写到第三章《相对剩余价值》中论机器的前半部分就中断了。然后,从 1862 年春天到年底或 1863 年初,在手稿第 VI—XVIII 笔记本中,马克思写了《剩余价值理论》和第三篇《资本和利润》。大约在 1863 年 1 月,马克思在第 XVIII 笔记本第 1139 和 1140 页上分别写了《资本论》第三部分(第三册)和第一部分(第一册)的计划草稿。其中第一册的计划是:

"(1)导言:商品,货币。

(2)货币转化为资本。

(3)绝对剩余价值……

(4)相对剩余价值:(a)简单协作;(b)分工;(c)机器等等。

(5)绝对剩余价值和相对剩余价值的结合。雇佣劳动和剩余价值的比例。劳动对资本的形式上的从属和实际上的从属。资本的生产性。生产劳动和非生产劳动。

(6)剩余价值再转化为资本。原始积累。韦克菲尔德的殖民学说。

(7)生产过程的结果……

(8)剩余价值理论。

(9)关于生产劳动和非生产劳动的理论。"

在此计划的基础上,从 1863 年 1 月到 7 月,马克思在第 XIX—XXIII 笔记本上紧接着一年前在第 V 笔记本上中断了的关于机器问题的论述往下写,在写完篇幅很大的机器问题之后,马克思在第 XX 笔记本第 1283 页上写了(h)《相对剩余价值和绝对剩余价值》,这实际上是继上述第三章之后的第四章的内容。在这之后,马克思在第 XXI 笔记本第 1301 页上写了《劳动对资本的形式上的从属和实际上的从属》这一节。在这一节之后,马克思接着在第 XXI 笔记本第 1316 页上写了下

一节《资本的生产性。生产劳动和非生产劳动》。可见,这两节同属于
第一册《资本的生产过程》的后半部分。——825、848。

381　见《政治经济学批判(1861—1863 年手稿)》第 XX 笔记本第 1283—
1291 页。——825。

382　劳动能力原文是 Arbeitsvermögen,它和"劳动力"(Arbeitskraft)的含义
是一样的。马克思在《资本论》第一卷中说:"我们把劳动力或劳动能
力,理解为一个人的身体即活的人体中存在的、每当他生产某种使用价
值时就运用的体力和智力的总和。"(见本卷第 164 页)在早期的经济
学手稿中,马克思较多地使用"劳动能力"的术语,只有少数场合使用
了"劳动力"的术语。——825。

383　根据马克思 1862 年底或 1863 年 1 月在本手稿第 XVIII 笔记本第 1140
页上制定的《资本论》第一部分(第一册)《资本的生产过程》的计划草
稿,论述积累问题的下一节应是:(6)剩余价值再转化为资本。原始积
累。韦克菲尔德的殖民学说(见注 380)。——827。

384　参看马克思 1863—1865 年期间写的《第六章　直接生产过程的结果》
手稿第 473 页《关于劳动对资本的形式上的从属的补充》(《马克思恩
格斯文集》第 8 卷第 506—507 页),在那里,马克思把生产资料称
为工人的"客观劳动条件",把生活资料称为工人的"主观劳动条件"。
——828。

385　马克思在 1863—1865 年期间写作《第六章　直接生产过程的结果》时,
把这一页手稿剪下来直接贴在了那里的手稿上。于是,这一页成了那
一手稿的第 475 页(见《马克思恩格斯文集》第 8 卷第 509—512
页)。——828。

386　这里显然是指行会中为防止各成员之间进行竞争而订立的规章制度。
内容包括:行会成员间关于生产的问题定期进行协商,全体成员应拥有
同等的生产条件,应共同保证原料、产品价格和质量等方面的一致,等
等。——830。

387　马克思在 1863—1865 年写作《第六章　直接生产过程的结果》时,把
1861—1863 年手稿的第 1305 页和第 1306 页剪了下来,直接贴到了第
六章的手稿中,形成了第六章手稿的第 477 页(见《马克思恩格斯文
集》第 8 卷第 513—516 页)。由此造成手稿第 1304 页残缺,正文中的

省略号表明马克思剪贴时把一部分文字剪掉了。——831。

388 马克思在 1863—1865 年写作《第六章 直接生产过程的结果》时,在手稿第 476 页上论述到同一问题,他在"意识"这个词后面加了"(或者不如说,想象)"(见《马克思恩格斯文集》第 8 卷第 512 页)。——831。

389 见《政治经济学批判(1861—1863 年手稿)》第 XX 笔记本第 1288—1291a 页。——832。

390 指的是约·埃·凯尔恩斯《奴隶劳力:它的性质、经过及其可能的前途》1862 年伦敦版第 44 页。参看《第六章 直接生产过程的结果》的手稿第 477 页(见《马克思恩格斯文集》第 8 卷第 513—516 页),并参看《资本论》第 1 卷第 11 章《协作》脚注(21a)(本卷第 209 页)。——835、841。

391 马克思在 1863—1865 年写作《第六章 直接生产过程的结果》时,把 1861—1863 年手稿第 1308 页的前几段剪下来直接贴到了第六章手稿的第 487 页上,成为该页的一部分内容(见《马克思恩格斯文集》第 8 卷第 531—533 页)。——838。

392 见理·琼斯《国民政治经济学教程》1852 年赫特福德版第 77、78 页。还可参看《马克思恩格斯全集》中文第 2 版第 32 卷第 289—294 页。——841。

393 指詹·斯图亚特《政治经济学原理研究》1767 年伦敦版第 1 卷第 167—168 页或 1770 年都柏林版第 39—40 页。还可参看《资本论》第 1 卷第 11 章《协作》脚注(22)(《马克思恩格斯文集》第 5 卷第 386 页)。——841。

394 指西斯蒙第《政治经济学新原理》1827 年巴黎版第 2 卷第 434 页。还可参看《资本论》第 1 卷第 24 章《所谓原始积累》脚注(251)(本卷第 299 页),在那里马克思引用了西斯蒙第的原话。——842。

395 在手稿中,马克思在六角括号中的这段话旁边画了一道竖线,写了一句话:"社会劳动的对抗形式。"——843。

396 见马克思的手稿《第六章 直接生产过程的结果》中《劳动对资本的实际上的从属》一节,在该手稿第 479—480 页上论述了这个问题(见《马克思恩格斯文集》第 8 卷第 517—520 页)。——843。

397 指弗·魁奈《关于商业和手工业者劳动的问答》(1766 年),载于《重农

学派》,附欧·德尔的绪论和评注,1846 年巴黎版第 1 部第 29 页。在
马克思的《补充笔记本》C 的第 23、29—31 页上,载有马克思从《重农学
派》中摘录的魁奈这一著作的引文。还可参看《资本论》第 1 卷第 10
章末尾,在那里马克思引用了魁奈的话并作了评论(见《马克思恩格斯
文集》第 5 卷第 372—373 页)。关于"补充笔记本",见《马克思恩格斯
文集》第 8 卷注 192。——844。

398　见《政治经济学批判(1861—1863 年手稿)》中《资本的生产过程》的第
四章《相对剩余价值和绝对剩余价值》,即手稿第 XX 笔记本第 1283—
1291a 页。——844。

399　指《政治经济学批判(1861—1863 年手稿)》第 V 笔记本第 190—219 页
(参看《马克思恩格斯全集》中文第 2 版第 32 卷第 362—394 页)和第
XIX 笔记本第 1159 页—第 XX 笔记本第 1282 页,特别是该手稿第 XIX
笔记本第 1159 页—第 XX 笔记本第 1251 页。——846。

400　按照马克思的想法,关于相对过剩人口的问题,应当在论述资本的积累
过程时再谈。参看《资本论》第 1 卷第 23 章《资本主义积累的一般规
律》(本卷第 273—290 页,《马克思恩格斯文集》第 5 卷第 707—819
页)。——847。

401　见上一节《劳动对资本的形式上的从属和实际上的从属》中的论述,即
《政治经济学批判(1861—1863 年手稿)》第 XXI 笔记本第 1306—1316
页(本卷第 835—847 页)。——848。

402　指《政治经济学批判。第一分册》中对商品拜物教和货币拜物教的分
析(见《马克思恩格斯全集》中文第 2 版第 31 卷第 441—443、549—550
页),还可参看《资本论》第 1 卷第 1 章第 4 节(本卷第 122—127 页,
《马克思恩格斯文集》第 5 卷第 88—102 页)。——848。

403　资本使用劳动引用的是大·李嘉图的说法:"资本,或者说,使用劳动的
手段。"在另一个地方,李嘉图说资本使工人阶级"就业",是"使用这个
阶级的基金"。马克思在《剩余价值理论》中分析了李嘉图的这些说法
(参看《马克思恩格斯全集》中文第 2 版第 34 卷第 476 页)。——849。

404　马克思把《政治经济学批判(1861—1863 年手稿)》的第 1318 页(除去
最后九行以外)从第 XXI 笔记本上剪下来,贴在《第六章　直接生产过
程的结果》手稿的第 490 页上作为该页正文的继续(见《马克思恩格斯

文集》第 8 卷第 536—539 页）。——850。

405 安·尤尔《工厂哲学》1836 年布鲁塞尔版第 66 页。马克思在《政治经济学批判（1861—1863 年手稿）》中论述机器时，曾引用尤尔的话证明，工厂主在机器的构造问题上是"无知"的；还可参看《资本论》第 1 卷第 13 章脚注（108）（《马克思恩格斯文集》第 5 卷第 444 页）。——851。

406 指马克思《政治经济学批判（1857—1858 年手稿）》第 II 笔记本第 22 页—第 III 笔记本第 13 页《资本的生产过程》中《资本和劳动的交换》一节（见《马克思恩格斯全集》中文第 2 版第 30 卷第 232—262 页），《政治经济学批判（1861—1863 年手稿）》第 I 笔记本第 49 页—第 II 笔记本第 55 页《劳动过程和价值增殖过程的统一》（见《马克思恩格斯全集》中文第 2 版第 32 卷第 103—116 页）。——857。

407 指索西萨尔。这是法国小说家沙·保·德·科克的讽刺小说《拜月者》中的人物，是个老滑头和酒鬼的典型，他以特殊的方式把一个软木栓射向空中而自称为"学者"。马克思在《流亡中的大人物》一文中也曾引用这一形象（见《马克思恩格斯全集》中文第 2 版第 11 卷第 330 页）。——863。

408 这是罗马法中的契约关系的四种公式。原文是：Do ut facias, facio ut facias, facio ut des, do ut des。马克思在《资本论》第一卷第十七章末尾（见《马克思恩格斯文集》第 5 卷第 620 页）和《政治经济学批判（1861—1863 年手稿）》第 XXI 笔记本第 1325—1336 页中也引用了这些公式（见本卷第 862—875 页）。——865。

409 参看马克思《政治经济学批判（1857—1858 年手稿）》第 III 笔记本第 22 页（《马克思恩格斯全集》中文第 2 版第 30 卷第 283—284 页），《政治经济学批判（1861—1863 年手稿）》第 II 笔记本第 60 页（同上，第 32 卷第 127 页）和第 XXI 笔记本第 1336 页（本卷第 868 页）。——865。

410 这里，马克思把手稿页码"1327"误写为"1328"。——866。

411 见大·李嘉图《政治经济学和赋税原理》1821 年伦敦第 3 版第 415—417 页第 26 章《论总收入与纯收入》。——867。

412 马克思指的是，他将在后面论述"利润分为产业利润和利息。商业资本。货币资本"的部分涉及这一问题。还可参看《资本论》第 3 卷第 23 章（本卷第 558—562 页，《马克思恩格斯文集》第 7 卷第 415—439

页）。——870。

413 马克思这里的"平均价格"，是指"生产价格"。在《政治经济学批判（1861—1863 年手稿）》中别的地方也有同样的用法，见《马克思恩格斯全集》中文第 2 版第 33 卷第 73 页和第 34 卷第 100—101 页。——870。

414 指《政治经济学批判（1861—1863 年手稿）》第 XIX 笔记本第 1238—1239 页上提到的工厂中打扫卫生、清运炉灰等的辅助工人，主要是儿童。——873。

415 参看马克思《政治经济学批判（1861—1863 年手稿）》论述商业资本的部分（第 XV 笔记本第 933—973 页、第 XVIII 笔记本第 1029—1038 页、第 XVIII 笔记本第 1075—1084 页），还可参看《资本论》第 3 卷第 17 章（本卷第 520—530 页，《马克思恩格斯文集》第 7 卷第 313—336 页）。——875。

人 名 索 引

A

阿基米德（Archimedes 公元前 287 前后—212）——古希腊数学家和力学家。——657。

阿瑟尔斯坦（Aethelstan 894 前后—940）——盎格鲁撒克逊国王（924—940）。——769。

埃德蒙兹,托马斯·娄（Edmonds, Thomas Rowe 1803—1889）——英国经济学家,空想社会主义者;他利用李嘉图的理论得出社会主义的结论。——836。

安德森,詹姆斯（Anderson, James 1739—1808）——苏格兰资产阶级经济学家,研究了级差地租理论的基本特征。——252、607。

奥弗伦—葛尼公司（Overend, Gurney and Co.）——伦敦的一家大贴现银行。——590、601。

奥弗斯顿勋爵——见劳埃德,赛米尔·琼斯,奥弗斯顿男爵。

奥古斯都（盖尤斯·尤利乌斯·凯撒·屋大维）（Augustus〔Gaius Julius Caesar Octavianus〕公元前 63—公元 14）——罗马皇帝（公元前 27—公元 14）。——755。

奥日埃,马利（Augier, Marie 19 世纪中叶）——法国新闻工作者,财政经济学家,写有经济学方面的著作。——297。

B

巴顿,约翰（Barton, John 1789—1852）——英国经济学家,资产阶级古典政治经济学的代表人物。——67、285。

巴尔本,尼古拉斯（Barbon, Nicholas 约 1640—1698）——英国资产阶级经济学家,认为物的价值是由物的有用性决定的;货币国定说的先驱。——96、154。

布劳恩,亨利希(Braun, Heinrich 1854—1927)——德国新闻工作者,社会民主党人,改良主义者,《新时代》杂志创办人之一,《社会立法和统计学文库》《社会政治中央导报》等刊物的编辑,帝国国会议员。——661、662。

布鲁土斯(马可·尤尼乌斯·布鲁土斯)(Marcus Junius Brutus 公元前85—42)——罗马国务活动家,贵族共和派密谋反对凯撒的策划者之一。——739。

布罗德赫斯特,约翰(Broadhurst, John 19 世纪)——英国经济学家,资产阶级庸俗政治经济学的代表人物。——112。

布洛克,莫里斯(Block, Maurice 1816—1900)——法国资产阶级经济学家和统计学家,庸俗政治经济学的代表人物。——91。

C

查默斯,托马斯(Chalmers, Thomas 1780—1847)——苏格兰神学家和资产阶级经济学家;马尔萨斯的追随者。——158。

查普曼,大卫·巴克利(Chapman, David Barcly)——奥弗伦—葛尼公司的代表(19 世纪上半叶)。——601。

车尔尼雪夫斯基,尼古拉·加甫里洛维奇(Чернышевский, Николай Гаврилович 1828—1889)——俄国革命民主主义者,作家和文艺批评家,经济学家,哲学家。——89。

茨维尔兴巴特(Zwilchenbart, R.)——瑞士商人(19 世纪上半叶)。——577。

D

但丁·阿利格埃里(Dante Alighieri 1265—1321)——意大利诗人。——5。

德·昆西,托马斯(De Quincey, Thomas 1785—1859)——英国著作家和经济学家,李嘉图著作的注释者。——220。

德斯杜特·德·特拉西伯爵,安东·路易·克劳德(Destutt de Tracy, Antoine-Louis-Claude, comte de 1754—1836)——法国经济学家、感觉论哲学家和政治活动家;哲学上观念学派的创始人;立宪君主制的拥护者。——207。

德维尔,加布里埃尔(Deville, Gabriel 1854—1940)——法国工人党的活动家和政论家,社会主义者;写有《资本论》第一卷浅释以及哲学、经济学和历史著作;1889 和 1891 年国际社会主义工人代表大会代表;20 世纪初脱离工人运动。——306。

邓宁,托马斯·约瑟夫(Dunning, Thomas Joseph 1799—1873)——英国工会活动家和政论家。——249、297。

狄慈根,约瑟夫(Dietzgen, Joseph 1828—1888)——德国社会民主党人,自学成功的哲学家,独立地得出了辩证唯物主义若干原理;职业是制革工人,1848—1849 年革命的参加者,1852 年成为共产主义者同盟盟员;国际会员,国际海牙代表大会(1872)代表。——90。

狄德罗,德尼(Diderot, Denis 1713—1784)——法国哲学家,机械唯物主义的代表人物,无神论者,法国革命资产阶级的代表,启蒙思想家,百科全书派领袖;1749 年因自己的著作遭要塞监禁。——148。

狄龙公司——见莫里逊—狄龙公司。

迪尔克,查理·温特沃思(Dilke, Charles Wentworth 1789—1864)——英国政论家和出版商。——784。

笛福,丹尼尔(Defoe, Daniel 1660 前后—1731)——英国作家和政论家,小说《鲁滨逊漂流记》的作者。——153。

杜尔哥,安娜·罗伯尔·雅克,洛恩男爵(Turgot, Anne-Robert-Jacques, baron de l'Aulne 1727—1781)——法国国务活动家、经济学家和哲学家;重农学派的重要代表人物,魁奈的学生;财政总监(1774—1776)。——171。

敦克尔,弗兰茨·古斯塔夫(Duncker, Franz Gustav 1822—1888)——德国出版商,资产阶级进步党的活动家,1868 年同麦·希尔施一起创建改良主义工会(1868—1933),人称希尔施—敦克尔工会。——6。

F

费尔巴哈,路德维希(Feuerbach, Ludwig 1804—1872)——德国唯物主义哲学家,德国古典哲学的代表人物。——11。

费里埃,弗朗索瓦·路易·奥古斯特(Ferrier, François-Louis-Auguste 1777—1861)——法国资产阶级庸俗经济学家,保护关税制度的拥护者和重商主义的模仿者,国家官员。——7。

费希特,约翰·哥特利布(Fichte, Johann Gottlieb 1762—1814)——德国哲学家,德国古典哲学的代表人物,主观唯心主义者。——109。

弗林(Vöhlin)——15—16 世纪奥格斯堡的商人和银行世家。——670。

福格特,卡尔(Vogt, Karl 1817—1895)——德国自然科学家,庸俗唯物主义者,小资产阶级民主主义者;1848—1849 年是法兰克福国民议会议员,属于左派;1849 年 6 月为帝国五摄政之一;1849 年逃往瑞士,50—60 年代是路易·波拿巴雇用的密探;马克思在抨击性著作《福格特先生》中对他进行了揭露。——11。

福斯特,纳撒尼尔(Forster, Nathaniel 1726 前后—1790)——英国教士,写有一

些经济学著作,维护工人的利益。——240。

傅立叶,沙尔(Fourier, Charles 1772—1837)——法国空想社会主义者。——70、790。

富格尔(Fugger)——15—16世纪奥格斯堡的商人和银行世家。——670。

富拉顿,约翰(Fullarton, John 1780—1849)——英国经济学家,货币数量论的反对者;写有一些关于货币流通和信贷问题的著作。——145、146、155。

富兰克林,本杰明(Franklin, Benjamin 1706—1790)——美国政治活动家、外交家、经济学家、作家和自然科学家;美国启蒙运动的代表人物,美国独立战争的参加者,美国独立宣言(1776)的起草人之一;他最先有意识地用劳动时间来确定价值。——39、172、207。

G

戈弗雷(Godfrey)——戈弗雷强心剂(一种鸦片制剂)的发明者。——219。

哥特舍德,约翰·克里斯托夫(Gottsched, Johann Christoph 1700—1766)——德国作家、文学评论家和理论家,18世纪德国早期启蒙运动的代表人物,对当时德国戏剧的改革和文学语言的规范化起了一定作用,后来坚持陈旧观点,停止不前。——188。

格雷,约翰(Gray, John 1798—1850)——英国经济学家;空想社会主义者,罗·欧文的信徒;阐发了"劳动货币"的理论。——160。

格林—米尔斯—柯里公司(Glyn, Mills, Currie & Co.)——英国的一家银行。——678。

葛尼,赛米尔(Gurney, Samuel 1786—1856)——英国银行家、伦敦大贴现银行经理。——592。

H

哈林顿,詹姆斯(Harrington, James 1611—1677)——英国政论家,新贵族思想家。——660。

哈鲁普(Harrup)——英国韦斯特伯里利的利奥韦呢绒厂厂主。——229。

海德,威廉(Heyd, Wilhelm 1823—1906)——德国历史学家,写有中世纪商业史方面的著作。——670。

海涅,亨利希(Heine, Heinrich 1797—1856)——德国诗人,革命民主主义运动的先驱,马克思一家的亲密朋友。——660。

荷马(Homeros 约公元前8世纪)——相传为古希腊著名史诗《伊利亚特》和《奥德赛》的作者。——115。

赫拉克利特(Herakleitos 约公元前 540—480)——古希腊哲学家,辩证法的奠基人之一,自发的唯物主义者。——136。

赫希斯泰特尔(Höchstetter)——15—16 世纪奥格斯堡的商人和银行世家。——670。

黑格尔,乔治·威廉·弗里德里希(Hegel, Georg Wilhelm Friedrich 1770—1831)——德国古典哲学的主要代表。——2、4、7、10—13、91、93、94、104、171、197、693、701、702。

亨利七世(Henry VII 1457—1509)——英国国王(1485—1509)。——762。

亨利八世(Henry VIII 1491—1547)——英国国王(1509—1547)。——762。

霍布斯,托马斯(Hobbes, Thomas 1588—1679)——英国哲学家,机械唯物主义的代表人物,早期资产阶级天赋人权理论的代表。——45—46、164。

霍吉斯金,托马斯(Hodgskin, Thomas 1787—1869)——英国经济学家和政论家,空想社会主义者;他以李嘉图的理论为依据,批判资本主义,维护无产阶级的利益。——244、787、788、868。

霍纳,伦纳德(Horner, Leonard 1785—1864)——英国地质学家和社会活动家,曾任工厂视察员(1833—1859),维护工人利益。——193。

J

基佐,弗朗索瓦·皮埃尔·吉约姆(Guizot, François-Pierre-Guillaume 1787—1874)——法国政治活动家和历史学家,奥尔良党人;1812 年起任巴黎大学历史系教授,七月王朝时期是立宪君主派领袖,历任内务大臣(1832—1836)、教育大臣(1836—1837)、外交大臣(1840—1848)和首相(1847—1848);代表大金融资产阶级的利益。——2。

吉尔巴特,詹姆斯·威廉(Gilbart, James William 1794—1863)——英国银行家和经济学家,写有许多有关银行业的著作。——541、555。

吉尔克里斯特,珀西(Gilchrist, Percy)——英国化学家,同悉·托·吉尔克里斯特一起研究出一种新的炼钢法。——447。

吉尔克里斯特,悉尼·托马斯(Gilchrist, Sidney Thomas 1850—1885)——英国冶金专家和发明家。——447。

季别尔,尼古拉·伊万诺维奇(Зибер, Николай Иванович 1844—1888)——俄国经济学家,俄国第一批马克思经济学著作的通俗化作家之一。——91。

加利阿尼,斐迪南多(Galiani, Ferdinando 1728—1787)——意大利经济学家;重农学派学说的反对者;认为物的价值是由物的有用性决定的,同时对商品和货币的本性作了一些正确的猜测。——125、132、201。

加尼耳,沙尔(Ganilh, Charles 1758—1836)——法国政治活动家,资产阶级庸俗经济学家和重商主义的模仿者。——171。

居利希,古斯塔夫·冯(Gülich, Gustav von 1791—1847)——德国资产阶级经济学家和经济史学家,德国保护关税派领袖;写有国民经济史方面的著作。——87。

K

卡尔利伯爵,乔万尼·里纳尔多(Carli, Giovanni Rinaldo, conte 1720—1795)——意大利学者,重商主义的反对者;写有一些关于货币和谷物贸易的著作。——208。

卡利奥斯特罗,亚历山大罗(Cagliostro, Alessandro 原名朱泽培·巴尔萨莫 Giuseppe Balsamo 1743—1795)——意大利冒险家、神秘主义者和大骗子;1789 年被判处无期徒刑。——659。

卡托(老卡托)(马可·波尔齐乌斯·卡托)(Marcus Porcius Cato Major 公元前 234—149)——罗马政治活动家、历史学家和著作家,维护贵族特权;曾任执政官(公元前 195 年),监察官(公元前 184 年);《论农业》的作者。——739。

卡泽诺夫,约翰(Cazenove, John 1788—1879)——英国庸俗经济学家,马尔萨斯的追随者。——203、260。

凯尔恩斯,约翰·埃利奥特(Cairnes, John Elliot 1823—1875)——英国经济学家和政论家;反对美国南部的奴隶制度。——209、560、835。

凯里,亨利·查理(Carey, Henry Charles 1793—1879)——美国资产阶级庸俗经济学家,阶级调和论的创始人。——607、684—685。

坎伯尔家族(Campbells)——苏格兰贵族世家,从 13 世纪起在英国历史上起重要作用。——733。

康德,伊曼努尔(Kant, Immanuel 1724—1804)——德国古典哲学的创始人,唯心主义者;也以自然科学方面的著作闻名。——11、12。

柯贝特,托马斯(Corbet, Thomas 19 世纪)——英国资产阶级经济学家,李嘉图的追随者。——329。

柯尔培尔,让·巴蒂斯特(Colbert, Jean-Baptiste 1619—1683)——法国国务活动家,重商主义者,财政总监(1661 年起),实际上操纵了法国的内外政策;曾建立国家工场,促进内外贸易。——198。

柯普,海尔曼·弗兰茨·莫里茨(Kopp, Hermann Franz Moritz 1817—1892)——

L

典政治经济学的后期代表人物之一。——67、162、202、238、285、341、555。

拉萨尔,斐迪南(Lassalle,Ferdinand 1825—1864)——德国工人运动中的机会主义代表,1848—1849 年革命的参加者;全德工人联合会创始人之一和主席(1863);写有古典古代哲学史、法学史和文学方面的著作。——136。

拉瓦锡,安东·洛朗·德(Lavoisier,Antoine-Laurent de 1743—1794)——法国物理学家和化学家,从理论上解释了氧气的发现,推翻了关于燃素存在的假说,同时也从事政治经济学和统计学的研究;1794 年被处死。——302、303。

莱勒,约翰(Lalor,John 1814—1856)——英国资产阶级政论家和经济学家。——332。

莱文斯顿,皮尔西(Ravenstone,Piercy 死于 1830 年)——英国经济学家,李嘉图主义者,维护无产阶级利益,反对马尔萨斯主义。——238、780。

莱辛,哥特霍尔德·埃夫拉伊姆(Lessing,Gotthold Ephraim 1729—1781)——德国作家、评论家、剧作家和文学史家,启蒙思想家。——94。

兰格,赛米尔(Laing,Samuel 1810—1897)——英国法学家、政治活动家和政论家;议会议员,自由党人;曾任英国铁路公司某些高级职务。——639、839。

劳,卡尔·亨利希(Rau,Karl Heinrich 1792—1870)——德国资产阶级经济学家,在个别问题上赞同亚·斯密和大·李嘉图的观点。——7。

劳埃德,赛米尔·琼斯,奥弗斯顿男爵(Loyd,Samuel Jones,Baron Overstone 1796—1883)——英国银行家和资产阶级经济学家,"通货原理"学派的主要代表人物,议会议员(1819—1826)。——154、599、600。

勒特罗纳,吉约姆·弗朗索瓦(Le Trosne,Guillaume-François 1728—1780)——法国资产阶级经济学家,重农主义者。——143、161。

雷登男爵,弗里德里希·威廉·奥托·路德维希(Reden,Friedrich Wilhelm Otto Ludwig,Freiherr von 1804—1857)——德国统计学家和政治活动家,1848—1849 年是法兰克福国民议会议员,属于左派。——575。

黎尔,威廉·亨利希(Riehl,Wilhelm Heinrich 1823—1897)——德国文学史家和政论家,慕尼黑大学教授。——7。

李嘉图,大卫(Ricardo,David 1772—1823)——英国经济学家,资产阶级古典政治经济学最著名的代表人物。——36、67、88、91、111、116、154、163、175、218、223、242、269、285、303、337、511、644、683、684、695、696、716、717、719、805、808—811、813—818、823、838、839、867。

李斯特,弗里德里希(List,Friedrich 1789—1846)——德国资产阶级庸俗经济学家,保护关税政策的维护者。——7。

里夫公司(Leaf & Co. Ltd)——英国一家百货公司,1888 年 12 月转为股份公司。——678。

里斯,亚当(Riese〔Ries〕,Adam 1492—1559)——德国数学家,安娜贝格的官员,编写过第一批实用数学教科书,这批教科书直至 17 世纪都很流行,于是“按照亚当·里斯的算法”成了一句习惯用语。——659。

卢格,阿尔诺德(Ruge,Arnold 1802—1880)——德国政论家,青年黑格尔分子,《哈雷年鉴》的出版者,《莱茵报》的撰稿人,1843—1844 年同马克思一起筹办并出版《德法年鉴》;1844 年中起反对马克思,1848 年为法兰克福国民议会议员,属于左派,50 年代是在英国的德国小资产阶级流亡者领袖之一;1866 年后成为民族自由党人。——126。

卢梭,让·雅克(Rousseau,Jean-Jacques 1712—1778)——法国启蒙运动的主要代表人物,民主主义者,小资产阶级思想家,自然神论哲学家。——683。

路德,马丁(Luther,Martin 1483—1546)——德国神学家,宗教改革运动的活动家,德国新教路德宗的创始人,德国市民等级的思想家,温和派的主要代表;在 1525 年农民战争时期,站在诸侯方面反对起义农民和城市平民。——150、198、670。

路特希尔德男爵,詹姆斯(Rothschild,James,baron de 1792—1868)——巴黎路特希尔德银行行长。——577。

罗,约翰(劳里斯顿的约翰·罗)(Law,John of Lauriston 1671—1729)——英国经济学家和金融家;曾任法国财政总监(1719—1720),以发行纸币的投机活动而闻名。——572。

罗伯茨,理查(Roberts,Richard 1789—1864)——英国发明家,发明了自动走锭纺纱机等机械,1843 年起领导罗伯茨公司。——711。

罗伯斯比尔,马克西米利安·弗朗索瓦·玛丽·伊西多尔·德(Robespierre,Maximilien-François-Marie-Isidore de 1758—1794)——法国资产阶级革命的活动家,雅各宾派的领袖,革命政府的首脑(1793—1794)。——25。

罗得斯,塞西尔·约翰(Rhodes,Cecil John 1853—1902)——英国政治活动家,帝国主义的辩护士,英国进行殖民掠夺的主要策划者之一。——679。

罗德戴尔伯爵,詹姆斯·梅特兰(Lauderdale,James Maitland,Earl of 1759—1839)——英国资产阶级政治活动家和庸俗政治经济学家;亚·斯密理论的批评者。——779—781。

罗斯,乔治(Rose,George 1744—1818)——英国国务活动家,托利党人,财政大臣(1782—1801),议会议员。——65。

罗斯科,亨利·恩菲尔德(Roscoe,Henry Enfield 1833—1915)——英国化学家,写有化学教科书。——302。

罗雪尔,威廉·格奥尔格·弗里德里希(Roscher,Wilhelm Georg Friedrich 1817—1894)——德国庸俗经济学家,莱比锡大学教授,政治经济学中的历史学派的创始人。——188、207、275。

罗伊,亨利(Roy,Henry)——英国医生和经济学家。——152。

洛贝尔图斯-亚格措夫,约翰·卡尔(Rodbertus-Jagetzow,Johann Karl 1805—1875)——德国庸俗经济学家和政治活动家,资产阶级化的普鲁士容克的思想家,普鲁士容克的"国家社会主义"理论家。——301、303、304。

洛克,约翰(Locke,John 1632—1704)——英国唯物主义经验论哲学家和经济学家,启蒙思想家,早期资产阶级天赋人权理论的代表。——96、154、549。

洛朗,奥古斯特(Laurent,Auguste 1807—1853)——法国化学家,同热拉尔一起对分子和原子的概念作了更为精确的阐述。——197。

洛里亚,阿基尔(Loria,Achille 1857—1943)——意大利社会学家和经济学家,庸俗政治经济学的代表人物。——657—662、668。

M

马丁,亨利(Martyn,Henry 死于 1721 年)——英国法学家和政治活动家;写有关于商业问题的著作。——204、212。

马尔萨斯,托马斯·罗伯特(Malthus,Thomas Robert 1766—1834)——英国经济学家,教士,人口论的主要代表。——60、260、441、719。

马西,约瑟夫(Massie,Joseph 死于 1784 年)——英国经济学家,资产阶级古典政治经济学的代表人物。——240、549、553、557。

马歇尔(Marshall)——英格兰银行出纳员。——589。

迈尔,西格蒙德(Mayer,Sigmund)——奥地利维也纳的工厂主。——87。

麦克库洛赫,约翰·拉姆赛(McCulloch,John Ramsay 1789—1864)——英国资产阶级经济学家和统计学家,李嘉图经济学说的庸俗化者。——154、717。

麦克拉伦,詹姆斯(Maclaren,James 19 世纪)——英国资产阶级经济学家,货币流通史的研究者。——134。

曼,托马斯(Mun,Thomas 1571—1641)——英国商人和经济学家,重商主义者,贸易差额论的创立者,1615 年起为东印度公司董事。——240。

曼,约翰(Mun,John 1615—1670)——英国商人和经济学家托·曼的儿子,曾出版其父亲的著作。——240。

毛勒,格奥尔格·路德维希(Maurer, Georg Ludwig 1790—1872)——德国历史学家,古代和中世纪的日耳曼社会制度的研究者;写有中世纪马尔克公社的农业史和制度史方面的著作。——123。

梅尔西埃·德拉里维耶尔,保尔·皮埃尔(Mercier de la Rivière, Paul Pierre 1720—1793)——法国资产阶级经济学家,重农学派。——147、161。

梅涅尼·阿格利巴(Menenius Agrippa 死于公元前493年)——古罗马贵族。——21。

门德尔松,莫泽斯(Mendelssohn, Moses 1729—1786)——德国哲学家,自然神论者和启蒙思想家。——94。

蒙森,泰奥多尔(Mommsen, Theodor 1817—1903)——德国历史学家和法学家,柏林大学教师;写有关于古罗马史的著作。——165。

弥尔顿,约翰(Milton, John 1608—1674)——英国诗人和政论家,17世纪英国资产阶级革命的参加者。——862。

弥勒,亚当·亨利希,尼特多夫骑士(Müller, Adam Heinrich, Ritter von Nitterdorf 1779—1829)——德国政论家和经济学家;德国政治经济学中反映封建贵族利益的浪漫学派的代表人物,亚·斯密的经济学说的反对者。——769。

摩尔顿,约翰·查默斯(Morton, John Chalmers 1821—1888)——英国农学家,《农业报》编辑(1844—1888),写有关于农业问题的著作。——27、250。

摩尔顿,约翰·洛克哈特(Morton, John Lockhart 19世纪中叶)——英国农学家,《地产的资源》(1858)一书的作者。——629。

摩莱肖特,雅科布(Moleschott, Jakob 1822—1893)——荷兰生理学家和哲学家,庸俗唯物主义的代表人物;曾在德国、瑞士和意大利的学校中任教。——11。

莫尔斯沃思从男爵,威廉(Molesworth, Sir William, Baronet 1810—1855)——英国国务活动家,自由党人,议会议员;曾任公共工程大臣(1853—1855)和殖民大臣(1855)。——164。

莫里逊—狄龙公司(Morrison, Dillon & Co.)——英国一家贸易公司。——152、678。

莫利有限公司(I. & R. Morley Ltd.)——英国一家纺织品贸易公司。——678。

莫利纳里,古斯塔夫·德(Molinari, Gustave de 1819—1912)——比利时资产阶级庸俗经济学家和新闻工作者;自由贸易论者;《政治和文学辩论日报》主编(1876)和《经济学家杂志》主编(1881)。——839。

穆勒,约翰·斯图亚特(Mill, John Stuart 1806—1873)——英国资产阶级经济

学家和实证论哲学家;政治经济学古典学派的模仿者;詹·穆勒的儿子。──89、90、149、686、687。

穆勒,詹姆斯(Mill,James 1773—1836)──英国资产阶级经济学家、历史学家和哲学家,李嘉图理论的庸俗化者;在哲学方面是边沁的追随者;《英属印度史》一书的作者。──141、423、717。

N

尼布尔,巴托尔德·格奥尔格(Niebuhr,Barthold Georg 1776—1831)──德国古典古代史学家,写有古代史方面的著作,曾在丹麦和普鲁士供职。──730、732、755。

纽马奇,威廉(Newmarch,William 1820—1882)──英国经济学家和统计学家,自由贸易的拥护者。──25、594、598、599。

纽曼,弗兰西斯·威廉(Newman,Francis William 1805—1897)──英国语文学家和政论家;资产阶级激进主义者;写有一些关于宗教、政治、社会和经济问题的著作。──25、639。

纽曼,赛米尔·菲力浦斯(Newman,Samuel Philips 1797—1842)──美国哲学家、语文学家和经济学家。──182。

努玛·庞皮利乌斯(Numa Pompilius 公元前 717—679)──相传为古罗马第二个王。──730、756。

诺思,达德利(North,Dudley 1641—1691)──英国经济学家,资产阶级古典政治经济学最初的代表人物。──149。

O

欧文,罗伯特(Owen,Robert 1771—1858)──英国空想社会主义者。──26、70、133、248、790。

P

帕森斯(Parsons)──英国一家贸易公司。──678。

配第,威廉(Petty,William 1623—1687)──英国经济学家和统计学家,英国资产阶级古典政治经济学的创始人。──103、155、166、549、575。

皮尔,罗伯特(Peel,Robert 1788—1850)──英国国务活动家和经济学家,托利党温和派(亦称皮尔派,该派即因他而得名)的领袖;曾任内务大臣(1822—1827 和 1828—1830),首相(1834—1835 和 1841—1846);1844 年和 1845 年银行法的起草人;在自由党人的支持下废除了谷物法

（1846）。——89。

蒲鲁东，皮埃尔·约瑟夫（Proudhon，Pierre-Joseph 1809—1865）——法国政论
　家、经济学家和社会学家，小资产阶级思想家，无政府主义理论的创始人，
　第二共和国时期是制宪议会议员（1848）。——4、128、684、708、718、740。

普利斯特列，约瑟夫（Priestley，Joseph 1733—1804）——英国化学家和唯物主
　义哲学家，英国资产阶级激进派的思想家，1774 年发现氧气；1794 年因拥
　护法国大革命而流亡美国。——301、302。

Q

琼斯，理查（Jones，Richard 1790—1855）——英国经济学家，资产阶级古典政
　治经济学的最后代表。——67、268、285。

R

热拉尔，沙尔·弗雷德里克（Gerhardt，Charles-Frédéric 1816—1856）——法国
　化学家，同洛朗一起对分子和原子的概念作了更为精确的阐述。——197。

S

萨伊，让·巴蒂斯特（Say，Jean-Baptiste 1767—1832）——法国资产阶级经济
　学家，庸俗政治经济学的代表人物，最先系统地阐述"生产三要素"
　论。——141、161、218、337、693、694、717、719、820、865。

桑巴特，韦尔纳（Sombart，Werner 1863—1941）——德国庸俗经济学家，初期
　为讲坛社会主义者，晚年转向法西斯主义立场。——661、662。

桑顿，威廉·托马斯（Thornton，William Thomas 1813—1880）——英国资产阶
　级经济学家，约·斯·穆勒的追随者。——65、165。

沙培尔，尤斯图斯·威廉·爱德华·冯（Schaper，Justus Wilhelm Eduard von
　1792—1868）——普鲁士政治活动家，1837—1842 年 7 月任特里尔行政区
　长官，1842 年 8 月—1845 年任莱茵省总督，1845—1846 年任威斯特伐利亚
　总督。——1。

莎士比亚，威廉（Shakespeare，William 1564—1616）——英国戏剧家和诗
　人。——65、231、710、711、834。

舍尔比利埃，安东·埃利泽（Cherbuliez，Antoine-Élisée 1797—1869）——瑞士
　经济学家，西斯蒙第的追随者，把西斯蒙第的理论和李嘉图理论的某些原
　理结合在一起。——67、265、470。

舍勒，卡尔·威廉（Scheele，Karl Wilhelm 1742—1786）——瑞典无机化学家，

否认劳动价值论适用于资本主义生产方式的条件。——166、221、551。

托马斯——见吉尔克里斯特,悉尼·托马斯。

W

瓦茨,约翰(Watts,John 1818—1887)——英国政论家,早期为空想社会主义者,欧文的信徒;后为资产阶级自由主义者,资本主义制度的辩护士;1853年在伦敦创办"国民人身保险公司",1857年在曼彻斯特设立分公司。——248。

瓦特,詹姆斯(Watt, James 1736—1819)——英国商人、工程师和发明家,万能蒸汽发动机的设计者。——217。

威德,本杰明·富兰克林(Wade, Benjamin Franklin 1800—1878)——美国法学家和政治活动家,属于共和党左翼,参议院议长,1867—1869年任副总统;反对美国南部的奴隶制。——84。

威德,约翰(Wade, John 1788—1875)——英国政论家、经济学家和历史学家。——276。

威兰德,弗兰西斯(Wayland, Francis 1796—1865)——美国神学家、伦理学家和经济学家;曾任普罗维登斯大学校长;著有伦理学、政治经济学和其他通俗教科书。——162、183。

威斯特,爱德华(West, Edward 1782—1828)——英国经济学家,资产阶级古典政治经济学的代表人物之一,研究过地租问题。——247。

韦尔泽家族——15—16世纪奥格斯堡的商人和银行世家;曾贷款给欧洲许多国家的君主。——670。

韦克菲尔德,爱德华·吉本(Wakefield, Edward Gibbon 1796—1862)——英国国务活动家和经济学家,曾提出资产阶级殖民理论。——244、263、720。

韦里,彼得罗(Verri, Pietro 1728—1797)——意大利经济学家,重农学派学说的最初批评者之一。——103、132、208。

韦斯顿,约翰(Weston, John)——英国工人运动活动家,职业是木匠,后为厂主;欧文主义者,1864年9月28日伦敦圣马丁堂会议的参加者,国际总委员会委员(1864—1872),1865年伦敦代表会议代表,改革同盟执行委员会委员,土地和劳动同盟的领导人,不列颠联合会委员会委员(1872)。——17—21、23—25、27、28、30、32—34、36、66—67。

沃尔弗男爵,克里斯蒂安(Wolff, Christian Freiherr von 1679—1754)——德国哲学家,曾将莱布尼茨的哲学加以系统化和通俗化,开明的专制主义和早期资产阶级天赋人权理论的拥护者。——11。

乌尔卡尔特,戴维(Urquhart, David 1805—1877)——英国外交家、政论家和政治活动家,托利党人,亲土耳其分子;30 年代在土耳其执行外交任务,曾揭露帕麦斯顿和辉格党人的对外政策,议会议员(1847—1852);《自由新闻》(1855—1865)和《外交评论》(1866—1877)的创办人和编辑。——28、233、295。

X

西门子,弗里德里希(Siemens, Friedrich 1826—1904)——德国工程师和企业家;1856 年设计蓄热式高炉,这种高炉在 1867 年经过改良后首先用于炼钢。——447。

西尼耳,纳索·威廉(Senior, Nassau William 1790—1864)——英国资产阶级庸俗经济学家,反对缩短工作日。——25。

西塞罗(马可·土利乌斯·西塞罗)(Marcus Tullius Cicero 公元前 106—43)——罗马国务活动家、雄辩家、著作家和哲学家。——733。

西斯蒙第,让·沙尔·莱奥纳尔·西蒙德·德(Sismondi, Jean-Charles-Léonard Simonde de 1773—1842)——瑞士经济学家和历史学家,政治经济学中浪漫学派的代表人物。——67、88、159、201、244、255、259、262、263、299、582、716、717、719、823、842。

希,威廉(Shee, William 1804—1868)——爱尔兰法学家和政治活动家,自由党人,议会议员。——228。

希尔施福格尔(Hirschvogel)——15—16 世纪纽伦堡的商人世家。——670。

肖莱马,卡尔(Schorlemmer, Carl 1834—1892)——德国化学家,有机化学的创始人,辩证唯物主义者,曼彻斯特大学教授(1859 年起);德国社会民主党党员,国际会员,60 年代初成为马克思和恩格斯的朋友。——197、302。

休谟,大卫(Hume, David 1711—1776)——英国哲学家、历史学家和经济学家,主观唯心主义者,近代不可知论的创始人;重商主义的反对者,货币数量论的早期代表人物。——240。

修昔的底斯(Thukydides 约公元前 460—400)——古希腊历史学家。——188。

Y

亚里士多德(Aristoteles 公元前 384—322)——古希腊哲学家,在哲学上摇摆于唯物主义和唯心主义之间,奴隶主阶级的思想家,按其经济观点来说是奴隶占有制自然经济的维护者,他最先分析了价值的形式;柏拉图的学生。——129、158、207、660、854。

Z

文学作品和神话中的人物索引

A

阿基里斯——古希腊神话中围攻特洛伊的一位最勇敢的希腊英雄,荷马的《伊利亚特》中的主要人物,他同希腊军队的领袖亚加米农的争吵和回到自己的营幕去,构成了荷马史诗《伊利亚特》第一章的情节。据传说,阿基里斯出生时被母亲海洋女神西蒂斯握住脚跟倒浸在冥河水中,因此他的身体除没有浸水的脚跟外,不能被任何武器所伤害,后来,他因脚跟,即他身上那个唯一致命的地方中箭而身亡。后人用"阿基里斯之踵"比喻可以致命的地方和最弱的一环。——711。

B

巴兰——据圣经传说,是预言家,是美索不达米亚的巫师,巴勒召他来诅咒以色列人,他有一头会说话的驴,"巴兰的驴"已成为一句谚语,比喻平常沉默驯服,突然开口抗议的人。——661。

柏修斯——古希腊神话中的英雄,是宙斯同丹娜所生的儿子。因神谕他将杀其外祖父,所以出生后即同母亲一起被外祖父装进木箱,投入大海,随流漂至塞里福斯岛。该岛国王欲娶其母,便用计使他去取女怪美杜莎的头。回国后出示女怪头使国王及随从全部变成了石头,救出了母亲。后来又除去海怪,救出埃塞俄比亚公主,并同她结为夫妇。——83。

D

道勃雷——莎士比亚的喜剧《无事生非》中的人物,自大而愚蠢的官吏的化身。——229。

杜尔卡马腊——意大利民间假面喜剧中的人物,滑头和骗子的典型。——658。

F

法玛——罗马人对希腊的传闻女神俄萨的称呼,象征传播迅速的流

T

特尔米努斯——古罗马的境界神,为界石或界桩,特别受到农民的崇拜。——730。

W

武尔坎——罗马神话中雷神丘必特的儿子,火神,手工业的保护神。——711。

Y

亚伯拉罕(原名亚伯兰)——据圣经传说,是古犹太人的族长。——262。

亚当——圣经中人类的始祖,据《创世记》记载,是上帝按照自己的形象用泥土创造的第一个男人。——290、684。

雅各——据圣经传说,是以撒的儿子,古犹太人的始祖;《雅各书》的作者。——262。

以撒——据圣经传说,是亚伯拉罕的儿子,是古犹太人的族长和始祖之一,亚伯拉罕曾把他作为牺牲献给上帝。——262。

Z

札格纳特——古印度教的大神之一毗湿奴的化身之一。——61、289。

责任编辑：邓仁娥
装帧设计：曹　春
版式设计：程凤琴
责任校对：周　昕　张　彦
责任印制：贲　菲　周文雁

图书在版编目（CIP）数据

马克思恩格斯选集　第二卷/中共中央马克思恩格斯列宁斯大林著作编译局编译.
－北京：人民出版社，2012.9（2021.1重印）
ISBN 978－7－01－010763－9

Ⅰ.马…　Ⅱ.中…　Ⅲ.马恩著作-选集　Ⅳ.A11

中国版本图书馆 CIP 数据核字（2012）第 051541 号

书　　名	马克思恩格斯选集
	MAKESI ENGESI XUANJI
	第二卷
编 译 者	中共中央马克思恩格斯列宁斯大林著作编译局
出版发行	人民出版社
	（北京市东城区隆福寺街 99 号　邮编　100706）
邮购电话	（010）65250042　65289539
经　　销	新华书店
印　　刷	北京新华印刷有限公司
版　　次	2012 年 9 月第 3 版　2021 年 1 月北京第 13 次印刷
开　　本	880 毫米×1230 毫米 1/32
印　　张	31.125
字　　数	785 千字
印　　数	100,001－120,000 册
书　　号	ISBN 978－7－01－010763－9
定　　价	76.00 元

ISBN 978-7-01-010763-9